›Die Leipziger sind als eine kleine moralische Republik anzusehen. Jeder steht für sich, hat einige Freunde und geht in seinem Wesen fort, kein Obrer gibt einen allgemeinen Ton an, und jeder produziert sein kleines Original, er sei nun verständig, gelehrt, albern oder abgeschmackt, tätig, gutherzig, trocken oder eigensinnig und was der Qualitäten mehr sein mögen. Reichtum, Wissenschaft, Talente, Besitztümer aller Art geben dem Ort eine Fülle, die ein Fremder, wenn er es versteht, sehr wohl genießen und nutzen kann.‹

Johann Wolfgang Goethe
an Charlotte von Stein,
29. Dezember 1782

Messeszene im Brühl. Aquarell von Christian Gottfried Heinrich Geißler. 1822. – Format: 32×43 cm

Wolfgang
Schneider

Leipzig

Streifzüge
durch
die Kultur-
geschichte

1995
Gustav
Kiepenheuer
Verlag

Die Dokumente wurden unter Mitarbeit von Horst Thieme (†) ausgewählt, der auch die Erarbeitung der Zeittafel, der Auswahlbibliographie sowie des Personen- und Ortsregisters übernahm.
Die Auswahl der Bildzeugnisse erfolgte in Zusammenarbeit mit Rainer Behrends, Gertraude Lichtenberger, Ursula Walter und Friedemann Winkler, die auch Angaben für die Bildanmerkungen bereitstellten.
Die Übersetzung der lateinischen Texte besorgten Christine Hensel und Manfred Unger.
Die Übertragung der frühneuhochdeutschen Texte stammt von Wolfgang Schneider.
Die aktualisierende Textredaktion der zweiten, bearbeiteten Auflage übernahm Bernd Weinkauf.

Mit Fotos von Joachim Petri (†) und anderen

Einbandprägung: Siegel der Stadt Leipzig. 1316. – (siehe Abbildung 46)

ISBN 3-378-01003-7

Zweite, bearbeitete Auflage
Offizin Andersen Nexö Leipzig GmbH, Graphischer Großbetrieb
Schriften: Maxima und Luthersche Fraktur
Karten: Friedemann Winkler (wissenschaftliche Erarbeitung), Matthias Weis (Zeichnung)
Gestaltung: Eberhard Kahle
Printed in Germany

Inhaltsverzeichnis

Vorbemerkung

Wie wohl kaum eine andere Stadt vereinigt Leipzig in einer vielhundertjährigen Historie wirtschaftlichen Rang mit innovativer Aktivität. Zugleich widerspiegeln sich hier im konkreten lokalen Bezug mehr als andernorts allgemeingültige Entwicklungslinien, die nationale wie internationale Geschichtsprozesse transparent und wechselseitige Zusammenhänge verständlich machen. Damit gewinnt der Blick in die Vergangenheit dieser Metropole zusätzlich an Bedeutung.

Der vorliegende Band will weniger über Kulturgeschichte reden als vielmehr diese selbst zu Wort kommen und solchermaßen nahbarer werden lassen, will nicht den jeweiligen historischen Prozeß kommentieren, sondern seine Modalität reflektieren. Dabei wird – gegliedert in sechs Hauptabschnitte, deren lokale Zäsuren weitestgehend der üblichen Periodisierung deutscher Geschichte entsprechen – ein Zeitraum von rund einer viertel Million Jahren erfaßt. Beginnend mit der ur- und frühgeschichtlichen Besiedlung dieser Region, spannt sich der Bogen bis 1918 als dem Jahr, da mit dem Sturz des deutschen Kaisers zugleich die Monarchie im Königreich Sachsen beendet wurde. Dieser Wechsel zur Weimarer Republik bedeutete auch und gerade für die Messemetropole einen tiefgreifenden Einschnitt in ihre Kulturhistorie; die künftige Entwicklung wurzelte nunmehr ganz im Spannungsfeld zwischen Bürgertum und Proletariat, das hier im Zentrum sozialer Polarisierung eine besondere Ausprägung erhielt und zugleich den Beginn einer neuen kulturgeschichtlichen Epoche markierte. Auch war zu diesem Zeitpunkt der Ausbau Leipzigs zur Großstadt weitestgehend abgeschlossen. Der Altstadtkern hatte sich zur modernen City gewandelt, in der Banken und Versicherungen, Handels- und Warenhäuser, Messepaläste und Verwaltungsgebäude dominierten. Außerhalb des Zentrums waren großzügig angelegte Villenviertel des Besitzbürgertums einerseits, andererseits Ballungsgebiet des Proletariats in Gestalt eng aneinandergereihter Mietskasernen entstanden. Zudem hatte sich mit der Eingemeindung rasch gewachsener Industrievororte die Gesamteinwohnerzahl sprunghaft erhöht. So war auch im äußeren Erscheinungsbild jene Zäsur sichtbar, mit der sich der vorliegende Band in seiner zeitlichen Begrenzung legitimiert zu sehen glaubt.

Die wiedergegebenen Texte wurden streng chronologisch gruppiert, die beigefügten Abbildungen mit der Absicht zugeordnet, die verbale Aussage optisch zu vertiefen und thematisch zu erweitern; Bemühungen um eine stimmige Kombination von Dokument und Bild stießen insbesondere bei den ältesten Epochen auf Schwierigkeiten, deren Ursachen durch die Materialsituation bedingt sind. Sämtliche Urkunden, ebenso wie die Bildzeugnisse zum großen Teil erstmals veröffentlicht, wurden nach dem Original ediert und dabei zahlreiche, zum Teil über Jahrhunderte fortgeschriebene Fehler früherer Übertragungen berichtigt. Wenn das Buch dennoch keinen Anspruch auf den Rang einer wissenschaftlichen Quellenausgabe erhebt, so resultiert dies aus dem Bemühen, den Wortlaut durch behutsame Angleichung an die moderne Rechtschreibung dem allgemeinen Verständnis zu erschließen, ohne jedoch zeittypische Formen und mundartliche Besonderheiten zu verändern und damit den Texten die ursprüngliche Patina zu nehmen; in eckigen Klammern nachgesetzte Ergänzungen und Erläuterungen wurden auf ein Mindestmaß beschränkt.

Die Auswahl des vor allem aus jüngerer Vergangenheit in ausufernder Fülle zur Verfügung stehenden Materials erfolgte nach objektiven Prinzipien, doch war schließlich subjektives Ermessen zwangsläufig bedingt. Angestrebt wurde kein lückenloser kulturgeschichtlicher Abriß, sondern eine mehr illustrative Sammlung, die kaleidoskopartig Einblicke in die Vielfalt und Farbigkeit der jeweiligen Zeit geben will und dabei die Vorrangigkeit alltäglicher Lebensäußerungen gegenüber der Einmaligkeit historischer Ereignisse vertritt. Folgerichtig steht damit nicht das große geschichtliche Geschehnis, sondern der Mensch in seinem gerade hier so ausgeprägten liebenswerten Zwiespalt von strenger Strebsamkeit und üppiger Genußfreude im Mittelpunkt. Erwähnt werden muß jedoch der Umstand, daß die wiedergegebenen Dokumente nicht immer den kulturhistorischen Prozeß in seiner Allseitigkeit zu erfassen vermögen, da häufig die Selbstzeugnisse aus dem Volk fehlen. Deshalb sollen die den Hauptabschnitten vorangestellten Einleitungen die nachfolgenden Texte und Bilder in den gesamtgeschichtlichen Zusammenhang einbinden helfen, die in die Zeittafel aufgenommenen fortlaufenden Datierungen die einzelnen Epochen im Überblick miteinander verklammern, die in der Auswahlbibliographie genannten Titel zur weitergehenden Beschäftigung mit der Thematik anregen.

Es heißt, wenn man wisse, wo man herkomme, wisse man besser, wo man hingehöre. Wenn dieses Buch bei den ungezählten Freunden Leipzigs zur Bestätigung einer solchen Erkenntnis beizutragen vermag, hat sich eine Arbeit gelohnt, für deren Unterstützung der Autor allen Beteiligten herzlich dankt, namentlich aber Herrn Prof. Dr. phil. habil. Karl Czok, der den vorliegenden Band nicht nur durch gutachterliche Tätigkeit beförderte.

Vom eiszeitlichen Rastplatz zur ›urbs Libzi‹

Die ur- und früh-
geschichtliche Besiedlung
des Leipziger Raumes
(etwa 250 000 v. u. Z.
bis etwa 1000 u. Z.)

Der Leipziger Raum zählt zu den ältesten prähistorischen Siedlungsgebieten. Schon vor etwa einer viertel Million Jahren hatten eiszeitliche Jäger und Sammler beim heutigen Markkleeberg ausgedehnte Rast- und Werkplätze am Rand der Flußtäler von Pleiße und Gösel. Auch während der folgenden Abschnitte der Alt- und Mittelsteinzeit durchzogen urgeschichtliche Horden und Sippen dieses Territorium, auf dem im 5. Jahrtausend v. u. Z. die ersten Bodenbauern und Viehhalter der Jungsteinzeit seßhaft wurden.

Die um 1800 v. u. Z. beginnende Bronzezeit ließ durch wachsende Arbeitsproduktivität und die keimhafte Herausbildung von Handwerk und Gewerbe sowie die Entfaltung des Handels sozialökonomische Unterschiede entstehen, die zugleich zur endgültigen Durchsetzung des Patriarchats führten und im Verlauf der im 7. Jahrhundert v. u. Z. anbrechenden Eisenzeit weiter ausgeprägt wurden. Mit der Entwicklung des die urgesellschaftliche Gentilordnung sprengenden Privateigentums an Produktionsmitteln und der fortschreitenden sozialen Differenzierung ging ein Jahrhunderttausende währender Zustand der klassenlosen Gesellschaft zu Ende, nahm der komplizierte und langwierige Übergang zum frühfeudalen Staat seinen Anfang.

In und um Leipzig wurden für diese Geschichtsperiode zahlreiche Siedlungen und Gräberfelder nachgewiesen, und seit Beginn der Eisenzeit sind die hier ansässigen Stämme als germanisch zu bezeichnen. Nachdem diese Ende des 6. Jahrhunderts u. Z. im Sog der Völkerwanderung den Bereich zwischen Elbe und Saale weitgehend verlassen hatten, rückten während der beiden folgenden Jahrhunderte von Südosten her sorbische Bauern im Zuge der westslawischen Landnahme in dieses Gebiet vor. Sie besetzten vermutlich den gesamten Landstrich entlang des Flüßchens Parthe mit Dörfern und gründeten etwa im Bereich zwischen der Pfaffendorfer Straße und dem Brühl eine Zwillingsniederlassung, die bald auch zur Heimstatt für Handwerk und Handel wurde und der sie den Namen ›Lipzi‹ (Ort bei den Linden) gaben.

Deutsche Adlige, die im Jahre 929 mit der Unterwerfung der westslawischen Stämme bis zur Oder begannen, drangen auch in das Leipziger Territorium ein und zwangen die Sorben in die Tributpflicht. Auf dem Hügel des späteren Matthäikirchhofs – dort, wo sich schon lange vordem mehrfach prähistorische Besiedlungen lokalisierten – entstand als Zeichen und zur Sicherung ihrer Macht die 1015 erstmals genannte, dem Markgrafen von Meißen unterstellte ›urbs Libzi‹ (Burg Leipzig), die den künftigen Stadtnamen urkundlich begründete. In ihrem Schutz und begünstigt durch die sich hier kreuzenden mittelalterlichen Haupthandelsstraßen wuchs die Handwerker- und Kaufmannssiedlung bald über den ursprünglichen Bereich des heutigen Richard-Wagner-Platzes und des Brühls hinaus und solchermaßen allmählich in die Rolle einer kleinen Stadt hinein.

1 Werkzeuge aus Feuerstein. Etwa 250000 v. u. Z.

Die Jäger und Sammler der Alt- und Mittelsteinzeit (etwa 250000 bis etwa 5000 v. u. Z.) Die ältesten Spuren menschlicher Besiedlung des Leipziger Raumes reichen etwa eine viertel Million Jahre zurück. Sie stammen aus einer Zeit, da von Skandinavien her das Inlandeis zum zweiten und letzten Mal bis in dieses Gebiet vorzustoßen begann und dabei weite Teile Nord- und Mitteleuropas unter einem riesigen Gletscherblock von mehreren hundert Metern Mächtigkeit begrub. Damals befand sich beim heutigen Markkleeberg ein Übergang über die vegetationslosen Schotterflächen des Randeises zu den südlicher gelegenen Tundren, in die das Wild vor der Kälte flüchtete. Hier boten sich den Altmenschen günstige Bedingungen für die Jagd und die Einrichtung von Rast- und Werkplätzen am Rand der Flußtäler von Pleiße und Gösel, zumal reichlich Rohmaterial für die Herstellung der einfachen Feuersteingeräte vorhanden war.

Die eiszeitlichen Jäger und Sammler dieser Epoche lebten in umherschweifenden Urhorden. Sie bestanden vermutlich aus zwei bis drei Dutzend Mitgliedern und gründeten sich auf Blutsverwandtschaft, Gemeinschaftsleistung sowie gleichberechtigte Beuteteilung. Nur in solchen Gruppen war es möglich, den ursächlich noch unerkannten Gefahren der Natur zu begegnen und auch größere Tiere wie Mammut, wollhaariges Nashorn, Wisent und Ren in den Kaltzeiten sowie Waldelefant, Waldnashorn, Bison und Hirsch in den Warmzeiten zu erlegen; das Wild wurde vor allem in Fallgruben gefangen oder in Schleich- und Hetzjagden mit Stoßwaffen zur Strecke gebracht.

Äußerlich erinnerten die Menschen dieser älteren Altsteinzeit mit fliehender Stirn, kräftigen Überaugenbögen, breiter Nase, schnauzenförmiger Kieferbildung und zurückweichendem Kinn noch immer stark an ihre tierischen Vorfahren. Sie gingen unbekleidet, lebten – nur durch einfache Windschirme aus Reisig geschützt – im Freien, nutzten und bewahrten jedoch schon das Feuer. Zunehmend verwendeten sie Werkzeuge und Waffen auch aus Holz, Knochen, Horn und Geweih. Die weitere technische Verfeinerung und beginnende Spezialisierung der Geräte erforderten eine bessere Verständigung der Hordenmitglieder untereinander; so entstand aus ursprünglichen Lautsätzen die artikulierte Sprache. Auch bildete sich allmählich eine Arbeitsteilung zwischen den Geschlechtern heraus, die die Männer zur Jagd, die Frauen zum Sammeln der Grundnahrung wie Wildfrüchte, Knollen, Wurzeln, Kräuter, Vogeleier, Insektenlarven, Schnecken, Eidechsen, Mäuse und anderes eßbares Kleingetier bestimmte.

Mit Beginn der jüngeren Altsteinzeit um 50000 v.u.Z. endete der Prozeß der Menschwerdung. Der nunmehrige Neumensch betrieb die Jagd, für die er sich den Hund zum Gefährten gemacht hatte, mit Fernwaffen wie Speer, Pfeil und Bogen, den später hinzugekommenen Fischfang mit Harpune, Angel, Netz und Reuse, kannte sogar schon die Nähnadel mit feinem Öhr. Diese und weitere Fortschritte in den folgenden Jahrtausenden ermöglichten eine größere, wenn auch sicher noch jahreszeitlich bedingte Seßhaftigkeit, wie sie im Umfeld von Leipzig durch die Werk- und Siedlungsplätze späteiszeitlicher Jäger unter anderem an den Muldeufern in Groitzsch bei Eilenburg nachgewiesen ist.

Auch die Form des Zusammenlebens hatte sich weiterentwickelt. Aus der Urhorde war die fester gefügte, strenger reglementierte Sippe geworden. Diese engere Gemeinschaft stabilisierte sich während der Mittelsteinzeit, die mit Ende der letzten Eiszeit um 8000 v.u.Z. begann. Geheiratet werden durfte nur außerhalb der eigenen Sippe, doch war die monogame Familie noch lange nicht vorherrschend, so daß für die Abstammung wahrscheinlich die mütterliche Linie bestimmend war. Damit kam der Frau als Stammutter und Bewahrerin der Kinder, als Hüterin des Feuers und des Standlagers – denn die Männer waren ja durch die Jagd häufig abwesend –, als Sammlerin der Grundnahrung und Bereiterin der Speisen eine Vorrangstellung zu. Für das damalige Matriarchat sprechen auch zahlreiche aus dieser wie aus späterer Zeit stammende weibliche Idolfiguren, sogenannte Venusstatuetten, als Symbole der Mutterverehrung und des Fruchtbarkeitskults.

Eine Sippe bestand vermutlich aus etwa hundert bis hundertfünfzig Mitgliedern. Sie kleideten sich in Felle und errichteten einfache Hütten aus Holz und Schilf sowie Zelte aus Tierhäuten mit steinernen Herdstellen. Die Toten wurden bestattet; beigegebene Speisen, Geräte, Waffen und Schmuck deuten auf Jenseitsglauben hin. Solche sich entwickelnden religiösen Vorstellungen entsprangen mangelnder Kenntnis der Naturgesetze, ebenso kultische Handlungen wie der Jagdzauber zur Beschwörung reicherer Beute. Als bildnerische Ausdrucksformen sowohl des Fruchtbarkeitskults wie auch der Jagdmagie entstanden die frühesten Kunstäußerungen, die damit den wichtigsten, weil unmittelbar lebenserhaltenden Motiven gewidmet waren und von Anfang an naturalistische Darstellungsweise mit stilisierender Gestaltung verbanden.

2 Wildpferdkopf-Gravur in Schiefer. Etwa 10. Jahrtausend v. u. Z.

3 Spitzhaue aus Felsgestein. Um 5000 v. u. Z.

4 Weibliche Idolfigur aus Ton. 4. Jahrtausend v. u. Z.

Die Bodenbauern und Viehhalter der Jungsteinzeit (etwa 5000 bis etwa 1800 v. u. Z.) Im 5. Jahrtausend v. u. Z. gelangten von Südosten her bäuerliche Kulturen nach Mitteleuropa. Einwanderer aus dem donauländischen Raum, die auch das Gebiet der heutigen Stadt Leipzig erreichten, brachten den revolutionierenden Übergang von der aneignenden zur produzierenden Wirtschaftsweise, vom Wildbeutertum zu Bodenbau und Viehhaltung. Dieser Wechsel führte zu einer entscheidenden Verbesserung der Ernährungsgrundlage und damit zu einer erheblichen Bevölkerungszunahme; Gräberfelder aus jener Epoche verweisen jedoch auf eine außerordentlich hohe Kindersterblichkeit und eine durchschnittliche Lebenserwartung von vermutlich nur dreißig bis fünfunddreißig Jahren.

Die Bodenbauern und Viehhalter der Jungsteinzeit bildeten aus Einzel- und Großfamilien bestehende Sippen von vermutlich bis zu mehreren hundert Mitgliedern, die wirtschaftlich wie gesellschaftlich gleichgestellt waren. In der Folgezeit schlossen sich miteinander verwandte oder befreundete Sippen zu Stämmen zusammen. Die Seßhaftigkeit wuchs beträchtlich.

Auch im Leipziger Raum entstanden planvoll errichtete Siedlungen, besonders an den Ufern fischreicher Wasserläufe; wenn notwendig, wurde der damals vorherrschende dichte Eichenmischwald durch Brandrodung zurückgedrängt und damit der Boden urbar gemacht. In der Harth bei Zwenkau legten Archäologen 1952 bis 1957 mit vierzehn gut erhaltenen Hausgrundrissen die bisher bedeutendste Niederlassung der ältesten bäuerlichen Kultur im mitteldeutschen Raum frei. Aus der ersten Hälfte des 4. Jahrtausends v. u. Z. stammend, vermittelt sie einen anschaulichen Eindruck von der damaligen Bauweise: Es dominierte das Großhaus, in Zwenkau-Harth bis zu sechsunddreißig Meter lang und neun Meter breit. Die Wände bestanden aus starken Pfostenreihen, verbunden durch lehmverstrichenes Flechtwerk, die hohen Giebeldächer waren mit Ried oder Rohr gedeckt. Neben diesen Wohnstätten für Großfamilien und zuweilen ganze Sippen entstanden Wirtschaftsgebäude wie Speicher, Backöfen und Dörrhäuser; außerdem wurden Wasserlöcher oder Brunnen gegraben und verschiedentlich Palisaden, Wälle und Gräben zum Schutz des Siedlungsgebietes geschaffen.

Angebaut wurden – kultiviert aus Wildpflanzen – vor allem Gerste und Weizenarten wie Emmer und Einkorn, bald auch Erbsen, Bohnen, Linsen, Rispenhirse, Möhren, Mohn und Lein. Zugleich begann eine Vorratshaltung, für die beispielsweise Getreide durch Rösten konserviert wurde. Die Viehhaltung umfaßte, ebenfalls aus Wildformen domestiziert, Rinder und Schafe, Ziegen und Schweine, denen sich im 4. Jahrtausend v. u. Z. das Pferd zugesellte.

Die bäuerliche Wirtschaftsweise bedingte eine erhebliche Verbesserung der Werkzeugtechnik. Für Hausbau und Feldarbeit wurden Beil, Axt, Keil und Meißel sowie Hammer, Hacke, Säge und Sichel in den bis heute gültigen Grundformen verwendet. Aus Flachs und Tierwolle, gesponnen mit Handspindeln, entstanden in Weiterentwicklung der älteren Flechttechnik auf einfachen Webstühlen die ersten Stoffe für die bislang meist aus Fellen bestehende Kleidung.

Zu hoher Blüte gelangte die Töpferei. Die vorwiegend von Frauen handgeformten, anfangs am offenen Feuer, später in urtümlichen Kuppelöfen gebrannten Tongefäße dienten besonders zur Vorratshaltung und zum Kochen. Mit der Vielfalt ihrer Formen und Verzierungsweisen, die für bestimmte Gebiete und Zeiten typisch waren, wurden diese Keramiken namensgebend für die einzelnen Kulturperioden der Jungsteinzeit.

Grabungen im zerstörten historischen Stadtkern von Leipzig, die in jüngster Zeit vor allem im Gebiet zwischen Großer Fleischergasse, Matthäikirchhof und Töpferstraße durchgeführt wurden, förderten eindeutige Beweise für mehrfache, sich einander ablösende Besiedlungen des Plateaus zwischen Elster, Pleiße und Parthe zutage: Gefäßscherben der Linienbandkeramiker, die hier als älteste europäische Bodenbauern und Viehhalter um 4000 v. u. Z. ansässig waren, Hinterlassenschaften der etwa tausend Jahre späteren Trichterbecherkultur sowie Zeugnisse der Kugelamphorenkultur aus der letzten Phase der um 1800 v. u. Z. endenden Jungsteinzeit.

In dieser Periode vollzog sich der Übergang vom bisherigen Matriarchat zum Patriarchat, bedingt durch die wachsende Bedeutung des Mannes in der allmählich gegenüber dem Bodenbau dominierenden Viehhaltung. Die Toten wurden auf Gräberfeldern zumeist in einfachen Erdgruben und einer der Schlafstellung angepaßten Hocklage beigesetzt. Für die nach wie vor ganz im kultischen Bereich verwurzelten einfachen Kunstäußerungen dieser Epoche, zu denen sicher auch Musik und Tanz gehörten, sind neben dem aus der Altsteinzeit übernommenen betont Bildnerischen eine verstärkte Abstraktion und Stilisierung bis hin zu rein ornamentaler Dekoration kennzeichnend.

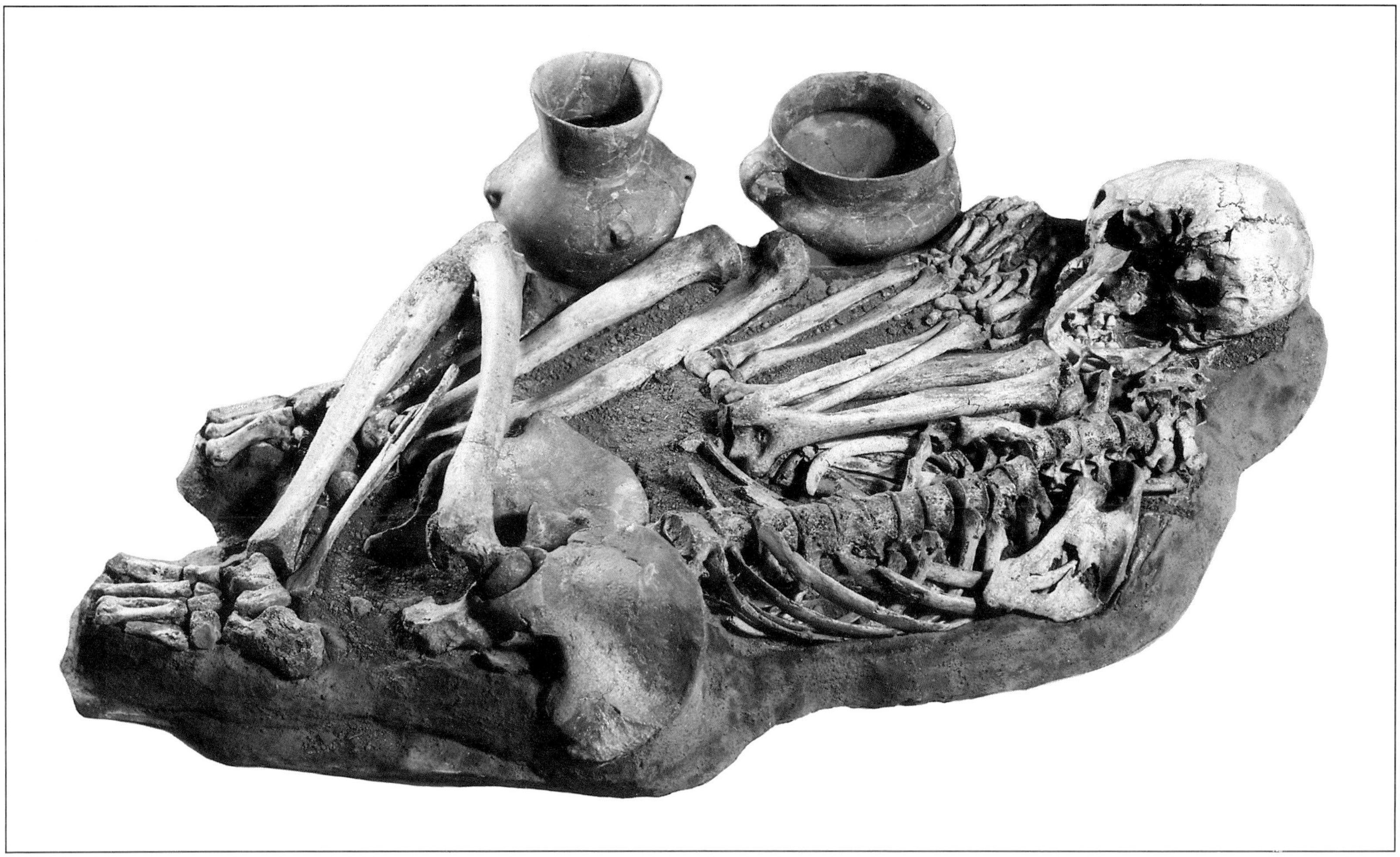

5 Hockerbestattung. Um 3000 v. u. Z.

6 Kanne aus Keramik. Um 2800 v. u. Z.

7 Trommel aus Keramik. Um 2800 v. u. Z.

8 Knaufhammeraxt aus Nephrit. 3. Jahrtausend v. u. Z.

Die Pflugbauern, Viehzüchter und Metallwerker der Bronzezeit (etwa 1800 bis etwa 700 v. u. Z.) Um 1800 v. u. Z. war auch in der Elbe-Saale-Region der Übergang von der Stein- zur Metallzeit erfolgt. Mehr und mehr begannen die diese Epoche kennzeichnenden technischen Errungenschaften der Verhüttung von Kupfererzen und des Legierens von Kupfer und Zinn zu Bronze die gesellschaftliche Entwicklung zu bestimmen. Ausgangspunkte dieser Metallurgie waren wie schon bei der Landwirtschaft die gesellschaftlich am weitesten vorangeschrittenen Gebiete in Vorderasien und Südosteuropa.

In und um Leipzig sind zahlreiche Siedlungsplätze für diese Periode nachgewiesen, in der vor allem die intensivierte Bodennutzung durch die Einführung des von Rindern gezogenen hölzernen Hakenpfluges ein ständiges Mehrprodukt an Nahrungsmitteln entstehen ließ. Das wiederum ermöglichte die allmähliche Spezialisierung von Metallwerkern zur Verarbeitung der Bronze, die gegenüber dem herkömmlichen Steinmaterial weitaus besser formbar und vielseitiger einsetzbar war. Dennoch blieben zunächst auch weiterhin zahlreiche Gerätschaften aus Feuerstein oder Felsgestein in Gebrauch.

Anfangs wurde die Bronze – reines Kupfer hatte sich als zu weicher Werkstoff erwiesen – durch Hämmern in die gewünschte Form gebracht. Dann setzte sich jedoch die Gußtechnik durch, zumal nunmehr auch getrennt gegossene Teile miteinander verbunden werden konnten. Hergestellt wurden zunächst vor allem kunstvoll verzierte Waffen und Schmuck, bald auch in serienmäßiger Fertigung. Die Verarbeitung weitete sich in der Folgezeit durch den Tauschhandel der Rohstoffe rasch aus, wobei der Erzabbau bereits bis zu hundert Meter unter Tage erfolgte. Metallbarren erlangten allmählich Wertfunktion.

9 Buckelkanne aus Keramik. Um 1200 v. u. Z.

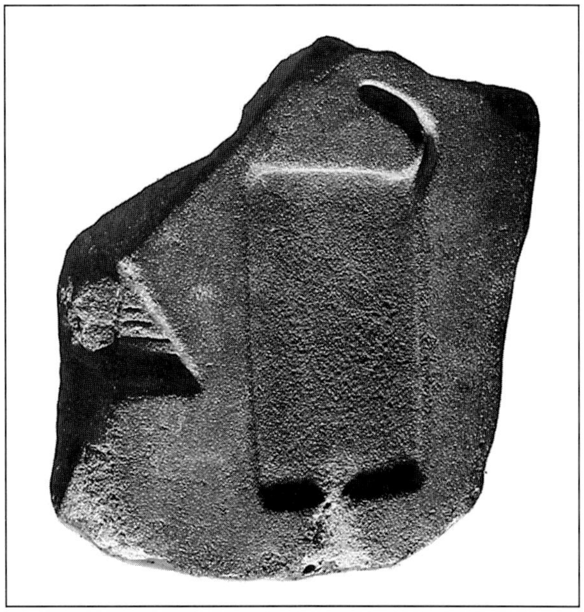

10 Rasiermesser-Gußform aus Buntsandstein. Um 1000 v. u. Z.

11 Rasiermesser aus Bronze. Um 1000 v. u. Z.

Trotz des Aufblühens der Metallurgie behielten der Ackerbau, der sich unter anderem um die Kultivierung von Hafer und Roggen erweiterte, sowie die Viehzucht ihre dominierende wirtschaftliche Bedeutung. Zugleich nahm die Töpferei einen außerordentlichen Aufschwung, insbesondere während der im 14. Jahrhundert v. u. Z. auch auf das spätere Leipzig ausstrahlenden Lausitzer Kultur, die fast ein volles Jahrtausend für dieses Gebiet bestimmend blieb. Charakteristisch war die sogenannte Buckelkeramik, die ähnlich den Metallerzeugnissen teilweise schon in speziellen Werkstätten als Serienproduktion hergestellt wurde. Solche Tonware fand sich beispielsweise bei archäologischen Grabungen in den östlichen Teilen der Thomaskirche.

Die Pflugbauern, Viehzüchter und Metallwerker dieser Zeit legten Einzelgehöfte, Haufendörfer und Rundsiedlungen an, die aus rechteckigen Pfostenhäusern mit nur einem Raum von durchschnittlich zwanzig Quadratmeter Grundfläche bestanden. Größere Bauten dienten wahrscheinlich als Versammlungsstätten oder anderen gemeinsamen Nutzungen, ebenso als Unterkünfte der Stammesführer und damit als äußeres Zeichen ihrer mehr und mehr an Bedeutung gewinnenden Stellung innerhalb der Gemeinschaft. Auch Wallburgen aus Holz und Erde entstanden in oft schon beträchtlichen Ausmaßen. Die Toten wurden in Abkehr von der bisher überwiegenden Körperbestattung verbrannt und auf großen Urnenfeldern beigesetzt.

Die Intensivierung der bäuerlichen Wirtschaft, die Einführung der Bronzemetallurgie, die keimhafte Entstehung von Handwerk und Gewerbe sowie der sich entwickelnde Handel leiteten tiefgreifende gesellschaftliche Veränderungen ein und führten zu einer zunehmenden sozialen Differenzierung. Eine privilegierte Sippenaristokratie begann sich herauszubilden und die allmählich zur militärischen Demokratie werdende urgesellschaftliche Ordnung zu beherrschen. Dabei brachen Widersprüche zwischen Sippen und Stämmen auf, die aus unterschiedlicher ökonomischer Entwicklung resultierten und den Krieg um das Mehrprodukt der anderen zur sozialpolitischen Erscheinung machten. In diesem Prozeß kam es zum Zusammenschluß von Stämmen zu Stammesbünden, aus denen sich später die ethnischen Gruppierungen unter anderem der Kelten, Germanen und Slawen entwickelten.

Gekennzeichnet ist diese Zeit der beginnenden Auflösung der Urgesellschaft auch von der weiteren Zurückdrängung der Rolle der Frau und der endgültigen Durchsetzung des Patriarchats. Zugleich bahnte sich ein bedeutsamer Wandel in den religiös-kultischen Vorstellungen an, der im allmählichen Wechsel vom urtümlichen Geister- und Dämonenglauben zur Anbetung von Gottheiten der Naturerscheinungen auf der Grundlage eines ausgeprägten Sonnenkults zum Ausdruck kam.

12 Vogelklapper aus Ton. Um 800 v. u. Z.

13 Trinkhorn aus Keramik. Um 800 v. u. Z.

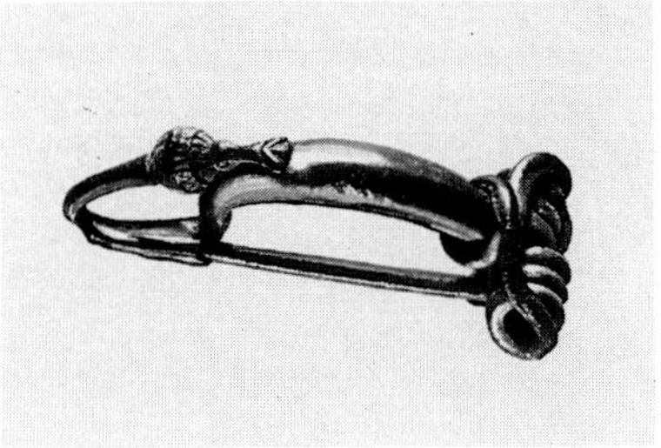

14 Fibel aus Bronze.
3. Jahrhundert v. u. Z.

15 Gürtelhaken aus Bronze (Abguß). 2. Jahrhundert v. u. Z.

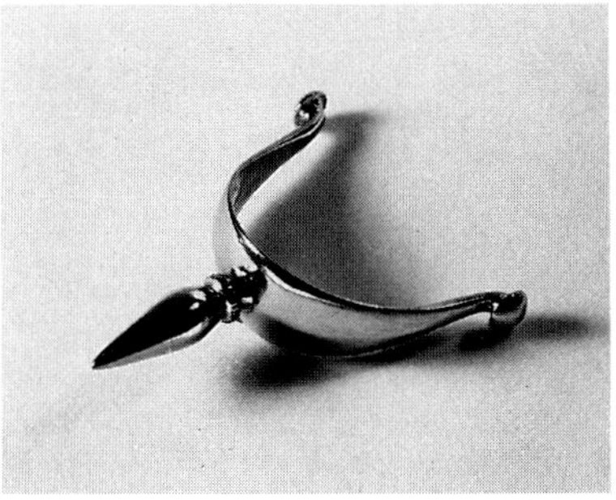

16 Reitersporn aus Eisen (Nachbildung). 3. Jahrhundert u. Z.

Die germanischen Siedler (etwa 700 v. u. Z. bis etwa 6. Jahrhundert u. Z.) Vom 7. Jahrhundert v. u. Z. an begann auf heutigem Leipziger Territorium die allmähliche Nutzbarmachung des gegenüber der Bronze härteren Eisens für die Herstellung von Geräten und Waffen. Zur raschen Ausbreitung der neuen Technologie trug vor allem bei, daß dieser Rohstoff als Brauneisenstein oder Raseneisenerz nahezu überall vorhanden und damit seine Verarbeitung von Importen unabhängig war. Dennoch wurde auch weiterhin Bronze – namentlich für Schmuck – verwendet, zumal die heimische Eisengewinnung erst für die letzten Jahrhunderte vor unserer Zeitrechnung belegbar ist.

Seit Beginn der Eisenzeit sind die im Altstadtbereich insbesondere durch keramische Hinterlassenschaften nachgewiesenen Siedler als germanisch zu bezeichnen. Um die Zeitenwende waren hier die elbgermanischen Hermunduren ansässig. Sie zählten als Kern des späteren Hauptstammes der Thüringer zu jenen Völkerschaften, die vorrangige Bedeutung für die Herausbildung des deutschen Volkes in den nachfolgenden Jahrhunderten erlangten.

Die Germanen waren Pflugbauern mit entwickelter Viehwirtschaft. Auf den durch Brandrodung vergrößerten Anbauflächen wurden hauptsächlich Gerste, Weizen, Hafer und Roggen, Hirse, Bohnen, Erbsen, Möhren und Rüben sowie Hanf, Flachs und Waid zum Blaufärben von Tuchen geerntet. Rinder, Schweine, Schafe, Ziegen und Pferde bildeten den Hauptviehbestand. Neue landwirtschaftliche Geräte wie eiserne Pflugschare, Eggen und Drehmühlen zur Getreideverarbeitung wurden verhältnismäßig spät eingeführt, hingegen die Mergeldüngung des Bodens schon frühzeitig bekannt war. Nach römischem Vorbild begann der Obst- und Gartenbau. Aus dem Honig wilder Bienen wurde Met, aus Gerste oder Weizen Bier gebraut. Nach wie vor spielten Jagd und Fischfang eine wichtige Rolle. In der Metallverarbeitung setzte sich das Eisen und bei der Keramikherstellung allmählich die von den Kelten übernommene Töpferscheibe durch. Der Handel blühte auf.

Die zu Stämmen vereinigten germanischen Sippen errichteten meist kleine Haufendörfer. Sie bestanden in der Regel aus mehreren Gehöften, die sich aus dem bis zu zwanzig Meter großen Langhaus mit Wohnraum, Flur und Stallteil sowie aus Wirtschaftsgebäuden, Speichern, Spinn- und Webkaten zusammensetzten. Hinzu kamen mit Holz abgesteifte Brunnen sowie Eisenschmelzen und Kalkbrennöfen. Als gegenüber der Jungsteinzeit kaum veränderte Bauweise dominierte noch immer das verschiedentlich jedoch schon unterkellerte Pfostenhaus mit lehmverstrichenen Flechtwerkwänden und schilf- oder strohgedecktem Giebeldach.

Die soziale Differenzierung innerhalb der Sippen hatte sich weiter vertieft. Zwar war der Boden noch Gemeineigentum, doch galten Haus, Hof und Viehherden bereits als persönlicher Besitz. Die gewachsene Arbeitsproduktivität ließ seit dem 1. Jahrhundert u. Z. die Einzelfamilie zunehmend selbständiger werden.

Oberstes germanisches Stammesorgan war die Volksversammlung, das Thing. Es vereinigte unter Ausschluß der Frauen alle freien und waffentragenden Männer und wählte deren Führer, die sich mehr und mehr von der produktiven Arbeit lösten und mit militärischen Gefolgschaften umgaben; dieser Oberschicht hatte die Gemeinschaft Naturalleistungen als Vorläufer staatlicher Steuern zu entrichten. Das Thing übte unter anderem Gerichtsfunktionen aus. Da schriftlich fixierte Gesetzestexte fehlten, erfolgte der Urteilsspruch nach dem Gewohnheitsrecht. Verrat, Feigheit, Ehebruch und Unzucht wurden mit dem Tod durch Erhängen oder Versenken im Moor bestraft, Totschlag und schwere Körperverletzung durch Blutrache oder materielle Buße gesühnt.

Im Mittelpunkt der religiös-kultischen Vorstellungen der Germanen, die noch bis in das 5. Jahrhundert u. Z. hinein von christlichen Einflüssen frei blieben, stand die Personifizierung der Naturgewalten durch Götter wie Wodan, Donar und Ziu. Die kultischen Handlungen, zu denen auch Weissagungen zum Beispiel aus dem Vogelflug sowie Orakel zählten, wurden durch Priester und sogenannte Seherinnen verrichtet; da es keine Sakralbauten gab, fanden sie unter freiem Himmel an geheiligten Orten wie Hainen und Quellen statt.

Im kulturell-künstlerischen Bereich zeigten sich während dieser ganzen Periode vielfältige keltische und römische Einflüsse. Früheste literarische Zeugnisse der Germanen, die vor allem in der Völkerwanderungszeit wurzeln, wurden erst Jahrhunderte danach aufgezeichnet, beschränkte sich doch der Gebrauch der Runen als germanische Schriftzeichen weitestgehend auf den religiösen Kult.

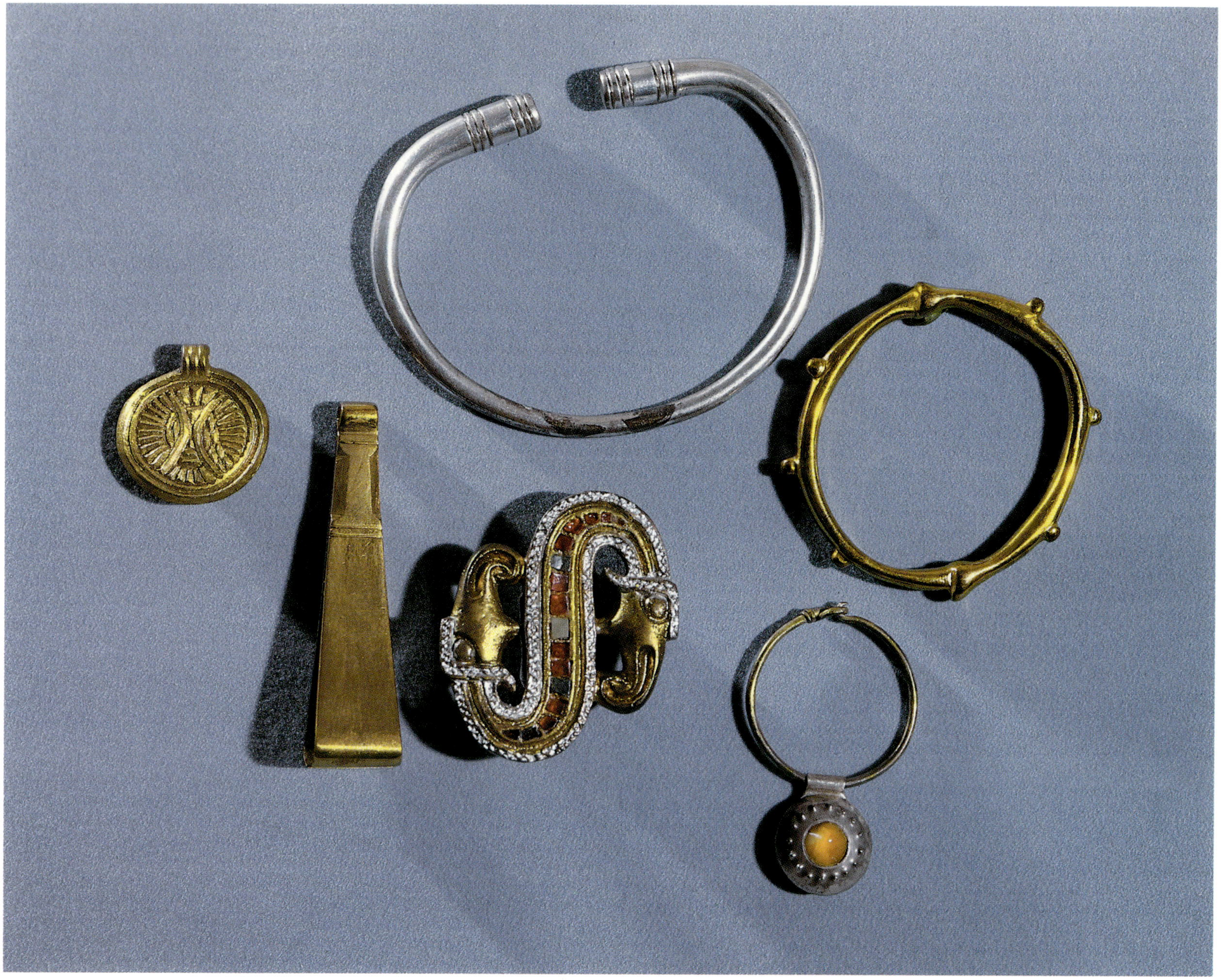

17 Schmuck aus Bronze
und teilvergoldetem Silber
mit Schmuckstein- und Glaseinlagen (Nachbildungen).
Um 500 bzw. Anfang des 7. Jahrhunderts

18 Dreilagenkamm aus Knochen (Nachbildung).
3. Jahrhundert

19 Standbodentopf und Schüssel aus Keramik. Um 650

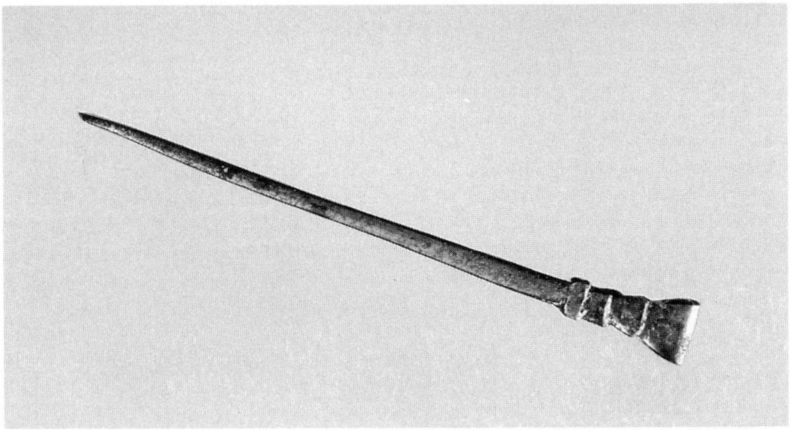

20 Schreibgriffel aus Bronze. Vermutlich 11. Jahrhundert

Die slawischen Siedler (etwa 6. Jahrhundert bis etwa 1000)

Ende des 6. Jahrhunderts u. Z. hatten die Germanen im Sog der Völkerwanderung den Bereich zwischen Elbe und Saale weitgehend geräumt. In das von ihnen verlassene Gebiet rückten während der beiden nächsten Jahrhunderte von Südosten her sorbische Siedler vor. Im Zuge der westslawischen bäuerlichen Landnahme besetzten sie vermutlich das ganze Parthetal mit Dörfern und bauten wehrhafte Befestigungen. Auch bei ihnen vollzog sich in der Folgezeit der Übergang von der Urgesellschaft zum frühfeudalen Staat.

Die politisch in Burgbezirke gegliederten, sich auf die Einzelfamilie gründenden sorbischen Stämme betrieben vor allem Akkerbau und Viehzucht. Dafür bot die Leipziger Auenlandschaft günstige Möglichkeiten. In extensiver Zwei- und Dreifelderwirtschaft wurde überwiegend Getreide angebaut, mit Sicheln und Sensen geerntet und in Steinmühlen, Backöfen und -wannen verarbeitet. An Haustieren hielt man alle heute bekannten Arten einschließlich Geflügel; berühmt war die slawische Pferdezucht. Neben Gartenbau, Bienenhaltung und Jagd spielte der Fischfang in den zahlreichen Gewässern eine besondere Rolle. Das hauswirtschaftliche Handwerk entwikkelte sich zu spezialisierten Berufszweigen. Zugleich blühte der Handel weiter auf und erlangte in diesem Raum bald bestimmende Bedeutung.

Ein sorbischer Siedlungsschwerpunkt befand sich am später nach Norden verlegten Parthelauf im Bereich des heutigen Tröndlinrings. An beiden Ufern, etwa am Standort des jetzigen Naturkundemuseums und des Horten-Warenhauses, wuchs eine Zwillingsniederlassung, die zur Keimzelle Leipzigs wurde und durch einen Flußübergang ungefähr in Höhe der nunmehrigen Fußgängerbrücke miteinander verbunden war. Damit wurde bereits die dominierende Nord-Süd-Entwicklung der künftigen Stadt vorgezeichnet, zumal in der Folgezeit die zunehmende Versumpfung der Elster-Pleißen-Aue eine Ausdehnung nach Westen erschwerte.

Das Bild der damaligen Doppelsiedlung, der die Sorben den Namen ›Lipzi‹ (Ort bei den Linden) gaben, bestimmten zahlreiche Giebelhäuser mit einer Grundfläche von nur etwa drei mal vier Metern. Meist war der Fußboden – wahrscheinlich zum Schutz vor Frost – sechzig bis achtzig Zentimeter eingetieft. Eine Rampe führte in diese Wohngrube hinab, in der auf einer flachen Feldsteinaufschüttung das Herdfeuer brannte. Ein Tausch- und Handelsplatz als ältester Markt bestand dort, wo heute die Hainstraße vom Brühl abzweigt; an dieser Stelle kreuzten sich die Via Regia (Königs- oder Hohe Straße), die als West-Ost-Verbindung vom Rhein bis nach Polen und Rußland reichte, und die von Süd nach Nord verlaufende spätere Via Imperii (Reichsstraße), die sich bis in das Küstengebiet der Ostsee erstreckte. Auf dem Gelände des jetzigen Wilhelm-Leuschner-Platzes befand sich das Zentrum dieses zum Slawengau Chutizi zählenden Burgbezirks.

Im 10. Jahrhundert drangen deutsche Adlige während der ersten Etappe ihrer Ostexpansion in den Leipziger Raum ein. Sie unterwarfen die sorbische Bevölkerung und machten sie tributpflichtig. Zur Sicherung ihrer Herrschaft errichteten sie ein ganzes Burgensystem. So entstand auch auf dem schon in prähistorischer Zeit mehrfach besiedelten Hügel des späteren Matthäikirchhofs – westlich der Großen Fleischergasse – eine starke Feste, die als ›urbs Libzi‹ (Burg Leipzig) 1015 erstmals erwähnt wurde und damit die Urform des heutigen Stadtnamens urkundlich werden ließ. Vermutlich bereits in der zweiten Hälfte des 10. Jahrhunderts direkt in die Zwillingsniederlassung hineingebaut, kam ihr große strategische Bedeutung im Rahmen kaiserlicher Reichspolitik zu.

Die aus Kern- und Vorburg bestehende, ein großes Rechteck bildende Anlage war mit einem mächtigen runden Bergfried von etwa dreißig Meter Höhe, zehn Meter Durchmesser und bis zu dreieinhalb Meter Mauerstärke versehen. Von seiner Spitze aus konnten weit reichende optische Signale wie Feuer-, Rauch- und Blinkzeichen gegeben und mit Katapulten die Randzonen der Befestigung bestrichen werden. Eine mehrgeschossige Kemenate diente als südwestliche Eckbastion. Der gesamte Burgbereich wurde von Wällen, Mauern und Gräben umgeben und zusätzlich durch vier vorgelagerte Nebenburgen an den Fernstraßen gesichert.

Im Schutz dieser Befestigung, die dem Markgrafen von Meißen unterstellt war, wuchs allmählich die sich im Bereich des heutigen Richard-Wagner-Platzes und des Brühls ausweitende Handwerker- und Kaufmannssiedlung. Ihre weitere Ausdehnung vor allem entlang der sich hier kreuzenden alten Fernstraßen wies noch vor der eigentlichen Stadtgründung auf die künftige Bedeutung als Handelszentrum hin.

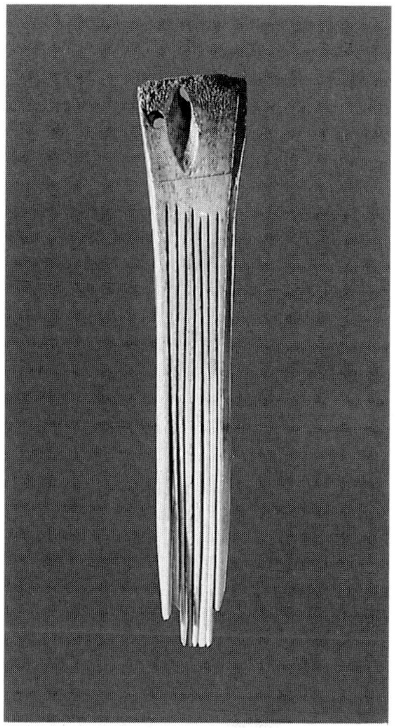

21 Webkamm
aus einem Röhrenknochen.
12. Jahrhundert

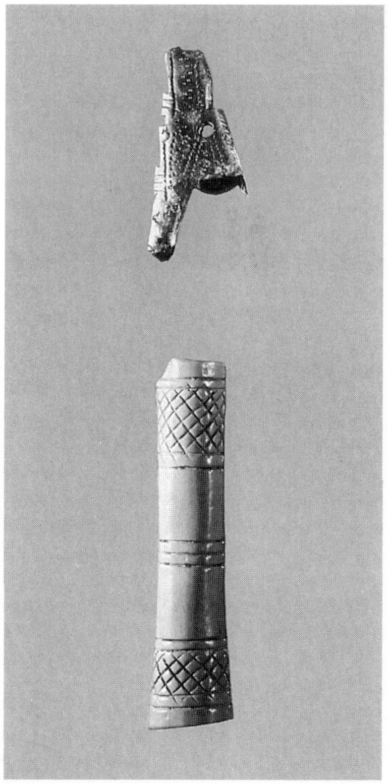

22 Messergriff aus poliertem Röhrenknochen und Messerscheidenbeschlag aus Kupferbronze.
12. Jahrhundert

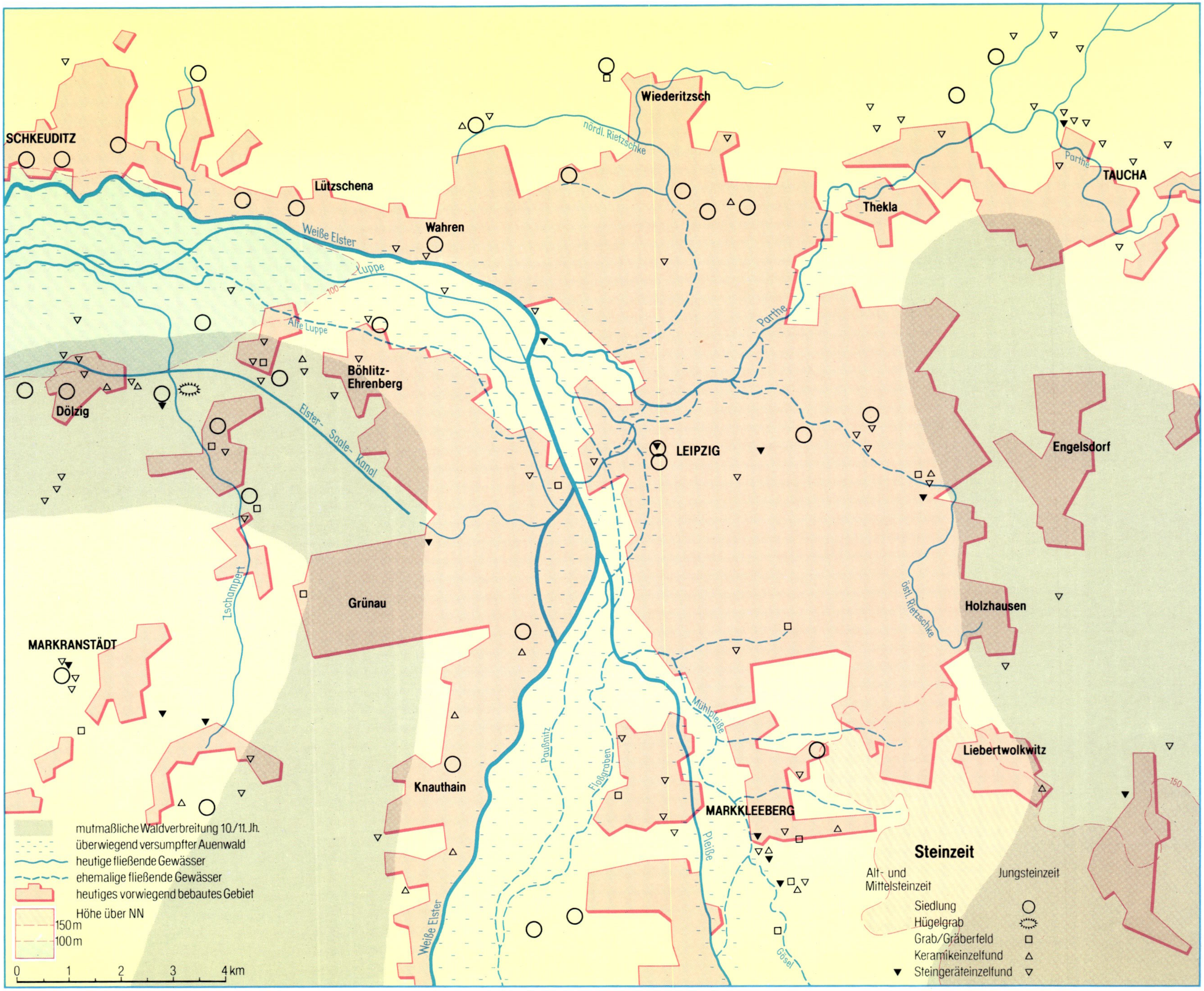

A Materielle Hinterlassenschaften der Jäger und Sammler der Alt- und Mittelsteinzeit
(etwa 250000 bis etwa 5000 v. u. Z.)
sowie der Bodenbauern und Viehhalter der Jungsteinzeit
(etwa 5000 bis etwa 1800 v. u. Z.)

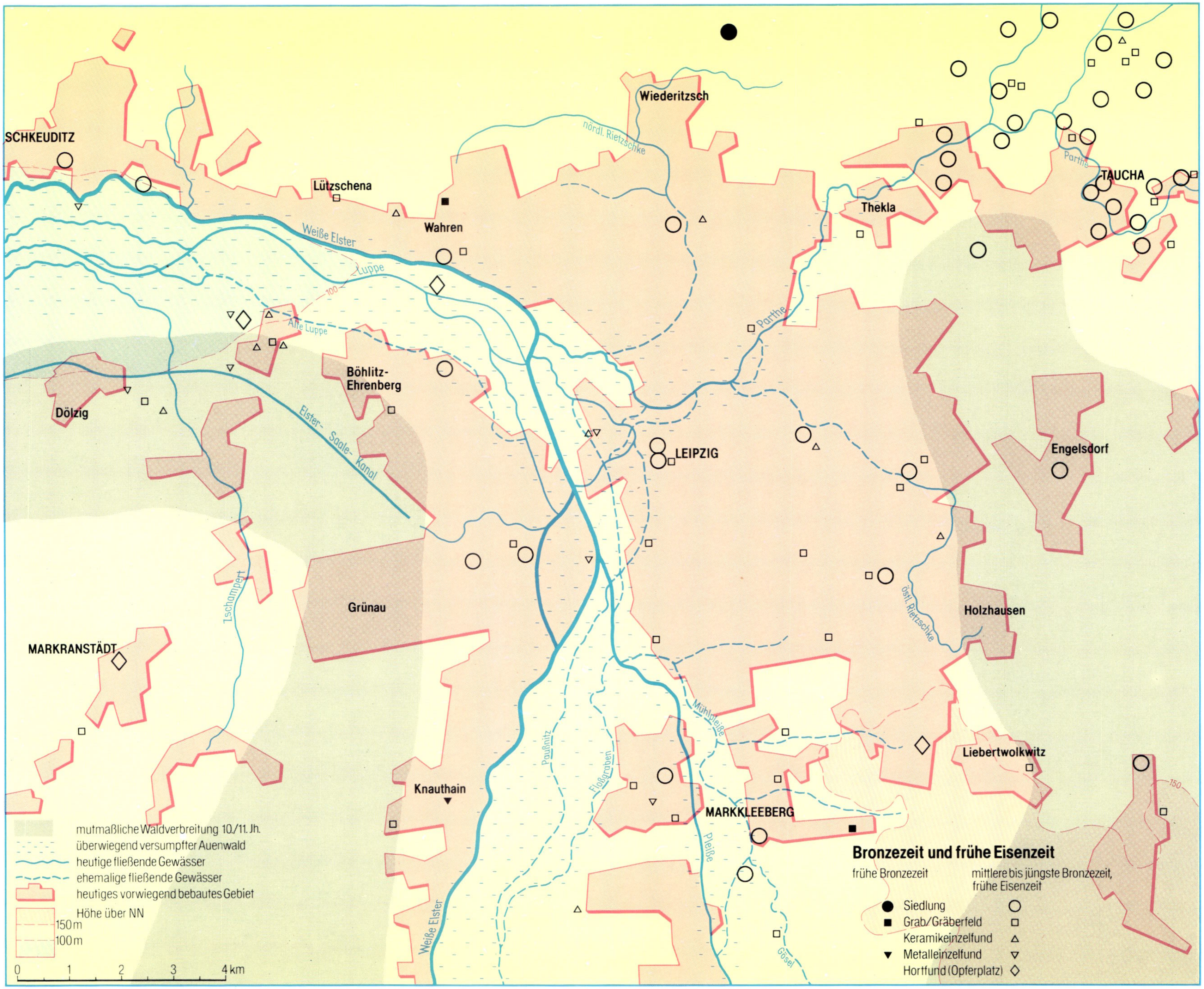

B Materielle Hinterlassenschaften der Pflugbauern, Viehzüchter und Metallwerker der Bronzezeit und frühen Eisenzeit (etwa 1800 bis etwa 500 v. u. Z.)

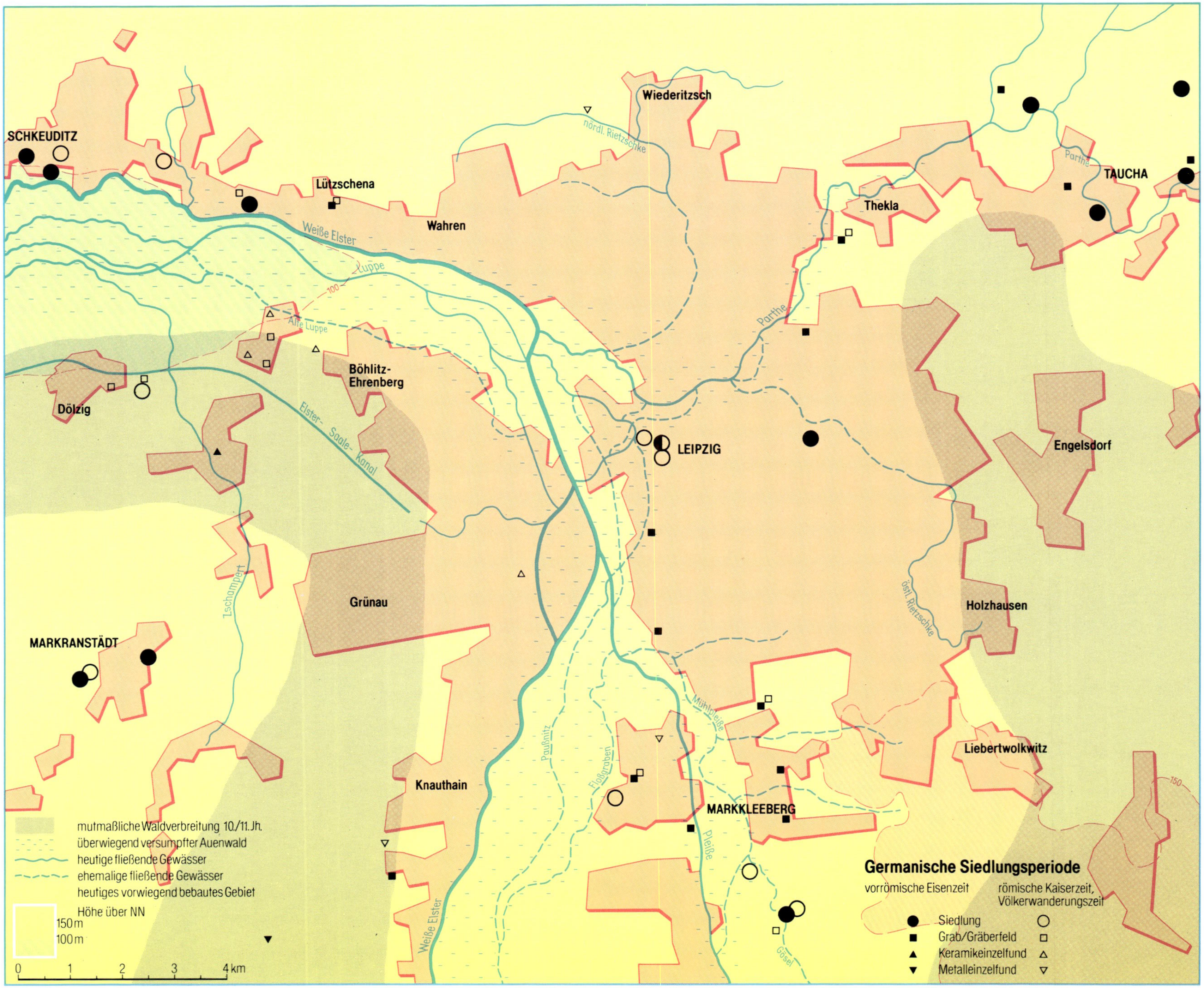

C Materielle Hinterlassenschaften der germanischen Siedler
(etwa 500 v.u.Z. bis etwa 6. Jahrhundert u.Z.)

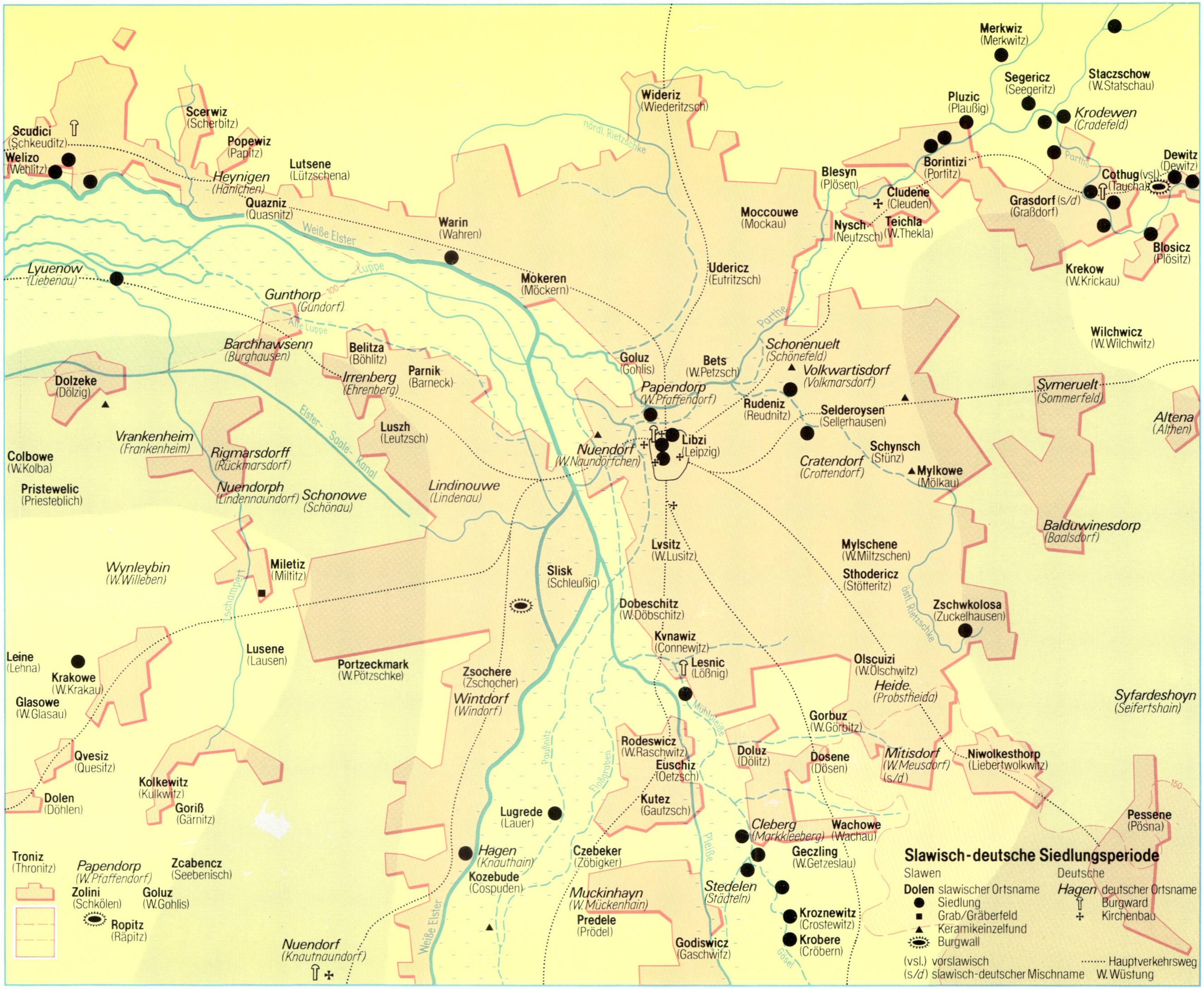

D Materielle Hinterlassenschaften und Ortsnamen der slawischen Siedler
(etwa 6. Jahrhundert bis etwa 1000)
sowie der deutschen Ostexpansion (etwa 1000 bis etwa 1200)

Vom mittelalter-lichen Marktflecken zur Messestadt

Das Werden und Wachsen
Leipzigs in der Epoche
des hohen und späten Mittelalters
(etwa 1000 bis 1471)

Mitte des 12. Jahrhunderts waren für Leipzig alle Voraussetzungen für die Erhebung zur Stadt herangereift. Im Schutz der ›urbs Libzi‹ hatte sich die Handwerker- und Kaufmannssiedlung über den heutigen Bereich Richard-Wagner-Platz und Brühl vor allem entlang der jetzigen Hain- und Katharinenstraße ausgeweitet, in Ausläufern vermutlich sogar über Elster und Parthe hinaus sowie in Richtung Grimmaische Straße und Thomaskirche, als deren Vorgängerbau sich dort bereits eine romanische Pfeilerbasilika erhob. Auch außerhalb der Befestigungswälle, mit denen der Ort möglicherweise schon in der ersten Hälfte des 12. Jahrhunderts umgeben worden war, zeigten sich erhebliche Veränderungen: Deutsche Bauern, aus dem Westen des Reiches in das eroberte slawische Land gekommen, hatten zahlreiche als Gassen-, Straßen- oder Angerdörfer angelegte Niederlassungen gegründet, die häufig denen der Sorben unmittelbar benachbart waren und zuweilen Doppelsiedlungen wie Klein- und Großzschocher entstehen ließen; heute weisen im Stadtkreis einunddreißig dem Slawischen entlehnte Ortsnamen, darunter Connewitz, Leutzsch und Möckern, sowie sechzehn deutsche Bezeichnungen, beispielsweise Lindenau, Paunsdorf und Probstheida, auf die damalige gemeinsame Siedlungsperiode hin, die mit dem allmählichen Aufgehen der Sorben in der hiesigen deutschen Bevölkerung endete.

Die in und um Leipzig erheblich gewachsene gewerbliche und landwirtschaftliche Produktion sowie der verstärkte Handelsverkehr auf den sich hier kreuzenden Fernstraßen forderten immer nachdrücklicher den planmäßigen Ausbau dieses wichtigen mittelalterlichen Marktfleckens. So war um 1165 die Verleihung des Stadtrechts durch Markgraf Otto von Meißen nur der Schlußpunkt unter jene vorangegangene frühstädtische Entwicklung, derzufolge der Ort seine Existenz weniger dem Gründungsakt eines feudalen Territorialfürsten als vielmehr der Initiative seiner Handwerker und Kaufleute verdankt.

Die nunmehrige Stadt als eine der frühesten Gründungen östlich von Elbe und Saale wurde in systematischer Anlage und schrittweiser, auch noch die folgenden Jahrhunderte fortdauernder Bebauung vor allem in südöstlicher Richtung vom ursprünglichen Siedlungskern erweitert. Dabei profitierte Leipzig insbesondere vom stürmischen wirtschaftlichen Aufschwung, den der Abbau des 1168 entdeckten Freiberger Silberreichtums innerhalb der Markgrafschaft bewirkte. Ein anfangs aus Erdwällen und Palisaden bestehender Befestigungsring, an dessen Stelle nachfolgend eine rund zweieinhalb Kilometer lange doppelte Steinmauer trat, begrenzte das mittelalterliche Stadtgebiet auf eine Fläche von etwa achtundvierzig Hektar. Die Umwehrung, deren Verlauf noch heute durch den Tröndlinring, Willy-Brandt-Platz, Georgiring, Roßplatz, Martin-Luther- und Dittrichring markiert wird, hatte mehrere starke Türme und befestigte Zwinger sowie vier besonders gesicherte Haupttore: das Ranstädter oder Rannische im Nordwesten, das Hallische im Norden, das Grimmaische im Osten und das Peterstor im Süden. Nach diesen Toren benannt waren die sich allmählich vor ihnen entwickelnden vier Vorstädte, die später ebenso wie der innerhalb der Mauern gelegene Bereich in jeweils vier Viertel eingeteilt wurden. Obwohl seit dem 13. Jahrhundert auch drei Klöster und zwei Hospitäler in das Ortsbild einbezogen waren, blieb das umwehrte Gebiet in seinen engen, erst 1784 durch die Niederlegung der Befestigungsanlagen gesprengten Grenzen noch jahrhundertelang baulich unausgefüllt und bot der Land- und Gartenwirtschaft beträchtlichen Nutzungsraum.

Zentrum Leipzigs war der Marktplatz in seiner jetzigen rechteckigen Gestalt. Auf ihn mündeten die Via Regia und die Via Imperii als die bedeutendsten Fernhandelsstraßen jener Zeit, hier befanden sich das Rathaus und die Gerichtslaube, auch die der Prüfung und Besteuerung auswärtiger Waren dienende Ratswaage mit der Ratstrinkstube sowie die sogenannten Bänke, die Verkaufsstände für Brot und Fleisch. Im Rathaus, dessen erster Bau möglicherweise mitten auf dem Platz errichtet wurde, lokalisierten sich nicht nur die bescheidenen Anfänge kommunaler Selbstverwaltung; unter den Diensträumen des städtischen Rates, in denen die Urkundentruhe – der ›Kasten‹ – aufbewahrt wurde, waren Ladengewölbe, und im Saal fanden außer Ratstagungen und Empfängen auch Familienfeiern begüterter Bürger sowie Tanzvergnügen statt, die diesem mittelalterlichen ›Mehrzweckgebäude‹ die Bezeichnung ›Theatrum‹ einbrachten.

Parallel zu diesem zentralen Platz wurden Straßen und Gassen angelegt. Sie waren schmal, meist ungepflastert und ohne jede Kanalisation. Im Gegensatz zu den stattlich-steinernen Sakralbauten, als deren bedeutendste die Thomaskirche und die dem Schutzpatron der Kaufleute geweihte Nikolaikirche bis in das 12. Jahrhundert zurückreichen, bestanden die vom Markt abgelegenen bescheidenen Bürgerhäuser vor dem großen Stadtbrand von 1420 fast ausschließlich aus Holz oder Fachwerk mit Lehm. In der Regel zweistöckig und nur drei Fenster breit, befanden sich über den erdgeschossigen Werkstätten der Handwerker oder den Geschäftsräumen der Kramer (Kleinhändler) die Wohnungen der Familien sowie die Unterkünfte für das Gesinde. Häufig waren die Gebäude mit Torweg, Hof und Garten versehen.

Die Häuser waren nach heutigen Begriffen äußerst spärlich möbliert: Stühle und Schemel, Tische, Betten und Truhen in der damals üblichen Doppelfunktion als Behältnis wie als Sitzgelegenheit bildeten meist das gesamte Mobiliar. Oft spielte sich das häusliche Leben in einem einzigen Raum ab; erst mit wachsender bürgerlicher Wohlhabenheit kam es in einem Jahrhunderte währenden Prozeß zur funktionellen Trennung der einzelnen Wohnbereiche und damit auch zu deren reicherer Ausstattung.

Weiträumiger als diese Grundstücke präsentierten sich die gehöftähnlichen Anwesen der Kaufleute rund um den Markt und der im Dienst des Markgrafen stehenden Adligen in der nach ihnen benannten Ritterstraße. Doch auch sie boten in wenigen großen, sparsam eingerichteten Räumen nur bescheidene Bequemlichkeit. Den Hauptteil des oberen Stockwerkes nahm der als Wohn- und Eßstatt dienende ›Saal‹ mit oft erhöht stehender Festtafel ein. Hier versammelte sich die Familie mit ihren Gästen zum Mahl, bei dem Quantität noch feinschmeckerische Qualität ersetzte. Gegessen wurde von Tellern aus Holz oder Keramik, später auch aus Zinn, wobei die mit dem Messer zerkleinerten Speisen mit den Fingern aufgenommen wurden, da die Gabel bis weit in das 17. Jahrhundert hinein ausschließlich als Küchengerät Verwendung fand; zuvor noch kam der Eßlöffel aus Holz, Knochen, Horn oder Metall in Gebrauch, hingegen der Kaffee- oder Teelöffel gar erst dem 19. Jahrhundert vorbehalten blieb. Getrunken wurde aus Kannen und Krügen, Gläser galten noch lange als zerbrechlicher Luxus.

Während zu kalter Jahreszeit in kleineren Häusern das Herdfeuer oft die einzige Wärmequelle war, wurde der ›Saal‹ mit einem großen Kamin beheizt und zusätzlich von der im Erdgeschoß befindlichen Küche erwärmt. Hier bestimmten Vorratskrüge aus Ton, der unentbehrliche Bratrost, Mörser und Stößel zum Zerkleinern von Gewürzen, Schöpfkellen und Siebe aus Holz und Metall sowie der Knettrog, dessen aufgebogene Ränder dem Verlust des kostbaren Mehls vorbeugten, das Bild der mittelalterlichen Speisenzubereitung. Gekocht wurde in eisernen Töpfen, die mittels Dreifüßen über das Feuer gesetzt, später an Ketten darübergehängt wurden. Wasser mußte mit Eimern aus den Stadtbrunnen geholt werden.

Bei einbrechender Dunkelheit gaben Fackel und Kienspan, auch Kohlepfannen mit Pechstücken oder harzigen Holzspänen, einen rußig-trüben Schein und zudem Veranlassung zum ständigen Alptraum eines Brandes. Kerzen waren zu teuer und beschränkten sich – ehe im 15. Jahrhundert das Selbstziehen von Talglichten aufkam – vornehmlich auf den sakralen Gebrauch, der nicht zuletzt vom Handwerk durch die in den Zunftordnungen reglementierten Wachsspenden bestritten wurde. Selbst tagsüber war es dämmrig in den Häusern, deren kleine Fenster die Helligkeit durch milchige Hornscheiben oder Wachspapier filterten.

Licht und Wärme blieben für Jahrhunderte die Hauptprobleme mittelalterlichen Wohnens. Bevor hölzerne Dielen Verwendung fanden, wurde gegen die Fußkälte Stroh auf den Boden aus Stein, Ziegeln oder gestampftem Lehm geschüttet. Schutz vor strengem Frost bot noch nicht einmal die Lagerstatt, zumal man damals nackt zu schlafen pflegte, und auch die Vorhänge an den Himmelbetten der Reichen bewahrten wohl mehr vor neugierigen Blikken als vor eisiger Zugluft.

Daß unter solchen Umständen die Morgentoilette recht bescheiden ausfiel, mag nicht verwundern. Noch 1635 warnte eine medizinische Schrift, daß ›außer in Fällen, die vom Arzt verordnet sind, Baden nicht nur unnötig, sondern auch sehr gefährlich‹ sei. Äußerst umständlich war zudem die Prozedur: Da mußten Kübel voll Wasser in der Küche erwärmt, dann in hölzerne Bottiche und Zuber – oft von elliptischer und damit dem Körperumriß angepaßter Form – geschüttet werden, die anschließend wieder mühselig auszuschöpfen waren. Wer es sich leisten konnte, hatte es in der städtischen Badestube schon bequemer, doch wird nicht nur pures Reinlichkeitsbedürfnis zum Besuch jener zuweilen übel beleumundeten Einrichtung veranlaßt haben, in der Männlein und Weiblein in trauter Gemeinsamkeit miteinander planschten. Eindeutiger noch war der Zweck des kommunalen Frauenhauses, dessen Überwachung bezeichnenderweise dem Scharfrichter oblag; sehr aufwendig scheint diese Aufgabe trotz allen Drunters und Drübers nicht gewesen zu sein, betrug doch das dafür ausgesetzte wöchentliche Salär nur drei Groschen und damit ein Zehntel der für eine Hinrichtung zu erlegenden Gebühr.

Hygiene zählte nicht zu den starken Seiten des mittelalterlichen Leipzigs. Unentbehrliches Utensil der Schlafstuben war der Nachttopf, der kurzerhand auf die Straße entleert wurde. Wohlhabende Bürger leisteten sich Klosettstühle mit gepolstertem Sitz. Auch in ersten, nach draußen führenden Abortanlagen wirkten die Gesetze des freien Falls. Noch 1779 mußte der Rat der Stadt ein Verbot erneuern, Unrat aller Art aus den Fenstern zu werfen.

Ende des 13. Jahrhunderts war die Einwohnerzahl Leipzigs auf schätzungsweise rund dreitausend angestiegen. Nur ein Teil von ihnen besaß das an männliche Nachkommen vererbbare Bürgerrecht, dessen Erwerb außer einer entsprechenden Geldzahlung den Nachweis ehelicher Abstammung sowie Hausbesitz innerhalb der Stadtmauern voraussetzte; Juden waren davon ausgeschlossen und in eine Gasse am Fleischerplatz (heute Carl-Goerdeler-Ring) verbannt, von der aus sie den Ort nur durch eine besondere, nach ihnen benannte Pforte betreten durften. Die Bürgerschaft bestand aus Handwerksmeistern, Kaufleuten, Kramern, markgräflichen und kommunalen Beamten, nachfolgend auch aus Lehrkräften der Universität. Ohne bürgerliche Rechte waren die plebejischen Schichten wie Knechte und Mägde, Tagelöhner und Wäscherinnen, Markthelfer, Träger, Holzhauer und Ziegelbrenner.

Neben den alteingesessenen, schon vor der Erhebung zur Stadt hier nachgewiesenen Handwerkern und Kaufleuten – darunter die Gerber an der Parthe und die Fellhändler am Brühl – hatten sich in der Folgezeit zahlreiche Zuwanderer nicht nur aus allen Teilen des wettinischen Territorialstaates, sondern unter anderem auch aus Flandern und vom Niederrhein angesiedelt. Noch heute erinnern Straßennamen wie Große und Kleine Fleischergasse sowie Sporer- und Schuhmachergäßchen an damalige Konzentrationspunkte der jeweiligen Gewerke – genau das Gegenteil der späteren arbeitsteiligen Streuung, nachdem aus dem guten Nachbarn der böse Konkurrent geworden war. Ausgang des 13. Jahrhunderts begann der Zusammenschluß von Handwerkern zu Zunftgenossenschaften, die streng reglementiert waren; 1466 verzeichnete das sogenannte Harnischbuch, das den Beitrag der einzelnen Innungen zur Stadtverteidigung fixierte, bereits neunundzwanzig verschiedene Zünfte, die insgesamt dreiunddreißig Gewerbe umfaßten und das Fundament der kommunalen Wirtschaft bildeten.

Die Kaufleute profitierten vom sich rasch ausweitenden Marktbetrieb. Grundlage war das mit der

Stadtrechtsverleihung verbundene Privileg, daß im Umkreis von einer Meile (etwa siebeneinhalb Kilometer) kein die Interessen Leipzigs schädigender ›Jahrmarkt‹ abgehalten werden durfte. Höhepunkte des Fernhandels waren der Oster- und der jeweils Ende September veranstaltete Michaelismarkt, denen sich ab 1458 der Neujahrsmarkt als dritte jährliche Messe (bis 1893) zugesellte. Schon damals war das Warenangebot so bunt und vielgestaltig wie das Markttreiben selbst: Freiberger Silber und Mansfelder Kupfer, Augsburger Leinwand und Mailänder Barchent, Leydener Stoffe und Brabanter Tuche, Ravensburger Papier, venezianische Seife und orientalische Gewürze sowie Felle und Leder aus dem Osten, Fische aus dem Norden und Weine aus dem Süden und Westen Europas.

Auch außerhalb der Messen herrschte reger Handelsverkehr. Aus aller Herren Länder rumpelten die Frachtwagen der Kaufmannszüge durch die Tore der Stadt, und sämtliche den Ort passierenden Güter mußten nach dem Stapelrecht hier zunächst drei Tage lang zum Verkauf gestellt werden. Daneben blühte der regionale Handel auf; zu den jeweils dienstags und freitags stattfindenden Wochenmärkten kamen neben Handwerkern und Kramern vor allem die Bauern aus den innerhalb der Bannmeile gelegenen siebenundzwanzig Dorfgemeinden und sicherten solchermaßen die Versorgung der in jener kühl- und gefrierschranklosen Zeit auf frische Lebensmittel angewiesenen Städter.

Mit der Wirtschaftskraft wuchs Leipzigs Autonomiestreben. Vom Landesherrn erwarb die Stadt im Laufe der Jahrhunderte gegen meist erhebliche Zahlungen wichtige Privilegien, die auf die kommunale Selbstverwaltung übergingen. An deren Spitze stand der aus den reichsten Kaufleuten und Grundbesitzern gebildete Rat. Zwölf ›Ratmannen‹ wählten den Bürgermeister und diktierten – laut Amtseid zu ›der Stadt Leipzig Frommen‹ – den Einwohnern strenge Verhaltensregeln. Daß dabei immer wieder (wenn auch wohl meist vergeblich!) gegen Völlerei und Verschwendung gewettert wurde, war sicher weniger der Sorge um das Wohl des einzelnen als vielmehr dem Bemühen um den Erhalt und Ausbau kommunaler Wirtschaftskraft zuzuschreiben.

Der Rat besaß innerhalb des Ortes auch die Gerichts- und Strafbefugnis, die das im ›Sachsenspiegel‹ des Eike von Repgow aufgezeichnete Gewohnheitsrecht zur Grundlage hatte. Auf dieses im ersten Drittel des 13. Jahrhunderts entstandene berühmteste Rechtsbuch des Mittelalters, das erste deutschsprachige Prosawerk überhaupt, beriefen sich noch volle siebenhundert Jahre später richterliche Entscheidungen, und sprichwörtliche Grundsätze daraus haben sich bis heute erhalten: ›Wer zuerst zur Mühle kommt, mahlt zuerst‹, ›Welcher Wagen zuerst zur Brücke kommt, der fährt auch zuerst‹, ›Dem Kläger gebührt der Beweis‹, ›Was man verspricht, muß man auch halten‹.

Das sich allmählich entwickelnde geistige Leben wurde zunächst gänzlich vom Klerus bestimmt, der auch Träger des nur an wenige Bevorzugte erteilten Schulunterrichts war. Außer einigen unbedeutenden ›Winkelschulen‹, in denen private ›Deutschenschreiber‹ und ›Rechenmeister‹ ihre Dienste anboten, gab es in der Stadt eine einzige Lateinschule. Sie unterstand den Augustiner-Chorherren des Thomasklosters, bei denen Heinrich von Morungen als einer der bedeutendsten deutschen Minnesänger und zugleich erster am Ort nachweisbarer Poet seine letzten Lebensjahre verbrachte. Das bescheidene Lehrprogramm umfaßte Grammatik, Dialektik und Rhetorik, vor allem aber die Pflege geistlichen Gesangs, mit der die Thomasschule die Tradition des später weltberühmten, anfangs zwölfköpfigen Thomanerchors begründete.

1409 nahm die Leipziger Universität in drei Gebäuden der Peters- und der Ritterstraße sowie der Schloßgasse ihren Vorlesungsbetrieb auf. Sie konnte sich nur auf einen bescheidenen landesherrlichen Finanzierungsetat stützen, der beispielsweise bloß ein reichliches Achtel der 1471 für den fürstlichen Weinkeller aufgewendeten Mittel betrug. Begonnen wurde mit überwiegend von der Prager Alma mater kommenden sechsundvierzig Dozenten und dreihundertneunundsechzig Studenten, unter denen sich lediglich vier Einheimische befanden. Alle Hörer, die entsprechend ihrer Herkunft in meißnische, sächsische, bayrische und polnische ›Nationen‹ eingeteilt und geradezu klösterlicher Zucht und Ordnung unterworfen waren – nicht zu Unrecht ähnelte die damalige Studententracht dem Mönchsgewand –, mußten zunächst die Artistische (später Philosophische) Fakultät absolvieren und wurden dort in Grammatik, Dialektik im Sinne scholastischer Logik, Rhetorik, Arithmetik, Geometrie, Astronomie und Musik unterwiesen. Erst nach dieser Grundausbildung konnte das Studium an der Theologischen, Juristischen, ab 1415 auch an der Medizinischen Fakultät fortgesetzt werden, wobei die Lehrveranstaltungen insbesondere wegen der vollen Ausnutzung des Tageslichts teilweise bereits um fünf Uhr morgens (!) begannen.

Die zögernden kulturell-künstlerischen Anfänge dieser Zeit konzentrierten sich vor allem auf die Klöster und ihre Bibliotheken. Daneben blühte in Fortführung traditionsreicher Gewerbezweige das Kunsthandwerk weiter auf, wovon noch heute prächtige Zeugnisse namentlich der Töpfer- und Goldschmiedekunst künden. Mit Meistern wie Nikolaus Eisenberg schuf sich ebenso die Malerei eine fortan feste Heimstatt in Leipzig. Auch wurzeln in dieser Epoche Volksbräuche und -feste wie beispielsweise die Kleinmesse, deren Ursprung bis in das erste Drittel des 15. Jahrhunderts zurückreicht.

Trotz der allseitig sichtbaren gesellschaftlichen Fortentwicklung war jenes Zeitalter keineswegs von friedlicher kommunaler Gemeinsamkeit geprägt. Zwar einig im Kampf um größere Unabhängigkeit vom Landesherrn, blieb Leipzig selbst im Innern zutiefst zerstritten. Gegen den Herrschaftsanspruch der alten Ratsgeschlechter kam es wiederholt zu heftigem Aufbegehren vor allem der wohlhabenden Handwerksmeister, die nach Beteiligung am Stadtregiment strebten. Erbitterte Differenzen gab es zudem wegen der ideologischen wie ökonomischen Vormachtstellung der Kirche, ebenso mit der Universität, die als exterritoriale Einrichtung von kommunalen Steuern und Diensten befreit war und eigene Gerichtsbarkeit besaß. Daß es damals trotz drastischer Strafen auch ansonsten nicht gerade friedlich zuging, beweisen die von Raub und Diebstahl, Plünderung und Schlägerei berichtenden Eintragungen im Urfehdenbuch des Ortes.

So präsentierte sich Leipzig Mitte der zweiten Hälfte des 15. Jahrhunderts als eine zwar wirtschaftlich wie geistig aufstrebende Messe- und Universitätsstadt, deren vermutlich auf rund sechstausend Menschen angewachsene Bevölkerung jedoch einer immer stärkeren sozialen Differenzierung unterworfen war, die sich in der folgenden Periode des beginnenden Niedergangs der Adelsgesellschaft noch weiter ausprägen sollte.

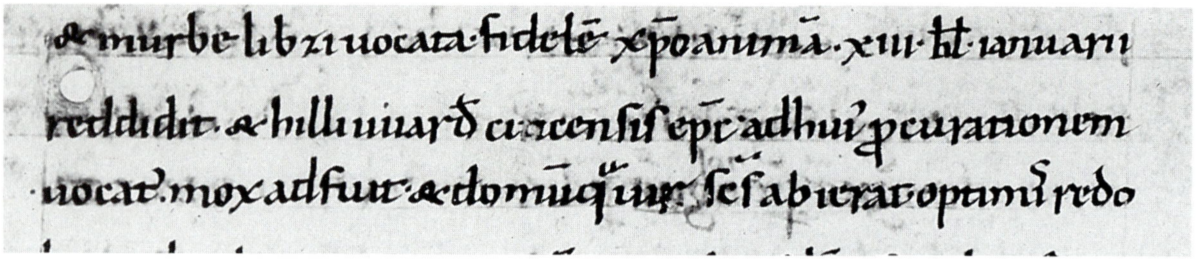

23 Urkundliche Ersterwähnung Leipzigs als ›Libzi‹ in der Chronik des Bischofs Thietmar von Merseburg. 1015

24 Die Siedlungen zur Zeit der Stadtrechtsverleihung. Zweite Hälfte des 12. Jahrhunderts (rot: Elster und Elstermühlgraben; blau: Pleiße und Pleißenmühlgraben; grün: Parthe, ihre Umleitung und Gerberkanäle; gestrichelt: Mühlgräben und Umleitungen; schwarz: deutsches Burgensystem und erste deutsche Siedlungen seit dem 10. Jahrhundert; hellbraun: besiedelte Flächen seit dem 10. Jahrhundert. – Einzelerläuterungen siehe Bildanmerkungen)

Markgraf Otto von Meißen verleiht Leipzig das Stadtrecht. Zwischen 1156 und 1170

Lateinischer Originaltext: [Vorderseite] Quia per scripturarum evidentiam antecessorum acta posteris reducuntur in memoriam scripture commendavimus quod dominus O. dei gracia Misnensis Marchio Lipz edificandam distribuit sub Hallensi et Magedeburgensi iure addito pietatis promisso constituit. A civibus vero eiusdem civitatis se nullum peticionis munus requirere promisit nisi necessitate superveniente ad imperatoris transmontana iturus esset servicium et tunc sine civium gravamine modicum quid peteret. Iuris etiam sui, quod wicbilede dicitur, signum petentibus unum in medio halestre, secundum in medio Parde, tercium ad lapidem qui est prope patibulum, quartum trans fossam qua lapides fodiuntur demonstravit. Ipsius vero siluam quam luch dicimus, ad usum civium tam in gramine quam lignis et piscibus collocavit. Et ne alicui nisi a quo essent beneficiati hominium facerent vetavit. Infra spacium vero miliaris unius a civitate ut nullus haberetur fori tractatus civitati nocivus constituit. Et si quod beneficium vel hereditatem quisquam civium suorum emeret, secundum fori conventionem possideret. Si vero quidquam bonorum suorum cuiquam concederent, quem ad solvendum non benivolum invenirent, assumpto marchionis nuncio eum vadiabant et ad solvendi inducias nichil ultra XIIII noctes administrabant. Ad ius vero molendini octodecimam mensuram constituit. Et quamdiu suo decano inobedientes non invenirentur ne aliud sequerentur iudicium imperavit. Suo etiam iudici subditos esse eos edo- [Rückseite] cuit. Et sibi in bonis suis iniuriari volentibus ut se communiter opponerent suo solamine compulit. Huic iuri dato aderat episcopus Johannes, Godescalcus de Scudiz civitatis advocatus, Fridericus de Leznicz, Heinricus burgravius de

Donin, Luof de Kamburc, Heinricus Kiteliz, Albertus de Peres, Waltherus de Misne Marchionis capellanus, quem hec scripsisse profitemur.

Übersetzung:
Weil durch die Augenscheinlichkeit der Schrift die Taten der Vorfahren den Nachkommen wieder ins Gedächtnis gerufen werden, haben wir der Schrift anvertraut, daß Otto, von Gottes Gnaden Markgraf von Meißen, Leipzig zur Bebauung ausgeteilt und unter hallischem und magdeburgischem Recht errichtet hat, wobei er ein Versprechen seiner Gunst gab. Er versprach auch, daß er von den Bürgern dieser Stadt keine Entrichtung der Bede [Abgaben] fordern würde, außer wenn er im Fall überraschend eintretender Notwendigkeit zum Dienst des Kaisers über die Alpen ziehen müßte, und auch dann würde, was er verlangte, keine Beschwerung der Bürger sein, nur einen mäßigen Betrag ausmachen. Ferner setzte er ihnen, als sie ihn um ein Zeichen ihres Rechtsgebietes, das Weichbild genannt wird, baten, ein solches [ursprünglich große hölzerne Kreuze, später steinerne Markierungen] inmitten der Elster [auf der Elsterbrücke vor Lindenau], ein zweites in der Mitte der Parthe [an der Gerberstraße], ein drittes bei dem Stein, der in der Nähe des Galgens [am heutigen Gerichtsweg] liegt, ein viertes jenseits der Grube, wo die Steine gegraben werden [südöstlich des jetzigen Bayrischen Platzes]. Seinen Wald, den wir Luch nennen [spätere Burgaue], stellte er den Bürgern zur Nutzung von Gras, Holz und Fischen frei. Er verbot ihnen auch, irgend jemandem, außer von dem sie belehnt worden seien, Lehensdienste zu leisten. Weiter bestimmte er, daß innerhalb des Umkreises von einer Meile [etwa 7,5 Kilometer] um die Stadt kein der Stadt schädlicher Jahrmarkt abgehalten werden dürfe. Und wenn einer der Bürger ein Lehn- oder Erbgut kaufen würde, solle er es nach Marktrecht besitzen. Wenn sie aber etwas von ihren Gütern jemandem überließen, den sie nicht zahlungswillig fänden, sollten sie ihn durch den Fronboten des Markgrafen belangen und ihm als Zahlungsfrist nicht mehr als 14 Nächte gewähren. Als Mühlenabgabe bestimmte er das achtzehnte Maß [Teil]. Und solange sie sich nicht ihrem [seinem?] Dekan [geistlichen Herrn] gegenüber unbotmäßig erwiesen, sollten sie vor kein anderes Gericht gezogen werden. Er gab ihnen auch bekannt, daß sie seinem Richter unterworfen seien. Und er ermahnte sie durch seinen Zuspruch, daß sie sich denen, die ihnen in ihrem Eigentum Unrecht zufügen wollten, gemeinsam widersetzen sollten. Bei dieser Rechtsverleihung waren anwesend: Bischof Johannes [von Merseburg]; Gottschalk von Schkeuditz, der Vogt der Stadt; Friedrich von Lösnitz; Heinrich Burggraf von Dohna; Ludolf von Camburg; Heinrich Kittlitz; Albert von Peres; Walther von Meißen, der Kaplan des Markgrafen, von dem wir bezeugen, daß er dies aufgezeichnet hat.

Stadtarchiv Leipzig: Urkundenkasten 6, Nr. 1

25 Der Stadtbrief, die Aufzeichnung über die Gründung der Stadt zwischen 1156 und 1170. Pergament. Vermutlich um 1216

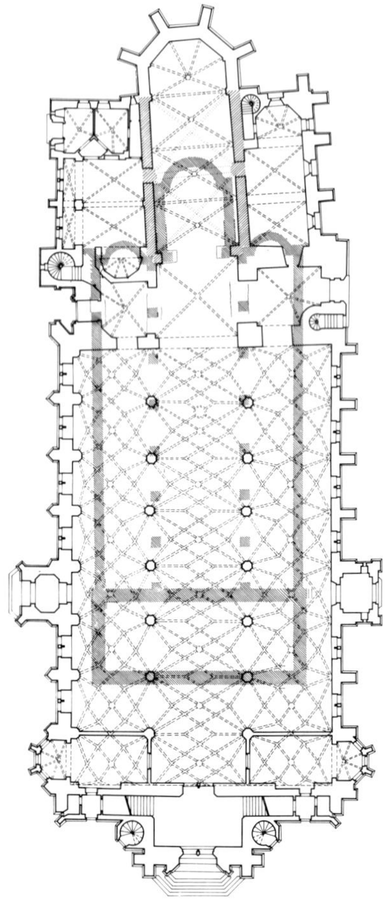

26 Grundriß der Thomaskirche mit Rekonstruktion der romanischen Pfeilerbasilika als Vorgängerbau aus der Mitte des 12. Jahrhunderts.

27 Romanische Nordwand des Chorraums der Thomaskirche. Erstes Viertel des 13. Jahrhunderts

28 Romanischer, aus Kupferbronze gegossener Altarleuchter aus der Thomaskirche. Erstes Viertel des 13. Jahrhunderts

29 Der Minnesänger Heinrich von Morungen um 1200. Miniatur aus der ›Manessischen Liederhandschrift‹. Um 1320

30 Nikolaikirche mit romanischem Westriegel (Portalfront, rechts im Bild). 1180

31 Romanisches Ecksäulenkapitell vermutlich vom Westportal der Nikolaikirche. Letztes Viertel des 12. Jahrhunderts

32 Romanischer Türflügel mit Eisenbeschlag aus der Kirche zu Wahren. 13. Jahrhundert

33 Romanischer Taufstein. Um 1200

34 Romanische Bronzeglocke aus der Kirche zu Thekla. Erste Hälfte des 13. Jahrhunderts

35 Eisernes Schwert mit Pilzknauf. 10./11. Jahrhundert

36 Pflugschar aus Eisen. Vermutlich 11. Jahrhundert

Warmer Winter. 1186 Ist ein sehr warmer Winter gewesen, daß auch im Christmonat und im Jänner die Bäume zu blühen angefangen und im Hornung [Februar] die Äpfel allbereits so groß als ziemliche welsche [Wal-]Nüsse gewesen, auch hat der Wein und das Getreidig gar zeitlich geblüht, und weil keine Kälte noch Frost darauf erfolgt, ist ein fruchtbar Jahr worden und im Mai die Ernte angangen; darauf hat die Pest heftig grassiert.

Johann Jacob Vogel: Leipzigisches Geschichtsbuch oder Annales. Leipzig 1714. S. 19

Mondfinsternis. 1193 Den 10. Novembris ist der Mond sehr verfinstert worden, worauf im folgenden Jahr eine große Dürre [...] gewesen. Auch hat man an etlichen Orten Raben in der Luft fliegen gesehen, welche glühende Kohlen in Schnäbeln getragen und damit viel Häuser angezündet.

Johann Jacob Vogel: a. a. O. S. 20

Über die Niederwerfung des Leipziger Bürgeraufstands. 1216 [...] darum [wegen zeitweiliger Erfolge städtischen Unabhängigkeitsstrebens] haßte der Markgraf die Bürger; und als er nach kurzer Zeit eine günstige Gelegenheit antraf, hat er Friedrich, der, vor kurzem erst zum römischen König gewählt, gegen Otto nach Schwaben vorgerückt war und ihn sehr erfolgreich besiegt hatte, zusammen mit wenigen Leuten mit in die Stadt Leipzig genommen, denn die Bürger hätten sie mit vielen nicht einlassen wollen. Und es füllten Soldaten, durch die Vorsorge des Markgrafen bald durch dieses, bald durch jenes Tor eindringend, allmählich den größten Teil der Stadt, und sie zogen sich vorsichtig in die Unterkünfte zurück. Weil aber die Bürger zur Kriegszeit eine Glocke zum Zusammenrufen der Gemeinde betätigten, hatte der Markgraf, damit seine Absicht nicht durch einen Auflauf der Menge vereitelt würde, den Klöppel der genannten Glocke entfernen und verwahren lassen. Und nun hatte, entsprechend der Absprache auf Weisung des Markgrafen, auf ein Zeichen hin jeder Soldat seinen Wirt gefangenzunehmen und sein Eigentum zu plündern [...]
(Aus dem Lateinischen)

Annales Pegaviensis (Monumenta Germaniae Historica, Scriptores. Tom XVI). Hannover 1859. S. 269

Ausweisung der Geißler. 1260/61 Ist eine große Menge Volks, welche Flagellati oder die Geißler genennet, durch ganz Deutschland gesehen worden, auch derer viel ins Meißnerland kommen. Diese sind halb nakkend gangen, haben die Schultern mit einem roten Kleid bedeckt gehabt und in Städten und Dörfern bis aufs Blut sich gegeißelt, vorgebend, daß – so einer einen Monat lang sich in ihre Gesellschaft begeben würde – er aller begangenen Sünden quitt und los sein solle. Aber die Bischöfe zu Meißen und Merseburg haben sie des Landes verweisen lassen.

Johann Jacob Vogel: a. a. O. S. 28

Markgraf Dietrich von Landsberg befreit die Leipziger Bürger von der Gerichtsbarkeit seiner Vögte. 30. Januar 1263 Wir Dietrich, von Gottes Gnaden Markgraf von Landsberg, anerkennen mittels des gegenwärtigen [Schreibens] und wünschen, daß jedermann kund sei, dem gegenwärtiges Schreiben bekanntgemacht worden, daß wir allen unseren Bürgern zu Leipzig solcherlei Freiheit gewährt haben, daß keiner unserer Vögte dieselben zwingen solle, irgendeines Rechtshandels wegen vor ihm sich zu verantworten; sondern wenn jemand gegen sie eine Klage habe, müsse der unsere vorgenannten Bürger in unserer Stadt Leipzig in Anwesenheit ihres Schultheißen und ihrer Bürger belangen. Wofern er aber vor Schultheißen und Bürgern seine Klage nicht wird beilegen können, dann möge er sie in unserer Gegenwart vortragen, und wir werden ihm einen rechtmäßigen Urteilsspruch erteilen [...]
(Aus dem Lateinischen)

Stadtarchiv Leipzig: Urkundenkasten 6, Nr. 3

Markgraf Dietrich von Landsberg sichert allen Leipzig besuchenden Kaufleuten seinen Schutz zu. 1. März 1268 [...] Wir bekennen [...], daß wir unseren genannten Bürgern von Leipzig, die wir mit ganz besonderer Gunst und beständiger Anteilnahme begleiten, zur Ehre unserer Stadt Leipzig bereits das Privileg der erhofften Freiheit zuerkannten, daß wir nämlich alle, die Handel treiben wollen oder treiben in schon besagter Stadt, Kaufleute, woher sie auch sein mögen, auch wenn es eintreten sollte, daß wir uns in offenem Streit mit den Herren besagter Kaufleute befinden, in dieser unserer Stadt nicht behindern noch ihre Güter einziehen werden oder dulden wollen, daß sie von irgendeinem mit Beschlag belegt werden, und daß wir diese Kaufleute auch, wer immer sie sein mögen, die unserer ebengenannten Stadt und uns damit Ehre erwiesen und ihre Waren in diese Stadt gebracht haben, nach bestem Vermögen schützen und sichern wollen [...]
(Aus dem Lateinischen)

Stadtarchiv Leipzig: Urkundenkasten 7, Nr. 1

37 Gegossener Metallbecher. 12. Jahrhundert

38 Leipziger Silberbrakteat. Zweite Hälfte des 12. Jahrhunderts

39 Sogenannte Hanseschüssel aus Bronze. 12. Jahrhundert

Markgraf Dietrich von Landsberg verleiht der Stadt die Münzgerechtigkeit. 1273 [...] bekennen wir reiflich und bezeugen öffentlich [...], daß wir auf vielfältiges Drängen unserer Bürger zu Leipzig die Münze [Münzprägestätte], wie sie allgemein genannt wird, nach freiem und willigem Verzicht des Johannes Abreck (welcher nach Empfang von hundert Silbermark dieselbe frei in unsere Hände gegeben) diesen unseren Bürgern und der vorgenannten Stadt zu Besitz und ständigem Eigentum übergeben haben und weder uns noch unseren Erben Recht oder Vorteil vorbehalten [...] Dafür aber, daß wir diese Werkstätte in die Unabhängigkeit entlassen haben, empfingen wir dreißig Mark von unseren genannten Bürgern [...]
(Aus dem Lateinischen)

Stadtarchiv Leipzig: Urkundenkasten 94, Nr. 1

Überschwemmungen. 1276 In diesem Jahr sind im Augustmonat die Wasser auch dergestalt angelaufen, daß allenthalben großer Schaden an Brücken, Äckern und Wiesen geschehen, und ist diesmal an etlichen Orten [...] große Not wassershalber gewesen, da doch zuvor nie Wasser war hinkommen noch gesehen worden.

Johann Jacob Vogel: a. a. O. S. 32

Erste urkundliche Erwähnung von Handwerkern in der Jakobsparochie. 1288 Bekannt sei allen Gläubigen Christi, die diesen Brief einsehen, daß der Zwist, so zwischen dem Herrn Laurentius, Abt der Schotten zu Erfurt [dem die im 11. Jahrhundert im Bereich der heutigen Friedrich-Ludwig-Jahn-Allee von iroschottischen Mönchen gegründete Jakobskirche unterstand], einerseits und den Leipziger Bürgern andererseits herrschte, auf freundliche Weise beschwichtigt und unter dieser Verordnung beigelegt worden, daß zwei Wollenweber und ein Bäcker [...] in der Kirchgemeinde des seligen Apostels Jakob, nahe bei Leipzig gelegen, sein sollen, die das ganze Recht und die Weber- und Bäckerordnung einhalten sollen, so wie die Weber und Bäcker, welche innerhalb Leipzigs Mauern leben, sie einzuhalten gewöhnt sind. Zudem werden sie Recht und uneingeschränkte Möglichkeit haben, zu verkaufen und zu kaufen ohne Zoll und alle nachträgliche Aufschläge wie jene, die innerhalb der Stadt Leipzig ererbt sind. Überdies sei kund, daß genannte Männer, nämlich der Bäcker und die Weber, entsprechend ihrer Fähigkeit und dem Recht die Stadt in Steuern und Abgaben unterstützen werden [...]
(Aus dem Lateinischen)

Stadtarchiv Leipzig: Urkundenkasten 82, Nr. 1

Trockener Sommer. 1295 [...] ist in diesem Jahr ein sehr heißer und trockener Sommer gewesen, daß an Fütterung großer Mangel vorgefallen, doch ist das Wintergetreidig und der Wein sehr wohlgeraten. Auf solchen Sommer folgte ein kalter und harter Winter, der mit Frost und Schnee lange gewährt.

Johann Jacob Vogel: a. a. O. S. 36

Geschwänzter Komet. 1301 Ist kurz vor Weihnachten ein geschwänzter Komet fünfzehn Nächte aufeinander nach der Sonnen Untergang gesehen worden, welcher seinen Schwanz nach Morgen [Osten] gekehrt.

Johann Jacob Vogel: a. a. O. S. 37

Fischereirecht. 1305 Erlangen die Fischer der Stadt Leipzig von Markgraf Dietrich [von Wettin] oder Diezmann das Privilegium, auf den Wassern einer Meile Weges lang auf beiden Seiten der Stadt zu fischen.

Johann Jacob Vogel: a. a. O. S. 38

40 Statue des Markgrafen Dietrich von Wettin, genannt Diezmann. Polychromierte Holzskulptur. Um 1310

Fürstenmord. 1307 [...] In der Christnacht wird dieser löbliche Fürst und streitbare Held [Markgraf Dietrich von Wettin], als er, seiner gebräuchlichen Andacht nach, mit wenigen Hofleuten und Dienern in die Thomaskirche zur Frühmesse geritten, vor der Kirchtür abgestiegen, in den Chor gangen und kniend sein Gebet verrichtet, aus Anstiftung Graf Philipps von Nassau von einem Meuchelmörder mit einem Dolch unversehens überfallen und so heftig verwundet, daß er den dritten Tag darauf sein Leben aufgeben müssen, seines Alters im 37. Jahr [...] Der Meuchelmörder, nachdem er ergriffen und peinlich befragt, ist erstlich mit Ruten gestrichen [gepeitscht], danach zur Walstatt geschleppt und unterwegs etliche Mal mit glühenden Zangen gerissen, endlich an Armen und Beinen gerädert und lebendig aufs Rad gelegt worden [...]

Johann Jacob Vogel: a. a. O. S. 40f.

Verbot der sorbischen Sprache. 1327 Ist zu Leipzig und im ganzen Land eine Veränderung der Sprache vorgangen und die wendische [sorbische] Sprache, darüber bis anhero die Wenden, die noch hin und wieder im Land gewohnt, so steif gehalten, abgeschafft worden. Denn weil die Obrigkeitsstellen ganz von Deutschen besetzt und sie also die wendische Sprache entweder nicht wohl verstehen konnten oder sonsten einen Ekel oder Greuel daran hatten, sind sie verursacht worden, ernstlich zu befehlen und bei Vermeidung schwerer Strafe zu gebieten, daß hinfüro sowohl die Parteien als ihre Advokaten und Wortsprecher ihre Klagen und Verantwortungen [...] allein in hochdeutscher Sprache anbringen sollten.

Johann Jacob Vogel: a. a. O. S. 43

Schneereicher Winter. 1334 Ist ein so großer Schnee gefallen, daß er auch viel Bäume, indem er sich in so schwerer Last an sie gehängt, zerbrochen [...], worauf ein fruchtbar Jahr gefolgt.

Johann Jacob Vogel: a. a. O. S. 43

Heuschreckenplage. 1338 Sind hierzulande [...] viel Heuschrecken gewesen, welche, wenn sie geflogen, das Erdreich etliche Meilen Weges bedeckt und unsäglichen Schaden getan, die Brunnen mußte man vor ihnen zudecken, damit sie nicht häufig hineinfielen und sie mit ihrem Geschmeiß vergifteten [...] Im folgenden Jahr sind sie von Störchen, Raben und anderen Vögeln gefressen und die übrigen den 19. Oktober [...] durch einen Schnee aufgerieben worden.

Johann Jacob Vogel: a. a. O. S. 43f.

Markgraf Friedrich von Meißen vererbt den Tuchmachern das Haus am Loch (erstes Leipziger ›Gewandhaus‹). 6. November 1341 Wir Friedrich, von Gottes Gnaden Landgraf von Thüringen, Markgraf von Meißen und Osterland, Herr von Pleißnerland, bekennen, daß wir [...] dem Hermann Cruecziger, Heyso von Querinfurt, Heinrich von Bunsdorf, Kueno von der Neugasse, Johannes Lantgreve und deren anderen Leipziger Tuchmachergefährten in dieser Zunft ein Haus in der Nähe der Kaufleute dieser unserer Stadt, an der Straße gelegen, die gemeinhin ›Das Loch‹ genannt wird [eine schmale Gasse zwischen ebendiesem Gebäude und dem Südflügel des ersten Rathauses], zu erblichem Besitz übergeben haben, damit sie daselbst ihre Tuche von nur zweierlei Farbe, grauer nämlich und weißer, nur ganz und nicht nach Ellen geteilt, und die von ihnen selbst hergestellt werden, verkaufen können [...]
(Aus dem Lateinischen)

Stadtarchiv Leipzig: Urkundenkasten 72, Nr. 24

Pestepidemie. 1350 In diesem Jahr hat eine erschreckliche und grausame Pestilenz, welche schon in die drei Jahre angehalten, allhier heftig grassiert, daß viel Menschen gestorben [...] Und weil man die Juden in Verdacht gehabt, ob hätten sie die Brunnen vergiftet, sind dieselben heftig verfolgt, getötet und in großer Menge umgebracht worden. Auch hat in diesem Jahr die Flagellanten- oder Geißlersekte hin und wieder sehr überhand genommen, diese gingen auf der Gasse und hieben sich mit scharfen Peitschen bis aufs Blut, vorgebend, mit solch williger Buße könnte der Zorn Gottes gestillt und dieses große Weltsterben abgewendet werden.

Johann Jacob Vogel: a. a. O. S. 44

Markgraf Friedrich von Meißen bestätigt die Innung der Schuster und Gerber. 25. Februar 1352 Ferner hat der Herr allen Schustern und Gerbern in Leipzig ihre Innung mit allen Satzungen und Ehren zugestanden, wie sie dieselbe von den alten Meistern her und ihren Vorfahren bis hierher innegehabt haben [...]
(Aus dem Lateinischen)

Urkundenbuch der Stadt Leipzig. 1. Bd. Leipzig 1868. Nr. 42

Der Rat der Stadt erläßt eine Willkür (Ordnung) wegen der heimlichen Verlobungen. Nach 1361
Frühneuhochdeutscher Originaltext:
[...] Wilch besessen beerbit unsir burgere adir sin son anspricht eyne ungemanete adir unbestatete iuncvrowen zcu der ee, unde wirt dye mayt geforderit unde blibit nach der e rechte yeme, deme se dye e gelobit hat ane irer nesten frunde willen, dye iuncvrowe hat ir erbeteyl vorloren, gerade sal ir abir volgin. Vulbrengit her iz abir nicht yener, der dye iuncvrowen angesprochen had, nach der e rechte, so sal her rumen uz deme wichbilde unde sal uzwendig der stat syn hundirt iar unde iar unde tag. Were iz abir eyn unbesessen burger adir eyn inkomen man, der eyne iuncvrowen also anspreche unde des nicht vulqueme, der sol des halsis sin bestanden.
Übertragung:
[...] Welch ansässiger beerbbarer unser Bürger oder sein Sohn anspricht eine unverheiratete oder unausgestattete Jungfrau zu der Ehe, und wird die Maid [zurück]gefordert und bleibt [dennoch] nach der Ehe Rechte ihm, dem sie die Ehe gelobt hat ohne ihrer nächsten Verwandten Willen, die Jungfrau hat ihr Erbteil verloren, Gerade [Ausstattung der Frau als Pflichtteil] soll ihr aber folgen. Verwirklicht hehr [heilig] es aber nicht jener, der die Jungfrau angesprochen hat, nach der Ehe Rechte [verweigert er die Heirat], so soll er räumen aus dem Weichbild und soll auswendig der Stadt sein hundert Jahre und Jahr und Tag. Wäre es aber ein unansässiger Bürger oder ein hereingekommener Mann [Fremder], der eine Jungfrau also anspräche und das nicht vollführe, der soll des Halses sein verpflichtet [hingerichtet werden].

Urkundenbuch der Stadt Leipzig. 1. Bd. a. a. O. Nr. 61

Markgraf Wilhelm von Meißen genehmigt den Flickschustern eine eigene Innung. 14. November 1373 Wir Wilhelm [...] bekennen öffentlich und tun kund mit diesem Brief, daß wir den bescheiden alten Schoworchen [Schuhmachern], genannt die Reseler [Flickschuster], in unserer Stadt Leipzig die Gunst und Gnade getan haben und haben sie genommen von der Innung der Schoworchen daselbens und im sonderlichen eine Innung gegeben [...] Darum auch uns und unseren Erben die Obgenannten, die des Handwerks gebrauchen und genießen, alle Jahre auf Weihnachten zwei Schock [ein Schock = 60 Stück] Groschen [ein Groschen = 12 Pfennige] Freiberger Münze unverzüglich reichen und geben sollen ohne alle Widerrede [...]

Urkundenbuch der Stadt Leipzig. 1. Bd. a. a. O. Nr. 72

41 Grabung nach mittelalterlichen Funden auf dem Gelände des ehemaligen Stadtviertels ›Matthäikirchhof‹. 1953

42 Münzdatierter Kugeltopf aus Keramik. 10./11. bis 14. Jahrhundert

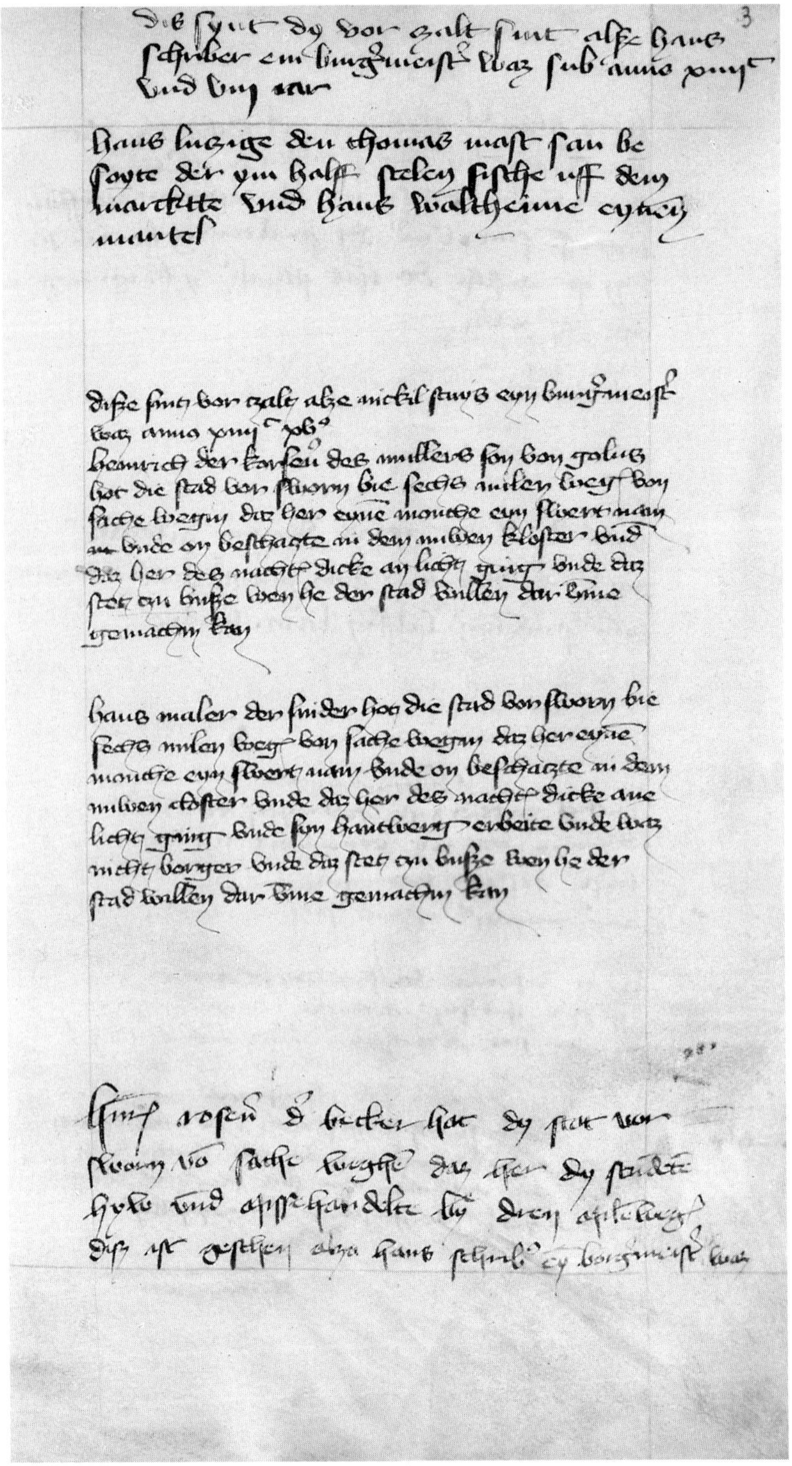

43 Schriftseite aus dem ältesten Leipziger Urfehdenbuch. Pergament. 1390/1480

Ratsherreneid. Zwischen 1382 und 1401 Also geht der Eid, den der Bürgermeister mit seinen Kumpanen tun soll zu dem Rat: Daß ich meiner Herren Ehre und der Stadt Leipzig Frommen [Nutzen] werben [handeln] will und des Rates Heimlichkeit nicht offenbaren, und will sitzen [amtieren] dem Armen gleich als dem Reichen und will des nicht lassen durch Leib [Leben] noch durch Leid noch durch meines selbig [eigenen] Nutz und Frommen willen, als mir Gott so helfe etc.

Urkundenbuch der Stadt Leipzig. 1. Bd. a. a. O. Nr. 85

Die Markgrafen Friedrich und Wilhelm von Meißen erteilen den Schneidern eine Handwerksordnung. 23. Mai 1386 [...] Zu dem ersten, so sollen sie alle Jahre einen Meister unter ihnen kiesen [wählen] über das Handwerk, der uns und dem Handwerk bequem sei, der ein Jahr daran sein soll und soll haben Macht zu richten ohne Urteil, was sich von Schulden oder von Scheltworten unter ihnen verläuft; andere Sachen aber, ob die zwischen ihnen wären oder würden, die soll man bringen an [die] Gerichte, da sie hingehören. Erkennte man auch, daß ihr Meister, den sie also gekoren hätten, nicht bequemlich wäre, den [ver]mögen wir [zu] ändern mit Rat der Handwerksgenossen, wie dicke [oft] sich das heischt oder not würde.

Es soll auch nicht ein Schneider zu Leipzig in der Stadt oder vor der Stadt das Handwerk arbeiten, er habe denn die Innung zu dem Handwerk gewonnen, und welch Schneider die Innung gewinnen will, der soll dem Handwerk darum [dafür] geben vier Pfund Wachses, die soll man machen und wenden an des Handwerks Kerzen, die burnen [brennen] sollen jährlich an unsers Herrn Leichnams Tag [Fronleichnam] und wöchentlich alle Sonnabende zu Unser Lieben Frauen Messe in Sankt Thomae Kirche, und dazu ein Vierteil [Viertel = 25 Liter] Bieres und einen breiten [ganzen] Vierdung [viertel Pfund Silber = 60 Pfennige] dem Handwerk; der Vierdung uns auch von jeglichem, der das Handwerk gewinnt, soll halb gefallen [zur Hälfte zustehen], das Geld auch der Meister von unser wegen [für uns] soll einnehmen und uns oder wem wir das befehlen alljährlich soll [über]antworten auf Sankt Mich[a]els Tag [29. September]. Und welches Schneiders Sohn das Handwerk selber arbeiten will, der soll die Innung ohne [Aus-]Lösung haben, sondern [aber] daß er soll zu den Kerzen geben zwei Pfund Wachses; nimmt aber eines Schneiders Tochter, der Innung hat, einen Schneiderknecht [Schneidergesellen], will der Innung haben, der soll sie gewinnen um zwei Pfund Wachses zu den Kerzen, um ein halb Viertel Bieres und um einen halben Vierdung, an dem Geld wir auch unseren halben Teil sollen haben und uns soll gefallen als [wie] oben geschrieben steht. Welch Junger auch das Handwerk lernen will, der soll geben zwei Pfund Wachses zu den Kerzen.

Auch soll nicht ein Schneider oder Schneiderknecht arbeiten an Feiertagen oder an Feiernächten; welcher das tut, ist er ein Schneider, so soll er geben zu den Kerzen ein Pfund Wachses, ist er ein Schneiderknecht, so soll er dazu geben ein halb Pfund Wachses. Auch wer dem Meister nicht gehorsam wäre von Sachen wegen, die das Handwerk anrühren, alsooft das geschehe, soll ihn der Meister lassen pfänden vor [für] sechs Pfennige Buße [...] Geschehe auch, daß ein Schneider oder Schneiderknecht, der nicht Innung hätte, das Handwerk arbeite in der Stadt oder vor der Stadt, in welchen Häusern das wäre, den soll das Handwerk pfänden vor vier Pfund Wachses [...]

Urkundenbuch der Stadt Leipzig. 1. Bd. a. a. O. Nr. 93

44 Biforienfenster am Alten Rathaus. Um 1240

45 Ältestes Siegel der Leipziger Bürgerschaft. Wachs. 1287

46 Stadtsiegel (Umzeichnung). 1316

Vergehen gegen die Stadt und ihre Bürger. 1390 In diesem Buch sind geschrieben alle, die wider die Stadt Leipzig mit Worten oder mit Werken getan haben, und [vor]nehmlich alle Ächter, Mörder, Räuber und Übeltäter dieser Stadt etc. [...]

Diese sind vermeldet von Nycol Rovleisch: Hinrich der zu Beln, Saß [Grundbesitzer] von Zcetzow, und Hans von Techow, daß sie ihm haben ein Pferd geboten, daß er ihnen wollte die von Leipzig verraten.

Stantveste, der Bäckerknecht, hat dem Hänger [Henker] seinen Hausfrieden bei Nacht gebrochen und hat den Hänger wollt morden mit gezogenem Messer.

Hans Kunkel, Bäckerknecht, ist verwiest durch [überführt] des Willens, daß er den Hänger wollte unwilligen [schädigen] und ermorden in seinem Haus.

Hans von der Heyde von der Neuenstadt, Bäckerknecht, ist verwiest durch des Willens, daß er den Hänger auch wollte unwilligen in seinem Haus.

Johannes von Bückin von Lüneburg hat mit gutem Willen unbezwungen Urfehde [Verzicht auf Rache] zu den Heiligen geschworen, daß er unseren gnädigen Herren ihre Land und Leute und nehmlich die Stadt zu Leipzig nie mehr verdenken [verdächtigen], beteidingen [gerichtlich anklagen] noch beschädigen will mit Worten noch mit Werken [...]

Stadtarchiv Leipzig: Urfehdenbuch, Bl. 1

47 Sitzfigur des lehrenden Thomas von Aquino. Eiche. Um 1390/1400

48 ›Baum der Tugenden‹. Miniatur aus der sächsischen Pergamenthandschrift ›Speculum virginum‹ (Spiegel der Jungfrauen). Ende des 14. Jahrhunderts

Die Markgrafen Friedrich und Wilhelm von Meißen erlassen eine Ordnung für die Bäcker. 25. August 1393 [...] haben die hochgeborenen Fürsten Herr Friedrich und Herr Wilhelm [...] geordnet zwischen dem Rat, der Gemeinde zu Leipzig und den Bäkkern daselbst, daß der Vogt mit dem sitzenden [amtierenden] Rat soll gehen in die Brotbänke [Brotverkaufsstände] Tag bei Tag und sollen zusehen, daß man backe [was einen] Pfennig wert um einen Pfennig, [je] nachdem als [wie] das Getreide aufoder abschlägt [im Preis steigt oder fällt] am Markttag des Kaufes. Wäre denn, daß ungleich Kauf oder zu kleine Brot bei den Bäckern [ge]funden würde in dem Haus oder in den Bänken, das Brot soll der Vogt und der Rat zuschneiden und in das Spital senden, und der Bäcker, bei dem das Brot gefunden wird, soll unseren gnädigen Herren nach Gnaden darum wandeln [entgelten]. Auch soll ein itzlich [jeder] Bäcker nicht mehr Schweine halten denn zwölf, und wenn er die gemästet, so soll er die Schweine unseren gnädigen Herren oder den Bürgern in der Stadt verkaufen und anders niemand, und soll auch der nicht wegtreiben, und wenn er die also verkauft hat, so mag er andere zwölf kaufen und mehr nicht. Auch soll ein itzlich Bäcker des Tages seine Brotbank besetzen; wäre denn, daß der Vogt mit dem Rat irgendeine Brotbank des Tages ohne Brot funden, und welches Bäkkers die Bank ist, der soll das unseren gnädigen Herren nach Gnaden bußen und dem Rat nach Gehorsam wandeln [...]

Stadtarchiv Leipzig: Barthels vermischte Nachrichten, Bl. 7f.

Unerhörte Krankheiten. 1403, 1405 Erschienen abermals Kometen, worauf allerhand zuvor unerhörte Krankheiten folgten. Es bekamen die Leute erstlich den Schnupfen, danach fielen ihnen die Flüsse auf die Lunge, darüber fingen sie an, ohn Aufhören hart zu husten; dazu schlug ferner eine unnatürliche Hitze, davon die Materie so zach und schleimig wurde, daß sie sie nicht konnten auswerfen. Dieses quälte die Leute sehr, und nahm die ungewöhnliche Hitze ihnen die Köpfe ein, davon hernach viel Leute, jung und alt, ersticken und sterben mußten.

Johann Jacob Vogel: a. a. O. S. 47

Die Markgrafen Friedrich und Wilhelm von Meißen gründen die Leipziger Universität. 2. Dezember 1409 Im Namen des Herren amen. Zur Ehre Gottes des Allmächtigen, der ruhmreichen Jungfrau Maria und des ganzen himmlischen Heeres wie auch zum Besten der heiligen Mutter Kirche, zum Wohle unserer wie unserer Vorfahren und unserer Untertanen Seelen, zum Gewinn der Nachbarländer und der Völker in der Ferne wünschen, bestimmen und verordnen wir, Friedrich der Ältere und Wilhelm, leibliche Brüder, durch Gottes Gunst und Milde Landgrafen von Thüringen, Markgrafen von Meißen und Pfalzgrafen von Sachsen, zu fruchtbarem Fortkommen der Leipziger Universität, die durch Privilegien, Statuten und Gunsterweisungen des Apostolischen Stuhls gefördert und bestätigt worden, wie es in den dazu gegebenen und verbrieften päpstlichen Urkunden ausführlicher enthalten ist, die nach gründlicher Prüfung und Beratung darüber durch Bischöfe, Doktoren, Magister und Prälaten übergeben wurden, und auch mit Einverständnis und Wohlwollen der ehrenwerten, für jetzt an vorgenannter unserer Universität eingesetzten und weilenden Magister, daß künftighin an dieser Universität vier Nationen, nämlich Meißner, Sachsen, Bayern und Polen, bestehen sollen [...]
(Aus dem Lateinischen)

Urkundenbuch der Universität Leipzig von 1409 bis 1555. Leipzig 1879. Nr. 2

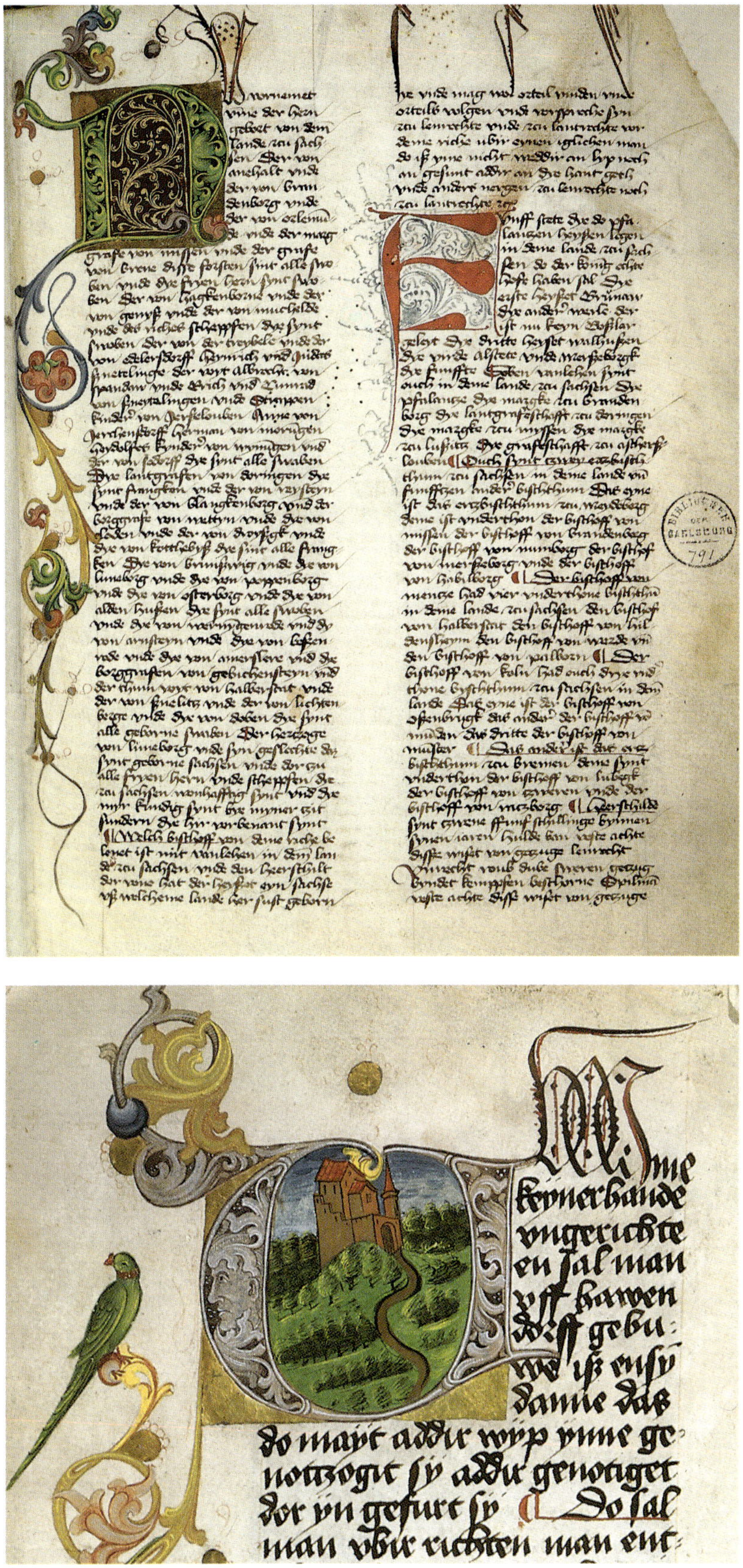

49 Schriftseite und Initial aus einer Leipziger Pergamenthandschrift des ›Sachsenspiegels‹. 1461

Einrichtung der Löwenapotheke.
1409 Auch sind in diesem Jahr die Apotheken allhier angerichtet worden und ist die zum güldnen Löwen genannte (wie denn der güldne Löwe, so mit von Prag [von der dortigen Universität] gebracht worden, noch vorhanden) mit von Prag kommen und ist erstlich ins Eckhaus am Thomasgäßlein, darauf in das Thomasgäßlein und endlich in die Grimmische Gasse gelegt worden; war anfangs der Medizinischen Fakultät zuständig.

Johann Jacob Vogel: a. a. O. S. 48

Absturz der Kirchturmspitze. 1412 Den Tag vor Katharina [24. November] ist allhier die Spitze von der Kirche zu St. Thomas ganz heruntergefallen, welches großen Schrecken verursacht, doch ist niemand davon beschädigt worden.

Johann Jacob Vogel: a. a. O. S. 49

Zigeuner in Leipzig. 1418 Sind die Zigeuner, ein lose, diebisch, verräterisch und zäuberisches Volk, zum ersten Mal in Leipzig kommen, nachdem aber Markgraf Friedrich der Streitbare wider dieselben einen scharfen Befehl ausgehen lassen, daß man sie weder dulden noch herbergen sollte, haben sie sich bald wieder davongemacht.

Johann Jacob Vogel: a. a. O. S. 49

Brandkatastrophe. 1420 In diesem Jahr hat die Stadt überaus großen Brandschaden gelitten, indem über 400 Häuser in die Asche gelegt worden. Auch ist zu Anfang dieses Jahres ein weicher und warmer Winter gewesen, daß die Bäume im Martio [März] und der Wein den 4. April zu blühen angefangen. In Ostern (welches Fest dazumal auf den 7. April gefallen) haben die Rosen überall geblüht, und hat man in diesem Monat reife Erdbeeren und Kirschen gehabt.

Johann Jacob Vogel: a. a. O. S. 49

Kurfürst Friedrich I. von Sachsen veräußert der Stadt die Gerichtsbarkeit unter Vorbehalt des Wiederkaufs. 24. Juni 1423 Wir [...] bekennen [...], daß wir [...] derselben Stadt Leipzig recht und redlich verkauft haben und verkaufen mit Kraft dieses Briefes alle unsere Gerichte im Weichbild daselbst zu Leipzig, oberste und niederste, über Hals und Hand [Leben und Leib] verdingen [verkaufen] und Gerichte über alle Schuld, mit allen Bußen weiterhin [zu] genießen, Zugehörungen, Zinsen und Renten, als [wie] wir und unsere Vögte daselbens von unsertwegen das bisher gehabt, besessen und gebraucht haben, und in aller Maße, als das auch vor uns die Erbrichter zu Leipzig gehabt, besessen und des gebraucht haben, keins, das zu demselben Gericht vormals gehört hat und gehört, ausgeschlossen, und haben ihnen das verkauft auf einen Wiederkauf, der zu uns, unseren Erben und Erbnehmern stehen soll, für fünfzehnhundert Rheinische Gulden, gut an Gold und schwer genug am Gewicht, die sie uns bereits ganz und wohl bezahlt haben und die wir fürbaß in unser Herrschaft und Land Nutz und Frommen kundlich gekehrt und gewandt haben. Dasselbe Gericht mit aller seiner Zugehörung und Nutzen, vorbenannt, haben wir sie alreite [alsbald] lassen wissen und ihnen das eingegeben, wissen und eingeben mit Kraft dieses Briefes, und wollen heischen und gebieten von gewisser Wissenschaft [Wissen] unseren Vögten und Amtleuten daselbens zu Leipzig, gegenwärtigen und zukünftigen, daß sie und ihrer itzlicher [jeder] sich in solche obgenannten Gerichte nicht [an]legen noch wehren sollen in keiner Weise, sondern die obgenannten Bürgermeister, Räte und [All-]Gemeinheit des vorbedachten Gerichts mit allen seinen Würden, Gewohnheiten, Nutzen und Zugehörungen geruhiglich innehaben und gebrauchen lassen [...]

Stadtarchiv Leipzig: Urkundenkasten 6, Nr. 7

50 Sicheln aus Eisen. 14. Jahrhundert

Der Rat der Stadt Rochlitz warnt den Rat der Stadt Leipzig vor zwei Brandstiftern. 1426 [...] Wenn die von Freiberg denen von Chemnitz geschrieben haben, die von Chemnitz uns, desgleichen wir über vernommene Weisheit euch verkündigen, daß [...] zwene [zwei] Studenten die Städte [mit Feuer] anlegen wollen und von den Ketzern [Hussiten] Geld darum genommen haben, darum wir itzund [jetzt] in großer Sorgsamkeit sind, daß wir an den Toren lassen hüten und viel Wächter des Nachts auf eine Warnung zugelegt haben. Der eine hat einen grauen geflickten Mantel an, der ist unten um den Hals mit blauem Tuch gefüttert, und hat eine schwarze Unterjoppe an von Barchent und eine graue Kogel [Kapuze] auf, so hat der andere einen grauen Rock an mit angezogenen Ärmeln und eine schwarze Mütze auf und hat schwarzes Haar; danach wisset euch zu richten und habet Achtung darauf und schreibet das auch anderen Städten. Gegeben unter unser Stadt Sekret [Geheimsiegel].

Urkundenbuch der Stadt Leipzig. 1. Bd. a. a. O. Nr. 158

Aus der Ordnung der Hutmacher (I). 1429 Wer Meister werden will, der soll solch unser Handwerk zu rechter Zeit nach guter alter Gewohnheit muten [begehren], so doch, daß er sich zuvor beweibt und sein Bürgerrecht gewonnen habe. Item [ferner], es soll ein itzlicher [jeder], der Meister werden will, drei Hüte machen, nämlich einen rauchen Hut [Pelzhut], einen Hasenhut [Filzhut aus Hasenhaar] und ein Paar guter Socken [Filzschuhe, -stiefel], eher der anderen Mutung [bevor ihn die anderen zum Meister erklären], dazu dem Handwerk zu Erhaltung des Harnisch [kriegerische Ausrüstung] und zu anderer des Handwerks Notdurft geben fünf Fl[orin = Gulden] und vier Pfund Wachs. Hat aber einer das Handwerk bei uns gelernt, so soll er zum benannten Geld geben zwei Pfund Wachs. Mutet aber einer das Handwerk überhaupt, der soll geben sechs Gulden, vier Pfund Wachs und sechs Groschen zu Mutgeld [Meistergebühr]. Item, derselbige, der soll im ersten Jahr keinen Hut nicht aushängen, keinen [Lehr-]Jungen nicht aufnehmen noch auch keinen Gesellen nicht halten. Item, eines Meisters Sohn soll das Handwerk ganz und die Tochter die Hälfte haben, und desselbigen Meisters Sohn soll gleichwohl die Kerzen warten bis so lange, daß ein anderer nach ihm kommen werde; er soll auch die Lichte warten und das Handwerk zusammenverboten [die Innung zusammenrufen].

Urkundenbuch der Stadt Leipzig. 1. Bd. a. a. O. Nr. 169

51 Keramikkrug. 14. Jahrhundert

Aus der Ordnung der Hutmacher (II). 1429 Item [ferner], es soll an einem Sonntag oder anderen heiligen Tagen niemand aushängen, bei einem Pfund Wachs. Item, es soll auch niemand aushängen über sechs Hüte, auch bei einem Pfund Wachs. Item, es soll niemand kein falsches Werk nicht machen, kein Kuhhaar in Rauchwerk nicht schlagen noch nicht blecken [blicken lassen]. Item, es soll niemand einen Lehrjungen unter drei Jahre zu lernen nicht aufnehmen. Item, man soll keinen Lehrknecht aus einer fremden Stadt wider den Willen seines Meisters nicht halten noch auch denselbigen nicht entweichen lassen. Item, welchem das Handwerk ist zugesagt worden, der soll von des Handwerks wegen, wenn es die Not fordert, einmal XIIII Tage auf seine eigenen Kosten mit seinem eigenen Harnisch in die Heerfahrt ziehen oder einen anderen Tugendlichen vor [für] sich schicken und auf seine eigene Kost ausfertigen, und wieviel Zeit einer über XIIII Tage außen bleibt, soll man ihm nach Anzahl der Zeit versolden. Item, welcher aber hätte genommen eines Meisters Tochter, der soll nicht mehr denn acht Tage auf seine selbest [eigene] Kost außen bleiben. Item, es soll auch niemand mehr denn zwei Gesellen und einen Lehrjungen halten in seiner Werkstatt. Item, man soll niemand das Handwerk [ver]leihen, es sei denn, daß er gäbe von Stund [an] sein Geld und Wachs. Item, man soll keinen Lehrjungen aufnehmen, es sei denn, daß er gäbe zwei Pfund Wachs, dazu zwei Groschen.

Urkundenbuch der Stadt Leipzig. 1. Bd. a. a. O. Nr. 169

Drei Sonnen. 1432 Am H[eiligen] Dreikönigetag [6. Januar] sind drei Sonnen nebeneinander drei Stunden lang gesehen worden. Auch sind zwei Jahre hernacheinander zu Leipzig die Wasser sehr angelaufen und haben großen Schaden an Gärten, Wiesen und in den Vorstädten, so gegen Mitternacht [nördlich] und abendwärts [westlich] liegen, verursacht.

Johann Jacob Vogel: a. a. O. S. 51

Heringe für die Armen. 1434 Stiftete Martin Schindler 100 Rheinische Gulden, von den Zinsen jährlich Heringe zu kaufen und unter arme Leute auszuteilen.

Johann Jacob Vogel: a. a. O. S. 52

Wieder großes Sterben. 1439 In diesem Jahr erhub sich wieder ein groß Sterben, es fing an in der Ernte und währte bis auf den H[eiligen] Dreikönigetag [6. Januar]; wen die Pestilenz anstieß, der lag und schlief drei Tag und Nacht, sobald er aufwachte, fing er an, mit dem Tode zu ringen, bis ihm die Seele ausging.

Johann Jacob Vogel: a. a. O. S. 53

Der Rat der Stadt erläßt eine Verordnung für die Fleischer. 8. Januar 1442 Item [ferner], es soll kein Fleischhauer selbander [zu zweit] oder -dritt einen Schöps [Hammel], gemeines Schwein und Kalb teilen, sondern [aber] gemästetes Bäckerschwein mag einer oder zwei wohl miteinander schlachten. Item, Rinder und solches großes Vieh mag auch einer, zwei oder mehrere miteinander schlachten. Item, welcher Fleischhauer ganze Rinder, Kühe oder Schöpse ganz auf den Markt am Montag und Freitag des Winters und sonnabends des Sommers bringt und feilhat, der soll den Rindern den Pisserich [äußeres Harnorgan] und Unschlitt [Talg] und den Schöpsen auch das Unschlitt nicht bereißen noch beschneiden; desselben gleich soll er auch an den ganzen Kühen und Schafen das nicht ausreißen oder -schneiden.

Item, welcherlei Fleisch die Fleischhauer auf die genannten zwei Markttage auf dem Markt feilhätten an kleingehauenen Stücken und nicht verkaufen mochten, das mögen sie hineintragen und sollen das wieder auf den Markt nicht bringen zu verkaufen; hätten sie aber ganze, halbe Rinder oder viertel, ganze Schöpse, Schweine, Kälber halb oder viertel, die mögen sie [zur] Winterzeit, so doch das Fleisch wert sei, wieder auf den Markt bringen und verkaufen. Wäre es auch, Abbruch [Mangel] würde am Sonntag und Donnerstag [sein], daß nicht Fleisch wäre, so daß die Fleischhauer schlachten und ihre Fleischbänke [Fleischverkaufsstände] mit Fleisch bestellen sollen und müßten, was dann [für] Fleisch die Fleischhauer auf die genannten zwei Tage auf den Abend zu den Bänken schlügen oder schlagen würden, [...] das sollen und mögen sie zuhauen zu halben Buchen [Keulen] oder viertel und kleinen Stücken und mögen das den anderen Markttag, also Montag oder Freitag danach, auf den Markt ungewehrlich [ohne Einwand] tragen und verkaufen. Item, hätte auch einer oder mehrere Fleischhauer finniges [mit Bandwurmlarven behaftetes] Fleisch feil auf den zwei Markttagen [...], so sollen dieselben Fleischhauer, die solches finniges Fleisch haben, das hineintragen und in die finnige Bank unter den Fleischbänken oder Scharren [Verkaufsständen] legen, darin verkaufen und nicht ein itzlicher [keiner] in seiner Fleischbank [...]

Urkundenbuch der Stadt Leipzig. 1. Bd. a. a. O. Nr. 210

52 Einbaumtruhe mit Eisenbeschlag. 13./14. Jahrhundert

53 Tonfiguren von einem Altarschrein aus der Kirche zu Knautnaundorf. Um 1420

54 Gewändeanfänger mit ›gewundenem Tau‹ aus dem Paulinerkloster. Terrakotta mit Modelpressung ›Rosenkranzspende‹. 15. Jahrhundert

Der Rat der Stadt beschließt feuer- und straßenpolizeiliche Anordnungen. Zwischen 1444 und 1446 [...]
Zum ersten, daß ein jedermann, in der Stadt wohnhaftig, soll niemand [be]hausen oder herbergen, er wolle denn für ihn gut sein [bürgen]. Item [ferner], wer Miethäuser und darin Hausgenossen hat, der soll sie bekennen und auch gut dafür sein und soll seine Feuerstätte und Feuermauer bewahren und befesten. Item, es soll ein itzlicher [jeder] Behauster [Hausbesitzer] haben in seinem Haus zwei lange Leitern, eine Schuffe [Schöpfgefäß]; wer Schindeldach hat, daß der in seinem Haus zwei lange Krücken habe, daß er damit, ob das not sein würde, die Schindeln abzustoßen [...] Item, es sollen itzliche Bornmeister [Brunnenmeister] in itzlichen Gassen, da Borne sind, eine Schleife [schlittenartiges Transportmittel] und darauf ein Faß, darin ein Viertel [25 Liter] Wassers gehen mag, haben, das Faß lassen zudecken; und das Faß und Schleife soll geschlossen werden an den Born. Item, so soll itzlicher beerbiter [beerbbarer] Bürger einen langen Zuber mit einer Stange stetiglich in seinem Haus und auch auf seinem Söller [Boden] voll Wassers haben, ob Feuer auskäme [ausbräche], da Gott vor sei, daß man desto eher mit dem Wasser zu dem Feuer käme und auch ein jedermann desto sicherlicher wäre. Item, ob Feuer auskäme, daß Gott nicht einfalle, wer dann der erste, der zu dem Feuer käme mit der Schleife und dem Faß voll Wassers, dem soll man geben X Gr[oschen] und dem ersten mit Tragezubern IIII Gr., dem anderen mit der Schleife VI Gr., und wer sonst käme und brächte Wasser in Zubern oder Schleifen, wieviel der wären, denen soll der Rat IIII Gr. geben [...]

Item, es soll niemand in der Stadt Reißholz [Reisig] in großen Haufen bei sich in seinem Haus oder Hof und auch Feimen [aufgesetzte Getreidebündel] noch Strohhaufen haben liegen [...] Item, welcher Bürger itzund [jetzt] auf dem Markt oder in den Gassen gestreut oder sonst Mist vor seinem Tor liegen hat, als schier [bald] denn zu Wettertagen kommt, so daß es tauig [kotig] wird, der soll den Mist binnen XIIII Tagen wegschicken und -fahren, bei einer Buße XX Gr., unläßlich zu geben. Item, es soll auch hinfürder keiner unserer Bürger, wer der sei, auf dem Markt oder in den Gassen streuen keinen Mist, auch aus seinem Hof auf die Gasse tragen oder tragen lassen [...] Item, es soll auch niemand Hauskehricht oder Abkehricht aus seinem Haus tragen auf den Markt oder in die Gassen, bei der genannten Buße X Gr. Item, so soll auch niemand, der Brauhäuser hat, still [heimlich] Stroh, Hopfen oder andere Dinge auf die Gasse, sondern in seinen Hof lassen tragen oder schütten, bei der genannten Buße. Item, es soll auch hinfürder mehr kein Kohlgärtner oder Vorstädter, die da auf dem Markt pflegen feilzuhaben Kraut, Zwiebeln, Käse, Eier, Butter, Hühner und andere Dinge, damit sie sich pflegen zu setzen, kein Stroh oder Heu mit sich bringen, darauf zu setzen, davon der Markt oder Gassen bestreut oder bemistet würden [...] Item, es soll auch hinfürder kein Fuhrmann oder Bauer, der Holz, Getreide oder andere Dinge zum Markt bringt und feilhat, seine Pferde auf dem Markt oder in den Gassen nicht füttern, sondern in seiner Herberge [...]

Urkundenbuch der Stadt Leipzig. 1. Bd. a. a. O. Nr. 228

Kirchliche Fastnachts- und Osterspiele. Um 1450 In der Marterwoche [Karwoche] wurden alle Tage mancherlei Aufzüge und Gaukelspiele, die ganze Historie vom bitteren Leiden und Sterben unseres Herrn und Heilands Jesu Christi den Leuten vor Augen zu stellen, gehalten und getrieben. Am Palmsonntag pflegten die Priester, Pfaffen und Mönche einen auf Räder gesteckten hölzernen Esel mit einem geschnitzten Mannsbild, welches in einem langen Rock auf dem Esel saß, aus der Thomaskirche mit Gesang und Gepränge auf den Markt zu führen, allda ihn das in großer Menge versammelte Volk, jung und alt, mit Frohlocken und Jubelgeschrei annahm und durch alle Gassen, welche mit ausgeschlagenen Zweigen von Weiden bestreut und die Häuser mit Teppichten behangen und aufs schöneste geziert waren, wiederum in die Kirche, da er denn öffentlich aufgestellt wurde, begleitete [...]

Am Himmelfahrtstag wurde ein geschnitzter Götze, welcher dem Herrn Christo sollte nachgebildet sein, in die Kirche nicht fern von dem innersten Tor, da man oben in den Gewölben die großen runden Löcher noch sehen kann, gesetzt, nach gehaltenem Gottesdienst an Seilen mit großer Behendigkeit aufgezogen und dagegen eine Menge Oblaten, Kuchen, Rosinen, Mandeln und dergleichen herab unter das Volk geworfen, welches sich denn darum drängte und riß, auch bisweilen raufte und schlug, daß die Pfaffen und Mönche daran ihre Lust zu sehen und genug zu lachen hatten.

Zacharias Schneider: Chronicon Lipsiense. Leipzig 1655. S. 160ff.

55 ›Die vierzehn Nothelfer‹. Pilgerzeichen aus Blei. Um 1464

Bußprediger wettert gegen das Saufen und Spielen. 1452 Johannes von Capestrano [ein 1690 heiliggesprochener Bußprediger des Franziskanerordens und päpstlicher Gesandter] [...] kommt auch im Durchreisen nach Leipzig, wird von der ganzen Klerisei und der sämtlichen Bürgerschaft in einer herrlichen Prozession mit Kreuzen und Fahnen eingeholt und in das Barfüßerkloster [auf dem späteren Matthäikirchhof] begleitet. Er hat nicht allein unterschiedliche Mal allda gepredigt und heftig auf das Saufen und Spielen gescholten, sondern auch alle Karten, Würfel, Schach- und Brettspiele auf den Markt bringen und öffentlich verbrennen lassen. Auf dem Markt hat er lateinisch gepredigt und aufs geringste drei Stunden mit einer Predigt zugebracht, danach ist ein ander aufgetreten und [hat] ebendieselbe Predigt von Wort zu Wort deutsch erklärt. Er hat auch viel Heiligtümer bei sich gehabt, die Kranken damit berührt und etliche gesund gemacht. Und als er einstmals nach gehaltener Predigt auf dem Markt einen Kopf eines verstorbenen Heiligen von der Kanzel gezeigt, sind dadurch an die 60 Universitätsverwandten [Hochschulangehörigen] bewogen worden, daß sie das weltliche Leben verlassen und zu Franziskanermönchen sich einkleiden lassen.

Johann Jacob Vogel: a. a. O. S. 56

56 Silberner Ring (Thebalring). Vermutlich 12./13. Jahrhundert

Der Rat der Stadt verbietet die Anfertigung von Schnabelschuhen und untersagt den Innungstanz der Bäcker. 20. Dezember 1452 [...] sind die Räte einig geworden, daß die Schuster hinfürder keine Spitze noch Schnäppe [schnabelförmiger Dorn] an die Schuhe sollen machen, [...] bei Buße eines neuen Schock, das jedermann geben soll, alsooft er dawider tun würde, und dem Handwerk I Pfund Wachs; und die Räte haben das ganze Handwerk vor sich geheischen und alle Meister und ihnen bei obgeschriebener Buße geboten, das also zu halten und dem also nachzukommen [...] Eodem die [an ebendemselben Tag] haben die Räte nicht wollen gestatten, ihren Tanz den Bäckern zu haben und gemein[sam]es Bier, um der Predigten willen patris [des Paters] Johannes von Capestrano und anderer Prediger.

Urkundenbuch der Stadt Leipzig. 1. Bd. a. a. O. Nr. 292

Der Rat der Stadt erläßt eine Willkür und Polizeiordnung (I). 1454 [...] Es soll kein Bürger mit keinem Gast nicht Gesellschaft haben, heimlich noch offenbar, [...] bei Buße zehn Schock. Item [ferner], wer hierin verdacht [verdächtigt] wird, der soll sich des entledigen auf den heiligen [Eid] oder soll der Buße verfallen sein. Man soll keinen Zentner Gut nicht abladen, es sei eines Bürgers oder eines Gastes, es tun denn die geschworenen [Auf-]Lader, die sollen das auch in der Waage schreiben lassen, bei Buße zwanzig Groschen. Es soll kein Bürger mit keinem Gast kein Gedinge [Übereinkunft] noch Pakt nicht machen, daß er ihm sein Gut stetiglich handle und hantiere, bei Buße zehn Schock. So aber, um einem beizustehen, mag ein Bürger eines Gastes Gut ungewehrlich [ohne Einwand] verkaufen, hantieren, aufladen und wegschicken, doch nicht in anderer Weise, weder minner [weniger] noch mehr, wenn [als] es der Gast selber verkaufen sollte nach Lute [Inhalt] der Zettel in der Waage. Wer hierin verdacht wird, der soll sich entledigen auf den heiligen oder soll der Buße verfallen sein.

Es soll jedermann von Miethäusern, auch von Vorwerken, Scheunen und Gärten, die in der Stadt gelegen und an einem Haus nicht liegen, schossen [Steuern zahlen] und wachen [Wachdienst leisten] nach des Rates Erkenntnis und keiner keine Freiheit nicht haben [befreit werden]. Es soll niemand ein eigen Haus haben noch Handwerk treiben, er sei denn Bürger, ohne des Rates sonderlichen Willen. Es soll ein itzlicher [jeder] Hausgenosse, der eine gemietete Kammer oder Haus hätte, der nicht Bürger ist und niemandes gebrotes [in Lohn und Brot stehendes] Gesinde ist, jährlich einen Vorschuß geben eine Mark.

Es mögen die Schützen, die da schießen allein und niemand mehr zu den zwei [Festtagen] im Jahr, nämlich auf des heiligen Leichnams Tag [Fronleichnam] und auf Sankt Sebastians Tag [20. Januar], auf itzliche Zeit einen Tag und nicht länger zusammengehen und sollen fürder keine Quaserei [Prasserei] nicht haben, sondern dieselbigen, die da schießen allein und niemand mehr, die mögen des Sonntags im Sommer einen Braten essen auf der Trinkstube und nicht anderswo. Sie sollen auch keine Meister noch Obmänner noch Altmeister nicht haben wenn [als] allein zwei Meister, einen, zu des heiligen Leichnams Messe Handreichungen dazuzutun, den anderen, sie auf der Zeltstatt zu regieren, und sollen fürder keinen besonderen Rat haben noch keine Satzungen nicht machen, sondern ihres Rates sich an dem Rat [der Stadt] einholen [...]

Stadtarchiv Leipzig: Gelbes Buch, Bl. 115

57 Nikolaus Eisenberg: Kreuzigung. Öl auf Holz. Vermutlich um 1470

Der Rat der Stadt erläßt eine Willkür und Polizeiordnung (II).
1454 Wenn man eine Wirtschaft [Bewirtung] einer Hochzeit haben will, so mag der Bräutigam bitten acht Paare, und die da Braut werden soll auch acht Paare, und zehn Gesellen und zehn Jungfrauen und darüber niemand mehr, weder Geistlichen noch Weltlichen, sie werden denn in die obengeschriebene Zahl gerechnet, sondern [aber] fremde Leute auswendig der Stadt, sie sind Freunde oder Fremde, mag man bitten jedermann nach seinem Wohlgefallen, und also manche Person man mehr würde bitten, also manch [so viel] mal soll man dem Rat zwanzig Groschen zu Buße geben. Auf daß solche Satzung gehalten werde, so soll der Bräutigam binnen einem Monden [Monat] nach der Hochzeit unverbotet [unaufgefordert] vor den Rat kommen und soll das auf den heiligen [Eid] besorgen, daß er das also gehalten hat [...] Wollen sie auch die Brautmesse gehalten und mit Schülern und auf den Orgeln gesungen und beläutet haben, das mögen sie tun, sie sollen aber niemand zu Tisch laden wenn [als] den Priester, der die Messe gehalten, mit einem Schüler, den mögen sie des Hochzeitstages früh und nicht mehr zu Tisch laden; sondern den Schulmeister und den anderen Läutern und Orgelmeistern mögen sie ihren gewöhnlichen Lohn geben, und darüber sollen sie niemand auf dem Hof speisen, weder Bader, [Auf-]Lader noch andere, die man pflegte zu speisen, bei Buße von itzlicher [jeder] Person zwanzig Groschen, ausgeschlossen des Bräutigams und der Braut Gesinde, wenn die in anderen Höfen wären, die mag man ungewehrlich [ohne Einwand] wohl speisen. Desgleichen sollen es auch unsere Bürger halten, die einem ihrer Söhne eine Wirtschaft einer ersten Messe oder einem Sohn oder Tochter eine Wirtschaft einer Einsegnung in ein Kloster machen und ausrichten wollten, bei der obengeschriebenen Buße.

Es soll auch keine Frau, die einer Geburt eines Kindes beraten ist, nicht mehr Frauen bitten lassen zu dem Kindtaufen denn zwölf Frauen, was sie deren mehr bitten ließe oder die ungebeten dazugingen, soll man von itzlicher zwanzig Groschen zu Buße geben. Auch sollen dieselbigen Frauen in den sechs Wochen [nach der Entbindung] keine Quaserei [Prasserei] [...] nicht machen, sondern die Frauen, die zu den Kindtaufen gebeten waren, und niemand mehr, die mögen, um beizustehen, des heiligen Tages [der Taufe] zu ihr warten [der Kindesmutter aufwarten], [...] sondern andere Frauen, die zu dem Kindtaufen nicht gebeten sind, sollen des heiligen [Tages] zu ihr [...] nicht warten um mancherlei unnütze Zehrung, die deshalb geschieht, bei Buße zwanzig Groschen, die der Rat von itzlicher Person nehmen soll. Wenn auch dieselbigen Frauen zu der Kirche gehen, so mögen sie der Frauen acht, die mit ihr zu der Kirche gehen, und nicht mehr zu Tisch laden und mag denen eine Mahlzeit geben nach gewöhnlichen Dingen, und was sie der mehr bitten würde, soll sie vor [für] itzliche zwanzig Groschen zu Buße geben. Auch sollen die Frauen insonderheit keine Quaserei nicht haben, weder heilige Tage noch Werktage, bei Buße von itzlicher, die dabei ist, zwanzig Groschen. Auch sollen die Maidichen [Mädchen] zu Unserer Lieben Frauen Tag Wurzweihe [Mariä Himmelfahrt, 15. August] keine Quaserei nicht haben noch singen gehen, bei Buße von itzlicher zehn Groschen.

Auch sollen die Viertelmeister [Aufseher in den Stadtvierteln] alle Jahre jährlich fleißig umgehen und die Feuermauern besehen, und die daran bruchhaftig sind, dem Rat Beschreibung geben, und fertigen [beseitigen] die solche Gebrechen binnen einem Vierteljahr nicht, so soll der Rat von itzlichem ein Schock unläßlich zu Buße nehmen und niemand daran verschonen [...]

Also [die], die Braut werden soll, vormals einen Tag vor der Hochzeit Jungfrauen zu sich geladen und gebeten und die bei sich über Nacht behalten hat, die man die Rammelnacht genannt hat, so soll hinfürder ein solches ganz ab sein [wegfallen] und soll niemand bei sich haben, bei Buße zwanzig Groschen von itzlicher Person.

Auch soll man keinerlei Spiel treiben, weder mit Kegeln, Groschen lassen schießen oder wie man das erdenken oder nennen mag, auch soll es niemand mit Wissen gestatten, bei Buße zwanzig Groschen, die man unläßlich von jedermann nehmen soll.

Item [ferner], es soll niemand Bier holen noch holen lassen im Collegio noch Kannen dazu leihen, bei Buße zwanzig Groschen.

Stadtarchiv Leipzig: Gelbes Buch, Bl. 115f.

Kopfsteuer. 1454 Hielten Kurfürst Friedrich [II.] zu Sachsen und sein H[er]r Bruder Herzog Wilhelm einen Landtag zu Leipzig wegen einer neuen Kopfsteuer, welche ihnen auch von den Ständen verwilligt wurde, und ward auf einen Menschen, er mochte jung oder alt sein, 2 Groschen gelegt.

Johann Jacob Vogel: a. a. O. S. 57

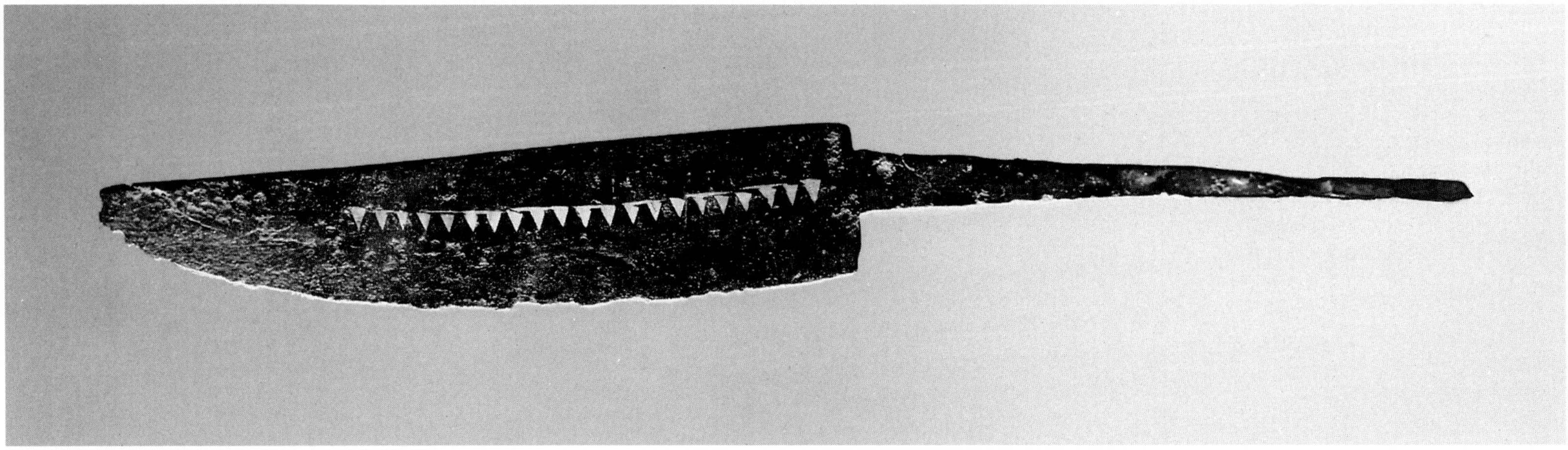

58 Rasiermesser. Eisen mit Silbertauschierung. 13. Jahrhundert

Erweiterung des Stadtgrabens. 1454 In diesem Jahr [...] ist der Garten hinter dem Thomaskloster, so die Mönche innegehabt, an E. E. Rat allhier zum Stadtgraben erkauft worden.

Johann Jacob Vogel: a. a. O. S. 57

Prinzenraub. 1455 Kam Kurfürst Friedrich wieder nach Leipzig und blieb allda etliche Tage. Inmittelst werden seine beiden jungen Herren [Söhne], Herzog Ernst und Albrecht, den 6. Julii zu Altenburg vom Schloß gestohlen und hinweggeführt. Jedoch sind sie durch sonderbare Schickung Gottes wieder ereilt und eingebracht, auch der Haupttäter Kunz von Kauffung samt 4 Dienern enthauptet und der Koch, Schwalbe genannt, so das Schloß verraten, zuvor mit Zangen gerissen und hernach geviertteilt worden.

Johann Jacob Vogel: a. a. O. S. 57

Beteiligung an Türkenkriegen. 1456 Ist ein großer Zug wider den Türken vorgenommen worden und haben sich in Leipzig 100 junge Bürgerssöhne [ein]schreiben lassen [...] Zu dieser Zeit hat Papst Calixtus III. die Verordnung gemacht, daß hin und wieder täglich sollte um Mittag geläutet werden, die Leute hierdurch zum Gebet wider die Türken zu ermahnen [...] Dieser Gebrauch des Geläutes wird noch auf allen Dörfern in acht genommen, wiewohl denen wenigsten die rechte Ursach davon wissend ist. Denn viele meinen nicht anders, als daß dieses Läuten im Sommer darum angestellt sei, damit die Hirten, wenn sie sollten eintreiben, die Arbeiter aber auf dem Feld, wenn sie sollten Mittag machen und ausspannen, wissen möchten; hingegen aber im Winter an denen Orten, da keine Uhrwerke sind, man sich könnte in die Zeit schicken.

Johann Jacob Vogel: a. a. O. S. 57

Schwarzer Tod. 1457 Im Junio ist ein Komet [...] erschienen, welcher von derjenigen Art der Kometen gewesen, die man schwarze Kometen nennt. Hierauf ist große Pest erfolgt, daß vom Aug[ust] bis auf den Oktob[er] in der Stadt allhier und denen dazugehörigen Dörfern bei 8000 Menschen und unter denselbigen allein im Paulinerkloster 29 Mönche gestorben. Da denn ein alter Mönch mit Namen Martin Drentzig gewesen, welcher den Tag und die Stunde seines Ablebens zuvor gewußt, und als er vom Abt gefragt worden, wodurch er vermeinte, einen gnädigen Gott zu haben, geantwortet: ›Lieber Vater, ich weiß die Schrift nicht, sondern bin sehr ungelehrt, doch hab' ich eine Gewohnheit gehabt, daß, wenn die anderen Brüder gesungen, ich unterdes einen Teil vom Leben und Sterben Jesu Christi für mich genommen, dasselbige herzlich betrachtet und meinen Erlöser und Seligmacher für sein teures Verdienst inbrünstiglich Dank gesagt. An desselben Gerechtigkeit und Genugtuung für der ganzen Welt Sünde allein will ich gedenken. Ich halte alle meine Gerechtigkeit und guten Werke für Kot auf der Gasse, gegen[über] dem ewigen Schatz, den mir mein Herr Christus durch seinen Tod erworben hat.‹ Dem Abt sind die Augen übergangen, als er solches Bekenntnis und Trost von dem Mönch gehört, hat ihn darauf ferner getröstet und gesagt: ›Lieber Bruder, du hast einen guten Grund deiner Seligkeit, und weil du auf die Gerechtigkeit deines Heilands dich inniglich verläßt, wird deine Hoffnung gewißlich nicht zuschanden werden.‹ Und darauf ist gedachter Mönch, als die von ihm zuvor verkündigte Stunde herbeikommen, in Gott sanft und selig verschieden.

Johann Jacob Vogel: a. a. O. S. 58

59 Knäblein mit Ball und Blume. Kinderspielzeug aus weißem Ton. Zweite Hälfte des 14. Jahrhunderts

60 Kaisersiegel an der Bestätigung des Neujahrsmarktes. Wachs. 1469

Kurfürst Friedrich II. von Sachsen verleiht der Stadt den Neujahrsmarkt. 1. November 1458 [...] haben wir [...] derselben unserer Stadt und ihren Einwohnern um [all]gemeinen Nutz und Frommen willen und darum, daß sie sich verbessern, auch in Gedeihen und guten Stand kommen, sich aus Schulden entheben und uns und unseren Erben fortmehr zu dienen desto bereiter und williger werden mögen, gnädiglich gegunst [gegönnt], zugegeben und verliehen, daß sie und ihre Nachkommen nun fürbaß mehr zu ewigen Zeiten alle Jahre jährlich einen Jahrmarkt in derselben unseren Stadt Leipzig, auf den heiligen Neujahrstag anzugehen [zu beginnen], der bestehen bleiben soll bis auf der Heiligen Drei Könige Tag [6. Januar] nächst danachfolgendem Tag ganz aus [bis zum Ende], gönnen, geben und verleihen ihnen denn also [...] mit Kraft dieses Briefes, denselben Jahrmarkt, wie oben gerührt ist, hinfür zu ewigen Zeiten in derselben unserer Stadt auf die ehgedachte Zeit jährlich zu haben und zu halten mit Kaufen und Verkaufen und Kaufschlagen [durch Handschlag den Kauf besiegeln] aller der Stücke und Hantierung, die von Kaufmannsschatz [Handelsgut] und allen anderen Dingen dargebracht, geführt und getragen werden [...] Hiermit sollen die Jahrmärkte, die sie vormals jährlich in unserer Stadt Leipzig gehabt und gehalten haben, nicht abgestellt sein, sondern ihren Fortgang haben und kräftig sein und bleiben [...]

Stadtarchiv Leipzig: Urkundenkasten 7, Nr. 2

Der Rat der Stadt beschließt eine Mühlenordnung. 9. Februar 1460 [...] Zum ersten, daß die Läufte in den Mühlen nicht zu weit noch zu niedrig seien den Steinen [...]; daß man auch nicht große Löcher mache an den Mühlen und die Löcher nicht offenlasse, sondern verstopfe, daß der Wind den Leuten nicht schaden tue [...]; daß auch der Müller keinen Helfer aufnähme, es sei denn mit Willen der Meister des Handwerks der Bäcker. Es soll auch kein Helfer nicht Schwein mästen noch backen [...] Es sollen auch die Mühlen schloßhaftig [verschließbar] gemacht werden und des Sonntags und heiligen Tages geschlossen werden. Es sollen auch die Müller die Eselställe machen weit von der Mühle und wo es allerbequemst ist, daß die Esel den Leuten in den Mühlen nicht Schaden tun und daß sie durch die Mühlen nicht gehen dürfen [...]

Stadtarchiv Leipzig: Gelbes Buch, Bl. 129

Anordnung über die Polizeistunde. 7. November 1461 [...] hat der Rat allen Weinschenken geboten, daß sie nach der Glocke auf dem Rathaus [Abendläuten] keinen Gast in ihrem Keller halten und kein Spiel, weder Karten, Brettspiel, Toppeln [Würfeln] um wenig oder viel, gestatten sollen; sie sollen auch nach der Cavete [Polizeistunde] ihre Keller zuschließen, welcher dawidertut, soll, alsooft er dawidertut, ein ß [Schock = sechzig Groschen] zu Buße geben dem Rat.

Urkundenbuch der Stadt Leipzig. 1. Bd. a. a. O. Nr. 351

Universitätsskandal. 1461 Weil im vorigen Jahr, als man durchs Los examinatores Magistrandorum [prüfende Magister] erwählt, ihrer zwei in Verdacht kommen, als wären sie im Los mit Betrug umgangen, als[o] ist [...] einmütiglich beschlossen worden, daß nicht allein die beiden verdächtigen Personen mit einem körperlichen Eid sich purgieren [vom Verdacht reinigen], sondern auch etliche andere Magistri, so ihnen beistunden, schwören sollten, daß sie dieselbigen vor [für] unschuldig hielten.

Johann Jacob Vogel: a. a. O. S. 59

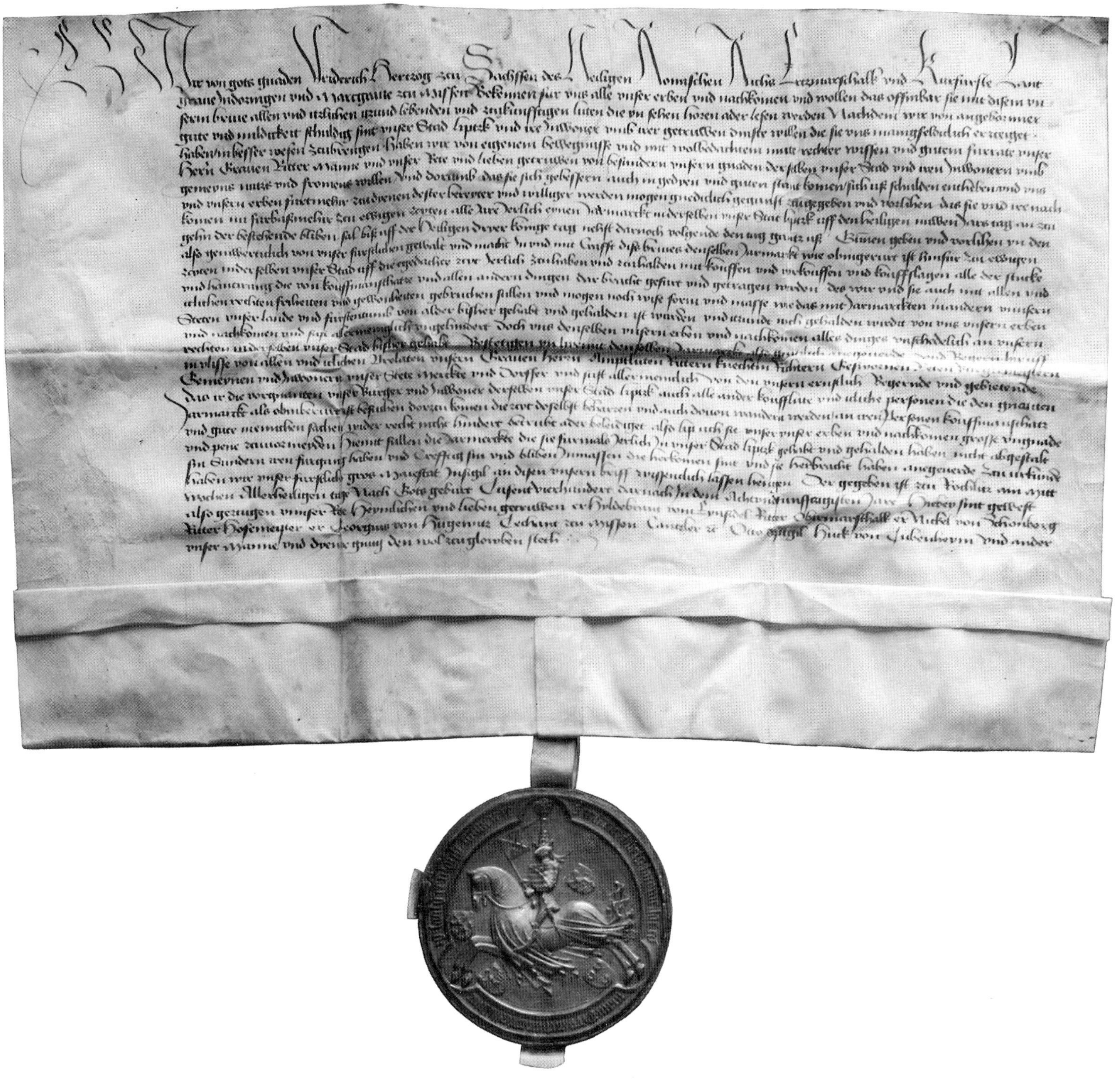

61 Kurfürstliche Urkunde zur Verleihung des Neujahrsmarktes. Pergament. 1458

Der Rat der Stadt bestimmt Vorschriften für die Kleidung der Huren und verbietet das Spiel. 30. März 1463 [...] geratschlagt, daß die Huren und wilden Frauen auf dem Freihaus [Freudenhaus] nicht sollen tragen Korallenschnüre noch Seide unter den Mänteln, Silber noch Gold auf der Gasse; sie sollen auch einen großen gelben Lappen tragen, der einen Groschen breit ist; sie sollen auch keine langen Kleider tragen, die auf die Erde gehen. Item [ferner], die heimlichen Huren sollen Schleier auf den Hauben tragen, wo sie auf den Gassen gehen, also in etzlichen [etlichen] anderen großen Städten gewöhnlich [üblich] ist, und welche man anders finde gehen, der soll man den Mantel nehmen, das soll sie verbüßen mit X Gr[oschen], alsooft als es geschieht; davon soll man dem Knecht, der ihr den Mantel genommen hat, II Gr. geben. Daß sie auch keine Korallenpaternoster [Korallenhalsketten] noch Seidentuch noch Silber noch Gold nicht tragen noch die Mäntel mit Seide nicht unterfüttern sollen. Sie sollen auch nicht lange Kleider tragen, die auf die Erde gehen, bei der obgeschriebenen Buße, alsooft sie des besehen werden. Sie sollen auch bei keiner frommen Frau in der Kirche in den Stuhl treten, bei derselbigen Buße.

Es soll niemand mit Würfeln spielen noch werfen keinerleiweise noch darüber ungebührlich Karten oder Brett spielen, bei einem Schock [sechzig Groschen Strafe], alsooft und häufig man dawidertun würde. Es soll auch niemand in seinem Haus solches Spiel gönnen und gestatten, auch bei einem Schock.

Urkundenbuch der Stadt Leipzig. 1. Bd. a. a. O. Nr. 364

Der Rat der Stadt erläßt eine neue Willkür und Polizeiordnung (I). 31. März 1463 [...] Zum ersten, nachdem Spiel an sich selbst arg sündig und jedermann schädlich ist, also daß nach Wähne [Meinung] namhaftiger Lehrer alle Spiele, die auf Glück stehen, tödliche Sünde sollen sein, damit gemeinlich schier jedermann dieser Stadt befleckt ist, vom Ärmsten bis auf den Reichsten, vom Jüngsten bis auf den Ältesten, daraus auch groß Unrat und Arg kommt, denn es wird dadurch notliche [nötige] Arbeit versäumt, es wird oberig [höchster] Müßiggang vorgenommen, es wird unrecht Gut zu sich gezogen, es wird schuldige Arbeit gelassen, man schilt, man flucht, man schlägt, man hurt, ehebricht und bufft [prügelt], man treibt oberige Quaserei [Prasserei] und sammelt unehrliche Gesellschaft und hohnspricht zu vielen Malen Gott und allen seinen Heiligen, dadurch heimliche Strafungen über Land und Städte gehen; des und anderer Sachen halben verbietet der Rat, daß niemand, welches Wesens oder Standes der sei, [...] keinerleiweise spielen soll, weder mit Würfeln, mit Karten, im Brett, mit Kegeln, mit [...] Groschen, weder um Geld, wenig noch viel, noch um sonst in keinerlei Weise, wie man die erdenken möge, ungewehrlich [ohne Einwand], bei Buße XX Gr[oschen], alsooft man dawidertun würde, eine Schachzabel [Schachbrett] mag bleiben. Es soll auch niemand in seinem Haus gestatten, bei derselbigen Buße XX Gr.

Item [ferner], sintemal daß man sich nicht allein vom Argen, sondern auch von Gestalt des Argen bewahren soll und Gott der Allmächtige selbst flucht großes Weh denen, die da Ärgernis geben, gebietet der Rat, daß sich jedermann sittlich und zu guter Gesellschaft soll halten, und wer sich also hielte, daß ein [all]gemein Gerücht eines Ehebruchs wider ihn ausgehe, es sei Mann oder Weib, soll das

62 Keramikschale. 14. Jahrhundert

verbüßen mit X ß [Schock = sechshundert Groschen], es sei denn, daß er sich entledige mit Zeugnis seiner Nachbarn, also deshalben recht ist.

Item, wiewohl man wißlich die Zahl der Personen in der Wirtschaft [Bewirtung] gemäßigt hat, so wird doch die Speise überflüssig köstlich und teuerlich bereitet, darin unnützlich viel aufgeht ohne Not, und nach den Habenden [Besitzenden] will sich jedermann schikken, daraus große Armut kommt; der und anderer Bewegung halben hat der Rat gesetzt, daß man zu offenen Wirtschaften zu dem Essen des Morgens nicht mehr denn sechs Essen und Gerichte [...] und zu dem Abendessen nicht [mehr] denn fünf Gerichte in obgeschriebener Weise geben soll; desgleichen soll man auch halten, wenn ein Freund oder Nachbar den anderen zu Tisch lädt, bei Buße eines Schock von itzlichem [jedem] mehr gegebenen Gericht.

Item, nachdem in der Kleidung der Frauen Überfluß und Unsitte ist von der Länge und Menge wegen und in junger Männer Kleidung Gebruch [Mängel] und Unzucht ist der Kürze und Enge halben – das erste, die Frauen belangend, ist für zu köstlich zu halten, und sie sind nicht alle gleich habend, es sind auch Wahnsitten und ist schwerlich vor Hochmut zu entschuldigen; der jungen Männer Stücke sind an den Kosten mäßig, aber es ist Unzucht, Eitelkeit und Schande, daraus viel zu Ärgernis, viel zu Unzucht gereizt wird, und ist wider Gottes Ehre –, derhalben hat der Rat gesetzt und geordnet, daß Frauenkleider vorne nicht länger sein sollen, denn daß sie auf die Erde stoßen, und hinten mögen sie zwei Fingerbreit nachschleifen und nicht länger. Item, daß keine Frau noch Jungfrau mehr denn zwei gefütterte oder zwei bespängte [mit Spangen versehene] oder einen gefütterten und einen gespängten Rock zu einer Zeit haben soll, aber schlechte Röcke mögen sie haben nach ihrem Gefallen. Item, wiewohl es sich zu Hochmut zeiht, flogelichte Röcke [Kleider mit weiten Flügelärmeln] zu tragen, die man Stuchen nennt [...], so es doch in gemeine Gewohnheit ist kommen, will es der Rat verhängen [gestatten], doch daß die Länge der Röcke und Flogele in obgerührte Maße gehalten werde.

Item, nachdem einer Frau gebührt, nach göttlicher Lehre ihr Haupt bedeckt zu haben und von großer Zierung Goldes und edler Gesteine enthalten, dawider sich itzund [jetzt] junge Frauen angenommen haben, öffentlich in Hauben, in Kränzen und Spängchen, mit Reiherfedern zu tanzen und zu erscheinen – dermaßen sieht eine die andere an, sie verkosten [verausgaben] sich mit dem Geschmücke ohne Not, die es zu anderem [be]dürfte, sie versäumen und verlassen ihre Hausnahrung [häuslichen Pflichten], sie reißen sich zu unziemlicher Gesellschaft, und ist aller Dinge schwerlich vor Hochmut zu entschuldigen –, deshalb gebietet der Rat, daß keine Frau in der Haube noch viel minner [weniger] dazu in einem Kranz noch Spangen noch auch nicht mit Reiherfedern oder anderen Straußfedern öffentlich zu tanzen oder [zur] Wirtschaft erscheinen soll [...]

Urkundenbuch der Stadt Leipzig. 1. Bd. a. a. O. Nr. 365

63 Gefäß aus Pfeifenton. 14./15. Jahrhundert

64 Topfgrapen aus Keramik. 14. Jahrhundert

Der Rat der Stadt erläßt eine neue Willkür und Polizeiordnung (II). 31. März 1463 Item [ferner], daß keine Jungfrau mehr denn ein Spängchen und keine Reiherfedern oder Straußfedern zum Tanz oder sonst zur Wirtschaft [Bewirtung] oder auch öffentlich auf der Gasse tragen soll. Item, daß keine Frau noch Jungfrau mehr denn ein Paar Sammetärmel, einen Tag zu tanzen oder [zur] Wirtschaft, tragen und zumal kein gülden Sammet zu ihrer Zierung haben soll. Item, daß keine Frau noch Jungfrau kein Vechel [Schleier], Seiden noch sonst mit Ringen, Spangen oder allein über die Achsel oder sonst angeheftet tragen soll. Item, daß das Gesetz [für] Frauen und Jungfrauen, Jüpchen noch Koller nicht zu tragen, gehalten werde, das da beginnt abzunehmen. Item, daß kein Mannsbild [...] Mäntel öffentlich trage, denn als lang die Hand unter sich nieder hängt, er habe denn einen längeren Rock darunter, noch einen kürzeren Rock, er habe denn einen längeren Mantel darüber, und daß nunfort kein kürzer Kleid soll gemacht werden. Item, daß man an Schuhen nicht längere Schnäbel trage denn eines Fingergliedes lang, also das Maß gegeben ist, ungewehrlich [ohne Einwand]. Item, daß kein Mannsbild Schnüre, da Gold eingetragen ist, um die Hüte noch sonst sich damit zu schnüren haben soll. Item, daß niemand, der es von Würdigkeit der Grade nicht hat, Mäntel, Schauben [weite Überkleider] noch Röcke mit Feh oder Hermelin verbrämen soll.

Item, das Schlittenfahren junger Leute gibt viel Ärgernis, es geschieht verdächtig viel Unzucht darin, es ist keine ehrliche Notdurft noch Entschuldigung zu tun, deshalb vorzeiten von eingereisten geistlichen Leuten die Schlitten als sündig Ding gar verbrannt wurden, [...] gebietet der Rat, daß niemand in der Stadt zu keiner Zeit auf Schlitten fahren soll, er wolle denn über Land fahren [...]

Item, [...] daß man des Sonntags und an höchsten Festen, ehe denn die Messen aus sind, keine Zeche halte an keinem Ende, da man Bier und Wein feilhat, ungewehrlich, bei V Gr[oschen], die der Wirt, der es verhängt [gestattet], geben soll.

Um Weinschenken ist ein großes Gerede unter allem Volk, daß man die Weine versollt [verdünnt] und ärgert [verschlechtert] mit geringerem Trank und unterstundet [untermischt] mit Wasser, daß man sie auch temperiere, daraus viel Krankheit kommt, und von dem Sollen werden sie ärger. Man erlaubt doch jedem, seine Weine zu geben wie er will, [...] und es heischt Vernunft und Recht, daß man jedem auch für sein Geld gebe nach Würderung [Wert], also es sein soll, vermeint der Rat zu setzen, daß man [...] dieselbigen Weine, wie die aufgetan werden, unversollt und unvermischt, nicht anders, denn also sie aufgetan werden, schenken soll und um mehr Sicherheit an itzlichem [jedem] Faß, wenn es aufgetan wird, den Spund versiegelt [...]

Item, es soll niemand Gerste, Hafer noch anderes Getreide allhier auf dem Markt kaufen oder einen anderen kaufen lassen noch hierin bei sich haben, er sei denn Bürger [...]

Es soll auch niemand Messer, Schwert, Beil noch keine schädliche Wehr [Waffe] tragen, ungewehrlich, bei Buße XX Gr.

Item, wer aus der Gemeinde erfahren würde, daß man auf den Kretschmarn [Schenken] oder Dörfern fremdes Bier schenkt wider der Stadt Freiheit, der mag das einem aus dem Rat zu wissen tun, so will und soll der Rat allen Fleiß tun, daß solchem gewehrt werde [...]

Urkundenbuch der Stadt Leipzig. 1. Bd. a. a. O. Nr. 365

65 Eiserner Schlüssel. 15. Jahrhundert

Großes Sterben. 1463 Ist ein grausames Sterben im ganzen Land gewesen und sonderlich in Leipzig, dahero es auch das Große Sterben ist genennet worden [...] Dahero auch die Herbstpromotion der Baccalaureorum wegen der großen Infektion eingestellt werden müssen. Sonst sind in der [vorösterlichen] Fasten[zeit] 78 Baccalaurei worden, ungeachtet man 8 wegen ihrer Untüchtigkeit verworfen.

Johann Jacob Vogel: a. a. O. S. 59

Vergabe des städtischen Almosens. 1463 [...] Zum ersten sind gekoren [gewählt] zu Versorgern des Almosens Nickel Schuman und Conradus Critzelmor, daß sie alle Wochen am Sonnabend geben sollen aus der Kammer auf der Ecke bei dem Salzgäßchen sieben armen Menschen Brot, Fleisch und Zugemüse, alsoviel man um II Gr[oschen] kaufen mag [...] Und der armen Leute sollen vierzehn sein, die soll man auf zwei Partien teilen, auf ein Teil sieben, und wenn man eine Woche den ersten sieben das Almosen geteilt hat, so soll man es die andere Woche den anderen sieben geben und danach den ersten wieder [...]

Urkundenbuch der Stadt Leipzig. 1. Bd. a. a. O. Nr. 366

Verbot von spitzen Schuhen, kleinen Broten und fremdem Bier. 1465 So ist auch in diesem Jahr der Schlegsatz [Abgabe für die Kosten der Münzprägung] auf die Weine gelegt worden. Ferner hat E. E. Rat [der Stadt] den Schustern die spitzigen und gehörnten Schuhe zu verfertigen, den Bäckern das Brot klein zu backen und einem jeden fremdes Bier hereinzuführen verboten und darüber gute Ordnung gemacht.

Johann Jacob Vogel: a. a. O. S. 60

Der Rat der Stadt stellt acht Nachtwächter ein. 13. März 1465 [...] hat der Rat aufgenommen etzliche [etliche] Söldner, die des Nachts zirkeln [die Runde gehen] sollen und wachen und auf das fleißigste zusehen, und wozu man sie sonst nutzen möchte, sollen sie nach Geheiß des Rates oder Gerichts [sich] nicht widersetzen, sondern sollen sich in ihrem Dienst gehorsamlich halten; so soll der Rat itzlichem [jedem] geben zu Solde X Gr[oschen] [...] Der Rat hat itzlichem Gesellen getan einen Panzer und ein Koller und dazu jedermann einen Hut [Helm].

Urkundenbuch der Stadt Leipzig. 1. Bd. a. a. O. Nr. 388

Einigung über die Zuständigkeit bei der Aburteilung straffälliger Studenten. 1465 Es hat sich auch die Universität mit dem Rat [der Stadt] in diesem Jahr verglichen, wie es in peinlichen Fällen soll gehalten werden, wenn nämlich ein Student etwas Peinliches begangen, daß zwar der Rat denselben zur Verhaft bringen, jedoch dem Rectori der Universität selbigen alsobald auf Begehren abfolgen lassen soll [...] Und damals [...] ist ein Gesetz und Ordnung gemacht worden, daß man die vorsätzigen Mörder dem Bischof zu Merseburg zu ewiger Gefängnis zuschikken, die Diebe aber, welche im geringen Diebstahl ergriffen würden, von der Universität exkludieren [mit Schande ausschließen], die anderen aber, so viel gestohlen, gleichfalls zu bestrafen dem Bischof übergeben sollte.

Johann Jacob Vogel: a. a. O. S. 60

66 Spätgotische Ofenkachel mit Wimperg. Hafnerware. 15. Jahrhundert

Aus der Ordnung der Schuhmachergesellen. 21. Dezember 1465 [...]
Als nämlich zum ersten, daß wir Meister und Gesellen der Schuster haben eine ordentliche Herberge verordnet für die Gesellen; welcher Geselle hier in die Stadt kommt, soll allda einkehren und den Vater oder Mutter um Gottes und des Handwerks willen bitten um Herberge und soll den Vater Vater heißen und die Mutter Mutter heißen, den Sohn oder Knecht soll er Bruder heißen, die Tochter oder Maid [Magd] soll er Schwester heißen, bei der Buße vier Pfennige. Wenn ein Geselle mit dem Vater die Mahlzeit ißt, dafür soll er geben einen silbernen Groschen [...]

Es haben auch Meister und Gesellen vor [für] gut angesehen und vier Altknechte erwählt, dieselbigen sollen samt den anderen Gesellen, die in Arbeit stehen, alle vierzehn Tage auf die Herberge kommen um elf Schläge und allda ein itzlicher [jeder] zwei Pfennige zu Bier auflegen, welcher aber vormals hier nicht hat gearbeitet, der soll acht Pfennige Schreibgeld auflegen; wer aber solches Geld nicht hätte, der soll zwei Bürgen setzen, in vierzehn Tagen zu erlegen. Welcher Geselle aber zu lang außen ist über elf, der soll büßen mit vier Pfennigen; ist aber ein Geselle in des Meisters Geschäft, so soll er seinen Pfennig auf die Herberge schicken und soll ungebüßt bleiben; denn einmal geht hin, aber daß einer wollte das Handwerk verachten und nicht kommen, den soll man strafen um ein Pfund Wachs. Es soll auch ein jeder Geselle seinen Pfennig selbst auflegen, wer aber den Pfennig in Kreiß [mit Geschrei] wirft, der soll büßen mit vier Pfennigen. Es soll auch kein Geselle seine Strafe auf den Tisch zählen, da die Meister und die Altknechte sitzen, bei der Buße vier Pfennige.

Wenn das Bier ist gebracht, so soll einer nach dem anderen fein ordentlich trinken und einer dem anderen die Kanne

67 Glasbecher. Vermutlich Ende des 15. Jahrhunderts

[über]antworten und nicht selber nehmen noch stehend trinken, bei der Buße vier Pfennige. Es soll auch kein groß Geschrei geschehen und niemand 'nausgehen, wenn die Lade [Zunfttruhe] offensteht, bei der Gesellen Strafe. Welcher Geselle flucht oder Gott lästert, wenn die Lade offensteht, der soll büßen mit einem Pfund Wachs. Es soll auch kein Geselle mit einer mordlichen Wehr [Waffe] vor die Lade kommen, bei der Buße ein Pfund Wachs. Es soll auch ein jeder Geselle auf die Quatember [vierteljährliches dreitägiges Fasten] um elf Schläge auf die Herberge kommen und acht Pfennige Quatembergeld auflegen und acht Pfennige Spielbuße, bei der Buße ein Groschen. Es sollen auch alle Spiele verboten sein, ausgenommen Brettspiel um einen Heller [halben Pfennig] oder Pfennig, bei der Buße acht Pfennige alle Quatember.

Wenn sich's begibt, daß die Gesellen beisammen sind in einer Urte [Wirtshaus], so soll ein itzlicher seine Wehr von sich geben und keine freie Frau [Dirne] in die Urte nicht führen noch unberechnet [ohne bezahlt zu haben] davongehen, bei der Buße ein Pfund Wachs. Den Altknechten gebührt, die Urten abzunehmen und den Wirt mit ihrem Geld samt der Gesellen Geld zufrieden [zu] stellen und [zu] bezahlen. Es soll auch kein Geselle sich mit dem anderen schlagen noch raufen, bei der Buße einen Groschen [...] Welcher Geselle eine Kanne oder Leuchte auf den anderen ruckt oder zuckt, der soll büßen mit zwei Pfund Wachs [...] Es soll auch kein Geselle den anderen mit verächtlichen oder schmählichen Worten schänden noch schmähen, bei der Buße ein Pfund Wachs. Würde sich aber einer vergessen und den anderen einen Schelm schelten, der soll büßen mit vier Pfund Wachs ohne alle Gnade [...] Es soll auch keiner dem anderen zumuten zu trinken zu halben oder ganzen [Kannen], bei der Buße vier Pfennige, wird er ihn aber nötigen, so soll er büßen mit einem Groschen. Wenn sich aber einer vergessen würde und zu viel zu sich würde nehmen und würde sich danach ungebührlich verhalten und würde das Bockfell [Schurzfell] zerreißen, der soll büßen mit einem Pfund Wachs [...]

Wenn sich's begäbe, daß ein Geselle aus dieser unserer Bruderschaft, der allhier in Arbeit stünde, mit Krankheit würde angegriffen und selber nicht Zehrung hätte, dem soll man genüglich aus der Lade leihen, doch mit Verwilligung der Meister; würde ihm Gott aber wieder zu seiner Gesundheit helfen, so soll er solches geliehenes Geld wiederum auf das allererste in die Lade verschaffen; würde er aber hinwegziehen ohne Vorwissen der Meister und Gesellen, so soll der gedacht [vermeintlich] Kranke wissen, daß er von einer ganzen Bruderschaft soll für untüchtig gehalten werden, so lange, bis er sich mit den Meistern und Gesellen verglichen und [sie] zufriedengestellt hat. Würde er aber mit Tod abgehen, so soll man sich an seiner nachgelassenen Habe erholen, und ein jeder Geselle soll der Leiche nachfolgen, bei der Buße vier Pfennige [...]

Urkundenbuch der Stadt Leipzig. 1. Bd. a. a. O. Nr. 396

68 Syrische Gläser (Handelsgut). 14. Jahrhundert

69 Panzerhemd aus zusammengenieteten Eisenringen. 15. Jahrhundert

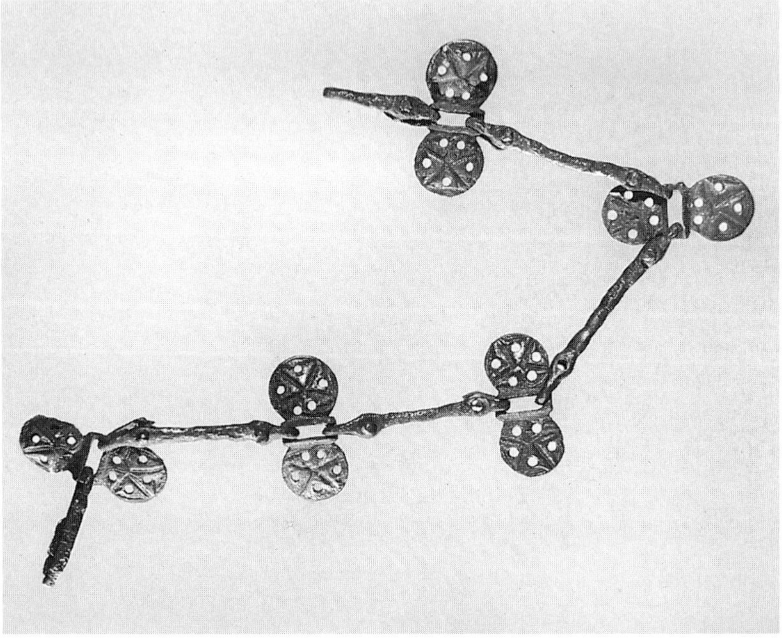

70 Teil einer Pferdetrense aus Bronze. 14. Jahrhundert

Aus dem Harnischbuch der Stadt. 1466 [...] Item [ferner], die Handwerke sollen sich mit Gerät rüsten inmaßen hier nachfolgt:

Wolleweber
Item, die Wolleweber des ersten VI gluhe [glänzende] Krebse [krebsschalenähnliche Plattenharnische], item VI blanke Hüte [Helme], item X Pafosen [große Schilde mit langer Eisenspitze zum Feststecken im Boden], item VIII Armbrüste, item zwei Handbüchsen, item XIII Koller [Brustpanzer], stelen [stählerne] Koller.

Bäcker
Item, die Bäcker sollen Gerät schicken gleich den Wollewebern.

Fleischhauer
Item, die Fleischhauer sollen sich mit Gerät den genannten zwei Handwerken gleichschikken.

Schuster
Item, die Schuster sollen auch den genannten Handwerken mit Gerät gleichstehen.

Kürschner
Item, die Kürschner sollen haben IIII Krebse, item IIII Armbrüste, item IIII Pafosen, item IIII Hüte, item zwei Handbüchsen.

Schneider
Item, die Schneider VIII Krebse, VIII Hüte, item VI Armbrüste, item VIII Pafosen, item zwei Büchsen, item VIII stelen Koller.

[...]

Nun folgen die Bürger aus der Gemeinde:
Hans Steffan item ein Krebs, item zwei Hüte, item II Pafosen, item I Armbrust, item I Büchse, item ein stelen Koller, I Panzer [geschupptes Panzerhemd]. Dok[tor] Smedebergk soll haben also [wie] Hans Steffan. M[a]g[iste]r Martinus Richenbach ut [wie] Doc. S. Nickil von Sayda item I Krebs, item I Hut, item I Koller, item eine Armbrust, item eine Pafose.

[...]

Item, auf daß man möge ein eigentlich Wissen haben, nachdem also die Stadt in vier Teile oder vier Viertel geteilt ist, wo sich doch ein itzlich [jedes] Viertel anhebt und endet, so ist zu wissen des ersten, daß das Petersviertel [...] beginnt und anhebt sich an Herman Wulkensteins Ecke am Markt und verfolgt sich in die Grimmische Gasse an der einen Seite und geht in der Grimmischen Gasse an Schobers Ecke die eine Seite den neuen Markt hinauf bei Thommele und geht die ganze Petersstraße ganz aus auf beiden Seiten und das Gäßchen hinter Doc. Pistoris die Burgstraße auf beiden Seiten in den Sack bis an das Thomastor und durch das Thomasgäßchen an beiden Seiten auf den Markt an der Seite, da Stockartt wohnt, bis hinter Peter Stengir an Ticzen Snyder, da hat es ein Ende.

So hebt sich das Hainische Viertel an an Ticzen Snyder neben Aßmus Rocke und geht durch die Fleischhauergasse ganz aus an beiden Seiten und geht in den Brühl auf beiden Seiten, die Hainstraße an beiden Seiten bis an Doktor Jacoffs und die Seite, da Schuman wohnt, die eine Seite der Katharinenstraße, da Forstir wohnt, durch die neue Straße inwendig und auswendig der Stadt bis an Nickil Biders Ecke neben Sankt Katharin, und da hat es ein Ende.

Item, das Hallische Viertel hebt sich an der Katharinenstube an und geht dieselbige Seite des Brühls aus zu der Hallischen Brücke zu und die Hallische Brücke auf beiden Seiten ganz aus, inwendig und auswendig der Stadt, und gereicht wieder in den Brühl an der Seite, da Haußmann wohnt, bis an Unser Frauen Kapelle und geht auf der anderen Seite des Brühls, an der Ecke, da Austen Schulcze wohnt, anzuheben, die eine Seite der Niklausgasse bis an das kleine Niklausgäßchen, da der Barbier wohnt, Meister Concz, und geht aus der Niklausgasse durch das kleine

71 Grabdenkmal des Feldhauptmanns Herrmann von Harras in der Thomaskirche.
Sandstein mit Resten von Bemalung. Um 1470/80

Gäßchen neben Conczen Brußir durchaus in die Reichsstraße an beiden Seiten bis an Nickil Scherers und an des Metsieders Haus. Und danach geht es durch das Salzgäßchen auf der einen Seite, da Enthonius Coder wohnt, und mit der einen Seite der Katharinenstraße, an der Fischer und Claueß Rennaw wohnen, wieder in den Brühl hinter Sankt Katharin an der Seite, da Brunßdorf und Grubin wohnen, bis wieder an Austen Schulcze, da hat es ein Ende an Hanß Penigs Haus, der da wohnt hart an Austen Schulcze.

Item, das Grimmische Viertel beginnt sich an Hans Kempnicz Ecke, des Bäckers in der Grimmischen Gasse, und geht die eine Seite den neuen Markt an Yleborge hinauf und geht den alten neuen Markt neben Hans Steffan bis an das Grimmische Tor. Da geht es vom Tor die Ritterstraße ganz ab auf beiden Seiten bis in den Brühl an der Seite, da Mattiß Somerfeltt wohnt, bis in die Niklausgasse die eine Seite, da die Meißner Burse [Studentenherberge] liegt, danach geht es durch das kleine Niklausgäßchen, da Wandergern innewohnt, und geht fürder in das Salzgäßchen an der Seite, da die Brotbänke [Brotverkaufsstände] stehen, und geht durch die Kramen [Buden der Kleinhändler] bis in die Grimmische Gasse an Merten Quaß neben der Dingbank [Gerichtsbank] die ganze Seite hinab, hin wieder in die Reichsstraße hinter Poßern bis an Nikkels von Gera Haus und an der Metsiederin Haus und geht danach von der Metsiederin Haus wieder die Grimmische Gasse, an Sommers Haus anzuheben, die ganze Seite hin bis an die Lucaß Kupferschmiedin, und da hat das Viertel ein Ende.

Stadtarchiv Leipzig: Urkundenkasten 76, Nr. 1

Die Universität und der Rat der Stadt treffen eine Vereinbarung gegen Aufläufe. 16. Juli 1468 Auf daß nun hinfür und zu ewigen Zeiten Aufläufe, [Ver-]Sammlungen von niemand, welches Standes, Würde oder Wesens der oder die seind, um keinerlei Sache willen gemacht, auch daß zukünftiger Schade und Unrat [Unheil] vermieden werde, damit und dadurch alle und itzliche Einwohner der Stadt untereinander [all]gemeinen Frieden desto sicherlicher gebrauchen mögen, sind wir, Rektor, Meister [Magister] und Doktor der Universität und Hochschule für uns und die Unseren, und wir, Bürgermeister und geschworener Ratmann der Stadt zu Leipzig auch für uns und die Unseren, mit Fürwilligung unseres gnädigen Herrn von Sachsen etc. dieser nachgeschrieben Gebot, Satzung und Ordnung, die hinfür zu ewigen Zeiten gehalten und von niemand überfahren [übertreten] werden soll, bei Pein [Strafe] und Buße, darauf gehörend, einmütiglich mit zeitigem Rat ein[ge]gangen und gehen da ein mit Kraft dieses Briefes, setzen, ordnen und gebieten darauf und wollen […] sonderlich und voraus, daß keine hohe Gewalt, also mit Stürmen, Schießen, Werfen und dergleichen, an niemandes Wohnungen, Häusern, Kollegien oder Bursen [Studentenherbergen] getrieben, vorgenommen oder geübt werde […]

Stadtarchiv Leipzig: Urkundenkasten 4, Nr. 7

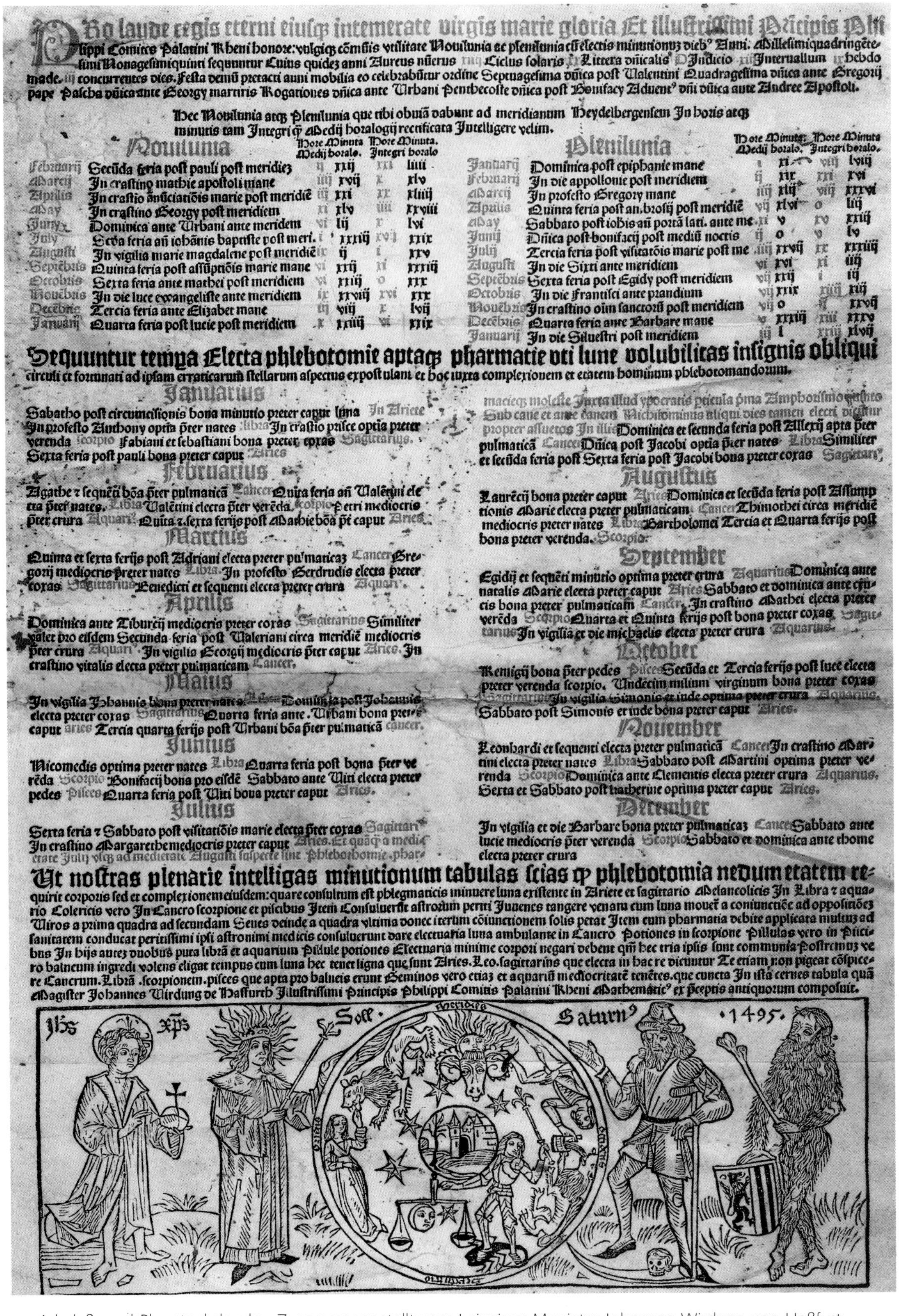

72 Aderlaß- und Planetenkalender. Zusammengestellt vom Leipziger Magister Johannes Wirdung von Haßfurt. Zweifarbiger Holzschnitt. 1495

Der Rat der Stadt beschließt über die Seßhaftigkeit der Bürger. 17. Juni 1469 [...] sind alle drei Räte und die Ältesten zusammen[ge]kommen und [haben] merklich erwogen, was Unrats [Unheil] der Stadt von all denjenigen, die Bürger werden, sich nicht besetzen [ansässig werden], Handel und Nahrung gleich besessen [ansässigen] Bürgern treiben, auferstehe, und darum eins wurden und einmütiglich beschlossen, wollen das auch festiglich gehalten haben, daß nun zu fürdern Zeiten niemand, wer der sein würde oder welches Handwerks oder Standes er wäre, der sich in diese Stadt wenden, Bürger werden und seine Nahrung mit Handeln und Wandeln hierin suchen wollte, mitnichten noch anders aufgenommen werden soll, er sage denn dem Rat glaublich und mit wahren Worten zu, daß er sich in Jahr und in Tag [sächsisches Rechtsjahr = ein Jahr, sechs Wochen und drei Tage] niedersetzen, behausen und behofen will, auf daß er ein hausbesessener Bürger werde mit eigener Erbschaft, und darauf möge er sich nähren, handeln und wandeln als ein Bürger; wer da aber Bürger würde und sich binnen Jahr und Tag, als obgemeldt ist, nicht besetzte, behauste oder beerbte [beerbbar machte], der soll nach Ausgang Jahres und Tages nimmer für einen Bürger gehalten werden, auch sein Bürgerrecht verloren haben und damit ganz ab sein. Und auf daß sich ein jedermann danach halte, so soll ein itzlicher [jeder] Bürgermeister zu seiner Zeit ein solches allen denjenigen, die Bürger werden wollen, zu erkennen geben und vorhalten, auch festiglich in ihre Eide binden [...]

Stadtarchiv Leipzig: Ratsbuch 1466–1489, Bl. 71

Der Rat der Stadt bestätigt die Artikel der Holzschuhmacher. 23. September 1469 [...] Item [ferner], eine Frau nach [dem] Tod ihres Mannes soll ihr volles Handwerk haben und mit Gesinde halten und arbeiten so lange, bis daß sie wieder zu ehelichem Stand und Leben komme. Item, es soll kein Meister mehr denn zwei Knechte [Gesellen] auf dem Handwerk halten, hat er aber einen Lehrjungen, so soll er zu dem Jungen einen Knecht und nicht zwei haben [...] Item, es soll kein Meister keinen Jungen zu lernen anders denn auf zwei Jahre aufnehmen [...]; auch soll niemand keinen Unehelichen lehren. Item, es soll auch niemand Meister werden, er habe denn zwei Jahre nacheinander ungeteilt bei einem Meister gelernt [...] Item, wer Meister werden will und nicht beweibt ist, der soll das Handwerk in einem Jahr drei Wichfasten [Weihfasten = vierteljährliches Fasten] nacheinander von den Meistern muten [begehren], sodann soll man's ihm reichen; ist er aber beweibt, so soll man's ihm zustehend zu der ersten Mutung reichen und ihn dazu aufnehmen [...] Item, es soll auch keines Meisters Frau, die an ihren Ehren berüchtigt wäre, gehen zu den anderen Frauen zu ihrer [Ver-]Sammlung. Item, es soll niemand einer dem anderen sein Gesinde abspenen [abspenstig machen] noch auch wider des anderen Willen nicht halten [...] Item, es soll niemand den anderen in Sammlungen Lügen strafen noch mißhandeln in keiner Weise [...] Item, die Meister des Handwerks sollen alle Jahre einmal auf Sankt Michaelis Markt losen um die Stätte, auf dem Markt und in Jahrmärkten zu stehen. Item, es soll kein Meister, Frau oder Gesinde noch niemand dem anderen seine Kaufleute [Käufer] von seiner Bude zu sich rufen oder ziehen [...]

Stadtarchiv Leipzig: Ratsbuch 1466–1489, Bl. 74f.

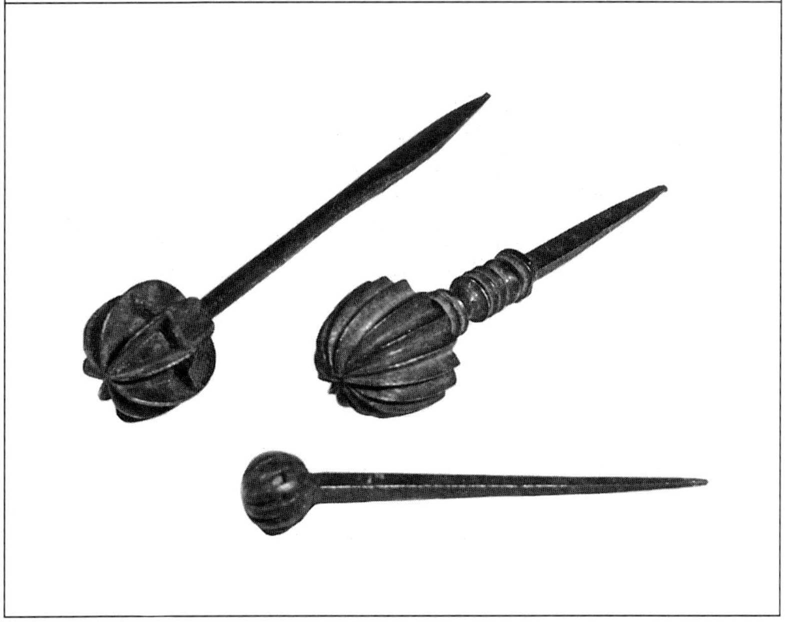

73 Tripliod oder Elevatorium (oben) zum Anheben eines mit Kugelbohrern (unten) trepanierten Teils der Schädeldecke nach einer Fraktur. Eisen. Vermutlich 16. Jahrhundert

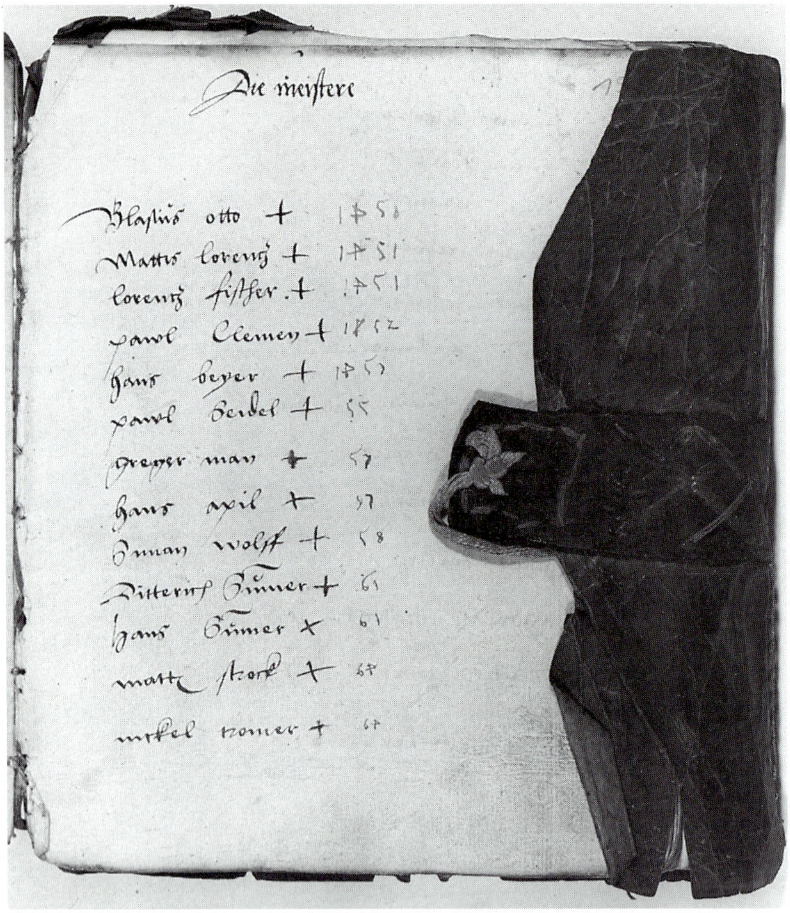
Die meistere

Blasius otto + 1450
Mattis lorentz + 1451
lorentz fischer + 1451
pawel Clemen + 1452
hans beyer + 1452
pawel Beidel + 55
gregor may + 57
hans apil + 57
Simon wolff + 58
Ditterich Bruner + 61
hans Bruner + 61
matts stork + 63
merkel romer + 67

74 Tuchmacher-Innungsbuch. Pergamenteinband mit Lederverschluß. 1450/1871

Der Rat der Stadt beurkundet die Artikel und Gesetze der Leineweber.

1. Oktober 1470 [...] Auch wer da Meister ist und sein Handwerk hat, der soll rechtes Ellenmaß haben [...] Es haben auch die Meister Willkür, des Jahres Bier zu kaufen zu ihrer Morgensprache [Beratung am Morgen] und des heiligen Leichnams Tag [Fronleichnam] und so sie neue Meister setzen [...] Und in demselben Biertrinken soll ein itzlicher [jeder] sein Gewehr [Waffe], es sei groß oder klein, von ihm legen [...] Auch nachdem sich das gemeldte Handwerk zu vielen Malen groß und fest beklagt hat, wie sich die Dorfweber in dieser Stadt gegen[über] den Leuten sehr zutäten [zudringlich verhielten] und in die Häuser gingen und selber darin das Garn von ihnen holten, dadurch sie sehr bedrängt, beschwert und zu verderblichem Schaden gedrungen, so man denselben nicht [zu]vorkommen würde, so könnten sie sich fürder nicht mehr von ihrem Handwerk behelfen noch erhalten noch viel weniger die aufgesetzten Pflichten, als [wie] sie [...] der Stadt tun müssen, ausrichten noch ertragen, darum sie gebeten haben, das Handwerk darin gnädiglich zu versorgen: Also haben wir angesehen ihre ziemliche und billige Bitte und haben darum auf dem Markt öffentlich verkündigen und ausrufen lassen, daß nun hinfürder kein Dorfweber mehr das Garn hierin selbst in der Stadt holen noch durch einen anderen das zu holen bestellen soll, und welch Dorfweber das zu tun nicht meiden, sondern, es wäre Mann oder Frau, der oder die solches hinfürder tun und darüber betreten [angetroffen] würden, den oder die mögen des Handwerks Meister [...] mit dem Garn aufhalten und das Garn auf unser Rathaus [über]antworten lassen [...]

Urkundenbuch der Stadt Leipzig. 1. Bd. a. a. O. Nr. 455

Urkundliche Ersterwähnung Leipziger Gewerbe bis zum 16. Jahrhundert

1218	Kaufmann
1278	Kramer
1288	Bäcker
1288	Wollenweber (Tuchmacher)
1305	Fischer
1335	Fleischer
1335	Kürschner
1339	Gerber
1339	Schuhmacher
1345	Geleitsmann
1349	Flickschuster
1356	Orgelbauer
1359	Gewandschneider
1359	Huf- oder Grobschmied
1359	Müller
1359	Tuchscherer
1386	Schneider
vor 1390	Arzt
vor 1390	Henker
1395	Büchsenmeister
zwischen 1412 und 1413	Fuhrmann
1417	Maurer
1423	Weißgerber
1429	Hüter (Hutmacher)
1436	Armbrustmacher
1436	Hure
1436	Riemer
1436	Steinsetzer
1439	Zimmermann
1442	Maler
zwischen 1444 und 1446	Kohlgärtner
1446	Kannengießer (Zinngießer)
1448	Seidensticker
1452	Brauer
1452	Goldschmied
1452	Makler
1452	Nachtwächter
1453	Abdecker
1453	Kupferschmied
1453	Ölschläger
1453	Töpfer
1453	Totengräber
1454	Harnischmacher
1456	Böttcher
1456	Messerschmied
1457	Steinbrecher
1458	Gürtler
1458	Lautenschläger
1458	Sattler
1459	Förster
1459	Weinschenk
1461	Beutler
1461	Seifensieder
1461	Vorsprecher (Rechtsanwalt)
1466	Bader
1466	Barbier
1466	Höker
1466	Holzschuhmacher
1466	Koch
1466	Leineweber
1466	Nadler

1466 Schalaunenmacher (Hersteller von kurzen Schülermänteln ohne Ärmel)
1466 Seiler
1466 Stellmacher
1466 Täschner
1466 Tischler
1466 Wagner
1466 Ziegelstreicher (Ziegelbrenner)
1467 Kleinschmied
1467 Buchdrucker
1469 Färber
1469 Messingschläger
1471 Holzhauer
1471 Münzmeister
1471 Sandwerfer (Sandsieber)
1471 Scharfrichter
1471 Scherenschleifer
1471 Steinmetz
1474 Seigermacher (Hersteller von Sand- oder Wasseruhren)
1476 Hirt (der Stadt)
1479 Stadtpfeifer
[1480] Glaser
[1480] Senkler
1490 Kartenmacher
1492 Teichmeister
[1494] Buchbinder
1498 Bierträger
1498 Röhrenmeister
1503 Klingenschmied
1503 Messerschleifer
1504 Zuckermacher
1505 Sporenmacher
1513 Drechsler
1513 Pergamentmacher
1519 Formschneider
1520 Kammacher
1527 Trödler
1529 Windenmacher
1532 Kartenmaler
1532 Nagelschmied
[1534] Korbmacher
1539 Bürstenbinder
1545 Feilenhauer
1545 Haubenschmied
1545 Kannenmacher
1545 Knopfschmied
1550 Klempner
1551 Ofenmacher
[1551] Uhrmacher
1556 Saitenmacher
1557 Büchsenmacher
1565 Pfannenflicker
1569 Lauten- bzw. Instrumentenmacher
1577 Kutscher
1594 Posamentenmacher

Nach Georg Zöllner: Die Zunftverfassung in Leipzig bis zum Jahre 1600. Halle 1915. Die in eckige Klammern gesetzten Datierungen nach Ernst Müller: Leipziger Neubürgerliste 1471–1501. Dresden 1969. Leipziger Neubürgerliste 1502–1556. Leipzig 1981/82

75 Kurfürstliche Urkunde mit neununddreißig Siegeln. Pergament. 1447

Zentrum des Handels zwischen Ost und West

Der Aufschwung und Niedergang Leipzigs bis zum Ende des Dreißigjährigen Krieges (1471 bis 1648)

Neues ›Berggeschrei‹ kündete 1471 von abermaligen reichen Silberfunden im Obererzgebirge. Hatte der Abbau des wichtigsten Münzmetalls schon zur Gründungszeit Leipzigs die Entwicklung wesentlich gefördert, so leitete er nun den Beginn der ersten großen Blüteperiode der Stadt ein.

Die Messen erlangten internationale Bedeutung und ließen – durch kaiserliche Privilegien von 1497 und 1507 in den Rang von Reichsmessen erhoben – den Ort zum Zentrum des Handels zwischen Ost und West werden. Das Markt- und Stapelrecht war auf fünfzehn Meilen (etwa hundertzwölf Kilometer) ausgedehnt worden, erfaßte nun Sachsen, Thüringen, das Erzgebirge und das Mansfelder Land. Die großen süddeutschen Handels- und Bankhäuser der Fugger und Welser, für die Leipzig zum zentralen Umschlagplatz im Warenverkehr mit dem Hanseraum und Osteuropa sowie im Bergbaugeschäft mit dem Erzgebirge und Ungarn wurde, errichteten Faktoreien am Ort, und namentlich aus Nürnberg wuchs die Zahl der sich hier ansiedelnden Kaufleute. So gelangte zusätzliches Kapital in die Stadt, die sich zugleich vielfältigen neuen kulturellen Einflüssen öffnete.

Mit dem raschen wirtschaftlichen Aufschwung veränderte sich auch das äußere Bild Leipzigs. Die gotische Anlage der zur Straße gewandten Giebel wich mehr und mehr der Traufstellung der auf drei Geschosse erhöhten, teils erkergeschmückten Häuser. Thomas- und Nikolaikirche wurden zu Hallenbauten umgestaltet, und vor allem nach Plänen des Bürger- und Baumeisters Hieronymus Lotter entstanden prächtige Renaissancegebäude wie das Alte Rathaus und die Alte Waage. Zur architektonischen Ausprägung des unverwechselbaren Charakters als Messestadt trugen insbesondere die dieser Zeit entstammenden Durchgangshäuser der reichsten Kaufleute mit ihren großen, von geschnitzten Holzgalerien umgebenen Innenhöfen bei; diese Anlagen, von deren bis zum 18. Jahrhundert weiterentwickelter Form noch heute Barthels Hof einen Eindruck zu vermitteln mag, vereinten Wohnung und Fremdenzimmer, Geschäftskontor und Schreibkammer, Warengewölbe und Speicher, Wagenremisen und Ställe. Zum Schutz des solchermaßen sichtbaren Wohlstands wurde damals auch die Stadtbefestigung vor allem durch den Neubau der Pleißenburg und drei Bastionen verstärkt, von denen die Moritzbastei die Jahrhunderte überdauert hat.

1481 erschien das erste am Ort gedruckte Buch, hergestellt von Marcus Brandis. Damit erhielt dieses Gewerbe hier eine Heimstatt und Leipzig später das zusätzliche Prädikat als Buchstadt. Um 1500 gab es bereits elf Druckereien, die etwa tausend Drucke herausbrachten.

Das Zunfthandwerk erreichte in dieser Periode den Höhepunkt arbeitsteiliger Spezialisierung. 1545 wurden vierunddreißig Innungen genannt, darunter mit je vierzig Meistern die Tuchmacher, Schneider, Gerber und Kürschner. Letzteren verdanken wir übrigens die Redewendung ›Die Katze im Sack kaufen‹: Nach dem 1515 erschienenen Volksbuch vom Till Eulenspiegel hatte dieser eine in ein Hasenfell eingenähte und zudem noch in einen Sack gesteckte Katze als Festschmaus an die Leipziger Kürschner verhökert, die dann höchlichst erstaunten, als der ›falsche Hase‹ miauend auf einen Baum entwich!

Die starke Konzentration des Bekleidungshandwerks war nicht von ungefähr, wurde doch gerade in der Mode das mit der Kapitalanhäufung gewachsene Repräsentationsbedürfnis des wohlhabenden Bürgertums sichtbar. Dabei kam es zu grotesken Auswüchsen wie der Pluderhose. Sie wurde oberhalb des Knies gebunden und hing in schweren Wülsten herab. Zudem war sie der Länge nach aufgeschnitten und mit grellfarbigem Seidenzeug gefüttert, das aus jedem Schlitz als dicke Puffe herausgezogen werden konnte. Bis zu hundertdreißig Ellen Futterstoff verschlang ein solches Monstrum und nicht selten die Einkünfte ganzer Familien der weniger Begüterten, die solchen modischen Torheiten nacheiferten. Mit strengen, nach der sozialen Hierarchie gestaffelten und so die Klassenunterschiede optisch markierenden Kleiderordnungen suchte der Rat diesem oft das kommunale Steuereinkommen schmälernden Luxus zu begegnen und zugleich durch das Verbot ausländischer Zutaten das innerstädtische Gewerbe zu befördern – nicht gerade erfolgreich, wie die häufige Erneuerung der Erlasse beweist.

Die soziale Differenzierung der Einwohner prägte sich in dieser Zeit weiter aus. Im Zentrum konzentrierten sich die Grundstücke der reichen Kaufleute: am Markt, in der Hain-, Katharinen-, Grimmaischen, Peters- und Reichsstraße. Die Handwerker wohnten in den Gassen am Stadtrand, bevölkerten auch zunehmend mit den beträchtlich gewachsenen plebejischen Schichten die außerhalb der Befestigung gelegenen, namentlich in Kriegszeiten schutzlosen Vorstädte.

Der Alltag der Besitzlosen war hart. Maurer und Zimmerleute beispielsweise mußten im 16. Jahrhundert bis auf drei halbstündige Pausen von früh um vier bis abends achtzehn Uhr durcharbeiten. Und dennoch waren sie ungleich bessergestellt als jene Ärmsten der Armen, für die 1579 eigens eine Bettlerordnung erlassen wurde.

Auf Schritt und Tritt begegnete man sozialen Schranken. Da gab es beispielsweise den 1480 erstmals urkundlich erwähnten Fastnachtstanz im Rathaus als ein gesellschaftliches Hauptereignis des spätmittelalterlichen Leipzigs. Nur wohlhabende Bürger, Adlige und landesherrliche Beamte lud der Rat durch sogenannte Fastnachtsbitter ein und stiftete jeweils zwei bis drei Fässer ›naumburgisch oder torgischen Bieres‹; dazu spielten die im Jahr zuvor eingestellten Stadtpfeifer ›Hans Nayll mit seinen Sohnen‹ auf. Erst als im 16. Jahrhundert die Zünfte wachsende Bedeutung erlangten, erhielt auch das ›ehrlich Handwerk‹ Zutritt zu dieser Vergnügung. Es brachte seine flotten Rundtänze mit, die den bis dahin geübten ›artig Schreittänzen‹ arg zusetzten. Der Rat fürchtete um die guten Sitten und erließ ein Verbot ›bei strenger Straf ums Drehen willen‹, zumal es vorgekommen, daß sich ›ein Weibsperson so gedrehet, daß sie darob gar entblößet ward‹. Aufseher wurden bestellt, den ›Tanzdrehern‹ Strafgelder abzufordern, und die Stadtpfeifer hatten Weisung, in solchen Fällen sofort ihr

Spiel zu unterbrechen. Doch es nützte alles nichts, und so machte der Rat schließlich aus der Not eine Tugend, erhob fortan eine Rundtanzgebühr und verschaffte sich solchermaßen wenigstens eine zusätzliche Einnahme.

Vor allem auf Leipzigs Straßen ging es zur Fastnachtszeit hoch her: Schuhknechte und Böttcher zeigten Schwert- und Reifentänze, Studenten führten Komödien auf. Höhepunkte waren die verschiedenen Maskenumzüge der Handwerksinnungen wie auch der Kaufleute, letztere vorwiegend als Mohren und Türken vermummt. Auch hatten – so der Chronist – ›die Junggesellen eine Gewohnheit, daß sie zu solcher Zeit verlarvt einen Pflug durch alle Gassen herumschleppten. Und wo ihnen eine Jungfrau und ledige Weibsperson aufstieß, dieselbe zur Strafe, daß sie so lange ungefreit geblieben, am Pflug zu ziehen zwangen.‹ Nicht selten wurde aus derbem Spaß blutiger Ernst: ›Nachdem aber darüber im Jahre 1499 ein Mord geschehen, indem eine Magd aus Furcht und Ungeduld einen solchen Mummer, welcher sie zum Pflug zwingen wollte, mit einem Brotmesser erstochen, ist dieser Fastnachtsaufzug in der Folge abgestellt worden.‹

Auch ansonsten war das ausgelassene Treiben meist von Massenprügeleien begleitet; vor allem Studenten und Handwerksgesellen lieferten sich wahre Schlachten. Der patrizische Rat, der nach den Erfahrungen aus der Zeit der Bauernaufstände nichts so fürchtete wie den offenen Ausbruch aufgestauter sozialer Spannungen, setzte Bewaffnete gegen das ›wüste rohe Gesindlein‹ ein und wetterte mit harten Worten gegen ›solch greulich und abscheulich Verlarven und Umlaufen‹. Wegen der ›Mummerei‹ mußte schließlich sogar der Landesherr eingreifen, der den Studenten wie den Gesellen schon 1545 verboten hatte, ›Wehre, Büchsen, Messer, Bleikügeln oder anders‹ zu tragen.

Die Fastnachtszeit war stets mit Völlerei verbunden, zumal ihr das vierzigtägige Fasten vor Ostern folgte, das die meist strenggläubigen Einwohner auch tapfer ein- und aushielten. Reichlich gegessen wurde ansonsten seit jeher gern in Leipzig. Eine zeitgenössische Quelle vom Anfang des 16. Jahrhunderts berichtet: ›Die Sachsen backen Weißbrot, trinken Bier, ihre Speise ist schwer und ungeschickt: Speck, trockene Würste, rohe Zwiebeln, gesalzene Butter. Vielfach wird am Sonntag gekocht, was die Woche hindurch dann gegessen wird. Die Kinder werden dort nicht [...] mit Brei aus Mehl und Milch ernährt, sondern mit festerer Speise, die in das Kindermündchen gesteckt wird, nachdem sie von der Wärterin gut vorgekaut ist; daher werden auch die Sachsen, an solche Speisen in zarter Jugend gewöhnt, zäher und stärker als andere.‹

Doch alles bürgerliche Wohlleben – von den Armen ganz zu schweigen – war nichts gegen die Prasserei des hohen Adels. So wurde 1561 im Leipziger Rathaus die Hochzeit des Prinzen Wilhelm von Oranien mit Prinzessin Anna, der sechzehnjährigen Tochter des verstorbenen Kurfürsten Moritz von Sachsen, gefeiert. Siebzehn fürstliche Persönlichkeiten waren mit großem Gefolge und fünftausendsechshundertsiebenundvierzig (!) Pferden angereist. Binnen einer Woche verzehrten sie laut Aufstellung eines meißnischen Küchenmeisters allein an Fleisch rund dreihundert Ochsen, tausendzweihundert Kälber und dreitausend Hammel sowie Unmengen an Rot- und Schwarzwild, Geflügel und Fisch; getrunken wurden dazu zweihundertzweiundvierzigtausendfünfhundert Liter Wein und tausendsechshundert Faß Bier. –

Da ging es an der Leipziger Universität doch erheblich bescheidener zu. Die Studenten lernten und lebten – oft zusammen mit ihren Magistern – in den Kollegien oder internatsähnlichen Bursen wie der bereits 1438 erwähnten ›Zum Einhorn‹ oder der ›Zum Fuchszagel‹ (Fuchsschwanz), übrigens die ältesten bekannten Hausnamen der Stadt. Der Tag begann meist schon frühmorgens um vier Uhr und lief ab im Wechsel von Gebet und Studium, nur unterbrochen von den kärglichen gemeinsamen Mahlzeiten, bei denen Suppe, Grütze, Mus und Magerfleisch dominierten. Dafür wurde um so mehr getrunken. Mit großem Gelage und rauher, Deposition genannter Zeremonie durch die älteren Kommilitonen vollzog sich bereits der Eintritt in das Studentenleben. Dazu mußte sich der als Bacchant bezeichnete Bewerber einer symbolhaften Wandlung vom unwissenden Tier zum gebildeten Menschen unterziehen. Mit grotesk-riesigen Instrumenten wurden ihm Hörner und Holzzähne gezogen, Kopfhaar und Bart gekämmt und geschnitten, die Ohren gesäubert, der Leib gehobelt und gewässert, abschließend das Salz der Weisheit und der Wein der Freude verabreicht.

Die zumindest im ersten Jahrhundert ihres Bestehens progressiver Geisteshaltung wenig aufgeschlossene Alma mater Lipsiensis machte es dem bürgerlichen Humanismus schwer, sich durchzusetzen. Dennoch studierten hier zu Beginn des 16. Jahrhunderts später so bekannte Persönlichkeiten wie Ulrich von Hutten, Thomas Müntzer und Georgius Agricola. Zu einer grundlegenden Neuordnung des Universitätsbetriebes namentlich durch Caspar Borner und Joachim Camerarius kam es jedoch erst nach der 1539 in diesem Teil Sachsens eingeführten Reformation, in deren Vorfeld genau zwei Jahrzehnte zuvor die berühmte Disputation zwischen Martin Luther und Johann Eck in der Pleißenburg stattgefunden hatte. Die Hochschule erhielt nun – übrigens gegen den Willen des eigensüchtigen Stadtrats – aus ehemaligem Klosterbesitz Gebäude, Grund und Boden sowie erhebliche finanzielle Mittel und kostbare Bücher. Dies zog namhafte Dozenten und noch mehr Studenten an, die diese Universität zur zeitweilig bestbesuchten aller deutschen Lande werden ließen und auch das Kultur- und Bildungsleben der Stadt wesentlich bereicherten. Viele Literaten befanden sich darunter, hatte es doch bereits 1517 in den berühmt-berüchtigten ›Dunkelmännerbriefen‹ geheißen: ›Ich glaube, wenn es da, wo der Pfeffer wächst, einen Poeten gäbe, er würde auch nach Leipzig kommen.‹ Übrigens griffen schon damals Frauen zum noch bis in das 19. Jahrhundert vorherrschenden Gänsekiel, wie das Beispiel der 1637 verstorbenen Bürgermeisterstochter Anne Marie Schwedendörffer beweist, die sich mit ›Andächtigen Herzensseufzern‹ als erste hier nachweisbare Dichterin in die Annalen einschrieb.

Trotz mancher Fortschritte in Bildung und Wissenschaft, zu denen nicht zuletzt die 1539 begonnene Einrichtung von Mädchenschulen zählt, blieb dieses Zeitalter dem finstersten Aberglauben verhaftet. Astrologie und Alchimie, Teufelspakt und Zauberwahn bestimmten das Denken breiter Kreise der Einwohnerschaft. Vor allem aber die schändlichen Exzesse der Hexenverfolgung als Mittel der Gegenreformation zur Einschüchterung des Volkes bezeugen die geistige Irreführung und bewußte religiöse Fanatisierung, mit der die orthodoxen Kräfte den aufklärerischen Humanismus zu bekämpfen suchten. Öffentliche Hinrichtungen – die letzte fand 1824 auf dem Markt statt und ging durch Georg Büchners Drama ›Woyzeck‹ als erste soziale Tragödie in die deutsche Literaturgeschichte ein – wurden in der Stadt wiederholt zum Spektakel. Benedikt Carpzov, Universitätsjurist, Mitglied des Oberhofgerichts und Senior des Leipziger Schöppenstuhls, bekannte sich der Unterzeichnung von etwa zwanzigtausend Todesurteilen, hingegen seine Biographen ihn als frommen Christen und eifrigen Kirchgänger rühmten, der die Heilige Schrift ›mit unglaublichem Fleiße‹ dreiundfünfzigmal durchgelesen.

Der Dreißigjährige Krieg brachte, ungleich stärker noch als der Schmalkaldische im Jahrhundert zuvor, der Messestadt schwere Belastungen. Mehrfach belagert, beschossen und eingenommen, unter schwedischer Besatzung leidend, die Vorstädte größtenteils zerstört, Handel und Handwerk gelähmt, Drangsale und Mißhandlungen für die Bevölkerung, dazu noch Krankheiten und Seuchen wie die Pest, der allein 1637 annähernd ein Fünftel der etwa zwanzigtausend Einwohner zum Opfer fiel – die erste große Blüteperiode Leipzigs war beendet.

76 Schmerzensmaria aus der Kirche zu Eythra. Gefertigt vermutlich in einer Leipziger Werkstatt. Polychromierte Lindenholzskulptur. Ende des 15. Jahrhunderts

Große Glocke für St. Thomas. 1477

Ist die große Glocke, so auf dem Thomasturm hängt, gegossen worden, wie dieses [...] folgende, übel zu lesende Mönchsschrift auf besagter Glocke erweist:

›Anno M.CCCCLXXVII. O Rex gloriae veni cum pace. Vivos voco, mortuos plango, tonitru quoque frango. Jesus Christus, Sanctus Thomas, Sancta Maria Magdalena ora pro nobis [Im Jahre 1477. O König der Ehre, komm mit Frieden. Jesus Christus, heiliger Thomas, heilige Maria Magdalena, bitt für uns]. Er Nicolaus Eisenberg hat diese beyde gegossen. Anno 1477 in vigilia exaltationis sanctae crucis pre... S. D. ...ici praesentis anni fuerunt Magister Johannes Schober ... et Conradus Seidenhefter, Theodorus Reinhard [Im Jahre 1477 in der Nachtwache der Erhöhung des heiligen Kreuzes ... des gegenwärtigen Jahres waren Magister Johannes Schober ... und Konrad Seidenhefter, Theodor Reinhard].‹

Johann Jacob Vogel: a. a. O. S. 62

Der Rat der Stadt stellt drei Stadtpfeifer ein. 10. Juli 1479

[...] haben alle drei Räte einträglich zu Ehren der Stadt und allen Bürgern zu Nutz und Frommen zu Spielleuten und Dienern aufgenommen Meister Hanß Nayll mit zweien seinen Söhnen und haben ihm zu Jahrsold geredet und zugesagt, jährlich XL alte Schock zu geben und jedem ein Hofgewand gleich den reitenden Knechten und ihnen gesetzt, daß sie von keinem Bürger, dem sie zu seiner Wirtschaft [Bewirtung] oder anderen seinen Ehren pfeifen werden, nicht über XL Groschen fordern und nehmen sollen, und wo sie gemeinen Bürgern und armen Leuten pfeifen werden, von denen sollen sie nicht mehr denn ein halb Schock nehmen. Und sollen darüber nichts mehr haben, weder Herberge noch Holzgeld, auch um das neue Jahr zu keinem Bürger gehen, ungewehrlich [unweigerlich].

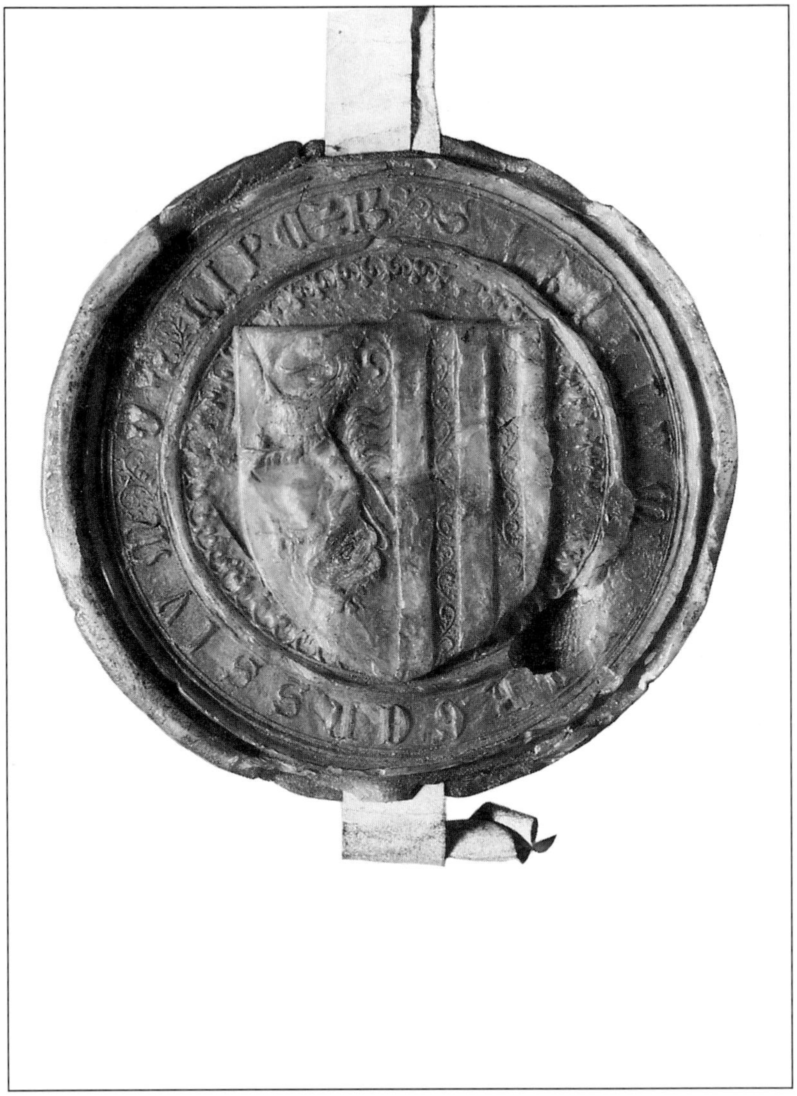

77 Leipziger Stadtsiegel. Wachs. 1475

78 Kreuzigung Christi. Ritzzeichnung von Nikolaus Eisenberg auf der Glocke ›Gloriosa‹ in der Thomaskirche (Abguß). 1477

Das haben sie dem Rat also zu halten auch geredet und gelobt, und die Waffen, die ihnen der Rat will machen lassen, sollen sie dem Rat wieder [über]antworten, wenn sie von des Rates Dienste scheiden werden.

Stadtarchiv Leipzig: Ratsbuch 1466–1489, Bl. 157

Der Rat der Stadt lädt zum Fastnachtstanz in das Rathaus ein. 16. Februar 1482 Zu wissen, [...] daß alle drei Räte darauf mehr denn eins versammelt gewesen sind und mancherlei davon geratschlagt und haben endlich auf ein Mittel, so ihnen die Ältesten aller drei Räte vorgeschlagen haben, haben beschlossen [...], daß man Hans von Traupitz, sein Weib und Kinder jetzt und hinfort gleich anderen Bürgern zu solchen Fröhlichkeiten und Freuden des Fastnachtstanzes, so der Rat denn also, wie bisher geschehen ist, würde halten, bitten soll; desgleichen soll man auch Tile Hertwig und sein Weib und seine Kinder auch bitten lassen [...]

Stadtarchiv Leipzig: Ratsbuch 1466–1489, Bl. 173

Neubau der Thomaskirche. 1482 Dieses Jahr ist die Kirche zu S[ankt] Thomas abgebrochen und acht Tage nach dem Fest der Himmelfahrt Christi der erste Grundstein durch Johann Falckenhayn, Probst des Klosters zu S. Thomae, zu der jetzigen Kirche gelegt worden.

Johann Jacob Vogel: a. a. O. S. 63

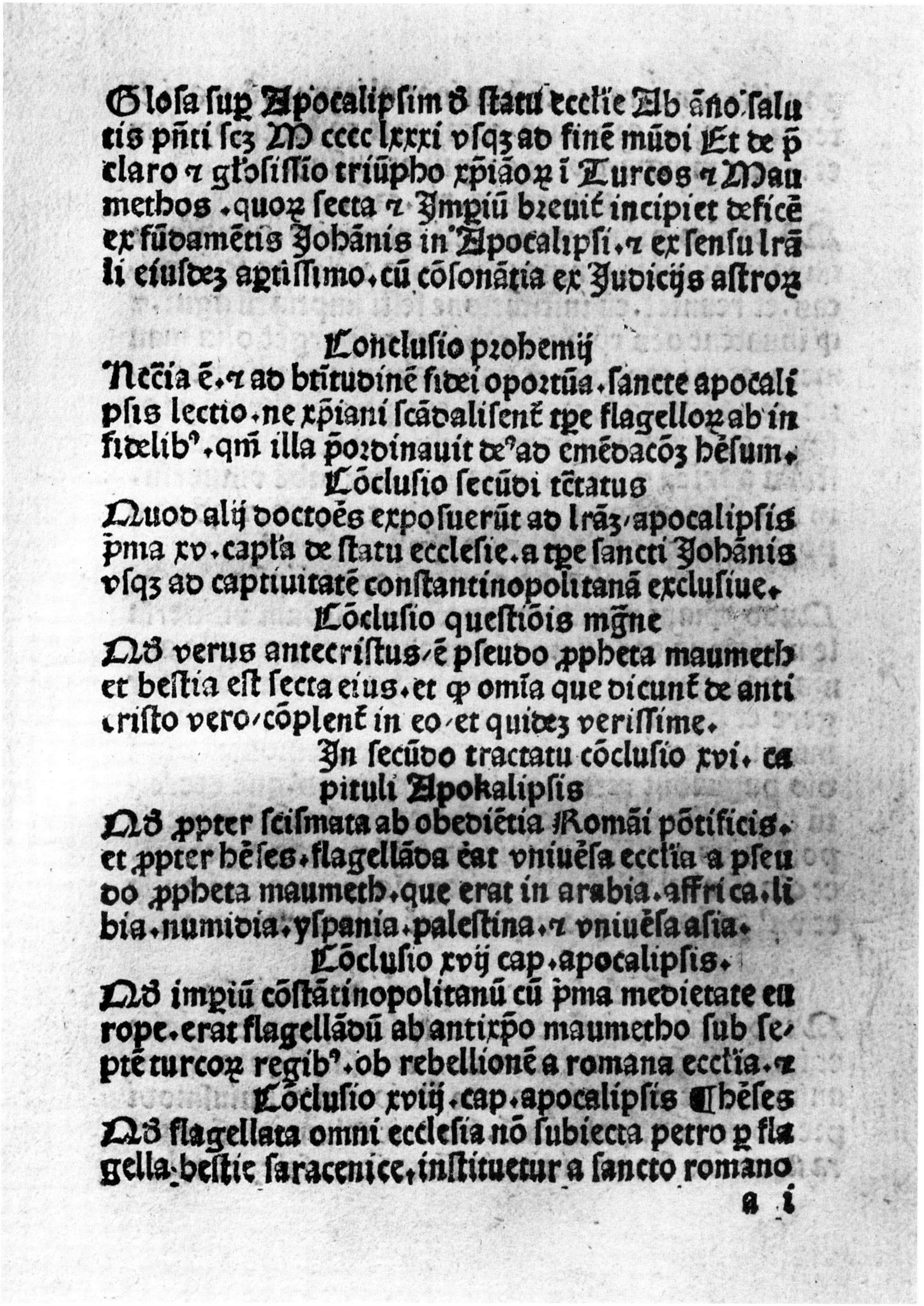
Glosa sup Apocalipsim d statu eccl'ie Ab ãno salu
tis pñti scz M cccc lxxxi vsqz ad finē mūdi Et de p
claro ꝛ glo'sissio triūpho xpiãoꝝ i Turcos ꝛ Mau
methos . quoꝝ secta ꝛ Impiū breuit incipiet deficē
ex fūdamētis Johānis in Apocalipsi . ꝛ ex sensu lrā
li eiusdez aptissimo . cū cōsonātia ex Judicijs astroꝝ

Conclusio prohemij
Necīa ē . ꝛ ad btitudinē fidei oportūa . sancte apocali
psis lectio . ne xpiani scādalisent' tpe flagelloꝝ ab in
fidelib' . qm̄ illa pordinauit de' ad emēdacōz hēsum .
Cōclusio secūdi tctatus
Quod alij doctoēs exposuerūt ad lrāz apocalipsis
pma xv . capl'a de statu ecclesie . a tpe sancti Johānis
vsqz ad captiuitatē constantinopolitanā exclusiue .
Cōclusio questiōis mgne
Nō verus antecristus ē pseudo pppheta maumeth
et bestia est secta eius . et q omia que dicunt de anti
cristo vero cōplent in eo et quidez verissime .
In secūdo tractatu cōclusio xvi . ca
pituli Apokalipsis
Nō pp̄ter scismata ab obediētia Romāi pōtificis .
et pp̄ter hēses . flagellāda ēat vniuēsa eccl'ia a pseu
do pppheta maumeth . que erat in arabia . affrica . li
bia . numidia . yspania . palestina . ꝛ vniuēsa asia .
Cōclusio xvij cap . apocalipsis .
Nō impiū cōstātinopolitanū cū pma medietate eu
rope . erat flagellādū ab antixpo maumetho sub se
ptē turcoꝝ regib' . ob rebellionē a romana eccl'ia . ꝛ
Cōclusio xviij . cap . apocalipsis ¶ hēses
Nō flagellata omni ecclesia nō subiecta petro p fla
gella bestie saracenice . instituetur a sancto romano
a i

79 Textseite aus dem ersten in Leipzig von Marcus Brandis gedruckten Buch. 1481

80 Wachstafelrechnung im Holzträger 1470

81 Leipziger Klappmützentaler. Vorder- und Rückseite. Silberprägung. Erstes Viertel des 16. Jahrhunderts

Aus der Ordnung der Kramer. 4. März 1484 [...] Zum ersten, daß diese hernachgeschriebenen Stücke und Pfennigwerte [Verkaufsartikel] zu verhandeln in ihre Innung gehören sollen und ihnen zugelassen sind, also nämlich alle Spezerei und Würze, wie die Namen haben mag, dazu venezianische Seife, allerlei kölnische Pfennigwerte [...], Seidentuch, Zindel [dünner Seidentaft], Taft etc., geworcht [gewirkt] seiden Ding, gezwirnte Borten, offene Seiden, getopelte [gewürfelte] kölnische Beutel mit seiden Schnüren, auch getopelte sämische Beutel gefärbt und ungefärbt, auch sämische Senkel, ausländische schwäbische gefärbte Leinwand, wie dieselbe gefärbt ist, auch [...] weiße schwäbische Leinwand, baumwollen, halbbaumwollen, und Beuteltuch, gefärbt und ungefärbt, Barchent, Wachs, einzeln auszuwiegen. Und solche obengeschriebenen Pfennigwerte, in ihre Innung gehörende, soll niemand einzeln auswiegen noch bei der Elle verkaufen, weder in Gewölben, Kammern noch an offenen Laden, er sei denn Bürger und habe mit in die Innung gewonnen, ausgeschlossen die Handwerker und Bürger, die solche Pfennigwerte als [wie] sämische und Beutel, auch Senkel und dergleichen selbst daraus machen können, und die Einleger und [Ge-]Samtkäufer, die in ihren Herbergen und Gewölben solche oben berührten Pfennigwerte verkaufen und verhandeln mögen, doch sich nicht anders damit zu halten denn nach [Wort-]Laut des Rates Gesetzen und der Tafeln, in der Waage hangende [...]

Derhalben soll auch keine Netterin [Näherin] offen Laden halten und kein Ellenmaß von Seiden, Leinwand oder anderem noch gewogene Ware hinter [dem Rücken] der Innung verkaufen, ausmessen und hinwiegen, sondern welche Netterinnen den Leuten um Lohn arbeiten, die mögen wohl an einem offenen Laden sitzen, den Leuten um ihren Lohn arbeiten und machen, was ihnen [ge]bracht wird, und auch eine Haube, zwei oder drei und desgleichen, was sie auf den Kauf arbeiten, an ihren Laden oder Fenster hängen ohne der Kramer Einsage [Einspruch] und Verhindernis. Auch sollen hierin die drei Markttage vor unserer Lieben Frauen Tag Lichtmeß [2. Februar] ausgeschlossen sein, auf denen nach alter Gewohnheit einem jeden frei sein soll und bleiben, Wachs zu schlagen und einzeln auszuwiegen und zu verkaufen.

Und darum, wo die Kramermeister jemandes darüber, der die vorberührten Pfennigwerte, in die Innung gehörende, auch anders denn die Gesetze der Tafel, in der Waage hangende, besagen, er wäre Gast oder Bürger, der mit ihnen nicht Innung hätte, betreten [antreffen] und ihn oder sie des überkommen [überführen] würden, einzeln auswiegen oder bei Ellenmaß verkaufen würde, den oder die sollen und mögen sie nach alter Gewohnheit durch Erlaubnis des Gerichts und mit den Fronboten pfänden, sich alsdann mit dem Pfand gegen Gericht wenden; [...] und darum, daß der Richter ihnen den Fronboten verleiht, mit den Kramermeistern umzugehen und, wo es not sein wird, zu pfänden, so sollen sie derhalben alle Jahre jährlich vor Fastnacht dem Gericht zwanzig und dem Fronen acht Groschen der besten Münze reichen und geben. Sie sollen auch in und außerhalben den Märkten auf die Partierer [Hehler] und Schotten [Hausierer] ein fleißig Aufsehen haben, daß die rechtfertige Ware an Spezerei oder anderem verhandeln und verkaufen, und wo sie jemandes betreten und ankommen würden, der nicht rechtfertig und Kaufmanns Gut feilhätte oder verkauft, den sollen sie dem Rat getreulich offenbaren [...] Auch haben sie sich untereinander verwilligt, daß hinfür niemand von ihrer Innung am Markttag, als zwei in der Woche

[sind], mehr denn eine Bude auf den Markt setzen und feilhaben, auch daß hinfür keiner alle Tage auf dem Markt zu Buden stehen soll, besonders daß ein itzlicher [jeder] am Markttag nach dem anderen, als der Jüngste nach dem Ältesten, inmaßen er in die Innung kommen ist und danach er Pfennigwerte feilhat, ordentlich stehen soll [...]

Stadtarchiv Leipzig: Titel XLV E, Nr. 1, Bl. 6f.

Unsittliches Verhalten eines Malers. 3. Februar 1487 Die Maid hat bekannt, daß sie Heinrich, Maler, und Meister Ludwig gedrängt und der zugeredet, daß sie sich nackt ausgezogen, und hätte allein ein Tuch über den Rücken gehabt und wäre vorn ganz nackt unverschämt [ohne Scham] in die Stube gegangen und hat das Geld auf dem Tisch geholt, und danach hat ihr Heinrich, Maler, eine Quehle [Handtuch] oben ob umgebunden und ein Licht in den Hintern gesteckt und dazu den Hintern gemalt und gesagt, er wollte einen Löwenkopf daraus machen [...]

Stadtarchiv Leipzig: Barthels vermischte Nachrichten, Bl. 6

Einweihung von St. Thomas. 10. April 1496 [...] ist die neuerbaute Kirche zu St. Thomas von Tilo von Trotha, Bischof zu Merseburg, samt den Altären mit großer Pracht und Solennität eingeweiht worden.

Johann Jacob Vogel: a. a. O. S. 68

Hans von Lindenau gestattet dem Rat der Stadt die Benutzung seiner Güter zum Schiffziehen durch Pferde. 3. Juli 1498 [...] Nachdem also ein ehrbar Rat der Stadt Leipzig itzund [jetzt] etliche Schiffe haben bauen und eine Schiffahrt zubereiten lassen, damit sie ihr Holz aus der Aue bei Belitz [Böhlitz] ohne große Darlegung und Kosten desto förderlicher das Wasser herauf vor [für] ihre Ziegelscheune und zu anderer ihrer Notdurft führen und bringen mögen, und so sie mir denn etliche Acker Holz itzund zu ihrer Notdurft abgekauft, daß ich ihnen und allen ihren Nachkommen wiederum besonders zu Förderung solcher Schiffahrt und [all]gemeinem Nütze zugute, auch um sonderlicher guter Nachbarschaft willen, den Willen erzeigt und ihnen auf allen meinen Gütern an dem Wasser, von der Coburg fließend, herauf und wieder hinab einen freien Weg, nach Vormaljünge [früherer Begrenzung] einer Ruten [etwa 4,5 Meter] breit, also daß ein Pferd und, ob es die Notdurft erforderte, zwei Pferde darauf gehen und das Schiff mit dem Holz ziehen mögen, und zu solcher Schiffahrt zu ewigen Zeiten zu gebrauchen [zu]geeignet habe, solches freien Weges zu gedachter Schiffahrt ohne mein, meiner Erben, Erbnehmer oder Nachkommen Verhinderung frei, ohne Auflegung einigerlei Beschwernis [zu] gebrauchen, so oft und häufig ihnen das bequem und not sein würde [...]

Stadtarchiv Leipzig: Urkundenkasten 47, Nr. 3b

Streit der Mönche. 1498 [...] wurden die Franziskaner oder Barfüßermönche untereinander streitig und uneinig, weil etliche aus ihnen, welche Martinianer genennet wurden, [...] nicht so eingezogen lebten als die Observanter [...] Als nun deshalben Klage für [vor] den Probst kam, wurden die Martinianer ausgestoßen und das Kloster ganz mit Observantern besetzt. Diesen erwiesenen Schimpf suchten die Martinianer zu rächen, warfen nicht allein stracks ihren Orden von sich, fingen mit der Universität, dem Rat [der Stadt] und der Bürgerschaft an sich zu zanken, allerhand lose Händel vorzunehmen und allerhand Schmähschriften wider die Observantermönche auszustreuen, sondern drohten auch der Stadt mit Feuer [...] Diese Drohworte setzten die ganze Stadt in große Furcht und Schrecken [...], weil aber die Sache in die Länge verzögert wurde, nahm endlich dieser Zank ein Ende.

Johann Jacob Vogel: a. a. O. S. 70

82 Teile des Frieses mit dem Antlitz Christi und einer aus drei Lilien gebildeten Glorie aus dem Paulinerkloster (siehe die Darstellung auf Abbildung 91). Hafnerware und Majolika. Um 1490/1500

83 Maximilians-Harnisch. Stahlblech. Ende des 15. Jahrhunderts

Der Rat der Stadt veranstaltet ein Scheiben- und Vogelschießen sowie eine Lotterie. Juli 1498 [...] ward ein gedoppeltes Schießen in Leipzig gehalten: eines aus gezogenen Röhren nach der Scheibe, das andere aus Rüstungen [mit der Armbrust] nách dem Vogel; zu diesem verehrte E. E. Rat 50 Gulden zum Vorteil, bei jenem war der beste und höchste Gewinn 100 Gulden, der geringste 5 Gulden. Nächst beiden ward auch ein Beischießen nach der Scheibe vor [für] die, so in dem Hauptschießen unglücklich gewesen, gehalten, und war der höchste Gewinn 20, der geringste 2 Gulden. Zu Vermehrung dieser angestellten Lustbarkeiten wurden zwei Glückstöpfe aufgetan. Der Gewinst in dem großen war ohngefähr 1000, in dem kleinen 20 Gulden. In jenem galt ein Zettel 3 Groschen, in diesem 1 Groschen.

Johann Jacob Vogel: a. a. O. S. 70

Bestrafung von Ehebruch. 1498
Und nachdem Meister Jobst mit einer Dirne, die auch ehelich [verheiratet] gewesen, in einem offenbarlichen Ehebruch ist befunden worden, haben die Räte beschlossen, daß man die Dirne ewiglich verweisen und ihr die Stadt verbieten, desgleichen Meister Jobst mit Eidesgelübden verstricken [soll], [daß er] sich aus der Stadt nicht zu verwenden [entfernen] hat, [er] habe sich denn vorhin [vorher] mit dem Rat um solchen Ehebruch vertragen.

Stadtarchiv Leipzig: Titel I, Nr. 25, Bl. 18

Herzog Georg von Sachsen überläßt dem Rat der Stadt die Jagd in den kommunalen Gehölzen. 13. Januar 1501 [...] Also haben wir [...] Bürgermeistern, Räten und Gemeinde unserer Stadt Leipzig auf ihre Bitte alle Jagd, es sei auf Hirschwild, Bären, Schwein, Rehe, Hasen, auch alle andere Jagd und Waidwerk, nichts ausgenommen, auf allen ihren Gehölzern, so sie auf diesen Tag Datum dieses Briefs in Gebrauchung haben, wie wir die gehabt, [zu]geeignet und gegeben [...]

Stadtarchiv Leipzig: Urkundenkasten 75, Nr. 1

Kaiser Maximilian bestätigt die drei Leipziger Messen und erweitert das Stapelrecht der Stadt. 23. Juni 1507 [...] bekennen öffentlich mit diesem Brief [...], unseren und des Reiches lieben Getreuen, Bürgermeister, Räte und Gemeinde der Stadt Leipzig, drei Jahrmärkte, nämlich eines jeden Jahres einen auf Sonntag Jubilate [dritter Sonntag nach Ostern] anzufangen, bis auf den Sonntag Cantate nächst danach während, den anderen auf den nächsten Sonntag nach Sankt Michaelstag [Sonntag nach dem 29. September] anzufangen und acht Tage die nächsten danach während, und den dritten an dem heiligen Neujahrstag anzufangen und auch die nächsten acht Tage danach folgend zu währen, mit samt ihren Übungen und Gebrauch konfirmiert [bekräftigt] und bestätigt und dazu mit [be]sonderen Gnaden und Freiheiten versehen [zu haben] [...] Also daß sie zu samt Gebrauchung solcher jetzt gemeldter Jahrmärkte und Freiheiten auch in der gemeldten Stadt Leipzig Niederlage und Stapel mit großer und kleiner Ware haben [...]

Dazu, daß auch nun hinfort kein Jahrmarkt, Messe oder Niederlage inner fünfzehn Meilen [etwa 112 Kilometer] geringes um die obbestimmte Stadt Leipzig soll aufgerichtet und gehalten werden in keinerlei Weise. Und damit die Ehgenannten von Leipzig und ihre Nachkommen bei den obgemeldten Jahrmärkten, Niederlage, Gnaden und Freiheiten desto stattlicher und geruhiger bleiben und die ersucht werden mögen, setzen, ordnen und wollen wir, daß alle und jegliche Kaufleute, Käufer, Verkäufer und andere Personen, aus was Königreichen, Fürsten-

84 ›Das Städtekleinod‹. Schützenschmuck von neun sächsischen Schützengesellschaften. Silber mit emaillierten Wappen. 1461 und 1513

tümern, Landen, Städten und Dörfern oder was Würden, Standes oder Wesens die sein, die Zeit, so sie die obbestimmten Jahrmärkte oder Niederlage besuchen, mit ihren Haben und Gütern, im Zu- und Abziehen unser und unser Nachkommen [...] und des Heiligen Reiches frei stracks Sicherheit und Geleit haben sollen, daß auch die Straßen durch alle Lande unseres Römischen Reiches zu und von angezeigten Märkten und Niederlage durch keinerlei Sache, wie sich die begeben möchte, nicht versperrt, desgleichen die Ware und Güter, so zu und von bestimmten Märkten und Niederlage geführt und getrieben wird, nicht sollen aufgehalten, verhindert oder rechtlich arrestiert werden. Und ob jemand, wer der oder die wären, dieselben Personen oder ihr Hab und Güter in gemein oder sonderheit darüber mit Name, Tat, Gefängnis oder in anderer Wege gewaltiglich angriffe und beschädigte, die Straßen sperren oder Güter wie vorberührt aufhalten oder arrestieren wollte, in was Weise oder Gestalt solches beschehe, das den vorgemeldten Jahrmärkten und Niederlage zu Abbruch und Schmälerung reichen und kommen möchte, dieselben sollen mit der Tat in unser und des Heiligen Reiches Acht und Oberacht und andere Peinen, Strafen und Bußen, in gemeinen unseren Landfrieden [ein]begriffen, gefallen sein [...]

Stadtarchiv Leipzig: Urkundenkasten 7, Nr. 15

85 Dalmatika (Meßgewand) aus der Kirche zu Markranstädt.
Italienischer Samtbrokat mit gesticktem Rückenkreuz.
Erstes Viertel des 16. Jahrhunderts

Gewichts-Wirrwarr. 1512 110 Pfund Kramgewicht tün [entsprechen] 102 Pfund Fleischergewicht minus 1/2 Lot.

1 Leipziger Zentner trifft mit dem nürnbergischen Zentner überein, hat 1 Zentner 110 Pfund Kramgewicht.

1 jegliches Pfund Kramgewicht hat 32 Lot, macht 1 Zentner 3520 Lot.

341/2 Lot Kramgewicht tun 1 Pfund Fleischgewicht, kommen also 1/2 Lot Kramgewicht in Zentner ungeteilt.

Torgauer	Pfund Fleischergewicht ist um	6	Lot schwerer denn das Leipziger.
Dresdner		4 1/2	
Zwickauer		4 1/2	
Annaberger		4 1/2	
Glauchauer		4 1/2	
Freiberger		4	
Chemnitzer		4 1/2	

Das Hallische ist 1 Lot leichter denn das Leipziger Fleischergewicht.

Stadtarchiv Leipzig: Gelbes Buch, Bl. 55

Die Universität bestätigt den Platz der Studenten in der Fronleichnamsprozession. 21. Juni 1511 [...] daß das Handwerk der Barbierer auf sonderlich Bitten [...] mit ihrem Licht, so sie bisher vor dem heiligen wahren Leichnam zu solcher Prozession getragen, hinfort vor der Studenten Kerzen solch Licht alleweg [...] werden tragen mögen. Also daß die Studenten mit ihren Kerzen hinter ihnen und zunächst dem Sakrament gehen sollen und mögen [...]

Stadtarchiv Leipzig: Urkundenkasten 4, Nr. 13

Orgel für die Thomaskirche. 1511 Ist das Orgelwerk in der Kirche zu St. Thomae von Meister Blasio angerichtet und verfertigt worden, davor [dafür] er 500 Gulden bekommen.

Johann Jacob Vogel: a. a. O. S. 82

Der Rat der Stadt schließt wegen der Errichtung der Nikolaischule einen Vertrag mit dem Thomaskloster. 1511 [...] hat ein ehrbarer Rat zu Leipzig an den Propst und Kapitel [Versammlung der Mönche] zu S[ankt] Thomas gelangen lassen, sie wären willens, ein Pädagogium [Schule] zu bauen auf S.-Niklaus-Kirchhof [Nikolaikirchhof], so hätte das Kloster die Küsterei dabei, die wäre baufällig; wo es dem Kloster zu Dank, wollten sie die alte Küsterei zu einem Pädagogium nehmen und neu bauen unter einem Dach, sollte dem fürstlichen Kontrakt und dem Kloster ohne Schaden sein; wollten das Pädagogium vor [für] ihre Stadtkinder haben, sollten allda Zucht, Ehre, Singen lernen und studieren [...] Also hat der Propst und Kapitel solchen Vorschlag besonnen und bedacht und auf vier Artikel beschlossen: Wiewohl das dem Kloster und der Pfarrkirche zu besorgen möchte Schaden zufügen, hat das Kloster diese ihre gute Meinung nachgelassen mit diesem Anhang, daß ein ehrbarer Rat das Kloster versorgen soll mit einem Reusal [Geldentschädigung] [...]

Und dies sind nun die vier Artikel, die hernachfolgen. Zum ersten, daß sich ein ehrbarer Rat keiner Gerechtigkeit [rechtlicher Anspruch] sich anmaßen soll noch unterstehen durch ihren Bau in der Küsterei zu S. Niklaus [...] Der andere, daß zwei Choräle der Kirchen Diener in derselben Küsterei haben eine bequeme Herberge und Kammer vor [für] ihren Stand. Der dritte, daß der Verweser oder Vorsteher des Hauses oder des Pädagogiums mit seinen Verwandten [Anstaltsangehörigen], ihm untertan, soll keine Übungen nach Gerechtigkeit in der Kirche zu S. Niklaus zu singen noch zu lesen haben ohne Willen und Lob des Pfarrers, den der Propst und sein Kapitel dahin verordnet und die Kirche befohlen hat, auch nicht Votivmesse oder andere gottliche Amt zu singen oder lesen aufnehmen soll zu Nachteil der Schule [...] Das vierte, daß dies Haus und Pädagogium, das ein ehrbarer Rat aufzurichten gedenkt, nicht zu Schaden gedeihen soll noch Schaden tue den würdigen Herren [...] Doktoren und Magistern der löblichen Universität [...]

Urkundenbuch der Stadt Leipzig. 2. Bd. Leipzig 1870. Nr. 377

Schauspiellegat. 1513 Dieses Jahr ist die Kirche zu St. Nikolai stärker und größer gebaut worden [...] Es hat auch Herzog Georg zu Sachsen 2000 Gulden legiert und verordnet, daß von derselben Zinse in der Marterwoche [Karwoche] am Grünen Donnerstag, Karfreitag und sonnabends die ganze Historia vom bitteren Leiden und Sterben Jesu Christi auf öffentlichem Markt agiert und gespielt werde.

Johann Jacob Vogel: a. a. O. S. 84

86 Schmuckblatt aus der Matrikel der Universität Leipzig. Deckfarbenmalerei mit Vergoldung auf Pergament. 1514

87 Heiliger Moritz. Holzskulptur aus der Kirche zu Taucha. Um 1490

Tödliche Speise. 1513 [...] melden, daß dieses Jahr 20 Schulknaben auf der Schule zu St. Thomas samt dem Kantor, Organisten, zwei Stadtpfeifern und einem Goldschmied (welche des Tages zuvor auf einer Gasterei von einer Katze sollen gegessen haben) in eine gefährliche und tödliche Krankheit geraten, davon wenig von den Schülern wieder aufkommen, die anderen aber alle [...] gestorben.

Johann Jacob Vogel: a. a. O. S. 84

Rotes Kollegium. 1513 Diesen Sommer über ist das neue Kollegium (itzo [jetzt] das Rote genannt) auf Befehl Herzog Georgs und E. E. Rates Unkosten an dem Ort, wo vorhin des Rates Marstall gewesen, gebaut worden [...] Gleichfalls sind auch dieses Jahr zwei hohe und starke Türme zwischen dem Hallischen und Grimmischen Tor aufgeführt und mit Schiefer gedeckt worden, davon der eine in dem zurückgelegten 1687sten Jahr, weil er sehr baufällig, in die Hälfte abgetragen, aufs neue gedeckt und schön repariert worden.

Johann Jacob Vogel: a. a. O. S. 84

Wein- und Biersteuer. 1513 [...] hat Herzog Georg zu Sachsen eine neue Steuer auf seine Untertanen durchs ganze Land gelegt, und haben dieselben das zehnte Faß von allem Wein und Bier vier Jahre nacheinander entrichten müssen.

Johann Jacob Vogel: a. a. O. S. 84

Strenger Winter. 1513 Um Martini [11. November] hat sich ein kalter und harter Winter angefangen und hat bis auf Pauli Bekehrung [25. Januar] folgenden Jahres gewährt, daher nicht allein Mangel an Wasser und Brot erfolgt, sondern auch viel Menschen und Vieh erfroren und umkommen. Von dieser Kälte hat man hernach viel Jahre zu sagen gewußt, und haben die Alten gemeiniglich ihre Jahr-Rechnungen danach gemacht, denn bei Menschengedenken dergleichen Kälte nicht soll gewesen sein.

Johann Jacob Vogel: a. a. O. S. 85

Seltene Naturerscheinungen. Januar

Den 6. Januar, am Heiligen Dreikönigetag, hat es hart und heftig gedonnert. Den 11. dito darauf hat man drei Regenbogen und des Nachts Halones oder Zirkel um den Mond gesehen.

Johann Jacob Vogel: a. a. O. S. 85

Karzer für die Universität. 1514 Dieses Jahr hat Fürst Adolph von Anhalt, der zweiundvierzigste Bischof zu Merseburg, auf Ansuchen einer löblichen Universität einen eigentümlichen [eigenen] Karzer an einem bequemen und ehrlichen Ort zu bauen vergünstigt.

Johann Jacob Vogel: a. a. O. S. 85

Räuberische Jungfer. 1515 Ist eine fürnehme Jungfer, so in Mannskleidern eine lange Zeit im Krieg gedient und auf öffentlicher Straße geraubt, zu Leipzig in ge-

88 Teile der Bekrönung eines Kachelofens aus dem gotischen Rathaus (mit ältester Farbdarstellung des Leipziger Stadtwappens). Gefertigt vermutlich von Hans Kramer. Glasierte Hafnerware. Um 1520

89 Öllampe. Glasierte Keramik. 16. Jahrhundert

90 Gebrauchsgeschirr. Keramik und Steinzeug. Spätes 15. sowie 16. Jahrhundert

fängliche Verhaft gebracht und mit dem Schwert gerichtet worden [...] Soll auch in diesem Jahr die Pest wieder stark grassiert und bis ins andere Jahr angehalten haben.

Johann Jacob Vogel: a. a. O. S. 90

Volksbuch schildert, wie Till Eulenspiegel einst die Leipziger Kürschner narrte. 1515 Schnell konnt Eulenspiegel einer guten Schalkheit geraten, als er wohl beweise zu Leipzig den Kürschnern an der Fastnacht Abend, als sie ihr Gelag oder Ürte [Zechgesellschaft] zusammen hielten. Da begab sich, daß sie gern Wildbret hätten gehabt; das vernahm Eulenspiegel und gedacht in seinem [Über]Mut: ›Der Kürschner zu Berlin hat dir nut [nichts] für dein Arbeit geben, das sollen dir diese Kürschner bezahlen.‹

Also ging er in sein Herberg, da hatte sein Wirt eine schöne feiste Katz, und dieselbe nahm Eulenspiegel unter seinen Rock und bat den Koch um ein Hasenfell, er wollt damit eine hübsche Büberei aufrichten. Der Koch gab ihm ein Fell; darin näht er die Katz und tat Burenkleider [Bauernkleider] an und stand für das Rathaus und hielt sein Wildbret unter der Joppe verborgen, so lang daß der Kürschner einer daherkommt laufen. Den fragt Eulenspiegel, ob er nit einen guten Hasen kaufen wollt, und ließ ihn den unter der Joppe sehen. Da kamen sie zusammen, daß er ihm IIII Silbergroschen für den Hasen gab und VI Pfenning für den alten Sack, da der Has in stak. Den trug der Kürschner in ihres Zunftmeisters Haus, da sie all beieinander waren mit großem Geschrei und Fröhlichkeit, und sagt, wie er den schönsten lebendigen Hasen kauft hab, den er in einem Jahr gesehen hätt, den sie all umher nacheinander betasten. Als sie nun den in der Fastnacht haben wollten, so ließen sie den Hasen lebendig laufen in ein beschlossen Grasgarten und holten jung Hund und wollten also Kurzweil mit dem Hasen haben. Als nun die Kürschner zusammenkamen, ließen sie den Hasen laufen und die Hund dem Hasen nach. Als nun der Has nit entlaufen konnt, sprang er auf die Bäum und ruft ›mawan‹ und wär gern wieder zu Haus gewesen. Da nun die Kürschner das sahen, ruften laufend heftig: ›Ihr lieben guten Stallbrüder, kommen, kommen, der uns mit der Katze geäfft hat, schlagen ihn tot, es bleibt wohl dabei!‹ Aber Eulenspiegel hat sein Kleider ausgezogen und sich verändert, daß sie ihn nit kannten.

Ein kurzweilig Lesen von Till Eulenspiegel, geboren aus dem Land zu Brunswick [Braunschweig]. Wie er sein Leben vollbracht hat. XCVI seiner Geschichten. Straßburg 1515 (Leipzig 1911). Bl. 78

Dunkelmännerbriefe schildern Zustände an der Leipziger Universität. 1515, 1517 Vor längerer Zeit fand hier ein aristotelischer Schmaus statt. Doktoren, Lizentiaten und Magister waren äußerst heiter, und auch ich war dabei. Wir nahmen vorerst drei Schlucke Malvasier, dann stellten wir als ersten Gang neugebackene Semmeln auf und bereiteten eine Suppe; nach diesem hatten wir sechs Schüsseln mit Fleisch, Hühnern und Kapaunen und eine mit Fischen; und wie es so von einer Schüssel an die andere ging, tranken wir Kotzberger [eine schlechte Weinsorte aus Kötzschenbroda wie aus dem Meißnischen überhaupt] und Rheinwein, auch Eimbecker, Torgauer und Naumburger Bier. Die Magister waren recht vergnügt und sagten, die neugebackenen Herren Magister hätten sich gut herausgebissen und sehr honorig benommen. Hierauf begannen die angejubelten Magister, kunstgerecht über wichtige Fragen zu sprechen, und einer warf die Frage auf, ob man sagen müsse ›magister nostrandus‹ oder ›noster magistrandus‹, um damit eine Person zu bezeichnen, die fähig ist, Doktor in der Theologie zu werden [...]

Edler Herr, ich wünschte, Ihr wärt neulich hier gewesen, als der durchlauchtigste Fürst von Sachsen sein Beilager [Hochzeit] mit einem herrlichen Tanz feierte, wobei viele Edelleute zugegen waren. Ich war bei diesem Beilager als Abgeordneter mit unserem Leipziger Rektor. Wir überreichten als Präsent einen großen Pokal und in demselben viele Goldstücke, blieben zwei Tage daselbst, waren sehr vergnügt und heiter und erquickten uns mit Essen und Trinken. Ich hatte einen Famulus bei mir, der zwei Töpfe hatte und wohl wußte, wo ich bei Tisch saß; diese Töpfe stellte er unter meine Bank [...] Hierauf nahm ich den Topf, füllte ihn mit dem Besten und stellte ihn wieder unter den Tisch; das tat ich aber, damit wir unterwegs etwas zu trinken hätten. Ferner hatten wir unter vielen anderen Gerichten ein gutes Ragout mit vielen Hühnern und guten Sachen. Da nahm ich den anderen Topf und steckte ein ganzes Huhn hinein; auch das tat ich, damit der Herr Rektor Magnificus und ich etwas auf dem Weg zu essen hätten. Als das geschehen war, sagte ich zu einem Edelmann: ›Edler Herr, ruft mir meinen Diener, ich habe ihm etwas zu sagen!‹ Als er das getan hatte und der Diener gekommen war, sagte ich: ›Famulus, komm her, hebe mir das Messerchen auf, das mir unter den Tisch gefallen ist!‹ – Ich hatte es aber gern fallenlassen! Da kroch er unter den Tisch, nahm das Messerchen und die Töpfe unter sein Kleid und stibitzte sie so hinweg, daß kein Mensch es sah [...]

Wenn Ihr einen Knaben oder einen Anverwandten habt oder

91 Östliche Ansicht des Paulinums (ursprünglich Paulinerkloster, ab 1543 Universitätsgebäude) und der Paulinerkirche vor 1830. Aquarell mit Federzeichnung von Gustav Hetzel, nach einer älteren Vorlage. 1841

92 Bekrönung eines der beiden Zepter der Universität Leipzig. Silber, teilvergoldet. 1476 und um 1600

einen guten Freund wißt, der einen solchen hat, so schickt ihn hierher zu mir nach Leipzig. Wir haben viele gelehrte Magister bei uns, haben auch gut zu essen in unserer [Heinrichs-]Burse und zweimal täglich sieben Gerichte, mittags und abends. Das erste heißt ›Semper‹ [immer], auf Deutsch Grütze; das zweite ›Continue‹ [ununterbrochen], d. h. Suppe; das dritte ›Quotidie‹ [täglich], d. h. Gemüse; das vierte ›Frequenter‹ [häufiger], d. h. Magerfleisch; das fünfte ›Raro‹ [selten], d. h. Gebratenes; das sechste ›Nunquam‹ [niemals], d. h. Käse; das siebente ›Aliquando‹ [gelegentlich], Äpfel und Birnen. Und dazu haben wir einen guten Trunk, welcher Kovent [Dünnbier] heißt. Seht da, ist das nicht genug? Diese Ordnung beachten wir das ganze Jahr hindurch, und sie wird von allen gelobt. Jedoch in unseren Wohnungen haben wir außer der Zeit nicht viel zu essen, was auch nicht gut wäre, denn sonst würden unsere Untergebenen nicht studieren. Deshalb schrieb ich an die Stuben von allen folgende zwei Verse:

Das ist die Regel,
woran allzeit an der Burse
man festhält:
Wenn du mit *mir* willst essen,
so bringe du selber die Kost mit.

[…] Ihr seht nun, daß die Universitäten sehr herabkommen. Ich habe einen Junker bei mir wohnen, den ich neulich wegen eines Exzesses zur Rede stellte; da begehrte er gegen mich auf und duzte mich sogleich. Da sagte ich zu ihm: ›Das will ich aufbewahren bis zur Promotion‹, damit andeutend, daß er sich die Zurückweisung gefallen lassen müsse. Er aber erwiderte: ›Ich scheiße Euch auf Eure Bakkalaureate und werde nach Italien gehen, wo die Lehrer ihre Schüler nicht so betrügen und kein so albernes Zeug im Brauch haben, wenn sie Bakkalaurei machen […]‹

Briefe von Dunkelmännern (Epistolae obscurorum virorum). Gera 1885. S. 4, 6, 115ff., 291f.

93 Schmuckblatt aus der Matrikel der Magister und Bakkalaurei der Artistischen (später Philosophischen) Fakultät der Universität Leipzig. Deckfarbenmalerei mit Vergoldung auf Pergament. 1512

Ablaßbrief Johannes Tetzels für ein Leipziger Ehepaar. 23. September 1516 Den gottesfürchtigen und in Christo Jesu ihm ergebenen Peter Wagner und Anna, seiner Ehefrau, wünschen wir, Bartholomäus, unwürdiger Prior des Dominikanerordens, Heil und wachsende göttliche Gnade.

Da das Streben eurer frommen Gottesfurcht, das ihr vornehmlich gegen unseren Orden bezeigt, erfordert, angemessene, würdige Wohltaten, wie sie unserem Orden erwiesen wurden, von der gnädigsten Milde unseres Erlösers begünstigt zu gewähren, darum verbriefe ich euch ganz besondere Teilhaftigkeit an allen Messen, Gebeten, Predigten, Nachtwachen, Enthaltsamkeiten, Fasten, Arbeiten und anderen guten Werken, welche der Herr Jesus Christus durch die Brüder unseres Konvents geschehen läßt, kraft dieses vorliegenden in allem, zugleich im Leben wie auch im Tode, daß ihr durch den vielfältigen Schutz der Fürsprachen sowohl hier die Fülle der Gnade als auch in Zukunft den Lohn ewigen Lebens in Seligkeit besitzen sollt. Dazu will und verordne ich, daß eure Seelen nach eurem Hinscheiden den Gebeten unserer Brüder anempfohlen sein sollen, wenn euer Tod uns bekannt geworden. Zum Bekenntnis alles dessen und zum Zeugnis habe ich das Siegel meines Priorates dem vorliegenden aufgeprägt [...]
(Aus dem Lateinischen)

Übersetzt nach: Carl Gottlob Hofmann: Ausführliche Reformations-Historie der Stadt und Universität Leipzig. Leipzig 1739. S. 31

Der Rat der Stadt erläßt wegen vorgekommener Unregelmäßigkeiten eine neue Waageordnung. 1518 [...] Es sollen nun hinfort zu aller Zeit zwei Waagemeister sein, auf daß in der Waage von Rat und [all]gemeiner Stadt wegen desto bequemer, nützlicher und weislicher möge gehandelt, und ihnen soll nichtsdestoweniger

94 Vermutliches Spottbild auf die Reformation (Papst, Kaiser und liegender Mönch). Sandsteinpostament mit Hochrelief. 1535

noch ein Ratsfreund, wie bishero geschehen, zugegeben werden, der in Abwesen des einen Waagemeisters allewege bei dem anderen erscheine und also einer den anderen vertreten, auch möge [...] hilfreich sein.

Die Waagemeister sollen ein fleißig Aufsehen haben auf die Waage und die Gewichte, auch die Diener und Helfer, die da wiegen, daß niemand verkürzt und einem jeglichen recht gewogen werde und daß die Waageschreiber, was sie wiegen, fleißig aufschreiben. Sollen auch mit Fleiß auf die Händler und Kaufleute acht haben, sie seien Fremde oder eingesessene Bürger, womit ein jeglicher handelt, mit wem er Gesellschaft habe und daß ein jeglicher, welchem es gebührt und verpflichtet ist, das Seine, was er allhier verhandelt, nach ziemlichen Dingen in der Waage verrechte [nach Recht und Gesetz abrechne], und wo sie Bürger befinden, die Faktorei haben und fremder Kaufleute Güter für sich verhandeln und welche unter ihnen und den Fremden wider die Tafeln, so in der Waage hängen, tun handeln, zu jeder Zeit dem regierenden Bürgermeister und dem Rat ansagen, daß sich der Rat gegen denselben nach Gelegenheit wisse zu halten [...]

Stadtarchiv Leipzig: Gelbes Buch, Bl. 34

Die Bewohner des Petersviertels beklagen sich über Verunreinigung der Straßen und erhöhte Feuergefahr. 8. April 1519 [...] Nämlich es haben die würdigen Herren zu S[ankt] Thomas allhier neben [all]gemeiner Stadt Hauptkirche, gegen dem Chor über, ein gefährlich dörfliches Vorwerk, Viehzucht, Scheunen und Ställe, darinnen sie eine merkliche Zahl Schweine [...] ziehen und ernähren, die dann täglich tot und lebendig mit merklichem schädlichen Gestank, Geschrei und Verunreinigung unsere Gasse vor- und bisweilen in, unter und durch unsere Häuser weggetrieben [werden]. Und ob wir solchen Unlust und Gestank vor [für] unsere Person, wie wir doch zu tun unverpflichtet, gerne leiden wollten, so ist doch am Tage [bekannt], daß die Städte, so mit schädlichem Gestank überlagert, mit dem Sterben ehe erzündet und das darin gottliche Gewalt zeit des Sterbens grausamlicher gewütet; derhalben billig zu befürchten, daß künftiglich uns allen, auch gemeiner Stadt, aus solchem Unlust und Vergiftung der Luft merkliche Gefährdung des Lebens entstehen kann.

Zum anderen, so ist solches Vorwerk nicht anderes denn ein lauter Feuergenist, welches mit Heu und Stroh gefüllt, darin bei Tag und Nacht des Klosters Gesinde, welches mehr voll denn nüchtern, wie denn ihr Geschrei und Handlung, so sie zu Acker ziehen, ausweist und mitbringt, gefährlicherweise Licht und Feuer tragen. Wo nun, das Gott der Allmächtige gnädiglich verhüte, des Ortes aus eigener Verwahrlosung oder durch fremde Anlegung, welche inwendig durch Fremde als der Klosterknechte Freunde und Gesellen, auch auswendig in die Löcher, die hinter dem Kirchhof in einen Stall gehen, da man Heu und Stroh sieht, Feuer auskäme [ausbräche] und der Wind nach dem Peterstor stünde, so ist unmöglich Rettung zu tun, und müßten also wir alle in der Burgstraße und Petersstraße samt anhängenden Gäßlein und S. Peterskirche, Stadttor und Vorstadt verderben und Schaden leiden [...]

Urkundenbuch der Stadt Leipzig. 2. Bd. a. a. O. Nr. 401

95 Der Dominikanermönch und Ablaßprediger Johannes Tetzel. Kupferstich, nach Vorlagen vom Anfang des 16. Jahrhunderts. 17. Jahrhundert

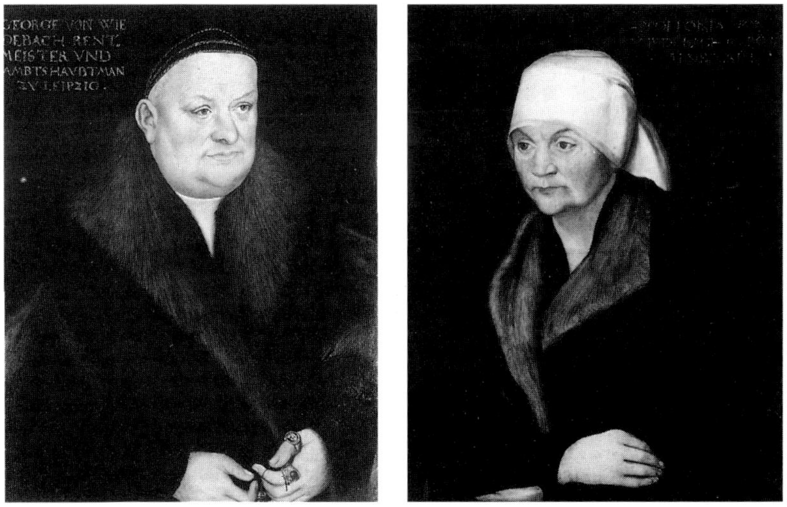

96 Lucas Cranach d. Ä.: Der herzogliche Rentmeister und Leipziger Amtshauptmann Georg von Wiedebach und seine Ehefrau Apollonia. Mischtechnik auf Holz. Um 1520/24

97 Luther-Pokal. Geschenk des schwedischen Königs Gustav I. Wasa an den Reformator. Silber, teilvergoldet. 1536

Aus dem Bericht eines Augenzeugen über die Leipziger Disputation zwischen Johann Eck sowie Andreas Karlstadt und Martin Luther. Juni/Juli 1519 Es kam auch Herzog Georg [...] selbst gen Leipzig um dieselbige Zeit der Disputation und lieh auch sein Schloß [Pleißenburg] zu Leipzig dazu und ließ die Hofstube ausräumen und zu einem Lectorio [Vorlesungsraum] zurichten und aufs schönste [...] schmücken mit Kathedern, der zwei gegeneinander über waren, und mit Bänken und Tischen, daran die Notarien [Schreiber] saßen und die Argumenta exzipierten und alle aufschrieben, und alle Bänke und Katheder mit schönen Tapeten behangen: der Wittenberger mit S[ankt] Martino, des Doktor Eck mit dem Ritter S. Georg [...]

Doktor Eck kam beizeiten gen Leipzig, noch vor dem Fest Corporis Christi [Leib Christi, Fronleichnam], und ging am Fest in der Prozession (so man da hielt und gar herrlich und prächtig), D[oktor] Eck mit herum in einem Meßgewand oder Kasel neben den Theologis und ließ sich also wohl sehen vor der Disputation, als wäre er unerschrocken vor denen von Wittenberg. Den Freitag nach Corporis Christi [24. Juni] kamen die von Wittenberg eingezogen (als ich selber gesehen habe) und fuhren zum Grimmischen Tor in der Stadt Leipzig, und ihre Studenten liefen neben den Wagen daher mit Spießen und Hellebarden und beleiteten also ihre Herren [...] Auch in den Herbergen, darinnen die Wittenbergischen Studenten lagen, mußte der Wirt einen gemeiniglich mit einer Hellebarde vor dem Tisch lassen stehen, der Friede hielte [...] Es war auch an dem Tisch ein Magister, der im Hause wohnte, und hieß Magister Baumgertner, war ein Prediger, der lange Zeit mit des Papstes Ablaß war herumgezogen mit dem Tetzel und demselbigen helfen feilhaben und verkaufen mit seinem Predigen. Und derselbige M[agister] Baumgertner war so heftig wider die Wittenberger, daß der Wirt Herbipolis, ein Buchdrucker, wohl mußte einen halten mit einer Hellebarde, daß der Friede am Tisch erhalten wurde, solange die Wittenberger allda zur Herberge waren und mit am Tisch saßen und aßen. Es erzürnte sich auch derselbige M. Baumgertner kurz nach der Disputation mit einem von Adel so heftig des D. Martini Lutheri halben, daß er bald hernach seinen Geist aufgab, den habe ich auch zu Grabe helfen tragen [...]

Am Montag nach Corporis Christi daran die Disputation angefangen war [...] Nach der Messe ging man auf das Schloß, da waren bestellt ein Viertel von den Bürgern, die waren allda in ihren Harnischen mit ihren besten Wehren [Waffen] und ihren Fähnlein und mußten alle Tage zweimal auf dem Schloß sein, dieweil die Disputation währte, Friede zu halten, zu morgens um 7. Hora [Stunde] bis um 9., nach Mittag Hora 2. bis auf 5. [...] Nach Mittag Hora 2. fing man an die Disputation, da war Georg Rhaw, der Kantor, mit seinen Cantoribus und mit den Stadtpfeifern bestellt, die fingen an zu singen und darein zu blasen das Veni sancte Spiritus [Komm, Heiliger Geist], darauf fingen sie an die Disputationem, am ersten D. Karlstadt mit dem D. Eck. Was aber in der Disputation gehandelt worden auf beiden Seiten, das ist im Druck ausgangen lateinisch, das mögen die Gelehrten selber lesen [...]

Es hat sich auch begeben und zugetragen unter der Disputation, [...] daß D. Martinus Luther [...] in die Kirche der Paul[in]er- und Prediger-Mönche kömmt, vor Mittag, als sie noch ihr Sakrament in der Monstranz heraußen in der Kirche auf dem Altar S. Dominici hatten [...] und die Mönche auf den anderen Altären Messe hielten. Wie nun die Pauler-Mönche hätten erfahren, daß D. Martinus Luther in ihrer Kirche wäre, da laufen sie alsbald aus ihrem Chor heraus und nehmen die Monstranz mit ihrem Sakrament und tragen's eilends hinein in ihren Chor in das Sakramenthaus und verschließen's und verwahren's wohl, auf daß von dem Ketzer D. Luther nicht vergiftet würd ihr heiliges Sakrament, und die anderen Mönche, so auf den anderen Altären Messe hielten, nahmen ihre Geräte zusammen und liefen hinein in die Sakristei, als jagte sie der Teufel hinein [...]

Sebastian Fröschel: Vom Königreich Christi Jesu, der Christen größtem und höhestem Trost. Zit. nach: Tausend Jahre deutscher Vergangenheit in Quellen heimatlicher Geschichte insbesondere Leipzigs und des Leipziger Kreises. Bd. 1. Leipzig 1911. S. 181ff.

Tetzel stirbt an der Pest. 11. August 1519 Im Augustmonat hat die Seuche der Pestilenz in Leipzig zu grassieren angefangen, bis zum Ausgang des Novembris gewährt und 2360 Menschen weggerafft. Unter anderen ist auch der obermeldete Ablaßkrämer Johann Tetzel im Dominikanerkloster allhier daran gestorben und folgenden Tages darauf in der Paulinerkirche für [vor] dem hohen Altar [...] begraben worden.

Johann Jacob Vogel: a. a. O. S. 102

Ein Sermon geprediget tzu Leipßgk uffm Schloß am tag Petri vn̄ pauli ym. xviij. Jar / durch den wirdigen vater Doctorem Martinū Luther augustiner zu Wittenburgk/mit entschüldigung etzlicher artickel / ßo ym von etzlichen seiner abgünstigen zugemessen seyn/in der tzeit der Disputacion zu Leipßgk gehalten.

DOCTOR. MARTINVS. LVTTER. AVGVSTINER: WITTENB:

Getruckt zu Leypßgk durch Wolffgang Stöckel im iar. 1519.

98 Titelblatt der gedruckten Predigt Martin Luthers während der Leipziger Disputation (mit dem ältesten Bildnis des Reformators). 1519

99 Ring Katharina von Boras, der Ehefrau Luthers. Gold mit Rubin. 1525

100 Leipziger Buchdruckerzeichen (Konrad Kachelofen, Jakob Thanner, Melchior Lotter und Martin Landsberg). Holzschnitte. Ende des 15. Jahrhunderts

Der Rat der Stadt berichtet Herzog Georg von Sachsen über Zusammenstöße zwischen Studenten und Handwerksgesellen. 6. Juni 1520
[...] Es hat sich zugetragen, daß am Sonntag Exaudi [sechster Sonntag nach Ostern] ein Fechtmeister auf Euer Fürstlichen Gnaden Schloß [Pleißenburg] allhier Fechtschule gehalten, und als solches vollendet, ist er mit seinen Gesellen gewöhnlicherweise mit Trommeln und Pfeifen durch die Gassen und letztlich die Ritterstraße ohne einige Reizungen hinaufgegangen. Als sie aber vor das neue Kollegium kommen, sind die Studenten herausgelaufen, haben ihnen die Trommeln zerstochen, zerschlagen und in den Kot getreten, auch mit Steinen an sie geworfen und also übel hinweggewiesen.

Daraus ein Widerwillen zwischen den Handwerksgesellen und Studenten erwachsen, [...] und ist solcher Verdruß und Widerwille weiter eingerissen, daß auf dem Pfingstdienstag zu Abend eine merkliche Anzahl der Studenten sich auf Sankt-Niklaus-Kirchhof, mit Steinen und Wehren [Waffen] gerüstet, versammelt [...] und die Handwerksgesellen also gereizt und mit Steinen vom Kirchhof in sie geworfen. Als aber nun solches die anderen Handwerksgesellen innewurden, sind sie auch zugelaufen (aber nicht mit gewaffneter Hand, wie die Universität schreibt) und also mit den Studenten [zusammenge]troffen, in Meinung, sich ihr aufzuhalten. Es haben aber die Studenten so gewaltiglich auf sie gedrungen, daß auch ein Schustergeselle, ehe unsere Diener dazukommen und Friede gemacht, darunter erschlagen und sonst etliche bis auf den Tod verwundet wurden [...] Und wiewohl wir diejenigen, so wir von den Unseren vor [für] die Vornehmsten [Hauptschuldigen] des [...] Haders erkundet, eingezogen und in Strafe genommen und den Herren Rektoren dergleichen zu tun auch gebeten [...], so haben sie doch derselben keinen angegriffen noch eingezogen, sondern sie öffentlich gehen lassen, daraus die Handwerksgesellen noch viel heftiger verbittert wurden [...] Und hat sich dadurch an dem Pfingstmittwoch gegen Abend abermals begeben, dieweil die Handwerksgesellen erfahren, daß sich die Studenten in den Collegiis mit Steinen, Schlachtschwertern und anderen Wehren gerüstet, sind sie nacheinander vor die Collegia gelaufen, und wo wir's durch unser fleißig Aufsehen, auch Schickung unseres Richters, der Bürger und Diener, nicht [zu] vorkommen hätten, [...] so möchte vielleicht abermals eine merkliche Empörung unter ihnen entstanden sein [...]

Urkundenbuch der Universität Leipzig von 1409 bis 1555. a. a. O. Nr. 320

105 Bürger und Einwohner als Vertreter einer breiten reformatorischen Bewegung bitten den Rat der Stadt um einen reformierten Prediger. 2. April 1524 [...] ist sonder Zweifel unverborgen, daß im Jungfrauenkloster zu Sankt Georg vorm Peterstor ein Prediger ist, mit Namen Herr Andres, welcher das Wort Gottes unseres Vernehmens ganz rein, lauter und unvermischt dem Volk diesen Winter über bisher gepredigt und mitgeteilt, welches Dienst sich itzund [jetzt] bei den Jungfrauen geendet, [...] wir [...] unsere Regenten und Potestaten [höchste Stadtobrigkeit] ganz fleißig und demütig bitten, sie wollen [...] günstig verschreiben und fürbitten, daß seine f[ürstliche] G[naden] [der Bischof von Merseburg] [...] diesen obgenannten Herrn Andres [...] in einer geraumigen Pfarrkirche in der Stadt, als zu Sankt Niklas oder zu Sankt Thomas oder wo es am bequemsten, zu einem Prediger verordnen und eine Zeitlang gnädiglich bestätigen wollen [...]

Stadtarchiv Leipzig: Titel VII B, Nr.1, Bd.1, Bl. 5ff.

Der Rat der Stadt berichtet Herzog Georg von Sachsen über Klagen der Buchdrucker. 7. April 1524 [...]
Es haben sich auch die Buchdrucker itzund [jetzt] und zuvor oftmals gegen uns heftig beklagt, daß ihnen [wegen des landesherrlichen Verbots, reformatorische Schriften zu drukken] ihre Nahrung ganz daniederliege, und wo es mit ihnen also in die Länge stehen sollte, würden sie von Haus, Hof und alle ihre Nahrung kommen, indem daß sie nichts Neues, das zu Wittenberg oder sonst gemacht, allhier drucken und verkaufen dürfen. Denn welches man gerne kauft und danach die Frage ist, müssen sie nicht haben noch verkaufen; was sie aber mit großen Haufen bei sich liegen haben, dasselbige begehrt niemand, und wenn sie es auch umsonst geben wollten. Und wiewohl sie sich E[uer] F[ürstlichen] G[naden] Gebot hierinnen gehorsamlich bisher gehalten, so drucken es doch andere zu Wittenberg, Zwickau, Grimma, Eilenburg, Jena und an anderen umliegenden Orten und werden dennoch heimlich unter die Leute geschoben, dadurch ihnen derselbige Genuß entzogen und Fremden, die es gerne annehmen, zugewandt. Derhalben die Drucker, Setzer und andere ihrer Diener, dero sich viele dieses Handels bisher allhier ernährt, in Grund verderben und mit ihren Kindern Not leiden, also daß auch etzliche [etliche] gedrungen, um Tagelohn auf der Mauer [als Maurer] zu arbeiten. Und würde also der Buchhandel dadurch gar von hinnen gewandt [...]

Akten und Briefe zur Kirchenpolitik Herzog Georgs von Sachsen. 1. Bd. Leipzig 1905. Nr. 635

Der Rat der Stadt beteiligt sich an den Kosten zur Niederschlagung der revolutionären Bauern. 7. Mai 1525
Unserem gnädigen Herrn Herzog Georg zu Sachsen etc.; auf seiner f[ürstlichen] G[naden] gnädiges Gesinnen und Beschluß der anderen Räte hat der

Rat wider die aufrührerischen Bauern, so im Lande zu Thüringen, zu Mühlhausen, Frankenhausen und anderen Orten, aufgestanden, Klöster und Kirchen beraubt, zerstört, auch Schlösser und Höfe der Edelleute spoliiert [geplündert] und verbrannt, Klosterjungfrauen geschändet und viel Unfug getrieben, unter welchen Thomas Müntzer der Hauptmann gewesen, dieselbigen zu dämpfen und [all]gemeinen Landesfrieden zu erhalten, als dann seine f. G. in eigener Person wider sie gezogen, seinen f. G. zugesagt und bewilligt, III^{C} [300] Knechte zwei Monde [Monate] zu versolden. Tut in Gelde $II^{M}IIII^{C}$ [2400] fl. [Gulden], welche seine f. G. gefordert und empfangen hat [...]

Stadtarchiv Leipzig: Hauptrechnungen, Bd. 37, Bl. 141

101 Lucas Cranach d. Ä.: Herzog Georg von Sachsen. Öl auf Holz. Nach 1534

Fausts Faßritt. 1525 So geht auch die [all]gemeine Rede [...], daß der bekannte Schwarzkünstler D[oktor] Joh[ann] Faust vermittelst seiner Kunst ein mit Wein gefülltes Faß, welches die Weißkittel [Auflader] herausziehen sollen, aus Auerbachs Keller auf die Gasse geritten.

Johann Jacob Vogel: a. a. O. S. 111

Hinrichtung Hans Hergots. 20. Mai 1527 Weil auch dieses Jahr [in der Quelle irrtümlich 1525] ein Buchhändler namens Johannes Hergott betreten ward, daß er lutherische Bücher in die Stadt heimlich bracht hätte, ist er wider alles Einwenden auf dem Markt darum enthauptet, die Bücher aber verbrannt worden.

Johann Jacob Vogel: a. a. O. S. 111

Aus der Ratsordnung. 1529 [...]
Zum ersten setzen und willküren wir, daß drei Räte und in einem jeden Rat ein Bürgermeister und zwölf Ratmannen bleiben sitzen und sein sollen.
Von den drei Räten.

Zum anderen sollen drei Räte einträchtig einen Syndikus unablässig, dem Rat [all]gemeiner Stadt und den Bürgern zu gebrauchen, allezeit haben und halten, dem Rat oder Räten in ihren Geschäften und Sachen zu raten, Reden zu verschicken und schreiben um einen jährlichen Sold und den Bürgern um einen ziemlichen Lohn. Item [ferner], der Syndikus soll im Rat, sitzendem [amtierendem] oder stehendem, nach den drei Bürgermeistern seine Statt haben.

[...]
Von des Bürgermeisters Amt.

Der regierende Bürgermeister soll auf seinen Eid alle drei Räte mit fleißigem Befehl auf bequeme Zeit einen jeden besonders vorbitten und beschicken lassen zu den Sachen, die durch drei Räte zu handeln und zu beschließen gebühren und notdürftig sind.

Der regierende Bürgermeister soll keine Briefe eröffnen, die an den Rat, die Räte oder Gemeinde geschrieben sind, er habe denn zum wenigsten seiner Baumeister einen, wo er je sie beide füglich nicht haben kann, und einen von den Ältesten seines Rates neben und bei sich.

Der regierende Bürgermeister des Jahres seines Regiments soll keine Nacht aus der Stadt bleiben auch in keinem Geschäft, allein in der Stadt oder des Rats Sachen ausziehen noch sich gebrauchen lassen.

Der regierende Bürgermeister soll sich mit dem Schöppenstuhl [Schöffengericht] in keinerleiweise auf den Ratstagen bekümmern noch verhindern lassen, das er doch auf den Schöppentag tun mag.

Der Bürgermeister in Vorzählung aller Sachen, wie ihm die seines Amts halben zu verzählen im sitzenden Rat zusteht, darauf der oder die Räte beschließen sollen, in solcher Vorzählung soll der Bürgermeister mit keiner Ursache oder Beschwerung seines Gemüts seine Stimme oder Gemüt zu verstehen geben, daß er ab oder zu Fall gebe, ehe denn daß er umgefragt. Ist er dann der Stimmen mit ihnen einig, so bleibt es dabei, wo aber die Sache etwas groß und tapfer, so mögen die Ratmannen aufstehen und auf einen Ort in der Ratsstube zusammentreten, sich also unterlängst [untereinander] auf die Stimme und beweglichen Ursachen des Bürgermeisters besprechen, und was sie also am bequemsten finden, das sollen sie dem Bürgermeister durch die Ältesten des Rates zu verstehen geben. Dabei soll es bleiben.

Der regierende Bürgermeister soll alle Sonnabende bei den Baumeistern nachmittags sitzen, fleißig Aufsehen haben, wem, wieviel, wofür und um was Arbeit itzlichem [jedem] Geld und Lohn gegeben werde, damit nichts über Gebührlichkeit, die Ordnung und Notdurft, der gemeine Nutz in ihrem Geld beschwert wird [...]

Stadtarchiv Leipzig: Gelbes Buch, Bl. 1, 5

102 Fausts Faßritt anno 1525 zu Leipzig. Umzeichnung eines Gemäldes von Andreas III Bretschneider in ›Auerbachs Keller‹. Um 1625

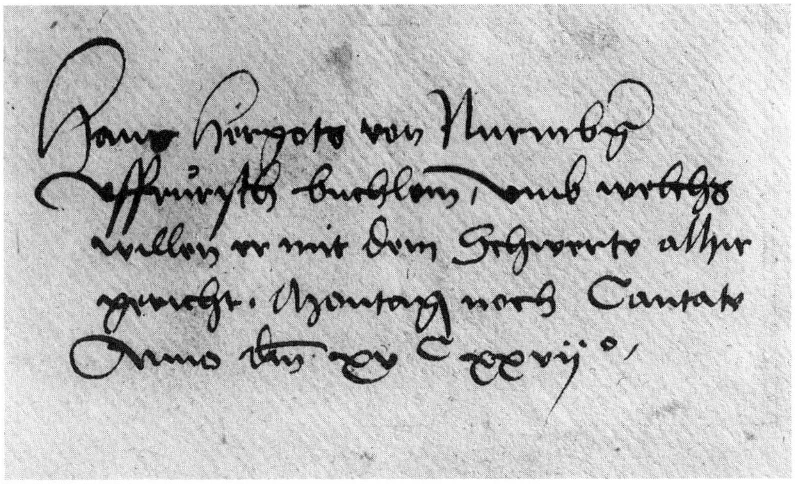

103 Handschriftlicher Vermerk in den Leipziger Ratsakten zur Flugschrift ›Von der neuen Wandlung eines christlichen Lebens‹, daß der Buchhändler Hans Hergot dieses ›ufrührisch Buchleins‹ wegen hingerichtet wurde. 1527

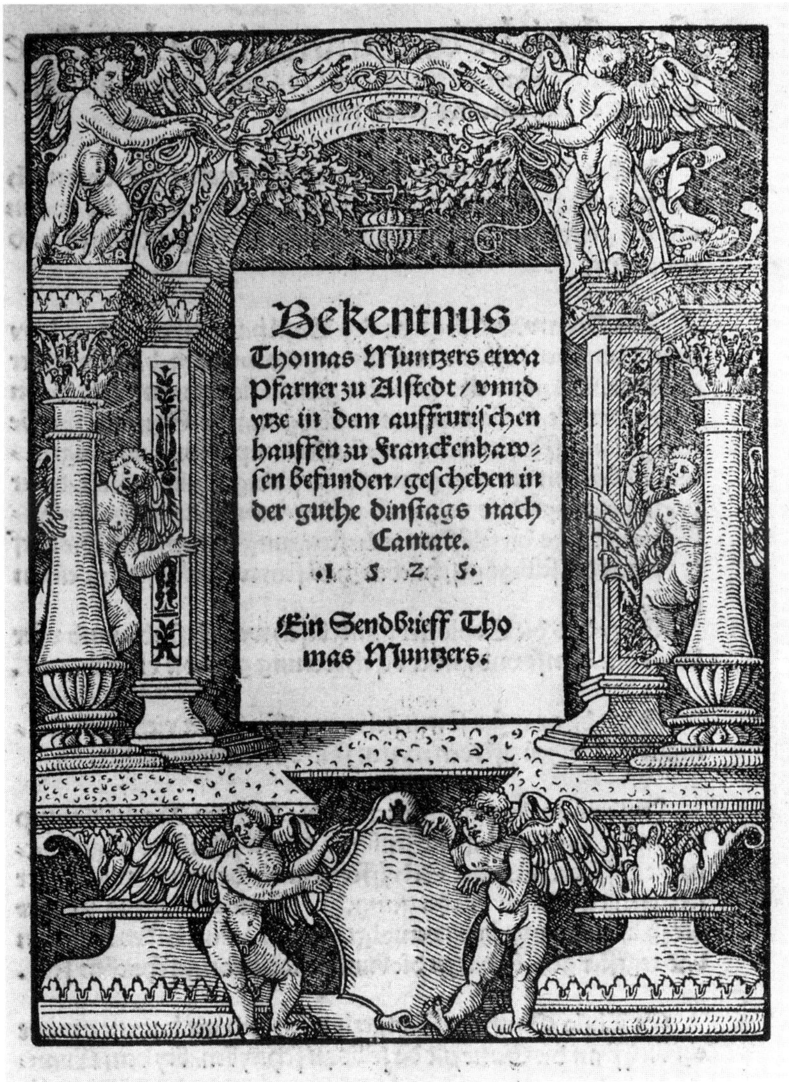

Bekentnus
Thomas Muntzers etwa
pfarner zu Alstedt/ vnnd
ytze in dem auffrurischen
hauffen zu Franckenhaw=
sen befunden/ geschehen in
der guthe dinstags nach
Cantate.
.1. 5. 2. 5.
Ein Sendbrieff Tho
mas Muntzers.

104 Titelblatt eines Sendbriefs von Thomas Müntzer. Leipziger Druck. 1525

105 Heinrich Stromer von Auerbach, Rektor der Universität Leipzig 1508 und Erbauer von Auerbachs Hof. Kupferstich. 18. Jahrhundert

106 Kasel (Meßgewand). Rückenteil mit Kruzifix. Venezianischer Seidendamast mit Reliefstickerei. Um 1530

107 Abendmahlskanne aus der Thomaskirche. Silber, teilvergoldet. 1540 und 1587

108 Nikolaischule und Nikolaikirche. Kupferstich. Um 1600

Verzeichnis der Bewaffnung des Rates der Stadt. 1529 Erstlich ist im Zeughaus vorhanden: 15 Schlangen [Feldgeschütze] klein und groß, auf 15 Karren, darunter eine eiserne; 8 Falkonettlein [leichte Feldgeschütze] auf 4 Karren; 2 Falkonettlein auf 2 Böcken; 4 Tarlaßbüchsen [Festungskanonen] auf 4 Karren; 10 Steinbüchsen auf 10 Karren; 114 Hakenbüchsen messen [aus Messing] mit Eisenschwänzen; 636 Hakenbüchsen in hölzernen Laden; 183 Handrohre, sind eisern; 85 messene Handröhrlein; 55 Fäßlein mit eisernen und bleiernen Kugeln, wie ein jedes zu seinen Büchsen verzeichnet; 8 Kästen, in die Fenster geschlagen, darin steinerne Kugeln, auch jede zu ihren Büchsen verzeichnet; 6 Fahrgestelle zu den großen Büchsen; 1 Hebezeug; 54 Radehauen [Rodehacken]; 80 Spaten; 76 Holzäxte; 6 Zelte [...]; 782 lange Spieße; 16 Fähnleinstäbe; 15 Kessel, klein und groß; 4 Dreifüße; 3 Bratspieße; 450 Hufeisen; 1 Fäßlein mit Hufnägeln; 30 Ziehwagen zu den Büchsen und Reißwagen [...], sind in der Roßmühle.

Auf den Türmen, Basteien und Zwingern: im Barfüßerkloster auf dem Turm bei der Mönche Garten 1 Steinbüchse [...], 2 Bockbüchsen mit Ladestöcken, Schaufeln, Zochen [Geräte zum Aufreißen des Bodens] etc., 1 Kasten, darin 30 Steinkugeln und soviel Verschläge mehr [zuzüglich] 120 bleierne Kugeln; gegen der Altenburg 1 Tarlaßbüchse mit Ladestöcken, Ladung, Schaufeln und Zochen, in einem Faß 60 Kugeln; gegen Mertin Leubels Mieten, mit Schiefer gedeckt, 1 Steinbüchse mit Ladestöcken und Schaufeln, 1 Faß, darin 30 Kugeln, Verschlag, Zochen etc.; gegen dem Frauenhaus 1 Steinbüchse mit Ladestöcken und Schaufeln, 1 Faß, darin 30 steinerne Kugeln, Verschläge, Zochen etc.; auf dem Hallischen Tor 1 Steinbüchse, 1 hübsche Bockbüchse, 1 Kasten darin; auf dem äußeren Hallischen Tor 1 Steinbüchse mehr ein Kästlein; in dem halbrunden Turm, gegen der Parthe, 1 Steinbüchse, 2 Bockbüchsen, 1 Kasten, darin alle Zugehörung; auf dem runden Turm, gegen dem Elderich, 6 Bockbüchsen mehr 2 Kästen, darin alle Zugehörung; in der Bastei im Zwinger, gegen Hans Renners Garten, 4 Steinbüchsen, zu jeder 30 Kugeln, Verschlag etc. mehr 1 Kasten; auf dem Turm bei der Roßmühle, gegen den Kohlgärten, 1 Schlänglein, 1 alte Bockbüchse, 1 Kasten; auf dem Grimmischen Tor 2 Bockbüchsen, 1 Kasten mit aller Zugehörung; unter dem Grimmischen Tor 3 Steinbüchsen, 1 Kasten; [...] auf dem hohen Turm 2 neue Bockbüchsen, 2 alte Bockbüchsen, 1 Kasten; auf dem achteckigen Turm 3 Bockbüchsen, 1 Kasten; auf Sankt-Peters-Tor 1 Steinbüchse, 1 Tarlaßbüchse, 1 Kasten; unter dem Peterstor 2 Steinbüchsen, 1 Kasten; auf dem Petersturm, bei des Torwärters Haus, 3 Bockbüchsen, 1 Kasten.

Stadtarchiv Leipzig: Urkundenkasten 100, Nr. 13

Verzeichnis der Kleinodien der Thomaskirche. 1530 XX silberne, vergoldete Kelche [...]; XIII Pacificalia [religiöse Kußgeräte in Kreuz-, Medaillon- oder Tafelform] und Kreuzlein mit Schnüren und Heiligtum [...]; eine große silberne Monstranz [...]; eine silberne, vergoldete kleine Monstranz [...]; ein silbernes Kreuz [...]; ein kleines silbernes Kreuz mit einem silbernen Fuß [...]; eine silberne Maria Magdalena [...]; ein silberner Sankt Thomas [...]; ein silberner Augustinus [...]; ein silbernes Jesuskindlein [...]; ein silbernes Marienbild in der Sonne [...]; ein silbernes Rauchfaß [...]; eine große silberne, vergoldete Büchse mit einem Elefantenbein [...]; die kleine Büchse mit einem Elefantenbein [...]; das große Straußenei [...]; eine indische Nuß [...]

Stadtarchiv Leipzig: Urkundenkasten 83, Nr. 2

109 Johannes Pfeffinger, protestantischer Theologe und ab 1540 erster Superintendent in Leipzig. Öl auf Holz. 16. Jahrhundert

110 ›Connewitzer Kreuz‹. Sogenanntes Weichbildzeichen zur Markierung der Gültigkeitsgrenze ehemaligen Stadtrechts. Gefertigt aus Rochlitzer Porphyr von Hans Pfretzschner. 1536

Über die Beerdigung von Pestleichen. 13. Januar 1536
[...] Welcher aber im Sterben an der Pestilenz stirbt, den soll man ohne allen Unterschied zu S[ankt] Johannis begraben, doch ohne Versammlung, Geläute und Geleitung der Schüler oder Freundschaft des Verstorbenen, auch zu der Zeit, wenn wenig Volk auf der Gasse geht [...]

Stadtarchiv Leipzig: Urkundenkasten 16, Nr. 41

Herzog Heinrich von Sachsen fordert vom Rat der Stadt die Wiederaufnahme der ausgewiesenen Protestanten. 12. Mai 1539 Liebe Getreue, wir wollen auch nicht [ver]bergen, nachdem weiland der hochgeborene Fürst, Herr Georg, Herzog zu Sachsen etc., unser freundlicher, lieber Bruder seliger Gedächtnis, etlichen Einwohnern daselbst mit euch auferlegt und befohlen, mit ihren häuslichen Wohnungen zu räumen, der Ursache halben, daß sie das hochwürdige Sakrament in zweier Gestalt empfangen, so sind wir untertänig angelangt, sie wiederum mit häuslicher Wohnung gnädiglich einkommen zu lassen [...]

Stadtarchiv Leipzig: Titel VII B, Nr. 1b, Bd. 2, Bl. 1

Die Stadtschulen werden erneuert und erste Mädchenschulen eingerichtet. 1539 Mit den Kirchen hat man auch zugleich beide Stadtschulen, die zu St. Niklaus [Nikolai] und die zu St. Thomas, reformiert, mit Praeceptoribus [Lehrern] aufs neue versehen, den Catechismum Lutheri mit den biblischen Sprüchen und Evangelien die kleinen Kinder von Jugend auf zu lehren und gute alte und von Herrn Luthero gestellte deutsche evangelische Lieder zu lernen, zu singen und zu üben, das Gebet auch allein zu Gott zu richten und auf das teure Verdienst Christi zu gründen, ernstlich bestellt und was sonst darin bei den Praeceptoribus und Lectionibus [Lektionen] zu verbessern gewesen, mit Fleiß verbessert.

Außer diesen Schulen sind auch Mädchenschulen angerichtet worden, darin die Mägdlein von ihren Lehrmeisterinnen zum Beten, Singen, Schreiben, Lesen und Nähen sind angewöhnt und in aller Gottseligkeit, Zucht, Ehrbarkeit und anderen jungfräulichen Tugenden erzogen worden.

Johann Jacob Vogel: a. a. O. S. 142

Herzog Moritz von Sachsen verkauft einen Teil des ehemaligen Klosterbesitzes an den Rat der Stadt. 6. August 1543 [...] verkaufen ihnen die hiermit und in Kraft dieses Briefes, nämlich das Barfüßerkloster mit dem Beginenhaus, das Thomaskloster daselbst zu Leipzig mit dem Hof gegenüber und allen zugehörigen Gebäuden und Häusern, geistlich und weltlich, in und vor der Stadt, und das Gebäude zu Connewitz und was dazu gehörig, item [ferner] das Jungfrauenkloster zu Sankt Georg samt der Mühle, dabei gelegen, so demselben Kloster zugestanden; solche alle Gebäude mit aller Zugehörung inmaßen, wie dieselben die Mönche und Nonnen innegehabt und von alters genossen und gebraucht, wes der in ihrem Weichbild gelegen mit Gerichten, obersten und niedersten, und auf den Gebäuden außerhalb ihres Weichbildes mit den Gerichten, wie die Klöster darauf gehabt. Dazu haben wir ihnen verkauft alle derselben beiden Klöster zu Sankt Thomas und zu Sankt Georg Dörfer, besessene [hier: abgabenpflichtige] Leute in Vorstädten und andere Geld- und Getreideerbzinsen, mit den Lehen, geistliche und weltliche, Äckern, Wiesen, Gehölzen, Frondiensten, Fischereien, Teichen, Schäfereien, Triften, soviel das alles in unserem Fürstentum gelegen, mit Gerichten, soviel die Klöster derer darauf gehabt, mit aller derselben guten Gerechtigkeit nicht ausgeschlossen und in aller Maßen, [wie] die Ordenspersonen die gehabt [...] Dergleichen haben wir ihnen verkauft und verkaufen ihnen hiermit allen Vorrat an Vieh, Pferden, Wagen, Geschirren, Futter, Betten und Hausrat außerhalb der Stücke, so die Ordenspersonen vor [für] sich gebrauchen, laut der Inventarien, so in beiden Klöstern gemacht [...] Tut alles zusammen in einer Summe dreiundachtzigtausenddreihundertzweiundvierzig Gulden elf Groschen drei Pfennige, in Münze einundzwanzig Groschen vor einen Gulden gerechnet, welche Kaufsumme ein Rat zu Leipzig uns untertänig bezahlt hat [...]

Urkundenbuch der Stadt Leipzig. 2. Bd. a. a. O. Nr. 480

Der Rat der Stadt legt Preise für Schneiderarbeiten fest. 1544
[...]
Mannskleidung vor [für] seinen Leib.
Einer Mannsperson, wessen Standes der sei, einen Seidenrock zu machen von Damast, Seidenatlas, Tobin [Doppeltaft], Zindeldort [dünnem Seidentaft], Taft etc., so es schlicht gemacht ist, einfach, unverbrämt und mit Leinwand durchaus ungefüttert, davon I Gulden. Ein Rock von brüggischem Atlas, Kamelott [Gewebe aus Angorawolle und Kammgarn], Karteke [feinem Leinenstoff], [...] schlicht und einfach gemacht, davon XVIII Groschen. Von einem Rock oder Mantel von purpuranischem [purpurfarbenem], lündischem [aus Lyon], leydischem [aus Leyden] oder sonst gutem Tuch, VIII Groschen. Von einem Rock oder Mantel von gemeinem Tuch, VII Groschen. Von einem Rock [...], auf einer Seite Leder und der anderen Tuch, wie man sie itzt [jetzt] trägt, XVI Groschen. Von einem Leibrock [...], durchaus mit Leinwand gefüttert, VII Groschen. Von einem einfachen, V Groschen. So einer aber wollte obernannte Kleidung haben verbrämt, verködert, verwülstet, zerschnitten, bunt oder auch

111 Doppelseitige Sanduhr mit Kalendarium in Holzornamentik. 1569

durchaus mit Leinwand gefüttert, der mag sich mit dem Schneider darum vertragen [einigen] [...]
Weiber- und Jungfrauenkleidung.
Ein Rock von Samt, Damast, Seidenatlas, Tobin, schlicht gemacht und durchaus gefüttert, andert[hal]ben Gulden. Item [ferner], ein Rock von Zindeldort, Karteke, brüggischem Atlas oder Kamelott gemacht, I Gulden [...] Von einem satinen, XVIII Groschen [...] Ein Rock von gutem ausländischen Gewand, XII Groschen. Ein Schaubenrock [weites Überkleid], inwendig mit Seide gefüttert, wie man sie itzt trägt, XIIII Groschen. Von einem Rock von gemeinem und geringem Tuch, VI Groschen [...]

Tausend Jahre deutscher Vergangenheit [...]. Bd. 1. a. a. O. S. 58f.

112 Joachim Camerarius, Rektor der Universität Leipzig 1544, 1546 und 1558. Kopie des verlorengegangenen Originalgemäldes aus der Mitte des 16. Jahrhunderts. Öl auf Leinwand. 17. Jahrhundert

113 Kurfürst Moritz von Sachsen. Gepunzte und gravierte Messingplatte von Jobst Kammerer. 1554

Herzog Moritz von Sachsen untersagt den Studenten und Handwerkern das Tragen von Waffen. 3. Mai 1545 [...] Damit aber die Ursache der Zwietracht ferner und gänzlich abgeschnitten, so ordnen, setzen und gebieten wir, daß nun hinfort kein Student, was Standes oder Alters der sei, in unserer Stadt Leipzig keine Wehr [Waffe], Büchse, Messer, Bleikugeln oder anderes, wie das sonst benannt ist, trage [...] Desgleichen sollen alle Handwerksleute, ob sie gleich eigene Häuser allda haben und Bürger seien, dazu alle Handwerks- und andere ledige Gesellen in derselben unserer Stadt Leipzig keine Wehr tragen, es seien Messer, Bleikugeln, Büchsen und anderes, bei Strafe des Gefängnisses und der Verweisung [...]

Urkundenbuch der Universität Leipzig von 1409 bis 1555. a. a. O. Nr. 458

Die Universitätsbibliothek wird neu eingerichtet. 1545 Es hatte Herzog Moritz, christmildesten Andenkens, einer löblichen Universität unter anderen Begnadigungen auch die Bibliothek der Pauliner oder Dominikaner geschenkt, diese hat wohlgedachter Herr Börner nicht allein mit 600 Stück Büchern, welche er aus den Zellen der Dominikaner zusammengetragen, vermehrt, sondern auch bei höchstgedachtem Landesfürsten [...] gnädigst und unweigerlich erhalten, daß der Universität nicht allein diejenigen Bücher, welche in den Thomaner- und Franziskanerklöstern in Leipzig, sondern auch die in den Klöstern dieser ganzen Provinz, sonderlich zur alten Cella, Pegau, Saltze, Lonter- oder Petersberg, Chemnitz, Buchau und Pirna gefunden würden, zur Vermehrung ihrer Bibliothek sollten verehrt und geschenkt sein, welche denn bald darauf aus besagten Klöstern abgeholt [...] worden. Mittlerweile ist Herr Börner bemüht gewesen, den zur Bibliothek bestimmten Ort wohl zu reparieren und anzurichten [...] Nächst dem hat er in beiden Bibliotheken erhabene Pulte setzen und an dieselben lange eiserne Stäbe, welche zugleich mit den Büchern, deren an der Zahl 4000 gewesen, anherbracht worden, fügen lassen; darauf hat er die Bücher, jedes an seinen Ort, gelegt und, damit sie nicht weggetragen würden, an eiserne Kettlein gelegt, auch darüber vier Catalogos, nach den Fakultäten eingerichtet, verfertigt.

Johann Jacob Vogel; a. a. O. S. 156f.

Stadtbefestigung. 1546 […] hat Herzog Mauritius [Moritz] […] die Katharinenkirche, welche zu Ende der Kathar[inen]straße gestanden, abbrechen, den dabeistehenden Brunnen mit dem Schutt ausfüllen und die Steine von dieser Kirche zu der neuen Bastei bei dem Bernhard[in]er-Collegio zwischen dem Hallischen und Grimmischen Tor brauchen lassen […] Weiter so hat Herzog Moritz auch zu Erweiterung und Befestigung der Stadt von mehr erwähnter [Hallischer] Bastei an bis zum Ende der Gerbergasse noch dieses Jahr durch den Morast eine starke Mauer und Graben zu führen befohlen, dazu auch den Anfang gemacht, das Wasser mit großer Mühe und Arbeit Tag und Nacht aus dem Morast herausgeplumpt, zu Grund gearbeitet, sehr große und ungeheure Wacken angeführt und eingesenkt, darauf mit Steinen und Kalk ein starker Grund gemauret und der Erden gleich herausgeführt worden. Über die Gerbergasse hinaus hat er auch ein viereckichtes Kastell abstechen und an den Gräben und Wällen stark arbeiten lassen […] Hätte auch zweifelsfrei diese angefangene Erweiterung und Befestigung der Stadt zu gewünschtem Ende bracht, wenn wegen des Schmalkaldischen Krieges und feindlichen Anzuges […] er daran nicht wäre verhindert worden.

Johann Jacob Vogel: a. a. O. S. 158

Belagerung im Schmalkaldischen Krieg. 1547 Den 1., 2. und 3. Januarii hat man das Peterstor zugemacht, die hölzerne Brücke abgebrannt und das Tor gleicherweise mit Mist verschüttet und Geschütz darauf geführt. Auch sonsten hin und wieder gebaut und zugerüstet, die Wehren mit Geschützen versorgt und also die Stadt allenthalben wohlbefestigt, dazu die Bürger neben den Soldaten helfen müssen […] Den 5. Januar hat man […] Eutritzsch, Kohlgärten, die Mühlen vor Ranstädter und Peterstor, item [ferner] die Grimmische und Peterssche Vorstadt samt dem Hospital zu S[ankt] Johannis abgebrannt […]

Den 11. Januar […] ließ sich der Feind gewaltig sehen mit 800 Pferden […] Da fielen aus der Stadt 400 Hakenschützen, und schoß man gewaltig hinaus unter die Feinde […] Den 12. Januar hörte man überall vor der Stadt die Trommel schlagen. Hernach in derselben Nacht hat der Kurfürst vor das Peters- und Grimmische Tor Tag und Nacht geschanzt und 9 Schanzen um die Stadt gebracht […] Und will man glaubwürdig sagen, daß in einer Stunde 150 Schüsse aus allen Schanzen in die Stadt getan worden. Es haben auch die Belagerten nicht gefeiert, sondern getrost wieder hinaus unter die Feinde geschossen […]

Den 27. Januar vermeinte jedermann, der Feind würde seiner vielfältigen Drohung nach an drei Orten stürmen, und kam ein solch Geschrei in die Stadt und ward darauf in allen Gassen Lärm geschlagen und alles wieder aufgemahnt und zusammengefordert. Und mußten beides, die Bürger und die Knechte, ein jeder sich in Ordnung verfügen, dahin er bestellt ward, und gefaßt sein mit guten Ladungen, Schrot, Korn [hier: Teil der Visiereinrichtung] und Ketten, Geschütz, Morgensternen, Fußeisen, Hacken, Barten [Beilen] und Pechkränzen und also auf den Sturm warten, daraus aber nichts worden […] So hat gleichwohl der Feind seine Geschütze dieselbe Nacht wie auch die vorige heimlich […] hinwegführen lassen […] und ist endlich in einem gemachten Rauch hinweg auf Rötha und Altenburg gezogen, nachdem er über die eingeworfenen Feuerkugeln bei vierzehntausend und mehr Schüsse, wie solches an Kugeln, so nach der Belagerung zuhauf gebracht worden, von 25 bis 50 Pfunden schwer zu erweisen gewesen, in die Stadt Leipzig abgehen lassen, ohne die, so überhin gangen, […] daß man vor selbiger Zeit nie erfahren, daß vor einer belagerten Stadt heftiger geschossen worden sei.

Tobias Heydenreich: Leipzigische Chronik. Leipzig 1635. S. 118ff.

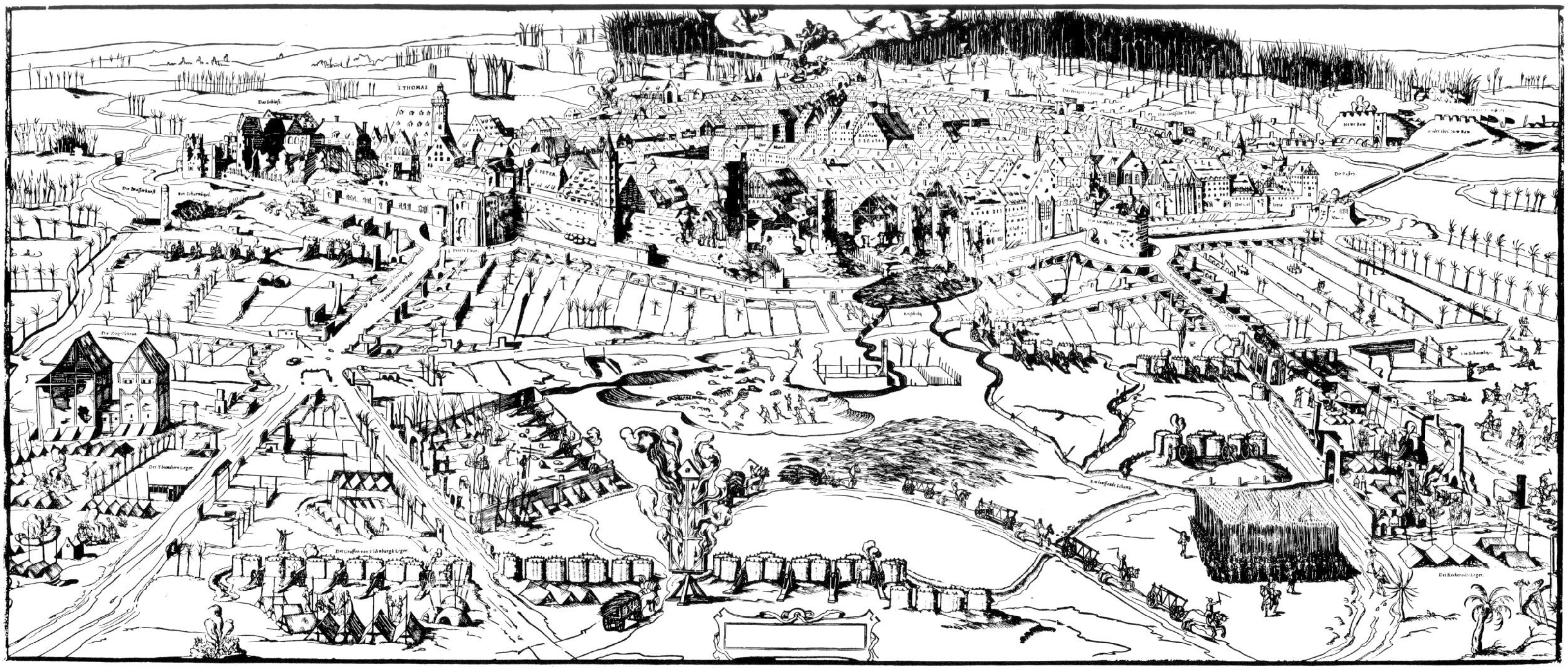

114 Belagerung Leipzigs im Schmalkaldischen Krieg (älteste Stadtansicht). Holzschnitt. 1547

Herzog Moritz von Sachsen verbietet Schmähschriften. 10. Januar 1549 [...] dieweil dann solche und dergleichen Schmähbriefe, Lieder, Reime und Gemälde zuvörderst mit ununterschriebenen, unbekannten und erdichteten Namen [...] uns auch selbst solche Freiheit, die endlich zu keinem Guten gereicht, zu gedulden nicht leidlich, also begehren wir, mit Ernst empfehlend, daß ihr darauf in eurer Stadt mit Fleiß Achtung gebt und kein Buch, Lied, Reim oder Gemälde, unter was Titel das immer sei, bei euch umtragen und feilhaben laßt, darin andere Leute, hohen oder niederen Standes, die seien, wer sie wollen, beschwert werden [...]

Stadtarchiv Leipzig: Titel XLVI, Nr. 153, Bl. 1

Glockengeläut zum pünktlichen Arbeitsbeginn. 7. März 1550 Dem Hausmann zu S[ankt] Thomas ist befohlen durch den Rat, nachdem itzo [jetzt] viel Arbeiter in unseres g[nä]d[igen] Herrn Bau vorhanden, damit dieselbigen zu rechter Zeit an die Arbeit gehen, daß er zu morgens, sobald es vier schlägt, [soll] darauf mit den Predigtglocken [...] läuten eine gute halbe Viertelstunde und danach mit dem kleinen Glöcklein klingen und darauf pro pace [für Frieden] schlagen und auf nächstkünftigen Montag anzufangen. Welches zuerst auf dem Predigtstuhl dem Volk verkundigt werden soll, damit die Leut, weil es ein ungewöhnlich Geläute ist, nicht erschrecken.

Stadtarchiv Leipzig: Barthels vermischte Nachrichten, Bl. 87

115 ›Umlauf‹ (Ausschnitt). Kaminbehang mit Kostümfiguren in Reliefstickerei auf Seide. Leipziger Arbeit. 1571

Aus der Kleider-, Hochzeits- und Verlobungsordnung der Stadt (I). 1550 [...] Tracht der Ratsherren, Doktoren, vornehmster Bürger und tapferer Leute Weiber und Töchter.

Der Ratsherren, Doktoren, vornehmster Bürger und tapferer Kaufleute Weiber mögen tragen Damast, Seidenatlas und Tobin [Doppeltaft], Röcke oder Schauben [weite Überkleider] und was darunter ist, als [wie] Zindeldort [dünner Seidentaft], Karteke [feiner Leinenstoff], Kamelott [Gewebe aus Angorawolle und Kammgarn] etc. Was aber höher ist, als Samt, Gülden- oder Silbernstück, sollen sie nicht tragen. Sie sollen auch keine Gülden- oder Silbernstück um die Röcke hinfort verbrämen, auch keine Koller davon tragen. Aber mit Samt mögen sie ihre Röcke verbrämen lassen [...] Ihren Töchtern mögen sie machen lassen karteken und kamelotte Röcke und dieselbigen mit Samt oben herum verbrämen [...] Aber Damast, seidener Atlas, Tobin und Zindeldort soll Jungfrauen bis auf ihren Hochzeitstag zu tragen verboten sein [...] Samtene Koller mögen Frauen und Jungfrauen tragen.

Item [ferner], Unzen Gold und Silber soll Frauen und Jungfrauen zu Borten, Hauben, Lätzen zu tragen verstattet werden, doch daß zu einer Haube über zwei Unzen und zu einem Latz nicht mehr denn eine Unze Goldes oder Silbers gebraucht werde [...] Sie mögen aber Samt, Atlas oder Damast zu Brustlätzen und Kollern, wie obgemeldt, tragen. Item, es soll auch Frauen und Jungfrauen, die dessen vermögens sind, goldene Ketten oder Halsbänder, die ganz golden oder silbern, zu tragen erlaubt sein, doch daß

116 Leipziger Trachten (Ehefrau, Ratsherr, Jungfrau). Holzschnitte von Jost Amman (links und rechts) bzw. Hans Weigel (Mitte). 1586 bzw. 1577

solche goldenen Ketten oder Halsbänder mit Edelgesteinen nicht besetzt noch Schmelzwerk haben […] Desgleichen sollen sie kein vergoldetes Silberwerk, ausgeschlossen zu Gürteln und Heften und Haarband, tragen […] Sie sollen auch kein vergoldetes Kupferwerk oder Messing, es sei an Ketten, Halsbändern oder anderem, woran es sei, tragen. Würde aber jemand solche kupfernen oder messingenen vergoldete Ketten oder anderes Geschmück davon tragen, der oder die sollen dem Rat so schwer Silber, als dieselbige gefälschte Kette, Halsband oder Geschmück wiegt, zu geben verfallen sein. Item, es soll ihnen auch aller Geschmück von Perlen verboten sein zu tragen […] Item, Zobel, Hermelin […] soll ihnen zu Kollern, Baretten und zu aller Kleidung zu tragen verboten sein […] Sie mögen aber Marderfutter und Feh zu Kleidern tragen.

Tracht gemeiner Bürger und Handwerker Weiber und Töchter.

Gemeiner Bürger, Handwerksleute Weiber und Töchter sollen kein Kleid, das über zwanzig Gulden Rheinisch wertig, das Gebräme mit eingerechnet, tragen […] Item, ihnen sollen auch goldene und silberne Stücke, Samt, Damast und dazu alles Seidengewand […] zu aller Kleidung zu tragen verboten sein […] Aber zu Halskollern, Brustlätzen und Gebrämen soll ihnen Samt, Damast und zu Jäcklein Kamelott und Karteke zugelassen sein […]

Stadtarchiv Leipzig: Titel LX B, Nr. 3, Bl. 90ff.

Aus der Kleider-, Hochzeits- und Verlobungsordnung der Stadt (II).
1550 Tracht der Dienstmaiden. Den Dienstmaiden soll alles Seidengewand, Perlen oder Perlenbändchen und Unzen Gold zu tragen verboten sein [...] Desgleichen ihre Kleider mit keinem Samt verbrämen lassen, sondern sie mögen dieselbigen ihre Kleider mit Damast, Karteke oder brüggischem Atlas verbrämen lassen. Sie sollen keine sammete Koller noch damasten Jacken tragen, auch die Aufschläge der Jacken mit Marder oder Marderkehlen nicht füttern noch verbrämen lassen [...]

Von den Wirtschaften [Bewirtungen].
Item [ferner], die Bürger, die in Räten sind, Doktoren, die vornehmsten Bürger und tapfere Kaufleute sollen zu Wirtschaften nicht mehr denn zehn Tische und zwei Tische für die Fremden [...] haben noch setzen. Und mag denselbigen zweierlei Bier und zweierlei Wein und darüber nicht, auch keinen süßen Wein, geben [...] Desgleichen sollen die gemeinen Bürger und Handwerksleute über sechs Tische und einen Tisch für die Fremden nicht haben noch setzen. Es mag aber ein jeder, der die Wirtschaft ausrichtet, einen Nachtisch haben für die Freunde, die da zusehen, die Leute setzen und umgehen. Es sollen auch über zehn Mann und Weibspersonen über einen Tisch nicht gesetzt werden. Aber die Jungfrauentische mögen besetzt werden nach Gelegenheit. In solche Anzahl der Tische in beiden Fällen sollen die Priester, der die Braut und Bräutigam traut, Kirchendiener, Kustos, Organist etc., item die Spielleute nicht gezogen sein. Und es soll der gemeine Bürger und Handwerksmann keinen fremden, sondern allein Landwein und einerlei fremdes Bier geben. Es soll auch ein jeglicher, der in Räten und ihnen gleicht, des morgens über Tische ob sechs Essen, außerhalb Käse und Kuchen, und des abends über fünf Gerichte auf eine Mahlzeit nicht geben [...] Gemeine Bürger und Handwerker sollen auf den Morgen über fünf und auf den Abend über vier Essen, außerhalb Käse und Kuchen, nicht geben [...] Item, niemand soll zu Hochzeiten oder Wirtschaften den Gästen, so er gebeten, über drei Mahlzeiten zu essen geben [...] Ausgeschlossen den Fremden mag man des anderen Tages, wo sie bleiben, wohl Essen geben.

Es soll auch hinfort ein jeder-

117 Sächsischer Meister (Monogrammist VAH): Vierundzwanzigjähriger Bräutigam und achtzehnjährige Braut. Öl auf Holz. 1534

118 Sächsisches Jagdgeschirr. Glasierte Hafnerware. Um 1600

mann, so Wirtschaften ausrichten wird, die Sache danach anstellen, daß die Braut und Bräutigam mit ihren Freunden und geladenen Gästen um neun Hora [Uhr] des Zeigers zur Kirche gehen und daß man zu zehn Horen zu Tisch sitze [...] Item, man soll in keiner Wirtschaft hinfort den Handwerkern, als [wie] Schustern, Schneidern, Maurern, Zimmerleuten, Bierschrötern [Bieraufladern], Kellerknechten, Kärrnern, Läutern, Hausleuten, noch sonst niemand von der Wirtschaft Suppe noch sonst keinerlei Essen noch Trinken geben [...] Aber den Brautdienern mag man ihr [Ver-] Köstigen geben. Und den Schülern und Cantoribus mag man geben wie vor alters. Also auch des Rates Dienern, die das Rathaus zum Tanz kehren, auf die Lichter und auf des Rates Ordnung sehen, soll eine Ratsperson, Doktor, vornehmer Bürger oder Kaufmann einen halben Guldengroschen und der gemeine Bürger und Handwerksmann sechs Groschen geben. Dagegen aber soll das Verköstigen, Suppen und Getränke, so man ihnen gegeben hat, ganz ab sein [wegfallen].

Den Stadtpfeifern soll man vier Taler geben von einer Hochzeit, die einen ganzen Tag währt, also daß sie den Abend zuvor vor dem Hochzeitstag, da man's begehrt, sich auch sollen gebrauchen lassen. Wer sie aber des anderen Tages haben will, der soll sich mit ihnen darum vergleichen. Wo aber die Hochzeit nur auf einen Abend gehalten wird, da soll man den Stadtpfeifern drei Taler zu geben schuldig sein. Und man mag ihnen ein kalt Gebratenes aus gutem Willen und einen Krug mit Bier und vier Kannen Wein und darüber hinaus nicht mehr Kost mit heimgeben [...] Es soll kein Koch noch Gesinde oder Helfer, der zu der Küche gebraucht wird, keinerlei Essen an Fleisch, gar oder roh, oder woran das ist, ohne Willen und Wissen des oder der, so die Wirtschaft ausrichten, vergeben oder selbst wegtragen [...] Item, dem Trommelschläger und seinem Pfeifer soll man von einer Hochzeit, die einen ganzen Tag währt, einen Taler und zum höchsten dreißig Groschen oder anderthalb Taler geben, doch daß sie sich des anderen Tages auch gebrauchen lassen.

Stadtarchiv Leipzig: Titel LX B, Nr. 3, Bl. 90ff.

Aus der Kleider-, Hochzeits- und Verlobungsordnung der Stadt (III). 1550 Geschenke zu den Wirtschaften. Es soll niemand, es sei Mann oder Weib, Braut und Bräutigam, zu der Wirtschaft über einen halben Gulden schenken [...] Sondern [aber] Vater und Mutter, Bruder und Schwester mögen der Braut und Bräutigam nach ihrem Gefallen, inmaßen wie vor[her] geschehen, wohl schenken. Item, Braut und Bräutigam sollen niemand, weder Freunden noch Fremden, zu der Hochzeit Seiden- oder anderes Gewand zu Kleidung, es sei, was es wolle, auch keine Badekappen, Hemd oder dergleichen schenken [...]
Aber die Braut mag dem Bräutigam wohl eine Badekappe, Hemd und Kranz mit einer goldenen Schnur, auch beiden Brautdienern jeglichem eine Schnur und Ring schenken. Aber Kränze mag sie schenken, doch daß kein Gold oder Silber darum sei, außerhalb des Bräutigams und der Brautdiener Kränze. Ob auch fremde Gäste wären, denen mag die Braut in ihrem Abreisen oder auf dem Hochzeitstag Kränze schenken mit goldenen oder silbernen Schnüren. Doch daß hierin ziemlich Maß gehalten werde.

Brautbett, Kindertaufen.
Item [ferner], es soll auf das Brautbett, desgleichen zu Kindtaufen, Kirchgängen, auch in den [...] sechs Wochen [nach der Entbindung] kein süßer Wein gegeben werden [...]
Aber einen Wein und fremdes Bier mag man wohl [aus]schenken. Desgleichen mag man ein Konfekt auf das Brautbett tragen lassen.

Verlöbnis.
Zu den Verlöbnissen soll man hinfort nicht mehr denn vier Tische für alles, Manns- und Weibsperson, auch Jungfrauen und Gesellen, haben und über fünf Essen, außerhalb Käse und Kuchen, auch über zweierlei Bier und Wein nicht geben und keinen süßen Wein [...] Handwerksleute und gemeine Bürger sollen über drei Tische nicht haben und über vier Essen, ausgeschlossen den Käse, nicht geben, auch nur einerlei fremdes Bier und einen Landwein zu Getränk haben [...]

119 Anthonis Moor: Kurfürst Johann Friedrich von Sachsen (links) beim Schachspiel. Öl auf Holz. Um 1549

Gevattergeld.
Item, es soll auch kein Mann oder Frau, die zu Gevatter gebeten werden, zu den Kindtaufen über einen halben Guldengroschen und eine Jungfrau oder Geselle nicht über fünf Groschen oder einen Ort [vierten Teil] eines Guldengroschens dem Kind einlegen [...]

Nachttänze.
Item, es sollen außerhalb Wirtschaften [Bewirtungen] und Verlöbnissen alle offenbarlichen Tänze, dazu man sonderlich umgeht und bitten läßt, verboten sein und ohne sonderliche Erlaubung des Rates nicht gehalten werden, mancherlei Unkosten und Leichtfertigkeit zu vermeiden [...] Nachdem auch die Jungfrauen, so zu den Handwerkstänzen (welche beim Rat steht, den Handwerksgesellen jährlich zu erlauben) gebeten werden, den Gesellen, die sie zum Tanz führen, Kränze mit goldenen Schnürlein schenken, welches eine Übermäßigkeit ist und unnotdürftige Unkosten, demnach ist verordnet, daß hinfort keine Jungfrau auf den Handwerkstänzen den Gesellen goldene oder silberne Schnüre um die Kränze schenken soll, daß auch die Handwerksgesellen keine goldenen oder silbernen Schnüre um die Kränze tragen sollen, unter dem Schein, als hätten sie die selbst erkauft Und damit diese Ordnung desto stattlicher erhalten werde, soll kein Schneider in dieser Stadt, es sei Meister oder Geselle, Frauen oder Jungfrauen, davon obgemeldt, Kleidung und Gebräme machen, die dieser Ordnung zuwider sind, bei Strafe, Verbietung und Niederlegung seines Handwerks auf Zeit nach Erkenntnis des Rates. Und soll ein jeglicher, der allhier Söhne, Töchter, Schwestern, Brüder, Freunde oder andere ehelich beilegt [verheiratet] und die Hochzeit ausrichtet, bei Strafe nach Gefallen des Rates schuldig sein, ein Büchlein dieser Ordnung von einem Rat zu holen, vor der Hochzeit sich darin zu ersehen, wie er sich halten solle mit der Kleidung, Geschenken, Gästen, Kost, Getränken und anderem. Und nach gehaltener Hochzeit soll er das Büchlein wieder auf das Rathaus dem Bürgermeister [über]antworten und bei seinem guten Glauben ansagen, ob er sich demselben gemäß gehalten oder worin er's übertreten. Wo er aber selbst nicht meldet, worin er verbrochen, und doch hernachmals des überfunden [überführt] [...], so soll er eine jede Strafe, darin er fällig, doppelt geben. Also auch soll bei dem Rat stehen, die Strafe derer, die die Ordnung in einem oder mehr oftmals übertreten, nach Gelegenheit zu mehren oder zu höheren [erhöhen].

Stadtarchiv Leipzig: Titel LX B, Nr. 3, Bl. 98ff.

Der Rat der Stadt bestätigt eine neue Fischerordnung. 5. Juni 1551
[...] Und lautet nämlich also, daß ein jeder, der hinfort Meister werden will, der soll, so er ein Fremdling ist, dem Handwerk in die Lade [Zunftkasse] zehn Gulden geben und dem regierenden Bürgermeister einundzwanzig Groschen und Bürger werden und jährlich sein Geschoß [Steuer] wie ein anderer Fischer geben. Da aber einer das Fischerhandwerk hier gelernt hat oder der eines Fischers allhier Tochter zu Ehe nehmen würde, der soll dem Handwerk sechs Gulden, dem Bürgermeister einundzwanzig Groschen geben, Bürger werden und tun wie ein anderer. Da aber eines Meisters Sohn das Handwerk allhier gewinnen wollte, der soll den Meistern in die Lade nichts geben, dem Bürgermeister aber soll er zehn Groschen geben und Bürger werden [...]

Stadtarchiv Leipzig: Titel XXI, Nr. 2, Bl. 33f.

120 Leipziger Kartenspiel.
Farbig bemalte Pappe.
1557

121 Clavichord. Gefertigt vermutlich von Hans Müller. Um 1540

Instrumente für die Stadtpfeifer.

Den Stadtpfeifern allhier sind neue Pfeifen von Breslau bestellt durch die Stadtpfeifer daselbst, nämlich: eine große neue Posaune, kostet 20 fl. [Gulden]; eine kleine Posaune, kostet 9 fl.; zehn Flöten mit einem großen Baß, kostet 20 fl.; zwei Bomharts [Baßinstrumente der Schalmeien] und eine Schalmei vor [für] 8 fl.; denen zu überziehen und zu füttern $2\frac{1}{2}$ fl.; Fuhrlohn 2 fl. Summa $61\frac{1}{2}$ fl.

Stadtarchiv Leipzig: Barthels vermischte Nachrichten, Bl. 77

Aus den Polizeiverfügungen. 3. Oktober 1556

1. Jedermann soll sich nach u[nseres] g[nä]d[igen] Herrn Münzgebot halten, keine verbotene Münze nehmen noch ausgeben, auch keine verdächtigen Reiter noch Fußgänger beherbergen und die Verdächtigen dem Bürgermeister anzeigen.

2. Und ein jeder Wirt soll für seine Gäste gut sein [bürgen]. Es soll auch ein jeder Wirt seinen Gästen anzeigen, daß sie u. gd. Herrn die Gebühr aufs Schloß und dem Rat in die Waage geben. Und soll ein jeder Wirt mit seinen Gästen verfügen, daß die Gäste alle Waren, die sie anher bringen, in der Waage angeben, darinnen ihnen, wenn sie ihre Gebühr entrichtet, ein Zeichen und Zettel zugestellt werden soll, welche Zeichen und Zettel die Gäste ihren Wirten, wenn sie sich mit ihren Gästen berechnen und ihren Abschied nehmen wollen, anzeigen sollen, daraus zu befinden, ob sie sich in der Waage berechnet und vertragen [geeinigt] oder nicht, denn da die solches nicht getan hätten, sollen sie die Wirte nicht abreisen lassen.

[...]

4. Ein itzlicher [jeder] Wirt soll gute Achtung auf Feuer geben und des Nachts einen Wächter halten.

5. Jedermann soll rechtes Maß, Elle und Gewicht haben und geben.

6. Es soll niemand fremde Waren unter seinem Namen verhantieren.

7. Die [Stadt-]Viertelmeister und Bornmeister [Brunnenmeister] sollen voll gerüstet zum Feuer sein [...]

8. Es sollen die Brauherren die Bottiche voller Wasser halten.

[...]

10. Es soll niemand fremdes Bier ohne des Rates Vorwissen einlegen.

11. Es soll niemand Aufbuden bis Montag früh, es sei denn Tag.

[...]

14. Es soll ein jeder Wirt, bei denen Juden zur Herberge liegen, denselben anzeigen, daß sie sich beim Rat angeben und ihre Gebühr entrichten.

15. Es soll jedermann nach dem Markt für [vor] seiner Tür kehren und den Schlamm wegführen lassen.

16. Die Wirte und Handwerksmeister sollen fremden Gästen und Gesellen anzeigen, daß sie keine Messer oder Wehren [Waffen] tragen.

[...]

18. Es soll niemand sein Haus verkaufen oder vermieten einem, der nicht Bürger ist.

19. Es soll niemand seine Äkker oder Wiesen im Stadtfeld den Bauern weder verkaufen noch vermieten [...]

20. Es soll niemand in des Rates Hölzern und auf den Teichen schießen oder darin treiben oder Holz lesen.

[...]

Stadtarchiv Leipzig: Barthels vermischte Nachrichten, Bl. 22f.

Bau des Alten Rathauses. 1556

Bald darauf, nämlich 1556, ist auf des Rates Unkosten vom jetzt erwähnten Bürgermeister [Hieronymus Lotter] auch das Rathaus, wie es jetzt steht, mit dem Turm, 40 Gewölben und 28 Stuben von Grund auf erbaut und binnen eines [reichlichen] halben Jahres vollendet worden. Im Februar hat man den Anfang dazu gemacht und im folgenden Michaelismarkt die Gewölbe schon vermieten und nutzen können. Anno 1599 aber ist es renoviert und auf den Turm das neue Uhrwerk gesetzt wie auch der eiserne Gang, darauf die Stadtpfeifer täglich zu blasen pflegen, gemacht und verfertigt worden.

Zacharias Schneider: Chronicon Lipsiense. Leipzig 1655. S. 121

Der Rathausturm erhält eine Glocke. 10. September 1558

[...] war die Rats- oder Bürgerglocke, auf welcher folgende Schrift steht: ›Laudate Deum in cymbalis bene sonentibus [Lobet Gott mit wohltönenden Glocken]. Anno MDLVIII, W. H.‹ und vor wenigen Wochen ward gegossen worden, auf den Ratshausturm gezogen und aufgehängt.

Johann Jacob Vogel: a. a. O. S. 207

122 Stuhl des Bürgermeisters mit Intarsienschmuck. Gefertigt von Gregor Anesorge. Eiche und Nußbaum. 1607

123 Rats-Tischdecke mit kursächsischem und Leipziger Wappen. Gefertigt von Seger Bombeck. 1551

Ratsordnung über den Lohn der Boten, Kärrner, Tagelöhner und Holzhauer. 24. Dezember 1558
Diejenigen, so Botschaft laufen, sie seien geschworen [vereidigt] oder nicht, sollen haben zu Lohn von einer Meile [etwa 7,5 Kilometer], wenn sie nichts tragen, vierzehn Pfennige, wenn sie aber zu tragen haben, achtzehn Pfennige, wenn sie Post und schnell laufen sollen, zwei Groschen, und wenn sie stilliegen Tag und Nacht, zwei Groschen. Die, so mit den Kapitelskarren fahren, sollen haben, in die Waage oder aus der Waage, auch sonsten zu fuhren, es sei, wohin es wolle, von einem Zentner einen Pfennig. Die Kärrner, so den Schlamm und Kehricht auszuführen, sollen von einem Karren, so er voll ist, 5 Pfennige zu Lohn haben, wenn aber der Karren nicht voll ist, halb soviel. Tagelöhner sollen Sommerzeit des Tages zwanzig Pfennige, Winterzeit aber sechzehn Pfennige haben. Holzhauer und Holzschneider sollen haben von einem Schock Reisigholz, wenn sie es bündelweis zerhauen und die Knüppel spalten, zwölf Pfennige, wenn sie die Knüppel nicht spalten, zehn Pfennige [...]

Stadtarchiv Leipzig: Titel VII D, Nr. 1, Bl. 1f.

124 Einband der Leipziger Ratsbibel. Gefertigt von Hans Reinhart d. J. und Elias Geyer. Silber mit unterlegtem Samt. 1597

Der Rat der Stadt verbietet, an die Häuser Überhänge zu bauen. September 1559 Den Zimmerleuten ist angezeigt worden, daß sie an keinem neuen Gebäude, das sie richten, ohne des Rates Vorbewußt Überhänge [vorstehende Geschosse] machen sollen, bei des Rates ernster Strafe [...] Wolf Hase, Zimmermann, soll den obersten Überhang an dem Gebäude, so er Georg Schmieder zur Goldenen Gans gerichtet, wieder abtun, auch auf Erforderung sich wieder einstellen und die Strafe, so ihm auferlegt werden wird, geben, daß er wider beschehen Verbot den Überhang gemacht hat [...]

Stadtarchiv Leipzig: Ratsbuch, Bd. 15, Bl. 121

Aus der Willkür der Stadt. Vor 1560

1. [...] Welche Jungfrau oder Junggeselle, Bürgerstöchter oder -söhne, sich selber verloben ohne ihrer Eltern Willen, die haben ihr Erbteil bis auf ihren gebührlichen Legitimam [Pflichtteil] verloren. Das sollen die Eltern ihren Kindern mit Fleiß berichten, daß sie sich mit keiner Unwissenheit zu entschuldigen haben.

2. Wer sein Erbe zinshaftig macht [verleiht] ohne des Rates Willen, der verliert das Erbe und jener den Zins.

3. Es soll kein Bürger oder Einwohner einigen Raum, Stall oder anderes von seinem Erbe hinter [ohne] des Rates Bewilligung verkaufen oder kaufen, bei Verlust des Raumes und des Rates Strafe.

4. Es soll auch niemand kein altes Gebäude abbrechen ohne Besichtigung und Erlaubnis des Rates.

5. Man soll keinen Hopfen kaufen denn auf dem Markt [...]

7. Auf einer Fleischbank oder Scharren [Verkaufsstand] soll nicht mehr denn ein Fleischhauer stehen [...]

9. Auch sollen die Brauer kein Holz von den Brauhäusern tragen ohne jenes Willen und Wissen, dem sie gebraut haben.

10. Auch soll niemand gehen ohne Licht nach der Bürgerglocke [Abendgeläut] [...]

12. Auch soll man [...] nicht [...] Hechte fangen kürzer einer Spannen noch Aale, deren einer nicht eines Pfennigs wert ist, noch kleine Krebse, noch keinerlei junge Laichfische vor St.-Jacobs-Tag [15. Juli] verkaufen.

[...]

14. Auch soll man keine Vögel [auf dem Markt] sitzend verkaufen noch in die Häuser getragen kaufen [...]

15. Auch soll man nicht brauen noch mälzen nach Ostern ohne des Rates Erlaubnis.

16. Auch soll man in keiner Mühle Schweine halten, die überjährig [älter als ein Jahr] seien.

17. Es soll auch niemand in der Stadt Haufen Holz bei sich legen [...]

18. Es soll auch niemand Messer oder Schwert tragen [...]

20. Es soll auch ein jeglicher, der beerbbar ist, schicken, daß er in seinem Haus habe zwei lange Leitern und zwei lederne Eimer, durch Feuersnot willen [...]

21. Will ein Mann bauen und die Querwand steinern machen, so soll sein Nachbar angesucht werden, daß er solche Scheide- oder Quermauer auf gleiche Kosten und auf ihrer beider Raum wollte helfen aufführen [...] Wo denn dem Nachbarn die Kosten mitzutragen und zu bauen beschwert [beschwerlich], so soll er schuldig sein, auf seinem Grund bis oben aus dem Bauenden alsoviel Raum zu gestatten, daß er die ganze Quermauer darauf bauen und aufführen möge auf seine Unkosten allein [...]

Stadtarchiv Leipzig: Titel I, Nr. 9b, Bl. 18ff.

125 Erker am 1558 erbauten Fürstenhaus in der Grimmaischen Straße 30. Aquarellierte Zeichnung. 19. Jahrhundert

126 Sandsteinkamin im Alten Rathaus.
Gefertigt von Friedrich Fuß. 1615

127 Erker des 1523 errichteten Hauses ›Zur goldenen Schlange‹ (später Barthels Hof) am Markt.
Bauzeichnung von Johann Wilhelm E. Zocher. Um 1870

128 Der Bau- und Bürgermeister Hieronymus Lotter. Öl auf Holz. 1569

Kurfürst August von Sachsen erläßt eine auch für Leipzig gültige Mühlenordnung. 23. November 1568
[...] Es soll kein Müller dem anderen seine Mühlgäste [Kunden] abspännig machen noch einigerleiweise abpraktizieren [...] Die Mühlgäste sollen das Getreide an rechtem, unverfälschtem, landesüblichem und bräuchlichem Kornmaß in die Mühlen bringen [...] Nachdem auch von alters in Brauch gehalten und also herbracht worden, daß ein jeder Müller von einem jeden Scheffel [ein Scheffel = 16 Metzen] zwei Metzen vor [für] sein Gebührnis genommen, so soll es auch nochmals also dabei bleiben und hierüber mehr nicht von einem Scheffel von dem Müller gemetzt und genommen und darüber niemand mit Abforderung Mahlgeldes oder sonst einigergestalt beschwert werden [...] Und soll ein jeder Müller schuldig sein, seine Mühlgäste nach rechter Ordnung, wie die zur Mühle bringen und in die Mühle kommen, mit dem Mahlen zu befördern und keinen um Gelöbnis oder Gunst willen dem anderen vorziehen [...]

Stadtarchiv Leipzig: Urkundenkasten 51, Nr. 4

Ein Seiltänzer auf dem Markt. 12. September 1570 [...] ist ein Seiltänzer auf einem Seil vom Ratsturm an das Hummelische Haus an dem Thomasgäßchen, welches dazumal Herrn Bürgermeister Lotter war, gefahren und hat viel Gaukelwerk verübt.

Johann Jacob Vogel: a. a. O. S. 224

Bürgermeister Hieronymus Lotter berichtet über seine Tätigkeit als Baumeister. 14. September 1573 Es hat mich Kurfürst Moritz die Zeit seiner Regierung zu einem Baumeister allhier zu Leipzig über das Schloß Pleißenburg gemacht. Da hab ich mit meiner eigenen Hand als ein verordneter Baumeister den ersten Stein in Gründen [Grundstein] gelegt und das ohn einigen Beistand, außerhalb der Werkleute, gar auferbaut. Danach hab ich die Henkersbastei [Bastei am Henkersturm, später Moritzbastei genannt] gleichergestalt auch aus dem Grunde bis in die Höhe aufgebaut und an der Festung vor allen Toren viel Mauerwerk verbracht, das alte Rathaus lassen einreißen und zum Teil die alten Gründe [Grundmauern] und etzlich [etlich] Mauerwerk zu Hilfe genommen und aus habendem Befehl eines ehrbaren Rates solch Rathaus, wie es itzt [jetzt] steht, in neun Monaten, daß solches wieder zu bewohnen gewest, gar ausserbaut, daß also mir zwei Jahre aneinander das Bürgermeisteramt zu verwalten auferlegt worden ist. Zudem so hab ich zu Beförderung [all]gemeiner Stadt ein alt eingefallen steinern Gebäude [das ehemalige Bernhardinerkollegium], so bei Unser Frauen Collegio [Marienkollegium] gegenüber im Brühl gelegen, die Gründe und das alte Mauerwerk zu Hilfe genommen und ein stattlich Kornhaus, wie vor Augen steht, erbaut; auf den zwei [aus dem Mittelalter stammenden, unvollendeten] Türmen an S[ankt]-Niklas-Kirche [Nikolaikirche] zu einer Wache ein Stück Turms [als Teil des heutigen Nikolaikirchturms] in die Höhe aufbauen lassen, mit Wohnung, daß sich ein Wächter zu behelfen; und noch bei dem Rannischen Tor eine gemeine steinerne Badstube [am Standort des heutigen ›Café am Brühl‹] innerhalb der Stadt gebaut und dieselbe lassen gewölben, daß solch Gewölbe kein Traufen oder Feuchtigkeit von sich gegeben; dergleichen andere Städte auch umher dermaßen gebaut, das zuvor nicht gewest, und hab nach meinem Vermögen also gemeiner Stadt mit solchen Gebäuden zu Notdurft helfen zieren.

Und über das alles so hat Kurfürst Augustus die Zeit seiner Regierung mir auferlegt, daß ich das großmächtige Haus und Schloß, die Augustusburg, so zuvor der Schellenberg genannt worden, einreißen und wieder aufbauen solle. Und ob ich mich meines hohen obliegenden Alters halber des in Untertänigkeit entschuldigt und daß es in meinem Vermögen nicht wäre, so hab ich doch damit nicht können verschont bleiben und dasselbe, außerhalb der Werkleute, ohne einigen Beistand mit großer unerträglicher Mühe und Bestellung in vier Jahren, welches sich [...] im [fünfzehnhundert]einundsiebzigsten [Jahr] geendet, verbracht und das zu bewohnen gar ausgebaut. Darob ich in meinem Alter, als ich sechsundsiebzig Jahre alt worden, gar unvermöglich worden und gleichwohl das Bürgermeisteramt anno etc. dreiundsiebzig wieder annehmen und verwalten müssen.

Das zeige ich nicht um Ruhmes willen an, sondern daß solches nach meinem Tod meinen Kindern um ihres Vaters willen zu Ehren und Gutem gereichen möchte [...]

Stadtarchiv Leipzig: Urkundenkasten 89, Nr. 11

Vorschriften über das Fischen. 10. Juni 1574 Die Untertanen sollen sich [...] des Nachtfischens ganz und gar enthalten, sondern allewege wie für [vor] alters mit der Frühsonne ausfahren und bei der Sonne Untergang aufhören. Zum dritten sollen sie die Woche nicht mehr als zwei Tage, alten Herkommens nach Dienstag und Freitag, zu fischen Macht haben [...]

Stadtarchiv Leipzig: Titel XXI, Nr. 1, Bl. 3

Aus der Ordnung für Bettler, Aussätzige und Schüler (I). 1579
[...] Zum ersten ordnet und gebietet der Rat, daß hinfort niemand stets in der Stadt betteln soll, er habe denn ein Zeichen von dem Bettelmeister, wie hernach geschrieben, erlangt [...] Ein jeglicher Bettler oder Bettlerin soll vor, ehe man ihm erlaubt und das Zeichen gibt, dem Bet-

telmeister glaublich aussagen, in was Stand, Wesen und Vermöglichkeit des Leibes und ob er ehelich oder ledig sei und wieviel Kinder er habe; dadurch zu verstehen, ob sie des Betteln notdürftig sind oder nicht. Und wer deshalben die Wahrheit verhielte, soll ein Jahr von der Stadt verweist werden und sein [...] Welche aber des Betteln notdürftig sein werden, sollen dennoch nicht zugelassen werden, sie haben denn zuvor ein jeglicher wahre Kundschaft von seinem Pfarrer [ge]bracht, daß er auf das mindeste gebeichtet habe und absolviert sei. Dazu soll ein jeglicher verhört werden, daß er das Vaterunser, Ave-Maria, den Glaubenskonsens, die zehn Gebote wisse. Die dies nicht können noch tun wollen, sollen nicht zugelassen werden [...]

Ein jeglicher, dem ein Zeichen gegeben wird, des Namen soll beschrieben von dem Bettelmeister [...] Und welcher Bettler verstürbe, so soll der Bettelmeister das Zeichen wieder zu sich nehmen. Und ob jemand ein Zeichen betrüglich erlangte mit Kaufen, Leihen, Vermieten oder wie das geschehe, der oder die soll man verweisen [...]

Stadtarchiv Leipzig: Stift VII, Nr. 1a, S. 1ff.

129 Die 1555 nach Plänen und unter Leitung Lotters errichtete Alte Waage am Markt. Aquarell von Friedrich Wilhelm Heine. Vor 1861

130 Orgel der Nikolaikirche mit Malereien von Thomas Lichtenstein (1595/97). Lavierte Federzeichnung. Erste Hälfte des 17. Jahrhunderts

Aus der Ordnung für Bettler, Aussätzige und Schüler (II). 1579

Den Bettlern, die da Kinder, der eins über acht Jahre ungefähr ist, bei sich haben, wird hier zu betteln nicht erlaubt, nachdem dieselben ihr Brot wohl verdienen mögen. Doch so ein Bettler vier oder 5 Kinder hätte, derer jedes unter dem Alter 7 Jahre alt wäre, und ein Kind, das über 8 Jahre alt wäre, dabei hätte, die anderen zu warten, das soll der Bettelmeister zu erlauben Macht haben [...] Item [ferner], die Namen solcher Bettler oder Bettlerinnen Kinder, die über acht Jahre und ungebrechlich wären, wo ihnen durch ihre Eltern nicht zu Dienst geholfen würde, sollen durch sie angezeigt, also dem Bettelmeister befohlen und beschrieben geben, alsdann zu versuchen, ob ihnen hier oder auf dem Lande zu Diensten geholfen möchte werden [...]

Es will auch der Rat, daß keine armen Leute auf Kirchhöfen, unter oder binnen der Stadttore oder gemeinen Straßen allhier Hütten oder Hausung fortmehr haben sollen. Und wo man die findet, die soll man abtun. So soll auch kein armer Mensch fortmehr in Kirchen oder Klöstern allhier zu Leipzig, dieweil man Messe oder andere Gottesdienste darin hält, nicht gehen vor den Altar oder sonst von der einen Stadt zu der anderen, Kirchen oder Klöstern zu betteln [...] Daß auch ein jeglicher Bettler, er sei Bürger oder Gast, dem zu betteln vergünstigt wird und einen offenbaren und erbärmlichen Schaden an seinem Leibe hätte oder Gliedern hat, davon schwangere Frauen durch Gesichte Schaden empfangen möchten, denselben Schaden bedecken und nicht offenbar nachsichtiglich tragen noch zeigen soll, bei der Buße, ein Jahr in die Stadt nicht zu kommen [...] Arme Priester, die von Gebrechen des Gesichts oder Krankheit halben ihrer Glieder dem priesterlichen Stand nicht genug sein mögen, auch in Elend fallende Priester, die sich eines ehrbaren priesterlichen Lebens halten, mögen ziemlich das Almosen bitten vor den Kirchen, doch daß sie vor[her] anzeigen, daß sie Priester sind [...]

Es haben auch die Räte beschlossen, daß man alle aussätzigen Menschen hinwegweisen und hier zu wohnen nicht gestatten soll. Welche aber hier aus der Stadt oder Weichbild sind, die soll man läuterlich durch Gott, es sei Mann oder Frau, ohne Gaben einnehmen in der Siechen Haus vor das Grimmische Tor zu Sankt Johannis und daselbst wohnen, so sollen auch dieselben [...] in die Stadt oder Vorstadt zu Leipzig nicht gehen oder stehen oder betteln oder kein Geschäftnis haben, sondern sie sollen haben andere Leute, die nicht aussätzig sind, die ihnen das Almosen betteln, der sollen ein Teil beschlossene Büchsen haben, darein sie das Almosen an Geld nehmen, und sollen die Büchsen und was darein geopfert wird alle Tage ausantworten [überantworten] dem, der des Hospitals Vormund oder Vorsteher ist, und der soll auch den Schlüssel dazu haben und die Siechen von dem Geld besorgen. Und soll auch derselbe Vormund oder Vorsteher alle anderen Almosen [...], wie bisher geschehen, einnehmen und die armen Leute davon besorgen, auch alle Jahre dem Rat Bescheid und Rechnung davon geben [...] Wäre auch jemand aussätzig, der das verbergen wollte und bei anderen Leuten wohnen, als ob er die Krankheit nicht hätte, dafür soll ein Rat sein und den lassen besehen und judizieren [beurteilen] die Ärzte dazu verordnen, und als von denen erkannt wird, daß der aussätzig ist, als soll man den von Stund an aus der Stadt und der Vorstadt vertreiben und nicht gestatten, daß er darin gehe oder stehe oder keine Handlung oder Geschäft mit anderen Leuten habe [...] Wäre auch, daß jemand, aussätzige Leute von Frauen oder Männern, aus dem bemeldten Hospital oder Haus in diese Stadt oder Vorstadt ginge und nicht hielte, als vorbenannt ist, der soll seine Pfründe und das Haus räumen, und man soll den hinwegtreiben und hier nicht gestatten zu wohnen [...]

Stadtarchiv Leipzig: Stift VII, Nr. 1a, S. 4ff.

131 Lucas Cranach d. J.: Auferstehung Christi. Öl auf Holz. 1557

132 ›Das wahre Bildnis Christi‹. Gobelin, gefertigt von Seger Bombeck. 1551

133 Armesünderkanne.
Gefertigt von Christoph Geriswalt,
reliefierter Schmuck
nach Vorlagen von Peter Flötner.
Zinn. Um 1560

Aus der Ordnung für Bettler, Aussätzige und Schüler (III). 1579 Welcher Schüler hier nach dem Almosen gehen will, soll nicht zugelassen werden, es sei denn, daß der pfleglich zur Schule gehe und der Schule als ein gehorsamer Schüler aufwarte. Welcher Schüler sich anders hielte, den soll der Schulmeister, dazu ein Rat, wo das not ist, Beistand schaffen will, darum strafen [...] Darum setzt und gebietet auch ein Rat, [...] daß kein Bürger noch Bürgerin, auch kein Einwohner oder Einwohnerin noch auch sonst jemand keinen Schüler, der hier nicht Bürger oder Bürgerkind ist oder der pfleglich nicht zur Schule geht und auswertet als sich gebührt, über drei Tage nicht halten noch beherbergen soll noch auch ihm seine Behausung nicht vermieten oder jemand, dem er vermietet hätte, hierwider zu tun gestatten soll [...]

Welcher Bettler dem Bettelmeister freventlich übergäbe [zu viel bieten, ihm zu nahe treten würde] mit Worten oder Werken, und so er ihm untersagen würde und die Ordnung wie oberührt nicht halten wollte, den soll der Bettelmeister einführen [abführen], dazu sollen ihm, ob es not sein würde, die Stadtknechte oder andere Bettler, die er anrufen würde, helfen, sie zu strafen, ob's not sein würde.

Stadtarchiv Leipzig: Stift VII, Nr. 1a, S. 13ff.

Eid des Pestilenzialbalbiers. 12. September 1581 Dem Dienst, dazu ich mich begeben hab, will ich mit Fleiß meines besten Verstands vorsein; wenn ich zu den vergifteten Kranken gefordert werde, es sei bei Tag oder Nacht, nicht lang außenbleiben, damit durch meinen Verzug niemand [am Leben] verkürzt werde, sie besten Fleißes kurieren, bei den Armen nicht weniger Fleiß tun denn bei den Reichen, niemand vorsätzlich verwahrlosen, auch diejenigen, die mir zu besichtigen befohlen, mit

134 Stadtwappen. Entwurf und Kupferstich von Manasse Steinber. Um 1580

Unwahrheit nicht beschweren und mich allenthalben gegen männiglich also erzeigen, daß ich's gegen Gott und die Welt zu verantworten. Als mir Gott helfe.

Stadtarchiv Leipzig: Eidbuch von 1590, Bl. 57

Kurrende. 1581 [...] haben die Thomasschüler zu Leipzig angefangen, wöchentlich dreimal, des Sonntags, Dienstags und Donnerstags, in der Stadt herumzugehen und zu singen, welche man die Kurrenden nennt.

Johann Jacob Vogel: a. a. O. S. 244

Goldener Brunnen auf dem Markt. 1581 Dieses Jahr ist der Brunnen auf dem Markt vor dem damals Griebenischen, itzo [jetzt] Mayerischen Haus, welcher zugleich Brunnen- und Röhrwasser gibt, erbaut und mit Gold überzogen worden, wie die daranstehende Jahreszahl ausweist.

Johann Jacob Vogel: a. a. O. S. 244

Der Leipziger Schöppenstuhl schlägt in einem Rechtsspruch dem Erbgericht von Wachau die Todesstrafe für einen Dieb vor. 1583 [...] Auf eine an uns getane Frage sprechen wir kurfürstl[ich]-sächsischen Schöppen [Schöffen] zu Leipzig vor [für] Recht: Hat der gefangene Urban Kölbel erstlich in der Güte [ohne Folter] bekannt, daß er dem Schenken zu Wachau 66 Ellen Leinwand, deren jede 2 Groschen würdig, gestohlen, und hernach in der scharfen Frage [Tortur] ausgesagt, daß er vierzehn Tage vor Pfingsten, einem Sonnabend nachmittag, zu Seiffertshain bei Thomasius Kupfer eingestiegen, das Haus und in demselben die Kammer geöffnet und mit dem Beil aufgehauen und daraus vier Ballen Leinen, einen [...] Rock, drei Hemden und andere Stücke gestohlen nach weiteren Inhalts eures Berichts. Da ihr auch nun allbereits erkundet habt und nochmals erkundigen würdet, daß obgenannte Deube [Diebstähle] gewiß und in Wahrheit geschehen und der Gefangene auf sein getan Bekenntnis vor Gericht feierlich verharren würde, so möchte er wegen solchen begangenen viel bekannter Deuben mit dem Strang vom Leben zum Tod gestraft werden [...]

Ferdinand Wilhelm Weinschenk: Chronik von Wachau. Leipzig o. J. S. 17

Aus dem Innungsbrief der Stadtpfeifer, Feldpfeifer und Trommelschläger. 2. September 1587

[...] Erstlich wollen wir, wie in anderen Innungen bräuchlich, von dato dies [heutigem Tag an] alsbald eine gemeine Lade [gemeinsame Zunfttruhe] zeugen und halten, welche dem Ältesten unter uns in Verwahrung, dem anderen danach dazu der Schlüssel übergeben werden soll. Danach haben wir uns vereinigt, daß nicht mehr denn zwei Trommelschläger und vier Pfeifer, so bei der Trommel blasen, allhier zu Leipzig auf Hochzeiten und Wirtschaften [Bewirtungen] aufzuwarten, von uns gelitten werden sollen. Vors [fürs] dritte sollen die [all]gemeinen Wirtschaften von den Trommelschlägern und Pfeifern, außerhalb derjenigen, dazu sonderlich wir, die Stadtpfeifer, gebraucht werden, wechselweise nach der Ordnung und Losung bestellt werden. Zum vierten [...] allewegs zwei Stadtpfeifer einen Mann gelten, auch entweder selbst oder durcheinander, so sie dazu vermögen, gemeine Wirtschaften neben der Trommel mit Blasen bestellen sollen. Folgende und zum fünften sollen die Trommelschläger solche gemeinen Hochzeiten annehmen und demjenigen Pfeifer, so die Ordnung betrifft, sich der Zeit zu achten ankündigen. Zum sechsten, da auch Braut und Bräutigam oder die, so die Wirtschaften ausrichten, unter den Trommelschlägern einem mehr geneigt als dem anderen und denjenigen, welchen sonst die Ordnung nicht betroffen hätte, zu ihren Freuden brauchen wollten, soll diesem, an dem nicht die Ordnung, aufzuwarten und allein die Mahlzeiten neben dem Köstlein [Leckerbissen] zugemessen vergönnt, den Verdienst aber jenem, welchen die Ordnung betroffen, zuzustellen schuldig sein. Zum siebenten soll von einer jeden Wirtschaft von einem Trommelschläger vier Groschen und von dem Pfeifer, weil es ihm etwas sauer wird, nur einen Groschen in die Lade überantwortet und erlegt und einem ordentlichen Verzeichnis richtig einverleibt werden [...]

Stadtarchiv Leipzig: Titel LXII S, Nr. 4a, Bl. 2f.

135 Hieronymus Lotter d. J.: Der Bürgermeister Wolfgang Peilicke. Schiebebild mit vorgesetztem christlichen Motiv. Öl auf Holz. 1580

Aus der ›Wahrhaftigen Beschreibung der Stadt Leipzig, so im Osterland und Meißen die fürnehmste und Hauptstadt‹ (!) von Ulrich Groß. 1587 Leipzig, die wohlerbaute, volkreiche, hochberühmte und weitbekannte Gewerbestadt, [...] liegt in einer feinen Ebene oder platten Feld, an einem schönen, lustigen, gesunden und fruchtbaren Ort. Und seind auf aller Seiten gleichsam Vormauern um sie viel feiner Städte und unsäglich Dörfer gelegen [...] Unter anderen umliegenden Dörfern seind die fünf Kohlgärten, welche durchs ganze Jahr die Stadt mit Getreidicht, Milch, Käse, Butter, Kraut, weißen, roten und gelben Rüben, Zwiebeln, Obst und dergleichen Zugemüse reichlich versorgen und speisen. An eigentümlichen Gütern hat die Stadt viel schöner und reicher Dörfer, auch das wohlerbaute Schloß und Städtlein Taucha, da ein gutes Bier gebraut wird. Auch hat sie schöne Hölzer und Wälder, darinnen herrliche Schwein- und Hasenjagden. Um die Stadt hat die Bürgerschaft ein fein fruchtbar Land, gute Äker, herrliche Wiesen und schöne grüne Auen.

Die Vorstädte seind groß, mit Volk wohl besetzt, auch stattlichen Vorwerken und wohlgezierten Lustgärten, darinnen mancherlei lieblich Obst und schöne Früchte, durch Gottes Segen gezeugt, erbaut. Der Gottesacker, darauf der Verstorbenen Leichen mit Predigen, Singen und anderen Zeremonien christlich und ehrlich zur Erden bestattet werden, ist sehr groß und dermaßen mit einer schönen und zierlichen Kirche, auch inwendig um und um mit artigen Schwibbögen und kunstreichen Epitaphiis geziert und außen mit Mauern wohlverwahrt, daß seinesgleichen in ganz Europa schwerlich zu finden.

Sie hat zwei reiche, herrliche Hospitäler, eins zu S[ankt] Johannis, das ander zu S. Georg, in welchen die armen Leut mit Essen, Trinken, Kleidern, Betten, Arznei und anderen notwendigen Dingen reichlich, reiniglich und wohlversorgt. Bei S. Georg werden die armen Findelkinder nach Notdurft unterhalten, gekleidet und mit Fleiß unterwiesen, bis so lange sie zum Studieren oder Handwerken und die Mägdlein zu Diensten tüchtig. Auch hat es zwei wohlerbaute Lazarett- oder Pestilenzhäuser vorm Rannischen Tor im Holz am Wasser liegen, deren eins der Universität zuständig, da werden in Sterbensläuften die Kranken hingeschafft, mit Predigern, Arznei und aller Notdurft wohlversehen.

Nahe bei der Stadt fließen vier ziemliche Wasser, die Pleiße, Elster, Parthe und Luppe, die geben der Stadt eine gute Notdurft, wohlgeschmackte Fische und sieben Mühlen Wassers genungsam. An der Pleiße ist ein kunstreicher Wasserturm, darinnen das Wasser gehoben, durch Röhren in die Stadt geleitet und unter die Bürgerschaft dermaßen verteilt wird, daß fast alle fürnehmen Häuser mit herrlichen springenden Brunnen versehen [...]

Die Stadt ist im Gezirk oder Umfang von Mittag [Süden] gegen Abend [Norden] 1064, von Aufgang [Osten] zum Niedergang [Westen] 1008 Schritte weit, um und um mit geschmeidigen, doch festen Ringmauern, Basteien und Türmen aus gebackenen Steinen umgeben. Hat ziemlich tiefe und weite Gräben, die gegen Aufgang, Abend und Mitternacht voller Wasser, gegen Mittag aber, da die Stadt was höher gelegen, trocken seind. Sie hat sechs feste Tore, das Peters-, Grimmische, Hallische, Rannische, Fleischer-, da der Vieh- oder Kuttelhof, und Thomaser [Tor], dabei eine feine, lustige Badstube neben dem Hallischen Pförtlein.

Quellen zur Geschichte Leipzigs. Bd. 1. Leipzig 1889. S. 8ff.

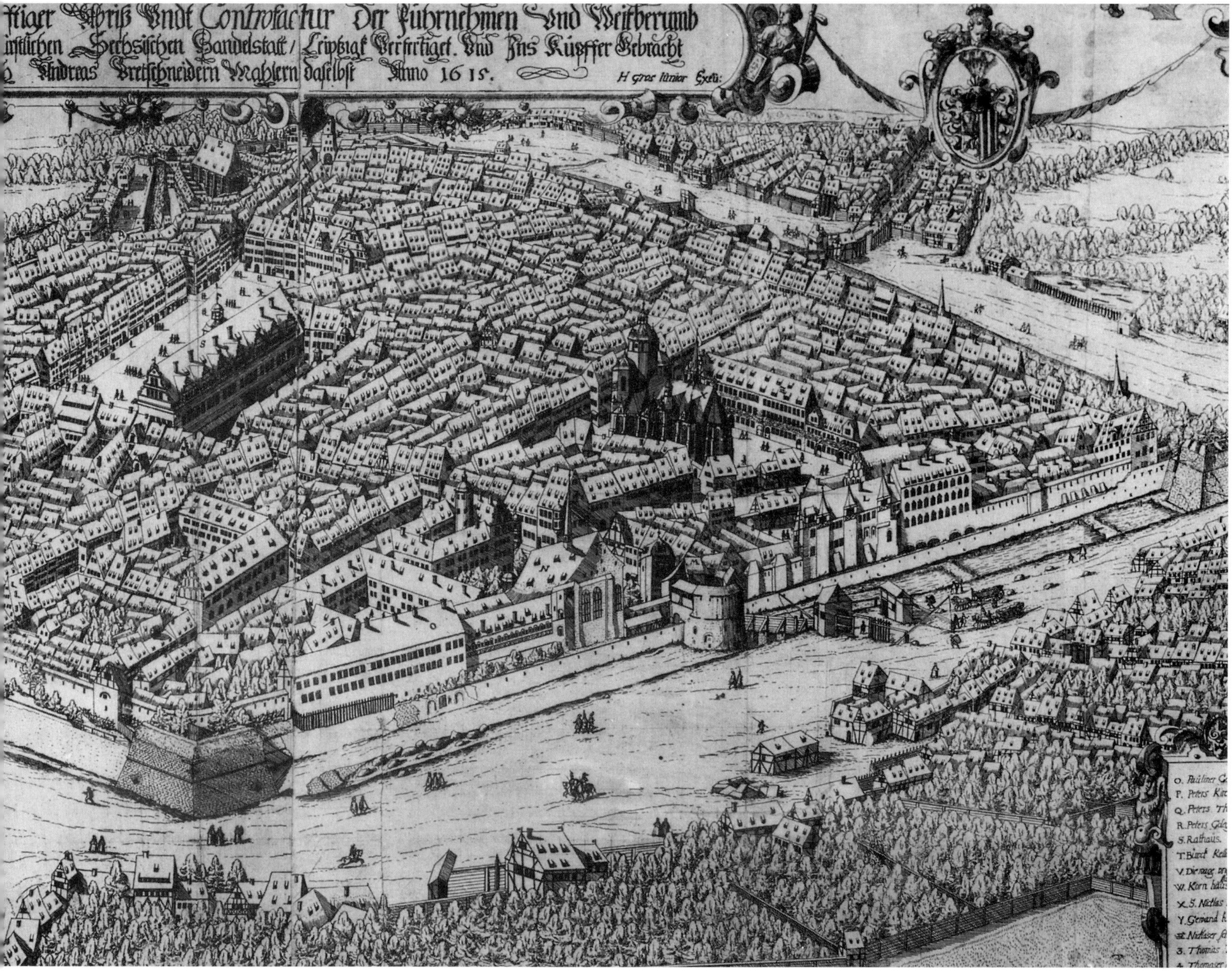

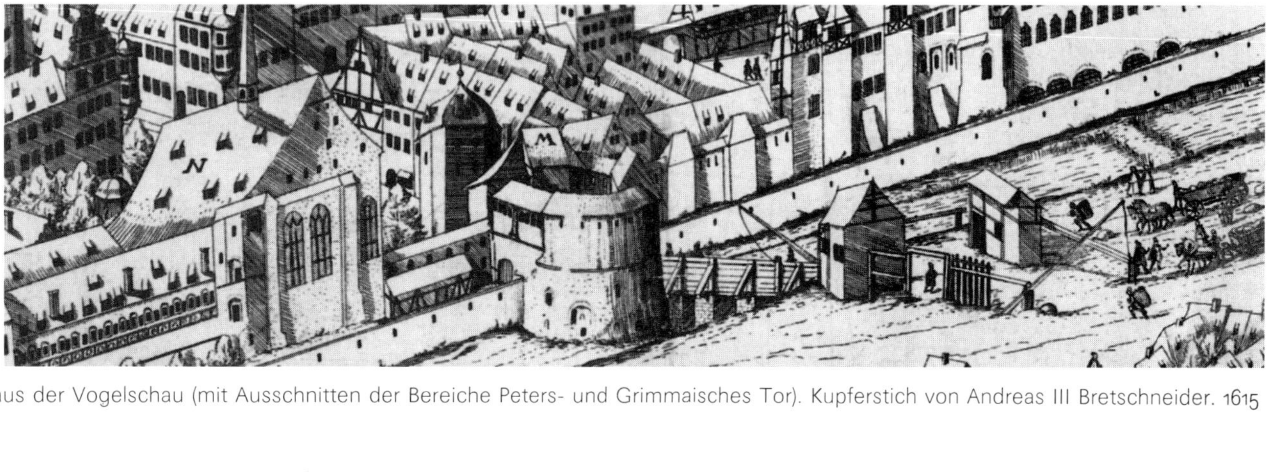

136 Leipzig aus der Vogelschau (mit Ausschnitten der Bereiche Peters- und Grimmaisches Tor). Kupferstich von Andreas III Bretschneider. 1615

Aus der ›Wahrhaftigen Beschreibung der Stadt Leipzig, so im Osterland und Meißen die fürnehmste und Hauptstadt‹ (II) von Ulrich Groß. 1587 Die herrliche und wohlbestellte hohe Schule oder Universität hat ihren Ursprung von der pragischen bekommen [...] Es haben in dieser hohen Schule von Anfang bis auf heutigen Tag viel fürtrefflicher, gelehrter Leut die hebräische, lateinische und griechische Sprache, geistlich und weltlich beschriebene Rechte, die Arznei sowohl [als] die ganze Philosophiam mit Ruhm, getreuem Fleiß und großem Nutzen öffentlich gelesen [...]

Die Stadt hat zwei feine, wohlerbaute Schulen, auch mit gelehrten Praeceptoribus [Lehrern] und Schulmeistern neben anderer Notdurft reichlich versehen, eine zu S. Thomas, da die einheimischen und fremden armen Knaben mit Fleiß unterwiesen, diese müssen in den Kirchen die Musicam oder Kantorei versorgen, auch der Verstorbenen Leichen mit geistlichen Gesängen zu Grabe beleiten. Die ander zu S. Niklas [Nikolai], darinnen wohlhabender Bürger Kinder und Fremde gleichfalls in der Furcht Gottes, Zucht und den freien Künsten mit allem Fleiß informiert werden. Überdas seind viel deutscher Schulen, da die Knaben Rechnen und fein reiniglich Schreiben lernen, desgleichen auch etzliche [etliche] Jungfrau-Schulen, darinnen die Mägdlein Beten, Singen, Lesen, Schreiben, Nähen und Wirken, auch feine höfliche und züchtige Gebärde von ihren Schulmeisterinnen gelehrt werden.

Auch seind des Ortes drei große steinerne, durchaus gewölbte Kirchen [...] Zu S[ankt] Thomas ist die Pfarrkirche, die ander zu S. Niklas. In diesen beiden wird alle Sonntage und hohen Feste, auch durch Abwechslung, außer sonnabends, da doch auch eine Vesperpredigt gehalten, die ganze Woche das wahre Wort Gottes rein und lauter gepredigt [...] Die dritte Kirche ist am Paul[in]er Collegio und der Universität zugehörig. Darinnen werden aller Fakultäten Doctores promoviert [...] Das kurfürstliche Konsistorium hält auch sein geistlich Gericht darinnen, wenn zwei Personen durch eine Ehescheidung sich voneinander wiederum losschwören [...]

Das Schloß Pleißenburg, so von der Pleiße, die beihero fleußt [fließt], den Namen hat, ist [...] mit einem wohlerfahrenen Krieges Hauptmann neben neunzehn auserlesenen und versuchten Soldaten, gute Wache zu halten, notdürftig besetzt. Dieses Haus [...] hat herrliche, hohe und große Keller, in welchen über zehntausend Eimer guten Weines im Vorrat und zum fürstlichen Schatz, bevorab (das wohl zu sehen) ein gewaltig großes Faß, mit starken eisernen Reifen belegt, darinnen allein achthundertundfünf Eimer Weines gefunden werden [...]

Nun will ich von der Stadt zierlichen Gebäuden, damit sie viel Städte deutschen Landes übertreffen tut, etwas sagen; denn sie große, geraume, ordentliche, saubere und wohlgebaute Häuser hat, zum größeren Teil steinern, gewölbt, gemeiniglich dreier Gemach hoch und mit Ziegeln gedeckt. Die Straßen oder Gassen seind lang, eben und breit, reiniglich mit Steinen ausgepflastert, unter sich geneigt oder abhängig, davon das Wasser allezeit seinen Abschuß haben mag. Der größere Markt [...] ist ein schöner großer, ebener Platz, sauber mit Pflastersteinen ausgesetzt, zweihundertvier Schritte lang, zweiundneunzig breit [...] An diesem Markt liegt das Rathaus [...] Dieses Hauses Unterteil hat gegen dem Burgkeller eine Durchfahrt, darinnen des Rates Fronfeste oder Büttelei, darinnen die Marktmeister mit den Stadtknechten, Schergen oder Häschern ihre Stuben und Wohnungen haben, Tag und Nacht wachen und aufwarten müssen, unten seind Gefängnis und Kerker [...]

An diesem Markt steht noch ein ander tapfer steinern Haus, dreier Gemach hoch. Zuunterst hält ein ehrbarer Rat seinen Weinschank an vielerlei, sonderlich aber guten rheinischen Weinen, im anderen Gemach ist die Waage, darinnen all fürnehmes Gut und Kaufmannsschatz [Handelsware] gewogen, auch das Geleit und Zoll eingenommen wird. Über der Waage ist der Herren Trinkstube, da fast alle Tage um Lust und Ergötzlichkeit willen zusammenkommen die fürnehmen Bürger, Ratsherren, Doctores, Magistri, Edel- und Kaufleut, so in die Brüderschaft gehören. Da mag ein itzlicher [jeder] nach seiner Gelegenheit

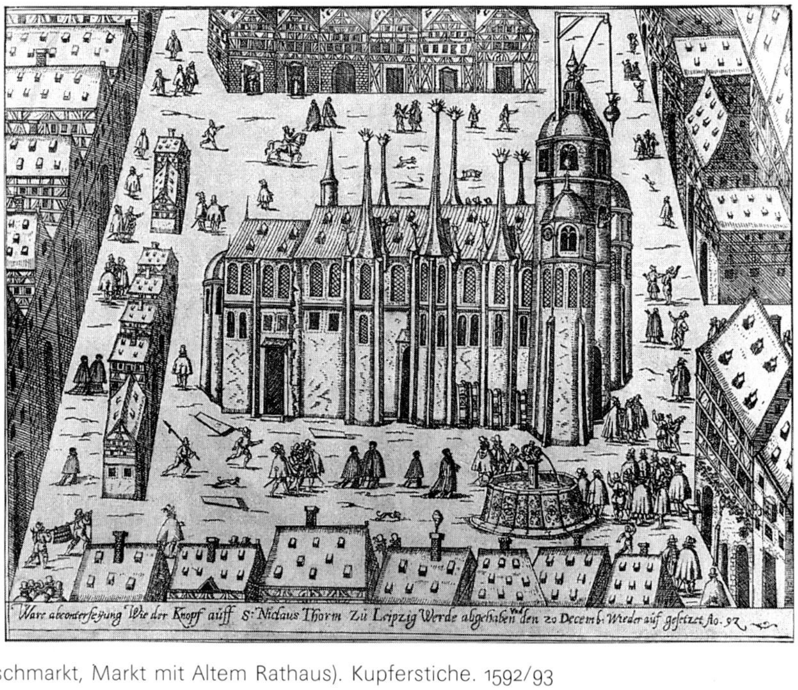

137 Stadtansichten zur Zeit des Kalvinistenaufstands (Burgstraße, Nikolaikirche, Naschmarkt, Markt mit Altem Rathaus). Kupferstiche. 1592/93

mit dem anderen schwatzen, spielen und zechen. Da werden oft stattliche Bankette [...] gehalten und die Gäste nach dem Herrlichsten gespeist, dabei Cantores, Organisten, Stadtpfeifer und andere Musici, so die Gäste leichtsinnig und fröhlich machen [...]

Die Stadt hat drei herrlicher und wohlangerichteter Apotheken, darinnen nach der Ärzte und Doktoren Rat alle Arznei verfertigt [...] Auch findet man des Ortes viel Buchhändler, Buchdrücker und Buchbinder, auch sonsten aller Handwerker mehr als an anderen Orten, feine, erfahrene, geschickte und kunstreiche Meister.

Nun komm ich auf das herrliche und weitberühmte Haus, so Auerbachs Hof [heute Mädlerpassage] genannt wird, das mit so viel stattlichen Gewölben, Kammern und Sälen dermaßen erbaut, von welschen, niederländischen, Nürnberger und anderen fürnehmen Handelsleuten stattlich besetzt, auch mit großem, herrlichem Gut und viel Waren so reichlich versehen, daß es wohl einem besonderen stattlichen Markt könnte verglichen werden [...]

Im unteren Teil der Stadt am Rannischen Tor [am Standort des heutigen ›Café am Brühl‹] ist eine herrliche steinerne Badstube, über und über gewölbt, darinnen viel großer kupferner Wannen, bei deren jeder ein hoher messener [messingener] Hahn, aus welchem das frische Wasser auf des Badegastes Begehr nach aller Lust springen tut [...]

Nun sollt ich auch etwas von [...] Einwohnern und Bürgern sagen. Weil aber [...] das landkundig [bekannt], auch den Ausländischen bewußt und offenbar, daß es diesorts, Geschicklichkeit und Erfahrung halber, viel ansehnliche, tapfere und berühmte Bürger habe, die zum größeren Teil auch guten Vermögens, dabei ehrerbietig, gastfrei und sehr diensthaftig, inmaßen denn auch beides, in Mannes und Weibes Geschlecht, feine, reinliche, säuberliche, gütige, sittige, gespräche, holdselige und sanftmütige Leut allda gefunden werden, also [er]achte ich es ganz für unnötig, weitläufiger davon zu schreiben.

Quellen zur Geschichte Leipzigs. Bd. 1. a. a. O. S. 10ff.

Tintenrezept. 1587 Eine sehr gute schwarze Tinte zu machen: Nimm 16 Lot Gallusäpfel und zerschneide dieselben in zwei oder drei Teile und tue sie in einen neuen verglasten [glasierten] Krug und gieß 2 Maß, halb Bier und halb guten Essig, daran und laß es vierzehn Tage stehen und rühre es alle Tage wohl. Nach den 14 Tagen sauge und gieß das Lautere herab und tue den Gallus hinweg, aber das Lautere wieder in Krug. Und tue 16 Lot Kupferwasser und 6 Lot Gummi [Harz] daran, alles kleingestoßen, und rühre es täglich wohl durcheinander. Dann hast du, je länger, je besser, gute Tinte.

Stadtarchiv Leipzig: Titel VII D, Nr. 1c, Bl. 7

Hebammen- oder Kindermüttereid. Um 1590 Ich schwöre, daß ich mich an dem Amt der Hebamme und Dienste, dazu ich mich begeben habe, getreulich halten und demselben mit Fleiß meines besten Verstandes vorsein will; wenn ich zu den Weibern gefordert werde, es sei bei Tag oder Nacht, nicht lange außenbleiben, damit durch meinen Verzug niemand [am Leben] verkürzt werde; bei den armen Weibern nicht weniger Fleiß tun und haben denn bei den Reichen, sondern denselbigen, dazu ich gefordert werde, treulich raten, helfen und beiständig sein und das nicht lassen, weder durch Lieb, Leid, Gunst, Gift [Geschenk], Gabe, Furcht, Freundschaft, Feindschaft noch um keiner anderen Sache willen. Als mir Gott helfe.

Stadtarchiv Leipzig: Eidbuch von 1590, Bl. 33

Witterungsunbilden. 1590 Dieses Jahr ist ein sehr trocken und dürre Jahr gewesen [...]; die Winterkälte hat durch den Hornung [Februar] und Märzen hart angehalten, und haben die Bäume im Maimonat allererst auszuschlagen und zu blühen angefangen. Auf die Winterkälte, welche auch trocken und ohne Schnee gewesen, ist eine große und zuvor unerhörte Hitze und Dürre erfolgt, und hat in 38 Wochen fast nicht geregnet. Dahero die Früchte und das Vieh große Not gelitten. Die Gerste, Hafer, Heu und Grummet sind mit den Bäumen so gar verdorrt, daß Felder und Wiesen das Ansehen gehabt, als ob sie mit Feuer verbrennet wären. Die Teiche und Wasser sind so gar ausgetrocknet, daß die Fische aus Mangel des Wassers sterben müssen, und ist in vielen Jahren des Schadens sich nicht zu erholen gewesen. Die fließenden Wasser sind auch so klein worden und versiegt, daß große Not ums Mahlen erfolgt und dannenhero E. E. Rat verursacht worden, zwei Windmühlen zu bauen [...]

Johann Jacob Vogel: a. a. O. S. 257

Erdbeben. 5. September 1590
[...] ist allhier zu Leipzig, in Dresden, Freiberg und den umliegenden Orten um Mitternacht ein großes Erdbeben gewesen.

Johann Jacob Vogel: a. a. O. S. 257

Geburt in der Nikolaikirche. 16. Juni 1591 [...] am Montag frühe unter der Predigt in der Kirche zu St. Niklaus hat eine vermeinte Jungfrau vornehmen Geschlechts in ihrem Stuhl ein Kind zur Welt gebracht und mit sich anheim in ihrer Mutter Haus ins Thomasgäßgen getragen, welches ein stumm Mensch inne worden und geoffenbart, worauf in der Kirche die ganze Reihe Stühle, wo sie das Kind bekommen, hinweggerissen und ein Durchgang, auf den Platz zu kommen, gelassen worden. Und weil bei ihr das Kind tot [ge]funden, ist sie auf dem Rathaus eine Zeitlang gefänglich gehalten, endlich aber wegen ihrer vornehmen Anverwandten [...] losgebeten, ihrer Gefängnis entledigt und hernach außerhalb der Stadt einem zur Ehe gegeben und mit ihm von hier in das anhaltische Land geschickt worden.

Nach Mittag ermeldeten Tages ward eine Magd vom Dorf hereinbracht, bei welcher auch ein tot Kind in ihrer Lade funden worden; weil auf ihr aber nichts kunnte gebracht werden, daß sie das Kind erwürgt, ward sie den 23. Septemb[er] mit Staupenschlägen des Landes verwiesen.

Johann Jacob Vogel: a. a. O. S. 260

Aus der Trinkstubenordnung. 26. April 1594
[...]
1. Soll ein jeder Bürger, Einwohner oder fremder Mann, der sich dieser Zusammenkunft und Trinkstube zu gebrauchen willens, aller und einer jeden Got-

138 Reisekassette. Gefertigt von Elias Geyer. Perlmuttermosaik auf Holzkern; Silber, vergoldet und gegossen. 1602

139 Trinkgeschirr in Gestalt eines springenden, von Neptun gelenkten Hippokampen (Fabeltier). Gefertigt von Elias Geyer. Perlmuttermuschel; Silber, vergoldet und gegossen. Um 1615

teslästerung mit Fluchen und Schwören, Schändung der heiligen Sakramente und dergleichen gänzlich enthalten [...]

2. Soll keiner den anderen schänden, schmähen oder an seinen Ehren angreifen, sondern sich nachbarlich, friedlich und freundlich verhalten.

3. Allen und jeden Bürgern und Einheimischen sollen Wehren und Waffen in diesem Ort und Trinkstube zu tragen verboten sein.

[...]

5. Sollen alle unnützen Gesänge, desgleichen Pasquille [Schmähschriften] und Famosschriften [famosus libellus = Schandschriften] in dieser Zusammenkunft zu singen, zu verlesen, abzuschreiben oder sonst auszusprengen bei ernstlicher unnachläßlicher Strafe verboten sein.

6. Weil das übermäßige Trinken allzusehr eingerissen und aus dem Großen zu trinken allerhand Ungelegenheit zu entstehen pflegt, soll keiner zu Ganzen oder zu Halben [Kannen] wider seinen Willen zu trinken gedrungen werden.

7. Soll keinem Bürger, Einwohner oder Fremden über einen Taler zu verspielen nachgelassen sein.

8. Soll kein Gast die Kellerjungen und Diener schlagen und übergeben [beschimpfen], viel weniger dieselben schänden und schmähen.

9. Sobald es zu Abend sieben Uhr geschlagen, soll ein jeder die Zeche bezahlen und ihm ferner zu zechen nicht verstattet werden [...]

Tausend Jahre deutscher Vergangenheit [...]. Bd. 1 a. a. O. S. 339f.

Vogelschießen. 21. Mai 1594 [...] am dritten Pfingstfeiertag ward Herzog Ulrich zu Holstein zu Ehren von E. E. Rat allhier beim Vogelschießen fürstlich gastiert [bewirtet]. Bei welchem Bankett allerlei Kurzweil vorgenommen wurde. Es mußten die Bauern nach einer Gans rennen, einen Mann mit Bällen vom Pferd werfen, an einer Kletterstange nach einem neuen Hut steigen; die Bauernmägde um die Wette laufen. Es wurde auch ein stattlich Feuerwerk in Gestalt eines Hauses gehalten und angezündet.

Johann Jacob Vogel: a. a. O. S. 306

Vereidigung eines Stadtpfeifers. 26. September 1603 Dem Dienst, dazu ich mich begeben hab, dem will ich getreulich und fleißig vorstehen, des Rates Ehre fördern und Schaden, ob ich den erfahren würde, melden, warnen und offenbaren, der Musica in der Kirche sowohl dem Abblasen vor dem Rathaus fleißig abwarten, diejenigen, so mich und meine Gesellen zu Ehren, es sei auf Wirtschaften [Bewirtungen] oder Gastereien, erfordern, mit dem Lohn nicht übersetzen [überlasten], sondern an dem, was verordnet, begnügen und im Aufwarten mich willig und unverdrossen erfinden lassen [...] Als mir Gott helfe.

Stadtarchiv Leipzig: Eidbuch von 1590, Bl. 30

140 Butterdose mit Noppenverzierung. Altenburger Steinzeug. 1630/40

Todesstrafe für Kindestötung. 3. Februar 1605 [...] ist eine Magd, welche ihr Kind umgebracht, nach ergangenem Urteil und Recht in einen Sack gesteckt und ersäuft worden.

Johann Jacob Vogel: a. a. O. S. 333

Aus der Buchdruckerordnung. 1. April 1606

[...]

II. Wenn einem Buchdrucker vom Buchführer [Buchhändler] ein Werk, welches sein eigen und vom Autor erkauftes Exemplar ist, zum Drucken angedingt [anvertraut] worden, so soll nicht mehr, als derselbige begehrt, aufgelegt werden, ausgenommen den gewöhnlichen Zuschuß, also auf 1000 ein Buch [...]

V. Der Korrektor soll im Korrigieren, weil darin fast viel und hoch gelegen, allen möglichen Fleiß anwenden, damit nichts versehen werde, einen jeden Druck wenigstens zweimal überlesen, auch, so etwas im Exemplar falsch geschrieben oder gedruckt (wie sich's dann allzuviel befindet), dasselbe, wenn man den Autor nicht erlangen kann, mit gutem Bedacht und Vorsichtigkeit rektifizieren [berichtigen].

VI. Der Setzer soll sich fleißigen, daß er korrekt und zur rechten Zeit aussetze, damit man Zeit habe zum Korrigieren und nicht durch allzusehr Eile etwas versehe oder auch der Korrektor an seinen gewissen Stunden versäumt und verhindert werde [...]

VII. Die Drucker sollen auch schuldig sein, eher nicht fortzudrucken, es sei denn alles revidiert und mit Fleiß korrigiert.

[...]

Stadtarchiv Leipzig: Titel XLVI, Nr. 495, Bl. 1ff.

Aus einem Rechtsspruch des Leipziger Schöppenstuhls wegen Teufelspaktes und Zauberei. Januar 1608 Hat die Gefangene V. M. [...] bekannt, daß sie mit dem Teufel umgangen und zu unterschiedenen Malen mit ihm zu schaffen gehabt und unmenschliche, unnatürliche und verbotene Unzucht getrieben. Sie hätte den Teufel Schönhans nennen und heißen müssen [...] Da nun die Gefangene auf ihrem getanen Bekenntnis für [vor] Gericht freiwillig verharren oder dessen sonsten mit Recht überwiesen würde, so möchte sie von wegen solcher mit dem Teufel gehaltenen Gemeinschaft, auch begangenen und bekannten Zauberei, mit dem Feuer vom Leben zum Tode gestraft werden. V[on] R[echts] w[egen].

Benedikt Carpzow: Practica nova Imperialis Saxonica rerum criminalium. Pars I. Wittenberg 1635. S. 444

Probejahr für neue Studenten. Um 1610/11 Ohngefähr um das Jahr 1610 oder 1611 hat das liederliche Leben mit dem Pennalismo [Probejahr für neue Studenten, an den sächsischen Universitäten von Kurfürst Johann Georg II. 1661 abgeschafft] seinen Anfang genommen. Dieser Pennalismus bestund darinnen, daß die alten Studenten diejenigen, welche entweder von Schulen oder von den französischen, dänischen, schwedischen, holländischen etc. Universitäten, wo der Pennalismus niemals floriert und in Gebrauch gewesen, auf die sächsischen Universitäten gekommen, nicht vor [für] Studenten, sondern nur vor Füchse, Esel und andere wunderliche Tiergen hielten. Die Absoluti oder alten Studenten reisten den neuankommenden oftmals entgegen und empfingen sie mit den empfindlichsten Höhnereien.

Es war diesen neuen Leuten ein gewisser Ort in der Kirche angewiesen, allwo sie unter währendem Gottesdienst stehen mußten, damit man ja genau wissen möchte, was vor neue Bacchanten [fahrende Schüler] angekommen wären. Es mußten solche Ankömmlinge einen Akzeß-Schmaus [Zutritt-Schmaus, Einstand] geben und durften das erste Jahr keinen Degen, kein Band, keine Stütze

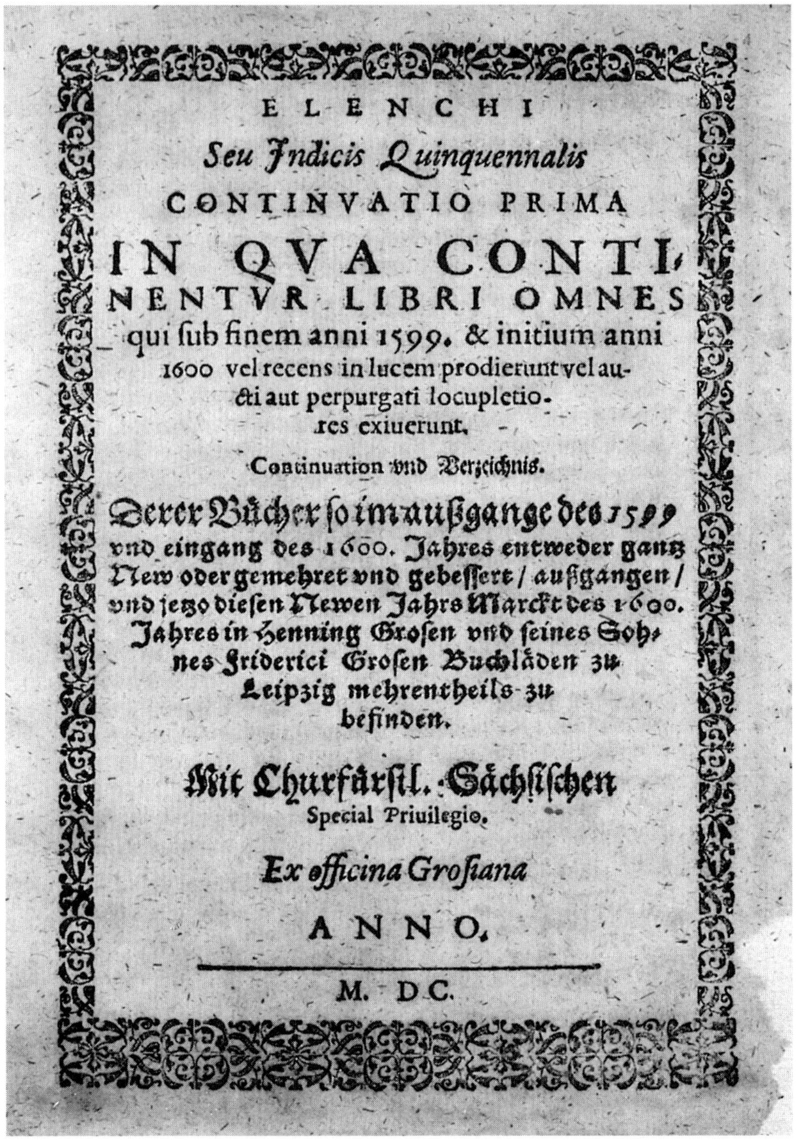
ELENCHI
Seu Indicis Quinquennalis
CONTINVATIO PRIMA
IN QVA CONTI-
NENTVR LIBRI OMNES
qui sub finem anni 1599. & initium anni
1600 vel recens in lucem prodierunt vel au-
cti aut perpurgati locupletio-
res exiuerunt.
Continuation vnd Verzeichnis.
Derer Bücher so im außgange des 1599
vnd eingang des 1600. Jahres entweder gantz
New oder gemehret vnd gebessert / außgangen /
vnd jetzo diesen Newen Jahrs Marckt des 1600.
Jahres in Henning Grosen vnd seines Soh-
nes Friderici Grosen Buchläden zu
Leipzig mehrentheils zu
befinden.
Mit Churfürstl. Sächsischen
Special Priuilegio.
Ex officina Grosiana
ANNO.
M. DC.

141 Titelblatt eines der ersten Leipziger Buchhändler-Messkataloge. Herausgegeben vom Verleger Henning Große. 1600

142 Stickmuster. Radierung von Andreas III Bretschneider. 1619

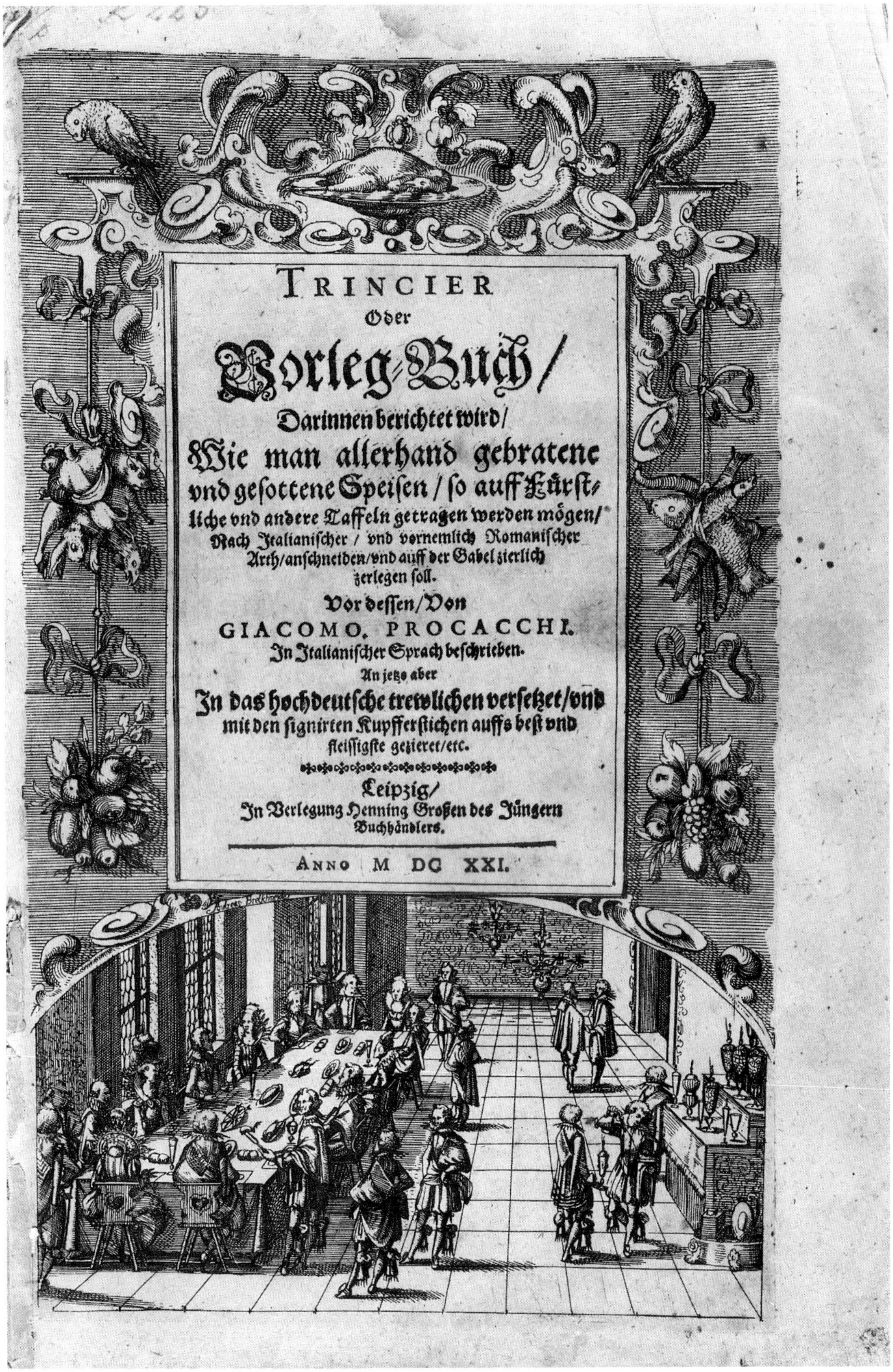

143 Titelblatt eines in Leipzig gedruckten ›Tranchier- oder Vorleg-Buches‹. 1621

am Hut tragen, sondern waren verbunden, als die allerärgsten Lotterbuben einherzugehen. Sie mußten den alten Studenten als die liederlichsten Jungen aufwarten, ja oftmals selbst den alten Studenten Schmäuse ausrichten, wenn sie auch darüber alle ihre Bücher, Kleider und was sie hatten verlieren sollten. Nasenstüber, Ohrfeigen und andere verächtliche Traktamente [Behandlungen] durften sie sich nicht befremden lassen, anderer Possen zu schweigen.

War nun dieses gleich manchen honetten Gemütern eine Höllenangst, so funden sich doch viele Pennäler, welchen solch liederliches Leben gar wohl gefiel. Etliche gingen mit durchlöcherten Hüten, zerrissenen Kleidern und Hosen, anstatt der Schuhe in garstigen Pantoffeln einher und hatten den Mantel am Arm oder an der Hand hangen. Sie wußten nicht nur ihre Nebenpennäler, sondern auch andere Leute, wenn es gleich in der Kirche unter währendem Gottesdienst war, aufs erschrecklichste durchzuhecheln, stahlen den Leuten alles, was sie auf'm Markt feilhatten, hinweg, gingen oftermal'n zu den Bürgern in die Häuser, in die Vorstädte und auf die Dörfer und fingen allda die leichtfertigsten Händel an, der Senatus academicus galt bei ihnen nichts, ja, sie respektierten auch Fürsten und Herren gar wenig und gaben nur auf der alten Studenten ihren Wink Achtung. Daß also die Pennäler alle boshaften Leute in der Welt an Leichtfertigkeit übertroffen.

Sächsisches Kuriositätenkabinett auf das Jahr 1736. Dresden 1737. S. 13ff.

Kurfürst Johann Georg I. von Sachsen verbietet Fastnachtsmummereien. 6. Februar 1615 [...] tun kund, nachdem uns glaubwürdig fürgebracht worden, daß ungeachtet der ernsten Vermahnungen, Gebot und Verbot, so die Universität sowohl der Rat öffentlich publizieren und anschlagen lassen, auch des Ministerii darauf erfolgte treuherzige Warnungen, welche derenthalben in öffentlichen Predigten von den Kanzeln unterschiedlich getan worden, etzliche [etliche] Jahre hero zu Fastnachts Zeiten das Vermummen und Umlaufen bei unserer Stadt Leipzig sehr überhand genommen und eingerissen und solches von den jungen Burschen, welche teils der Universität, teils des Rates Jurisdiktion [Gerichtsbarkeit] und Botmäßigkeit unterworfen, ungescheut zu Tag und Nacht getrieben werden wolle, bei welchem verlarvtem Mummen und Umherlaufen nicht allein allerhand ärgerliche Exempel mit abscheulichen Schandkleidern zu spüren gewesen, sondern auch nicht geringe Gefahr sich ereignet, indem etzliche in gar starker Anzahl, mit allerhand mördlichem Gewehr [Waffe] gefaßt, sich zusammenrottiert, in der Stadt wie das unsinnige Vieh herumgelaufen, bald an des Rates verordeneter Wache, bald an anderen, gegen denen sie Widerwillen getragen, Ursache [zum Streit] gesucht, das Ministerium illudiert [verspottet], ehrliche Leute agiert, der Obrigkeit Mandate und Anschläge schimpflich deformiert, daraus gar leichtlich gefährlicher Tumult und andere Angelegenheiten entstehen können. Inmaßen verschiedenes [vergangenen] Jahres an der Fastnacht Mittwoch bei solchem Mummenlaufen unterschiedliche Rotten von Studenten, Bürgerskindern und

144 Abendmahlskanne aus der Nikolaikirche.
Gefertigt von Tobias Kreuzmann. Silber, teilvergoldet. 1627

145 Hostiendose aus der Thomaskirche.
Gefertigt vermutlich von Hans Schmidt. Silber, teilvergoldet. Um 1616

Handelsdienern in Mummenhabit gegeneinander mit ausgezogenen türkischen Säbeln, Kordelatschen [Krummschwertern], Rapieren und anderen schädlichen Gewehren, damit sie armiert gewesen, auf offenem freien Markt angefangen zu scharmützeln, darüber unterschiedliche Personen verwundet, auch, da es Gott nicht sonderlich verhütet, etzliche derselben wohl gar ermordert worden, und dennoch niemand wissen könne, von wem einem oder dem anderen solcher Unfall begegnet [...]

Befehlen und gebieten demnach hiermit und kraft dieses allen und jeden, [...] daß sie bei Vermeidung unserer höchsten Ungnade und ernstlicher unnachlässiger Strafe die vorstehende Fastnacht über und sonst dergleichen üppiges Mummen, Verlarven und Herumlaufen, auch Wehrentragen, sich gänzlich [ent]äußern und enthalten sollen [...]

Stadtarchiv Leipzig: Titel VII C, Nr. 12c

Aus der Verordnung zur Bekämpfung der Pest. 15. März 1616

[...]

I. Daß neben einem bußfertigen, gottesfürchtigen ein jeder eines nüchternen und mäßigen Lebens und Wandels sich befleißige, unreine, trübe, neblige und nasse Luft und sonderlich sumpfige Orte soviel [als] möglich meide, im Haus, in Losamentern [Wohnungen] und auf den Gassen allen Stank und Unlust abschaffe, auch wenn unlustiges, trübes Regenwetter vorhanden, mit den Stücken, deren hernach gedacht werden soll, räuchere, in Speis und Trank Ziel und Maß halte, nicht allerlei sonderliche, aber unverdauliche Speisen und so zur Fäulnis die Körper disponieren, auch soviel Überfluß oder verbranntes hitziges Geblüt verursachen, genieße, desgleichen nicht vielerlei untereinander auf eine Mahlzeit zu sich nehme. Sondern es sollen alle Speisen dahin gerichtet sein, daß sie kühlen und trocknen. Darum man nicht allein Tunken von Sauerampfer, sondern auch allerhand bequeme, als Rosen-, Kirsch-, Himbeeren- und Holunderblütenessig wie auch Zitronensaft, in der Speise fleißig gebrauchen soll. Die des Weines gewohnt sind, sollen bei einem reinen Trunk Neckar oder Rheinischen bleiben, sind Wermut, Bier und Wein auch zulässig, Malvasier [ein Likörwein] aber, Alicante, Peter Semenes [spanische Weine] wie auch neue [junge], unerlegene [nicht abgelagerte] Weine schädlich, und sollen sonderlich infizierte Leute, so lieb ihnen das Leben ist, das Weintrinken einstellen, weil solcher in dieser Seuche gleichsam einem Gift großen und unwiderbringlichen Schaden tut.

II. Soll man den Körper sonderlich zu jetziger bequemer Jahreszeit von allem Überfluß mit gelinden und bequemen Mitteln purgieren [abführen] und säubern und darauf nach eines jeden Komplexion [Leibesbeschaffenheit] das Aderlassen vor die Hand nehmen.

[...]

IV. Soll man sich mit notwendigen, sowohl innerlichen als äußerlichen Präservativen [Vorbeugungsmitteln] versehen, und damit es hieran nicht mangele, sind in den Apotheken verordnet und alle Zeit befindlich:

I. Herz- und Pulssälblein
II. Stück zum Essig
III. Präservierküchlein
IV. Präservierzucker
V. Präservierzitronenmorse [Zuckermasse mit verschiedenen Zusätzen]
VI. gutes präserviertes Wasser
VII. köstlich Präservierpulver
VIII. rotes ungarisches Pulver
IX. gemeines Präservierpulver.

[...]

Stadtarchiv Leipzig: Titel LX B, Nr. 1b, Bl. 1

146 Kanzel der Johanniskirche mit tragender Mosesfigur. Holzschnitzarbeit von Valentin Silbermann. 1586

147 Stadtsoldat in Kniehose und Wams mit ›Gänsebauch‹ (Brustharnisch mit Spitzwölbung). Glasierte Tonfigur vom Leipziger Meister MF. 1604

Komet zum Kriegsbeginn. 26. November 1618 [...] ist allhier wie auch anderswo ein großer schrecklicher Komet von Nordosten gegen Südwesten mit einem sehr langen Schwanz am Himmel erschienen, welcher etliche Wochen gestanden und seine Wirkung in folgenden Jahren genugsam mit vieler tausend Menschen Schaden und Untergang erwiesen.

Tobias Heydenreich: a. a. O. S. 303

Panikstimmung. März 1619 Diesen Monat ist ein Geschrei auskommen, daß auf den 25. Martii als den Grünen Donnerstag die Stadt Leipzig versinken und untergehen sollte, weswegen viel Leute weggeflüchtet und sich besagten Tages aus der Stadt begeben.

Johann Jacob Vogel: a. a. O. S. 370

Ermahnung der Nachtwächter. 28. September 1619 [...] hat E. E. und Hochweiser Rat die Nachtwächter vor sich fordern lassen und sie zu fleißiger Wacht ermahnt, auch ihnen befohlen, daß sie, wie an anderen Orten bräuchlich, auch allhier gegen Morgen, nach geschehener Abkündigung der Stunde, singen sollten folgende Worte: ›Der Tag vertreibt die finstere Nacht, ihr lieben Christen, seid munter und wacht und lobet Gott den Herrn.‹

Johann Jacob Vogel: a. a. O. S. 372

Handwerker feiern Fastnacht. 12. Februar 1621 [...] haben die Handwerker wieder Fastnachten gehalten, welches in 4 Jahren · nicht geschehen dürfen, und sind dieselben vermummt herumgelaufen, seltsame Aufzüge gehalten, allerhand Mutwillen verübt und auf dem Markt Raketen losgelassen.

Johann Jacob Vogel: a. a. O. S. 377

Münzmandat. 11. September 1621 [...] ist abermals ein kurfürstlich Mandat wegen der Münze angeschlagen worden, darinnen unter anderem verordnet, daß keine fremden Schreckenberger [sächsische Groschen], sondern nur diejenigen, so kurfürstlichen Gepräges, gelten sollen. Wer nun andere hätte, der sollte sie innerhalb zweien Monaten ausgeben. Die anderen Spezies und groben Sorten sollten gelten wie folgt:

Ein Dukaten	7 Gulden.
Ein Rheinischer Goldgulden	5 Gulden 10 Gr[oschen] 6 Pfennige.
Ein dicker Taler	5 Gulden 6 Gr.
Ein Reichstaler	fünf Gulden.
Ein Reichsguldentaler	vier Gulden zehn Groschen sechs Pfennige.
Ein Engeltaler	3 Gulden, 10 Gr.
Ein halbes Guldenstück	6 Pf[ennige].
Ein Achtgroschenstück	10 Gr. 6 Pf.

Tobias Heydenreich: a. a. O. S. 322

Falsches Gewicht und Maß. 2. April 1630 [...] hat der Rat zu Leipzig in den Kramen und Läden das Gewicht und die Ellen besichtigen und probieren lassen und sie an vielen Orten nicht richtig befunden.

Tobias Heydenreich: a. a. O. S. 385

Ballschlagen und Ringelrennen. März 1631 Den 7. Martii ward von fürstl[ichen] und gräflichen Personen vorm Grimmischen Tor im Stadtgraben an der [Moritz-]Bastei der große Ball geschlagen und den 10. dieses [Monats] vor gemeldtem Tor auf der Renne-Bahn ein stattlich Ringelrennen gehalten [...] Es rannten 25 Personen, dazu ein jeder 2 Dukaten einlegte. Bei welcher fürstlicher Lust 6 Trommeten [Trompeten] aufwarten und zu einem jeden Rennen aufblasen mußten. Den besten Gewinn bekam damals Graf Reuß von Gera und betraf ein schön kostbar Kränzlein, 2 Pistolen und 12 Reichstaler. Der jüngste Herzog von Altenburg gewann einen vergüldeten Degen.

Johann Jacob Vogel: a. a. O. S. 432

Tilly vor Leipzig. August 1631 Viel Bürger [...] und Einwohner in der Stadt haben ihre Weiber und Kinder samt etlich tausend Zentnern ihrer besten Mobilien und Güter nach Dresden und andere Örter geschickt. Seind auch ihrer ein gut Teil selbst mit den Ihrigen weggezogen. Desgleichen auch bei der Universität geschehen, also daß dieselbige sehr abgenommen und wenig Professores und Studenten in der Stadt verblieben. Den 29. Augusti morgens nach 8 Uhren hat Graf Tilly nach Leipzig einen Quartiermeister [...] mit einem Schreiben geschickt und von der Stadt täglich 80000 Pfund Brot vor [für] die kaiserliche Armee begehrt. In Manglung aber gütlicher Entrichtung solches mit Gewalt zu holen dabei mündlich anmelden lassen.

Tobias Heydenreich: a. a. O. S. 459f.

Krieg schädigt Handel. Oktober 1631 Den 2. Oktob[er] hat der Mich[a]el[i]smarkt sollen angehen. Da hat man zu Frühe das Grimm[aische] und Ranstädt[er] Tor, so bisher zugehalten, wieder aufgemacht und um 12 Uhr den Markt eingeläutet. Es seind aber diesen und folgende Tage gar wenig Buden aufgesetzt worden. Ist ein schlechter Markt und fast keine fremde Kaufmannsschaft, ausgenommen etliche wenige Hamburger, allhier gewesen. Doch sind endlich den 15. Oktob[e]r die Nürnberger im Geleit mit wenig Wagen ankommen. Den 29. dieses [Monats] ist gemeldter Markt ausgangen und hat also ganzer vier Wochen gewährt.

Tobias Heydenreich: a. a. O. S. 476f.

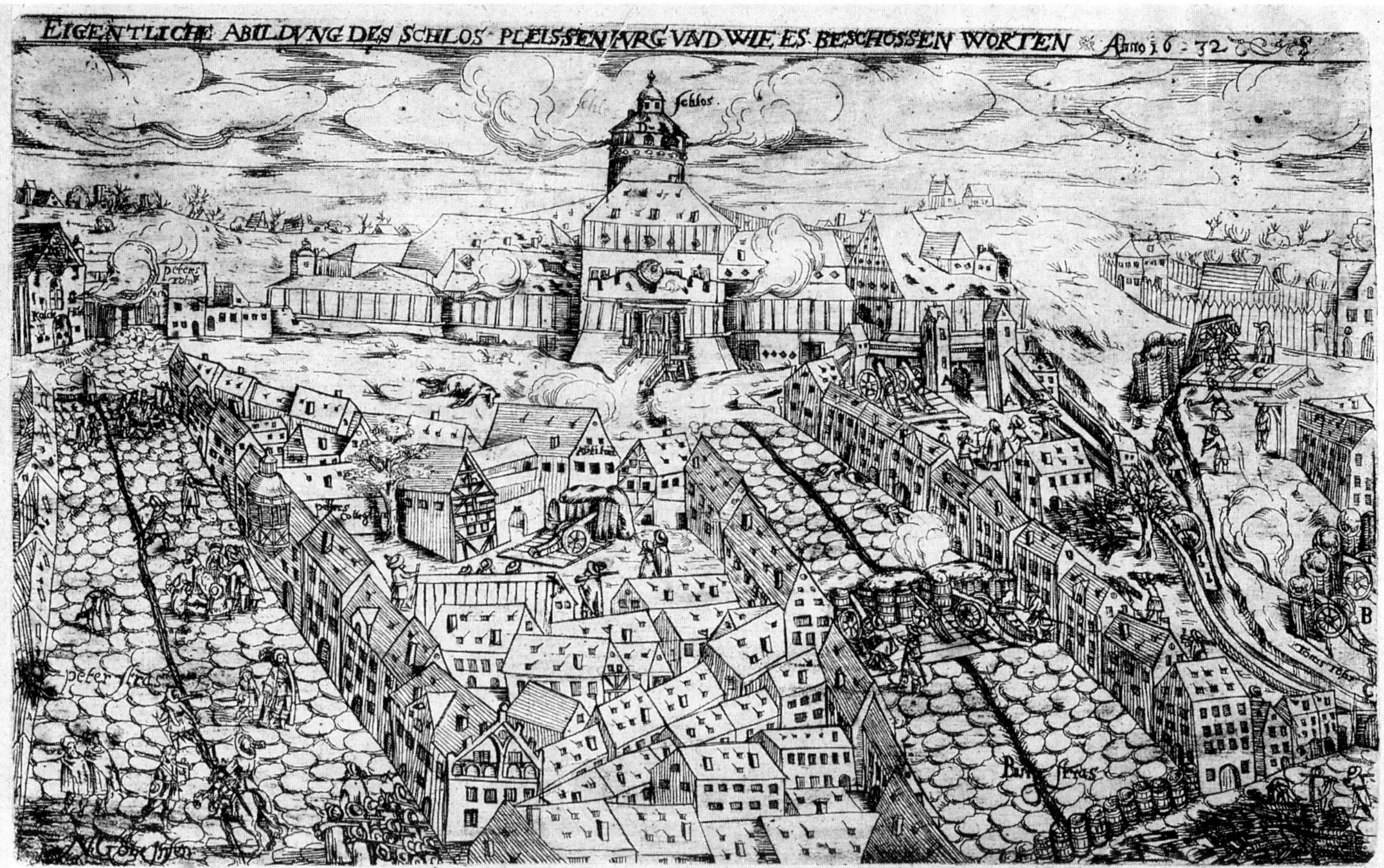

NAch dem den 10. Novemb. deß 1632. Jahrs / nach Mittag / die Stadt Leipzig von der Chur-Sächs. vnd Lüneburgischen Soldatesca wiederumb occupiret vnd eingenommen worden / hat sich das Käyserl. restirende Volck darinnen / welches in 1000. sich erstrecket / alles was fortkommen können / mit Weib vnd Kindern nach der Vestung Pleissenburg salviret, vnd ist die Vestung von dem Commandeur, so zur Besatzung darauff hinterlassen / alsobald verwahret worden / welcher dann ohne Verzug folgenden Tag / war der 11. Novemb / mit einem Trommelschläger ersuchet worden / sich zu erklären / wessen er gesinnet / ob er die Vestung auffgeben wolle / ist aber schlechte resolution von jhm erlanget worden / in dem er sich dero mit müglicher defension anzunehmen verlauten lassen. Hierauff ist noch selben Tag mit denen Stücken / so man haben können / Fewer hinauff zu geben der Anfang gemacht worden / Weil aber die Stücken schlecht / also daß auch das gröste mehr nicht als 8. Pfund geschossen / vnd er der Feind in einer guten Vestung mit außerlesenem vielen commandirten Volck sich verwahret hielte / auch gewisse sperantz jhme wegen deß succurss gemacht hatte / als hat er diesen Angrieff wenig geachtet / viel mehr mit schiessen starck geantwortet / daß dannenhero der Stadt nicht wenig Schade zugefüget / auch die vnserigen verursachet worden / den Feind mit mehrerm Ernst anzugreiffen. Vnd dieweil man zuvor noch jmmer auff Ergebung gewartet / vnd mehr deß Hauses / als deß / so darinnen verhalten / geschonet / ist hierauff Befehl gethan worden / vor der Spitz deß Castells zwo Minen / wie bey A zu sehen / zu machen / durch solches Mittel die Futtermawer in Graben zu werffen / darauff Presse zu schiessen / vnd zu stürmen: Wie dann auch darauff nach halben Canonen geschicket / vnd so bald dieselben ankommen / bey B gepflantzet / vnd auff den Thurm zu D Presse geschossen / auch alsobald eine Batterie C nacher dem Castell zu verfertigen angefangen worden. Welchen Ernst als der Commandeur der Vestung gespühret / hat er sich den 2. Decemb. accommodiret, vnd vmb accord, angehalten / welches jhm auch widerfahren / daß die so darinn gelegene Soldaten mit Sack vnnd Pack / ohne Oberwehr / den folgenden 3. Decemb. abgeführet / vnnd mit einer Convoy biß naher der Böhmischer Gräntze versehen worden.

Gedruckt Im Jahr 1632.

148 Beschießung der Pleißenburg während des Dreißigjährigen Krieges (links die Peters-, halbrechts die Burgstraße). Flugblatt mit Kupferstich von Nikolaus Götze. 1632

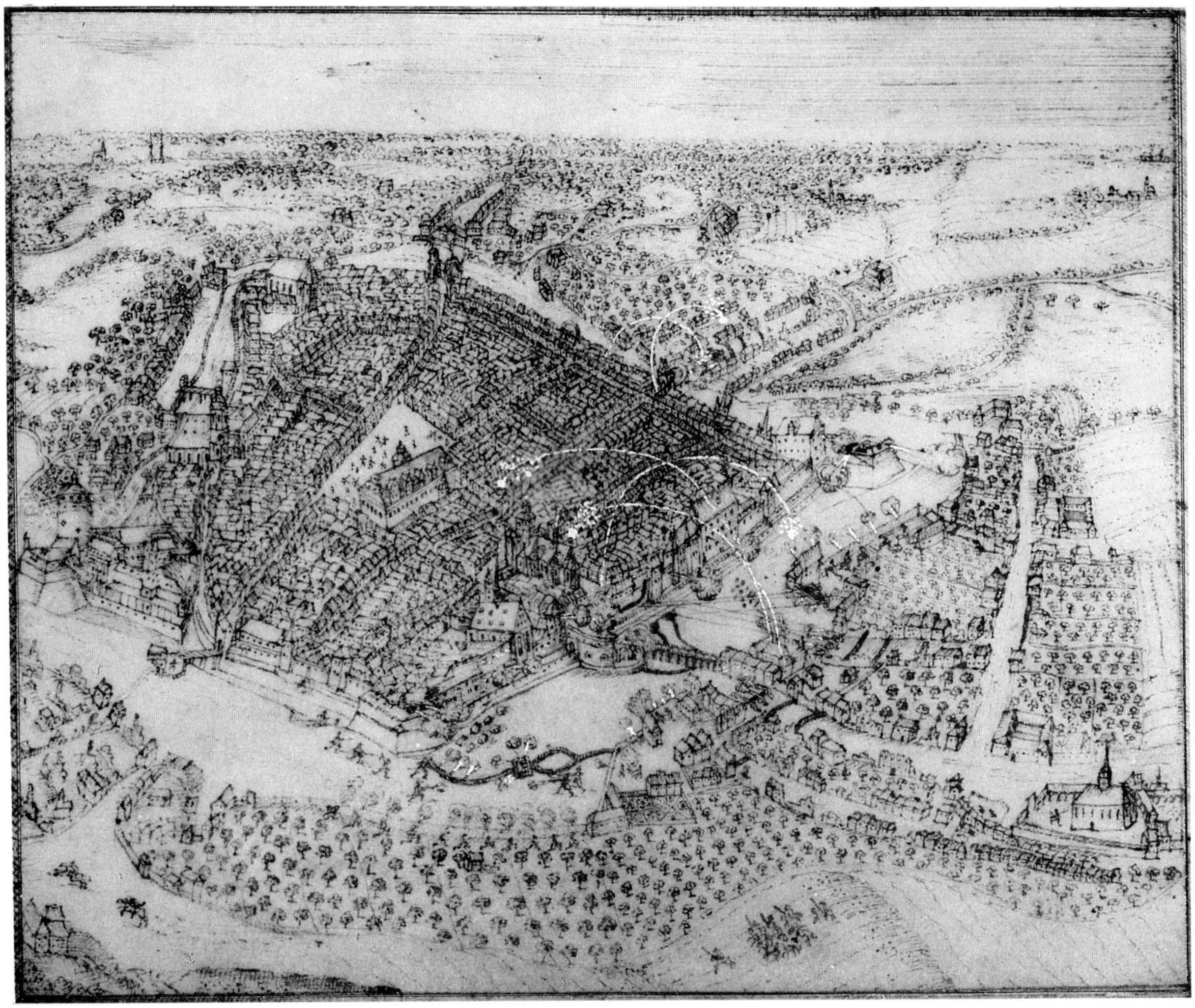

149 Belagerung der Stadt durch den schwedischen General Johan Banér. Matrikelillustration. Federzeichnung in Sepia mit teilweiser Goldhöhung auf Pergament von Martin Christenius. 1636/37

Mangel durch Wallensteinsche Belagerung. 1632 Das [...] ist zu vermelden, daß die Zeit über, nachdem die Kaiserlichen die Stadt einbekommen, wie auch hernach die folgenden Tage großer Mangel an Holz, Hafer, Stroh, Fischen und anderen Viktualien, sonderlich aber an Bier gewesen, und ist von Tag zu Tag teurer worden. Denn man von dem Lande wegen großer Unsicherheit nichts hereinbekommen können. Ist auch bei den Leuten in der Stadt kein Vorrat zum Brauen vorhanden gewesen und der Stadt- oder Burgkeller ganz zugemacht worden [...] Das Brot und die Semmeln sind gar klein gebacken worden, und hat ein Pfennig Brot nur zwei Lot gewogen, das sonsten sieben Lot haben müssen. Eine Mandel [fünfzehn Stück] Eier hat achtzehn Groschen [ge]golten [...] Die Pest hat auch ziemlich grassiert [...]

Tobias Heydenreich: a. a. O. S. 534f.

Schwedische Forderungen. November 1632 Den 14. und 15. Novemb[er] hat die schwedische Armee, so zu Grimma und in den umliegenden Orten angelangt, von der Stadt Leipzig 45tausend Pfund Brot und 40tausend Pfund Fleisch, item [ferner] viel tausend Kannen Bier und dreitausend Scheffel Hafer gefordert, mit der Bedrohung, daß sie in Verweigerung dessen selbsten kommen und alles plündern wollten.

Tobias Heydenreich: a. a. O. S. 547

Plünderungen und Mißhandlungen. 1633 [...] sind von den einquartierten Soldaten viel Bürger und fremde Leute geplündert, die Pferde gesucht und [...] etliche Hundert hinweggeführt, auch sonsten allerhand Insolentien [Ungebührlichkeiten], Exactiones [Eintreibungen], Mutwille und Frevel, beides an Mann und Weibspersonen, verübt worden [...] Es haben [...] die [...] noch diese und folgende Tage zu Tag und Nacht das Plündern und anderen Mutwillen kontinuiert [fortgesetzt], daß viel Häuser ganz ausspoliiert [ausgeraubt], auch eines Bürgermeisters und etlicher Ratsherren nicht verschont worden.

Tobias Heydenreich: a. a. O. S. 596ff.

Aus der Schulordnung. März 1634
[...]
Von Aufnehmung der Knaben und deren Demission.
[...]

1. Was kleine Knaben und Bürgerskinder, so neben dem Gebet allein Lesen, Schreiben, Deklinieren und Konjugieren lernen, anlangt, soll dem Rectori freistehen, dieselben ohne Unterscheid anzunehmen und ohne sonderbare erhebliche Ursache es niemand verweigern.

2. Da auch von diesen Knaben einer oder mehr dermaßen profizieren [vorwärtskommen] würde, daß sie ad Classes superiores aszendieren [in die höheren Klassen aufsteigen], in der Musica sich üben und darin etwas prästieren [leisten] könnten, sollen sie vor anderen fremden der Beneficiorum scholasticorum [schulischen Vergünstigungen] fähig sein und dazu jederzeit gelassen werden.

3. Wenn aber Knaben von fremden Orten anhero kommen, so soll der Rektor dieselben, wann sie zuvor examiniert und qualifiziert befunden, ohne Unterscheid annehmen, schuldige Obedientiam promittieren [Gehorsam versprechen] lassen und darauf in die Klassen, beim Anfang oder Ende der Lektion, führen, zu gebührendem Fleiß in Studiis [bei den Studien] anmahnen und dem Praeceptori [Lehrer] zur Inspektion und Institution rekommendieren [übergeben], und da einer oder derselben mehr auf der Schule und dero Benefizien [Vergünstigungen] teilhaftig zu sein begehren würden, so sollen der Rektor und Kantor sich zuvörderst erkundigen, ob sie auch die Fundamenta [Grundlagen] in Gramm[atik] erlangt und in Musicis etwas prästieren können,

und wann sie befinden, daß ein Knabe [...] mit Nutz zu unterweisen sein möchte, sollen sie um soviel weniger Bedenken haben, ihn [...] hierzu kommen zu lassen.

4. Würde aber ein Knabe in der Musica ganz nichts gelernt haben und doch sonsten an ihm soviel zu verspüren, daß das Ingenium [Talent] gut und die Beneficia nicht übel angewendet sein möchten, sollen sie denselben Knaben derogestalt annehmen, daß er zusage und verspreche, sich auch in Arte Musica [in der Kunst der Musik] neben anderen zu üben, damit er ehestens mit Nutz in Choro Musico [im musikalischen Chor] gebraucht werden könne, und da er aus Mangel der Stimme zur Musica entweder ganz nicht tüchtig oder auch selbige nicht lernen wollte, soll mit Vorwissen unser des Rates und des Herrn Superintendenten als Inspectoris ihm nach Gelegenheit seiner Profectuum [Fortschritte] eine gewisse Zeit gesetzt werden, binnen welcher er seiner Stelle, so er in der Schule gehabt, resigniere [entsage], damit also durch ihn und seinesgleichen die Bestellung des musikalischen Chores nicht verhindert, auch andere, so in dem Singen geübt und damit der Kirche und Schule dienen können, davon ausgeschlossen werden.

[...]

Zacharias Schneider: a. a. O. S. 519f.

Große Not. 1639 Um diese Zeit ist großer Mangel an Brot, Fleisch, Salz und anderen Viktualien gewesen. Viel armes Landvolk, welches sich vor den Toren aufgehalten, hat die Hunde, welche der Hundschläger [Hundefänger] hinausgeschleppt, abgezogen und gegessen.

Johann Jacob Vogel: a. a. O. S. 565

150 Spottbild auf den geschlagenen kaiserlichen Feldherrn Johann Tserclaes von Tilly. Kupferstich. 1632

151 Einnahme der Pleißenburg durch die Schweden. Kupferstich. 1642

Aus dem Erlaß des Rates der Stadt gegen Luxus und Hoffart der Bürger. 21. Januar 1642 Demnach E. E. Rat mit höchster Wehmut erfahren müssen, daß, ungeachtet die schweren Zeiten und Landstrafe noch immer anhalten und ein jedweder hierdurch zu wahrer und rechtschaffener Buße getrieben und angereizt werden sollte, dennoch die Ruchlosigkeit und sonderlich die schändliche Hoffart bei dieser Stadt dermaßen überhandgenommen, daß auch etliche Weibspersonen und Jungfrauen in ihren Kränzen und weiblichem Zierat Perlen und Edelsteine zu tragen sich nicht gescheut und an ihrer Standestracht nicht begnügen lassen, sondern denen vom Adel nachahmen, ohne Schauben [weite Überkleider] auf offener Gasse in die Hochzeithäuser einhertreten und sonsten mit gekräuselten Haaren, entblößten Hals und Brüsten, allerhand neuen ausgesonnenen Manieren, vielen kostbaren Zancken [Spitzen] auf den Hälschen, auch anderer Leichtfertigkeit sich so frech und unverschämt bezeigen, daß zu besorgen, wenn man hiervon nicht abstehen wird, daß Gott noch ein größeres Unglück über diese Stadt verhängen, ihre kurfürstliche Durchlaucht auch zur Ungnade und zu anderen ernsten Strafen gereizt werden möchte.

Also will E. E. Rat allhier nicht allein die vorige Kleiderordnung hiermit verneuert, sondern auch insonderheit Perlen und Edelsteine zu tragen, sowohl ohne Schauben und mit neuen erdachten Modellen hereinzugehen oder andere Leichtfertigkeit mit Haarkräuseln und entblößten Hälsen zu treiben, allen und jeden Bürgern und Einwohnern, dero Weibern, Töchtern und Gesinde, wes Standes die auch sein mögen, kraft dieses gänzlich verboten haben [...]

Stadtarchiv Leipzig: Titel LX B, Nr. 2, Bl. 186

Ausschankverbot. 25. September 1642 [...] hat E. E. Rat nachgesetztes Patent drucken und publizieren lassen, des Inhalts, daß kein Kramer, Wein- und Branntweinschenker am Sonntag und hohen Festen ihre Gewölber und Laden offenhalten oder Wein und Branntwein verzapfen sollten.

Johann Jacob Vogel: a. a. O. S. 582

Leipziger Heldentaten. November 1642 Gegen Abend [des 10. November] ist ein Wagehals zum Rannischen Tor hinausgestiegen, auf die nächste schwedische Wache gangen, hat 6 Soldaten beim Wachtfeuer gefunden, stracks geschrien: ›Drauf, ihr Brüder, drauf!‹, worauf die Schwedischen vermeint, der helle Haufe wäre da, deswegen das Reißaus geben und ihr Gewehr im Stich gelassen, welches der einige [einzige] Kerl mit hereingebracht [...] Gegen Abend [des folgenden Tages] [...] hat ein Zimmermann vorm Grimmischen Tor mit der Axt 10 Schwedische vor sich her bis hinaus zum Spital gejagt und nur geschrien: ›Drauf, ihr Burschen!‹, und ist doch gar allein gewesen.

Johann Jacob Vogel: a. a. O. S. 594

Aus der Verordnung des Rates der Stadt über Entlohnungen. 24. April 1647

[...]

1. Sollen die Zimmerleute und Maurer schuldig sein, zu Sommerszeit und in langen Tagen früh um 5 Uhr an die Arbeit zu gehen und vor 5 Uhr des Abends nicht Feierabend zu machen. Davon soll ihnen mehr nicht als 6 Groschen außer dem Meistergroschen und also zusammen 7 Groschen entrichtet werden und das Branntwein- und Biergeld gänzlich verboten sein.

2. Soll man den Handlangern und Tagelöhnern mehr nicht als 3 Groschen 6 Pfennige des Tages über von ihrer Arbeit entrichten.

3. Soll hierfür einem Boten vor [für] jede Meile mehr nicht als 3 Groschen und auf einen Tag 3 Groschen Wartegeld gereicht werden.

4. Den Holzhackern, Mähern, Schnittern, Futterschneidern, Dreschern und dergleichen ordnen wir folgenden Lohn, als:

4 Groschen, von einer Klafter Holz in gemein [wie gewöhnlich] zu machen [...]

7 Groschen, von einem Acker Gras zu hauen [...]

14 Groschen, von einem Acker Winter- oder Sommergetreide zu hauen und in Mandeln zu bringen [in Gruppen zu je 15 Garben aufzustellen] [...]

1 Gulden den Dreschern auf eine Woche [...]

3 Groschen 6 Pfennige jeden Weibern, so waschen, scheuern und andere dergleichen Handarbeit verrichten, des Tages über für Kost und alles.

Zacharias Schneider: a. a. O. S. 626f.

Friedensbotschaft. 25. Oktober 1648

[...] ist die erfreulichste Post nach Leipzig kommen, daß den 14. dieses [Monats] mit vieler Millionen Menschen Frohlocken der längst erwünschte Friedensschluß zu Osnabrück glücklich geschlossen und unterschrieben, den folgenden Tag in allen Gassen unter dem Trommetenschall ausgerufen [...]

Johann Jacob Vogel: a. a. O. S. 644

152 Die Segnungen des Friedens und die Schrecknisse des Krieges.
Illustration aus dem Stammbuch des Leipziger Magisters Johannes Frentzel. Deckfarbenmalerei. 1650

Marktplatz Europas und literarischer Stapelort

Die Entfaltung Leipzigs in der Periode des Absolutismus (1648 bis 1763)

Mit etwa vierzehntausend Einwohnern trat Leipzig in den neuen Zeitabschnitt ein, der dem Ort die zweite große, das gesamte 18. Jahrhundert über währende Blüteperiode brachte und ihn zur ökonomischen Hauptstadt Sachsens aufsteigen ließ.

Relativ rasch waren die Wunden des langen Krieges vernarbt, brachten Handel und Gewerbefleiß einen nie zuvor erlebten stürmischen Aufschwung. Die Pleißemetropole wurde zum Marktplatz des Kontinents, erwarb sich den ersten Rang unter den mitteleuropäischen Messen. Noch bunter wurde nun das geschäftige Treiben im Zentrum, das der Prediger Johann Christian Müller 1739 so schilderte:

›Obgleich die Stadt an sich nicht groß, waren doch die Gassen breit und nach der Schnur. Alle waren mit Fracht- und Marktwagen, die ankamen und abluden, mit Karossen und mit Menschen von beiderlei Geschlecht, von allerlei Nationen und Stand angefüllt. Das artige sächsische Frauenzimmer, die Leipziger galanten Herren, vermischt mit allerlei Ausländern, Ungarn, Siebenbürgern, Juden, Türken, Griechen, Arabern, Armeniern, Chinesen, Persianern, Mohren, Russen, Holländern, Engelländern usw., in ihren verschiedenen, seltsamen und zum Teil seidenen, bunten, langen, auch geblümten Kleidern, wobei der Bund und die Dolche in dem Gurt mit Edelsteinen besetzt waren, mit ihren langen Bärten, mit bloßer, von der Sonne braungebrannter Brust setzen das Auge in Erstaunen.‹

Auch das die Messe begleitende gesellige Leben war von exotischer Farbigkeit. Da konnte die Menge einen Elefanten, ein Nashorn – selbiges übrigens durch eine Fabel des an der Universität lehrenden Christian Fürchtegott Gellert in die Literatur eingegangen –, ja sogar ein Nilpferd und ›ander fremdländisch Getier‹ bewundern. Dicht umlagert waren die Glücks- und Trödelbuden. Englische Leitertänzer und italienische Komödianten traten auf, Muskelprotze und Taschenspieler, Steinefresser, Feuerspeier und Säbelschlucker, und 1697 zeigte der berühmte ›Okulist [Augenarzt], Stein- und Bruchschneider‹ Doktor Eisenbart seine Künste. Dazu das babylonische Sprachgewirr, das ohrenbetäubende

Lärmen der Marktschreier, nur noch übertönt von dem der Pfeifer und Trommelschläger – all das formte sich zu jenem unverwechselbaren Bild, das die Messestadt in solchen Tagen bot.

Zu Beginn des 18. Jahrhunderts hatte Leipzig, das sich enger Bindungen zu Kurfürst August II. – genannt ›der Starke‹ – erfreute, auch im Buchhandel Frankfurt am Main überflügelt; während dort im Jahre 1700 nur achtundachtzig Titel erschienen, waren es hier bereits zweihundertsechsundsiebzig. Bekannte Verleger und leistungsfähige Druckereien, unter denen die von Johann Gottlob Immanuel Breitkopf, der den Notentypendruck erfand, allein mehr als hundert Beschäftigte zählte, ließen die Stadt zum literarischen Stapelplatz Deutschlands werden. Vor allem norddeutsche Buchhändler kamen hierher, und der Vertrieb buchgewordenen fortschrittlichen Gedankenguts begann auf ganz Europa auszustrahlen. Nicht unwesentlich trugen dazu mehrere am Ort herausgegebene und rasch über die Ländergrenzen verbreitete Zeitschriften mit wissenschaftlicher wie kulturell-künstlerischer Thematik bei; die Einwohner selbst konnten sich seit 1660 durch die hier erscheinende welterste (!) Tageszeitung der Neuzeit über die aktuellsten Ereignisse informieren.

Das Handelskapital beherrschte nicht nur die meisten Leipziger Druckereien, sondern drang auch verstärkt in andere Bereiche der Produktion vor. Schon in der zweiten Hälfte des 16. Jahrhunderts waren erste Manufakturen entstanden, die nun mehr und mehr das gewerbliche Leben bestimmten. Sie gründeten sich zwar überwiegend auf handwerkliche Technik, doch brachte innerbetriebliche Arbeitsteilung als Frühform technologischer Kooperation eine erheblich höhere Produktivität. Die in der Stadt geltenden Zunftschranken veranlaßten die reichen Kaufleute, diese Betriebe, die den Beginn der industriellen Entwicklung einleiteten, hauptsächlich auf ihren vor den Toren gelegenen Landgütern einzurichten. Mitte des 18. Jahrhunderts gab es bereits elf Seiden- und Samtmanufakturen sowie sieben Gold- und Silberspinnereien. Die folgenden Jahrzehnte, in denen sich dieser Prozeß noch beschleunigte, vervielfachten dann auch das Sortiment der anfangs auf reine Luxuswaren beschränkten Fertigung. Hergestellt wurden nun außerdem Woll- und Baumwollerzeugnisse, Wachstuch und -leinwand, Posamenten, Hüte, Tapeten, Buntpapier, Spielkarten, Blasinstrumente, Rauch- und Schnupftabake sowie viele andere Artikel.

In dem Maße, in dem sich die Manufakturproduktion ausweitete, verlor das Zunfthandwerk an Bedeutung, was wiederum zur allmählichen Auflösung der Innungsordnungen mit ihrem mittelalterlichen Sittenkodex führte; beispielsweise war noch 1693 den Leipziger ›Feuermäuerkehrer-Gesellen‹ schwere Strafe für den Fall angedroht worden, daß sie ›ihre verlobte Braut [...] vor der priesterlichen Trauung beschlafen und mit ihr heimlich zusammenkriechen‹. Viele Meister kleinerer Betriebe mußten ihre selbständige Tätigkeit aufgeben und sich als Lohnarbeiter verdingen. Verstärkt wurden auch Frauen und Kinder als ungelernte Kräfte einbezogen, vermehrten die plebejischen Schichten, die zu einem bedeutenden Element in der Sozialstruktur des Ortes heranwuchsen.

Interessant ist in diesem Zusammenhang ein Vergleich damaliger Einkommensverhältnisse: Der Bürgermeister erhielt jährlich tausendachthundert Taler, dazu noch tausendsiebenhundert als Schöffengeld. Ein hochdotierter Universitätsprofessor kam auf zweitausendfünfhundert, der Oberstadtschreiber als höchster Verwaltungsbeamter auf sechshundert Taler, während sich Johann Sebastian Bach, der 1723 Thomaskantor wurde, mit hundert Talern und fünfzehn Groschen bescheiden mußte, allerdings Nebeneinnahmen beispielsweise durch Leichengelder und Brautmessen von rund sechshundert Talern hatte. Zimmerpoliere verdienten hundertsiebzehn, Maurer- und Zimmergesellen etwa hundert Taler, hingegen ungelernte Arbeitskräfte bei täglich mindestens zwölf- bis vierzehnstündigem Dienst ebenso wie Waschfrauen, Plätterinnen und Mägde mit nur fünfzig Talern ihr Leben fristen mußten. Noch kärglicher waren die Stadtarmen gestellt, auf deren vermehrte Zahl häufige Erlasse und Reglements hindeuten.

Die Aufstellung verschweigt das Einkommen der reichen Kaufleute, doch läßt sich in etwa die Dimension ermessen, wenn man erfährt, daß Kochs Hof am Markt mehr als hundertdreißigtausend Taler allein an Baukosten verschlang. Es war das damals größte Bürgerhaus, einer jener prachtvollen, meist viergeschossigen Barockbauten, die als Ausdruck des wachsenden Repräsentationsbedürfnisses der Handels- und Manufakturbourgeoisie vor allem auch in der Katharinen- und Petersstraße entstanden und den Typus des Leipziger Handelshauses weiter vervollkommneten.

Anfang und Ende der barocken Bauperiode wurden von der Alten Handelsbörse und dem Gohliser Rokoko-Schlößchen markiert. In dem dazwischen gelegenen Zeitraum – etwa von 1680 bis 1760 – erfolgte die Neu- oder Umgestaltung rund eines Drittels aller Häuser der Innenstadt. Wie sich diese nun dem Beschauer darbot, ist der farbigen Schilderung des schon zitierten Predigers Müller zu entnehmen:

›Schlechte oder Giebelhäuser, die man an andern Orten häufig findet, ward man hier gar nicht gewahr. Die meisten hatten vier oder fünf Stockwerk, waren massiv gebaut und entweder mit einem grünlichen Schwefelgelb oder mit einer anderen Farbe, auch wohl mit biblischen Historien von oben bis unten nach der Kunst in Dunkelbraun mit aschgrauen Figuren bemalt. Viele hatten schöne Erker, vergoldete Verzierungen, oben Galerien und Statuen, oder waren auch von unten bis oben mit Bildhauerarbeit ausgeziert. Die Fensterluchten waren aus einem Stein gehauen, die Fenster selbst in der Vertiefung mit großen Glasscheiben in hölzernen Einfassungen eine Elle lang, wovor von oben bis unten die schönsten Blumentöpfe standen mit Lorbeer-, Rosmarin- und Myrtenbäumen, allerlei Levkojen, gelben Veilchen und andern Blumen, wozwischen zuweilen kleine grüne Vogelbauerchen hingen, in welchen sich die Nachtigall beim Kühlen zu ihrer Zeit, auch andere singende Vögel hören ließen.‹

Vor den Toren Leipzigs hatte sich das Bild ebenfalls erheblich gewandelt. Kunstvolle Pracht- und Lustgärten waren entstanden, mit denen das Großbürgertum dem Vorbild französischer Königs- und deutscher Fürstenhöfe nacheiferte. Anfang der dreißiger Jahre des 18. Jahrhunderts umgaben die Stadt bereits einunddreißig solche Anlagen, deren erste die des Kauf- und Ratsherrn Caspar Bose war, verschwenderisch ausgestattet mit Orangerie und Treibhäusern, Springbrunnen, Plastiken und Schaukabinetten, auch mit Theater- und Konzertsaal. Neben diesen weitgehend privaten Ziergärten hatten sich zugleich zahlreiche öffentliche Ausflugsziele etabliert, und so pilgerten nicht nur sonn- und feiertags die Einwohner in wahren Scharen hinaus vor die Festungswerke, um sich beispielsweise im Reudnitzer Kuchengarten von Bäckermeister Händel an seinem berühmten Backwerk zu laben.

Überhaupt schuf diese Zeit viele Einrichtungen sprichwörtlicher messestädtischer Gastfreundschaft. Namentlich im Brühl wuchs die Zahl der bereits seit dem 15. Jahrhundert existierenden Wirtshäuser und Herbergen, erkennbar an prächtigen Hauszeichen und wohlklingenden Namen. Auch Kaffeehäuser, darunter das bis heute erhaltene ›Zum arabischen Coffe Baum‹, sowie Teestuben und Italienerkeller luden ein, und wer daselbst bei Speis und Trank des Guten zuviel getan, der konnte sich ab 1703 in einer Sänfte bequem nach Hause tragen lassen – durch Straßen übrigens, die seit zwei Jahren mit insgesamt siebenhundert Rüböllaternen zwar trübe, aber immerhin beleuchtet waren.

Noch ein anderes Licht ging den Leipzigern in jener Zeit auf: das des Weihnachtsbaums. Für Sachsen erstmals 1737 bezeugt, wurden anfangs die teuren Kerzen durch ölgefüllte Nußschalen mit Baumwolldocht ersetzt. 1755 war ein ›Kartoffelbaum‹ in Mode, hatten doch damals die Bauern in Machern und Naunhof gerade die ersten vielbestaunten Erdäpfel geerntet, die nun auch als vergoldeter Christbaumschmuck Verwendung fanden.

Finsterer war es hingegen an der Universität geworden. Wieder zu vorreformatorischen Lehrmethoden zurückgekehrt, erstarrte der Bildungsbetrieb für viele Jahrzehnte in orthodoxer, jedem Wissenschaftsfortschritt feindlicher Muffigkeit. Damit einher ging die Entartung akademischer Bräuche, wie sie unter den Lehrkräften insbesondere durch hemmungslose Völlerei – die ›Magisterschmäuse‹ –, unter den Studenten vor allem durch brutale Rauflust – das Duellantentum – zum Ausdruck kam. Abgestoßen von diesen Zuständen, verließen damals zahlreiche bedeutende Männer die Leipziger Hochschule, darunter der hier geborene Gottfried Wilhelm Leibniz sowie Christian Thomasius, der nicht zuletzt durch die Ankündigung von Vorlesungen in deutscher statt in lateinischer Sprache 1687 an die Grundfesten überlebter Dogmen gerührt hatte.

Gralshüter dieser geheiligten akademischen Ordnung waren solche Professoren, über deren erstaunliche Faulheit, ›als wodurch unseren Eltern so viel Seufzer, Tränen und Geld ausgepreßt werden‹, sich noch 1742 Studenten in einer offiziellen Beschwerde an den Landtag beklagen mußten und dabei als Beispiel einen gewissen Boerner anführten: Er ›nimmt des Jahres über 2500 Taler ein, besitzt alle Beneficia in der Stadt und auf dem Lande, wird reich und groß, läßt sich anbeten, arbeitet aber niemals für den Wert eines Hellers dafür. Er steht früh um neun Uhr auf, setzt sich zu seiner Frau hin und nimmt ein Schälchen Kaffee und die Tabakspfeife in die Hand, verläßt die Frau nicht eine Stunde, und dieses währt, bis er zu Tisch geht. Nach Tisch legt er sich um zwei Uhr nieder und schläft bis halb fünf. Hiernach trinkt er wieder Kaffee oder Schokolade und raucht Tabak bis in die Nacht. Alsdann geht man wieder zu Bett, und dieses treibt man jahraus, jahrein.‹

Wenn sich dennoch in der ersten Hälfte des 18. Jahrhunderts die antifeudale Weltanschauung der bürgerlichen Aufklärung auch an der Alma mater Lipsiensis durchzusetzen begann, so war dies nicht zuletzt dem Wirken des 1730 zum Professor für Poesie und Rhetorik berufenen Johann Christoph Gottsched zuzuschreiben. Um ihn und seine Frau scharten sich namhafte Literaten, die – nachdem bereits 1693 ein Opernhaus im Brühl eröffnet worden war – durch eigenes dramatisches Schaffen den Übergang vom Jahrmarktsspiel zum deutschen Nationaltheater beförderten, das die klassischen Ideale des Bürgertums künstlerisch artikulierte. Wesentlichen Anteil daran hatte auch Friederike Caroline Neuber, die hier mit ihrer Schauspieltruppe zwischen 1727 und 1749 zu insgesamt dreiunddreißig Messen auftrat und 1737 in ihrer Theaterbude vor dem Grimmaischen Tor den Hanswurst durch symbolische Verbrennung von der Bühne verbannte.

Seinen Ruf als Musikstadt konnte Leipzig während dieser Periode weiter ausprägen, was namentlich dem überreichen Schaffen Bachs zu danken war. Doch schon zuvor hatte hier Georg Philipp Telemann 1703 ein Collegium musicum gegründet, das gemeinsam mit dem seit 1743 bestehenden Großen Konzert zum Vorläufer der später weltberühmten Gewandhauskonzerte wurde.

So war Leipzig – Mitte des 18. Jahrhunderts etwa zweiunddreißigtausend Einwohner zählend – zu einem Ort gewachsen, ›wo man die ganze Welt im kleinen sehen kann‹, wie Gotthold Ephraim Lessing im Rückblick auf seine hiesige Studentenzeit schrieb, ›nicht nur die geeignetste, sondern geradezu die einzige deutsche Stadt, wo ein Sprößling der bürgerlichen Klassen eine Handvoll Lebensluft atmen konnte‹. Selbst der 1763 endende Siebenjährige Krieg mit seinen schweren Belastungen brachte nur einen vorübergehenden Rückschlag, auch wenn die Bevölkerung eingedenk der durch den Preußenkönig Friedrich II. von der Messemetropole erpreßten zehn Millionen Taler Kontribution resignierend meinte: ›Es ist ja eh nur alles für den Alten Fritzen!‹

Elefant ›ums Geld zu sehen‹. 1. Januar 1650 Am Neuen Jahrstag ward ein Elefant hereingebracht, welcher diese Messe über in dem damals Falcknerischen Hause auf der Grimmischen Gasse ums Geld zu sehen war. Wie man sagte, war er 20 bis 30 Jahre, kunnte allerlei Künste und unter anderen auch mit dem Rüssel ein Pistol lösen. Am Gewicht wog er 89 Zentner.

Johann Jacob Vogel: a. a. O. S. 647

Singspiel auf dem Markt. 21. Oktober 1650 [...] wollten ihrer kurfürstl[ichen] Durchl[auchtigkeit] [...] die allhier Studierenden ihre sonderbare [besondere] Freude über der schwedischen Völker Abzug, Quittierung der Stadt Leipzig und getroffenen allgemeinen Frieden in einem singenden Schauspiel vorstellen und höchstermeldter kurfürstl. Durchl. mit einer Nachtmusik untertänigst aufwarten. Weil aber dieselbe dazumals nicht kommen und die angestellte Vorstellung nicht aufgeschoben werden kunnte, also nahm dieselbe besagten Tages auf öffentlichem Markt abends um 10 Uhr bei großem Zulauf und Versammlung vieles Volks ihren Fortgang. Hierzu ward eine prächtige Schaubühne aufgerichtet, und war dieselbe also angelegt: Der unterste Teil des Theatri war mit Brettern verschlagen und mit schönen Teppichten bedeckt, innerhalb spielten die Studierenden mit ihren musikalischen Instrumenten. Die Scena war mit schwarz und vergüldeten Tapezereien [Wandbehängen] verhängt. Über derselben waren allerhand Zierate, und mitten unter derselben, auf einer marmorierten Säule, welche die Scena voneinander teilte, war das kurfürstliche sächsische Wappen künstlich ausgehauen und vergüldet, darüber der Reichsadler mit einem vergüldeten Zepter, Krone und Reichsapfel zu sehen. An den vier Ecken des Theatri waren gleichsoviel marmorierte Pyrami-

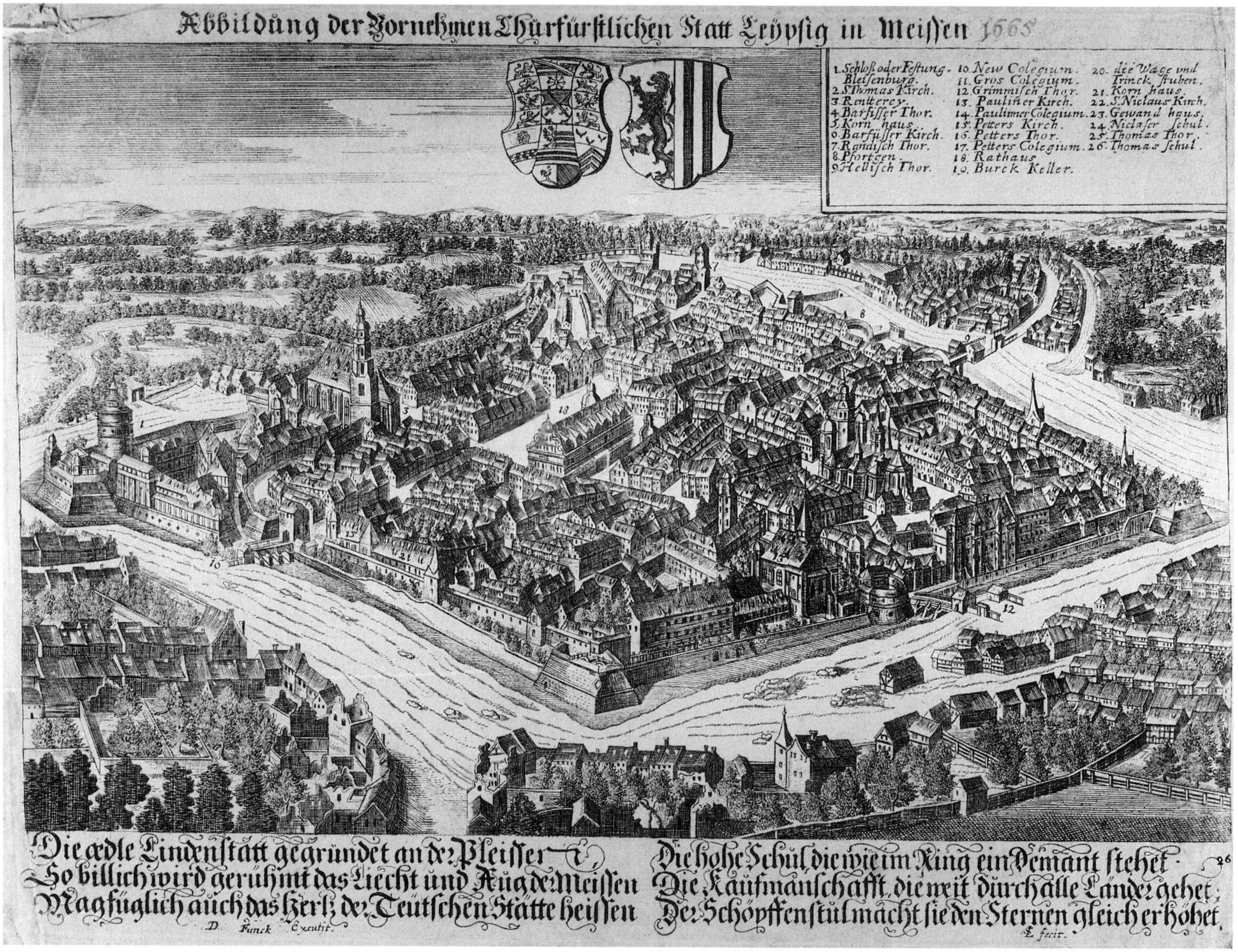

153 Ansicht von Leipzig. Kupferstich vermutlich von Lucas Schnitzer, nach Andreas III Bretschneider. 1665

den, mit grünem Laubwerk und allerhand Früchten umwunden, über 10 Ellen hoch von der Erde aufgeführt, oben darauf waren Kugeln mit brennenden Flammen, welche denn bei brennenden Fackeln und Windlichtern, derer über 200 und teils schwarz, teils gelb waren, einen schönen Schein von sich gaben.

Der Anfang zum Spiel ward mit den Kesselpauken gemacht, darauf präsentierte sich unter einer neuen Symphonie auf dem Theatro Mercurius in grün und güldener heidnischer Kleidung, mit allerhand flüchtigen Gebärden singend, mit großem Contentement [Vergnügen] der Anwesenden, bei einer guten viertel Stunde. Nach diesem trat unter dem Schall der Trommeten und Pauken der Kriegsgott Mars in einem silberweißen Küraß [...] mit einem bloßen Schwert auf, welchen, nachdem er lange von Kartaunen [kurzen Geschützen auf Räderlafetten] und Kriegskünsten geprahlt, die Irene oder Friedensgöttin in ganz weißem und mit silbernen Flittern über und über gesticktem Kleid [...] unversehens an den Leib trat und mit einem Palmenzweig zurücktrieb. Nachdem diese ihre Person eine geraume Zeit singend agiert, trat sie wieder ab. Auf welche, nach einem dazwischengehenden Ballett, Apollo mit den 9 Musen folgte. Diese hatten alle bunte, mit Gold und Silber verbortierte Kleider an, grüne Kränze auf den Häuptern und unterschiedliche musikalische Instrumente in den Händen, darauf sie spielten und mit der unter dem Theatro verdeckten Instrumentalmusik lieblich übereinstimmten. Nachdem sie nun ihr[o] kurfürstlichen Durchlauchtigkeit langes Leben, glückliche Regierung und alles ersprießliche Wohlergehen an Leib und Seel gewünscht und mit denen dazukommenden Mercurio und der Irene ein musikalisches Vivat zum öfteren ausgerufen, beschlossen sie den ganzen Actum mit einer schönen Musik.

Johann Jacob Vogel: a. a. O. S. 656f.

Gegen das ›Tabaktrinken‹. Um 1650

Und demnach bei diesen erbärmlichen Kriegsläuften mit Einreißung vieler anderer Untugenden auch das schädliche Tabaktrinken [Rauchen] in Eines E. Rates Dorfschaften häufig eingeschlichen, wodurch dann die Untertanen und Einwohner sich nicht allein an ihrer Gesundheit geschadet, sondern auch bei solches Trinkung mit Unvorsichtigkeit des Feuers und brennenden Lunten viel und große Feuersbrunsten verursacht und dadurch mancher in unwiederbringlichen Schaden gesetzt worden, also will E. E. Rat und befiehlt hiermit allen Untertanen insgemein, daß sie von dergleichen sowohl für sich als ihr Gesinde abstehen, in Verbleibung aber dessen und da einer betreten wird, soll selbiger der Nachbarschaft zum besten 5 Groschen, E. E. Rat aber zur Strafe 20 Groschen erlegen, wobei dem Richter und Schöppen [Schöffen] jedes Ortes wie auch dem Nachbarn insgemein auf solche Tabaktrinker ein fleißiges Auge zu haben ernstlich anbefohlen wird, im Fall aber und da solches nicht geschieht, sollen sie, die Richter und Schöppen, wie auch ein jeder, es sei Mann oder Weibes Person, so es sieht und nicht anzeigt, insgemein in die Strafe ebengedachter 20 Groschen verfallen sein.

Zacharias Schneider: a. a. O. S. 638

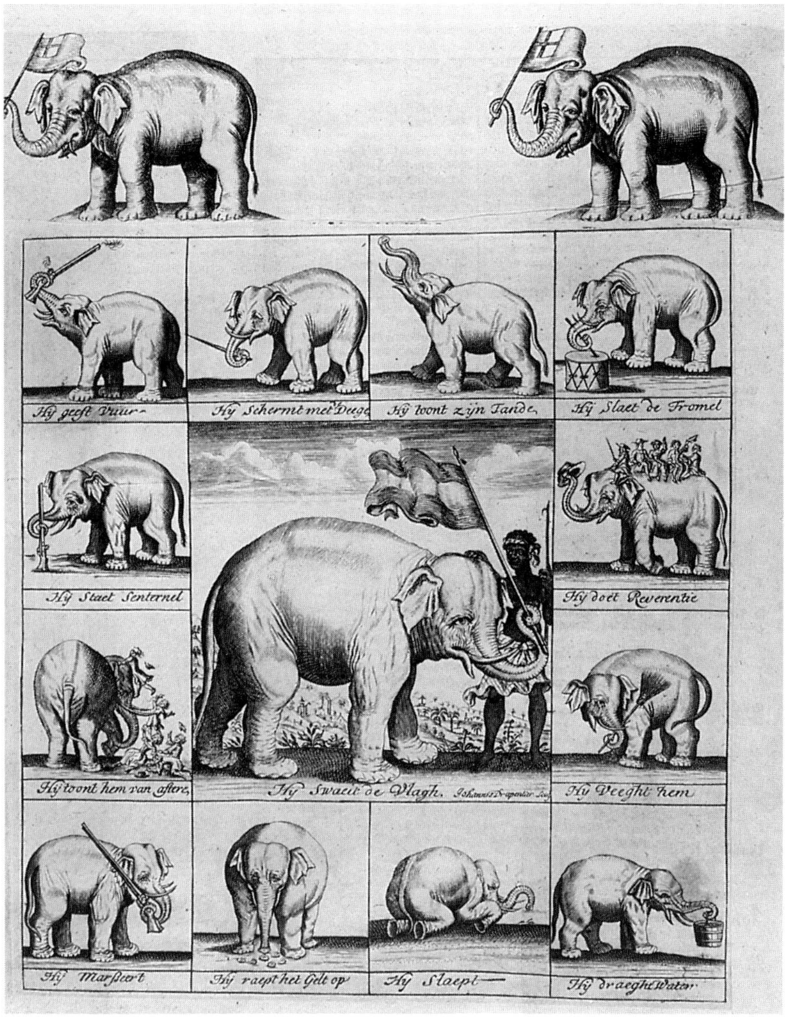

154 ›Ein Elefant ums Geld zu sehen‹.
Kupferstich von Johannis Drapentier. Um 1650

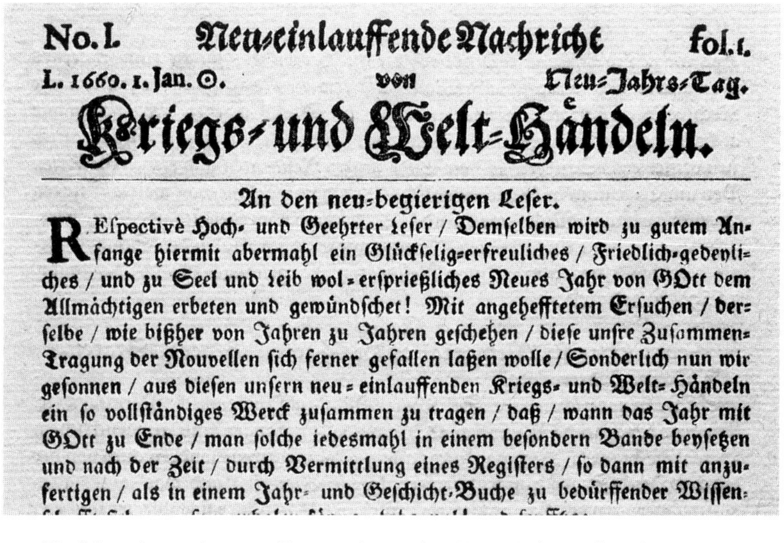

No. I. Neu-einlauffende Nachricht fol. 1.
L. 1660. 1. Jan. ☉. von Neu-Jahrs-Tag.
Kriegs- und Welt-Händeln.

An den neu-begierigen Leser.

RESpectivè Hoch- und Geehrter Leser / Demselben wird zu gutem Anfange hiermit abermahl ein Glückselig-erfreuliches / Friedlich-gedeyliches / und zu Seel und Leib wol-ersprießliches Neues Jahr von GOtt dem Allmächtigen erbeten und gewündschet! Mit angehefftetem Ersuchen / derselbe / wie bißher von Jahren zu Jahren geschehen / diese unsre Zusammen-Tragung der Nouvellen sich ferner gefallen laßen wolle / Sonderlich nun wir gesonnen / aus diesen unsern neu-einlauffenden Kriegs- und Welt-Händeln ein so vollständiges Werck zusammen zu tragen / daß / wann das Jahr mit GOtt zu Ende / man solche iedesmahl in einem besondern Bande beysetzen und nach der Zeit / durch Vermittlung eines Registers / so dann mit anzufertigen / als in einem Jahr- und Geschicht-Buche zu bedürffender Wissen-

155 Titelblatt der weltersten Tageszeitung der Neuzeit (Ausschnitt). Herausgegeben vom Leipziger Buchdrucker und -händler Timotheus Ritzsch. 1660

156 Das Gespenst im Hallischen Tor und Zwinger (dem Bild nach ein Ziegenbock!). Kupferstich. 1670

157 Reithaus vor dem Ranstädter Tor. Kolorierte Federzeichnung. 1717

Verbot ›unehrlicher‹ Instrumente. 15. Dezember 1653 [...] soll keiner von dem musikalischen Collegio [...] sich unterfangen, unehrliche Instrumenta, als da sein Sackpfeifen [Dudelsäcke], Schafsböcke [große Sackpfeifen], Leiern und Triangeln, welcher sich oftermals die Bettler zum Sammeln der Almosen für [vor] den Türen gebrauchen, zu führen, dadurch dann die Kunst ebenfalls in Verachtung gebracht und verkleinert gehalten wird [...]

Stadtarchiv Leipzig: Urkundenkasten 11, Nr. 63

Kurfürst Johann Georg II. von Sachsen stimmt dem Verkauf des Rosentals an die Stadt zu. 2. September 1663 [...] Uns ist euer erstatteter untertänigster Bericht vorgetragen worden, woraus wir ablesend angehört, daß ihr nunmehro mit dem Rat zu Leipzig über das Stück Wald, der Rosental genannt, auf fünfzehntausend Rthlr. [Reichstaler] Kaufsumme schlüssig worden und hierüber einen Rezeß projektiert. Wie wir nun mit dieser Handlung zufrieden, zu dem Ende auch den Rezeß vollzogen, also tun wir euch solchen hierbei übersenden, gnädigst befehlend, ihr, der Landrentmeister und Amtmann, wollt dem Rat das Rosental nunmehro tradieren [übergeben], auch die hierzu gehörigen und beim Amt befindlichen Documenta und Nachrichtungen edieren [...]

Stadtarchiv Leipzig: Urkundenkasten 56, Nr. 37

Kurfürstliche Genehmigung einer Hochzeitsmusik. 2. April 1668 [...] Demnach wir von Paul Heiselbarth, daß bei seiner auf den 6. dieses Monats Aprilis angestalten ehelichen Trauung zu Leipzig ihm einige Musik verstattet werden möchte, durch den Inschluß untertänigst angelangt worden und wir seinem [Ge]Suchen soweit gnädigst stattgegeben, daß im Haus bei dem Convivio [Gastmahl] ein Paar Geigen und eine Baßviola, sonsten aber mehr nichts, gebraucht werden mögen, also ist hiermit unser Begehr, ihr wollt deswegen behörigen Orts gebührende Verfügung tun [...]

Stadtarchiv Leipzig: Titel LXII H, Nr. 2

Gespensterglaube. 7. September 1670 [...] hat sich zur Nacht im Hallischen Tor und Zwinger ein Gespenst hören lassen, welches sehr getobt, an das inwendige Tor heftig angeschlagen, die Wache erschreckt und den Torwärter im Bett übel geplagt, davon er auch etliche Tage krank daniedergelegen.

Johann Jacob Vogel: a. a. O. S. 741

Erste Bücherauktion. 12. September 1670 [...] ist von Christian Kirchner, berühmtem Buchführer [Buchhändler] in Leipzig, die erste Bücherauktion gehalten und Herrn D[oktor] Lysers hinterlassene schöne Bibliothek zuerst verauktioniert worden.

Johann Jacob Vogel: a. a. O. S. 741

Glücksbude. Januar 1672 Im Neujahrsmarkt richtete ein Augsburger einen Glückstopf auf 20000 Taler Wert an, darinnen der beste Gewinst, ein großer silberner Spiegel, auf 1000 Taler taxiert, die geringsten, silberne Balsambüchslein, eines Talers wert waren. Weil aber keine Liebhaber sich fanden, welche das Gewisse nach dem Ungewissen werfen wollten, weil unter 20000 Zetteln mehr nicht als 600 Gewinste oder Gratien waren, ward die Glücksbude zeitlich [beizeiten] wieder geschlossen und der Glückstopf kassiert.

Johann Jacob Vogel: a. a. O. S. 744

158 Haus in der Hainstraße. Federzeichnung und Deckfarbenmalerei von Christian Richter. 1662

Aus der Anordnung des Kurfürsten Johann Georg II. von Sachsen über die Straßenreinigung in Leipzig. 4. März 1680 [...] Demnach bei unserer letzten Anwesenheit zu Leipzig wir sowohl selbst als auch sonst wahrgenommen, wasgestalt wegen des für [vor] den Türen liegenden Schutts, Schlamms und Unflats, der zuweilen ganze Wochen und länger unweggeführt bleiben soll, die Unsauberkeit der Gassen und gemeinen Plätze einig und allein herrührt. Und wir dahero der erheblichen Notdurft erachtet, diesem Übelstand um soviel mehr nachdrücklich zu begegnen, je mehr bei itzigen [jetzigen], der Infektion halber ohndies gefährlichen Zeiten durch den häßlichen Gestank zu einer ansteckenden Seuche leichtlich Anlaß und Beförderung gegeben werden möchte.

Also begehren wir [...], ihr wollt zu Aufbringung der hierzu benötigten Kosten das gewöhnliche Opfer- und Wächtergeld verdoppeln, dabei aber gute Anstalt machen, daß der Schutt, Schlamm und Unflat von den Gassen und gemeinen Plätzen täglich weggeschafft und die verordneten Mittel zu nichts anders denn zu solchem Ende angewendet werden mögen [...]

Stadtarchiv Leipzig: Urkundenkasten 12, Nr. 34

ACTA
ERUDITORUM
ANNO MDCLXXXIV
publicata,
ac
SERENISSIMO FRATRUM PARI,
DN. JOHANNI
GEORGIO IV,
Electoratus Saxonici Hæredi,
&
DN. FRIDERICO
AUGUSTO,
Ducibus Saxoniæ &c. &c. &c.
PRINCIPIBUS JUVENTUTIS
dicata,
Cum S. Cæsareæ Majestatis & Potentissimi Electoris Saxoniæ Privilegiis.

LIPSIÆ.
Proftant apud J. GROSSIUM & J. F. GLEDITSCHIUM.
Typis CHRISTOPHORI GüNTHERI.
Anno MDCLXXXIV.

159 Titelblatt der vom Leipziger Professor Otto Mencke begründeten ersten deutschen Gelehrtenzeitschrift. 1684

160 Sächsische Münzen. Silber- und Kupferprägungen. 17./18. Jahrhundert

Aus der Verordnung über die Bücherauktionen. 13. Juni 1680

[...]

§ 1. Wann [wenn] jemand eine Auktion anzustellen gemeint ist, der soll zuvorhero bei seiner ordentlichen Obrigkeit sich deswegen anmelden, den Catalogum der Bücher, so zu verauktionieren, überreichen, bei denjenigen, denen bei der Akademie die Zensur zukommt, zensieren lassen und darauf Bescheides gewarten, auch, eher ihm solches verwilligt, den Catalogum nicht anschlagen.

§ 2. Es soll niemanden Bücher einzeln oder in Bibliotheken Gewinsts halben zusammenzukaufen, solche hernach miteinander zu verauktionieren, verstattet sein, wer aber eine Bibliothek ererbt oder an Schuld annehmen müssen und solches zu bescheinigen hat oder auch sonst zu seinem Gebrauch angeschafft und ihm hernach einige darunter nicht nötig zu sein befinden würden, dem ist solche durch Auctiones zu distrahieren [einzeln zu verkaufen] unverboten.

§ 3. Wann eine Auktion zu halten, soll der Catalogus genau und ordentlich gefertigt, die Bücher richtig numeriert, die Autores mit Vor- und Zunamen wie auch die Materia oder Titel eines jeden Buches, sowohl die Zeit und Ort, da es gedruckt, deutlich dareingebracht und hernach derselbige zum wenigsten 14 Tage vor angestellter Auktion auf vorher ausgebrachte Vergünstigung gebührend publiziert und angeschlagen werden, der Auktionierer aber alle darin beniemte [benannte] Bücher in der Auktion zu liefern schuldig sein, bei Strafe eines Reichstalers von jedem Buch, so nicht vorhanden. Inmaßen denn zu solchem Ende die löbl[iche] Universität bei den Ihrigen, E. E. Hochw. Rat aber bei den Seinigen die Bücher nach den Catalogis, sooft es ihnen gefällt, besichtigen zu lassen sich hiermit vorbehält, und soll diesem Abgeordneten ein jeder Auktionierer dieselbigen auf Begehren vorzuzeigen schuldig sein.

§ 4. Einen oder zwei Tage vor angehender Auktion sollen die Bücher nach Ordnung des gedruckten Catalogi aufgesetzt und denen, so es begehren, gezeigt werden.

§ 5. Alle Bücher, so zu verauktionieren, sollen durch niemand anders als durch den hierzu von seiner ordentlichen Obrigkeit, entweder von der löbl. Universität oder E. E. Hochw. Rat, verpflichteten Praeconem [Verkünder] ausgerufen werden, derselbige aber die Bücher nach Ordnung des Catalogi vornehmen, anfänglich die Zahl des Buches laut ansagen, nachmals auf die Gebote, so darauf getan werden, mit Fleiß achthaben und jedesmal das Höchste mit vernehmlicher Stimme, damit es alle, die im Zimmer seind, hören mögen, ausrufen, auch, wenn er merkt, daß die Lizitanten [Bieter] nicht mehr nachsetzen, den höchsten Preis, so lizitiert worden, zum ersten, anderen und dritten Mal, jedesmal absonderlich, melden und, dafern vor Ausrufung des dritten Mals niemand ein mehreres beut [bietet], alsdann das Buch um den Preis, damit es zum dritten Mal ausgerufen, demjenigen, so denselben geboten, zuschlagen.

§ 6. Welch Buch einmal in den Catalogum gesetzt und in die Auktion kommen ist, kann daraus unter dem Vorwand gar zu geringen Preises noch aus einiger anderen Ursache und Schein, wie die Namen haben mögen, nicht zurückgenommen, sondern soll um den darauf gesetzten Preis den Meistbietenden hingelassen werden [...]

§ 7. Wer Bücher verauktioniert, mag weder selbst noch durch andere lizitieren, da sich auch Verdacht ereignen würde, daß der Verkäufer andere suborniere [heimlich anstifte], nur zum Schein auf die Bücher zu bieten und dadurch dieselbigen hoch aufzutreiben, so sollen beides, der Auktionierer und der sich dazu gebrauchen läßt, auf eingezogene Erkundigung mit allem Ernst willkürlich, auch wohl mit Gefängnis und sonsten nachdrücklich gestraft werden.

§ 8. Ingleichen soll nicht verstattet sein, ein Buch mit einem gewissen Preis unterm Vorgeben, es wäre schon so viel darauf geboten, ausrufen zu lassen, sondern alle Bücher sollen nicht anders als mit dem Preis, so während der Auktion darauf gesetzt wird, ausgerufen, auch darum erstanden und hingelassen werden, bei Verlust der Bücher und anderer willkürlicher Strafe.

§ 9. Wer auf ein Buch zu bieten gesonnen, soll dasselbe deutlich mit Vermeldung einer gewissen Zahl Geldes tun; nachdem auch einer einmal ein Gebot getan, er sei gleich der erste gewesen oder daß er einen anderen übersetzt, dafern das Buch darum erstanden wird, kann er nicht wieder zurücktreten, sondern ist dasselbige zu bezahlen und anzunehmen schuldig.

§ 10. Begäbe sich's, daß zwei oder mehr einerlei Gebot auf ein Buch täten, so ist der erste den anderen vorzuziehen. Da aber der Zeit halben entweder gar kein Unterscheid oder die Sache zweifelhaftig wäre und niemand etwas mehreres bieten wollte, sollen sie durchs Los entschieden werden.

§ 11. Wann ein Buch erstanden, ist der Auktionierer solches eher zu übergeben und folgen zu lassen nicht schuldig, bis er den darauf gesetzten Preis wirklich empfangen, es wäre denn, daß er gutwillig jemand borgen und nachsehen wollte.

§ 12. Wer Bücher verauktioniert, ist darüber die Gewähr zu leisten verbunden, soll auch für die verschwiegenen Defecta, wenn solche, ehe und bevor der Käufer die Bücher hinwegtragen läßt, in den Exemplarien befunden und angezeigt werden, stehen und die mangelhaften Bücher dieserhalben wieder zurücknehmen. [...]

Stadtarchiv Leipzig: Titel I, Nr. 37

Verbot des Haltens von Schweinen in der Stadt. 1680 Hiernächst so geschah auch von wohlgemeldetem Rat Befehl, daß kein Bürger in der Stadt Schweine halten und selbige vor [für] sich oder vor andere mästen sollte. Im Fall aber einige Schweine hielten, sollten sie dieselben abschaffen und die Koben einreißen, damit nicht durch den Gestank die Luft verunreinigt und zur Kontagion [Übertragung einer Krankheit] Anlaß gegeben würde. Diesem nach wurde der Obervogt mit etlichen Zimmerleuten und Stadtknechten befehligt, die Häuser zu visitieren und die befindlichen Schweinställe einzuschlagen und niederzureißen.

Johann Jacob Vogel: a. a. O. S. 785

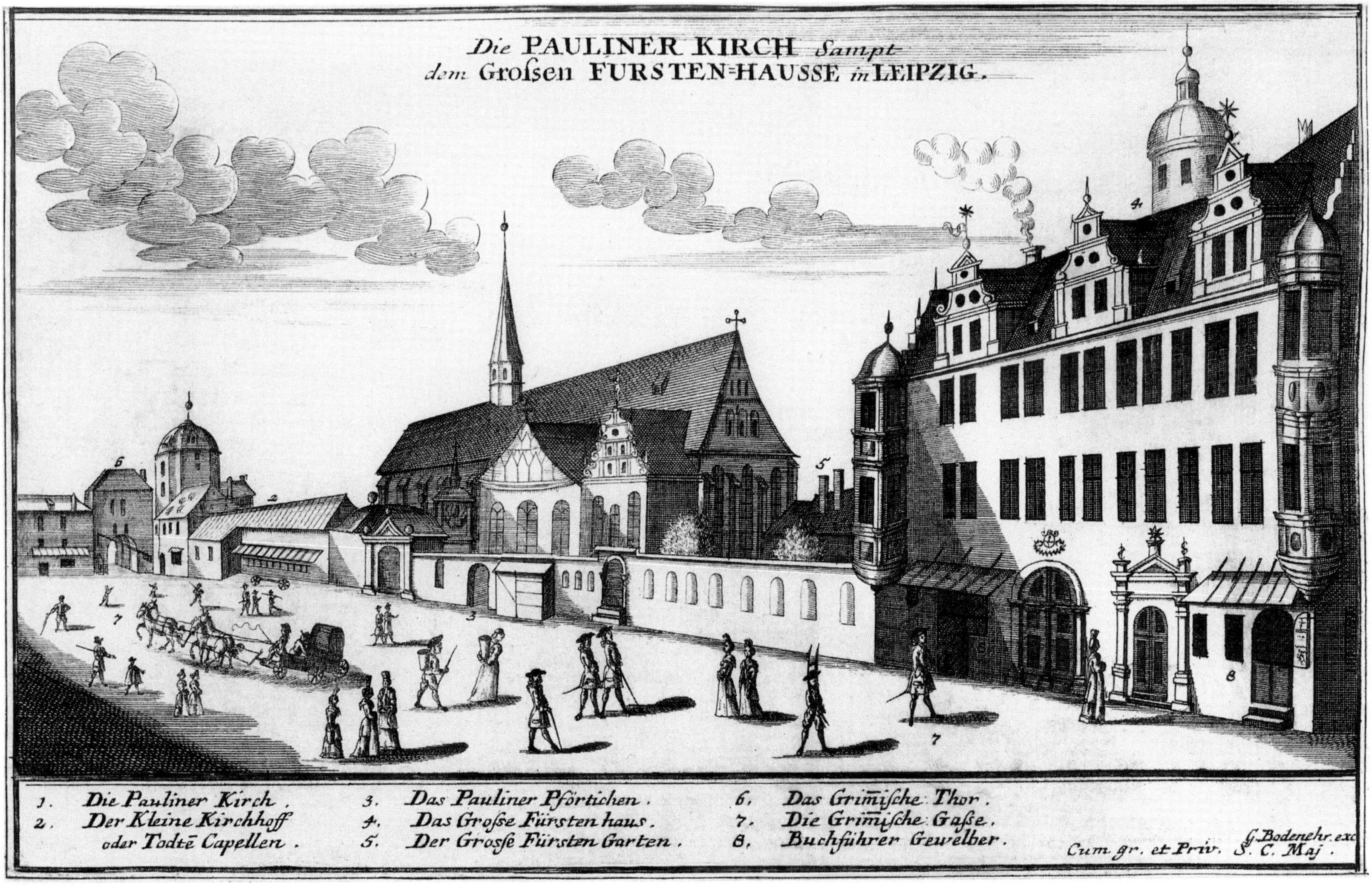

161 Paulinerkirche und Fürstenhaus. Kupferstich von Gabriel Bodenehr. Um 1700

Pest lähmt öffentliches Leben. 1680

Der Zustand, den es dazumal in der lieben Stadt Leipzig hatte, war [...] betrübt und kläglich [...] Am Tag sah und hörte man wenig, so einen hätte erschrekken können. Diejenigen, so das Unglück betroffen, waren übel genug dran und fühlten die schwere Hand Gottes am meisten; des Abends und Nachts, wenn die Leichen begraben oder die Kranken abgeholt wurden, hielt sich jeder soviel [wie] möglich zu Hause. Der Gottesdienst wurde in den Kirchen ordentlich gehalten, die Predigten täglich und die Austeilung der heil[igen] Sacramenta nicht nur sonntags wie gewöhnlich verrichtet, sondern [...] auch in der Woche [...] Die Betstunden wurden alle Tage, sowohl öffentlich in den Kirchen in großer Frequenz als privatim in den Häusern, sehr eifrig gehalten [...]

Und weil man in den Gedanken stund, es würde der Landmann sich scheuen, die benötigten Viktualien zu Markte zu bringen, wurden Plätze vor der Stadt, auch Vorstadt abgesehen, auf welchen sie Fleisch und andere Viktualien, auch Holz und nötige Bedürfnisse hätten können feilhaben. Nachdem aber der Bauersmann allsachte sich zum Hereingehen gewohnt hatte, auch wohl sah, daß in der Stadt man von keinen Kranken oder Leichen etwas hörte oder sah, [...] blieben sie bei der Haltung der öffentlichen Markttage und hüteten sich nur, in die Häuser zu gehen, welches auch E. E. Rat also durch Verbietung des sogenannten Hausierens [...] befohlen hatte [...]

Die Gewölbe, Kram-Laden, Apotheken und dergleichen wurden alle offen und nur mit Untertüren zugehalten, damit nicht ein jedes Unbekanntes unangemeldet hineintreten konnte; die Haustüren wurden alle zugehalten und dadurch das Überlaufen der Bettler verhindert [...]

Inmaßen E. E. Rat [...] durch ein öffentliches Patent alle und jede Bürger und Einwohner beweglich und ernstlich ermahnen lassen, daß wenn jemand in ihren Häusern und Wohnungen an gefährlichen Krankheiten liege oder verstorben, daß sie alsdenn der Billigkeit sich bescheiden, sich selbst und die Ihrigen innen halten und durch unvorsichtiges Ausgehen ihren Nächsten keinen Schaden, Gefahr und Schrecken veranlassen, sondern der Kirche, ordentlichen Gottesdiensten und des Beichtstuhls, wie auch des Rathauses, Marktes und anderer sowohl öffentlicher als Privatzusammenkunft, ingleichen die ordentlichen Stadtprediger in ihre Häuser zu bemühen sich gänzlich enthalten sollten [...]

Die ordentlichen Leichenbegängnisse wurden insgemein so am Tag als bei Nacht ausgesetzt, teils damit die Leute aus verdächtigen Häusern sich nicht mit einfinden möchten, teils da-

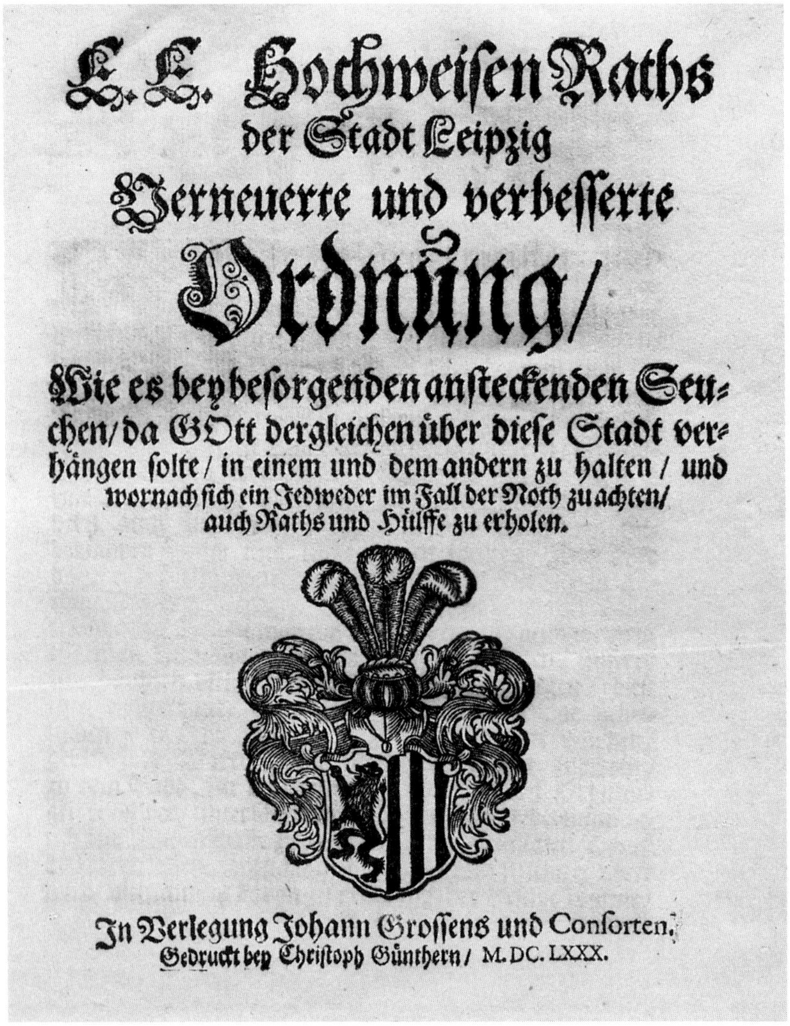

E. E. Hochweisen Raths der Stadt Leipzig Verneuerte und verbesserte Ordnung/ Wie es bey besorgenden ansteckenden Seuchen/ da GOtt dergleichen über diese Stadt verhängen solte/ in einem und dem andern zu halten/ und wornach sich ein Jedweder im Fall der Noth zu achten/ auch Raths und Hülffe zu erholen.

In Verlegung Johann Grossens und Consorten. Gedruckt bey Christoph Günthern/ M.DC.LXXX.

162 Titelblatt der Leipziger Seuchenordnung. 1680

163 Georgenhaus am Ostausgang des Brühls. Kupferstich. 1702

mit die Zusammenkunft so vieler Leute in engen Häusern nicht etwas erregen sollte, teils daß die Einwohner durch so viel Glockengeläute und stündliche Ausführung der Verstorbenen nicht mehr erschreckt würden [...]

Wie nun der allerhöchste Gott diese Stadt nach seiner Gerechtigkeit mit der Seuche der Pestilenz dieses Jahr heimgesucht, also hat er hinwiederum nach seiner großen Güte derselbigen gänzlichen Einhalt getan, also daß zu Ausgang des 1680sten Jahres solche völlig [...] aufgehört, daß dergestalt [...] das ganze Jahr, Reine und Infizierte in allem, 3212 Todes verblichen, [...] dergestalt daß von 1267 Häusern in der Stadt und Vorstadt die Pest nur 288 und also etwan den 5ten Teil betroffen [...]

Johann Jacob Vogel: a. a. O. S. 792ff.

Umgestaltung des Rathaussaals. Juni 1681 Dahero nicht allein die Gasse vom Grimmischen Tor an bis an das Schloß ausgebessert, sondern auch der Rathaussaal und die Bilder darauf renoviert, ingleichen am Ende des Saals der Auftritt beim Eingang in die Ratsstube quer über den Saal vergrößert, in der Mitte aber noch eine Erhöhung, 9 Ellen lang, 6 Ellen breit, auf welche man 3 Stufen zu steigen hatte, aufgesetzt, darüber ein Himmel von gleicher Länge und Breite, mit schwarzem Tuch bezogen, an den Seiten mit herunterhangenden und mit großen Quasten aufgebundenen Umhängen geziert, der ganze Platz aber ringsherum von der Decke bis auf den Fußboden und bis auf das vorstehende, mit drei Eingängen aufgerichtete Geländer mit dergleichen Tuch bekleidet, sowohl der ganze Boden damit belegt wurde. Auf der mittleren Erhöhung, unter den darüber gefertigten Himmel, ward ein schwarzer, samtner Armstuhl gesetzt, zu dessen rechter Hand anstatt des Bildnisses vom Jüngsten Gericht, welches damals herabgenommen war, das kurfürstliche Bildnis in Lebenslänge, welches der kurfürstliche sächs[ische] Hofmaler erst gemalt, auf das Tuch angemacht, zur linken wegen des Fensters das daran hangende Tuch mit Banderolen aufgebunden; hinter dem Stuhl, von der Decke bis auf den Boden des Throns, war eine große, abrunde, schwarzglänzende Leinwand, mit Fransen und Quasten ausgeziert, angeheftet, über welcher der Kurhut gesetzt [...]

Johann Jacob Vogel: a. a. O. S. 804

164 Markt mit Altem Rathaus. Kupferstich von Johann Stridbeck d. J. Um 1700

Aus der Judenordnung der Stadt. 2. Oktober 1682

[...]

Zum ersten. Keinem Juden soll verstattet werden, anher zu handeln, der nicht von seiner Obrigkeit ein Attestatum bringt, daß er ein ehrlicher Handelsmann sei, wenigst sollen sie dessen genugsamen und beglaubten Schein vorlegen.

Zum anderen. Keiner soll in der Vorstadt, außer was Pferdejuden sind, von welchen hiernächst ein mehreres, logieren, bei Strafe zwanzig Taler.

Zum dritten. Ein ankommender Jude, er sei, wer er wolle, keinen einzigen ausgeschlossen, soll in dem Tor, durch welches er hereinkommt, einen Angebezettel vom Zöllner nehmen und seinen Namen wie auch alle anderen Namen, damit er sonst genennt wird, auch den Ort seiner Wohnung darein setzen und die Stunde seines Ankommens melden lassen, bei Strafe zwanzig Taler.

Zum vierten. Mit diesem Zettel soll er innerhalb vierundzwanzig Stunden sich auf der Waage oder, wenn solche wegen Sonntags oder Feiertags geschlossen, bei den Waagedeputierten sich anmelden und dabei berichten, woher er komme, was sein Tun und Handel sei, ob er allhier einkaufe oder verkaufe, ob er einen Kompagnon habe, wer der sei, wo er logieren wolle, welches alles auf seinen Angebezettel zur Nachricht wegen seiner künftigen Abfertigung geschrieben werden soll, bei obiger Strafe der zwanzig Taler.

Zum fünften. Auch soll er sich innerhalb solcher Zeit beim Stadtgericht angeben und sein Schutzgeld abstatten [...]

Zum sechsten. Die Angebe-, Schutz- oder Mautzettel, auch gelben Flecklein soll jeder Jude stets bei sich tragen und schuldig sein, jedwedem der Ratsdiener oder auch Stadtknechte solchen auf Begehren vorzuzeigen [...]

165 Isaak segnet Jakob. Illustration aus dem Stammbuch des Leipziger Magisters Johannes Frentzel. Deckfarbenmalerei. 1649

Zum siebenten. Kein Jude soll sein Gut zu einem anderen pakken, es wäre denn, daß er anfangs seinen Kompagnon im Hereinkommen auf dem Angebe- oder Torzettel mit benennen lassen, bei Strafe dreißig Taler.

Zum achten. Die Juden sollen ihre Waren sowohl im Hereinkommen als Ausgang richtig angeben [...]

Zum neunten. Keiner soll seine Waren hier also einkaufen, daß solche ihm franko vor die Stadt geliefert werden, noch vermittels eines Christen, er sei ein hiesiger oder fremder, etwas davon hinauspartiere [hinausschmuggle], bei Verlust der Waren [...]

Zum zehnten. Alle Juden sollen sich der Erkaufung gestohlener oder verdächtiger Sachen, Partiererei mit den Handels- und Krambedienten, Weibern, Kindern, Gesinde und dergleichen enthalten, bei willkürlicher Strafe.

Zum elften. Die Judenweiber sollen obigen Punkten allen wie auch der Judenknechte nachleben, bei der dabei gesetzten Strafe.

[...]

Zum dreizehnten. Derjenige Jude, der nicht von seiner Obrigkeit ein Attestatum bringt oder sonst dartun kann, daß er ein Handelsmann oder Kramer sei, der auch wirklich allhier nichts Sonderliches und wenigst auf sechshundert Taler Wert, es sei im Kaufen oder Verkaufen, negotiert [umsetzt] und dafür bezahlt, soll hier nicht geduldet werden oder wenigst, wenn er einmal hiergewesen, nicht wiederkommen dürfen, bei Strafe des Gefängnis auf seine eigenen Kosten, und zwar so lange, bis er wieder abreist.

[...]

Zum siebzehnten. Diejenigen, so Kleider allhier verkaufen wollen, sollen nicht zugelassen werden, wie auch nicht diejenigen, welche verdächtige Mobilien allhier verhandeln wollen.

Zum achtzehnten. Die Roßtäuscher [Roßtauscher, -händler] mögen zwar allhier vor der Stadt bei ihren Pferden bleiben, jedoch sollen sie sich ebenmäßig binnen 24 Stunden auf der Waage anmelden und was sie hier tun wollen, auch von allen Gebühren den Bericht geben, ihr Schutzgeld gleich anderen abstatten und sich ehrlich verhalten; von Knechten soll keiner über einen, der ein Jude, bei sich haben, die übrigen sollen Christen sein; wenn solche Roßtäuscher in anderen Verrichtungen etwas tun, sollen sie auch die Gebühr davon abstatten, ihre Zettel und Flecklein ebenmäßig bei sich tragen, alles bei den auf die Verbrecher gesetzten Strafen.

[...]

Zum einundzwanzigsten. Jüdische Musikanten sollen nicht anderes allhier handeln und doch jede Person einen Dukaten erlegen.

Zum zweiundzwanzigsten. Wann [wenn] die Juden wieder abreisen wollen, sollen sie auf die Waage kommen, ihre Maut-, auch Angebezettel vorweisen und, wenn sie noch nicht auf 600 Taler Wert in Verkauf oder Einkauf freigemacht, den erst vergnügen [Genüge tun, leisten], dergleichen sollen auch andere als [wie] Jubelierer [Juweliere], Federjuden, Mäkler, Hofjuden, Einkäufer etc. tun und sodann der Passierzettel empfangen, diejenigen aber, so ohne Treffung gebührender Richtigkeit oder ohne Nehmung des Passierzettels von hier abreisen, sollen bei ihrer Wiederkunft entweder gar nicht ferner geduldet oder doch um fünfzig Taler, und zwar jede Person, unnachläßlich gestraft werden.

[...]

Stadtarchiv Leipzig: Urkundenkasten 13, Nr. 25

166 Kürschnerpokal. Gefertigt von Johann Scholler. Silber, teilvergoldet. 1676

167 Titelblatt des ersten Leipziger Adreßkalenders. 1701

Hartes Vorgehen gegen Steuersünder. 24. März 1683 Demnach E. E. Hochw. Rat der Stadt Leipzig bis anhero wahrgenommen, welchergestalt die bürgerliche Kontribution [...] der Gebühr nach nicht einbracht worden, [...] also will wohlgedachter Rat alle und jede Kontribuenten bei dieser Stadt kraft dieses endlich ermahnt haben, daß nicht allein ein jeder, [...] was er bis dato restiert [im Rückstand ist], allsofort und ungesäumt erlegen, sondern auch hinfüro jederzeit, sobald ein Termin [...] gefällig, [...] selbigen gehörigen Orts abtragen oder widrigenfalls [...] mit scharfer militärischer und anderer zulänglicher Exekution, und zwar dergestalt, daß der kurfürstl[ichen] sächsischen Ordinanz [Anordnung] gemäß die auf Exekution Abgeschickten sich in des säumigen Bezahlers Haus einlegen, von demselben mit Speis und Trank verpflegt oder ihnen der gesetzte Wert davor [dafür] gereicht und sie nicht eher, als bis der ganze Rest abgetragen, von dannen weichen werden, womit man doch männiglich [jedermann] gerne verschont sehen wollte [...]

Tausend Jahre deutscher Vergangenheit [...]. Bd. 2. Leipzig 1911. S. 19

Statuen für die Börse. Juni 1683 Den 15. Junii und folgende Tage wurden die auf der neuerbauten Börse stehenden Statuen und Kugeln [Vasen], derer jener an der Anzahl vier sind und die Pallas [Athene, der römischen Göttin Minerva entsprechend], den Apollo, die Venus und Mercurius vorstellen und jedes über zehn Zentner wiegt, dieser aber 28 sind, aufgezogen und auf die oberste Galerie und vier Ecken gestellt.

Johann Jacob Vogel: a. a. O. S. 824

Vereidigung der Buchdrucker. 9. Mai 1684 [...] sind die Buchdrucker insgesamt [...] allhier in der Ratsstube vereidet und ist von ihnen nachfolgendes Jurament [Gelöbnis] abgelegt worden:

168 Merkur. Gipsabguß des von Johann Caspar Sandtmann geschaffenen Sandsteinoriginals für die Balustrade der Alten Handelsbörse. 1683

Ich [...] schwöre zu Gott, daß ich alles dasjenige, was mir in meiner Druckerei zum Druck gegeben wird, wie es auch Namen haben möge, ausgenommen, was eine löbliche Universität und E. E. Rat allhier an gemeinen Ordnungen, Patenten und anderen dergleichen Polizeisachen drucken lassen, nicht eher zu drucken anfangen wollte, bevor es von dem Decano der Fakultät, in welche die geschriebenen Materien gehörig, oder wem sonsten die Zensur derselben zukommt, zensiert und mir dessen genugsamer Schein eingehändigt worden. Ich will auch tüchtige Correctores, so der Sprachen, in welchen die Sachen geschrieben, kundig und erfahren sind, bei meiner Druckerei verordnen und halten und hierwider in keine Wege [keineswegs] handeln [...] So wahr mir Gott helfe etc.

Johann Jacob Vogel: a. a. O. S. 831

Fremdländische Tiere. 23. August 1684 [...] kam zu Leipzig ein fremder Mann aus Holland mit raren und unterschiedlichen ostindianischen [ostindischen] Vögeln und Tieren an und ließ selbige ums Geld sehen, als [wie]: zwei große indianische Raben mit dicken, krummen, weißen Schnäbeln und langen Schwänzen. Die Backen waren weiß, mit subtilen schwarzen Adern eingesprengt, unterm Schnabel, eines Daumens breit, hatten sie einen blaugrünen Flecken, am Kopf, Hals, Bauch und Schwanz purpurrot, auf dem Rücken unter den Flügeln blaugrün, auf den Flügeln obenher dunkelrot, an der Seite herunter sittichgrün und gegen die Spitzen zu gelbicht, ins Schwarze laufend. Ihr Geschrei war wie eines gemeinen Rabens, doch an der Größe des Leibes waren sie etwas größer, und ward jeder vor [für] 100 Reichstaler gehalten. Ferner waren zu sehen zwei weiße Vögel in der Größe einer Taube, Cacaton [Kakadu] genannt, hatten auf den Köpfen schwefelgelbe Kappen wie die Wiedehopfe, gegen den Rücken zu gebogen, wenn sie selbige aber in die Höhe richteten, so beugten sie solche gegen den Schnabel zu und präsentierten so denn eine rechte Lilie, hatten krumme Schnäbel, gelbichte Backen und gelbichte Spitzen an Schwänzen, sonst war alles weiß an ihnen, und ward jeder auf 80 Reichstaler geschätzt. Item [ferner] ein fremder Vogel [...] in der Größe eines holländischen Stößers, hatte einen gebogenen, dicken, roten Schnabel, der Hals, Kopf und Rücken war sittichgrün, der Schwanz gelbrot, schwärzlich und grün Karpfenschüppicht durcheinander. Der Preis dieses Vogels war 120 Taler [...] Einen Pavian, einen jungen Affen, 2 kleine Meerkatzen, so ein wenig größer als ein Eichhorn, Totenkopf genannt, und außer diesen noch fünf Stück kleine Meerkatzen, worunter eine so einen grünen Bart hatte.

Johann Jacob Vogel: a. a. O. S. 835

169 Alte Handelsbörse auf dem Naschmarkt. Kupferstich von Gabriel Bodenehr. Um 1700

Hochzeiten ohne öffentliche Kirchgänge. 1684 Dieses Jahr sind die Processiones und öffentlichen Kirchgänge bei Hochzeiten eingestellt worden und ist aufkommen, daß Braut und Bräutigam mit zwei Männern und Weibern nach Beschaffenheit ihres Standes in die Kirche zur Trauung entweder fahren oder gehen.

Johann Jacob Vogel: a. a. O. S. 831

Große Kälte. Januar 1685 Den 2. Januarii hat sich die Kälte sehr heftig angelassen, maßen sie [...] so grausam worden, daß sie auch um 3½ Grad höher als vorm Jahr, da sie nur 26½ Grad gewesen, gestiegen.

Johann Jacob Vogel: a. a. O. S. 837

Italienische Sängerin. Oktober 1685 So ist auch den 3. Octobr[is] die berühmte italienische Sängerin La bella Margaretha von Bononien, welche kurfürstlicher Durchlauchtigkeit vom Herzog zu Mantua rekommandiert [empfohlen] worden, in einer Karosse allhier ankommen, in dem Amlungischen Hause am Markt eingekehrt und hat sich unterschiedliche Mal diese Messe über mit großer Verwunderung und gutem Vergnügen der Anwesenden, sowohl der Einheimischen als Fremden, hören lassen.

Johann Jacob Vogel: a. a. O. S. 842

170 Christian Thomasius. Kupferstich von Martin Bernigeroth. Erstes Drittel des 18. Jahrhunderts

Feuersbrunst am Markt. 22. April 1686 [...] entstund zur Nacht zwischen 1 und 2 Uhr in D. Schlaffs Haus am Markt bei der Petersstraße auf dem Boden, wie man mutmaßte durch Verwahrlosung eines Tischlergesellen, welcher mit der Kohlenpfanne bei den Spänen unvorsichtig umgangen, eine große und gefährliche Feuersbrunst, welche die ganze Stadt in große Furcht und Schrecken und das Gebäude, welches vor wenig Jahren nur war renoviert und mit schönen Gemächern ausgeziert worden, ehe schleunige Hilfe geschehen kunnte, in volle Flamme setzte und dieses bis auf den untersten Stock verderbte. In diesem Feuer sind zwei Personen, so sich verfallen, elendiglich verdorben, darunter ein Knecht, welcher Wasser zuführte und von dem um das Haus zuoberst herumgeführten und herunterfallenden Sims erschlagen wurde.

Johann Jacob Vogel: a. a. O. S. 846

Maßnahmen gegen Judenbedrängung. 18. August 1687 Wir Bürgermeister und Rat der Stadt Leipzig hiermit urkunden, wasmaßen uns die sämtliche anhero handelnde Judenschaft in Schriften zu vernehmen gegeben,
[...] daß sie bei Besuchung der hiesigen Märkte auf den Gassen hin und wieder von Einheimischen und Fremden mit Werfen, Schlagen, Begießen, Ausschreien und anderen dergleichen Beginnen verfolgt und geschimpft, auch dadurch zum öftern an ihren Markt- und Handelsverrichtungen gehindert würden, dahero uns dawider um obrigkeitlichen Schutz sie gebeten. Wann wir dann solchen Frevel und Mutwillen keineswegs nachzusehen gemeint, zumal derselbige wider die Marktfreiheit lauft, den [all]gemeinen Ruhestand stört und allerhand Böses nach sich ziehen kann, also verordnen wir kraft dieses, daß hinfüro sich niemand an [einem] einzigen Juden weder

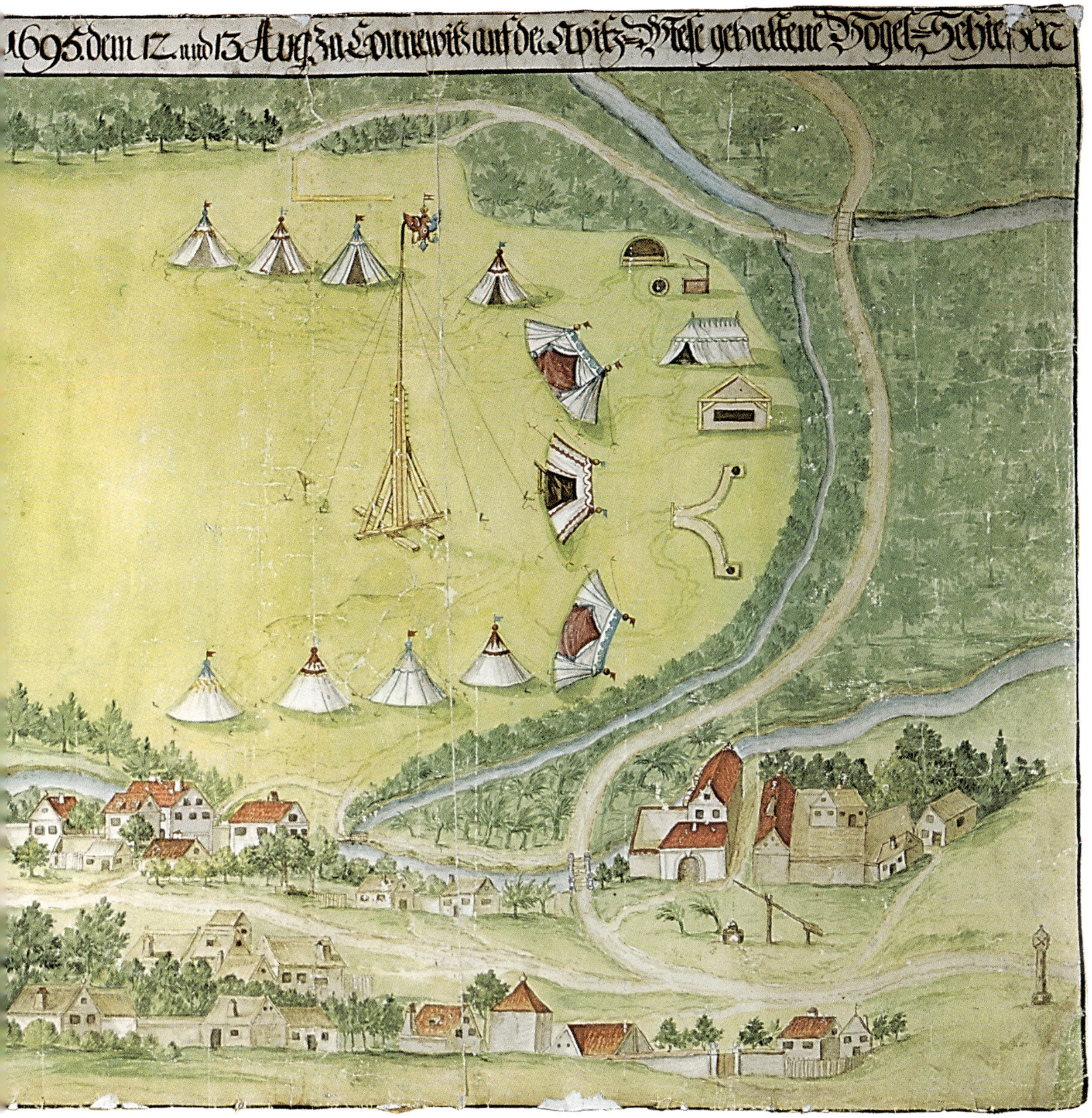

172 Armbrust.
Prunkwaffe der Leipziger Schützengilde mit gravierten Elfenbeineinlagen.
17. Jahrhundert

171 Vogelschießen des Rates in Connewitz (rechts unten das ›Connewitzer Kreuz‹ – siehe Abbildung 110). Aquarell. 1695

mit Worten noch Werken vergreifen [...] solle [...]

Tausend Jahre deutscher Vergangenheit [...]. Bd. 1. a. a. O. S. 430

Aus Christian Thomasius' erster Vorlesungsankündigung in deutscher Sprache. 24. Oktober 1687 So ist auch offenbar, daß wir in Teutschland unsere Sprache bei weiten so hoch nicht halten als die Franzosen die ihrige. Denn anstatt, daß wir uns befleißigen sollten, die guten Wissenschaften in teutscher Sprache geschickt zu schreiben, so fallen wir entweder auf die eine Seite aus und bemühen uns, die lateinischen oder griechischen Terminos technicos mit dunkeln und lächerlichen Worten zu verhunzen, oder aber wir kommen in die andere Ecke und bilden uns ein, unsere Sprache sei nur zu den Handlungen im gemeinen Leben nützlich oder schicke sich, wenn es aufs höchste kömmt, zu nichts mehr, als Histörgen und neue Zeitungen darinnen zu schreiben, nicht aber die philosophischen oder der höheren Fakultäten Lehren und Grundregeln in selbiger vorzustellen. Denn wieviel sind unter uns, die da meinen, es sei die Wissenschaft der lateinischen Sprache ein wesentliches Stück eines gelehrten Mannes, und wer selbige nicht gelernt habe, der könne ohnmöglich gelehrt sein; ja, ich wollte wetten, daß unter denen, so diesen meinen Diskurs lesen werden, fast die Hälfte dieses ihre erste Zensur werden sein lassen, daß ich ungereimt gehandelt, weil ich solchen nicht in lateinischer Zunge verfertigt [...]

Christian Thomasius: Allerhand bisher publizierte kleine teutsche Schriften. Halle 1701. Nr. I

Neue Schlangenfeuerspritzen. 1690
Demnach auch E. Edl. Rat [...], sonderlich zu möglichster Abwendung großen Schadens bei entstehenden Feuersbrünsten, vier neue lederne Schlangenfeuerspritzen angeschafft und solche in die vier Stadtviertel dergestalt eingeteilt, daß die ins Petersviertel gehörige in ein dazu bereitetes Häuslein an der Thomaskirche, die ins Rannische Viertel in dergleichen Häuslein an der Barfüßerkirche, die ins Hallische Viertel bestimmte am Zimmerhof im Brühl und die ins Grimmsche Viertel bei dem sogenannten Wasserschatz auf'm Sperlingsberg gestellt wurde [...] Besagte Spritzen werden alle Jahre zweimal, vor dem Oster- und Michaelismarkt, probiert und das Volk jeder zu seiner Verrichtung angewiesen und exerziert.

Johann Jacob Vogel: a. a. O. S. 862

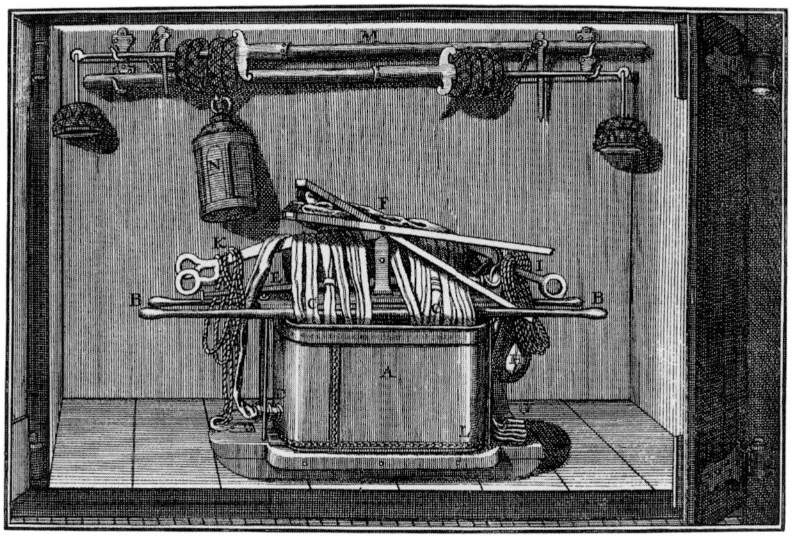

173 Schlangenfeuerspritze. Kupferstich. 1690

174 Breunigkes Hof (später Hohmanns Hof) in der Petersstraße 15. Kupferstich. Um 1710

Aus einem Bericht über den beabsichtigten Bau des neuen Opernhauses im Brühl. 13. September 1692 [...] haben wir uns im Brühl in Herrn Daniel Siegfrieds hinterlassenes Haus begeben und denjenigen Ort im Hof, allwo der kurf[ürstliche] sächs[ische] Vizekapellmeister, Herr Nikolaus Adam Strungk, ein Opernhaus anzulegen vorhabens, in Augenschein genommen. Nun

1. befindet sich zum 1., daß solcher Platz, worauf zur linken Hand ein Schuppen, zur rechten Hand aber Ställe, so mit Brettern bedeckt, in der Länge von der Stadtmauer, da itzo [jetzt] der Schuppen steht, 81 Ellen, in der Breite aber des ganzen Hofes 28 Ellen hält.

2. Scheidet auf der rechten Hand E. Edl. Hochw. Rates unterster Zimmerhof eine Mauer, welcher E. Edl. Hochw. Rat damals, als das Siegfriedische Haus vom Zimmerhof abgeteilt, in der ganzen Länge von hinten bis an ermeldtes Haus aufführen lassen, darinnen auch zum Augenschein auf seiten des Zimmerhofes Bogen und Pfeiler sich befinden.

3. Auf solche Mauer nun verlangt der Herr Vizekapellmeister Strungk dem Vorgeben nach, zum Opernhaus 8 Ellen hoch aufzumauern, daß solche anitzo den allda stehenden Stadtmauerdachfirsten gleichkäme. Wir befinden aber, weil solche Mauer dem Eingraben nach nur auf Erdbögen und Pfeiler gesetzt, nur zur Unterscheidewand sehr schwach angelegt, die oberen Pfeiler auch nicht auf den Grundpfeilern, sondern auf den Erdbögen ruhen, daß also, wann [wenn] oftgedachte Mauer mehr Last bekäme, indem der Grund ohnedies sehr wäßrig und morastig ist, es solches wohl nicht ertragen würde.

4. Und 4., wann erwähntes Opernhaus angelegt werden sollte, so kommt von der Hälfte des Daches das Traufrecht hinüber in E. Edl. Hochw. Rates Zimmerhof und fällt auf die itzt allda befindlichen Baracken oder Soldatenhäuser, welches viel Schaden und Ungelegenheit verursachen würde. Es erbeutet [erbietet] sich aber der Herr Vizekapellmeister Strungk, dafern er auf solche Mauern nicht bauen könnte, eine eigene Mauer aufzuführen [...]

5. Und letztens hat die itzt allda befindliche Stadtmauer das Traufrecht in ermeldten Siegfriedischen Hof, wann nun gedachtes neue Gebäude daran angebaut werden sollte, müßte solches Stadtmauerdach abgetragen und zu einem abseiten Dach angelegt, auch diese Traufe in den Zwinger abgeführt werden [...]

Stadtarchiv Leipzig: Titel XXIV A, Nr. 2, Bl. 14f.

Eröffnung des neuen Ball- und des Opernhauses. 8. Mai 1693
[...] sind das vorm Jahr von neuem erbaute Ballhaus in Breunigkes Hof und das Opernhaus, welches man in den beiden vorhergehenden Monaten im Brühl am unteren Zimmerhof aus'm Grund [von Grund auf] erbaut hat, zugleich eröffnet, in jenem der Ball zum erstenmal geschlagen und in diesem die erste Opera gespielt worden. Den Liebhabern zur Nachricht ließen die Operisten gemalte Schilder auf öffentlichen Gassen aufhängen, auf welchen der Name oder Inhalt der Operae und wenn [wann] diese angehen sollte ihnen notifiziert [angezeigt] wurde.

Johann Jacob Vogel: a. a. O. S. 883

Streit um Hochzeitsfahrten. 1694
Den 1. Februar 1694. Wurde der Hochzeitbitter Johann Caspar Hofmann in die Ratsstube erfordert und ihm angedeutet, was Maßen [welcherweise] aus dem kurfürstl[ichen] sächs[ischen] hochlöbl[ichen] Oberkonsistorium ein gnädigster Befehl an E. E. Hochw. Rat ergangen, vermöge dessen niemand mit Karossen zur Trauung zu fahren ohne ausgebrachte gnädigste Konzession verstattet sein soll,

nach welchem er sich gehorsamst achten und den Leuten, so Hochzeiten zu machen im Begriff wären, es unverzüglich berichten sollte, welches er zu beobachten versprochen.

Den 23. Oktober 1694. Meldete der Hochzeitbitter Johann Caspar Hofmann bei der Ratsstube an, daß heute Herr D[oktor] Johann Christoph Schacher sich in der Kirche zu St. Nikolai trauen und mit 3 Karossen dazu führen zu lassen vorhabens wäre, und als er, der ihm getanen Andeutung nach, des gnädigsten Befehls sie erinnert, hätten sie geantwortet, bei der Universität wüßten sie von keinem solchen Befehl [...]

Stadtarchiv Leipzig: Titel LXII H, Nr. 2

Schäden am Opernhaus. 28. September 1694 Paul Fleischer, Zimmermeister, zeigt an, daß das Opernhaus sich fast um eine halbe Elle geschoben hätte und schiebe sich alle Tage mehr, woraus Gefahr zu vermuten wäre; die Ursache sei, daß es im Dach nicht genug verbunden und verwahrt worden, es wäre dieses schon vorm Jahr erinnert worden und hätte der Baumeister damals versprochen, es sollte gemacht werden, es wäre aber nicht geschehen, jedoch könnte ihm noch geholfen werden und brauchte etwa ein paar Tage Arbeit.

Stadtarchiv Leipzig: Titel XXIV A, Nr. 3, Bl. 2

175 ›Vivat Kursachsen‹. Posament. Leipziger Arbeit. 1691

Aus Christian Reuters satirischer Schilderung seiner Wirtin ›Frau Schlampampe‹. 1696 Wer alte Weiber kennt, weiß wohl, daß ihre beste Arbeit sei, das verdrießliche Klippklapp ihrer zahnlosen Stampfmühlen wohl zu exerzieren und jedweder rechtschaffenen Kompagnie damit das Leben sauer zu machen; alle Waschhaftigkeit [Geschwätzigkeit] aber der alten Fabelmären hat die wohlgeübte Freß-Offizin [Mundwerk] der Frau Schlampampe weit übertroffen. Ihr ganzes Haus schallte von ihrem wiederholten Echo den ganzen Tag wider, und die Ohren der ankommenden Gäste wurden manches Mal so voll von ihrem Plaudern, daß auch der Magen darüber seines Appetits vergaß [...]

Kam sie auf den Markt, so stund sie mitten unter dem Haufen ihrer liederlichen Zuhörer und erzählte, wieviel sie vorige Nacht Flöhe in Däfftle [ihrem jüngsten Sohn] seinem Hemd gefunden, wie sie Herrn Schelmuffsky [ihren ältesten Sohn] bei der jungen Magd im Bett erwischt und daß sie den Jungfertöchtern das Bettuch abermals an den Ofen hängen müssen, weil sie solches mit ihrem jungferlich Ostertau etwas zu sehr angefeuchtet. Bald gab sie der Frau Nachbarin den Rat, wie sie ihrem Mann durch eine gute Kraftsuppe wieder in den Sattel helfen solle, bald wußte sie ein gutes Mittel zu erzählen, wodurch der harte Leib der großen Magd wieder zu eröffnen oder wie der gefährliche Geschwulst der wassersüchtigen Jungfern künstlich zu vertreiben [...] O pfui der garstigen Plauderente! [...]

An unserer Frau Schlampampe kommen alle Tugenden zusammen; zum wenigsten war es eine dreckigte Nahrung, daß sie oftermals mit stinkendem Fleisch, abgestandenen Fischen, altbacken Krebsen und an dem Pips verreckten Hühnern ihre Gäste akkommodierte. Dreckigt war es, daß sie am Tag aus demjenigen Topf kochte, worin ihr Däfftle des Nachts über das druckende Blasenwasser abgezapft. Dreckigt war es, daß sie vielmal die Kaldaunen mit inwohnendem natürlichem Vorrat in den Topf und auf den Tisch brachte. Dreckigt war es, daß sie die Teller oft mit ihrem Hemd abwischte und, wann kein Wasser bei der Hand war, darauf spie. Dreckigt war es, daß sie unter währender Zubereitung ihrer Speisen öfters unter ihren Pelz fuhr und eine Mandel guter starker Flöhe auffischte, welche sie hernach auf dem Hackebrett schlachtete und massakrierte.

Christian Reuter: Letztes Denk- und Ehrenmal der weiland gewesenen ehrlichen Frau Schlampampe. In: Werke in einem Band. Berlin und Weimar 1965. S. 117ff.

176 Wappen der vier Universitäts-Nationen (Meißen, Sachsen, Bayern, Polen). Mischtechnik auf Holz. Um 1700

Die Wirtin des ›Roten Löwen‹, Anna Rosina Möller (›Frau Schlampampe‹), klagt über Schriften des Dichters Christian Reuter. 15. August 1696 [...] Eure Kurfürstl[iche] Durchl[auchtigkeit] geruhen gnädigst, Ihr von mir mit betrübnisvollem Gemüt in aller Demut untertänigst hiermit vortragen zu lassen, wie daß ohnlängst ein sogenannter Studiosus namens Christian Reuter nach Art einer Komödie und unter dem Titel ›Die ehrliche Frau‹ [›Die ehrliche Frau zu Plißine‹] eine üppige und höchst schimpfliche Schmähschrift und Pasquill [Schandschrift] auf mich und meine Kinder, nebst Andichtung schändlicher Zunamen, zu unserer größten Beschimpfung nicht nur in Schriften verfertigt, sondern auch selbiges vermittels eines heimlichen Verlegers, jedoch – wie alle Pasquillanten pflegen – ohne Beifügung seines, ingleichen des Druckers und des Verlegers Namen, auch Auslassung des Ortes, gar zum öffentlichen Druck befördert und verkaufen lassen. Nun ist zwar obengenannter Pasquillant, nachdem vorhero viele Indicia wider ihn sich geäußert, bei hiesiger löbl[icher] Universität in gefängliche Haft genommen und wider ihn mit der Inquisition verfahren, auch [...] ihm die Relegation auf einige Jahre zuerkannt worden, allein es hat die Exekution solches Urteils der Pasquillant unter dem Prätext [Vorwand], eine Defension [Verteidigung] wider selbiges zu führen, bis dato gehindert, da dann inzwischen eine auf meinen in vorigem Pasquill unter dem schimpflich angedichteten Namen Schelmuffsky eingeführten Sohn gerichtete anderweitige Schmähschrift unter dem Titel ›Schelmuffsky Reisebeschreibung‹ mit gleichmäßiger Verschweigung des Autoris, Druckers und Verlegers nicht nur bereits in öffentlichen Druck gekommen und hin und wieder vertrödelt [vertrieben] worden, sondern auch gewisse Nachricht eingelaufen und hiernächst die [all]gemeine Sage [Rede] ist, daß noch zwei üppige und schändliche Schmähschriften auf meine beiden Töchter [›Der anmutige Jüngling Schelmuffsky und die ehrliche Frau Schlampampe‹ als erste deutsche komische Oper sowie die Komödie ›Der ehrlichen Frau Schlampampe Krankheit und Tod‹] bereits unter der Druckerpresse wären [...]

Stadtarchiv Leipzig: Titel XLVI, Nr. 157, Bl. 2f.

177 Disputationsuhr der Universität Leipzig mit Stundenanzeige und Kalendarium auf Holzträger. Gefertigt von Christoph Krentzer. Um 1700/20

178 Leipziger Studententracht um 1700. Kolorierter Kupferstich. 18. Jahrhundert

179 Teile des Instrumentariums zur Deposition, einem alten akademischen Brauch bei der Aufnahme neuer Studenten. Vergröberte und bemalte Holzkopien verschiedener Handwerkszeuge. 1711

Fleischverbrauch. 1696/97 [...] sind dieses Jahr von 1696 Osterheil[ig]abend bis dahin 1697 von den Landfleischern geschlachtet und zum Verkauf gebracht worden: 2721 Rinder, 1092 Kühe, 11835 Schöpse [Hammel], 2100 Schweine, 10266 Kälber, 3979 Lämmer.

Johann Jacob Vogel: a. a. O. S. 900

Der ›Okulist [Augenarzt], Stein- und Bruchschneider‹ Johann Andreas Eisenbart richtet eine Eingabe an den Rat der Stadt. 10. Mai 1697 [...] Daß bei meiner Ankunft auf Ansuchen ich geneigten Konsens von E. Hochedl[en] und Hochweisen Magistrat erhalten, meine von Gott mir verliehene und anvertraute Kunst und Wissenschaft auf öffentlichem Theatro zu proponieren [anzubieten] und kundzumachen, erkenne ich mit Dank gegen E. Hochedl. und Hochweisen Magistrat zum allerdienstgehorsamsten. Wann ich denn nun nicht umhin kann, E. Hochedl. und Hochweisen Magistrat vorzutragen die große Unkosten sowohl in Erlegung meiner Gebühr als was sonst draufgegangen, solche aber der Einnahmen nicht ersetzt und Schaden mir hieraus erwächst; also gelangt an E. Hochedl. und Hochweisen Rat als meinen hochgewogenen Herrn und Patron mein unterdienstgehorsamstes Ersuchen und Bitten, sie wollen hochgeneigt geruhen, mir zu vergünstigen, kommende Woche noch etzliche Tage auf dem annoch stehenden Theatro auszustehen, meine Sachen noch in etwas zu offerieren, damit ich meiner Unkosten und Mühe in etwas könnte erfreut werden [...]

Quellen zur Geschichte Leipzigs. 1. Bd. Leipzig 1889. S. 462

180 Taschenuhren. Silbergehäuse mit Emailmalerei bzw. vergoldeten Ornamentzeigern. Um 1700 bzw. 1710

Verrufene Tee- und Kaffeestuben.
Mai 1697 Demnach auch E. Edl[er] Hochweiser Rat dieser Stadt in Erfahrung kommen, welchergestalt in den Bier- und Schenkhäusern und sonderlich in den ungebührlich eingeführten Tee- und Kaffeestuben nicht nur über die in kurfürstl[icher] sächs[ischer] Polizeiordnung bestimmte Frist Gäste gehegt, sondern auch zu verbotenen schädlichen Spielen, Üppigkeit und anderen Lastern, göttl[ichen] und weltl[ichen] Gesetzen zuwider, Anlaß und Gelegenheit gegeben und genommen werden wolle, hat wohlgedachter Rat ein Patent unterm Dato Leipzig, d[en] 18. Mai[us] 1697 affigieren [anschlagen] lassen, darinnen den ungebührlichen Tee- und Kaffeeschenken solche Nahrung gänzlich untersagt und alle diejenigen, welche sich der Schenknahrung und Wirtschaft bei dieser Stadt gebrauchen, an die gemeldte Polizeiordnung gewiesen und mit allem Ernst, über die zugelassene Zeit Gäste zu setzen, desgleichen das mehr und mehr einbrechende Übel des verderblichen Spielens wie auch Gesellschaft verdächtiger Weibespersonen verboten wurde, mit der ausdrücklichen Verwarnung, daß durch fleißige Visitation und sonst auf die Verbrecher sollte Achtung gegeben, diese zur Verhaft gebracht und die Wirte mit der darauf gesetzten Strafe angesehen, auch ihnen der Schank gänzlich eingezogen und daneben noch auf andere Weise, den Rechten gemäß, wider sie nachdrückl[ich] verfahren werden solle. Desgleichen hat auch am anderen Pfingstfeiertag, war der 24. Mai, der Herr Rektor bei der Universität ein Mandat ans schwarze Brett hängen lassen, darinnen die Studenten vor den Tee- und Kaffeestuben, derselben kontinuierlichem Besuch, Spielen, Tanzen und Konversation mit den unzüchtigen Weibespersonen ernstlich gewarnt wurden.

Johann Jacob Vogel: a. a. O. S. 901

Erste Lotterie oder Armenverlosung.
Juli 1697 Diesen Monat hat der königl[iche] polnische und kurfürstl[iche] sächs[ische] Appellationsrat und des Schöppenstuhls [landesherrlichen Gutachterkollegiums in Justizsachen] in Leipzig Assessor, H[er]r D[oktor] Quintus Septimius Florens Rivinus, angefangen, [...] durch angestellte Verlosungen gewisse Capitalia ganz unvermerkt und ohne jemandes Beschwerde folgendergestalt zusammenzubringen:

1. Werden 1000 Reichstaler gegen Anweisung 6000 Nummern, jede zu vier Groschen, eingesammlet, und steht einem jeden frei, ob er eine oder mehr Nummern bei jeder Verlosung ihm wolle einschreiben lassen.
2. Sooft man nun 6000 Nummern oder 1000 Rthlr. [Reichstaler] eingesammlet, sollen hiervon 200 Rthlr. als ein in Leipzig beständig bleibendes Kapital vor [für] Armut ausgesetzt werden, worüber derjenige Patronus wird, welcher den ersten Gewinst erlangt, und die Freiheit hat, entweder noch zur Zeit einem [be]dürftigen Menschen, ob sich gleich derselbe an anderen Orten aufhielte, den jährlichen Zins davon zu assignieren [anzuweisen] oder auch solcher Zins jährlich zum Kapital schlagen zu lassen, bis etwa mit Gott und der Zeit die gesammleten Capitalia zur Anrichtung und Unterhalt eines Waisenhauses können angewendet werden [...]

Johann Jacob Vogel: a. a. O. S. 902

181 Conrad-Stieglitz-Pokal. Gefertigt von Joachim Krumpholz. Gold. 1697

Visitation der Kaffeehäuser. Januar 1698 Zu Anfang des Neuen Jahrmarktes [Neujahrsmarktes] ließen die Herren Stadtgerichte [Stadtrichter] durch den Gerichtsfron und Stadtknechte die Kaffeehäuser visitieren und die darinnen befindlichen gemeinen Weiber und anderes loses Gesinde in Verhaft nehmen und sie nachgehends mit [...] erlegter Geld- und erlittener Gefängnisstrafe oder Landesverweisung, nach Beschaffenheit ihres Verbrechens, wieder abfertigen.

Johann Jacob Vogel: a. a. O. S. 908

Sonntagsruhe. 25. April 1699 [...] ward ein königl[iches] und kurfürstl[iches] Patent publiziert und darinnen das Zechen, Musik und Tanzen des Sonntags in Weinkellern und Bierhäusern, auch Gasthöfen und Kretschmarn [Schenken] in der Stadt, Vorstädten und auf'm Lande bei ernster Strafe untersagt. Folgenden Tag wurden nicht allein die Stadtpfeifer und Kunstgeiger, als [sondern] auch Personen, so in den Wirts- und Bierhäusern aufzuwarten pflegen, in die Ratsstube gefordert und alle Aufwartung des Sonntags ohne Spezialerlaubnis des Consistorii ernstlich untersagt.

Johann Jacob Vogel: a. a. O. S. 920f.

Aufstand der Schuhknechte. 22. Juni 1699 [...] machten die Schuhknechte einen Aufstand [...] und forderten die Burschen auf die Herberge. Und weil sie auf des Rates Verwarnung sich nicht voneinanderbegeben, noch einige Ursachen ihrer Versammlung anzeigen wollten, wurden derselben zwölf beigesteckt [eingesperrt] und in den Toren anbefohlen, keinen Schuhknecht hinauszulassen, und, als einige sich hinauspraktizieren wollen, den bereits Gefangenen Gesellschaft zu leisten angehalten. Weil nun keiner von ihnen wieder an seine Arbeit gehen wollte, wurde dem Vater auf der Herberge verboten, ihnen Essen und Trinken zu geben, und eine große Anzahl derselben durch die Knechte aus der Herberge auf das Rathaus geholt, und als sie Mann vor Mann sich erklären sollten, ob sie wieder in ihre Werkstätten gehen und arbeiten wollten und der Sache Austrag zwischen den Meistern und ihnen wegen Bestrafung der Feierstunden erwarten, antworteten die ersten, bei der Brüderschaft zu halten, dahero ihrer elf nacheinander beigesteckt wurden. Als nun die anderen sahen, daß einer nach dem anderen in die Gefängnisse geführt, auch zur Säuberung der Gefängnisse auf der Landeskrone und Pulverturm Anstalt zu machen befohlen wurde, traten die übrigen zusammen und erklärten sich, wieder in ihre Werkstätten zu gehen. Worauf sie dimittiert [entlassen] wurden. Ob nun wohl zweien von den Rädelsführern eine dreijährige Landesverweisung und dreien 14tägige Gefängnisstrafe nach Urteil und Recht zuerkannt wurde, so ward doch auch diese auf Interzession [Fürsprache] der Meister und allerhand gütliche Vorschläge in eine leidliche Geldstrafe verwandelt.

Johann Jacob Vogel: a. a. O. S. 922

Französische Komödien. 1699 In dieser Michaelismesse [Herbstmesse] wurden auch im Brühl nicht nur am Zimmerhof im Opernhaus die Opern, sondern auch im Gasthof Zum drei Schwanen auf S[eine]r Königl[ichen] Majest[ät] ergangenen Befehl die französischen Komödien zum ersten Mal gespielt, welche die polnischen und teutschen Fürsten und andere hohe Standespersonen abends um 5 Uhr täglich besuchten [...]

Johann Jacob Vogel: a. a. O. S. 927

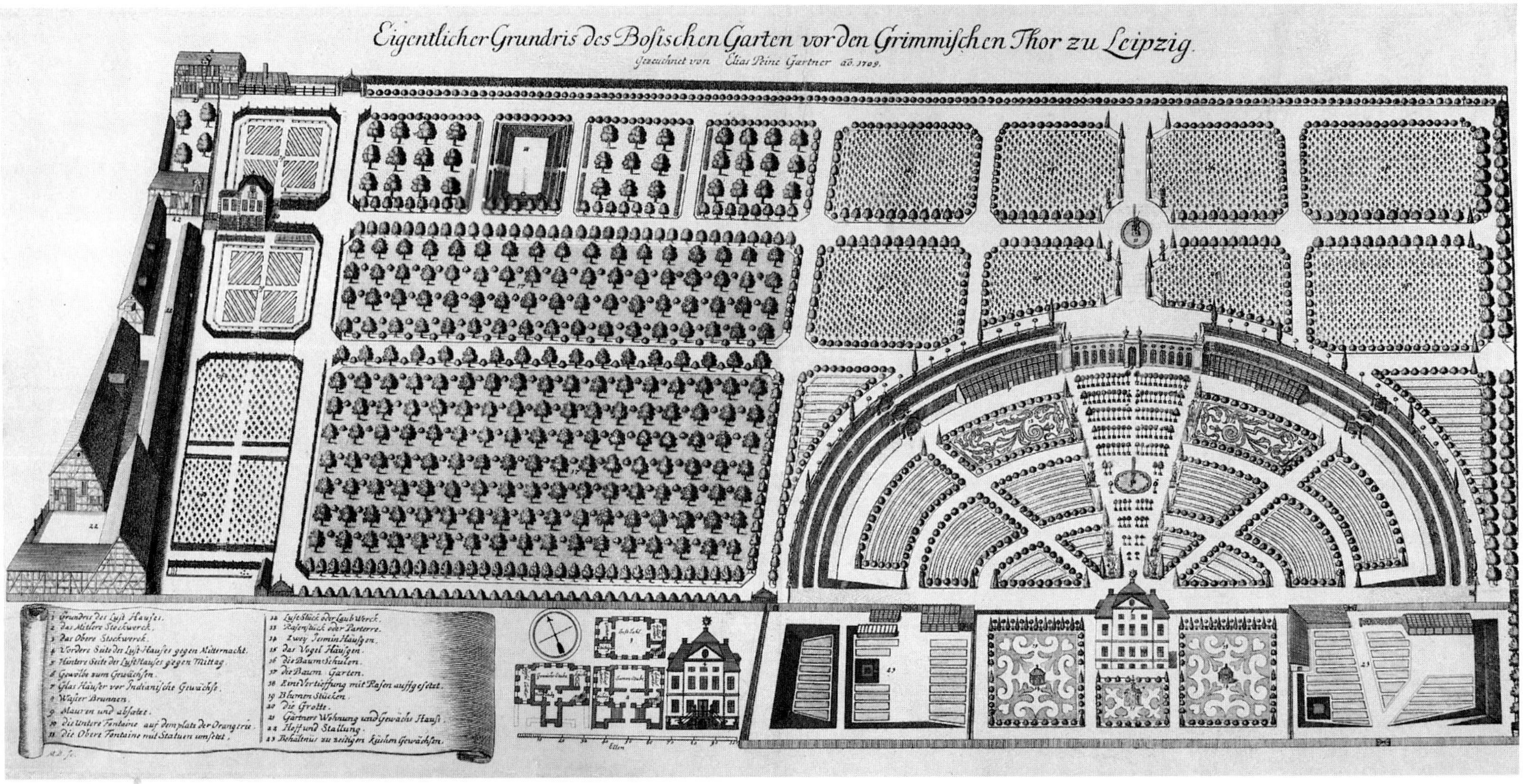

182 Grundriß des Großbosischen Gartens vor dem Grimmaischen Tor. Kupferstich, nach einer Zeichnung von Elias Peine. 1709

Amerikanische Aloe. 13. August 1700 [...] hat die amerikanische Aloe in [...] Boses [...] Garten vor dem Grimmischen Tor, welche an[no] 1689 als ein mittelmäßiges Gewächs in ermeldten preiswürdigen Garten kommen und durch den angewandten Fleiß des Gärtners, Eliä Peines, so weit kommen war, daß sie bereits d[en] 13. Mai ihre Stengel zu treiben angefangen, 29 Äste hatte und 23 Schuh [Fuß] hoch war, die ersten Blumen bekommen, und sind darauf die Blüten an den Ästen, derer 36 waren, häufig herfürgebrochen, also daß man an derselben 5000 Blütenknöpfe gesehen, da sie doch nicht älter als 28 Jahre gewesen.

Johann Jacob Vogel: a. a. O. S. 933

Brautpaare sollen Bäume pflanzen. 10. November 1700 [...] war ein königliches Mandat angeschlagen, kraft dessen kein Paar Eheleute ehe und bevor sollten getraut oder kopuliert werden, bis der Bräutigam [...] beglaubten Schein eingeliefert, daß er sechs gute Obstbäume und sechs junge Eichen oder Buchen gepfropft und gepflanzt habe. Und damit auch niemand sich über Mangel der wilden Obststämme, auch Eich- und Buchlinge zu beschweren hätte, sollten diese von den Forstbedienten ohne Entgeld aus den Heiden abgefolgt werden.

Johann Jacob Vogel: a. a. O. S. 934

183 Blühende Aloe aus dem Großbosischen Garten. Kolorierter Kupferstich. Um 1700

184 Medaille auf die Einführung der Stadtbeleuchtung. Vorder- und Rückseite. Silberprägung von Christian Wermuth. 1702

Abwasserschleusen. 1700 Sonst sind dieses Jahr im Thomasgäßgen die gewölbten Schleusen unter der Erde zu Abführung des Unflats verfertigt und hierdurch der Weg viel reiner und ebener gemacht worden.

Johann Jacob Vogel: a. a. O. S. 934

Mißbrauch des Diensteingangs zum Rathaus. 6. August 1701
E. E. Hochweiser Rat hat nicht ohne sonderbare Befremdung gesehen und erfahren, daß ihrer viel, denen es nicht gebührt, ihres Gefallens durch diesen Eingang bald aufs Rathaus, bald wieder herunterlaufen etc. Weil aber wohlermeldter Rat nicht gemeint, solches zu verstatten etc., also werden diejenigen, so sich solches Auf- und Ablaufens zeithero unterstanden, hiermit ermahnt, davon abzustehen und hingegen auf der großen Treppe auf das Rathaus zu gehen, damit ein E. E. Rat nicht verursacht werde, einen oder den anderen auf'n widrigen Fall mit ihren Stadtknechten wiederum zurückführen zu lassen [...]

Stadtarchiv Leipzig: Titel I, Nr. 37

Vielfraß auf der Messe. 1701
Diese Michaelismesse [Herbstmesse] hat sich ein Vielfraß oder Vielfresser um Geld allhier sehen lassen [...] Dieser verwahrloste Mensch hatte einen so starken Magen, daß er Steine verschlucken und verdauen kunnte, und einen so unordentlichen Appetit, daß er lebendige Katzen, Hunde und Schafe mit Fell und rohem Fleisch fressen kunnte. Absonderlich, wenn er sich recht sättigen wollte, verschluckte er Steine, so groß als Kastanien, und fraß auch Werg dazu. Man kunnte gar eigentlich bei ihm die Steine im Hals und Bauch hören kollern und klappen. Dieser Steinfresser mußte ein paar Tage in dem neuen Zuchthaus, welches den 30. Sept[ember] zuerst bewohnt wurde, Brot essen und bekam hernach seinen Laufzettel, damit sich niemand an ihm versehen mögte.

Johann Jacob Vogel: a. a. O. S. 936f.

185 Die neuen Leipziger Stadtlaternen. Kupferstich. 1701

Vorbereitung der ersten Straßenbeleuchtung. 8. November 1701
[...] es versprechen die sämtlichen und zu Ende unterschriebenen Meister des Klipperhandwerks [Klempnerhandwerks] bei hiesiger Stadt Leipzig kraft dieses, für Edelgedachten Rat nicht allein einhundertdreiundvierzig Stück ordin[är] [gebräuchlich], sondern auch fünfzehn Stück Ecklaternen in eben der Größe und Form als die Amsterdamer Laternen, deren zwei Stück zum Modell ihnen gezeigt worden sind, von gutem starken verzinkten Doppelblech, jedoch dergestalt tüchtig zu machen, daß dieselbigen, nicht allein die erstere, sowohl als die letztgedachtere Sorte, vierseitig und in der einen Seite eine Tür mit Gewinden, worin aber noch ein klein Lufttürgen, und an solche beiden Türen zwei messingene gegossene saubere Haken, so sich fein geheb [leicht beweglich] auf- und zutun lassen, desgl. in ersagte Laternen einen Bodennapf und in jedwede Laterne an einen Eckwinkel eine Lampe, alles nach dem Modell tüchtig und mit Fleiß von gutem starken Blech förmlich zusammengelötet, auch nachmals,

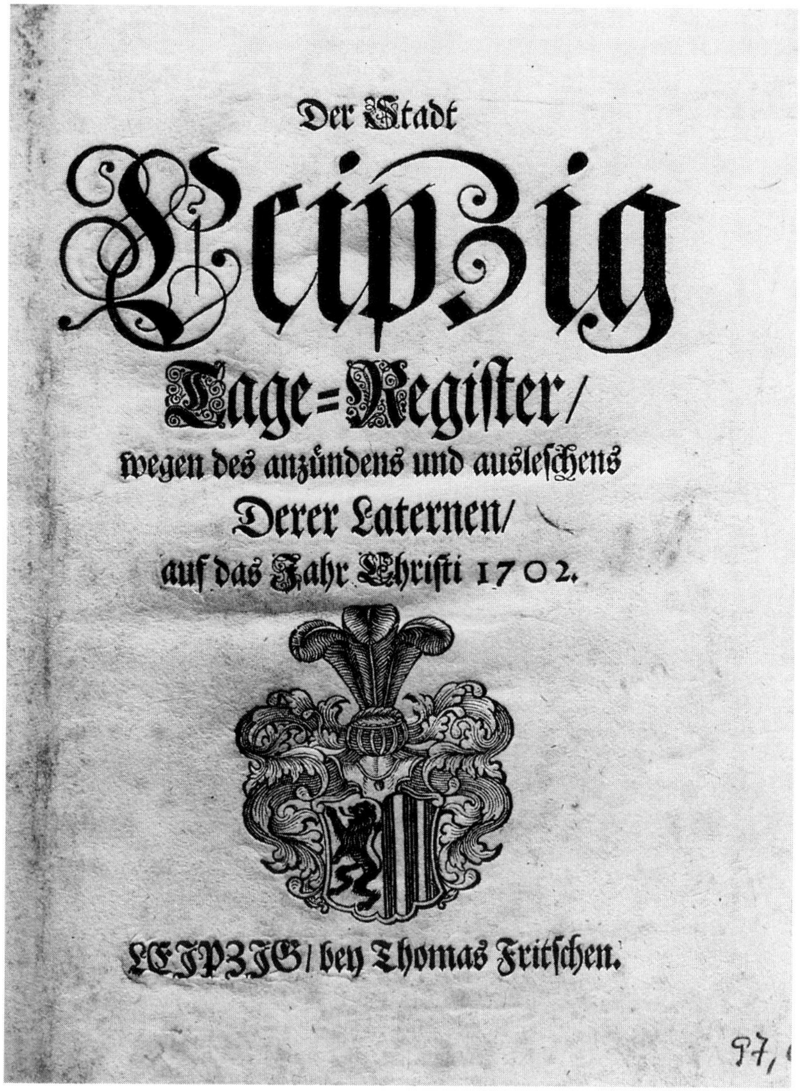

Der Stadt
# Leipzig
Tage=Register/
wegen des anzündens und ausleschens
Derer Laternen/
auf das Jahr Christi 1702.

LEIPZIG/ bey Thomas Fritschen.

97, [illegible]

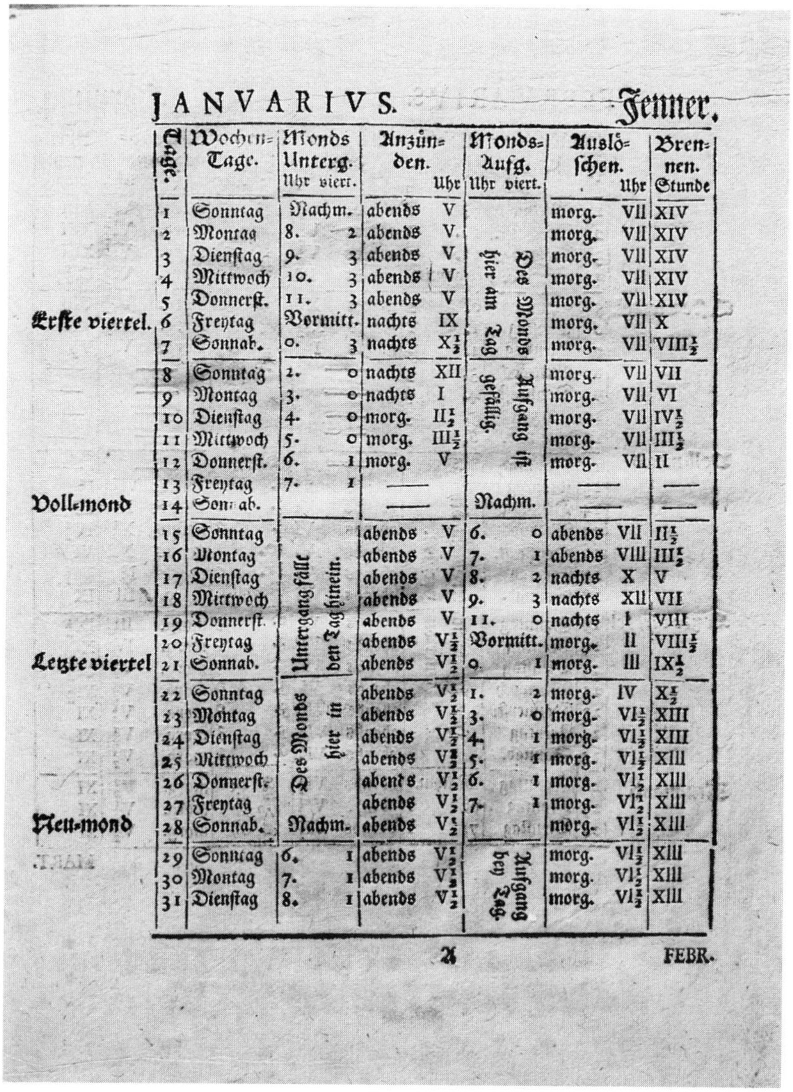

JANVARIUS. Jenner.

	Tage.	Wochen-Tage.	Monds Unterg. Uhr	viert.	Anzünden.	Uhr	Monds-Aufg. Uhr	viert.	Auslöschen.	Uhr	Brennen. Stunde
	1	Sonntag	Nachm.		abends	V	Des Monds hier am Tag		morg.	VII	XIV
	2	Montag	8.	2	abends	V			morg.	VII	XIV
	3	Dienstag	9.	3	abends	V			morg.	VII	XIV
	4	Mittwoch	10.	3	abends	V			morg.	VII	XIV
	5	Donnerst.	11.	3	abends	V			morg.	VII	XIV
Erste viertel.	6	Freytag	Vormitt.		nachts	IX			morg.	VII	X
	7	Sonnab.	0.	3	nachts	X½			morg.	VII	VIII½
	8	Sonntag	2.	0	nachts	XII	Aufgang ist gefällig.		morg.	VII	VII
	9	Montag	3.	0	nachts	I			morg.	VII	VI
	10	Dienstag	4.	0	morg.	II½			morg.	VII	IV½
	11	Mittwoch	5.	0	morg.	III½			morg.	VII	III½
	12	Donnerst.	6.	1	morg.	V			morg.	VII	II
	13	Freytag	7.	1	——				——		——
Voll-mond	14	Sonnab.			——		Nachm.		——		——
	15	Sonntag	Untergang fällt den Tag hinein.		abends	V	6.	0	abends	VII	II½
	16	Montag			abends	V	7.	1	abends	VIII	III½
	17	Dienstag			abends	V	8.	2	nachts	X	V
	18	Mittwoch			abends	V	9.	3	nachts	XII	VII
	19	Donnerst.			abends	V	11.	0	nachts	I	VIII
	20	Freytag			abends	V½	Vormitt.		morg.	II	VIII½
Letzte viertel	21	Sonnab.			abends	V½	0.	1	morg.	III	IX½
	22	Sonntag	Des Monds hier in		abends	V½	1.	2	morg.	IV	X½
	23	Montag			abends	V½	3.	0	morg.	VI½	XIII
	24	Dienstag			abends	V½	4.	1	morg.	VI½	XIII
	25	Mittwoch			abends	V½	5.	1	morg.	VI½	XIII
	26	Donnerst.			abends	V½	6.	1	morg.	VI½	XIII
	27	Freytag			abends	V½	7.	1	morg.	VI½	XIII
Neu-mond	28	Sonnab.	Nachm.		abends	V½			morg.	VI½	XIII
	29	Sonntag	6.	1	abends	V½	Aufgang bey Tag.		morg.	VI½	XIII
	30	Montag	7.	1	abends	V½			morg.	VI½	XIII
	31	Dienstag	8.	1	abends	V½			morg.	VI½	XIII

A FEBR.

186 Festlegung der täglichen Brenndauer der Laternen. 1702

wann diese Laternen durch den Maler angestrichen worden, alsdenn auf die hölzernen Stöcke mit Zwecken anzubefestigen und mehrerwähnte Laternen, soviel derer gemacht werden, in einerlei Höhe, Weite und Tiefe, auch binnen dato [heute] und 4 Wochen mit aller Zubehör vollkommen zu verfertigen, […] nicht weniger jegliches Meisters Namen an dessen Arbeit machen wollen […]

Stadtarchiv Leipzig: Urkundenkasten 97, Nr. 8/1

Öllaternen erstmals angezündet.
24. Dezember 1701 Gegen Abend um 8 Uhr jetztgedachten Tages ließ E. Hochedler Rat zu sonderbarem Wohlstand wie auch Vergütung vieles Ungemachs und Unglücks, so bei finsterer Nacht sonst geschehen können, auf dem Markt und in allen Gassen und Straßen die aufgesetzten Öllampen in den auf eichene Pfeiler postierten Laternen, derer 700 gezählt werden, das erste Mal anbrennen. Diese anzuzünden, auszulöschen, mit Öl zu versehen und stets rein und sauber zu halten, wurden 18 Personen dazu verpflichtet und angenommen, auch ihnen eine besondere Ordnung vorgeschrieben, zu welcher Zeit sie die Laternen anbrennen, putzen und wieder auslöschen sollten. So wurden auch damals um Abhelfung einiger daraus entstehender Inkonvenienzen [Ungehörigkeiten] den Nachtwächtern und Stundenrufern die Nachthörner ferner zu gebrauchen untersagt und an derer Statt nach Hamburgischer Manier eine sonderbare Art Klappern oder Schnerren [Schnarren] gegeben, welche sie bei Abrufen der Stunden, auch sooft es die Not erfordern und sie der anderen Wächter, derer 20, nämlich 5 in jedem Viertel, angenommen waren, Beihilfe bedürfen würden, gebrauchen sollten. Durch diese hochlöbliche Anstalt wurden nicht allein die Gassen illuminiert und kunnte man der Windlichter und Privatlaternen solchergestalt entraten, sondern auch viele Sünden, sonderlich wider das fünfte, sechste und siebente Gebot, merklich gesteuert und kräftiglich verwehrt.

Johann Jacob Vogel: a. a. O. S. 937

187 Leipziger Sänftenträger. Kupferstich. 1703

Schutz für junge Bäume. 3. April 1702 Nachdem E. E. Hochw. Rat dieser Stadt um die Stadt und teils Vorstädte Weiden und andere junge Bäume setzen lassen, also verordnet derselbe hiermit, daß niemand mit Abhauen, Abreißen, Abschälen, Zerbrechen oder anderer Beschädigung sich daran vergreife, sondern vielmehr jedermann dieselbigen zum Nutz und Zierat der Stadt erhalten helfe [...]

Stadtarchiv Leipzig: Titel I, Nr. 37

Aus der Leipziger Sänftenträgerordnung. 26. September 1703

[...]

1. Es sollen diese Träger mit ihren Sänften täglich innerhalb der Schranken vor der Börse von frühmorgens 6 Uhr an bis abends 8 Uhr aufwarten und einen jedweden Einheimischen und Fremden auf Erfordern mit der Sänfte gegen billige Zahlung bedienen, jedoch bescheidentlich und also, daß sie weiter nicht als in der Stadt und den Vorstädten, keineswegs aber außer dieselben zu gehen verbunden [verpflichtet] sein; ingleichen des Sonn- und Festtags vormittags von 8 Uhr bis nach geendigtem Gottesdienst und nachmittags von 2–3 Uhr niemand tragen, sondern dem Gottesdienst beiwohnen. Würde sie auch jemand früher oder später bestellen oder sie wollten selbst zur Meßzeit oder sonsten länger aufwarten, solchenfalls sind sie an obbeniemte [obenbenannte] Zeit nicht gebunden, sondern dieselbe soll ihnen nur dazu vorgeschrieben sein, daß sie mit dem ordentlichen An- und Abtreten danach zu achten haben.

2. Die Sänften sollen sie wohl und reinlich halten, im Tragen einen gleichen, hurtigen und steten Schritt, ohne Schüttern und Anstoßen wie auch ohne Stillestehn und Schwatzen, fortgehen, sowohl unter sich richtige Abwechslung dergestalt beobachten, daß sie des Morgens die Sänften in Ordnung stellen, bei vorfallender Arbeit die voranstehende zuerst gehe, dieselbe hernach im Wiederkommen zuletzt trete und also stets abgewechselt, auch des folgenden Morgens von dem, an welchem es abends vorhero aufgehört, wieder angefangen werden.

3. Um das Tragelohn haben sie sich mit dem, so getragen sein will, zu vergleichen, damit aber diesfalls niemand übersetzt [übervorteilt] werde, also soll vor [für] einen Gang von einem Ort zum anderen binnen der Ringmauer nicht über zwei Groschen und in die Vorstädte nicht über vier Groschen, auch von dem Heimtragen soviel als vor das Austragen gegeben werden. Da aber jemand eine, zwei oder mehr Stunden aneinander sich der Sänfte gebrauchen wollte, soll vor die erste Stunde sechs Groschen, vor jegliche der folgenden vier Groschen und vor einen ganzen Tag ein Taler gezahlt werden; würde sie einer zum Tragen an einen Ort fordern lassen, und sie müßten auf ihn warten, so ist vor eine Viertelstunde Wartens ein Groschen, vor eine halbe Stunde zwei Groschen und vor eine ganze Stunde vier Groschen zu entrichten.

4. Und weil sich oftmals begeben kann, daß jemand bei Nacht wegen Patienten und anderen Bedürfnissen dergleichen Bequemlichkeit benötigt wäre, so sollen alle Nacht zwei Paar Sänftenträger mit ihren Sänften an den vor die Laternenwärter bestimmten Orte sich finden und antreffen lassen, denen, so ihrer begehren, unweigerlich zur Hand zu gehen, dabei denn diese Ordnung zu halten, daß sie nach der Tafel, welche mit ihrer aller Namen in besagter Stube ausgehängt wird, solche Nachtwache verrichten, und soll daran alle Morgen das Pflöcklein von denen, so die Nacht über allda die Wache gehabt, an den nachfolgenden Namen bei vier Groschen Strafe fortgesteckt, die Wache aber von denen, so die Reihe trifft, bei Gefängnisstrafe gebührend getan werden [...]

5. Der Völlerei und übrigen

Trunks wie auch bei dem Tragen des Tabakschmauchens sollen sie sich enthalten, einem jedweden auf Erfordern willig aufwarten und mit der Sänfte abholen, niemand mit unfreundlichen oder schimpflichen Worten anlassen [noch] weniger das Tragen denen, so es begehren, versagen, jedoch bleibt ihnen, das Trägerlohn nach Beschaffenheit der Umstände vorauszufordern, unverboten.

[...]

7. Würde sich einer oder der andere von den Trägern dieser Ordnung mit Übersetzung des Lohns, übler Bezeugung gegen die, so ihrer begehren, oder in andere Wege nicht gemäß bezeigen, der soll nach Befinden mit Geld, Gefängnisstrafe oder auch gar mit Entsetzung des Dienstes angesehen, hingegen ihnen auch obrigkeitlicher Schutz geleistet werden.

8. Was E. E. Hochw. Rat dieser Stadt von anderen Verrichtungen der Träger bei entstehender Feuersgefahr, Aufläuften oder anderen Notfällen, welche Gott in Gnaden abwenden wolle, noch ferner anordnen wird, dem sollen dieselben bei der obhabenden Pflicht treulich nachzukommen gleichfalls verbunden sein [...]

Stadtarchiv Leipzig: Titel LXII S, Nr. 21

Der Rat der Stadt untersagt auf Weisung von König August II. den jüdischen Gottesdienst. 7. Januar 1704 [...] Also wird kraft dessen allen und jeden anherkommenden Juden die Übung ihres vermeinten Gottesdienstes, dieselbe geschehe am Sabbat oder Festtagen, wie die Namen haben, heimlich oder öffentlich, in oder vor der Stadt, hiermit völlig und mit allem Ernst untersagt, desgleichen auch den Wirten, wo Juden herbergen oder zusammenkommen, solche Gottesdienstübung bei sich keineswegs zu gestatten, und da sie, daß hierwieder gehandelt werde, verspüren würden, solches ungesäumt bei uns anzuzeigen auferlegt [...]

Tausend Jahre deutscher Vergangenheit [...]. Bd. 1. a. a. O. S. 431

188 Barfüßerpförtchen und Kleinbosischer Garten vor dem Ranstädter Tor zu Anfang des 18. Jahrhunderts. Lithographie von Ernst Wilhelm Straßberger. Erste Hälfte des 19. Jahrhunderts

Königliche Anregungen zur Verschönerung Leipzigs. 26. Januar 1704 [...] so würde uns zu gnädigstem Gefallen gereichen, wann [wenn]

1. ihr zu Anlegung einer Allee mit zwei- oder dreifachen [Wegen], sowohl zum Fahren als Gehen, in dem sogenannten Rosental die nötige Anstalt machen; [...] und

3. zu besonderer Kommodität [Annehmlichkeit] unserer Stadt Leipzig gereichen würde, da in derselben Schleusen von Mauer- und Pflastersteinen angelegt werden sollten, so seind wir, was an Materialien wie auch Fronfuhren und anderen Bedürfnissen dazu erforderlich, auch ob und wie dieses ins Werk zu richten, eures alleruntertänigsten Berichts zu unserer ferneren gnädigsten Entschließung gewärtig; ebenmäßig würde

4. zu der Stadt merklichem Ornament dienen, wann das Rathaus, als in welchem ohnedem ein Abgang an genügsamen Gemächern und Kommodität sein soll, in besseren Stand gesetzt, übersäult und embelliert [verschönert] würde, dannenhero ihr euch solches als ein zu eurem beständigen Ruhm gereichendes Werk werdet angelegen sein lassen; bevoraus aber und ehe zu einem oder dem anderen zu der Stadt Zierde und Kommodität gedeihenden Vorhaben geschritten werde, begehren wir

5. gnädigst, ihr wollt einen akkuraten Generalgrundriß der ganzen Stadt, Vorstädte und deren Umkreis verfertigen lassen und uns solchen zuschicken, damit wir unsere gnädigste Meinung und Intention in ein und anderem Embellissement [Verschönerung], der Stadt betreffend, besser explizieren können; demnach auch

6. die Notdurft erfordern will, daß eine Armenordnung als ein löbl[iches] und hochnützliches Werk eingeführt, mithin den Bettlern sowohl in als außer den Messzeiten das Herumlaufen und auf Straßen und in Häusern Almosen zu bitten untersagt, diese jedoch auch nicht hilflos gelassen werden, so habt ihr eine dergleichen Ordnung zu verfassen und behörigermaßen einzuführen, auch darüber beständig zu halten; [...] und weil wir auch

8. euch und unserer Stadt Leipzig konzediert, daß bei euch jährlich ein solennes [festliches] Vogelschießen angestellt werden möge, so werdet ihr es danach einzurichten wissen; wäre aber bei ein und anderem einiges Bedenken zu finden, hättet ihr solches mit Beifügung eures alleruntertänigsten Gutachtens allergehorsamst zu berichten [...]

Stadtarchiv Leipzig: Urkundenkasten 12, Nr. 23

Öffentliche Hinrichtung. 14. März 1704 [...] ward [...] ein gewesener Feldscher auf öffentlichem Markt nach geschehener Verurteilung von den Landgerichten durch den hiesigen Scharfrichter, darum daß er am 27. Junii vorigen Jahres einen Regimentspfeifer vorm Peterstor freventlich entleibt hatte, mit dem Schwert justifiziert [hingerichtet]. Ob er sich nun wohl anfangs von den Armenadvokaten viel Defensiones [Verteidigungen] machen lassen und unter anderem auch darinnen angeführt, daß in mehr als 15 Jahren keiner, der einen anderen entleibt, in Leipzig am Leben gestraft worden wäre, warum denn nun eben die Reihe einer solchen Exekution ihn treffen sollte, so ist er doch endlich freudig, ungebunden, getrost und wohlbereitet zum Tode gegangen, hat auch, nachdem er sich seinen schwarzen Sarg neben dem Sandhaufen weisen lassen, mit dem Scharfrichter, der sein Duzbruder gewesen, geredet und zuletzt von den Herren Geistlichen dankbarlich Abschied genommen, darauf noch einmal zu guter Letzt getrunken, sich sodann die Kleider und sein Hemd selbst ausgezogen und, nach dem Niederknien

189 Romanushaus in der Katharinenstraße/Ecke Brühl. Kupferstich, nach einer Zeichnung von Samuel Blättner. 1704

190 Entwurf zu einem kurfürstlichen Palais im Rosental. Aquarellierte Zeichnung von Naumann. 1707

mit den Augen gegen den Himmel sehend, den Schwertstreich ausgehalten. Die Seinigen haben ihn auf einer Landkutsche im Sarg vom Platz wegführen, das Haupt wieder anheften und vor der Beerdigung den ganzen Tag sehen lassen.

Johann Jacob Vogel: a. a. O. S. 959

Tumult in der Neuen Kirche. 20. April 1704 [...] fiel in der Frühpredigt ein Hund vom Schülerchor einer Frau in der Thomaskirche in Schoß. In der Vesper aber in der Neuen Kirche erhub sich unter währendem Gottesdienst über dem Gewölbe ein großes Geprassel, welches nicht allein in der Kirche, sondern auch in der Vorstadt bei den Schlachthöfen war gehört worden; weil man nun den Einfall der Kirche hierdurch sich einbildete, lief das Volk häufig aus der Kirche und büßten viel hierbei ihre Bücher, Kleider, Hauben und Müffe ein. Nachgehend erfuhr man, daß etliche Mauersteine aus dem Fenster hinunter auf das Gewölbe gefallen und diesen Tumult verursacht hätten.

Johann Jacob Vogel: a. a. O. S. 960f.

191 Fregehaus in der Katharinenstraße. Errichtet 1706

Tod in der Elster. 20. Juni 1704 [...] ist ein Bürger und Fischhändler [...] vor dem Ranstädter Tor im Rosental hinter Pfaffendorf beim Kickerlingsberg aus Unvorsichtigkeit in die Elster gefallen und, ehe ihm Rettung geschehen können, ertrunken. Zu Abhelfung ferneren Unheils hat E. Hochedl. Rat etliche Geländer in selbiger Gegend um das Wasser machen lassen.

Johann Jacob Vogel: a. a. O. S. 961

Reinhaltung der Stadt. 22. August 1704 [...] ward [...] veboten, die Kohlen fuderweise auf den Gassen auszumessen [abzuwiegen], und, damit der Kohlenstaub nicht die schönen Gebäude unansehnlich machen möchte, dabei befohlen, daß, wer Kohlen kaufen wollte, solches vor dem Tor auf dem Kohlenmarkt tun und sie hernach, wenn sie gemessen wären, in sein Haus fahren oder tragen lassen sollte.

Johann Jacob Vogel: a. a. O. S. 962

Adler im Rosental erlegt. 9. November 1704 [...] hatte sich im Rosental ein schöner großer Adler auf einer Wiese zu einem daselbst gelegenen Aas eines toten Hundes niedergelassen; als man ihn von dannen vertrieben, hatte er sich auf eine im Holz befindliche hohe Eiche gesetzt, bis er des anderen Tages seine Gelegenheit ersehen und seiner Speise halben sich wiederum mit großer Begierde über das Hundefleisch gemacht, über welchem Fressen er von des Försters Sohn durch einen Schuß getroffen und gefällt worden. Dieser hierzulande seltsame Vogel ward ausgestopft und zum Andenken in E. Hochedl. Rates Bibliothek aufgestellt.

Johann Jacob Vogel: a. a. O. S. 965

Wachsfiguren und Taschenspielereien. 1704 In der Ostermesse war ein berühmter Glas- und Wachskünstler [...] ankommen, der bis anhero über 1000 Luft- und Wettergläser [Barometer] gemacht und allerorten, in Holland, in Dänemark, in Schweden, auch letzthin zu Wien, zu Breslau, zu Berlin und endlich allhier verkauft hatte. Dieser führte mit sich und ließ [...] um Geld sehen die veritable Präsentation des vorigen königlichen Hofes von Engeland wie auch des jetzigen königl[ichen] Hofes von Dänemark, so er mit eigener Hand nach dem Leben in Wachs bossiert, in natürlichster Ähnlichkeit und Lebensgröße und jedes Bild nach Stand und Würden auf das Köstlichste in echt Silber und Gold gekleidet, da nichts denn die Sprache mankiert [fehlt] [...]

Auch war diese Messe eine fremde Dame hier befindlich, welche überaus künstlich aus der Tasche spielen kunnte. Sie spielte über 20 veränderliche Künste mit Bechern und nicht allein mit drei, sondern mit 6, 9, 12 bis 15 Ballen [Bällen]. 5 Ballen warf sie auf einmal in die Höhe, welche in der Luft verschwanden und sich unter den Bechern wiederfunden. Drei Ballen machte sie auf einem Becher unsichtbar, bis sie ein gewisses Pulver darauf streute und sie also wieder sichtbar wurden. Auch spielte sie über 15 rare Stücke mit Geld, welches sie meisterlich in die Hand und aus der Hand brachte, auch durch den Tisch in einen Becher zu schlagen wußte etc. Sie warf ein Glas in die Höhe, welches verschwand und sich hernach unter den Leuten wiederfand. Auch warf sie einen Ball auf den Tisch, welcher sich in währendem Lauf in einen lebendigen Vogel veränderte. Geld kunnte sie ohne Feuer und Hitze schmelzend machen, auch etliches verschwindend, so sie hernach anderen Personen abforderte. Sechsundzwanzig- bis 30000 Stecknadeln kunnte sie aus ihrem Mund speien wie auch mit allerhand anderen Instrumenten noch auf die 50 Künste und über das auf die 40 Künste mit der Karte präsentieren, womit dieses Frauenzimmer vor vielen Meistern den Ruhm behielt und von vielen hohen Standespersonen mit höchster Verwunderung ihr zugesehen wurde.

Johann Jacob Vogel: a. a. O. S. 960

Aus der Leipziger Armenordnung. 1704 [...] Von den zum Almosenamt bestellten vier Armenvögten warten zwei vormittags, einer aber nachmittags bei der Almosenstube beständig auf, begleiten die, so in das Lazarett, Armen- und Zuchthaus oder anderwärts geschickt werden, an behörigen Ort, legen auch bei denen, so nicht gehen können, selbst mit Hand an, verrichten neben den Leichenschreibern die Visitationes der Almosenleute und sind stets bereit, alles, was ihnen aus dem Almosenamt anbefohlen wird, treulich zu verrichten, diejenigen aber, so das Aufwarten vor

192 Leipzig vor den vier Toren (Grimmaisches, Peters-, Ranstädter, Hallisches Tor). Radierungen von Christian Heckel. 1704

der Almosenstube nicht haben, sollen die ganze Stadt und alle großen und kleinen Gassen immerdar durchgehen, auch auf die Häuser fleißig Achtung geben, alle Bettler, die auf einigerlei Weise über dem Betteln betreten [angetroffen] werden, ohne Unterscheid, ob es alte, junge Männer, Weiber, Handwerksburschen, singende Knaben, die nicht von gewissen Hausleuten hierzu angenommen und dieses durch ein Attestat von denselben bescheinigen werden, ingleichen Mägdlein, Fremde oder Einheimische, Gesunde oder Kranke seien (jedoch ausgenommen arme Studiosos, Priester, adlige Personen, Kriegsoffiziere oder deren Weiber und Witwen, welche das erste oder andere Mal zu verwarnen, nachgehends aber und wann sie sich ferner betreten lassen, gleichfalls behörige Anstalt zu ihrer Wegschaffung zu treffen ist), wegnehmen und vor das Almosenamt bringen [...]

Was die bei dieser Stadt geraume Zeit in einem ehrlichen Stand und Nahrung wohnhafte Bürger und Einwohner betrifft, so werden Alte und Verlebte, Kranke, Gebrechliche und Presthafte, welche dieses ihres Alters, Schwachheit und Leibesgebrechen halber nichts verdienen können, ferner Waisenkinder, Witwen, Hausarme und solche, die zwar gesunder Gliedmaßen sind, aber wegen anderer Umstände, als [wie] Vielheit unerzogener [kleiner] Kinder, im Witwenstand entgehender Nahrung und so fort, anderer Hilfsleistung daneben bedürfen, in diese gemeine Versorgung mitleidend gezogen; diejenigen aber, so liederlich und verschwenderisch, werden zu ihrer Besserung und damit sie nicht durch Müßiggang und Üppigkeit sich und andere in Elend und Unglück stürzen, durch obrigkeitliches Einsehen, auf Art und Weise, die ihrem Stand gemäß, zur Gebühr gebracht [...]

Alldieweil nun das neue Almosen einzig und allein aus dem, was in die gewöhnlichen Monatsbüchsen durch die vier Stadtviertel gelegt und bei Kindtaufen gesammelt wird, seine Erhaltung hat, [...] wird man zu Hilfe nehmen, was in Häusern, wo Fremde beherbergt und gespeist werden, ingleichen auf der Börse [...] vors [für die] Armut gesammelt wird; so soll auch ins künftige anstatt der gewöhnlichen Austeilung bei Hochzeiten, wobei ohnedem viel Exzesse und Mißbräuche vorgehen, von den Hochzeitern soviel, als sie sonsten zum Austeilen deputiert, in die Armen-Cassa gegeben werden [...] Ferner befinden wir einer Notdurft zu sein, jährlich um Verstattung dreier Kollekten vor den Kirchtüren, und zwar die eine in der Oster- und die andere in der Michaelismesse, die dritte aber in der Neujahrsmesse zu sammeln, alleruntertänigst anzusuchen, ingleichen zu verordnen, daß bei Hochzeiten, Meisteressen und im Schießgraben in die Armenbüchse etwas gegeben werde, auch hat ein jeder Bürger in seinem Haus eine Armenbüchse zu halten, wobei den Handelsleuten freisteht, auf ihren Schreibstuben Armenbüchsen zu setzen [...] Nächst diesen sollen in den drei hiesigen Messen in der Stadt und Vorstädten, fürnehmlich der Fremden wegen, [...] zwei Waisenkinder unter Anführung einer erwachsenen Person von Haus zu Haus ein Almosen sammeln und dadurch die Armen-Cassa vermehren [...]

Vor krank Gesinde und Dienstboten hat billig ein jeder Hauswirt christlich zu sorgen [...] Nicht weniger haben die Handwerksinnungen davor zu sorgen, daß ihre erkrankenden Gesellen aus den Innungsladen [Zunftkassen] oder ihren eigenen Almosenbüchsen und Einlagen, welche forthin mit größerem Fleiß, als bishero von etlichen geschehen sein mag, zu beobachten sind, versorgt werden [...] Arme kleine Waisen werden in das Waisenhaus genommen und darin zu allem Guten erzogen, auch, wenn sie erwachsen, die Knaben auf Handwerke oder wozu sie sonsten Lust haben und geschickt sind, aufgedungen und die benötigten Unkosten vor sie bezahlt, die Mägdlein aber in Dienste gebracht und dazu mit etwas Kleidung und Wäsche versehen [...] Starke Bettler und ander unnützes Gesinde werden in das Zuchthaus geführt und bis zu ihrer Besserung den Unterhalt mit Arbeiten zu verdienen angehalten, sie sind aber vornehmlich zu unserer, des Rates täglicher Arbeit, als in hiesigen Ziegelscheunen, im Winter zum Eishacken, Marktkehren, auch zu Räumung der Stadtgräben, ingleichen Karrenziehen, zu gebrauchen [...]

Stadtarchiv Leipzig: Urkundenkasten 98, Nr. 1

193 Georg Philipp Telemann.
Schabkunstblatt von Daniel Preisler, nach einem Gemälde von Ludwig Michael Schneider. 1750

194 Neukirche (vordem Barfüßer-, später Matthäikirche).
Kolorierter Kupferstich von Joachim Ernst Scheffler. 1749

Georg Philipp Telemann bewirbt sich als Musikdirektor bei der Neuen Kirche. 8. August 1704

[…] E. Hochedl[e] Magnif[izenz] und sämtl[iche] Hochweis[en] mit dieser untertänigen Supplik [Bittgesuch] gehorsamst anzugehen, verursacht dero hohe Vorsorge bei dem Orgelbau in der Neuen Kirche, und ist kein Zweifel, es werden dieselben nach dessen Verfertigung auch das Direktorium der Musik in obbenamter Kirche zu ersetzen [besetzen] gnädig bedacht sein. Wann aber ich nun eine geraume Zeit in Arte Musica, vornehmlich in der Komposition, mich geübt, auch allbereits einige Proben in hiesigen Kirchen zu St. Thomae und Nikolai an den Tag gelegt, also ergeht an E. Hochedl. Magnif. und sämtl. Hochweis. mein gehorsamst untertänigstes Bitten, sie belieben gnädig zu geruhen, mich dero hohen Gnade würdig zu schätzen, damit ich vor anderen zu besagtem Directorio Musico möchte befördert werden. Solche hochgepriesene Gnade werde ich jederzeit mit demütigstem Dank gehorsamst erkennen und verspreche auch, dasjenige treulich in acht zu nehmen, was einem gehorsamen Klienten hierinnen obliegen mag. In ungezweifelter Hoffnung nun, es werden E. Hochedl. Magnif. und sämtl. Hochweis. mein untertänigstes Bitten stattfinden lassen, verharre ich mit tiefstem Respekt […]

Stadtarchiv Leipzig: Titel VII B, Nr. 117, Bl. 167

Englischer Leitertänzer. Januar 1706

In der Neujahrsmesse war allhier ein englischer Leitertänzer zu sehen, welcher seine Leiter von acht Stufen hoch mitten auf dem Theater in freier Luft hinstellte und ohne Ansetzung und Anhaltung derselben nicht nur von dem untersten Tritt bis auf den obersten hinaufsteigen, sondern auch vor und hinter sich damit fortspringen kunnte. Er ließ ihm [sich] ein Glas Wein einschenken und trank solches auf Gesundheit der Zuschauer aus, als er oben auf der Leiter stund. Mit großer Geschwindigkeit kunnte er die Leiter umkehren, oben drüberwegsteigen, auch von einer auf die andere Seite springen, auch bisweilen mit den Füßen, unterweilen mit den Händen von der Leiter los sein und dennoch nicht umfallen. Er tanzte auf der Leiter nach der Musik die Folia d'Espagna und tat solche Sprünge auf derselben, daß man ihn bald zuoberst, bald zuunterst sah und man sich über diese und andere Exercitia sehr verwundern mußte.

Johann Jacob Vogel: a. a. O. S. 976

Nilpferd auf der Messe. 1706

Diese Ostermesse hat Philipp Hoetten, von Leyden aus Holland bürtig, […] drei lebendige Löwen, 2 Männlein und Weiblein, einen ägyptischen [!] Tiger, so ein Männlein, […] mit anher gebracht, welche Tiere zur höchsten Verwunderung so kirre als andere zahme Tiere waren, daß man mit ihnen umgehen kunnte. Es ward auch diesen Markt ein Hippopotamus oder Meerpferd, dergleichen man bei Menschengedenken in Europa niemals gesehen hatte, um Geld gezeigt. Ingleichen indianische [indische] Nachtigallen. Item [ferner] ein ungemeiner und großer Vogel, der König unter allen Vögeln genannt, dergleichen man auch zuvor noch nicht gesehen. Ferner zwei schöne junge Tigertiere, ein Salamander, von welchem man vorgibt, daß er im Feuer leben soll. Auch hat man gezeigt ein schönes wohlgewachsenes Pferd aus Persien, welches einen wohlgewachsenen natürlichen Schweif gehabt, von 10 bis 11 Ellen, so, daß denselben 2 Personen nachtrugen. Und endlich ward auch ein italienisches Pferd ums Geld betrachtet, welches Proben von ungemeiner Kunst und Wissenschaft ablegte.

Johann Jacob Vogel: a. a. O. S. 977

Hochzeiten, Taufen und Sterbefälle. 1708 Dieses Jahr sind in beiden Hauptkirchen 276 Paar aufgeboten und 832 getauft worden, als 406 zu St. Nikolai und 426 zu St. Thomae. Gestorben sind 877 Personen, worunter eine Frau, die mit drei Männern 26 Kinder zur Welt geboren, ingleichen auch 19 Personen, so über 70, acht Personen, so über 80, und 2 Personen, so über 90 bis 94 Jahr alt worden; nicht weniger eine Frau, so über 102 Jahr, 2 Junggesellen von 78 und 80 Jahren und eine Jungfrau, so über 80 Jahr, zu zählen waren.

Johann Jacob Vogel: a. a. O. S. 1014

Sächsisches Porzellan. 1710 In dieser Ostermesse wurden zu öffentlichem Verkauf allerhand Porzellangefäße, welche in diesen Landen verfertigt worden, gebracht. Inmaßen Se[ine] Königliche Majestät in Polen und Kurfürstliche Durchl[auchtigkeit] zu Sachsen zu Aufnahme der Fabriken [Fabrikation] in ihren Erblanden eine Porzellanmanufaktur anrichten lassen, in welcher sie aus einer in Sachsen befindlichen, bis anhero unbekannten Erde [Kaolin] nicht nur [...] Rundgeschirr, sondern auch einen dergleichen Porzellan verfertigen lassen, der den indianischen [indischen, asiatischen] an Härte, Dauerhaftigkeit, Fasson und dergleichen weit übertroffen. [...]

Johann Jacob Vogel: a. a. O. S. 1032

195 Geschliffenes Böttger-Steinzeug (Tasse, Koppchen und Kaffeekännchen). 1710/15

196 Willkomm-Pokal der Leipziger Töpferinnung. Zinn. 1706

Der Gerichtsfron berichtet über verrufene Schankwirtschaften. 6. November 1710 Nachdem ich bishero beim Visitieren wahrgenommen, daß allhier in der Stadt in unterschiedenen Bürgershäusern solche Leute Wirtschaft [Schankwirtschaft] treiben und gar ganze Häuser um einen ziemlich hohen Zins gepachtet haben, die nicht nur keine Bürger seien, sondern auch zum Teil wegen Dieberei und anderer Verbrechen in der Inquisition [strengen Untersuchung] gewesen, ja teils die Tortur allhier ausgestanden haben, also habe ich solche E. Edl[en] und Hochw. Rat hiermit gehorsamst melden und zu dero ferneren Verordnung anheimstellen sollen, damit in solchen verdächtigen Örtern nicht vieler rechtschaffener Leute Kinder, die Studierens halber oder der Handlung [des Handels] wegen sich hier befinden, um ihr Geld und Gesundheit nicht ferner kommen möchten:

1. Des Schneiders Heintze Haus, ›Zum sieben Brettern‹ genannt, hat gepachtet ein Stadtsoldat Brauer; dessen Eheweib und 2 Töchter schenken Bier, Branntwein und Tee; die größte Tochter, Sibylle Kühn, ist unterm Scharfrichter [in der Folter] gewesen, auch ietzo [jetzt] von neuem in der Inquisition wegen des berufenen [verrufenen] Spitzbuben, Studenten Friedtrichs, hat auch vorm Jahr ein Hurkind gehabt, liegt ietzo an einer [...] garstig Krankheit danieder.

2. In Farlemanns Haus treibt ein Studiosus Eger, welcher ein zu Fall gekommenes Mensche geheiratet und die vormals wegen Beherbergung des Generaldiebs Ziese und Kon[sorten] in der Inquisition gewesen, Wirtschaft und halten sich in Meßzeiten [Messezeiten] allerhand verdächtige Juden und Christen allda auf, seind auch zu unterschieden Malen dergleichen verdächtige Leute mit Brecheisen und Dietrichen allda weggenommen [verhaftet] worden.

3. Die vormals so genannte Coffee-Bille [Kaffee-Pille], ietzo Hauptmann Sidon genannt, hat ihrem Vorgeben nach Tit[ulo debito] [mit gebührendem Titel] Herrn D[oktor] Horns Haus im Brühl gekauft, hat ein offenes Branntweingewölbe, schenkt Tee und Kaffee, und pflegen des Abends allerhand hübsche Leute allda aus- und einzugehen. Sie ist ietzo mit dem Studioso Herrn Mylius versprochen und will nunmehr eine Universitätsverwandte [Universitätsangehörige] sein.

4. Im Goldhahngäßgen [heute verbaut im Komplex zwischen Brühl und Grimmaischer, Reichs- und Nikolaistraße] hat Johann Chantin des Malers Haarhaus ganzes Haus gepachtet, hat ein offen Branntweingewölbe, auch ohne Vergünstigung ein Schild herausgehängt, schenkt Tee und Kaffee, ist kein Bürger, dessen Weib ist Hurerei und Ehebruchs wegen unterm Scharfrichter gewesen, wie es wegen verdächtiger Weibesbilder allda zugeht, ist stadtkündig [stadtbekannt].

[...]

6. In Herrn D[oktor] Scipiens Weinkeller in der Reichsstraße treibt anietzo ein gewesener Herrendiener, der des Universitätslandknechts Tochter geheiratet, Wirtschaft; was von liederlichen Weibespersonen und anderen Kerlen, die allda würfeln und spielen, die ganze Nacht vor ein Geschwärme ist, werden die in Scipiens Haus wohnenden Leute bezeugen können. Ist kein Bürger, um Diebstahls halben in der Inquisition allhier gewesen.

7. Der Jungfer Gräve Haus im Kupfergäßgen hat die bekannte Lehmann ganz alleine gepachtet, schenkt Tee, Kaffee und Branntwein, hat kontinuierliche fremde Weibespersonen bei sich, wie denn deren zwei gestern Abend wieder von ihr aufs Rathaus geholt worden; die Lehmann ist Diebstahls wegen zweimal torquiert [gepeinigt] worden und hat die ganze Marter ausgestanden.

8. In Herrn D[oktor] Hasserts Haus am Schloß [Pleißenburg] treibt Wirtschaft Köhler; ist vormals wegen Diebstahls und anderen Verbrechen nebst seiner Frau und Schwiegermutter in der Inquisition gewesen, hält stets junge Weibespersonen auf, wie denn etliche Mal dergleichen von ihm weg aufs Rathaus geführt worden, auch wohnt die bekannte Rachel anietzo allda. Ist kein Bürger.

9. In des Schneiders Jahn Haus in der Fleischergasse treibt anietzo Wirtschaft der bei den E. Stadtgerichten wohlbekannte Schwede, N. König, hält gleichfalls verdächtige Weibespersonen auf, wie denn gestern Abend eine von Berlin bei ihm weg und aufs Rathaus geführt worden. Ist auch als ein verdächtiger Wirt wegen der Spitzbuben in der Inquisition gewesen. Ist kein Bürger.

10. In dem berufenen ›Güldenen Lämmgen‹ ist Wirt ein Stadtsoldat, Zenschel, hat vorm Jahr ein zu Fall gekommenes Mensche geheiratet, hält nicht allein stets fremde Weibespersonen auf, sondern es pflegen auch allda in Meßzeiten allerhand verdächtige Mannspersonen von Juden und Christen aus- und einzugehen, wie denn vorm Jahr ein ganzer Ballen gestohlener Seidenwaren darinnen gefunden und aufs Rathaus geschafft worden. Ist kein Bürger.

11. In der ›Güldenen Kugel‹ treibt Wirtschaft ein Schuhflikker, George Bachfeldter, hat seine Fr[au] nicht bei sich, sondern ein ander Mensche. Ist nicht Bürger.

Stadtarchiv Leipzig: Titel LXII C, Nr. 1, Bl. 16ff.

Kindestod. November/Dezember 1710 [...] ward ein halbjähriges Knäblein, so eine Amme bei sich im Bett gehabt, zu ihren Füßen tot [ge]funden; ob sie solches erdruckt, wie man mutmaßte, oder ob es, von einem geschwinden Zufall übereilt, des natürlichen Todes gestorben, waren die Reden nicht einstimmig.

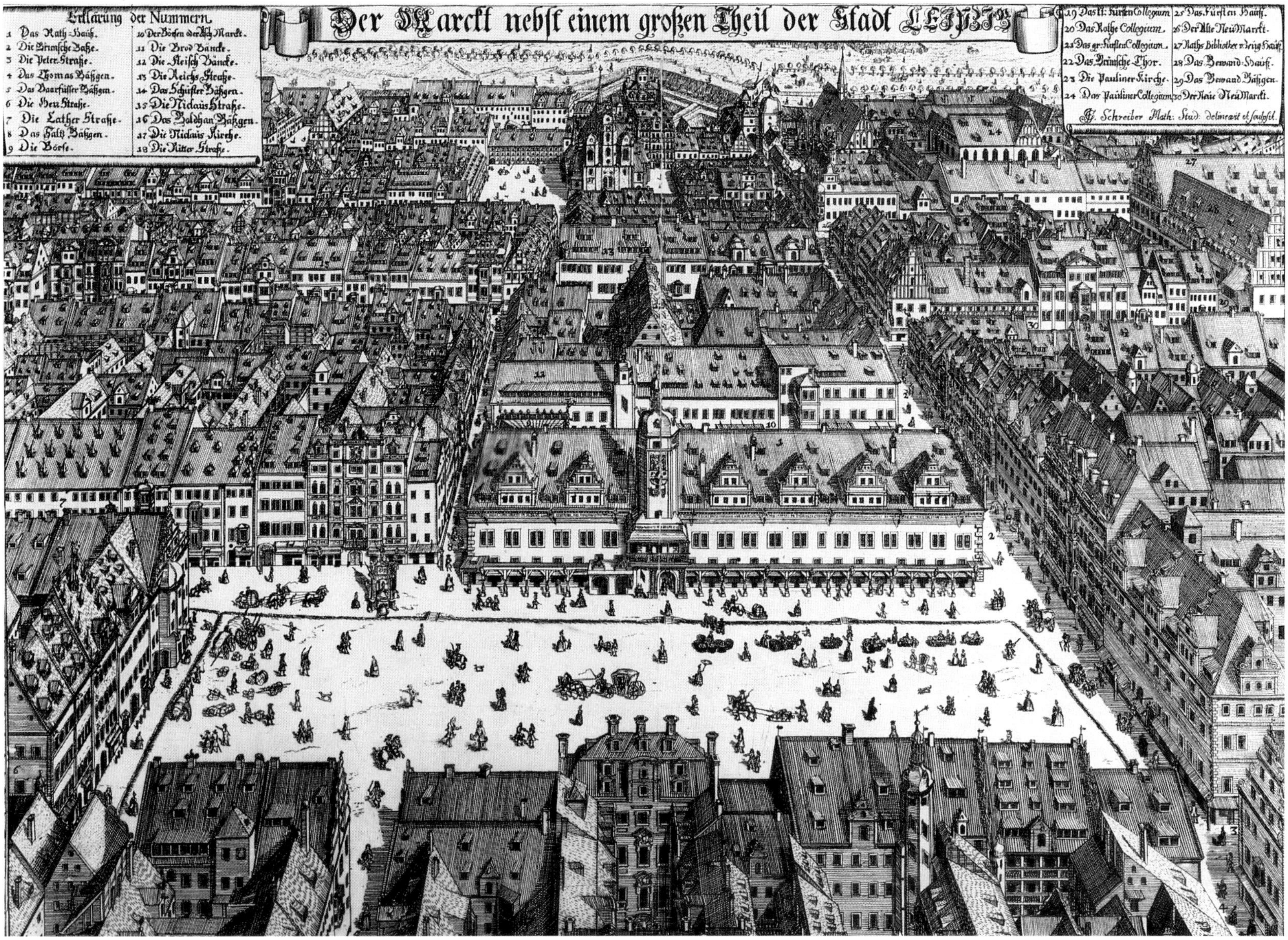

197 Innenstadt mit Markt. Kupferstich von Johann Georg Schreiber. 1712

[…] ward […] vorm Barfüßertor ein totes Kind, ob es lebendig oder tot hineingeworfen worden, ist Gott bekannt, aus dem Wasser herausgezogen.

Johann Jacob Vogel: a. a. O. S. 1035

Generalvisitation. 15. Dezember 1710 […] sind selbigen Morgen die Tore zugehalten und niemand ausgelassen worden. Hierauf hat […] der Magistrat dieser Stadt nach den 4 Vierteln visitieren, in den Gassen die Häuser mit Defensionern [Angehörigen der Landmiliz] besetzen und in denenselben scharf nachsuchen, auch, so fremde und verdächtige Personen angetroffen worden, selbige in Haft bringen lassen […] Dieses hat um soviel gefruchtet, daß man auf eine kurze Zeit der müßigen und verdrüßlichen Bettler, sonderlich derer abgedankten Soldaten, […] ist los und von ihren unverschämten Anlaufen, Trotzen und Drohen befreit worden.

Johann Jacob Vogel: a. a. O. S. 1035

Geburten, Hochzeiten, Sterbefälle. 1710 Dieses Jahr sind in Leipzig 798 Kinder, als 400 zu St. Nikolai und 398 zu St. Thomas, in beiden Kirchen 275 Paar kopuliert und aufgeboten worden. Die Anzahl derer Verstorbenen erstreckt sich auf 733 Personen, darunter ein Bürger zu zählen, der in gedoppelter Ehe 26 Kinder, als 13 Söhne und soviel Töchter, gezeugt, wie auch ein Mann von 104 Jahren, auch drei Personen, welche über 90 Jahre alt worden sein.

Johann Jacob Vogel: a. a. O. S. 1035

Tragischer Unfall. 3. August 1711 […] ist bei einem Schönfärber ein Lehrjunge über seiner Arbeit in einen mit siedendem Wasser angefüllten Farbekessel gefallen und des folgenden Tages nach erlittenen unbeschreiblichen Schmerzen gestorben.

Johann Jacob Vogel: a. a. O. S. 1041

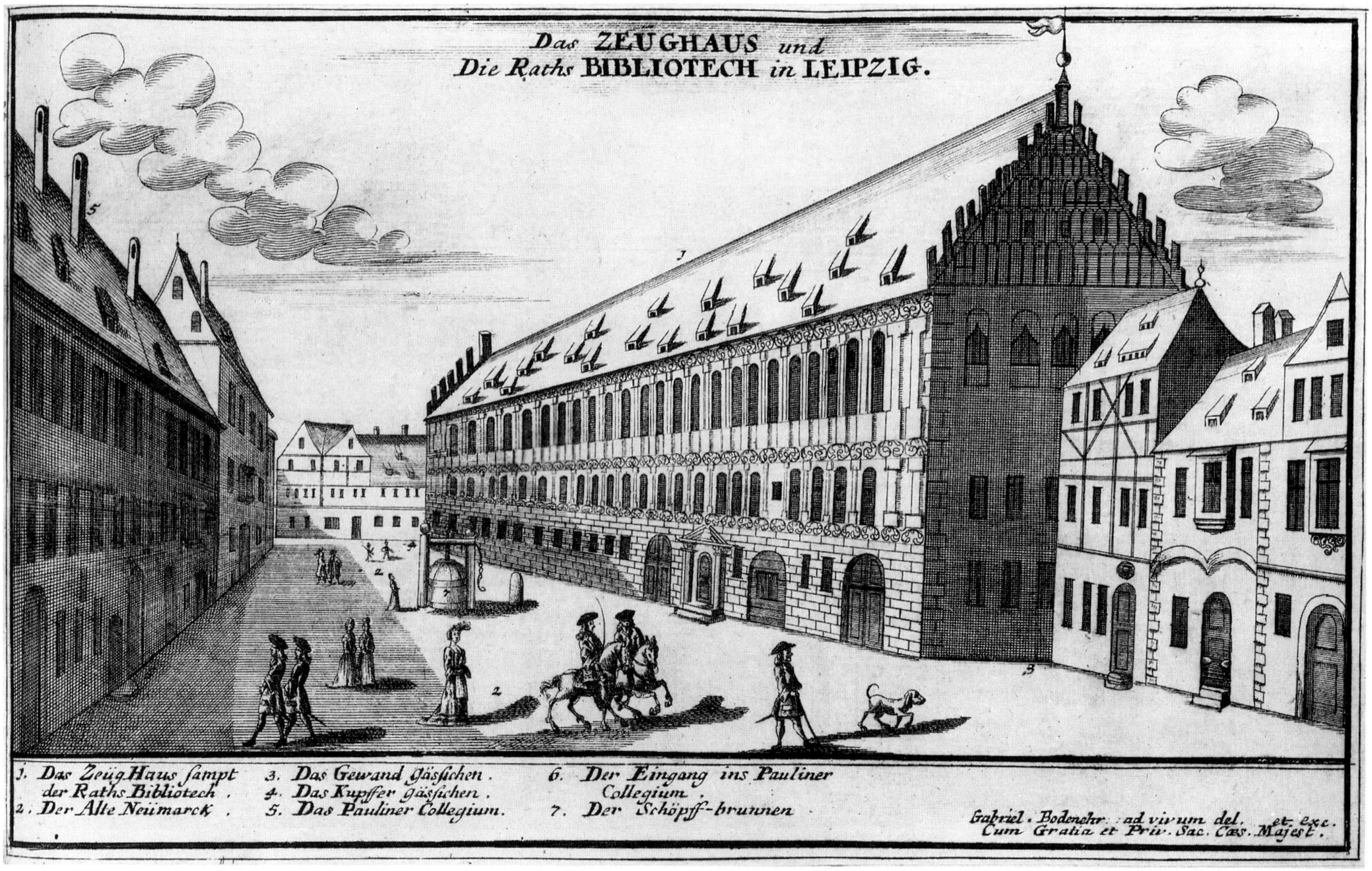

198 Zeughaus mit Ratsbibliothek auf dem Neumarkt. Kupferstich von Gabriel Bodenehr. Um 1700

Eröffnung der Ratsbibliothek für die allgemeine Benutzung. 4. August 1711 [...] Ulrich Groß, welcher anno 1605, d[en] 28. Dez[ember], allhier geboren und d. 6. April 1677 Todes verfahren [gestorben], ein Juris practicus [Advokat], [...] hat vor seinem Ende hochermeldeten Rat zum Erben seiner ganzen Verlassenschaft, weil er unverheiratet verstorben, eingesetzt, mit dem Bedinge, daß von seinem Vermögen diese seine verlassene Bibliothek zum gemeinen Nutz und Gebrauch augmentiert [vergrößert] und vermehrt würde. Diesen seinen letzten Willen zu vollbringen, haben die sorgfältigen Väter dieser Stadt nicht allein die Bücher aufs Rathaus an einen besonderen Ort bringen, sondern auch immerzu, laut des Testaments, mit guten kostbaren und raren Büchern vermehren lassen, so, daß auch der Raum hinfort zu eng werden wollen, dahero sie einen größeren Platz zu Verwahrung dieses vortrefflichen Bücherschatzes zu suchen genötigt worden, wozu sie endlich das Zeughaus [am Alten Neumarkt], nach dem Exempel der weltberühmten Vatikanischen Bibliothek zu Rom, [...] erkiest [erkoren], und dieses um so viel desto mehr, weil dasselbe ringsherum frei steht, stark gewölbt, und an allen Seiten helles und den Musen höchst anständiges Licht hat.

Sobald man von der Treppe hinaufkömmt, präsentiert sich

199 Gemmenschrank aus der Ratsbibliothek.
Nußbaum, schwarzlackiert abgesetzt, mit Messingbeschlägen. 18. Jahrhundert

der vörder Saal oder Vorgemach bei 40 Schuch [Fuß] lang [...] Das Zimmer oder der Büchersaal selbst ist 120 Schuch lang und 56 Schuch breit, und stoßen alsobald entgegen zwei zierliche Studierkabinette, hat drei Gänge, deren der mittelste 14 Schuch breit, und sind auf jeder Seite neun grüne gedoppelte Bücherschränke, so hoch, als man mit ausgestrecktem Arm reichen kann, wohlverwahrt mit Gittern und Schlössern. An jedem Fenster sind gleichfalls niedrige Bücherbehältnisse, und sind alle grün angestrichen, die Decke und die Wände sind gegipst und weiß. Man sieht verschiedene wohlgetroffene Gipsbilder [Gipsbüsten] und gelehrter Leute Konterfei, [...] so der berühmte Maler Lucas Cranach gemalt [...] In dem hintersten Revier finden sich unterschiedene Erd- und Himmelskugeln gleicher Größe und 2 Sphaerae armillares [Ringkugeln = alte astronomische Instrumente], deren eine nach ptolemäischer, die andere nach copernikanischer Art gerichtet [...]

Den inneren Schatz betreffend, so hat man in alle Wege der Bibliothek Beihilfe getan, [...] daß, da sie zuvor nur aus 2000 Büchern bestanden, man ietzo [jetzt] bei 14000 zählen kann. Darunter befinden sich allerhand rare Bibeln [...], viel orientalische, philologische, philosophische, juristische und medizinische Bücher [...] So hat auch E. Hochedl[er] Rat keine Unkosten gespart, herrliche Manuscripta sowohl auf Pergament als auf Papier anzuschaffen [...] Das vortreffliche Münzkabinett hat dabei einen guten Grund bekommen, indem [...] durch steten Zugang die Anzahl der uralten griechischen und römischen Münzen auf 5000, die güldenen aber [auf] 140 gestiegen, derer etliche sehr rar und kostbar sein. Die römischen Kaiser und Päpste sind in ziemlicher Serie vorhanden wie auch viel Bracteati oder Blechmünzen und etliche asiatische und arabische Stücken [...] Über das hat man aufzuweisen etliche gegossene Bilder und gar viel Urnen oder Begräbnistöpfe der Alten, deren die meisten hierzulande samt der darinnen befindlichen Asche ausgegraben worden [...] Hiernächst ist als eine kostbare Rarität diejenige preziöse Mumie anzusehen, deren Umschlag mit hieroglyphischen Figuren der Ägypter ausgeziert ist [...] Unter den natürlichen und kunstfündigen [kunstreichen] Dingen sind zuvörderst zu ästimieren die [...] 8 Volumina [Rollen, Bände] der berühmtesten Landkarten und Kupferstiche [...] wie auch das [...] anhero präsentierte Einhorn, so 4 Ellen lang und mit künstlichen Figuren ausgeziert. Die überhäufte Menge der Mineralien, der mathematischen Instrumente, wächsernen Tafeln, darauf man vorzeiten geschrieben, und viele andere Sachen wie auch alle Donatores [Spender] zu erzählen, würde ein ganzes Buch erfordern [...]

Damit nun aber die nunmehro zu solchem vollkommenen und florisanten [blühenden] Stand gebrachte Bibliothek nicht sei wie ein vergrabenes Talent [...], so hat ein Hochedler und Hochweiser Rat [...] den höchstrühmlichen Schluß und gütigste Verordnung gemacht, daß wöchentlich zweimal, nämlich mittwochs und sonnabends nachmittags um 2 Uhr, der Zugang geöffnet sein und ein jeder Ehr- und Gelehrsamkeit Liebender, wenn beim Herrn Bibliothecario er sich zuvor angegeben, eingelassen und höflich akkommodiert werden sollte.

Zu dieser Zeit hat auch der Herr Bibliothecarius bei E. hochlöblichen Akademie, [...] die Bibliothek besagter Universität zu revidieren, die Bücher besser zu rangieren, einen Catalogum hierüber zu verfertigen und die Repositoria [Büchergestelle] in besseren Stand zu setzen, stark arbeiten lassen. Wobei zugleich die Anstalt gemacht worden, daß solche ebenfalls wöchentlich zweimal, als mittwochs und sonnabends früh, den Herren Gelehrten zum freien Gebrauch geöffnet werde.

Johann Jacob Vogel: a. a. O. S. 1042 ff.

Erdbeben. 25. Oktober 1711 [...] hat man abends nach 7 Uhr um Leipzig, Dresden und anderen Orten ein starkes Erdbeben verspürt, das ungefähr eine Minute [...] gewährt [...], wodurch die Einwohner in große Furcht und Schrecken gesetzt worden.

Johann Jacob Vogel: a. a. O. S. 1051

Kindesmord. 8. November 1711
[...] hat man im Pauliner-Collegio an einem unsauberen Ort ein neugeborenes und umgebrachtes Knäblein, welches eine böse Mutter durch ihre Tochter in einem Topf wegsetzen lassen, gefunden, deren andere Tochter es in Unehren empfangen [...]

Johann Jacob Vogel: a. a. O. S. 1051

200 Inneres einer Bibliothek. Kupferstich. Um 1700

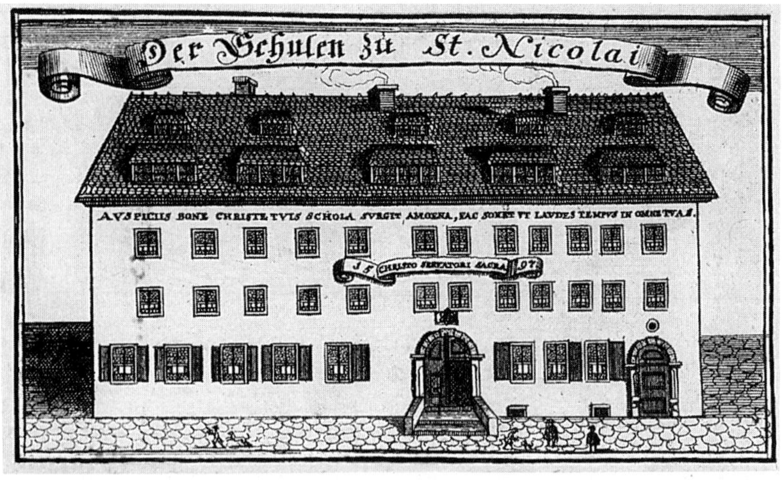

201 Nikolaischule. Titelkupfer der Schulordnung. 1716

202 Thomaner bei der Probe.
Graphitstiftzeichnung, nach einem alten Stich. 19. Jahrhundert

Thomaner singen erstmals deutsche Lieder. 11. November 1711 [...] das Martinsfest [...] ward der Anfang gemacht, von den abends auf den Gassen herumgehenden Thomasschülern anstatt des lateinischen Responsorii [Wechselgesangs] [...] nachfolgende deutsche Lieder und Gesänge: Es ist gewißlich an der Zeit etc.; Wacht auf, ruft uns die Stimme etc.; O Ewigkeit, o Donnerwort etc. zu singen.

Johann Jacob Vogel: a. a. O. S. 1051

Betrügerische ›Nonne‹. 3. Januar 1712 [...] hat sich eine vermeinte Nonne, die sich vor eine Priorin aus dem Kloster zu Bamberg ausgegeben und sich Juliana Theresia Balfingerin genennet, nachdem man sie acht Wochen in der reinen evangelischen Lehre unterrichtet, sich unsichtbar gemacht; bald darauf brach aus, daß es eine Mannesperson sollte gewesen, eine Magd geschwängert haben und in Mannshabit in Halle gesehen worden sein.

Johann Jacob Vogel: a. a. O. S. 1051f.

Vergiftete Rosinen. 20. November 1712 Eben diesen Tag hatte eines Defensioners [Angehörigen der Landmiliz] Witwe vorm Grimmischen Tor beim Gottesacker [Johannisfriedhof] ihre fünfjährige Tochter mit vergifteten Rosinen getötet, welches verschwiegen verblieben wäre, im Fall sie nicht selbst bei Aufwachung ihres bösen Gewissens diese böse Tat ihrem Herrn Beichtvater und anderweit geoffenbart hätte [...] Die Mutter gab vor, sie hätte wegen Aufschlagung [Verteuerung] des Getreides beide Kinder, von ihrem Mann hinterlassen, zu ernähren sich nicht getraut, die wahre Ursache aber mogte sein, daß sie gerne wieder geheiratet hätte, ihr Freier aber sich an die Zulage gestoßen [...]

Johann Jacob Vogel: a. a. O. S. 1057

Holländische Windmühle. 1713 Dieses Jahr ist die erste Windmühle nach holländischer Manier auf dem Weg, wenn man aus Leipzig nach Schönefeld fährt, erbaut worden.

Johann Jacob Vogel: a. a. O. S. 1059

Aus der ›Ordnung vor die teutschen Schulen allhier‹. 1713

I. Ein jeder, der eine teutsche Schule auf Konzession E. Hochedl[en] Rates aufzurichten willens ist, soll vor allen Dingen sich fleißig untersuchen, ob er dazu die gehörigen Gaben sowohl der Natur als der Gnaden habe, und ob er auch einen richtigen Endzweck bei dem ganzen Informationswerk zu führen gedenke, ob er sich also als ein Opfer der Jugend, Gott zu Ehren, ohne Absicht auf Ehre, Lust, oder Nutzen widmen wolle.

[...]

III. Seine liebe Jugend muß ihm stets am Herzen liegen, nicht nur wenn sie ihm in der Schule, sondern auch wenn sie außer derselben sind [...]

V. Die Zucht muß er in Weisheit, Liebe und Bescheidenheit zu führen suchen und ja nicht unbedachtsam dreinschlagen noch poltern [...]

VI. Er muß sich daneben angelegen sein lassen, ein jedes Kind nach seinen Gemütsneigungen kennenzulernen. Daher läßt er sich oft mit ihnen in ein freundliches Gespräch ein, läßt sie über etwas räsonieren oder etwas, was sie gehört oder gesehen, erzählen. Mit den Eltern und allen, die zu Hause ümb [um] die Kinder sind, muß er in gutem Vernehmen stehen, damit er ihr Verhalten von ihnen erforschen könne. Auf ihr Bezeugen in der Schule, Kirche, Gasse, Spielgesellen pp. gibt er fleißig Achtung.

VII. Mit den Eltern der Kinder soll er einen freundlichen und erbaulichen Umgang haben, nicht aber mit ihnen zanken oder ihre Weiber zanken lassen [...]

XI. Unter sich sollen die Praeceptores [Lehrer] in gutem Vernehmen stehen, keiner des anderen Kinder abspenstig machen, viel weniger eines aus des anderen Schule annehmen [...]

XII. In ihrem ganzen Leben sollen sie suchen, unsträflich zu sein, dahero sich nicht antreffen lassen in Trink-, Tanz-, Opern-, Komödien- und Spielhäusern, wie auch unsere kurfürstl. Schulordnung will; des Branntwein- und Tobaktrinkens [Rauchens] unter [während] der Schule sich gänzlich enthalten, viel weniger die Schulkinder zu Holung desselben gebrauchen. In der Kleidung sollen sie sich ehrbar und reinlich halten, damit auch diesfalls die Kinder ein gutes Exempel an ihnen finden.

XIII. Ein jeder soll zusehen, daß seine Schulstube reinlich sei, und darinnen nicht Hunde, Katzen, Vögel halten [...]

XV. Die Lectiones, so er früh von 8 bis 11 Uhr und nachmittags von 1 bis 4 hält, fängt er allezeit mit Gesang, Gebet und Bibellesen an [...]

XVII. Seine Schule, darinnen er über 50 Kinder nicht haben soll, teilt er in 3 Klassen. Die erste lernt buchstabieren, syllabieren [silbenmäßig sprechen] und lesen, daneben den kleinen Catechismum Lutheri [...] Die andere Klasse wird im Lesen fortgeführt aus dem Neuen Testament, [...] fängt auch an zu schreiben und rechnen [...] Die dritte Klasse wird im fertigen Lesen aus dem Alten Testament fortgeführt und perfektioniert, [...] wird ferner geübt im Schreiben und Rechnen, auch so etliche vorhanden, so dazu geschickt sind und Lust haben, werden geführt in die Principia latinae Linguae [Grundlagen der lateinischen Sprache], Geographie, Historie und Geometrie.

[...]

XXIII. Das Ende der Lektionen, so vor- als nachmittags, schließt er wieder mit Singen und Beten und ermahnt sie bei der Demission [Entlassung] zur Ehrbarkeit und Stille auf den Gassen wie auch zur Furcht Gottes, geht ihnen auch nach und observiert ihr Verhalten.

XXIV. [...] Mittwochs und sonnabends nachmittags hält er eine Singestunde. Finden sich einige Knaben, so er zu den Principiis latinae Linguae, Arithmeticae, Geographiae, Calligraphiae [Schönschreibkunst], Geometriae und Historiae anführen kann, soll er dazu Privatstunden halten, welche ihm à part [extra] bezahlt werden [...]

Conrad Ferdinand Eduard Mangner: Geschichte der Leipziger Winkelschulen (Schriften des Vereins für die Geschichte Leipzigs, Bd. VIII). Leipzig 1906. S. 38ff.

203 Thomasschule und Thomaskirche. Titelkupfer der Schulordnung, von Johann Gottfried Krügner d. Ä. 1723

Bauerntanz. 12. Mai 1714 Einen […] lustigen Aufzug machten die Bauernknechte und Mägde, deren 15 Paar von den Universitätsdörfern [Dörfern in Universitätsbesitz] in ihrem hochzeitlichen Habit waren hereinbeschieden und zu ihrer Ergötzung bewirtet worden; diese wurden durch die Bergleute, welche mit ihren musikalischen Instrumenten vor ihnen hergingen, angeführt, denen sie gliederweise, also daß erst eine Magd von zwei Knechten und wieder von zwei Mägden ein Knecht geführt wurde und so fort, folgten, und in gedachten Garten gebracht, woselbst vor S[eine]r Königl[ichen] Majest[ät] dieses junge Volk mit Tanzen bis an anbrechenden Abend nach ihrer Art sich [v]erlustierte und ihre alleruntertänigste Aufwartung mit Überreichung einer aus allerhand Blumen gezierten Krone machte. Bei solchen Lustbarkeiten fand sich eine große Menge Volks, daß die ankommenden Tänzer kaum durchkommen kunnten.

Johann Jacob Vogel: a. a. O. S. 1073

Kurfürst Friedrich August I. von Sachsen erlaubt das Fischerstechen. 19. Mai 1714 […] urkunden hiermit und bekennen, demnach an unserem am 12. dieses Monats jetzthin eingefallenen Geburtstag das allhiesige Fischerhandwerk mit einem sogenannten Fischerstechen zu Wasser alleruntertänigst aufgewartet, so haben wir demselben die Gnade getan und konzediert [erlaubt], hinfüro ein dergleichen Exerzitium, wie an anderen Orten ebenfalls gebräuchlich und dergleichen besagtes Handwerk zu Zeiten Kurfürst Augusti glorwürdigster Gedächtnis a[nn]o 1559 gehalten, alle Jahre anzustellen. Tun auch solches hiermit und geben kraft dieses offenen Briefes dem Fischerhandwerk zu Leipzig die Freiheit, daß selbiges von nun an befugt sein solle, ins Künftige alle Jahre, und zwar jedesmal auf den 12. Tag des Monats Maji, ein solennes [festliches] Fischerstechen auf einem bei hiesiger Stadt fließenden Strömen, wo es am füglichsten wird geschehen können, anzustellen, dabei einen ordentlichen Aufzug zu halten, Musik zu gebrauchen und solches Fischerstechen mit guter Bescheidenheit und zusätzlicher Ergötzlichkeit ungehindert zu exerzieren […]

Quellen zur Geschichte Leipzigs. 1. Bd. a. a. O. S. 244f.

Bären- und Stierhetze. Juni 1714 Den 11., 14., 16. und folgende Tage des Monats Junii wurden auf'm Brühl im Gasthof ›Zum drei Schwanen‹ zwei Bären und ein wilder Stier auf englische Manier gehetzt und miteinander zu kämpfen aufeinandergelas-

204 Fischerstechen in Apels Garten vor dem Thomaspförtchen. Kupferstich. 1717

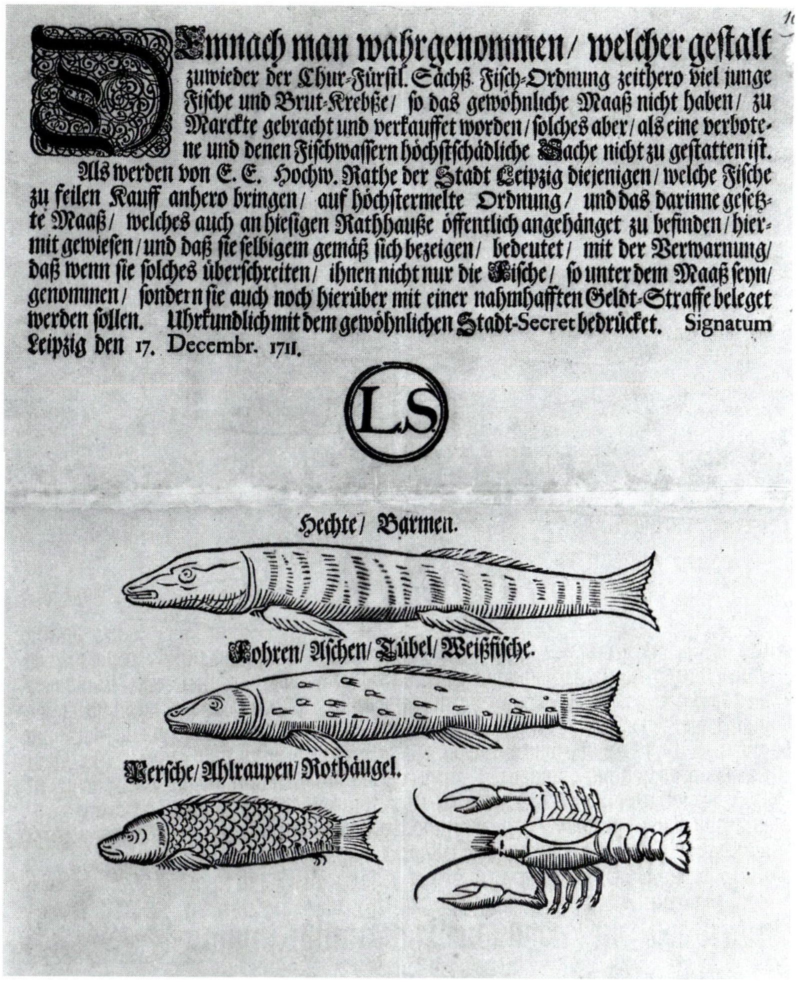

Demnach man wahrgenommen / welcher gestalt zuwieder der Chur-Fürstl. Sächß. Fisch-Ordnung zeithero viel junge Fische und Brut-Krebße / so das gewöhnliche Maaß nicht haben / zu Marckte gebracht und verkauffet worden / solches aber / als eine verbotene und denen Fischwassern höchstschädliche Sache nicht zu gestatten ist. Als werden von E. E. Hochw. Rathe der Stadt Leipzig diejenigen / welche Fische zu feilen Kauff anhero bringen / auf höchstermelte Ordnung / und das darinne gesetzte Maaß / welches auch an hiesigen Rathhauße öffentlich angehänget zu befinden / hiermit gewiesen / und daß sie selbigem gemäß sich bezeigen / bedeutet / mit der Verwarnung / daß wenn sie solches überschreiten / ihnen nicht nur die Fische / so unter dem Maaß seyn / genommen / sondern sie auch noch hierüber mit einer nahmhafften Geldt-Straffe beleget werden sollen. Uhrkundlich mit dem gewöhnlichen Stadt-Secret bedrücket. Signatum Leipzig den 17. Decembr. 1711.

L.S.

Hechte / Barmen.

Rohren / Aschen / Tübel / Weißfische.

Persche / Ahlraupen / Rothäugel.

205 Leipziger Fischer-Verordnung. 1711

206 Portalrelief am Haus ›Zum Kaffeebaum‹. Um 1723

sen, welches kurios anzusehen war, dabei den Fleischern erlaubt war, gute Hunde mitzubringen und mit besagten Tieren eine Jagd par force [›mit Gewalt‹; Hetzjagd] zu halten.

Johann Jacob Vogel: a. a. O. S. 1073

Klingelbeutel. 26. Januar 1716
[...] sind in der St. Nikolai- und Thomaskirche die Klingelbeutel zum erstenmal herumgetragen worden, [...] ist ehemals dergl[eichen] williges Almosen in den an jeder Kirchtür festgemachten Büchsen gesammlet worden, darein ein jeder nach geendigtem Gottesdienst einlegen können. Jedoch weil man wahrgenommen, daß das Hineingeworfene sehr unergiebig gewesen und daß die eingeführten Ermahnungen zu reichlicherem Einlegen in die Büchsen wenig oder nichts gefruchtet, so ist besagte Ermahnung an bemeldtem Tag nach bemeldten Kirchengebeten unterlassen worden, in Hoffnung, daß durch den umgehenden Klingelbeutel der Armut besser geholfen sein solle.

Stadtarchiv Leipzig: Riemer-Chronik, S. 11

Konzession für Kaffeehaus. 1. Oktober 1716 Demnach wir, Bürgermeister und Rat der Stadt Leipzig, bis auf Widerrufen Johann Lehmann vergönnt, daß er einen Tee-, Kaffee- und Schokoladenschank, jedoch unter folgenden ausdrücklichen Bedingungen halten und anrichten möge, nämlich daß er 1. keine Weibespersonen in solchem Schank unter Prätext [Vorwand] der Zurichtung des Getränks, noch weniger dessen Auftragen und Bedienung oder unter was Vorwand es geschehen möge, dulden oder deren Aufenthalt und Zutritt oder Zuspruch gestatten solle. Zum 2. keine Würfel, Karten und andere Glücksspiele, [...] Billard ausgenommen, [...] zulassen. 3. Niemanden abends über 9 Uhr von Michaelis [29. September] bis Ostern und über 10 Uhr von Ostern bis Michaelis Tee, Kaffee oder Schokolade reichen und in seinem Kaffeehaus dulden, noch solches über gesetzte Zeit zum Schank und Billardspiel [...] offenhalten. 4. Die Kauf- und Handelsbedienten und Jungen durchaus nicht zum Billardspiele lassen. 5. Keine hohe und übermäßige Partie und Spiele auf dem Billard zu verstatten, und 6. unter währendem Gottesdienst des Sonn- und Festtags des Morgens bis um 10 Uhr, des Nachmittags von 1 bis 4 Uhr keine Gäste setzen, nach solcher Zeit aber auch nur denjenigen das Getränk, so solches zur Notdurft gebrauchen, reichen, das Billardspiel aber durchaus nicht verstatten solle [...]

Stadtarchiv Leipzig: Titel LXII C, Nr. 2, Bl. 5

207 Nonnenmühle. Kupferstich von Mentzel, nach einer Zeichnung von Beyr. Um 1750

Messe-Herkules. April 1717
[...] ist der sogenannte starke Mann oder Simson, Johann Carl von Eckenberg aus Harzgerode, allhier in Leipzig gewesen und zwölferlei Proben seiner Stärke und Geschicklichkeit bewiesen: 1. eine Kanone von 2000 Pfund nebst einem Tambour [Trommler] aufzuheben. 2. konnte er nicht von drei bis vier Personen von der Stelle gezogen werden. 3. reißt einen Strick, zwei Zoll dick, entzwei. 4. legt er sich auf zwei Stühle mit Kopf und Beinen und läßt sechs Personen auf sich treten, ohne sich zu biegen, doch so, daß der Rükken und Leib hohl lag. 5. hebt er ein Pferd mit ein, auch zwei Männern auf. 6. läßt einen Amboß von 5 bis 600 Pfund auf seine Brust setzen und ein Stück Eisen drauf entzweischlagen. 7. können ihn zwei Pferde nicht von der Stelle ziehen. 8. hebt er zehn bis zwölf starke Männer mit einer Hand in die Höhe. 9. dreht einen eisern Nagel wie einen Krätzer [korkenzieherartiges Instrument zum Herausholen von Patronen aus Vorderladewaffen]. 10. nimmt eine Bank, 18 Fuß lang, darauf am Ende ein Stuhl liegt, mit dem anderen Ende in den Mund und hebt sie 10 Fuß von der Erde. 11. Ihm können zwei der stärksten Männer einen Stock nicht aus dem Mund ziehen; und 12. kann er eine Flinte auf 1000 Schritt akkommodieren [scharfeinstellen] und ein Pistol auf 100 Schritt.

Stadtarchiv Leipzig: Riemer-Chronik, S. 21f.

Spottverse auf das Papsttum. 31. Oktober 1717 Nachfolgende Verse sind von einem Studioso in Leipzig bei dem ietzgen [jetzigen] Jubelfest [dem zweihundertjährigen Jubiläum der Reformation] dem Herrn Pater Ekkardt präsentiert worden, welcher ihm deswegen einen Dukaten verehrt, in Meinung, er würde katholisch werden und zu der papistischen Religion übertreten. Allein der Studiosus hat seine Meinung bei Abschiednehmung von dem Herrn Pater zu erkennen gegeben, zu ihm sagend, er sollte die Verse gleich [gegen]über lesen, wie sie Zeile auf Zeile folgten:

Ich sage gänzlich ab	Der Mönche Lehr und Leben
Luthero bis ins Grab	Bin ich allezeit ergeben
Ich hasse fort und fort	Die Meß und Ohrenbeicht
Lutheri Lehr und Wort	Ist mir gar schön und leicht
Heraus aus Sachsenland	Der Mönch und Priester Lehr
Was luthrisch ist verwandt	Schütz ich mit aller Ehr
Darum wer luthrisch stirbt	Das Himmelreich erwirbt
In Ewigkeit verdirbt	Wer römisch-katholisch stirbt.

Stadtarchiv Leipzig: Riemer-Chronik, S. 33

Neue Torschreiberhäuser. 1717
[...] sind vor allen Toren anstatt der bisherigen kleinen Schlagschreiberhäusergen vor die Torschreiber, denen dergestalt ihre Expedition [Abfertigung] von den inneren Toren hinaus an die äußersten angewiesen ward, ziemlich große steinerne mit einer geraumen Expedition und Wohnstube übereinander, desgleichen unten mit einer Küche und Speisekämmerlein und oben mit einer Schlafkammer, auch geraumen Böden gebaut.

Stadtarchiv Leipzig: Riemer-Chronik, S. 24a

Aus einem Bericht über Folgen der Dürre. 7. September 1718 Nachdem der allgewaltige Gott uns allhier mit einer großen und bei Mannesgedenken nie erhörten Dürre heimgesucht, daß die Flüsse ziemlich ausgetrocknet und sonderlich der Pleißenfluß, so daß nunmehro E. Edlen und Hochweisen Rates Nonnenmühle fast auf ein Vierteljahr stillegestanden und nicht ein Rad hat umgehen können, welches auch der Mangel an hiesigen Röhrwassern [Leitungswasser] an Tag gibt [...] Es bezeugt auch die tägliche Erfahrung noch, daß nicht allein besagte Nonnenmühle, sondern auch die anderen Mühlen bei hiesiger Stadt wenig oder gar nicht mahlen können, daß auch die hiesigen Bäcker und andere Bürger sich mit ihrem Getreide an andere Flüsse, als [wie] Saale, Elster und Mulde, wenden müssen, damit sie Mehl zum Backen haben [...]

Stadtarchiv Leipzig: Titel XXII C, Nr. 3, Bl. 2

Gegen Schlafmützen. 7. Mai 1719
[...] angeschlagen, daß in Zukunft keiner mit Schlafmützen und Schlafpelzen von den Studenten auf der Gasse gehen, vielmehr aber befohlen, daß die neuankommenden Studenten die behörige Immatrikulation zu suchen nicht verschieben sollten.

Stadtarchiv Leipzig: Riemer-Chronik, S. 50

Kinder verkaufen Leiche der Mutter. März 1720 Die traurige Begebenheit ruchloser Kinder zu erzählen, so trug sich zu Anfang dieses Monats zu, indem eine verstorbene alte Frau von ihrem Sohn [...] und Tochter um ein leichtes Entgelt zu einer Privatanatomie verkauft wurde, denn einige med[icinae] Studiosi und Chirurgi wurden mit obgedachtem Sohn und Tochter der Verstorbenen des Handels einig, daß gegen Erlegung etlicher Taler der schon im Sarg liegende Körper bei spätem Abend heimlich abgefolgt, der Sarg aber, nachdem er mit hineingelegten Steinen beschwert worden, ordentlich, als wäre es die Leiche, begraben ward. Den Körper hatte ein Stud[iosus] in einem leinen Tuch eingewickelt und unter dem Mantel fortgeschleppt, auch als ihn der Hausknecht gesehen und gefragt, was er da hinaustrage, geantwortet, er hätte eine alte Baßgeige allhier abgeholt [...]

Stadtarchiv Leipzig: Riemer-Chronik, S. 63f.

Im Eis eingebrochen. 11. Februar 1721 [...] ist eines Nachtwächters Sohn von 16 Jahren, welcher nebst anderen auf einen gefrorenen Graben beim Apelschen Garten mit Schlittschuhen gefahren und das Unglück gehabt, da er anderen vorkommen wollen, in einen geeisten Ort gekommen und geraten, daß er darinnen ertrinken müssen.

Stadtarchiv Leipzig: Riemer-Chronik, S. 74

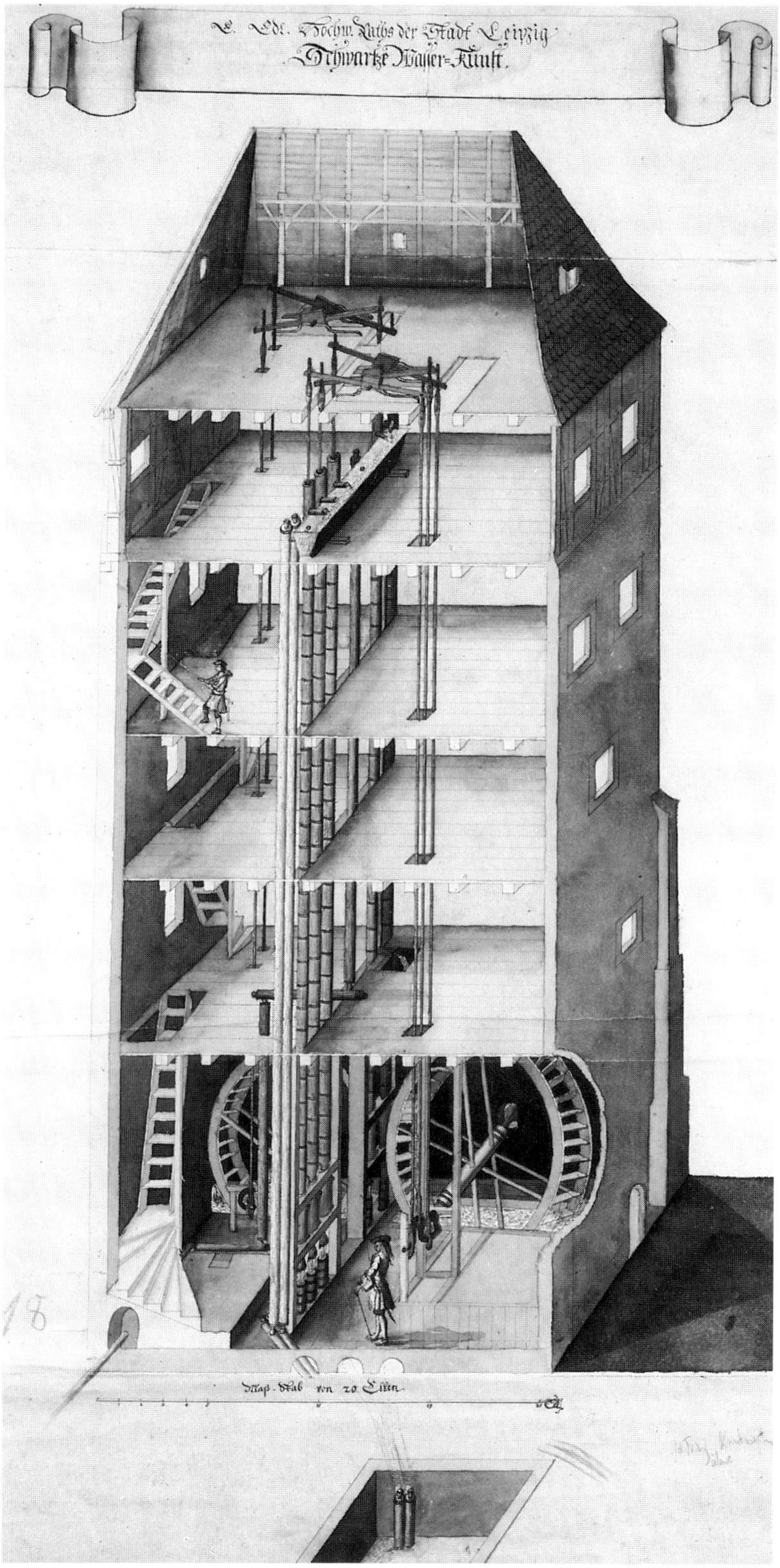

208 Schwarze Wasserkunst
(Schöpfwerk für die 1498 begonnene Röhrenwasserleitung der Stadt).
Aquarellierte Zeichnung von Johann Friedrich Dähne. 1739

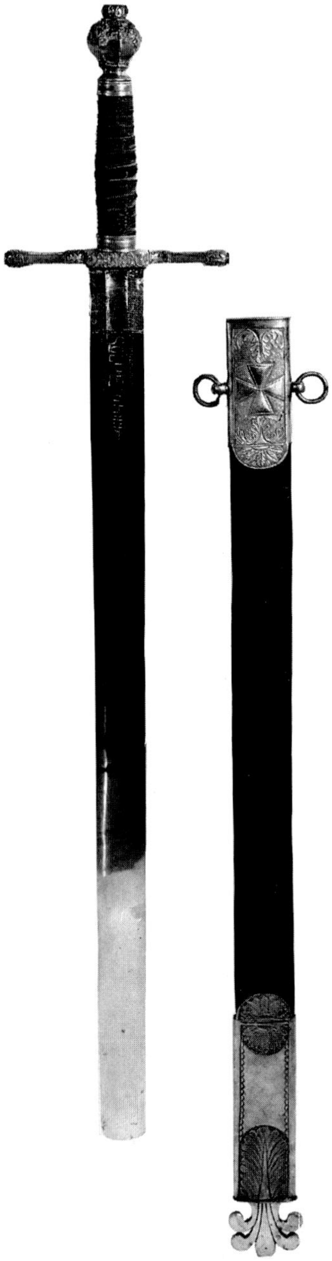

209 Leipziger Richtschwert. Gravierter Stahl mit Messinggriff, Lederscheide mit Messingbeschlägen. Um 1720

Über die Aufgaben der Stadthauptleute bei Hinrichtungen. 1721 Was die Herren Hauptleute zu besorgen haben:

1. Den Tag, da die Exekution geschieht, muß die ganze Garnison von hiesigen Stadtsoldaten, und zwar zu rechter früher Tageszeit, nebst ihren Offizieren in Bereitschaft sein.

2. Deswegen denn die Stadttore inzwischen von der Bürgerschaft, und zwar das Grimmische Tor mit doppelter und mehrerer Mannschaft als sonsten, zu besetzen.

3. Auch werden die Pförtgen vormittags gänzlich zugehalten und nicht eher eröffnet, bis die Exekution vorbei.

4. Der diesen Tag in der Wache stehende Herr Hauptmann hält sich bei der Hauptwache im Grimmischen Tor auf, die notwendigen Ordres zu erteilen.

5. Ohngefähr 98 Mann von den Stadtsoldaten werden nebst einem Oberoffizier aufs Rathaus kommandiert, dasselbige zu besetzen.

6. Geschieht die Besetzung auf folgende Art: 16 Mann nebst einem Unteroffizier unter das Rathaus zur Verwahrung des vorderen und hinteren Eingangs; 60 Mann auf den Rathaussaal, die von der großen Treppe an bis hin zur Ratsstube einen Gang, wie eine Gasse, formieren, da Mann an Mann mit kreuzweis gesetzten Flinten und aufgesteckten Bajonetten aneinander sich stellen müssen; 6 Mann zu Besetzung der kleinen Rathaustreppe oder der Tür des Eingangs von seiten des Naschmarktes; 12 Mann, die große Treppe von unten hinauf bis ans obere Tabulat [Absatz] zu besetzen; 4 Mann zum Marsch, welche ihre Flinten in Armen tragen und vor dem Zug vorhergehen.

7. Dem Feldwebel zu beordern, daß er in aller Frühe die Bierzieher, Weißkittel [Auflader], Lampenwärter pp. nach der ihm zustellenden Liste übernimmt, auch dieselben mit Spießen aus'm Zeughaus versieht, ingl[eichen] sodann solche fürs [vors] Rathaus postiert wie nicht weniger beim Hinausmarsch diese kommandiert und in Ordnung erhält, besonders aber bei dem Kreis [um die Richtstätte] eine Öffnung zum Hinauszug macht und daselbsten bei Händen verbleibt [zur Hand ist].

8. Eine gute Mannschaft an das äußerste Tor auf'm Grimmischen Steinweg anzustellen und solch Tor stark mit Wache nebst zugehörigen Offizieren zu besetzen.

9. Auch muß das Hospitaltor, desgleichen das Aufpassertor am Hahnekamm, mit Wache stark besetzt werden und jedes wenigstens ein paar Unteroffiziere haben, damit, wenn nach geschehener Exekution das Volk, so nicht alle zum äußersten Grimmischen Tor auf einmal hereinkommen kann, alsdenn durch ersagte beide Tore gelassen wird, gute Aufsicht zu haben, auf daß sich nicht etwa verdächtige Leute mit hereinschleichen.

10. Und sobald mit dem Rathausglöcklein zum ersten Mal geläutet wird, müssen alle Tore, außer das Grimmische, zugehalten werden. Die äußerste Wache aber am Grimmischen Steinwegtor darf niemand, außer was Postenkurier und Stafetten sind, hereinlassen, damit dem Zug nichts im Weg entgegenkomme.

11. Stracks nach geschehener Verurteilung des armen Sünders und wann derselbige die große Treppe hinunter ist, marschiert die Wache vom Rathaussaal ab, geht sofort durchs Salzgäßl[ein], übern Nikolauskirchhof [Nikolaikirchhof] und hilft die Hauptwache verstärken.

12. Es verbleibt aber inmittelst eine Korporalschaft unterm Rathaus zur Besetzung und marschiert eher nicht ab, bis der regierende Herr Bürgermeister dazu Ordre gibt.

13. Gleich nach geschehener Exekution werden alle Tore wieder wie sonsten eröffnet [...]

Stadtarchiv Leipzig: Titel LXII G, Nr. 23a, Bl. 53ff.

Reglementierung der Gedächtnis- und Leichenpredigten. 1721

1. Sollen die Gedächtnispredigten niemanden ohne Ihro König![iche] Majest[ät] allergnädigste Spezialerlaubnis verstattet werden, hingegen

2. die Leichenpredigten [...] in ihrer unbeschränkten Freiheit, wie bis anhero gewöhnlich, verbleiben, jedoch, wenn

3. der entseelte Körper schon begraben, keine Bahre gesetzt, auch nicht von den Leidtragenden zu und aus der Kirche gefahren werde, es wären denn

4. sowohl die verstorbenen als leidtragenden Personen honestioris condicionis [angeseheneren Standes], auf welchen Fall doch mehr nicht als zwei Karossen erlaubt sein sollen.

[...]

6. [Sollen] die Gedächtnispredigten präzise um 2 Uhr mit Singen angefangen werden, bei den Leichenpredigten aber es ohnfehlbar um halb 2 Uhr nachmittags geschehen, auch in beiderlei Art von Predigten auf die Ankunft der Leidtragenden länger nicht gewartet, auch

7. diejenigen, so die Gedächtnis- und Leichenpredigten zu verrichten, dahin angewiesen werden, daß, weil doch ohnedem die Lieder und Lebensläufte viel Zeit wegnehmen, die Predigt nicht über eine Stunde währen und die bis anhero eingeschlichenen überflüssigen großen Lobsprüche auf eine christliche gewissenhafte Art gemäßigt werden sollen [...]

Stadtarchiv Leipzig: Titel XLIV E, Nr. 1, Bl. 53ff.

210 Marschordnung zur Hinrichtung des ›Mause-David‹. Kupferstich. 1722

Historische RELATION
Von dem
Leben und Ubelthaten
Eines verstockten
Diebes und Kirchen-
Räubers,
Johann David Wagners,
sonst Mause David genannt,
Welcher
Am 21. Novembr. 1721. zu Leipzig, seiner Mißhandlungen wegen, mit
dem Schwerdt vom Leben zum Tode gestraffet, und dessen Cörper,
nach vollstreckter Execution, auf ein Rad geflochten worden.
Alles aus denen hin und wieder ergangenen Judicial-Actis colligiret, mit
Fleiß extrahiret, und mit unterschiedenen darzu dienlichen Kupffern in
öffentlichen Druck heraus gegeben.
Nebst einen Register
Mit Königl. Pohln. und Chur-Fürstl. Sächs. Privilegio.
LEIPZIG, zu haben im Durchgange des Rathhauses, 1722.

211 ›Mause-David‹ im Gefängnis. Titelkupfer der Lebensbeschreibung ›eines verstockten Diebes und Kirchenräubers‹. 1722

212 Elias Gottlob Haußmann: Der Thomaskantor Johann Sebastian Bach. Öl auf Leinwand. 1746

Exekution in Abwesenheit. 8. März 1723 [...] ward von E. Löbl[ichen] Universität wider den flüchtigen Studiosum Joh[ann] George Lentzner wegen der an einem anderen [...] verübten Entleibung die Exekution in effigie [Abwesenheit] [...] wirkl[ich] vollstreckt. Es geschah solches [...] mit allen bei einer rechten Exekution gebräuchlichen Formalitäten, [der]gestalt das Bildnis, so einer von des Scharfrichters Knechten trug, durch ein hinlängliches Kommando von den hiesigen Stadtsoldaten ex loco concilii academici [vom Ort des akademischen Konzils] abgeholt und bis zur Gerichtsstätte eskortiert, daselbst von 50 Mann aus der Stadtgarnison ein Kreis geschlossen, sodann in Beisein der dazu hinausgefahrenen Herren Deputierten von E. Löbl. Universität die Exekution durch den Pedell dem Scharfrichter anbefohlen [...]

Stadtarchiv Leipzig: Riemer-Chronik, S. 108

Verpflichtung des Thomaskantors Johann Sebastian Bach. 5. Mai 1723 Demnach E. E. Hochweiser Rat dieser Stadt Leipzig mich zum Kantor der Schule zu St. Thomas angenommen und einen Revers in nachgesetzten Punkten von mir zu vollziehen begehrt, nämlich:

1. daß ich den Knaben in einem ehrbaren eingezogenen Leben und Wandel mit gutem Exempel vorleuchten, der Schule fleißig abwarten und die Knaben treulich informieren,
2. die Musik in beiden Hauptkirchen dieser Stadt nach meinem besten Vermögen in gutes Aufnehmen bringen,
3. E. E. Hochw[eisen] Rat allen schuldigen Respekt und Gehorsam erweisen und dessen Ehre und Reputation aller Orten bestermaßen beobachten und befördern, auch, so ein Herr des Rates die Knaben zu einer Musik begehrt, ihm dieselben ohnweigerlich folgen lassen, außer diesen aber denselben

auf das Land, zu Begräbnissen oder Hochzeiten ohne des regierenden Herrn Bürgermeisters und der Herren Vorsteher der Schule Vorbewußt und Einwilligung zu reisen keineswegs verstatten,

4. den Herren Inspektoren und Vorstehern der Schule in allem und jedem, was im Namen E. E. Hochw. Rates dieselbigen anordnen werden, gebührende Folge leisten,

5. keine Knaben, welche nicht bereits in der Musik ein Fundament gelegt oder sich doch dazu schicken, daß sie darin informiert werden können, auf die Schule nehmen, auch solches ohne der Herren Inspektoren und Vorsteher Vorwissen und Einwilligung nicht tun,

6. damit die Kirchen nicht mit unnötigen Unkosten belegt werden mögen, die Knaben nicht allein in der Vokal-, sondern auch in der Instrumentalmusik fleißig unterweisen,

7. zu Beibehaltung guter Ordnung in den Kirchen die Musik dergestalt einrichten, daß sie nicht zu lang währen, auch also beschaffen sein möge, damit sie nicht opernhaftig herauskomme, sondern die Zuhörer vielmehr zur Andacht aufmuntere,

8. die Neue Kirche mit guten Schülern versehen,

9. die Knaben freundlich und mit Behutsamkeit traktieren, dafern sie aber nicht folgen wollen, solche moderat züchtigen oder gehörigen Ortes melden,

10. die Information in der Schule und was mir sonsten zu tun gebührt treulich besorgen,

11. und da ich solche selbst zu verrichten nicht vermöchte, daß es durch ein ander tüchtiges Subjektum, ohne E. E. Hochw. Rates oder der Schule Beitrag, geschehe, veranstalten,

12. ohne des regierenden Herrn Bürgermeisters Erlaubnis mich nicht aus der Stadt begeben,

13. in Leichbegängnissen jederzeit, wie gebräuchlich, soviel [wie] möglich bei und neben den Knaben hergehen

14. und bei der Universität kein Offizium [Amt] ohne E. E. Hochw. Rates Konsens annehmen solle und wolle,

also verreversiere [erkläre schriftlich] und verpflichte ich mich hiermit und in Kraft dieses, daß ich diesem allen, wie obsteht, treulich nachkommen und, bei Verlust meines Dienstes, dawider nicht handeln wolle.

Zu Urkund habe ich diesen Revers eigenhändig unterschrieben und mit meinem Petschaft bekräftigt.

Stadtarchiv Leipzig: Urkundenkasten 79, Nr. 42/2

Zwangsarbeit für Dirnen. Dezember 1723 Zu Ende dieses Jahres ist anbei noch zu gedenken, wie daß E. E. Rat, absonderlich der H[er]r Stadtrichter Romanus, welcher den unzüchtigen Weibesbildern fatal war, kleine Dreckkärrngen machen lassen und die verdächtigen Huren nebst den alten Kuppelweibern durch einen Stadtknecht anspannen und darinnen den Kot von der Gasse vor die äußersten Tore bringen lassen, welches aber wegen allzuvielen Zulaufs der Jungen und anderer Leute nicht öfters geschehen kunnte, weil kaum soviel Platz gemacht werden können, daß sie mit ihren Karren hindurchkamen. Jedoch haben sie bei Abreißung des Peterstors in Schuttwegführen gute Dienste getan.

Stadtarchiv Leipzig: Riemer-Chronik, S. 125f.

213 Thomaskirche.
Kolorierter Kupferstich von Joachim Ernst Scheffler. 1749

214 Das um 1700 errichtete Bosehaus am Thomaskirchhof.
Entwurf der farbigen Fassadengestaltung von Wolfgang Müller und Thomas Rau zur Rekonstruktion (Ausschnitt). 1983

215 Elias Gottlob Haußmann: Luise Adelgunde Victorie Gottsched (Gottschedin). Öl auf Leinwand. Um 1750

216 Lindenallee zwischen Thomas- und Barfüßerpförtchen (heute Dittrichring). Kupferstich von Johann Georg Schreiber. Um 1740

Gottsched gegen Sprachvermengung. 10. Januar 1725 Unsere Kleidungen sind den Kleidungen unserer Großeltern nicht mehr ähnlich; unsere Häuser sind verändert; unsere Speisen sind öfters ein unnatürlicher Mischmasch widereinander laufender Dinge. Unsere Sprache selbst ist nicht mehr natürlich oder rein wie vorzeiten, sondern entweder voller gekünstelter und schwülstiger Redensarten oder voller lateinischer, italienischer und französischer vermeinter Zierlichkeiten […]

Es kam am Neujahrstag ein gewisser Mensch zu einem meiner Anverwandten, der sein Gönner ist, eben, als ich ihm, so zu reden [sozusagen], nur mit dreien, aber wohlgemeinten Worten Glück gewünscht hatte. ›Eure Exzellenz werden pardonnieren‹, hieß es, ›daß ich als Dero Klient mir die Permission [Erlaubnis] ausgebeten, zu dem mit aller Prospérité [Wohlfahrt] angetretenen neuen Jahr mit gehorsamstem Respekt und tiefster Submission [Ehrerbietigkeit] zu gratulieren und sincérement [aufrichtig] zu wünschen, daß der Höchste Eure Exzellenz in allem Contentement [Vergnügen] dieses und viele andere Jahre konservieren wolle, damit ich ehestens Okkasion [Gelegenheit] habe, meine Témoignage [Aussage] zu bezeigen.‹ Hätte der gute Mensch mehr französische Wörter gewußt, ich zweifle nicht, er würde sie ebenso artig in seinen Glückwunsch zu flechten gewußt haben als diese unvergleichliche Témoignage. Er versteht sonst die französische Sprache nicht besser als ich die hottentottische; und dieses wäre ihm keine Schande, wenn er nur seine Muttersprache verstünde. Wie soll er sie aber verstehen, wenn er sie nicht lernen will? Er hält es für eine Artigkeit oder, daß ich mich seiner beliebten Mundart bediene, für eine Politesse, wenn man auch die galante Mode mitmacht. Man muß sich von der Kanaille auch en parlant [im Reden] distinguieren [unterscheiden]; dergleichen Tours [Wendungen] im Reden sind schon im Deutschen rezipiert, ja fast naturalisiert und nationalisiert. Sollte man doch fast auf die Gedanken kommen, daß solche Leute nicht von deutschem Geblüt entsprossen wären, sondern zum wenigsten einen französischen Vater gehabt hätten.

Die vernünftigen Tadlerinnen. I. Jg., 2. Stück. Halle, 10. Januar 1725, S. 10ff.

Schlägerei. 31. Juli 1725 […] geschah in Herrn Lorentzens, Kauf- und Handelsmann im Brühl an der Reichsstraßecke, Haus wegen Verbauung einiger Fenster bei Aufrichtung des Gebäudes mit dem Nachbarn in dem sogenannten Rothschmidts Haus in der Reichsstraße eine große Schlägerei, wozu die Schar Wache gekommen und auf beiden Seiten hart zuge-

217 Leonhard Schorer: Johann Christoph Gottsched. Öl auf Kupfertafel. 1744

schlagen wurde, wobei 18 Personen verwundet und einem Zimmergesellen der Arm entzweigeschlagen.

Stadtarchiv Leipzig: Riemer-Chronik, S. 161 f.

Ruhebänke. 1725 In diesem [...] Jahr [...] hat E. E. Hochweiser Rat um die Stadt an den Linden, absonderlich [besonders] auf dem sogenannten Muhmenplatz zwischen dem Thomas- und Barfüßerpförtgen, viele Bänke, worauf die Spazierengehenden nach Gelegenheit sich setzen und unter den schattenreichen Linden erquicken können, erbauen und setzen lassen.

Stadtarchiv Leipzig: Riemer-Chronik, S. 171

Flucht aus dem Gefängnis. 4. Februar 1726 [...] echappierten [entwichen] vier Erzspitzbuben vom Rathaus, darunter zwei Juden, nachdem sie sich aus dem Gefängnis in der obersten Etage durchgebrochen und sich auf einer anderen Seite an einem Seil heruntergelassen und glückl[ich] davonkommen.

Stadtarchiv Leipzig: Riemer-Chronik, S. 176

Anordnung über die Beisetzung von Verstorbenen. 1726

1. Was Personen von gräfl[ichem] und freiherrl[ichem] Stand, auch die, so in hohen königl[ichen] Bedienungen gestanden, betrifft, werden mit dem Leichenwagen und zwei oder höchstens 4 bekleideten Pferden, auch 20 bis 24 Kutschen und dazugehörigen Fackeln und in Vorausgehung 2 bis 4 Marschälle [Hofmeister], jedoch ohne Glockengeläut zur Erde bestattet, ferner

2. königl[iche] wirkliche Räte mit dem Leichenwagen und 2 unbekleideten Pferden und 12 bis 16 Kutschen, auch Fackeln.

3. Doctores, Professores und Ratsverwandte [Ratsangehörige] mit dem Leichenwagen und 2 unbekleideten Pferden, auch 10 bis 12 Kutschen und Fackeln.

4. Handelsleute ebenfalls mit dem Leichenwagen und 2 unbekleideten Pferden, auch 6 bis 8 Kutschen und Pechfackeln.

5. Handwerksleute haben dergleichen mit Kutschen nicht zu genießen, sondern die Leichenbegleiter folgen zu Fuß, und werden anstatt der Fackeln Laternen gebraucht.

Stadtarchiv Leipzig: Titel XLIV E, Nr. 1

218 Sargtuchschild der Bäckerinnung (bei Beerdigung eines Innungsmitglieds am Sargtuch befestigt).
Gefertigt vermutlich von Hans Heinrich Haußmann. Silber, vergoldet. 1717

Hinrichtung. 13. Februar 1727
[...] ist Johann Christian Kehrbach, gebürtig aus Leipzig, wegen den 14. November vorigen Jahres schon gemeldten Mordes und Raubes auf einer über einer Schleife [schlittenartiges Transportmittel] ausgebreiteten Kuhhaut zur Gerichtstätte vors Grimmische Tor geschleift und auf dem Rabenstein [heute Rabensteinplatz] enthauptet, auch sodann der Körper aufs Rad gelegt und der Kopf auf den Pfahl des Rades genagelt worden. Er hatte sich recht nett angezogen an dem Exekutionstag, näml[ich] er hatte ein paar scharlachne Hosen, desgleichen ein schön weiß Hemd, mit gefaltenen und gebundenen Händen eine Mütze haltend, und also wurde er in dem Staat, mit angezogener brauner Weste und knappen weißen Strümpfen, auf der Kuhhaut hinausgeschleift. Der Streich [des Henkers] war nicht der glücklichste, indem er zweimal hauen mußte, daß auch ein Stück von der Kinnlade mit hinwegflog [...]

Stadtarchiv Leipzig: Riemer-Chronik, S. 204f.

Übler Streich. 17. Mai 1729
[...] passierte ein artiger Kasus [Fall], nachdem im ganzen Land die Rede ging, als wenn der königl[iche] Kurprinz ein Feind von der Akzise wäre, so unterstund sich einer von Adel, der Herr von Pöllnitz, einen Stern von Goldpapier auf die Brust zu machen, vor die Akzisehäuser, von einem zum anderen, zu reiten, zwei Lakaien bei sich habend, und, nachdem es starker Markttag, die Bauersleute mit Ungestüm wegzutreiben, sagend, die Akzise wäre aufgehoben und sie sollten nichts zahlen, schlug in allen Akzisehäusern die Fenster hinein und forderte Rechnung. Die Akzisebedienten liefen zusammen und wußten nicht, was sie tun oder lassen sollten, gingen unter die Börse und zeigten solches dem Herrn Inspektor an; die einfältigen Bauersleute vermeinten, die Akzise wäre glückl[ich] aufgehoben, und sagten auf dem Markt, der Kurprinz habe die Akzise gestürmt und der Akzise ein Ende gemacht. Ein E. Hochweiser Rat ließ sogleich die Knechte und etl[iche] Stadtsoldaten vor das Tor marschieren, um zu sehen, ob sie dahinterkommen könnten. So wurden sie in Joechers Garten gewahr, daß es einer von Adel, welchen sie in die Hauptwache vors Peterstor gebracht haben. Die Sache wurde unterdruckt, weil der Herr von Pöllnitz des Obristen Vetter und er als ein Melancholicus angesehen wurde. Die armen Bauersleute mußten, nachdem es ihnen auf dem Markt angesagt worden, unter der Börse die Zettel zulösen, andergestalt keins von den Bauersleuten zum Tor hinausgelassen worden. Und also war die Freude ein Ende.

Stadtarchiv Leipzig: Riemer-Chronik, S. 242f.

Zwangsrekrutierung. 29. Juli 1729
[...] wurden alle Obermeister in der Stadt auf das Rathaus gefordert und in der Ratsstube ein königl[icher] Befehl publiziert, wie daß die Stadt 150 Mann Rekruten sollte anwerben, und zwar in der Länge drei Ellen ohne Schuh lang, im Alter soll sein jeder vom 20. bis zum 30. Jahr, ohne Weib und Kinder, wozu bis den 15. Aug[ust] Zeit dazu gegeben wurde.

Stadtarchiv Leipzig: Riemer-Chronik, S. 244

Neue Glocke für St. Nikolai. 6. März 1731 [...] ward die erste neugegossene Seigerschelle [Uhrglocke], welche von M[ei]st[e]r Joh[ann] Christoph Hering, Bürger und Rotgießer [Bronzegießer] allhier, unter der Peters-Moritz-Bastei gegossen worden, auf dem St. Niklasturm [Turm der Nikolaikirche], welcher erhöht worden, aufgehangen.

Stadtarchiv Leipzig: Riemer-Chronik, S. 283

Die bestraffte Kinder-Mörderin, Oder Ausführliche RELATION, Von dem begangenen Kinder-Mord Welchen Susanna Pfeifferin, Gebürtig aus Wage, unweit Leipzig boßhafftig verübet, und hierauf nach eingehohlten Urthel im 19. Jahr ihres Alters den 3. Decembr. 1723. mit dem Schwerdt vom Leben zum Todt ist gebracht worden.

Gedruckt in diesen 1723. Jahre.

219 Hinrichtungszettel (Flugblatt). 1723

220 Neuer Gottesacker vor dem Grimmaischen Tor (Johannisfriedhof). Kupferstich von Johann Stridbeck d. J. Um 1690

Reparatur des Galgens. Dezember 1732 […] wurde das Hochgericht oder Galgen durch Zimmerleute, Mäurer und Schlösser repariert; und dieses geschah folgendergestalt: An eben diesem Tag zogen die Mäurer, Zimmerleute, Schmiede und Schlösser in drei Zügen mit fliegender Fahne, klingendem Spiel und Hautboisten [Oboenbläsern] aus dem Ranstädter Schießgraben den Brühl hinauf durch die Katharinenstraße, am Rathaus vorbei durch die Grimmische Gasse zum Tor hinaus, den alten Galgen zu renovieren, dieweil in 45 Jahren keiner […] war gehenkt worden und ein Jude der letzte gewesen, so a[nn]o 1687 den Galgen am Arm schmücken müssen […]

Diese Unkosten hätten können vermieden werden, wann nicht der bei dem armen Sünder [einem aus Böhmen stammenden Dieb] in der Kustodie [Wache] gesessene Grenadier-Mörder N. Wittich ihm weisgemacht, der Rat könnte keinen henken. Als dem armen Sünder das Endurteil vorgelesen, daß er mit dem Strang vom Leben zum Tod gebracht werden sollte, ihm vermeldend, daß es nunmehro Zeit und solche Strafe ins Schwert verwandelt werden könnte, ist Inquisit beständig dabei verblieben, man sollte ihn henken, was Urteil und Recht mitgebracht hätten. Als nun obangeführter Aufzug der Handwerker bei dem Rathaus vorbeiging, so sah gleich der arme Sünder in der Armensünderstube zum Fenster heraus. Als er die nachgebrachten Wagen mit dem Galgenholz erblickte, schob er das Fenster zu und sah, daß er betrogen war, daß er bekommen werde, was er sehnlich verlangt zu leiden.

Stadtarchiv Leipzig: Riemer-Chronik, S. 309f.

Neue Thomasschule. 1732 […] wurde auch in diesem Jahr das erste Schwanenhäusgen nebst zwei Schwanen auf den Stadtgraben vor das Ranstädter [Tor] gesetzt. Auch ist in diesem Jahr die schöne neuerbaute Thomasschule fertig worden, da denn die Alumni [Zöglinge, die außer Unterricht auch Wohnung und Kost erhielten] solche wieder bezogen, als sie zeit währenden Baues in der Katharinenstraße in dem Carpzovschen Hause einlogiert gewesen.

Stadtarchiv Leipzig: Riemer-Chronik, S. 312

Erbhuldigung für König August III. 20./21. April 1733 Schon einige Zeit zuvor wurde durch freudige und löbliche Verfassung des dasigen Stadtmagistrats der Bürgerschaft und sämtlichen Einwohnern kundgetan, sich nicht allein zu bevorstehendem Huldigungsactu mit Erlernung militärischer Exerzitien, wozu die Schießgräben und genugsame Unterweiser in denselben verordnet wurden, sondern auch mit besonderer Kleidung (denen es zu schaffen möglich) bereit zu machen, […] welchen ersten Punkt zwar jedermann, den anderen aber nur diejenigen, denen es an Kosten nicht mangelte, ins Werk zu setzen sich eifrigst beflissen, und diese letzteren sich insgesamt nach ergangener Vorschrift in weißgraue Kleider, zu beiden Seiten mit weißen Knöpfen versehen, kleideten […]

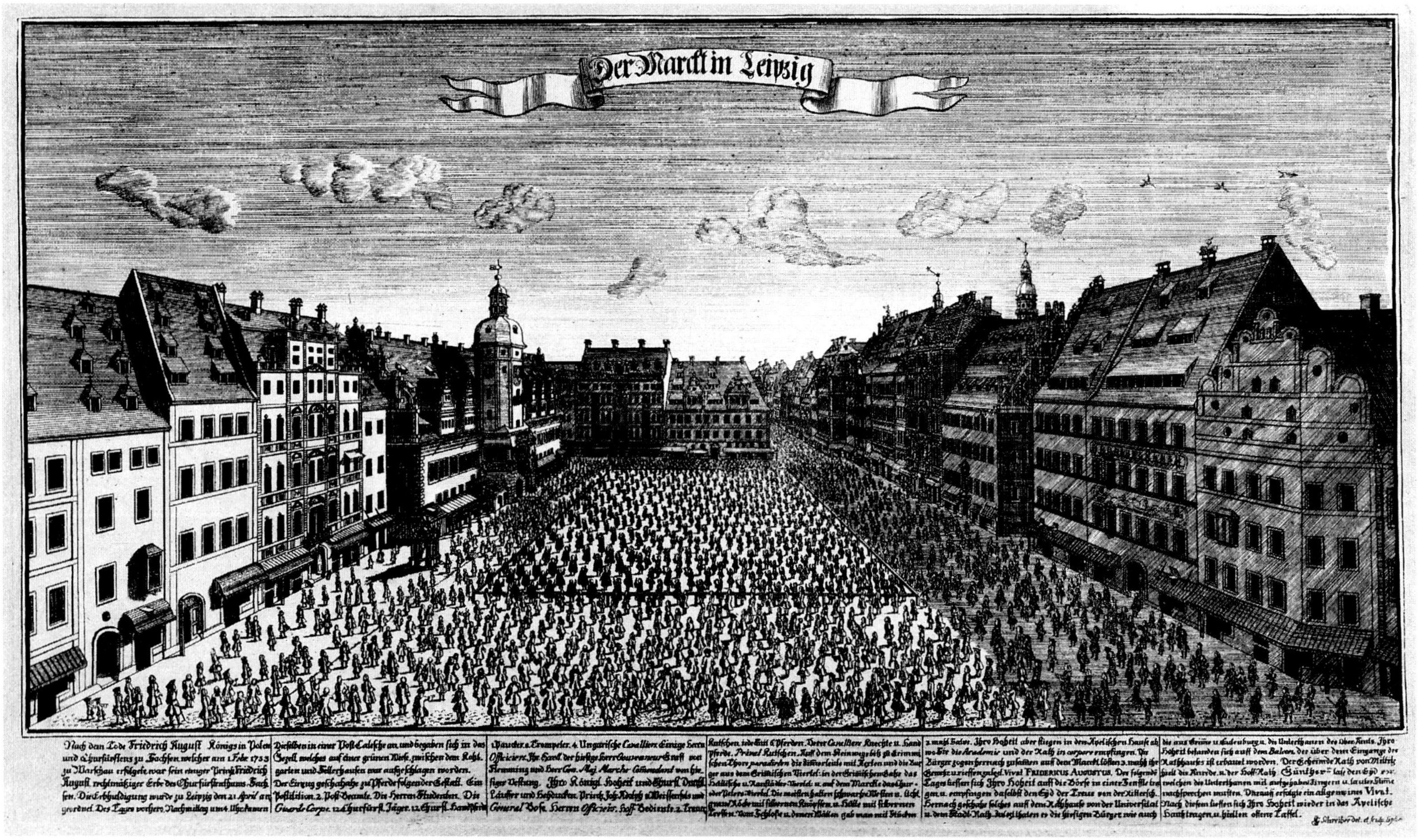

221 Erbhuldigung auf dem Markt. Kupferstich von Johann Georg Schreiber. 1733

Nachdem nun jedermann parat und der Tag des Einzugs Ihro Königl[icher] Hoheit, näml[ich] der 20. April des 1733. Jahres, erschienen war, mußte sich früh gegen 8 Uhr die sämtliche Bürgerschaft in obgedachtem Habit, auch Ober- [Bajonett] und Untergewehr, auf dem Markt versammeln, worauf sie in Ordnung gestellt und von dem Markt an die Grimmische Gasse hinunter bis an den Gottesacker hinaus postiert wurden. Hierauf zogen die Zimmerleute mit ihren Äxten, welche meistens kurios und zum Schießen mit Büchsenläuften versehen, auch mit blau und gelben Bändern geziert waren, durch diese in Ordnung mit klingendem Spiel durchweg bis zum äußersten Grimmischen Tor hinaus, und solchergestalt wurde die Ankunft dieses Fürsten unter unzählig anderen Zuschauern freudenvoll erwartet. Nachmittags um 3 Uhr kamen Ihro Königl. Hoheit bei dem Dorf Sellerhausen in einem offenen Jagdwagen an, allwo eine Anzahl Knaben, welche sich ingleichen nach Soldatenart mit Ober- und Untergewehr wie auch einem Fähnlein versehen und an dem Weg postiert hatten, Ihro Königl. Hoheit bewillkommneten [...] Fernerhin waren auf einem grünen Anger einige Zelte aufgeschlagen, in welchen sich sowohl die Rats- als Universitäts[mit]glieder der Stadt Leipzig befanden und Ihro Durchl[aucht] erwarteten [...]

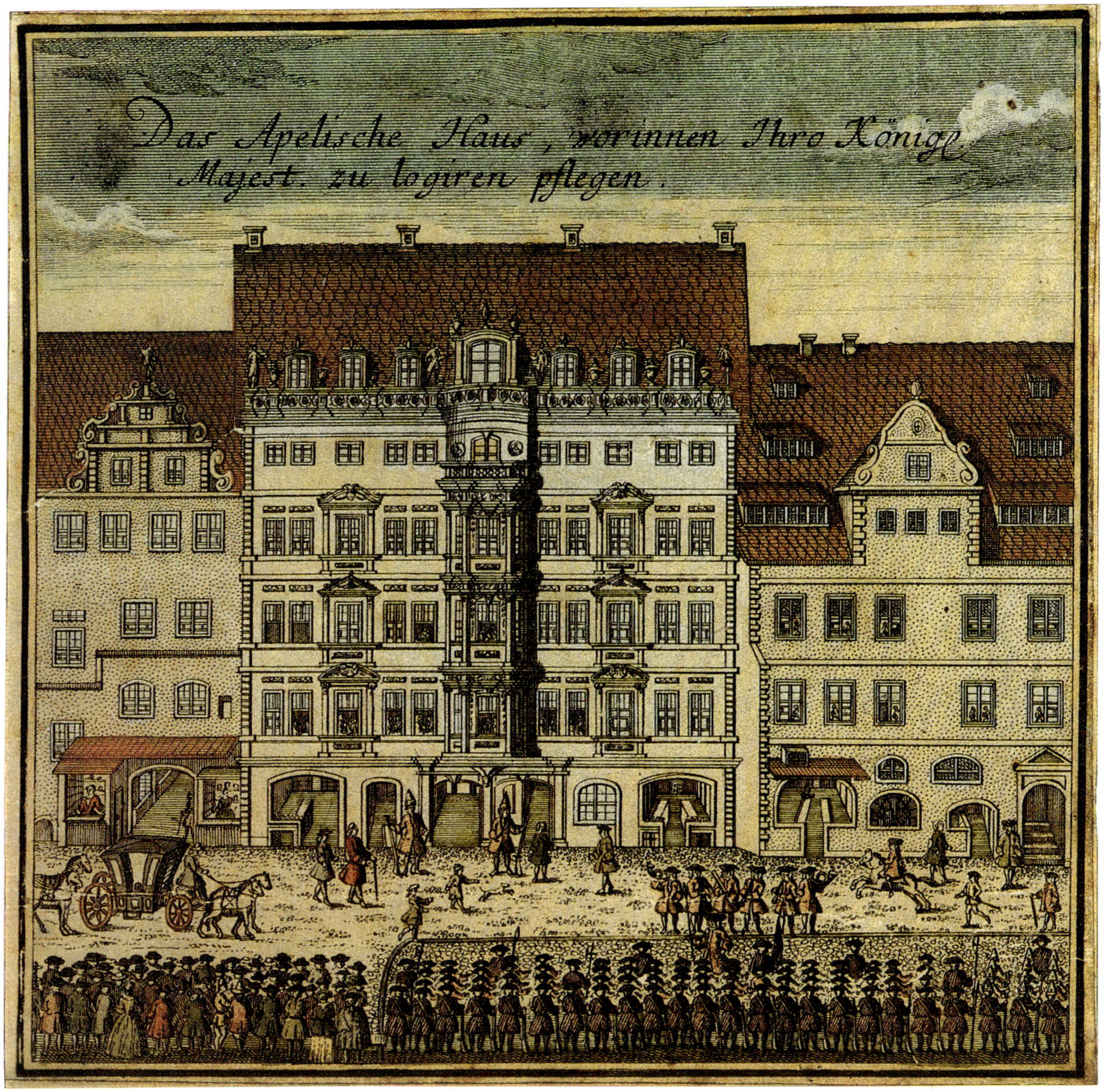

222 Apelsches oder Königshaus am Markt. Kolorierter Kupferstich von Joachim Ernst Scheffler. 1749

Endlich gelangten Ihro Königl. Hoheit gegen 4 [Uhr] zu Pferde in einem magnifiken [großartigen] Einzug unter dreimaliger Lösung sämtlicher Kanonen vor der Stadt Leipzig an [...] Der Zug geschah zum Grimmischen Tor herein, die Grimmische Gasse hindurch bis vor das Apelsche Haus am Markt. Sobald nun Ihro Königl. Hoheit in Dero Zimmer eingetreten, zog sich die sämtl[iche] Bürgerschaft auf dem Markt vor diesem Haus zusammen und gab eine dreifache Salve, und als sie darauf ein dreimaliges Vivat! ausgerufen und mit geschwenkten Hüten sich freudig erzeigt hatte, zog sie die Grimmische Gasse in guter Ordnung wieder hinab und ließ bei ihrem Auseinandergehen noch verschiedene Freudenschüsse hören.

Den folgenden, also 21. April, mußte sämtl. Bürgerschaft wiederum früh um 8 Uhr auf dem Markt, und zwar insgesamt in schwarzen Mänteln erscheinen [...] Den Eid, so die Bürger und Untertanen von Wort zu Wort nachsprachen, hörten Ihro Kurf[ürstliche] Durchl. mit unbedecktem Haupt an. Nach geendigtem Eid rief derselbe, so verlesen, zuerst mit emporgehobener Hand das Vivat! aus, welchem alsobald die Bürgerschaft und andere Untertanen mit Vivat!-Vivat!-Schreien folgten, auch dabei die abgenommenen Hüte zum Freudenzeichen über sich herumschwenkten, einige auch, insonderheit die aus den Universitäts- und Amtsdörfern sich dabei befindenden Bauern, mit Frohlocken dieselben in die Luft steigen ließen, welches alles vergnüglich und wohlanzusehen und -anzuhören war, so daß sich Ihro Kurfürstl. Durchl. selbsten sich zum öftern lächelnder und freundlicher Mienen nicht entbrechen konnten. Endlich aber begaben sich Ihro Königl. Hoheit in einer Portechaise [Sänfte] wiederum über den von Brettern vom Rathaus bis an das Apelsche Hause à part [extra] dazu bereiteten Weg in Dero Zimmer, hielten daselbst große Tafel und ließen die Ritterschaft, auch andere Superiores [Obere], sehr magnifik traktieren.

Stadtarchiv Leipzig: Riemer-Chronik, S. 332ff.

Aus der neuen Feuerordnung. 17. Juli 1734 Wir, Bürgermeister und Rat dieser Stadt, verordnen hiermit, daß in der Stadt alle bretternen Giebel und mit Schindeln belegten Dächer ohne Anstand [Beanstandung] gänzlich abgeschafft, die Gebäude mit tüchtigen Brand- oder wenigstens ausgemauerten Giebeln verwahrt, die Dächer mit Ziegeln gedeckt, in der Vorstadt keine neuen Schindeldächer, auch nicht unter dem Vorwand einiger Reparatur, gemacht, in Häusern, so unter Schindeldächern stehen, weder Schmieden, Schlössern, Seifensiedern, Bäckern, Töpfern, Hutmachern und anderen dergleichen Handwerkern ihre Werkstatt zu halten gestattet noch Essig gebraut, Branntwein gebrannt oder sonst etwas destilliert, die oben auf den Böden unter den Schindeldächern befindlichen Kammern niemandem, daselbst zu wohnen oder zu schlafen, angewiesen, an den Behältnissen, wohin mit Lampen und Licht öfters zu gehen unumgänglich ist, die bretternen Verschläge abgetan und wenigstens die Wände mit Steinen ausgemauert, in die Bodenkammern und andere dergleichen Orte brennend Feuer, glühende Kohlen und glühende Ziegelsteine gar nicht gebracht, viel weniger die letzteren winterszeit in die Federbetten gelegt, [...] das Kaffeebrennen nicht auf offener Straße, sondern in den Häusern auf den Küchenherden und anderen feuerfesten Orten verrichtet, bei Aus-, Ein- und Umpacken und Laden der Kaufmannsgüter, beim Holzhacken und -tragen und in den Pferdeställen das Tobakschmauchen, ingleichen das Gehen mit bloßem Licht und Lampe in bretterne Verschläge und in die Ställe, [...] das Schießen und Platzen mit Gewehren gänzlich unterlassen und das Schießpulver auf den Markt in der Stadt gar nicht gebracht, sondern an den vor'n Toren angewiesenen Orten verkauft, [...] widrigenfalls [...] bei der anzustellenden Besichtigung die in der Stadt gefundenen bretternen Giebel, Wände und Schindeldächer ohne Ansehen der Person eingeschlagen und die Besitzer solcher Häuser noch über dieses mit gebührender, allbereits darauf gesetzter und anderer willkürlicher Geldbuße oder Gefängnis angesehen, sowohl denjenigen, so in der Vorstadt unter Schindeldächern ihr Handwerk, dabei stark Feuer gehalten wird, treiben, Essig brauen, Branntwein brennen und sonst destillieren, mit Einziehung einem oder dem anderen dazu erteilter Konzessionen die Werkstätten, Herde, Öfen, Blasen [Destillierkessel] und andere Gelegenheiten weggerissen und sowohl dieselben als übrige mit der verdienten Strafe belegt werden sollen [...]

Tausend Jahre deutscher Vergangenheit [...]. Bd. 2. a. a. O. S. 8f.

Degentragen verboten. 6. März 1735 [...] ward das Degentragen verboten, welches durch ein königl[iches] Mandat an allen Toren jedermann kundgetan wurde und angeschlagen worden ist, da denn die Stadtsoldaten den Handwerksburschen die Degen mit Gewalt abnahmen und solche zum Gouverneur brachten.

Stadtarchiv Leipzig: Riemer-Chronik, S. 371

Karpfen aus dem Stadtgraben. 21. April 1735 [...] ist von E. E. Hochweisen Rat der Stadtgraben zum erstenmal, weil sich die Fische gemehrt, überfischt worden, und zwar vom Rannischen bis zum Hallischen Tor, und haben zehn Z[entner] Karpfen von 6 bis 7 Pfund gefangen, und sind die Fische in die Ratsteiche gesetzt worden.

Stadtarchiv Leipzig: Riemer-Chronik, S. 373f.

223 Perlkrug aus Steinzeug. Um 1730

224 Schüssel aus bunter Hafnerware. 1748

225 Leipzig von Südosten. Kupferstich von Johann Georg Ringlin, nach einer Zeichnung von Friedrich Bernhard Werner. Vermutlich um 1720

Aus der sächsischen Gesindeordnung. 16. Juli 1735 […] Weil die Klagen, die schon zu unserer in Gott ruhenden Vorfahren Zeiten über die unersättliche Steigerung des von dem Gesinde geforderten und erzwungenen Lohns seit der Zeit nicht aufgehört, sondern sich vielmehr, so wie die Begehrlichkeit und der Frevel des Gesindes, noch immer vermehrt, so wollen wir hier zuvörderst dasjenige wiederholen, was […] schon in den alten Gesindeordnungen sanciert [festgesetzt] worden […] Damit aber auch an den übrigen Orten, wo dgl. nicht vorhanden, ein Gewisses sein möge, haben wir [König August III.] das 1623 entworfene und nach Unterschied der Kreise eingerichtete, auch schon 1661 revidierte Regulativ itzo [jetzt] nochmaln durchgehen, dabei den Lohn des Gesindes […] bei einigen Kreisen und Personen noch etwas erhöhen und es zu jedermanns Nachachtung hiermit inserieren lassen […]

Gesindelohn im Leipzigischen Kreis:

Einem Vogt, nachdem die Wirtschaft stark und er viel zu besorgen	14, 16 bis 18 fl. [Gulden]
Einem Schirrmeister, der das Geschirr selbst machen kann	14 bis 16 fl.
Einem Großknecht	12 bis 14 fl.
Einem Mittelknecht	8, 10 bis 12 fl.
Einem Unter- oder Ochsenschirrmeister	8, 10 bis 12 fl.
Einem Pferdejungen	6 bis 7 fl.
Einem Ochsenjungen	5 bis 6 fl.
Einem Pferde-, Ochsen-, Kuh- und Schweinehirten	6 bis 7 fl.
Einer Haus- oder Jungmagd	6 bis 7 fl.
Einer Käsemutter	8 bis 9 fl.
Einer Großmagd, so das Backen mit verrichtet	7, 8 bis 9 fl.
Einer anderen Viehmagd	6 bis 7 fl.
Einem Hausknecht	10 bis 12 fl.

[…]

Stadtarchiv Leipzig: Titel LXII G, Nr. 5

226 Gesellschaftskleid aus Brokat. Zweite Hälfte des 18. Jahrhunderts

Leipziger Lerchen und Leipziger Frauenzimmer. 14. November 1735

[...]

In Leipzig sind zwei Trefflichkeiten,
Worüber alle Fremden schrein,
Das sollen ohne Widerstreiten
Die Jungfern und die Lerchen sein.
Und seht! Ihr gleicht euch auch zusammen
Wie Eier, die von Eiern stammen.

Im Frühling singt die Lerche schöne
Und treibet ziemlich große Pracht,
Weil sie das Trillo ihrer Töne
Nur schwebend in den Lüften macht;
Doch wenn der Herbst kaum eingedrungen,
So kriecht sie niedrig ungesungen.

Am Anfang tun die Jungfern teuer,
Als kämen sie vom Himmel her,
Da machen sie dem guten Freier
Das bißchen Jawort zentnerschwer;
Doch wenn die Sprödigkeit vergangen,
So kann man sie mit Händen fangen.

Zum Lerchenstreichen braucht man Netze,
Zum Jungfernfangen braucht man List;
Wobei besonders das Gesetze
Mit allem Fleiß zu merken ist:
Man mag sie beide wohl betrügen,
Doch nur nicht wieder lassen fliegen.

Man geht des Tags wohl Lerchen streichen,
Allein man fängt die besten nicht,
Drum muß man fein im Finstern schleichen,
Man braucht dazu kein großes Licht.
Das Sprichwort ist bekannt: Im Dunkeln
Kann man am allerbesten munkeln.

Wenn wir die Lerchen sehen fliegen,
So sind sie noch einmal so groß;
Doch wenn wir sie im Netze kriegen
Und wenn sie endlich federnlos,
So könnte man auch ohne Zwingen
Das Tiergen auf einmal verschlingen.

So artig wird man auch betrogen,
Die Kleider machen großen Schein,
Doch wenn ein Mädgen ausgezogen,
So sieht sie noch einmal so klein.
Wenn man doch nicht die Mode hätte!
Man kriegt die Braut nur halb ins Bette.

Zu halben und zu ganzen Schocken
Kauft man die lieben Lerchen ein.
Geduld! Hier wird das Gleichnis stocken:
Ein Mädgen nimmt man nur allein;
Das bleibt jahraus, jahrein am Tische,
Der Zehnte kriegt nicht wieder frische.

Die Lerchen muß man saftig braten,
Die Jungfern nimmt man in den Arm,
Und soll ich den Verliebten raten,
So haltet euer Schätzgen warm,
Damit sie sich nicht fremde Kohlen
Vor eure Kälte möge holen.

[...]

Das Lerchenfleisch ist zart und süße
Und sein Geschmack durchaus beliebt,
Weit zarter aber sind die Küsse,
Die uns ein schöner Engel gibt;
Je mehr an beider Labsal schmecket,
Je mehr es Appetit erwecket.

[...]

Picanders ernst-scherzhafte und satirische Gedichte. 4. und letzter Teil. Leipzig 1737. S. 499ff.

Das angenehme Pleiß-Athen. 1736

1. Das angenehme Pleiß-Athen
Behält den Ruhm vor allen,
Auch allen zu gefallen:
Denn es ist wunderschön.
An tausend andern Orten
Trifft man von jeden Sorten
Gewiß wohl kein Vergnügen an,
Das mehr ergötzen kann,
Als hier bei unsren Linden,
Daraus die Anmut selber sprießt,
Im Überfluß zu finden
Und stets beisammen ist.

2. Geht in und um und vor die Stadt
Und zeigt der Neubegierde,
Was hier und dort vor Zierde
Die Gegend in sich hat!
Seht und bemerkt aufs beste
Die prächtigsten Paläste
Und was Verordnung, Kunst und Fleiß
Wohl zu ersinnen weiß;
Das wird den Ausschlag geben:
Weil alles, alles ungemein,
Hier muß ein englisch [engelgleiches] Leben,
Hier muß ein Eden sein!

3. Es ist es auch, nur recht betracht',
Und von Natur und Wesen
So gut dazu erlesen
Als jenes dort gemacht.
Die lieblich schönen Gänge,
Der Gärten Pracht und Menge,
Gebüsche, Wasser, Feld und Tal
Und was sonst überall
Die ganze Gegend zieret
gibt sich zum sichren Zeugen an,
Daß ihm mehr Ruhm gebühret,
Als man erdenken kann.

[...]

Sperontes: Singende Muse an der Pleiße. Leipzig 1736. Nr. 53

227 Titelblatt des Liederbuches ›Sperontes Singende Muse an der Pleiße‹ mit Stadtansicht (Mitte oben Thomaskirche und Pleißenburg). Kupferstich von Christian Friedrich Boëtius, nach einer Zeichnung von Johann August Richter. 1736

228 Horizontalsonnenuhr mit Kompaß
Messing, vergoldet.
Leipziger Arbeit. 18. Jahrhundert

229 Himmelsglobus.
Messingtreibarbeit von Erhard Weigel.
Um 1690

Auspeitschung für Ehebruch. 28. Mai 1737 [...] haben 1 Manns- und 2 Weibspersonen zugleich den Staupbesen erhalten, ersterer wegen begangenen Ehebruchs, letztere aber wegen falscher Brandbriefe [Verleumdungen].

Stadtarchiv Leipzig: Riemer-Chronik, S. 411

Starke Frau als Messeattraktion. Januar 1738 Diese Neujahrsmesse hat [inne] eine starke Frau, so in vielen Stücken ihre Künste hat sehen lassen und im Altnerschen Hof in der Petersstraße ihre Kunststücke bewiesen. 1. hat sie einen Amboß auf die Brust setzen und ein Hufeisen von zwei Schmiedeknechten fertigmachen lassen. 2. wurden 6 Zentner mit ihren Haaren aufgehoben. 3. ließ sie einen Stein, 600 Pfund, auf der Brust entzweischlagen. 4. traten vier bis fünf schwere Männer auf ihren Leib [...] 5. hat sie einen starken Strick, so zwei Pferde nicht zerreißen können, entzweigerissen. 6. drehte sie einen großen eisernen Nagel in der Hand zu einer Schraube, bis er endlich gar zerbrochen. 7. ist ihr spanisch Siegellack auf die Zunge getröpfelt worden und auf dasselbe ein Petschaft gedruckt [...] 8. hat sie 1 schuhlanges Eisen, 3 Finger breit und 1 Zoll dick, in 2 Stücke zerbrochen [...] 10. hat sie Schwefel, Pech und Terpentin angezündet und mit einem Löffel gegessen, so daß ihr die Flamme über eine halbe Elle aus dem Mund gestiegen, andere Sachen zu geschweigen.

Stadtarchiv Leipzig: Riemer-Chronik, S. 420

Wunderswürdige Maschinen. September 1738 In dieser Messe sind zu sehen gewesen 2 wundernswürdige Maschinen [...], so zwei Italiener den Anwesenden ums Geld sehen ließen, näml[ich] eine Bäuerin, so auf dem Haupt eine Taube hat, aus deren Schnabel roter und weißer Wein springt, welches die Maschine mit einem Becher auffängt und auf der Zuschauer Gesundheit austrinkt. Die andere stellt vor einen Mohren, in der Hand einen Hammer haltend und eine Glocke vor sich habend. Dieser, wann man ihn rufte, wendet und kehrt sich, wie man's von ihm verlangt, und verrichtet, sooft man es ihm befiehlt, folgende Stücke: [1.] Er schlägt die Stunde und Viertel. 2. Können unter den Herren Zuschauern ihrer vier jeder ein Kartenblatt ziehen, da dann der Mohr nicht alleine die Augen, sondern auch die Farben der Karten anzeigte. 3. Zeigte er auch [durch] den Glockenschlag, wieviel Personen im Zimmer, wieviel unter denselben Manns- und Weibspersonen, wie viele das Haupt bedeckt haben. 4. Er zeigte durch den Glockenschlag an, wieviel Lichter auf dem Tisch stunden und wieviel man dazu- und davontat. 5. Kunnte ein jeder von den Herren Zuschauern eine gewisse Zahl im Sinn nehmen, welche der Mohr durch den Glockenschlag anzeigte. NB [notabene = wohlgemerkt!]: Aber über 12 an der Zahl nicht.

Stadtarchiv Leipzig: Riemer-Chronik, S. 435

Begehrte ›lange Kerls‹. September, Dezember 1738 Es ist auch diese Messe eine Weibesperson, welche wegen Werbung langer Leute vor den König in Preußen in hiesiges hochlöbl[iches] Kreisamt gefänglich eingebracht und in hiesigen Landen inhaftiert worden, etl[iche] Tage aber hernach nach Dresden überliefert wurde, um ihr Urteil zu erwarten [...] Den 1. Dez[ember] sind 2 preußische Werber, ein Wachtmeister und Korporal, nebst 2 Weibespersonen auf hiesige Festung Pleißenburg eingebracht worden, weil sie 2 lange Grenadiere von Hubert[u]sburg verführt haben.

Stadtarchiv Leipzig: Riemer-Chronik, S. 435, 437

Friederike Caroline Neuber bittet den Rat der Stadt um Auftrittsverlängerung für ihre Schauspieltruppe. 15. November 1738 Ihr Väter! Nehmt dies Blatt nach Eurer Weisheit an, wodurch mein Bitten Euch dahin bewegen kann, daß Ihr zwei Wochen mir ietzt [jetzt] noch Erlaubnis schenkt, womit mein armer Fleiß sich zu erhalten denkt. Vergönnt mir noch die Luft und diese Vaterhuld! Gebt meiner Bitte statt! Es hat kein Frevel schuld, mich treibt kein Mißbrauch an, von Euch dies zu begehren. Nein! Nur mein mühsames, mein redliches Ernähren. Zeit, Wetter, Kosten, Fleiß und Einsicht bitten Euch, Ihr Väter! Mir zugute macht Eure Herzen weich! Erhört mich diesmal noch! Ihr müßt mich sonst beklagen. Laßt mich kein strenges Nein verderben und verjagen! Zu Eurer Weisheit flieh ich ganz demütigst hin. Ihr Väter! Schützt, erhört doch Eure Bürgerin Friederica Carolina Neuberin.

Stadtarchiv Leipzig: Titel XXIV A, Nr. 3, Bl. 16

Schlimmer Fund. 10. Januar 1739 [...] ward ein neugeborenes Mägdlein im Roten Collegio tot gefunden und aufgehoben, welches in einen alten Lappen gewickelt gewesen nebst einem Zettel mit der Aufschrift: Studentengut.

Stadtarchiv Leipzig: Riemer-Chronik, S. 440

Vogelschießen. August 1739 Den 11. [...] wurde das große Vogelschießen auf der Pfingstwiese angefangen, da denn nicht wie gewöhnlich ein Vogel von dem Drechsler, sondern von einem Bildhauer verfertigt worden und 12 R[eichstaler] gekostet haben soll, das Schießen hat seine Endschaft den 15. [...] genommen [...]

Stadtarchiv Leipzig: Riemer-Chronik, S. 451

Leipzig zur Messezeit. 1739 In der St. Nikolai- als der Hauptkirche waren, wie es zur Messzeit gewöhnlich, die Wände im Chor in einer ziemlichen Höhe mit dunkelgrünem Damast und langen goldenen Fransen behangen, wie auch die Kanzel und der Altar. Auf dem Markt fiel die Wasserkunst von Bildhauerarbeit, auf Säulen und ganz und gar vergoldet [Goldener Brunnen], nebst dem Apelschen Haus, wo der König einkehrt, oben mit vielen kleinen Statuen, und nicht weit davon das Kochsche Haus [Kochs Hof], von unten bis oben mit großen Statuen, sogleich in die Augen. Das Rathaus hätte zwar schöner sein können, doch ging es hin.

Obgleich die Stadt an sich nicht groß, waren doch die Gassen breit und nach der Schnur. Alle waren mit Fracht- und Marktwagen, die ankamen und abluden, mit Karossen und mit Menschen von beiderlei Geschlecht, von allerlei Nationen und Stand angefüllt. Das artige sächsische Frauenzimmer, die Leipziger galanten Herren, vermischt mit allerlei Ausländern, Ungarn, Siebenbürgern, Juden, Türken, Griechen, Arabern, Armeniern, Chinesen, Persianern, Mohren, Russen, Holländern, Engelländern usw., in ihren verschiedenen, seltsamen und zum Teil seidenen, bunten, langen, auch geblümten Kleidern, wobei der Bund und die Dolche in dem Gurt mit Edelsteinen besetzt waren, mit ihren langen Bärten, mit bloßer, von der Sonne braungebrannter Brust setzten das Auge in Erstaunen.

Die Häuser haben häufig zu beiden Seiten der Tür Gewölbe, worin die Waren, so zum Verkauf stehen, anzutreffen sind, und hinten einen Hof, der gleichfalls bebaut ist, woselbst unten herum kleine Kammern sind für die, so von fremden Orten in der Messe einkaufen. In den Kammern ist nur ein eisernes Gitterfensterchen, ein Bett, ein kleiner Tisch, ein hölzerner Stuhl und ein paar Bretter, um das Erhandelte darauf zu legen, wofür sie auf ein paar Tage, die sie insgemein nur da sind, acht bis zehn Taler geben. Die Kammern sind dunkel wegen der übergebauten Schauer [Wetterdächer], über welchen noch zwei Stockwerke Stuben zu vermieten sind. Alle Häuser sind zu dieser Zeit bis in das fünfte Stockwerk mit Menschen angefüllt [...]

Wir hatten [im ›Goldenen Hut‹ in der Reichsstraße] eine kleine Stube mit Fenstervorhängen und eine kleine Kammer mit einem Bett, dabei gute Aufwartung. Das Haus war ziemlich groß; nach der Straße zu an beiden Seiten der Tür hielten sich in den Gewölben fremde Kaufleute mit ihren Waren auf. Hinter dem Haus war ein langer Hof, an dessen Seite zwölf Gewölbe mit darübergebauten Stuben waren, drei Stockwerk hoch. Hinten war quer über den Hof ein großes Hintergebäude. Das Haus gehörte einem Advokaten, der jährlich 1800 Taler Heuer dafür bekam. Es wurde uns hier von einem Haus erzählt, das jährlich 12000 Taler Miete trägt. Es ist mir entfallen, aber es wird vermutlich der Auerbachsche Hof sein.

Tagebuch des Predigers Johann Christian Müller. Zit. nach: Tausend Jahre deutscher Vergangenheit [...]. Bd. 2. a. a. O. S. 37f.

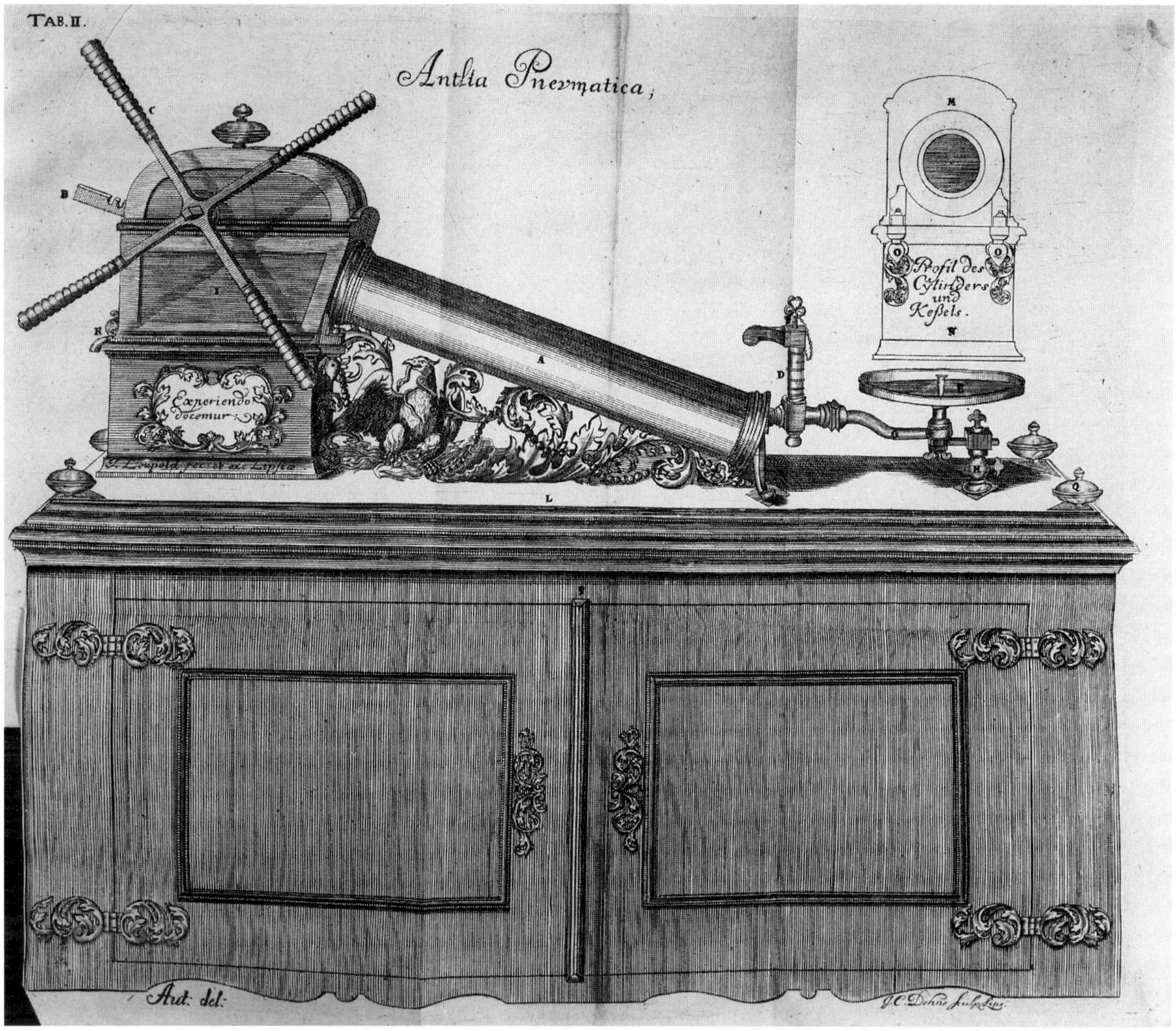

230 Luftpumpe. Kupferstich von G. C. Dehne, nach einer Zeichnung von Jacob Leupold. 1712

Krönungsmantel. 17. März 1742 [...] ist der Krönungsmantel Ihro russ[ischer] Kaiserl[icher] Maj[estät] Elisabeth [...] von hier nach Moskau abgesandt. Der Mantel war von Gold, mit schwarzen Adlern und Juwelen besetzt, 6 Ellen lang und 9 Ellen weit, und wiegt an Gold 48 Mark [24 Pfund].

Stadtarchiv Leipzig: Riemer-Chronik, S. 522

231 Stadtansicht und Auerbachs Hof. Kupferstiche. 1717

232 Das Kunst- und Naturalienkabinett des Leipziger Kaufmanns Johann Christoph Richter. Kupferstich von Christian Friedrich Boëtius. 1743

233 ›Helios im Sonnenwagen‹. Deckengemälde, ursprünglich in Auerbachs Hof. Erstes Drittel des 18. Jahrhunderts

Verteilung der städtischen Almosen. 1742

654 bürgerliche sowohl als andere einheimische arme Mannes- und Weibespersonen, welchen zu ihrem notdürftigen Unterhalt alle Montage das wöchentliche Almosen gereicht worden.
310 Kinder, vor welche das Schulgeld bezahlt, vielen auch darunter die unentbehrlichen Bücher angeschafft worden.
6 Knaben, welche zu Erlernung eines Handwerks [...] einen Beitrag erhalten.
715 Personen, welche über das wöchentliche Almosen und Beiträge noch etwas an Holz und Holzgeld empfangen.
9 437 vor welche zum Teil in ihrer Krankheit einige Beihilfe an Geld überschickt, zum Teil die wegen der Herren Medicorum, des Chirurgi und Apothekers erforderte Kosten und Gebühren entrichtet worden.
33 Personen, so zu ihrer Bekleidung etwas erhalten.
34 Verstorbene, welche auf des Almosenamts Unkosten zur Erde bestattet worden.
2 Convertendi [Überwechsler zu einer anderen Konfession].
12 991 allerhand extraordinäre Beiträge, welche an hiesige Haus- und andere Arme nach ihrem Bedürfnis gereicht worden.
365 allerhand fremde arme Personen aus allen Ständen, adligen und bürgerlichen, geistlichen und weltlichen, gelehrten und ungelehrten, von unterschiedenen Religionsverwandten [Religionsangehörigen], sowohl an Manns- als Weibspersonen, armen Studiosis, Conversis und dergleichen, so mit einer Beisteuer begabt worden.
24 547 Summa aller versorgten und abgefertigten Armen.

Stadtarchiv Leipzig: Riemer-Chronik, S. 536a–b

Gründung des Großen Konzerts. 11. März 1743 [...] wurde von 16 Personen, sowohl Adel als bürgerlichen Standes, das Große Konzert angelegt, wobei jede Person jährlich zu Erhaltung desselben 20 R[eichs]t[aler], und zwar vierteljährig 1 Louisdor, erlegen mußte, die Anzahl der Musizierenden war gleichfalls 16 auserlesene Personen, und wurde solches erstlich in der Grimmischen Gasse bei dem Herrn Bergrat Schwabe, nachgehends in 4 Wochen drauf, weil bei ersterem der Platz zu eng, bei Herrn Gleditzsch, dem Buchführer [Buchhändler], aufgeführt und gehalten.

Stadtarchiv Leipzig: Riemer-Chronik, S. 541

Brennglas-Experiment. 10. Mai 1743 [...] ist in Gegenwart beider durchl[auchter] Prinzen im Großbosischen Garten vor dem Grimmischen Tor ein Experiment durch Hilfe zweier übereinanderstehender Brenngläser gemacht worden, nämlich binnen zwei Min[uten] wurde ein Dukat geschmelzt; 2. binnen 3 Min. ein Schiefer durchbrannt und 3. ein junges Huhn gebraten, so hernach auf Ihro Königl[icher] Maj[estät] Tafel verspeist worden.

Stadtarchiv Leipzig: Riemer-Chronik, S. 546

234 Konzertbillett. Kupferstich. 1744

235 Friederike Caroline Neuber (Neuberin). Stahlstich von 1854, nach einem Kupferstich von 1744

Studenten-Tumult. 16. August 1743 [...] geschah ein großer Tumult im Ranstädter Tor von den Studenten wegen des Torgroschens, indem sie [...] mit Gewalt ohne Abgabe desselben hereindringen wollen und die Wache daselbst attackiert.

Stadtarchiv Leipzig: Riemer-Chronik, S. 553

Verbotene Bücher. 19. Oktober 1743 Kritische Betrachtungen und freie Untersuchungen zum Aufnehmen und Verbesserung der teutschen Schaubühne, mit einer Zuschrift an die Frau Neuberin. Bern 1743.

Kritische Betrachtungen über einige Auftritte der von Herrn Prof. Gottsched übersetzten Iphigenia des Racine.

Lob der angenehmen Nachlässigkeit und der glücklich auffahrenden Hoheit in Herrn Gottscheds übersetzten Iphigenia.

Durchgängige Kritik über den fünften Aufzug der Iphigenia nach Herrn Gottscheds Übersetzung.

Von der innerlichen Beschaffenheit des mechanischen Originalstücks von dem teutschen Cato.

Ingleichen: Die Geistlichen auf'm Lande, in einem Schauspiel vorgestellt.

Stadtarchiv Leipzig: Titel XLVI, Nr. 190, Bl. 11

Italienische Sänger. 10. März 1744 [...] wurde im Reithaus am Rannischen Tor im Zwinger ein Theatrum vor [für] die hier angekommenen Operisten aus Italien erbaut, welche die itzige Messe daselbst agiert und der Prinzipal Pietro Mingotti heißt; er hatte 2 Kastraten und noch viele andere Virtuosen bei sich, unter anderen waren 2 Weibespersonen bei demselben, Rosa Costa und die Stella, welche sich unvergleichl[ich] hören ließen und das schönste Lob ihres Gesangs wegen erhielten.

Stadtarchiv Leipzig: Riemer-Chronik, S. 565

Verlegung des Großen Konzerts. September 1744 In diesem Monat wurde nach Absterbung H[errn] Joh[ann] Friedrich Gleditzschs, Buchführer [Buchhändler] allhier und gewesener Directeur und Stifter des Großen musikalischen Konzerts, dasselbe in die ›Drei Schwanen‹ im Brühl verlegt, wobei ohne [...] Billett niemand eingelassen und die Anzahl der Mitglieder auf 30 vermehrt worden, im Konvent aber die sämtlichen Mitglieder resolvierten [beschlossen], daß in Zukunft das Frauenzimmer wie vormals freien Eintritt, desgleichen die Fremden und reisende Passagiere ein gleiches zu genießen haben sollen.

Stadtarchiv Leipzig: Riemer-Chronik, S. 571

Der Landesherr genehmigt das Auftreten Friederike Caroline Neubers auch außerhalb der Messen. 12. Februar 1745 [...] Liebe Getreue. Wir sind zwar erinnert, welchergestalt wir an euch am 2. Octobr[is] a[nni] pr[aeteriti] [des vorigen Jahres] reskribiert [verfügt], in der Stadt bei euch keine Komödien als nur in den Messen zu verstatten. Nachdem wir aber auf der Hofkomödiantin Friederike Caroline Neuberin inständiges demütigstes Ansuchen aus Gnaden bewilligt, daß dieselbe fürohin, jedoch erst nach Verfließung der 14 Tage, da das wegen des Todesfalls Ihro Majestät des Kaisers angeordnete Trauerläuten fürwährt, und ferner nur zu den sonst erlaubten Zeiten mit ihrer Truppe bei euch alle Wochen einmal außer den Messen Komödien spielen möge, so begehren wir hierdurch, ihr wollt auch danach achten und die diesfalls erforderliche weitere Veranstaltung treffen [...]

Stadtarchiv Leipzig: Titel XXIV A, Nr. 11a, Bl. 18

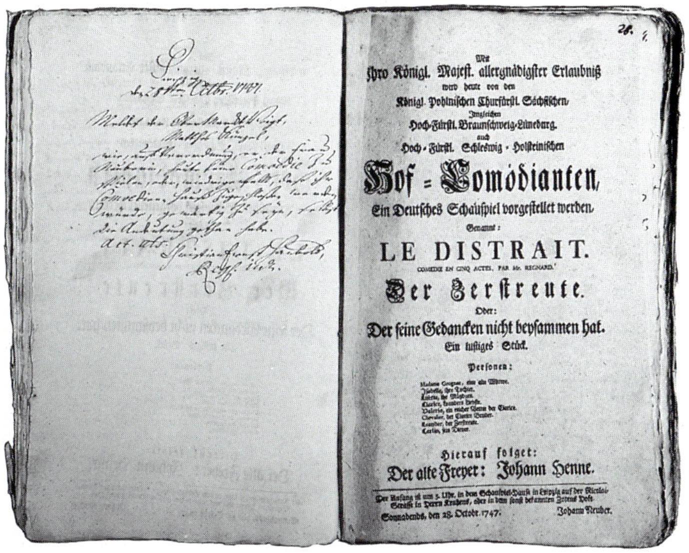

236 Theaterzettel der Truppe Neuber. 1747

237 Anton Graff: Gotthold Ephraim Lessing. Öl auf Leinwand. 1771

Der Hausvater des Zucht- und Waisenhauses unterbreitet Vorschläge für die Seidenraupenzucht.

10. August 1745 E. E. und Hochweisen Rat lege [ich] in untertänigem und gehorsamstem Respekt beikommende Seide, welche mit wenig Maulbeerblättern in hiesigem Zucht- und Waisenhaus erzeugt worden, als eine kleine Probe dieser so nützl[ichen] Sache vor. Es hat zwar solche in Ermangelung einer dazugehörigen Maschine nicht sogleich zum Gebrauch in die Fabriken können geschafft werden, welches aber alles bei mehrerem Anwachs des Seidenbaues gar leicht ins Werk gerichtet werden kann. Auch hat man, nun auf Zukunft Seidenwurmsamen zu bekommen, viele Kokons durchbeißen und auskriechen lassen müssen, als wodurch auch mehr Florettseide [Seidenabfall] als ordinär [gewöhnlich, üblich] worden ist, indessen kann doch die Güte und Feine der Seide von Kennern hieraus beurteilt werden.

Hochgebietende Herren! Um dieselben nicht lange bei der mit dieser vielleicht noch anscheinenden Kleinigkeit in Schriften aufzuhalten, so will ich mir nur untertänig gehorsamst ausbitten, meine diesfalls ohnmaßgeblichen Vorschläge zu Errichtung einer vorhergehenden nötigen Maulbeerplantage und des damit verknüpften Seidenbaues mündl[ich] weiter zu hören, als wovon ich glaube, imstande zu sein, die Leichtigkeit, Möglichkeit und Nutzbarkeit zum vollkommenen Vergnügen zu demonstrieren und handgreifl[ich] zu machen, wann ich 1. zeige, wie leicht näml[ich] in dem einen Teil des Stadtgrabens, so hinter unserem St. Georgenhaus liegt, durch Anlegung geradliniger Hecken und Alleen mit etwa 20 Talern zu [...] Samen und 1jährigem Gassenschlamm dieses anzulegen sei. 2. Wie es mögl[ich] sei, mit unseren Gefangenen, Hausgenossen und Kindern die Arbeit sehr bequem zu bestreiten. Ingleichen wie 3. die Nutzbarkeit ohne Zweifel zu hoffen, indem man von Zeit in 5–6 Jahren, unter Gottes Segen, schon nicht mehr von Hunderten, sondern wohl tausend Pfunden reden sollte etc.

Ich schlage mit Fleiß eine Probe im Großen vor, weil ich dazu einen Vorrat von etl[ichen] 100 bis 1000 junggesäter Bäume habe und auch dadurch alle sich ereignenden Schwierigkeiten und Diffikultäten durch die Tat alsdenn von selbsten sich heben würden, wiewohl es zeigt an meiner diesjährigen kleinen Probe schon genugsam an, wie unser hiesiger Klimat so gut, wo nicht besser als in Italien und Frankreich ist, sonderlich wenn man da denkt, daß dort 5–6 Wochen Zeit bis zum Spinnen erfordert werden, dahingegen meine Würmer noch 2 Tage vor Ablauf 5 Wochen schon spannen. Dort werden auch die Würmer von überflüssiger Hitze, starkem Donnerwetter, kühlen Nächten, Regen etc. leichter krank als hier. Auch können wir uns hier durch Heizung mit Öfen besser helfen als jene, welche solche nicht haben etc. Eine Vorstellung zukünftigen großen Nutzens läßt sich durch die um die Stadt gepflanzten Linden und in Gärten häufigen Alleen und Buchhecken machen, wenn diese alle wilde Maulbeerbäume wären, welche es sein könnten, weil diese ebensowohl zur Zierde und Schatten wie jene dienten.

Doch wie ich allezeit selbst mehr auf Werke als Worte achte, also bitte deshalb allergehorsamst, bis dahin auch mit mir in Geduld zu stehen und bis also das Werk seinen Meister lobe. Indessen da ich durch fleißiges Forschen und Experimentieren, allermeist aber durch Widersprechen und Verfolgen, zu solchen Handgriffen und Vorteilen gelangt, welche mit Gott zu jedermanns Vergnügen in kurzem darzustellen mir getraue, und übrigens schade ist, daß man in Berlin uns, die wir hier viel bessere Gelegenheit dazu haben, zuvorkommen soll, so kann nicht leugnen, daß ich begierig bin, insonderheit daß fürs Commercium [Handel] (als wovon dieser Ort billig die Krone zu nennen ist, einfolglich auch den Vorzug in dieser Seidenzucht verdient) solche recht nützl[ich] zum Nutzen der Armen und Waisen anzubringen, wo diese sowohl als noch übrige Sorten von Menschen, so unsere Vergitterung einschließen, selbst alle dazu gebraucht werden können. Wie denn dies Gewerbe vor allen anderen dieses voraus hat, daß Reiche und Arme, Hohe und Niedrige, Junge und Alte, Gesunde und Kranke etc. dabei gebraucht werden können [...] Darum auch diesen Fonds und zu hoffende Revenuen [Einkommen] zum Besten dieses Hauses, besonders aber zu besserer Kinderzucht und Schulwesen, anzuwenden mir untertänig ausbitten würde, weil ich allzugewiß versichert bin, daß dieser neue Fonds den ersten alten bald übersteigen solle [...]

Stadtarchiv Leipzig: Titel LXII M, Nr. 3

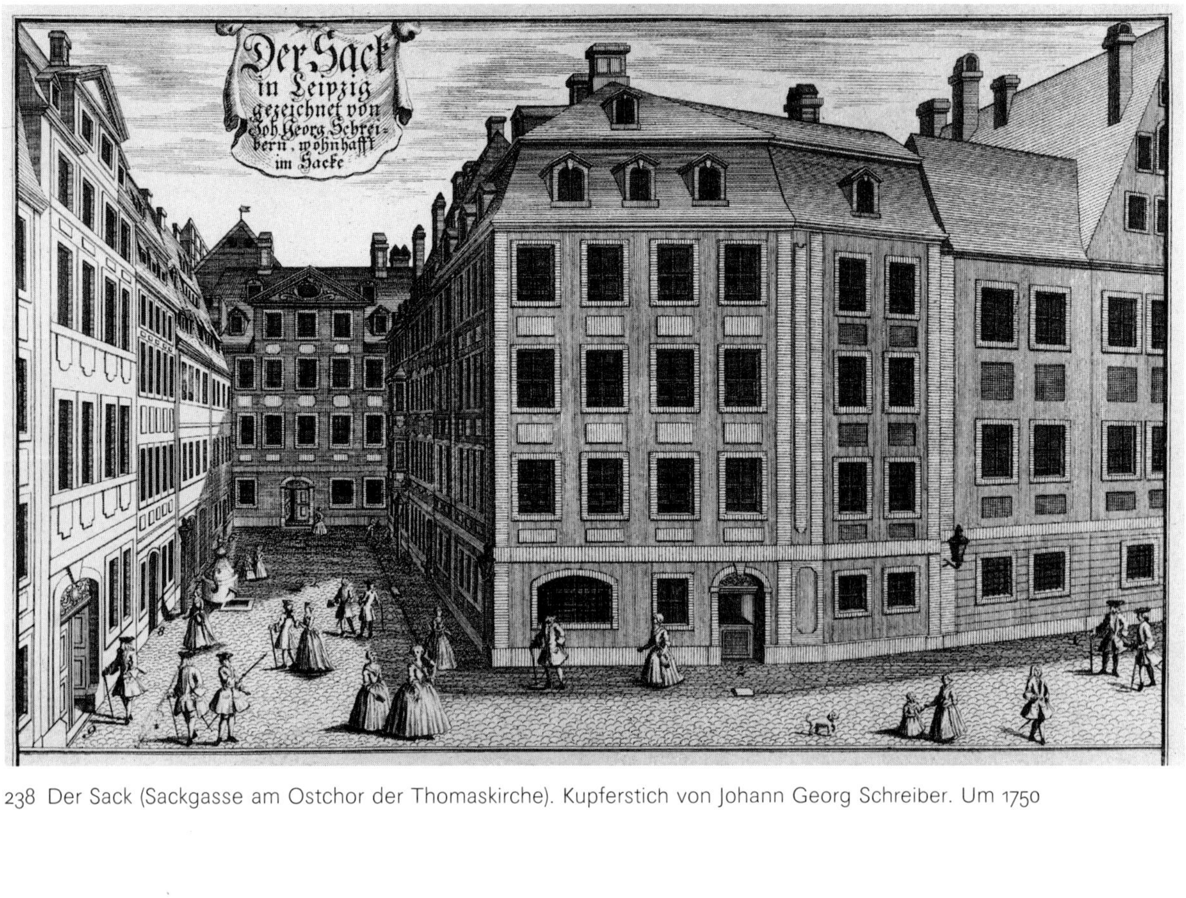

238 Der Sack (Sackgasse am Ostchor der Thomaskirche). Kupferstich von Johann Georg Schreiber. Um 1750

239 Grundriß von Leipzig. Kolorierter Kupferstich von Joachim Ernst Scheffler. 1749

240 Gefäße und Puddingförmchen aus der Puppenküche. Kupfer. 18. Jahrhundert

Von allerhand Suppen. 1745

1. Zitronensuppe.
Nimm eine oder zwei Zitronen, [je] nachdem man die Suppe machen will, schäle die gelbe und weiße Schale ab, schneide sie zu dünnen Plätzlein und dann wiederum jedes in vier Teile, bestreue sie wohl mit Zucker und lasse sie ein paar Stunden so liegen. Dann nimm geriebenes Eierbrot, röste solches [...] in Schmalz, streue es unten in die Schüssel, dann Zimmet und Kardamomen darauf, laß Wein in einem Topf sieden, wirf Zucker hinein, ein wenig Safran oder nicht, schlage ein paar Eier dazu, laß es aufquellen; dann lege die Zitronenschnitte auf das geröstete Brot fein zierlich und gieß den Wein darüber.

2. Zitronensuppe, auf eine andere Art.
Nimm zwei Zitronen, schneide sie, wie man sie [...] pflegt zu schneiden, daß sie aneinanderbleiben, sie müssen nicht bitter sein, tue sie in einen Topf, gieß 1 Kanne Wein darauf, laß es mit aufkochen. Dann nimm die Zitronen heraus und querle 5 Eier in einem Töpfgen nebst einem halben Löffel Kraftmehl oder von der schönsten Stärke und querle es in den Wein, laß es miteinander aufquellen, dann lege die Zitronen in die Schüssel und richte die Suppe darauf an.

3. Weinsuppe, mit Zitronat.
Nimm halb Wein und halb Wasser, tue gerieben Brot hinein, laß kochen, denn schlage es durch, tue hinein Zucker, Zimmet, Kardamom, Muskatnuß, Zitronenmarks und -schälgen, laß es wiederum aufkochen, schneide würflichten Zitronat in eine Schüssel, richte die Suppe darauf an [...]

4. Weiße Weinsuppe.
Nimm 1 Kanne Wein, schlage 5 Eier hinein, ein klein wenig Mehl, geriebene Muskaten, Zucker, Kardamomen und ein

wenig Butter, laß es aufkochen, querle es und gieß es denn auf geröstete gepflückte [zerpflückte] Semmeln und streue Zucker und Zimmet darauf.

5. Suppe von Maulbeersaft.
Nimm ein Nösel [altes Flüssigkeitsmaß, in Leipzig 0,6 Liter] Wein, tue 4 bis 5 Löffel Maulbeersaft hinein, der mit Zucker gesotten, drücke eine Zitron dazu, setze es aufs Feuer, laß es aufkochen, brenne 1 Löffel Mehl darein und querle es; dann röste würflich geschnittene Semmel in Rindfleischfett, tue sie in einen Durchschlag, daß das Fett herunterträuft, tue auch Zucker hinein, dann die Semmel in die Schüssel, und richte die Suppe darauf an.

6. Rosinensuppe.
Nimm 1 Handvoll große und 1 Handvoll kleine Rosinen, wasche sie rein und stoße sie in einem Mörsel, schütte ein wenig geriebene Mandeln dazu und ein paar geröstete Semmelschnitten, welche zuvor in Wein geweicht, reibe es miteinander durch ein hären Sieb [Haarsieb], gieß 1 Nösel Wein dazu, tue es zusammen in einen Topf nebst Zucker und Zimmet, laß es ein wenig aufkochen und gieß es dann auf geröstete gepflückte Semmeln.

7. Kirschsuppe.
Nimm saure Kirschen, stoße sie, gieß halb Wein und halb Wasser daran, laß es kochen, dann schlage es durch, gieß noch Wein dazu und ein wenig gebrannt Mehl, laß es wieder aufkochen, röste würflicht geschnittene Semmeln in geschmelzter Butter, und wenn es wieder aufkocht, so richte es darauf an und streue Zucker und Zimmet darüber.

8. Erdbeersuppe.
Nimm die Erdbeeren, gieß Wein darauf und Zucker, laß es aufsieden, schlage es durch und laß es wieder aufkochen, röste Semmel wie zur Kirschsuppe, richte es darauf an und streue Zucker und Zimmet darüber.

9. Weinbeersuppe.
Nimm Weinbeeren, lies sie rein von Stielen, wasche sie, stoße sie in einem Mörsel nebst einer Schnitte gerösteten Brotes, treib es durch ein Sieb mit Wein, würze es mit Zimmet, Nelken und Zucker, laß es aufkochen, gieß es auf geröstete gepflückte Semmeln.

10. Hanbuttensuppe [Hagebuttensuppe].
Koche die Hanbutten erst in halb Wasser und halb Wein, tue dann ein wenig ganze davon in einen Tiegel; füge große Rosinen zu den ganzen Hanbutten, auch Zucker, ganzen Zimmet, und laß es alles zugedeckt einkochen; die obigen Hanbutten reibe durch und tue noch mehr Wein, Zucker und Zimmet hinzu und laß es auch kochen. Dann schneide halbe Semmeln, daß die Oberrinde oben bleibe und noch einmal voneinander geschnitten und ausgehöhlert werde. Solche vier Stücke Semmel röste in Fett, lege sie in die Schüssel, mache denn von Rosinen und Hanbutten einen Kranz um den Schüsselrand; hinter diesen lege halbe Schnittgen Zitronen und geuß dann die Hanbuttensuppe auf die Semmel.

11. Lebersuppe.
Koche eine Kalbsleber, reibe sie klein auf dem Reibeeisen, tue sie in einen Asch [Napf], gieße Wein daran, reibe es wohl durcheinander, drücke es durch ein klar Tuch, tue kleine Rosinen, Zitronenschalen, Zucker, Zimmet und Safran darauf, schütte es zusammen in einen Topf, schlage ein paar Eierdotter dazu, setze es zum Feuer, laß es ein wenig aufkochen, dann richte es an.

Susanna Eger: Leipziger Kochbuch. Leipzig 1745. S. 1ff.

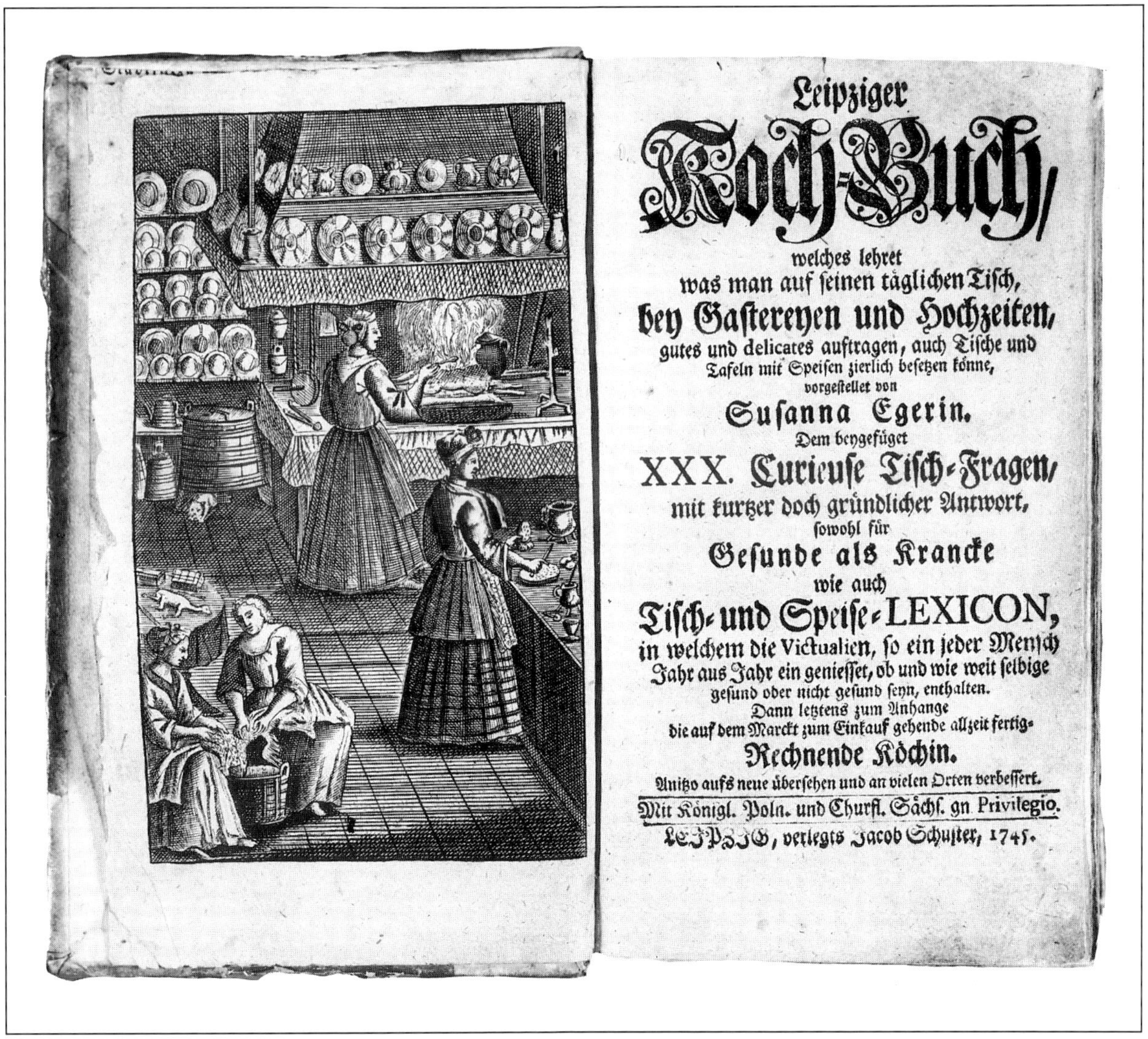

241 Leipziger Kochbuch der Susanna Eger mit Titelkupfer eines Kücheninneren. 1745

242 Peterskirche und Peterstor. Kolorierter Kupferstich von Joachim Ernst Scheffler. 1749

Repressalien im zweiten Schlesischen Krieg. Dezember 1745 Mittlerweile wurde allhier im Leipziger Kreis die Kontribution à 2½ Millionen [Taler] oder 25 Tonnen Goldes durch Prinz Dietrich von Anhalt gefordert. Da nun solche nicht völlig zusammengebracht werden konnte, mußte das Gold- und Silbergeschmeide von allen Inwohnern aufs Rathaus überbracht werden, welches bis zur völligen Bezahlung als ein Reservatum aufbehalten wurde. Da nun dieses noch nicht hinlänglich gewesen, haben die Kirchen das Gold- und Silberwerk, welches mit dem größten Erstaunen anzusehen war, überliefern müssen, welches 2 Juden von Halle ums halbe Geld taxierten [...] Es wurde auch inzwischen die Bürgerschaft wegen der Einquartierung sehr gepreßt, weil sie den preußischen Soldaten Essen, Trinken, Licht und Holz wie nicht weniger täglich 4, auch 6 bis 8 Groschen geben mußten [...] Die Kontribution konnte also nicht zusammengebracht werden, auch mußte noch überdies 1 Million vom ganzen Land vor [für] die Winterquartiere an Ihro Maj[estät] von Preußen vermöge des geschlossenen Friedens bezahlt werden. Als 1500000 R[eichs]t[aler] von Leipzig geführt und das übrige ferner nicht aufzubringen, so wurde der Leipziger Stadtrat gewaltig gepreßt, bis endlich der [am 25. Dezember 1745 in Dresden] erfolgte Friede solcher Last ein Ende machte.

Stadtarchiv Leipzig: Riemer-Chronik, S. 610f.

Erstes Nashorn. April 1747 Diese Messe ward allhier das wunderwürdige Tier Rhinozeros oder Nashorn in einer Boutique [Bude] vor dem Peterstor zu sehen, welches das erste, so auf teutschen Grund und Boden gebracht worden.

Stadtarchiv Leipzig: Riemer-Chronik, S. 661

Vom Großen Konzert. Mai 1747 Nachdem die Gesellschaft des Großen Leipziger Konzerts wahrgenommen, daß die bisherige Einrichtung vielem Mißbrauch der Billette unterworfen gewesen, so hat man dieserwegen eine Veränderung zu verfügen vor nötig befunden, es hören nämlich die bisherigen umsonst ausgegebenen Billetts völlig auf, hingegen ist der Preis desjenigen, was bishero jährlich bezahlt worden, so weit vermindert, daß ins Künftige nur 3 Dukaten vor das ganze Jahr pränumeriert [vorausgezahlt] wird, nämlich zu verstehen von den Einheimischen, fremde Kavaliere und auswärtige Herren Studiosi aber zahlen 4 Dukaten, davor wird ein gesiegeltes und numeriertes Billett gegeben, welches von Anfang des Monats, da es bezahlt wird, bis wieder dahin übers Jahr gültig ist [...] Das Frauenzimmer betreffend, bleibt es bei der vorigen Einrichtung, daß selbiges nämlich keines aparten Billetts benötigt, doch aber wird man ins Künftige auch keine anderen zulassen, welche nicht durch einen Führer, so ein ordentliches Billett hat, hineingebracht werden, ein solcher aber kann soviel mitbringen, als ihm beliebt [...] Das Konzert wird den 1. Junii c[urrentis] a[nni] [des laufenden Jahres] seinen Anfang nehmen und wird des Sommers alle 14 Tage, im Winter aber, also von Michael[is] [29. September] bis Ostern, aller 8 Tage donnerstags um 5 Uhr gehalten.

Stadtarchiv Leipzig: Riemer-Chronik, S. 662a

Prügelei in der ›Faulen Schenke‹. 3. September 1747 [...] geschah im Richterschen Vorwerk, die ›Faule Schenke‹ genannt, nachdem sich zwei Schiffe auf der Retour [Rückfahrt] von Plagwitz veruneinigt, ein groß Unglück, indem selbige beim Aussteigen einander in die Haare gerieten, daß sie einander nicht alleine mit Stockschlägen, sondern auch mit Degen ihre Ehre suchten zu maintenieren [behaupten], bei welchem Unglück ein Gold- und Silberscheider und -plattner Herr Pfannenschmidt und dessen Herr Sohn wie auch ein Feldscher am schärfsten verwundet worden; 10 Personen haben annoch überdies auf Stock und Degen Blessuren erhalten.

Stadtarchiv Leipzig: Riemer-Chronik, S. 667

Schlittenpartie. 19. Januar 1748 [...] ward von der sämtlichen Noblesse, so allhier auf der Universität sich befunden und auf der Reitbahn gewesen, eine Schlittenfahrt von 16 Schlitten unter Trompeten- und Paukenschall und abends bei brennenden Fackeln gehalten.

Stadtarchiv Leipzig: Riemer-Chronik, S. 677

Allee vor dem Peterstor. Februar 1749 In diesem Monat ward die große Allee vorm Peterstor zur Perfektion gebracht, welcher gedoppelter Vorzug vor der Allee am Barfüßerpförtgen oder sogenannten Muhmenplatz an Schönheit und Ansehen zugeeignet werden kann.

Stadtarchiv Leipzig: Riemer-Chronik, S. 713

Feuersbrunst. 11. April 1749 [...] abends ½ 8 Uhr entstund im Amthaus an der Thomaskirche ein erschrecklich gewaltsames Feuer, so beinahe 3 Stockwerk einäscherte [...] Die benachbarten Häuser haben gewaltig großen Schaden erlitten. Es ist auch Gott zu danken, daß die St. Thomaskirche, weil der Wind meistens auf dieselbe losging, sich ritterlich durch gute Obsicht zu halten [vermochte], anderergestalt die halbe Stadt nach der Burgstraße in die Asche gelegt worden wäre.

Stadtarchiv Leipzig: Riemer-Chronik, S. 715

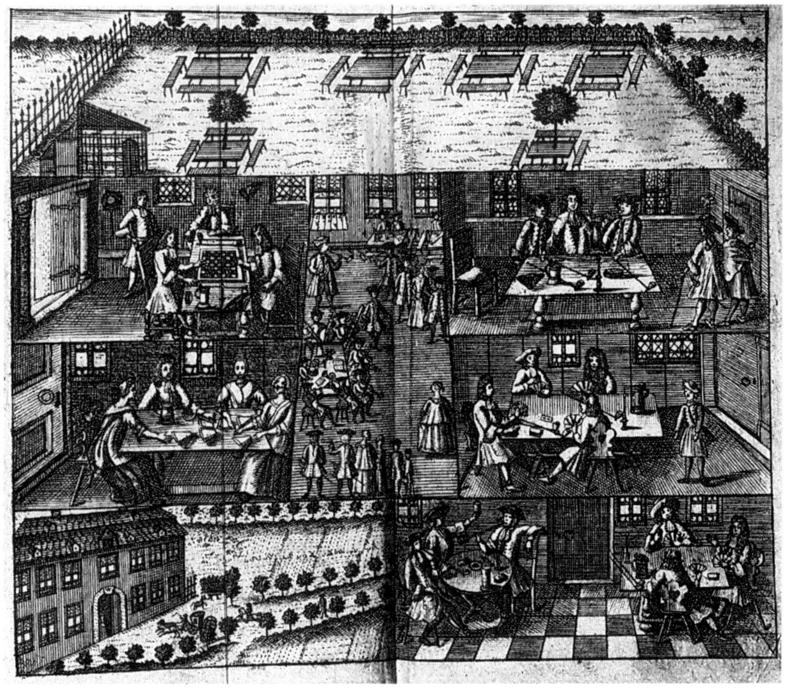

243 Geselligkeit im Ausflugslokal Brandvorwerk. Kupferstich. 1746

Neue Theater-Spielstätten. Oktober 1749 Den 6. Oktober wurde zum erstenmal in dem neuen Komödienhaus in Quandts Hof auf der Nikolaistraße durch die Schö[ne]mannsche Bande gespielt. Den 9. fing die Neuberin im Großen Blumberg [am Standort des heutigen ›Café am Brühl‹] zum erstenmal Komödien an zu spielen, auf dem Theatro, so der Besitzer H[err] Dokt[or] Stoer bauen lassen.

Stadtarchiv Leipzig: Riemer-Chronik, S. 728

Komplizierte Operation. 17. Oktober 1749 [...] wurde ein Bauer, Friedrich Köhler von Deutzen aus dem Amt Borna, vor dem Peterstor, als er von Ihrer Exzell[enz], des Geheimen Kabinettsministers Graf von Brühl Silberwagen gestürzt, überfahren, daß 4 Radnägel ihm auf der linken Seite den Unterleib durchgebohrt, das Scrotum [Hodensack] gesprengt und die Intestina [Eingeweide] beinahe 1½ Viertel [Fuß] herausgehangen, welchen Patienten auf Befehl obgedachter Ihrer Exzell. der königl[iche] und kurf[ürstliche] privilegierte geschickte Chirurgus, Herr Joh. Jacob Werner, in die Kur annehmen müssen, es nebst göttlicher Hilfe auch so weit gebracht, daß er in einer Zeit von 8 Wochen nicht alleine wieder herumgehen, sondern auch mit seiner Frau die männliche Pflicht wieder exerzieren können [...]

Stadtarchiv Leipzig: Riemer-Chronik, S. 728

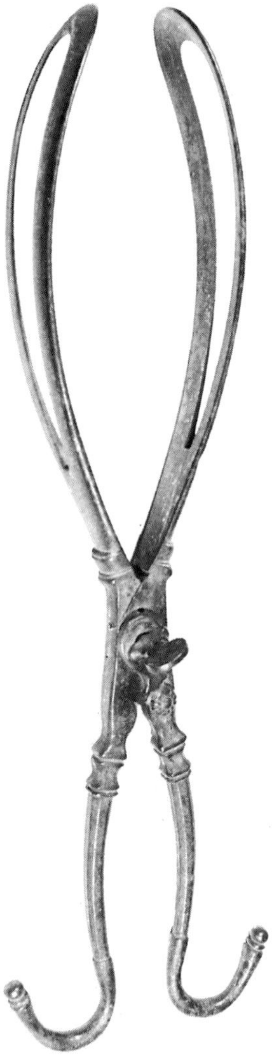

244 Geburtszange aus Eisen. Erste Hälfte des 18. Jahrhunderts

In der Nachtjacke arretiert. 10. Januar 1750 [...] wurden zwei Jungfern, weil sie ihr schuldiges Kontingent [Abgaben, Steuern] bei E. Hochedl[en] Rat nicht ablegen wollen, durch vier Stadtknechte und den Gerichtsfron, indem sie überdies auf die Regierung der Geistlichkeit und Rat geschmäht, in ihrem Hausanzug, nämlich in Federmütze und Nacht-Kamisölern [kurzen Nachtjacken] zu Fuß aufs Rathaus geholt, verhört und in Verwahrung gebracht, welche nach etlichen Tagen wieder los- und freigelassen worden. Es hat sich befunden, daß sie von der pietistisch-herrnhuterischen Sekte Mitglieder gewesen, welche keine obrigkeitl[iche] Gewalt leiden können [...]

Stadtarchiv Leipzig: Riemer-Chronik, S. 738

Öffentliche Vorlesungen. 28. März 1750 [...] ward von dem berühmten königl[ichen] großbritannischen Okulisten [Augenarzt] Mons[ieur] le Chevalier Taylor, Doct[or], med[icinae], die 45 öffentl[ichen] Vorlesungen über das Auge unter Frequenz Gräfl[icher], Adl[iger], Profes[soren] und Ratsherren bei 400 anderen Personen auf dem großen musikalischen Konzertsaal ›Zum drei Schwanen‹ im Brühl mit großem Applaus in französischer Sprache ganzer 3 Stunden gehalten, nachdem er vormittags glückliche und erstaunenswürdige Operationes oculorum [Augenoperationen] an unterschiedenen Menschen in seinem Logis ›Zum großen Joachimsthal‹ [in der Hainstraße] verrichtet hatte. Die Invitation [Einladung] geschah durch einen gedruckten Zettel in teutsch- und französischer Sprache [...] Die 450 St[ück] Augengebrechen, so extrafein auf Elefantenbein [Elfenbein] in Hol-

und Engelland gemalt worden, waren vortrefflich anzusehen, nicht weniger die kostbaren Instrumente, so er zu den Operat[ionen] vonnöten.

Stadtarchiv Leipzig: Riemer-Chronik, S. 741f.

Thomaskantor Johann Sebastian Bach verstorben. 28. Juli 1750

Desgleichen an ebendiesem Tag abends um 8 Uhr der berühmte und in der Musik hocherfahrene Herr Joh[ann] Sebastian Bach, S[eine]r Königl[ichen] Maj[e]st[ät] in Polen und Kurf[ürstlichen] Durchl[aucht] zu Sachsen wohlbestallter Hofcompositeur, hochfürstl. anhalt-köthischer und sachsen-weißenfelsischer Kapellmeister wie auch Direktor und Kantor der Schule zu St. Thom[ae]. Ein Sohn des berühmten Herrn [Johann] Ambros[ius] Bach, gewesenen Hof- und Ratsmusici zu Eisenach Sohn. Ward geboren den 21. Martii a[nn]o 1685. Hat von seinem ältesten Bruder, Herrn Joh[ann] Christoph Bach, gewesenen Organisten und Schulkollegen zu Ohrdruf, die ersten Principia auf dem Klavier erlernt, wurde erstlich ao. 1703 zu Arnstadt an der Neuen Kirche und ao. 1707 zu Mühlhausen an der St.-Blasii-Kirche Organist; kam ao. 1708 nach Weimar, wurde hierselbst hochfürstl. Kammermusicus und Hoforganist; ao. 1714 Konzertmeister; ao. 1717 zu Köthen hochfürstl. Kapellmeister und ao. 1723, nach des sel[igen] Kuhnaus Tod, Musikdirektor und Kantor in Leipzig, auch hochfürstl. sachsen-weißenfelsischer Kapellmeister, dann endlich königl. pol[nischer] und kursächs[ischer] Hofkomponist und Kapellmeister. Die vielen Werke, so er in Noten herausgehen lassen, zu geschweigen. Die Bachsche Familie soll aus Ungarn herstammen, und alle, die diesen Namen geführt haben, sollen, soviel man weiß, der Musik zugetan gewesen sein, welches vielleicht daher kommen, daß auch sogar die Buchstaben *bach* in ihrer Ordnung melodisch sind. Nachdem er gelebt 65 Jahr 4 Mon[at].

Stadtarchiv Leipzig: Riemer-Chronik, S. 753f.

Landstreicher. 25. August 1750

[...] wurden 17 Personen männlich[en] und weibl[ichen] Geschlechts auf 3 Wagen von Eilenburg, so sich vor salzburgische Emigranten ausgegeben, aber Landstreicher gewesen sein sollen, in das hiesige Zuchthaus zu sicherer Verwahrung und zu fernerer Untersuchung gebracht.

Stadtarchiv Leipzig: Riemer-Chronik, S. 755

246 Georgenhospital am Ostausgang des Brühls. Kolorierter Kupferstich von Carl Benjamin Schwarz. 1796

Händels ›Feuerwerksmusik‹ aufgeführt. Januar 1751 Den 3. Januar ward [...] im Großen Konzert zum Gasthof der ›3 Schwanen‹ unter Trompeten- und Paukenschall solenn Konzert gehalten und die Friedensmusik, so [1749 zur Feier des im Vorjahr geschlossenen, den österreichischen Erbfolgekrieg beendenden Friedens von Aachen] zu London in Engelland auf dem Westmünster, als das Feuerwerk abgebrannt, gehalten, von Mons[ieur] Händel komponiert, mit größtem Applaus aufgeführt und den 10. repetiert worden.

Stadtarchiv Leipzig: Riemer-Chronik, S. 765

Bestrafte Eitelkeit. 2. Februar 1752 [...] am Tag der Reinigung Mariae geschah, daß ein katholischer Buchdruckergeselle sich mit einer evangelischen Weibesperson in der katholischen Kirche trauen ließ. Als die Trauung vorbei und sie sämtlich nach Hause gehen wollen, so nahm der neugebackene Mann seinen Weg zum Schloß [Pleißenburg] hinten hinaus und ging ums Tor mit seinen Führern und zum Grimmischen Tor wieder herein bis ans Zuchthaus ins Beyersche, ietzo Grafsche Haus, welcher glücklich weggekommen; die Braut aber, welches etwas ungewöhnlich, viel weniger an einem Sonn- und Festtag [üblich], wollte sich in ihrem Brautschmuck sehen lassen und durch die Stadt wieder mit ihren 2 bei sich habenden evangelisch[en] Weibern nach Hause zu gehen. Als dieselben vor das Schloß gekommen, hat ein Soldat vom Feldregiment allda gestanden, nach ihr gesprungen und den Kranz nehmen wollen. Da es ihm nicht gelungen, so sind entsetzliche Schmachreden von ihm ausgestoßen und sogar eine 3fächtige Kanaille und Hure gescholten worden. Als dieses geschehen, so erbarmen sich die Gassenjungen über sie und kämmten ihr die Haarlocken aus und rissen ihr den Kranz fast vom Kopf herunter. Sie liefen in solcher pöbelischen Wut und gewaltigem Zulauf bis ins Kramerhaus auf dem Neuen Neumarkt, worein sie sich retirieren mußten, bis 2 Knechte kamen und den Pöbel zerstreuten, und wurde also die wohl zugerichte Braut durch diese 2 Knechte nach Hause gebracht. Die beiden Weiber, so sie geführt hatten, blieben im Kramerhaus in Sicherheit, um nicht ferner prostituiert [entehrt] zu werden.

Stadtarchiv Leipzig: Riemer-Chronik, S. 799f.

Experimente mit Elektrizität. 14. April 1753 [...] ist durch H[e]r[rn] Prof. Joh. Heinr[ich] Winckler die neue Entdeckung und Wirkung der Elektrizität experimentiert und demonstriert worden. Da er die elektrische Kraft in einem besonderen Grad verstärkte, so wurden die Herren, welche die Versuche abwarteten, bei einem elektrischen Strahl, welcher sich mit einem starken Knall endigte, gewahr, daß derselbe in ein nasses Leder ein Loch machte. Die elektrischen Strahlen wurden sodann auf einen [anderen] Ort des Leders geführt, und sie taten die vorigen Wirkungen.

Stadtarchiv Leipzig: Riemer-Chronik, S. 831

Opernhaus im Reitstall. 5. Mai 1754 [...] ist zum ersten Mal das Opernhaus im Reitstall eröffnet und die Opera ›Il mondo alla reversa o sia le donne che comandano‹, das ist ›Die verkehrte Welt oder Das herrschsüchtige Frauenzimmer‹, gespielt.

Stadtarchiv Leipzig: Riemer-Chronik, S. 877

Gasthofseinweihung. 16. Juli 1754 [...] ist der Gasthof, vorhero ›Zur kalten Wurst‹, anitzo aber ›Zur grünen Linde‹ genannt, am Petersschießgraben von den Mäurern und Zimmerleuten gerichtet und statt des gewöhnlichen Kranzes eine grüne Linde mit vielen Bändern und Blumen aufgesetzt, eine wohlgesetzte Rede gehalten und nachgehends 24 Mann herrl[ich] traktiert [bewirtet] worden.

Stadtarchiv Leipzig: Riemer-Chronik, S. 887

Kuriose Maschinen. 1755 In dieser Ostermesse hat allhier Johann Ammon aus der Schweiz folgende Maschinen ums Geld sehen lassen: 1. ein neuerfundenes Bortenwirkerstühlgen, 20 Zoll, auf welchem ein Schweizer Bauermägdgen, 18 Zoll hoch, 6 Stück seidene Bänder, jedes von besonderer Farbe, arbeitet und dabei auf Glöcklein einige Stückgen spielt; dasselbe kann des [Tages] 200 Ellen aufs feinste verfertigen und 2 kleine Figuren wickeln und Seide spulen. Auf dieser Maschine war ein Bäumgen, darauf 4 Vögel mit Bewegung der Schnäbel 7 Stückgen sungen. 2. spielte ein Ermentaler Schweizerbauer, auf einem Sessel sitzend, mit Bewegung der Finger auf der Flaute travers [Querflöte] 8 Stückgen. 3. ist eine Kutsche, 3 ½ Schuh [Fuß] lang, mit 2 Pferden bespannt, zu sehen gewesen, welche im Laufen ordentlich die Beine bewegen. Der Kutscher auf dem Sitz fuhr damit herum und machte Halte, wenn man will, eröffnete auch die Kutsche, aus welcher ein Kavalier und eine Dame kamen und ein Kompliment machten, auf Erblickung eines Husaren aber sich wieder hineinretirierten, worauf der Kutscher eiligst davonfuhr und von jenem ein starker Schuß gleich einer Pistole geschah.

Stadtarchiv Leipzig: Riemer-Chronik, S. 910f.

247 Tenor-Viola da gamba. Gefertigt von Johann Christian Hoffmann. 1731

248 Freibillett für das Große Konzert. Radierung. 1755

249 Brühl mit Gasthof ›Zu den drei Schwanen‹ (halblinks), seit 1744 Veranstaltungsstätte des Großen Konzerts. Aquarell. Erste Hälfte des 19. Jahrhunderts

Blühende Aloe. Mai 1755 Zu Anfang dieses Monats stund im allerschönsten Flor die amerikanische Aloe in dem Großbosischen Garten [...] Man sah sie in der vortrefflichsten Vollkommenheit ihre florisantesten [blühendsten] Blüten zeigen. Der Stamm hatte sich 22 Fuß oder 11 Ellen erhöht, woran 22 Äste sich befanden, auf welchen sich die Blüte in einer Zeit von 3 Monaten auf pyramidalische Gestalt wunderschön zu betrachten war. An den nach und nach aufgebrochenen 2294 Blumenknospen, deren Farbe zitrongelb ist, die Annehmlichkeit aber sich fast mit den Lilien vergleichen ließe, hat sich das Auge nimmer satt gesehen. Es war höchlich zu bewundern, daß sie mehr als andere Blumen Annehmlichkeiten von sich gaben und ihre Seltenheiten durch ein beständiges Tröpfeln der Blumen ihren Saft, so weiß aussah, herabfließen ließen, da denn ein jeder, so sie mit der allergrößten Bewunderung betrachtete, einige Tropfen zu kosten gegeben wurde, welcher honig- und zuckersüß schmeckte.

Stadtarchiv Leipzig: Riemer-Chronik, S. 912

Erdstoß. 9. Dezember 1755 [...] gegen 3 Uhr hat man hier eine kleine Erschütterung der Erde wahrgenommen, so die beiden Türmer zu St. Thom[as] und Nikolai auch gerichtl[ich] ausgesagt, daß sich die Türme dergestalt bewegt hätten, daß die an der Wand hangenden Trompeten gewaltig aneinandergestoßen.

Stadtarchiv Leipzig: Riemer-Chronik, S. 953

250 Benjamin Calau: Der ›Bauernastronom‹ Johann Georg Palitzsch. Öl auf Leinwand. 1756

Gelehrter Bauer. Januar 1756 In diesem Monat hat ein gelehrter Bauer namens Johann Ludewig [...] allhier bei unterschiedenen Professoribus das Examen ausgestanden, daß er mit stattlichen Zeugnissen und vielen Ehren wiederum nach Hause reisen können. Peschecks Rechenbuch war der Anfang zu seinem Studieren, indem ihm eine Akzis-Einnahme aufgetragen gewesen, so er zum erstenmal mit einigen Defekten nach Hause geschickt worden, hat er sich entschlossen, fleißig zu sein, daß er nicht wieder verschämt nach Hause geschickt werden möchte, endlich hat er sich unterstanden, die Wolffschen philosoph[ischen] Schriften zu kaufen und mit Ernst durchzulesen. Niemals hat er gegessen oder zu Markte gegangen, wo er nicht seine Bücher bei sich gehabt und darinnen fleißig gelesen. Er hat fast Hände und Füße in dem letzten kalten Winter erfroren, weil der Mangel des Holzes ihn von Lesung gelehrter Bücher nicht abgehalten, viel weniger die Warnungen und Abmahnungen anderer Leute bei ihm etwas fruchten können. Nach der Zeit hat er [...] drei besondere Piecen [Stücke] verfertigt, in deren ersteren er seinen Lebenslauf, wie er im 23. Jahr seines Alters den Anfang zu den mathematischen Wissenschaften gemacht und auf was für Art und Weise er solche und alles andere erlernt, kürzlich erzählt. Die andere Abhandlung ist eine Berechnung und Vorstellung einer Sonnenbedeckung, und die dritte führt einen gewissen Satz aus, nach Art einer ordentl[ichen] Rede [...] Es haben H[er]r Prof. Johann Christoph Gottsched [...] ihm das Lob einer gründlichen Gelehrsamkeit beigelegt [...]

Stadtarchiv Leipzig: Riemer-Chronik, S. 974f.

Erkrankungen an Blattern. März 1757 In diesem Monat haben die Blattern dermaßen grassiert, daß viele Kinder, insonderheit in Großzschocher, besage der Kirchenbücher weder in diesem noch in den vorhergehenden Saeculis [Jahrhunderten] jemals geschehen, daran gestorben und aufgerieben worden.

Stadtarchiv Leipzig: Riemer-Chronik, S. 1046

Der Rat der Stadt verbietet Straßenversammlungen. 30. August 1757 Ohngeacht zu unterschiedenen Malen die Andeutung geschehen, daß die hiesigen Bürger und Einwohner und besonders deren Gesinde sich unnötigerweise nicht aus den Häusern begeben, auf den Gassen zusammentreten und daselbst ungeziemende Reden über gegenwärtige Angelegenheiten [des Siebenjährigen Krieges] führen sollen, so hat man doch gewahr werden müssen, daß viele solcher Andeutung nicht nachkommen sind; es wird dahero allen und jeden Bürgern und Einwohnern dieser Stadt hiermit nochmals ernstlich verboten, sich ohne Not nicht aus ihren Häusern zu begeben, noch viel weniger auf den Gassen zusammenzutreten, besonders solches ihrem Gesinde nicht zu verstatten, auch bei etwa entstehendem Alarm sich niemand auf den Gassen sehen zu lassen, sondern jeder mit den Seinigen ganz ruhig in seinem zu verschließenden Haus zu bleiben, auch überhaupt sich aller Diskurse von den itzigen Zeitläuften zu enthalten. Widrigenfalls ein jeder die ihm daraus erwachsende Gefahr und zu gewartende Strafe sich selbst zuzuschreiben haben wird.

Stadtarchiv Leipzig: Riemer-Chronik, S. 1072

Harte Bedrückung während des Siebenjährigen Krieges. September 1758 Den 13. geschah auf könig[ich] preußischen Befehl die Anforderung der rückständigen 600000 R[eichs]t[aler] in zwei Terminen, nämlich künftigen Sonnabend die Hälfte und in 14 Tagen die andere Hälfte ohnweigerl[ich] zu bezahlen. Es sind auch zu gleicher Zeit wiederum 20000 Mann Rekruten im Leipziger und Saalkreis auszuschreiben verlangt worden.

Den 24. früh um 3 Uhr geschah in der Stadt das Gen[eral]-Kommando an die inliegende als [wie] vor den Toren verlegte Garnison, da denn alle Gassen mit Kanonen, die Häuser zugeschlossen und alle Straßen mit Mannschaft besetzt und gedoppelte Wache von Husaren und Infanteristen vor dem Rathaus rangiert waren. Als der Hochedle Rat auf dem Rathaus zusammengebracht, wurde er mit Arrest belegt und publiziert, daß die restierenden [rückständigen] 600000 Rt. ohne Zeitverlust geschafft werden sollten. Als solche nicht aufgebracht werden kunnten, so wurden unterschiedene kommandierte Partien mit den aus jeden Vierteln geschworenen Musterschreibern in alle Häuser herumgeschickt und angesagt, daß ein jeder Hauswirt, was er an Geld und in Besitz hätte, auf das Rathaus zu bringen nötigten [...] Es ist zu gedenken, [...] daß die Leute aus der Vorstadt, so in der Stadt kommunizieren [am heiligen Abendmahl teilnehmen] wollen, nicht in dieselbe gelassen, diejenigen aber in der Stadt [...] nach geendigtem Gottesdienst desto mehr ängstlichen Schrecken auszustehen hatten, weil die Husaren mit blanken Säbeln dieselben mit harten Schlägen wieder in die Kirchen trieben, auch sogar mit Pferden in die Kirchen geritten und die Menschen verfolgten.

Stadtarchiv Leipzig: Riemer-Chronik, S. 1152

251 Gohliser Schlößchen. Errichtet 1755/56

Jahrelange Ausplünderung der Stadt durch die Preußen. 1756–1763

Barzahlungen:

Taler	Groschen	Pfennige	
619983	17	4½	Vorschuß von 500000 Talern und Winter-Quartier-Douceur-Gelder (Winter-Quartier-Trinkgelder) in Höhe von 119983 Talern 17 Groschen 4½ Pfennigen), gefordert am 20. 10. 1756, gezahlt bis 31. 1. 1757
480000			Gezahlt auf die am 8. 3. 1757 geforderten 900000 Taler
800000			Vermögenssteuer, gefordert am 25. 12. 1757, gegen Erteilung der Generaldecharge (Generalentlastung) gezahlt bis 15. 2. 1759
14000			Gesonderte Zahlung durch die katholischen Kaufleute
38627	22		Kontribution, Bußgelder und Geschenke an General von Wunsch, gefordert am 13. 9. 1759
113476	9	3	Fincksche Kontribution, gefordert am 19. 9. 1759 in Höhe von 300000 Talern
800000			Gefordert unter Zurücknahme der Generaldecharge am 19. 11. 1759, nach monatelanger Einkerkerung von Kaufleuten und Ratsherren gezahlt bis Frühjahr 1760
24000			Agio (Aufgeld) auf diese Forderung
40000			Strafgelder für unerlaubt nach Dresden gesandte Waren
1100000			Extraordinäre Brandschatzung (Kontribution), gefordert am 5. 1. 1761 in Höhe von 2000000 Talern
1200000			Extraordinäre Kontribution für 1762, gefordert am 6. 1. 1762 in Höhe von 3000000 Talern, ermäßigt auf 12 Tonnen Gold
1400000			Extraordinäre Kontribution für 1763, gefordert am 2. 11. 1762 in Höhe von 400000 Dukaten, ermäßigt auf 100000 Dukaten und 700000 Taler Silbermünze
6630087	18	7½	

Nebenabgaben:

Taler	Groschen	Pfennige	
143000			Geschenke u. a. an die preußischen Offiziere und Beamten
1000000			Regelmäßige Abgaben
1705343			Für Einquartierungen, soweit sie die Ratskämmerei zu tragen hatte, und ›les faux fraix‹ (Nebenkosten), worin wohl auch die Kosten für die königlichen Winterquartiere von 1760/61 sowie die Ausgaben für die Lazarette und die Lieferungen von Lebensmitteln, Tuch und Kriegsbedarf (Pferde, Rekruten) inbegriffen sind
8000			Für Winterquartiere 1762/63
400000			Für Schanzarbeiten ›et quelques autres depences‹ (und einige andere Ausgaben)
400000			Zinsen und Agio
3656343			

Die Summe dieser beiden Posten beträgt 10286430 Taler 18 Groschen 7½ Pfennige. Doch sind hierbei die Ausgaben, die den einzelnen Bürgern aus der Verpflegung der starken ständigen Besatzung und der in den Winterquartieren liegenden Truppen entstanden, noch nicht berechnet. Man darf daher wohl annehmen, daß die Stadt Leipzig im Siebenjährigen Krieg gegen zwölf Millionen Taler an Preußen gezahlt hat.

Nach: Ernst Kroker: Leipzig im Siebenjährigen Krieg. In: Quellen zur Geschichte Leipzigs. Bd. 2. Leipzig 1895. S. 488ff.

252 Zinnschale mit eingravierter Ansicht der Festung Leipzig. 1753

253 Taufurkunde. 1759

254 Abzug der preußischen Besatzung aus Leipzig. Kupferstich. 1763

Metropole der Handels- und Manufakturherren

Das Aufstreben Leipzigs in der Zeit der beginnenden bürgerlichen Emanzipation (1763 bis 1830)

›[...] nun trat mir die Stadt selbst mit ihren schönen, hohen und untereinander gleichen Gebäuden entgegen. Sie machte einen sehr guten Eindruck auf mich, und es ist nicht zu leugnen, daß sie überhaupt, besonders aber in stillen Momenten der Sonn- und Feiertage, etwas Imposantes hat [...] Leipzig ruft dem Beschauer keine altertümliche Zeit zurück; es ist eine neue, kurz vergangene, von Handelstätigkeit, Wohlhabenheit, Reichtum zeugende Epoche, die sich uns in diesen Denkmalen ankündet. Jedoch ganz nach meinem Sinn waren die mir ungeheuer scheinenden Gebäude, die, nach zwei Straßen ihr Gesicht wendend, in großen, himmelhoch umbauten Hofräumen eine bürgerliche Welt umfassend, großen Burgen, ja Halbstädten ähnlich sind.‹

In so geschilderter Gestalt empfing Leipzig 1765 den jungen Studiosus Johann Wolfgang Goethe. Obwohl damals gerade erst sechzehn Jahre alt, bedeutete sein Urteil schon etwas, kam er doch aus Frankfurt am Main, dem jahrhundertelangen schärfsten Mitbewerber um die Krone der mitteleuropäischen Messen und des deutschen Buchhandels. In beiden Bereichen konnte die Pleißemetropole auch in dieser Zeit ihre Vorrangstellung nicht nur bewahren, sondern sogar noch ausbauen. Die Geschäftsbeziehungen der Großkaufleute und Bankiers erweiterten sich bis nach Übersee, die Buchproduktion stieg bis zur Jahrhundertwende auf jährlich tausendsechshundert Titel. Zugleich erreichte die gesamte Manufakturentwicklung ihren Höhepunkt und drängte immer mehr zur vollständigen Industrialisierung.

War auch die Blütezeit der alten Zünfte längst vorüber, so konzentrierte sich doch in und vor der Stadt ein leistungsfähiges Handwerk. 1784 wurden am Ort zweihundertsechsundneunzig Schneider-, hundertsechsundachtzig Schuhmacher-, dreiundsechzig Kürschner- und siebenundvierzig Strumpfwirkermeister gezählt, außerdem hundertvier Perückenund dreißig Knopfmacher. Solche Gewerbe spielten eine besondere Rolle im seit jeher luxusversessenen Leipzig, von dem Jean Paul schrieb: ›Die Mode ist der Tyrann, der diese Stadt beherrscht.‹ Unter den vielen anderen Zweigen befanden sich vierzig Branntweinbrenner und vierunddreißig ›Kunst- und Lustgärtner‹, auch noch fünfzehn Fischer.

Insgesamt beschäftigte das Handwerk damals immerhin rund viertausend Gesellen und Lehrlinge. Der Arbeitstag war mühevoll, die Entlohnung kärglich. Das wird am Beispiel der Ausgabenverteilung für den Lebensunterhalt fünfköpfiger Familien von Maurer- und Zimmergesellen der Stadt zu Ende des 18. Jahrhunderts deutlich: Drei Viertel des Einkommens mußten für Nahrungsmittel aufgewendet werden, allein für Brot fast die Hälfte, für Fleisch hingegen lediglich achteinhalb Prozent; Miete, Heizung und Licht forderten ein reichliches Fünftel des Lohnes, so daß für sonstige Bedürfnisse einschließlich Kleidung nur knappe fünf Prozent blieben, demgegenüber – zum Vergleich – ein Leipziger Stadtpfarrer volle vierzig Prozent dafür verwenden konnte.

So nimmt es nicht wunder, daß es zwischen 1790 und 1796 mehrfach zu Streiks von Handwerksgesellen und Lohnarbeitern kam. ›Frei und französisch‹ war ihre Losung, den unmittelbaren Einfluß der Revolution von 1789 widerspiegelnd. Mit Massenverhaftungen erstickte der konservative Rat die Unruhen, doch es gärte weiter unter der Bevölkerung.

Die Sympathie für Frankreich verwandelte sich ab 1806 mit der napoleonischen Besetzung der Stadt in Skepsis und Ablehnung. Insbesondere die Beschlagnahme sämtlicher Vorräte an englischen Waren, für die Leipzig Hauptstapelplatz war, schädigte die Messe schwer. Hinzu kamen harte Belastungen durch Kontributionen und Besatzungsgelder. Auch sonstige Rücksichtslosigkeiten wie die Entweihung der Thomaskirche als Pferdestall schnitten tief in den Alltag der Menschen ein, und das 1813 von Theodor Körner auf dem ›Schneckenberg‹ (heute Standort des Opernhauses) geschriebene Lied ›Lützows wilde Jagd‹ wurde zum Ausdruck des kämpferischen Aufbegehrens. Die Völkerschlacht, mit einer halben Million Beteiligten die erste Massenschlacht der Neuzeit, setzte der Fremdherrschaft ein Ende, doch blieb der Ort noch monatelang ein einziges großes Lazarett. Daß sich das Leben dennoch bald wieder normalisierte, war namentlich dem russischen Stadtkommandanten, Obrist Victor Anton Franz von Prendel, zu danken.

So wie der Befreiungskrieg Bestandteil der beginnenden bürgerlichen Umwälzung war, so bildete städtebaulich-architektonisch der Klassizismus den Übergang vom feudalen zum bürgerlichen Leipzig. Wenn auch die meisten der damals vor allem unter dem Einfluß Karl Friedrich Schinkels geschaffenen Bauten den Bombenhagel des Zweiten Weltkriegs nicht überdauerten, vermittelt doch heute noch der gegen Ende des 18. Jahrhunderts umgestaltete Innenraum der Nikolaikirche einen Eindruck von jener Stilrichtung.

Die Einwohnerzahl war bis zur Jahrhundertwende weitgehend unverändert geblieben. Reichlich zweiunddreißigtausend Menschen lebten hier, wo 1793 insgesamt tausenddreihundertvierzig Häuser standen; die damals vorgenommene durchgehende Numerierung der Grundstücke begann im Stadtinnern mit dem Eckhaus Petersstraße/Markt und erreichte ab Nummer siebenhundertzweiundsiebzig bei der Thomasmühle den Vorstadtbereich. Das äußere Bild hatte sich insbesondere durch die Beseitigung von Festungsanlagen einschließlich der Auffüllung des Wallgrabens gewandelt: Großzügige Park- und Grünflächen waren entstanden, ein englischer Garten mit ›Schneckenberg‹ und Schwanenteich sowie vor dem Peterstor die Esplanade (heute Wilhelm-Leuschner-Platz) mit denkmalgeschmückten Alleen und Promenaden.

Hier versammelte sich 1787 eine ungeheure Menschenmenge, hatte doch der französische Luftschiffer Nicolas François Blanchard, dem zwei Jahre zuvor die Überquerung des Ärmelkanals gelungen war, einen Ballonaufstieg angekündigt. Nach einstündigem Flug, in dessen Verlauf als zusätzliche Sensation der Fallschirmabsprung eines Hundes demonstriert wurde, ging der kühne ›Aeronaut‹ bei Großzschocher nieder, von wo aus ihn die jubelnden Zuschauer im Triumphzug in die Stadt zurückgeleiteten. Tags darauf startete das Luftgefährt erneut, diesmal nur mit zwei Vierbeinern besetzt, dafür aber in Höhen bis zu achttausend Metern vorstoßend. Rasch war die wasserstoffgefüllte Kugel den Blicken entschwunden, und man glaubte sie bereits verloren, als aus Delitzsch die Kunde von der glücklichen Landung kam. Gerät und Mannschaft waren unversehrt, auch wenn die Einwohner, begeistert vom Hauch des aufdämmernden technischen Zeitalters, die Gelegenheit und ihren Kirchturm genutzt hatten, um mit den fallschirmbewehrten Tieren fleißig zu trainieren!

Solche und andere Spektakel waren jedoch nicht an der Tagesordnung und zudem ein recht kostspieliges Vergnügen, denn für den ersten Platz mußten ein Taler, für den zweiten zwölf und für den Stehplatz vier Groschen entrichtet werden. Da war ein Ausflug mit Kind und Kegel ins schöne Rosental schon billiger, zumal sich der vordem verwilderte Wald, von dem noch Goethe klagte, daß dort ›zur besten Jahreszeit die Mücken keinen zarten Gedanken aufkommen ließen‹, in einen gepflegten Park verwandelt hatte. Während sich die Wohlhabenden in prächtigen Karossen auf ihre Landgüter und in ihre Lustgärten zurückzogen, strömte das luft- und sonnenhungrige Leipziger Volk zu Fuß oder Pferd – solche waren für einen Taler pro Tag zu mieten – oder mit ›Lohn-Chaisen‹ hinaus ins Grüne, abends aber eilends zurück in die Stadt, denn noch bis 1824 wurde nach Toresschluß der seit dem Mittelalter zu entrichtende Einlaßgroschen erhoben. Auch ging man ›in die Gose‹, auf Zechtour also vornehmlich nach Eutritzsch, wo am Markt die ›Gosenschänke‹ und die ›Kümmelapotheke‹ zu jenem süffigen Gebräu einluden, das aus langhalsigen grünen Flaschen in hohe Stengelgläser floß; es war ein helles, obergäriges Bier mit leicht salzigem Geschmack, benannt zwar nach einem Flüßchen im Harz, bald aber geradezu Nationalgetränk an der Pleiße.

In erstaunlichen Mengen strömte dieser Trunk nicht zuletzt durch die durstigen Kehlen der Studenten, die sich in neuem Typus präsentierten – Teil jenes Wandels im akademischen Leben, den die Durchsetzung der Ideen der bürgerlichen Aufklärung an der Universität bewirkt hatte. Aus dem ›Pennäler‹ war der ›Kavalier‹ geworden, aus dem Raufbold der elegante Stutzer, der nun, je nach finanzieller Ausstattung durch die Eltern, mit gepuderter Perücke, Seidenstrümpfen, Kleidern aus Samt und Atlas sowie friedlichem Degen daherkam. Leider übertrug sich dieser Glanz nicht auf den Lehrbetrieb, so daß trotz aller Veränderung die Leipziger Hochschule im Mittelmaß stagnierte.

Weitaus erfreulicher war da schon die kulturell-künstlerische Entwicklung der Stadt. Sie gründete sich auf das Bestreben der Handels- und Manufakturbourgeoisie, den gewachsenen Reichtum allseitig zu präsentieren und damit zugleich jenen Widerspruch zu kompensieren, der sich aus der wirtschaftlichen Macht einerseits, aus dem Unvermögen andererseits ergab, über das kommunale Regiment hinaus wesentlichen politischen Einfluß im sächsischen Territorialstaat zu erlangen. 1766 wurde das auf der einstigen Rannischen Bastei gebaute Theater eröffnet, ›eine Unternehmung einiger Privatpersonen‹, wie Goethe der Schwester schrieb. Sein Zeichenlehrer Adam Friedrich Oeser, Direktor der 1764 gegründeten Kunstakademie, hatte den Vorhang des Hauses ausgemalt und damit den Klassizismus in Leipzig Einzug halten lassen. Das Gebäude verfügte mit drei Rängen einschließlich mehrerer Logen über tausendeinhundertsechsundachtzig Plätze. Zunächst nur während der Messen gab es tägliche Vorstellungen, doch wurde diese Bühne dennoch zu einer wichtigen Pflegestätte des neuen bürgerlichen Dramas. 1777 ging hier erstmals Friedrich Maximilian Klingers Schauspiel ›Sturm und Drang‹ über die Bretter, das der literarischen Bewegung den Namen gab, und 1801 fand die Uraufführung der ›Jungfrau von Orleans‹ von Friedrich Schiller statt; dieser hatte 1785 für mehrere Monate am Ort geweilt und in der dörflichen Abgeschiedenheit des damaligen Gohlis am ›Don Carlos‹, am ›Fiesco‹ und an der ›Thalia‹ gearbeitet, auch die Erstfassung der Ode ›An die Freude‹ geschaffen, die Beethoven für den Schlußchor seiner IX. Sinfonie vertonte.

Das Musikleben der Stadt erreichte einen neuen Höhepunkt, als das nach dem Siebenjährigen Krieg von Johann Adam Hiller – Begründer des deutschen Singspiels – wiederbelebte Große Konzert 1781 in das eigens dafür umgestaltete Gewandhaus einzog, dessen Vorgängerbau schon 1341 als Domizil der Tuchmacher genannt worden war. Die hervorragende Akustik des ausschließlich mit Holz verkleideten Saales und die eigenwillige Sitzanordnung, bei der sich die damals zweihundertzwanzig Abonnenten in zwei Blöcken frontal gegenübersaßen, insbesondere aber die hohen künstlerischen Leistungen führten schon bald zum fast legendären Ruf dieser Einrichtung, die von einer Direktion aus Kaufleuten und Gelehrten geleitet wurde. Konzerte fanden anfangs nur donnerstags statt, hatten die Musiker doch auch im Theater und in der Kirche zu spielen. 1789 konnte das Publikum hier Wolfgang Amadeus Mozart begeistert feiern.

Beethovens Beziehungen zu Leipzig hingegen blieben darauf beschränkt, daß mit dem Musikverlag Breitkopf & Härtel einer seiner Förderer am Ort ansässig war. Zahlreiche weitere Verleger ließen sich zu dieser Zeit in der Buchstadt nieder, so Georg Joachim Göschen, Johann Ambrosius Barth, Friedrich Hofmeister, Benedictus Gotthelf Teubner, Friedrich Arnold Brockhaus und Anton Philipp Reclam. Sie alle halfen, die Regale der privaten und öffentlichen Bibliotheken zu füllen, deren bedeutendste die der Universität und des Rates waren. Auch gab es mehrere ›Lesemuseen‹, die für einen Groschen pro Band und Woche vor allem moderne deutsche, englische und französische Literatur ausliehen. Dagegen erschöpfte sich die Verbreitung von Werken der bildenden Kunst weiterhin in der gelegentlichen Öffnung der kostbaren Gemälde- und Raritätensammlungen des Großbürgertums.

Der Buchdruck war das wichtigste der hundertfünfzig verschiedenen Gewerbe, die um 1800 in Leipzig gezählt wurden. Folgerichtig begann sich die industrielle Revolution zuerst in diesem Wirtschaftszweig zu entfalten. Den Anfang machte die Schnellpresse, die 1826 bei Brockhaus aufgestellt wurde; bereits drei Jahre danach war dieses Druck- und Verlagshaus das größte in Deutschland.

Mit gemischten Gefühlen beobachteten die um Lohn und Brot bangenden hundertachtzig Beschäftigten des Unternehmens die fortschreitende Technisierung, und als im September 1830 die allgemeine Gärung im Volk unter dem Einfluß der französischen Julirevolution in den offenen Aufstand überging, kam es hier auch zum Versuch einer Maschinenstürmerei. Den gegen physische Ausbeutung und die überlebte feudalabsolutistische Herrschaft im Land und in der Stadt gerichteten Aktionen insbesondere der Manufaktur- und Fabrikarbeiter, Handwerksgesellen und Lehrlinge standen Polizei und Militär machtlos gegenüber. Das Großbürgertum antwortete mit der Aufstellung der durch ein Studentenkorps verstärkten Kommunalgarde, der patrizische Rat rief königliche Truppen zu Hilfe. Da dennoch die revolutionäre Bewegung auf ganz Sachsen überzugreifen drohte, sah sich der Dresdner Hof zu einigen Zugeständnissen vor allem an das Leipziger liberale Bürgertum gezwungen.

So konstituierte sich noch Ende Oktober 1830 am Ort die im Territorialstaat erste ›Kommunrepräsentation‹, eine aus sechzig Mitgliedern bestehende Stadtverordnetenversammlung, die dem bisher alleinregierenden, zu keiner Rechenschaftslegung verpflichteten Rat demokratisierend an die Seite gestellt wurde. Zwar blieben die besitzlosen Schichten auch weiterhin ohne offizielle Interessenvertretung, denn nur jeder zwanzigste Einwohner konnte das für die Ausübung des Wahlrechts vorgeschriebene Vermögen nachweisen, doch bewirkte der Beginn ihres selbständigen politischen Auftretens, daß das Leipziger Bürgertum zumindest kommunal wichtige Machtpositionen übernehmen konnte.

Wiedereröffnung des Großen Konzerts. 29. September 1763 [...] ist [nach der Zwangspause während des Siebenjährigen Krieges] die Wiedereröffnung des Großen Konzerts in den ›Drei Schwanen‹ im Brühl unter bestehender Cantata vor sich [ge]gangen, wobei viele Grafen, Edelleute und Kaufleute in starker Versammlung solches mit der größten Aufmerksamkeit anhörten.

Stadtarchiv Leipzig: Riemer-Chronik. S. 1586

Aufruhr der Schneidergesellen. 18. Oktober 1763 [...] erregten die Schneidergesellen einen Aufruhr, indem sie, nachdem ihnen von einigen Meistern angemutet, mit gehöriger Hauskost und nicht mit Kostgeld, die währenden [Siebenjährigen] Krieges gehalten worden, vorliebnehmen sollten, worauf beinahe 200 Gesellen in die Gefangenschaft sowohl aufs Rathaus als auch ins Zuchthaus geworfen und den 22. aber wieder losgelassen wurden.

Stadtarchiv Leipzig: Riemer-Chronik. S. 1589

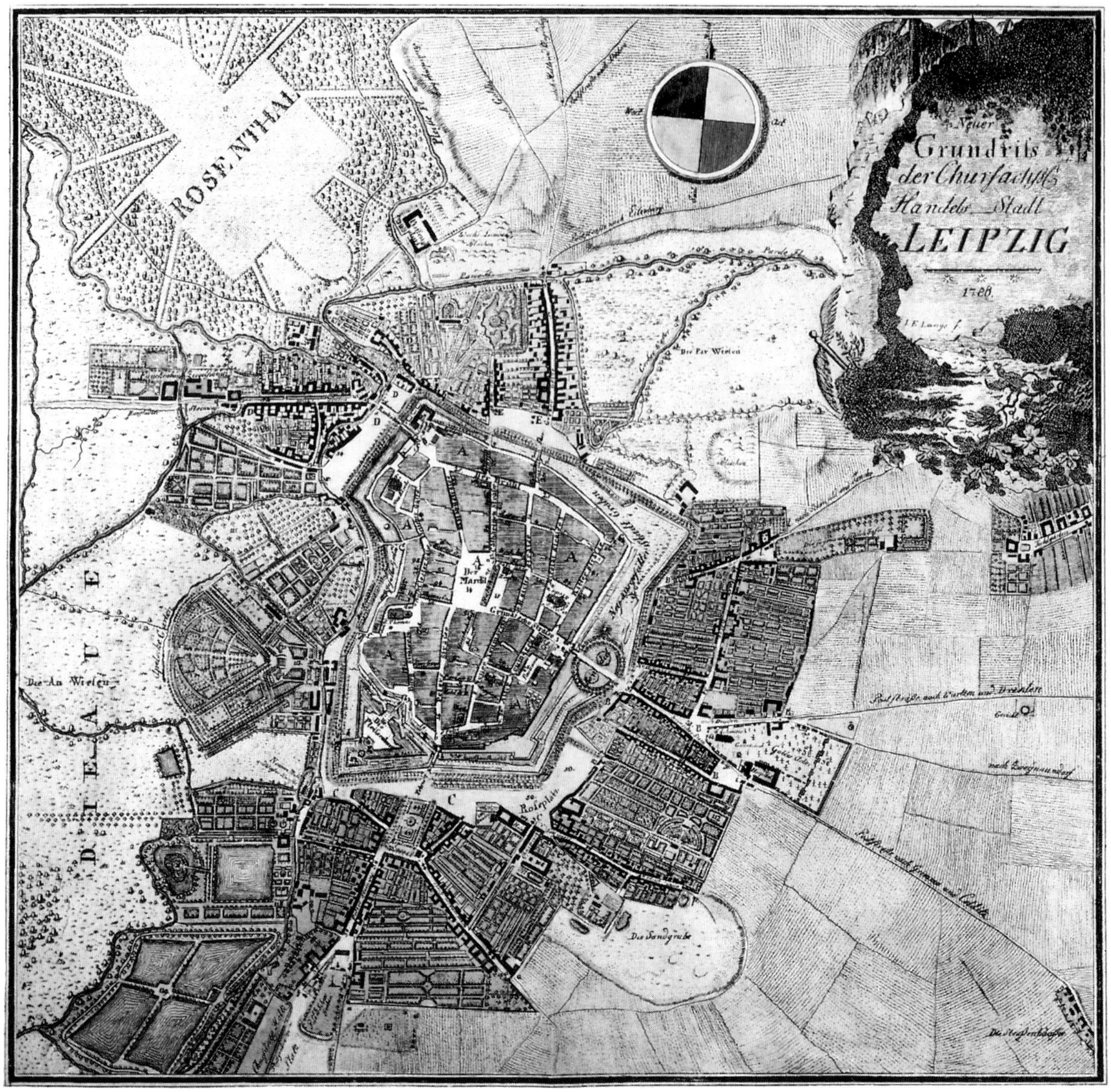

255 Grundriß von Leipzig. Kolorierter Kupferstich (Ausschnitt). 1788

256 Stadtansicht. Kupferstich. 1798

Im Schlamm erstickt. 2. Dezember 1763 [...] ist zur Nacht der Wirt zur ›Laute‹ am Rannischen Tor auf dem Steinweg, Joh. Gottfr. Ernst, [...] mit seiner Frau gekommen und in der kleinern Pleißenburg hinter der Nonnenmühle, allwo ihn die Frau verlassen und nach Hause gegangen, Branntwein getrunken, sich aber durch eine Magd bis bald an die scharfe Ecke des Schlosses leuchten lassen und dieselbe wieder nach Hause geschickt; er hat aber an nun gedachter scharfer Ecke, als der Wind sehr stark gegangen, das Unglück gehabt, in den Schloßgraben zu stürzen und im Schlamm zu ersticken, so den 4. [Dezember] um 2 Uhr, indem man ihn nicht eher gefunden, gerichtlich ausgehoben worden, im 35. Jahr seines Alters.

Stadtarchiv Leipzig: Riemer-Chronik. S. 1604

Preise. 1763

Taxe der Viktualien und täglichen Bedürfnisse

A. Ein Auerhahn	2 thr. [Taler]
Eine Auerhenne	1 thr. 12 gr. [Groschen]
B. Gutes Provencer Baumöl, das Pfund	6 bis 7 gr.
Besen, das Stück	6 bis 8 pf. [Pfennige]
Bier, Wurzner, 1 Kanne	8 bis 10 pf.
Bier, Eilenburger, 1 Kanne	8 bis 10 pf.
„ Merseburger, 1 Kanne	10 bis 12 pf.
Ein Birkhahn	1 thr. 12 bis 16 gr.
Eine Birkhenne	1 thr. 4 gr.
Kornbranntwein, 1 Kanne	4 bis 6 gr.
Butter, die Kanne	8 gr.
C. Gute Citronen, das Stück	1 gr. 6 pf. bis 2 gr.
Mittlere Citronen	8 pf. bis 1 gr.
D. Ein Druthahn	2 rth. [Reichstaler]
Eine Druthenne	1 thr. bis 1 thr. 8 gr.
E. Eine zahme Ente	6 bis 7 gr.
Eine wilde Ente	8 bis 10 gr.
Essig, 1 Kanne	6 bis 7 pf.
Das Schock Eier	8 bis 10 gr.
F. Ein böhmischer Fasan	1 thr. 8 gr.
Ein inländischer Fasan	18 gr.
Eine böhmische Fasanhenne	1 thr.
Eine hiesige Fasanhenne	14 bis 16 gr.
Geräuchert Fleisch, das Pfund	3 bis 4 gr.
Fische, und zwar:	
Ein Aal, das Pfund nicht höher als	6 bis 8 gr.
Forellen, das Stück große	8 gr.
mittlere	6 gr.
kleinere	4 gr.
Hechte, das Pfund	5 bis 6 gr.
Karauschen, das Pfund	2 gr. 6 pf. bis 3 gr.
Karpfen, das Pfund	2 gr. 6 pf. bis 3 gr.
Schmerlen, 1 Kanne	10 bis 14 gr.
Heringe, das Stück	6 bis 9 pf.
Fleisch, und zwar:	
Rindfleisch	21 pf. bis 2 gr.
Schöpsenfleisch [Hammelfleisch]	2 gr. 6 pf. bis 3 gr.
Kalbfleisch	20 pf. bis 2 gr.
Schweinefleisch	2 gr. bis 2 gr. 6 pf.
Ein Lamm	1 thr. 16 gr. bis 2 thr.
G. Eine Gans	12 bis 16 gr.
Getreide, als	
1 Scheffel Weizen	3 thr. 12 gr. bis 4 thr.
1 Scheffel Korn [Roggen]	3 thr. bis 3 thr. 12 gr.
„ „ Gerste	2 thr. bis 2 rth. 8 gr.
„ „ Hafer	1 thr. 18 gr. bis 2 thr.
„ „ Erbsen	3 thr. 20 gr. bis 4 thr.
„ „ Linsen	3 thr. 20 gr. bis 4 thr.
„ „ Graupen	3 thr.
Hirse, die Kanne	1 gr.
H. Ein Haushahn	8 gr.
Ein Brathahn	6 gr.
Eine alte Henne	6 bis 8 gr.
Ein Kapphahn [Kapaun]	16 bis 18 gr.
Ein Hase	10 bis 12 gr.
Ein Hirsch-Rücken	3 thr. 12 bis 18 gr.
Keule	1 thr. 6 bis 8 gr.
Holz, als	
Birkenholz, die Cltr. [Klafter]	5 rth.
Buchenholz	5 rth. 12 gr.
Oberländisches Holz	4 thr. 12 bis 16 gr.
Kiefernes Holz	3 thr. bis 3 thr. 12 gr.
Eichenes Holz	3 thr. 16 gr. bis 4 thr.
K. Krebse	
a) große, das Schock	16 gr.
b) mittlere	12 gr.
c) kleine	6 gr.
Krammetsvögel, das St[ück]	1 gr. 6 pf. bis 2 gr.
Kuhkäse, das Stück	4 pf.
L. Lichte, als:	
Gegossene, das Pfund	4 gr.
Gezogene, das Pfund	3 gr. bis 3 gr. 3 pf.
M. Milch, die Kanne	6 pf.
Sahne, die Kanne	2 gr.
R. Rebhuhn, das Stück	3 bis 4 gr.
Ein Reh	3 thr. 8 bis 12 gr.
Ein Reh-Rücken	1 thr. 4 bis 8 gr.
Eine Reh-Keule	16 bis 20 gr.
Ein Buch [Blättermagen]	5 bis 6 gr.
Rüböl, die Kanne	4 gr.
S. Eine Schneppe [Schnepfe]	10 bis 12 gr.
Schnecken, das Schock	3 bis 4 gr.
Schweinwild-Rücken	2 thr. bis 2 thr. 12 gr.
Keule	1 thr.
Kopf	1 thr. 8 bis 12 gr.
Stärke, der Zentner	4 bis 5 thr.
Seife, der Zentner	11 thr.
Speck, das Pfund	4 bis 5 gr.
T. Ein Paar Tauben	1 gr. 6 pf. bis 2 gr.

Brot und Semmel [...] sollen künftig die Semmeln wieder um 3, auch 5 pf. gebacken werden.

Stadtarchiv Leipzig: Riemer-Chronik. S. 1561 o–q

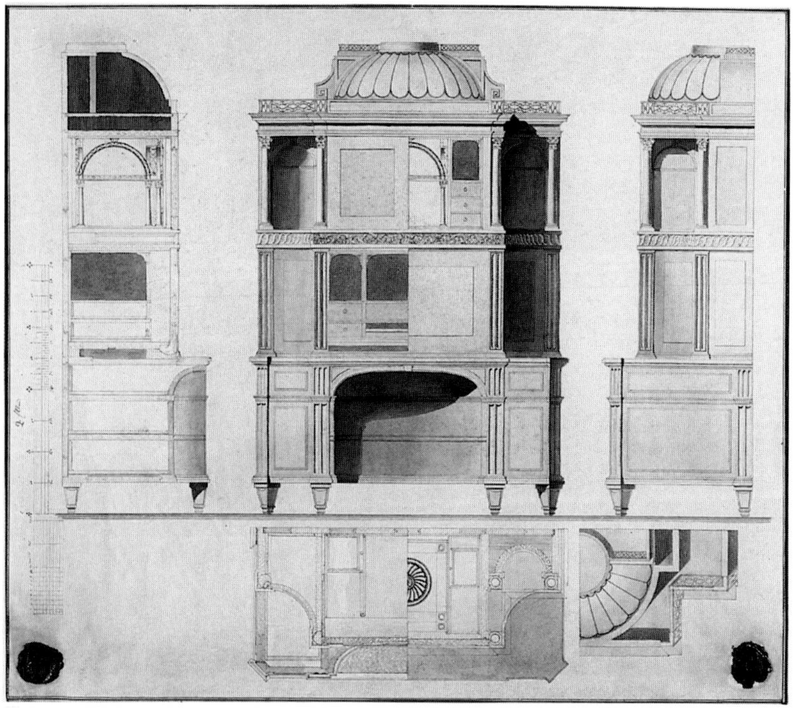

257 Schreibschrank. Meisterzeichnung.
Letztes Drittel des 18. Jahrhunderts

258 Urkunde der Lohgerber, Lederbereiter und Zurichter mit Stadtpanorama. Kupferstich. 1765

Löhne. 1763

Taxe der Mäurer, Zimmerleute, Mietkutscher, Pferdeverleiher, Holzhacker, Tagelöhner, Handlanger und dergleichen

Die Holzhacker bekommen	
a) Vor eine Klafter hartes Holz einmal zu schneiden	5 gr. [Groschen]
b) Dergleichen zweimal zu schneiden	9 gr.
c) Weiches Holz, die Cltr. [Klafter] einmal zu schneiden	4 gr.
d) Dergleichen zweimal	7 gr.
e) Das Holz 1 bis 2 Treppen zu tragen, 1 Cltr.	3 gr.
f) Dergleichen 3 und 4 Treppen, 1 Cltr.	4 gr.
Handlanger im Sommer täglich	4 gr.
Im Winter täglich	3 gr.
K. Mietkutscher bekommen	
a) In der Stadt herumzufahren, vor einen Tag	1 thr. [Taler] 8 gr. bis 1 thr. 12 gr.
b) Auf das Land zu fahren, unter 1 Meile	1 thr.
Und vor jede Meile	1 thr. 8 gr.
M. Mäurer im Sommer täglich	8 gr.
Im Winter	6 gr.
N. Eine Nätherin täglich ohne Kost	4 gr.
P. Eine Person, die plättet, täglich außer der Kost	6 gr.
T. Tagelöhner und dergleichen Leute	
a) Im Sommer vor einen Tag zu arbeiten	4 gr.
b) Im Winter	3 gr.
c) Mit der Trage oder Schiebebock etwas fortzuschaffen, von 1 Zentner	1 gr. bis 1 gr. 6 pf. [Pfennige]
W. Eine Wäscherin und dergl[eichen] überhaupt exkl[usive] der Kost	16 gr.
Z. Zimmerleute im Sommer täglich	8 gr.
Im Winter täglich	6 gr.

Stadtarchiv Leipzig: Riemer-Chronik. S. 1561 q

Neue Musikinstrumente. 28. Januar 1764
Avertissement [Ankündigung]. Die Gebrüder Colla aus Brescia, Virtuosen in der Musik, welche die Ehre gehabt haben, sich an den vornehmsten Höfen in Europa hören zu lassen und sich jetzt auf der Durchreise durch diese Stadt befinden, werden die Ehre haben, zum letztenmal Konzert nächstkünftigen Montag [...] auf dem Musiksaal in den ›Drei Schwanen‹ zu geben; wobei sie sich auf zwei neuerfundenen [Saiten-]Instrumenten, Calascioncino und Calascione genannt, mit Konzerten und Sonaten werden hören lassen [...] Jedes Billett wird mit 1 Rtl. [Reichstaler] bezahlt. Der Anfang des Konzerts ist um 6 Uhr.

Stadtarchiv Leipzig: Riemer-Chronik. S. 1619a

Verwahrloste Schuljugend. 10. Mai 1764 [...] der erste Vorschlag zur Verbesserung der Schulen ist dieser: Daß die Eltern mit Nachdruck angehalten werden, ihre Kinder entweder fleißig zur Schule oder zu Hause zur Arbeit zu halten, damit dieselben nicht beständig auf der Straße liegen und allerlei Bosheit verüben, wodurch hiernach die Republik [das Gemeinwesen] mit unnüt-

259 Schrein der Böttchergesellen (Innungssymbol). Eisen, farbig bemalt. 1777

zen Müßiggängern und lüderlichem Gesindel angefüllt wird. Ihnen nur einen Begriff unserer Jugend vor dem Tor zu machen, so kann es genug sein, wenn ich sage: Die Gassenjungs 1. schreien und lärmen auf der Gasse, auch ungescheut vor meiner Pfarrwohnung, daß einem die Ohren davon gellen möchten. 2. Sie hängen ehrlichen Leuten allerlei Schandflekken und Schimpfnamen an, 3. sie werfen die Leute, die sie bestrafen wollen, mit Kot und Steinen, 4. sie stehlen und mausen Holz von den Universitätsdeputaten ungescheut, als ob sie Recht dazu hätten, 5. sie zerlästern die kostbarsten Monumenta auf dem Gottesacker, 6. sie werfen die Kirchenfenster ein [...]

Conrad Ferdinand Eduard Mangner: a. a. O. S. 84

Verordnung des Oberpostamtes über Trinkgelder. 3. Juli 1764 Auf vorgekommene Beschwerden, daß den mit Extra- und ordinären Posten Reisenden von den Postillionen hiesiger Lande mehr Trink- und Schmiergeld als billig und gewöhnlich abgefordert und denselben bei diesfalliger Verweigerung öfters sehr unhöflich begegnet werden wolle, wird hiermit verordnet, daß die Postillione sowohl als andere, welche von den Postmeistern und Posthaltern, in Mangel eigener Postpferde, extra Posten zu fahren überlassen werden, von einer Station zur andern, sie sei 2, 3 oder 4 Meilen, auch 3 oder 4 Pferde angespannt, [nicht] mehr als 8 gr. [Groschen] und bei einer 6spännigen ein jeder Postillion 8 gr., bei den ordinären Posten aber von den Passagieren, so keine Bagage bei sich führen, 1 gr., und wenn sie dergleichen haben, in Ansehung des Auf- und Abpackens, auch Anbindens, 2 gr. Trinkgeld fordern und resp[ektive] erhalten, solches auch mit geziemendem Dank annehmen und durchaus keinerlei Vorwand, am allerwenigsten aber mit Unhöflichkeit und Grobheit, etwas mehrers begehren; widrigenfalls aber einen jeden von den Passagieren wider ihren guten Willen erpreßten Groschen mit 8 gr. Strafe und noch über dieses, nach Beschaffenheit des Exzesses, mit Gefängnis verbüßen sollen [...] Wobei sämtliche Postmeister und Posthalter bedeutet werden, dieses alles ihren Postillionen wohl einzuschärfen [...]

Stadtarchiv Leipzig: Riemer-Chronik. S. 1659 f.

260 Bodenstanduhr. Nußbaumfurniertes Gehäuse mit Bronzebeschlägen, gefertigt von David Roentgen; Uhrwerk von Peter IV. Kinzing. Um 1785/90

Kunstvolle Taschenuhr. November 1764 [...] hat der hiesige Hofuhrmacher Johann Gottfried Bauer in der Hallischen Gasse eine sehr kostbare neuerfundene und auf das allersubtilste ausgearbeitete goldene Taschenuhr, so sehr zart und klein, Ihro Königl[ichen] Hoheiten in Dresden einzureichen die Gnade gehabt, welche weder in England und Frankreich gesehen worden. Sie zeigte Minuten, Sekunden, Stunden und Monatstage und bestand aus zwei Federn und zwei Ketten. Dieses seltne Kunststück hat den höchsten Herrschaften zu sonderbarem Vergnügen gereicht. Vor dem [Siebenjährigen] Krieg hat dieser große Künstler sich durch eine astronomische Wanduhr bekannt gemacht, welche, wenn sie einmal aufgezogen, ein ganzes Jahr lang nacheinander ordentl[ich] und richtig fortgegangen und von vielen Hohen und Niedern bewundert worden.

Stadtarchiv Leipzig: Riemer-Chronik. S. 1671f.

Harte Strafen. 1764 [...] ist allhier zu Leipzig der berühmte Bankrotteur und Branntweinschenk Christoph Friedrich Dietze auf ausdrücklichen kurfürstlichen Befehl zwei Stunden in einem gelben Hut ans Halseisen gestellt und nachgehend sechs Jahre auf den Bau nach Dresden geschafft und eingeschmiedet worden. Muß als zur Strafe annoch bei der Arbeit daselbst 20 Pfund Eisen tragen. Der Bankrott soll sich auf 20000 Taler belaufen haben [...]

[...] ist eine Mörderin, Maria Dorothea Rölckin, 25 Jahre alt, so ein unschuldiges Kind den 28. Febr[uar] dieses Jahres vorsätzlicherweise mit einem Messer die Kehle mit 2 Schnitten abgeschnitten, auf der Kuhhaut hinausgeschleift, mit dem Schwert gerichtet und nachgehends aufs Rad geflochten worden.

Stadtarchiv Leipzig: Riemer-Chronik. S. 1661f., S. 1671

Landesherrliche Personensteuer. 9. Januar 1765
[...] dieserwegen

1. hinfüro, bei Vernehmung der Kaufmannschaft in Leipzig, folgendem Regulativ auf das genaueste nachgegangen und nach obrigkeitlichem pflichtgemäßen Ermessen an Personensteuer jährlich von einem Kramer, der keinen Diener und Markthelfer hält, zwei bis fünf Taler, von einem dergleichen, welcher nur einen Diener oder Markthelfer hat, sechs bis zehn Taler, von einem Kauf- und Handelsmann mit zwei Handelsdienern oder Markthelfern elf bis fünfzehn Taler, von einem dergleichen mit drei Handelsdienern oder Markthelfern sechzehn bis zwanzig Taler, von einem Bankier oder Kaufmann mit vier Handelsdienern oder Markthelfern oder mit einem Buchhalter und drei andern Handelsoffizianten [Handelsangestellten] einundzwanzig bis dreißig Taler und von einem dergleichen mit fünf oder mehr Handelsoffizianten einunddreißig bis vierzig Taler eingebracht;

2. diejenigen Handlungen, deren Prinzipale außer Landes wohnhaft, dafern sie nur in den Leipziger Messen getrieben werden, außer denselben aber geschlossen sind, zwar in diesem Falle von der Personensteuerabgabe eximiert [befreit] sein, hingegen aber, da solche, deren Prinzipale Abwesenheit ungeachtet, auch außer den Messen durch Verkauf der Waren oder Wechsel-Negotia [Wechsel-Geschäfte] oder Kommissionen und Speditionen fortgeführt und von gewissen dazu bestellten Handelsoffizianten administriert würden, selbige der Billigkeit gemäß nach obigem, sub [unter] 1. vorgeschriebenen Regulativ gleich andern Handlungen in Leipzig bei der Personensteuer zur Mitleidenheit gezogen, dieser proportionierte Beitrag auch

3. von den unter dem Namen hinterlassener Witwen und unmündiger Kinder geführten Handlungen eingebracht, sowohl

4. diejenigen Schneidermeister in Leipzig, welche nur einen Gesellen oder Lehrling fördern, einen Taler, die, so zwei Gesellen in Arbeit haben, drei Taler jährlich zur Personensteuer entrichten, daneben

5. was das Gesinde anlange, nicht, wie bis anhero geschehen, die meisten von den adligen wie auch bürgerlichen angesehenen Familien in ihren Lieferscheinen nur Haus-, Küchen-, Lauf- und Kindermägde als die geringsten Sätze zur Einrechnung bringen und die Qualität der sich in ihren Diensten befindenden Köchinnen, Jungmägde und Kinderweiber oder sogenannten Kindermuhmen nicht verschweigen, vielmehr die Dienstherrschaften bei der Einrechnung ihrer Domestikenpersonensteuer dem Ausschreiben ein völliges Genüge leisten, bei Veroffenbarung eines dabei begangenen Unterschleifs aber ohne Ansehen der Person mit doppeltem Ersatz bestraft werden, nicht weniger

6. die Dienstherrschaften das von ihren Domestiken terminlich zu prästierende [leistende] Personensteuerkontingent von derselben Dienstlohn sogleich abziehen, unterbleibendenfalls aber den Ersatz aus ihren eigenen Mitteln bewirken, und

7. die Stadtsoldaten wegen ihrer Nebenbewerbe, der ausdrücklichen Verordnung des Ausschreibens gemäß, zur Personenversteuerung gezogen und diesfalls unter keinerlei Vorwand mit dieser allgemeinen Abgabe verschont werden sollen.

[...]

Stadtarchiv Leipzig: Titel LX B, Nr. 6, Bl. 28

261 Taschenuhrständer. Eisenkunstguß. Um 1835

262 Jahresuhr. Messing mit Glassturz. Nach 1800

Hochzeitstanne. 21. Februar 1765 Eben an diesem Tag ward einem neuen Brautpaar [...], so am 19. kopuliert worden, von einer ganzen Dorfschaft [...] eine mit vielen Bändern und andern Sachen angeputzte Tanne mit Vorhergehen der Dorfmusikanten überbracht worden; der Marsch war in folgender Ordnung: 1. kamen die Musikanten, dann die Tanne, welche von 4 Bauerburschen in einem Kasten getragen worden, dann der Richter mit dem Hochzeitsgeschenk, drauf folgten die sämtl[ichen] Bauerburschen und Mägdgens, so nach ihrer Art eingebunden [gekleidet] waren [...]

Stadtarchiv Leipzig: Riemer-Chronik. S. 1691

Feuerwerk. 30. April 1765 An diesem Tag abends um 9 Uhr ward ein schönes Feuerwerk in Großboses Garten vor dem Grimmischen Tor von einem italienischen Feuerwerker mit großer Admiration [Bewunderung] abgebrannt.

Stadtarchiv Leipzig: Riemer-Chronik. S. 1700

Physikalische Experimente. 3. Mai 1765 [...] zeigte S[eine]r Kurfürstl[ichen] Durchl[aucht] der hochberühmte und hochgelahrte Prof. physices H[er]r Johann Heinrich Winckler seine Experimenta und seine Versuche auf der Antlia pneumatica [Luftpumpe] wie auch der Elektrizität im Hohenthalschen Garten vor dem Hallischen Pförtgen, worunter bei der Elektrizität die Nachahmung des Blitzes und Donners durch sonderbare Strahlen und Schläge zu bemerken war. Und war dabei am schönsten zu sehen, daß eine Luftkugel [luftleer gepumpte Kugelhälften] von 6 Pferden nicht konnte zerrissen werden.

Stadtarchiv Leipzig: Riemer-Chronik. S. 1701

Neues Collegium musicum. 18. September 1765 [...] ist ein neues Collegium musicum, das Universitätskonzert genannt, in dem Kramerhaus auf dem Neuen Neumarkt zum ersten Mal probiert worden, dessen ordentl[icher] Anfang und Eröff-

263 Auerbachs Hof zur Leipziger Messe. Kupferstich von Johann August Rosmaesler. 1778

nung den 2. Oktob[e]r und die Fortsetzung dieses Winterquartal hindurch wöchentlich einmal, und zwar mittwochs abends, geschehen soll, wovor [wofür] ein jedes Mitglied 6 rt. [Reichstaler] 8 gr. [Groschen] gleich vorauszubezahlen hatte.

Stadtarchiv Leipzig: Riemer-Chronik. S. 1720

Johann Wolfgang Goethe über seine ersten Leipziger Eindrücke. Oktober 1765 Als ich in Leipzig ankam [3. 10.], war es gerade Meßzeit [Herbstmesse], woraus mir ein besonderes Vergnügen entsprang [...] Ich durchstrich den Markt und die Buden mit vielem Anteil; besonders aber zogen meine Aufmerksamkeit an sich, in ihren seltsamen Kleidern, jene Bewohner der östlichen Gegenden, die Polen und Russen, vor allem aber die Griechen, deren ansehnlichen Gestalten und würdigen Kleidungen ich gar oft zu Gefallen ging.

Diese lebhafte Bewegung war jedoch bald vorüber, und nun trat mir die Stadt selbst mit ihren schönen, hohen und untereinander gleichen Gebäuden entgegen. Sie machte einen sehr guten Eindruck auf mich, und es ist nicht zu leugnen, daß sie überhaupt, besonders aber in stillen Momenten der Sonn- und Feiertage, etwas Imposantes hat, so wie denn auch im Mondschein die Straßen, halb beschattet, halb beleuchtet, mich oft zu nächtlichen Promenaden einluden [...]

Leipzig ruft dem Beschauer keine altertümliche Zeit zurück; es ist eine neue, kurz vergangene, von Handelstätigkeit, Wohlhabenheit, Reichtum zeugende Epoche, die sich uns in diesen Denkmalen ankündet. Jedoch ganz nach meinem Sinn waren die mir ungeheuer scheinenden Gebäude, die, nach zwei Straßen ihr Gesicht wendend, in großen, himmelhoch umbauten Hofräumen eine bürgerliche Welt umfassend, großen Burgen, ja Halbstädten ähnlich sind.

In einem dieser seltsamen Räume quartierte ich mich ein, und zwar in der ›Feuerkugel‹ [Neumarkt 3 gegenüber dem heutigen Zentral-Messepalast; im zweiten Weltkrieg zerbombt] zwischen dem Alten und Neuen Neumarkt. Ein paar artige Zimmer, die in den Hof sahen, der wegen des Durchgangs nicht unbelebt war, bewohnte der Buchhändler Fleischer während der Messe und ich für die übrige Zeit um einen leidlichen Preis. Als Stubennachbar fand ich einen Theologen, der in seinem Fach gründlich unterrichtet, wohldenkend, aber arm war und, was ihm große Sorge für die Zukunft machte, sehr an den Augen litt. Er hatte sich dieses Übel durch übermäßiges Lesen bis in die tiefste Dämmerung, ja sogar, um das wenige Öl zu ersparen, bei Mondschein, zugezogen. Unsere alte Wirtin erzeigte sich wohltätig gegen ihn, gegen mich jederzeit freundlich und gegen beide sorgsam.

Johann Wolfgang Goethe: Aus meinem Leben. Dichtung und Wahrheit. In: Werke, 27. Bd. Weimar 1889. S. 48f.

Theaterneubau. November 1765 Zu Anfang dieses Monats wurde die Rannische Bastei zu einem neuen Konzertsaal und Opernhaus abgetragen und zu bauen angefangen, desgleichen ist das Schießhaus am Rannischen Tor im Zwinger gleichfalls abgetragen worden.

Stadtarchiv Leipzig: Riemer-Chronik. S. 1726

264 Johann Adam Kern: Johann Wolfgang Goethe. Öl auf Leinwand. 1765

265 Wohnhaus mit Gasthof ›Zur großen Feuerkugel‹ am Neumarkt, Goethes Quartier. Kupferstich. Um 1717

266 Christian Fürchtegott Gellert. Wachsbossierung von Leisser. Um 1775

267 Anton Graff: Der Leipziger Schriftsteller Christian Felix Weiße. Öl auf Leinwand. 1769

Johann Wolfgang Goethe über seine Leipziger Studentenzeit. 1765/68

Die Verehrung und Liebe, welche Gellert von allen jungen Leuten genoß, war außerordentlich. Ich hatte ihn schon besucht und war freundlich von ihm aufgenommen worden [...] Es kostete einige Mühe, zu ihm zu gelangen. Seine zwei Famuli [Helfer] schienen Priester, die ein Heiligtum bewahren [...]

Meine Collegia besuchte ich anfangs emsig und treulich; die Philosophie wollte mich jedoch keineswegs aufklären. In der Logik kam es mir wunderlich vor, daß ich diejenigen Geistesoperationen, die ich von Jugend auf mit der größten Bequemlichkeit verrichtete, so auseinanderzerren, vereinzelen und gleichsam zerstören sollte, um den rechten Gebrauch derselben einzusehen. Von dem Dinge, von der Welt, von Gott glaubte ich ungefähr soviel zu wissen als der Lehrer selbst, und es schien mir an mehr als einer Stelle gewaltig zu hapern. Doch ging alles noch in ziemlicher Folge bis gegen Fastnacht, wo in der Nähe des Professors Winckler auf dem Thomasplan, gerade um die Stunde, die köstlichsten Kräpfel heiß aus der Pfanne kamen, welche uns denn dergestalt verspäteten, daß unsere Hefte locker wurden und das Ende derselben gegen das Frühjahr mit dem Schnee zugleich verschmolz und sich verlor. Mit den juristischen Kollegien ward es bald ebensoschlimm, denn ich wußte gerade schon soviel, als uns der Lehrer zu überliefern für gut fand [...]

Wie ich nun auf diesem Wege viel mehreres kennen als zurechte legen lernte, wodurch sich ein immer wachsendes Mißbehagen in mir hervordrang, so hatte ich auch vom Leben manche kleine Unannehmlichkeit; wie man denn, wenn man den Ort verändert und in neue Verhältnisse tritt, immer Einstand geben muß. Das erste, was die Frauen an mir tadelten, bezog sich auf die Kleidung; denn ich war vom Hause freilich etwas wunderlich equipiert [ausgestattet] auf die Akademie gelangt [...] Als [...] Herr von Masuren, der so beliebte poetische Dorfjunker, einst auf dem Theater in einer ähnlichen Kleidung auftrat und mehr wegen seiner äußeren als inneren Abgeschmacktheit herzlich belacht wurde, faßte ich Mut und wagte, meine sämtliche Garderobe gegen eine neumodische, dem Ort gemäße, auf einmal umzutauschen, wodurch sie aber freilich sehr zusammenschrumpfte.

Nach dieser überstandenen Prüfung sollte abermals eine neue eintreten, welche mir weit unangenehmer auffiel, weil sie eine Sache betraf, die man nicht so leicht ablegt und umtauscht. Ich war nämlich in dem oberdeutschen Dialekt geboren und erzogen [...] Mit welchem Eigensinn aber die meißnische Mundart die übrigen zu beherrschen, ja eine Zeitlang auszuschließen gewußt hat, ist jedermann bekannt [...]

Jede der deutschen Akademien hat eine besondere Gestalt [...] In Jena und Halle war die Roheit aufs höchste gestiegen [...] Dagegen konnte in Leipzig ein Student kaum anders als galant sein, sobald er mit reichen, wohl und genau gesitteten Einwohnern in einigem Bezug stehen wollte [...] Ein einziger unserer akademischer Mitbürger hielt sich für reich und unabhängig genug, der öffentlichen Meinung ein Schnippchen zu schlagen. Er trank Schwägerschaft mit allen Lohnkutschern, die er, als wären's die Herren, sich in die Wagen setzen ließ und selbst vom Bocke fuhr, sie einmal umzuwerfen für einen guten Spaß hielt, die zerbrochenen Halbchaisen sowie die zufälligen Beulen zu vergüten wußte, übrigens aber niemanden beleidigte, sondern nur das Publikum in Masse zu verhöhnen schien. Einst bemächtigte er und ein Spießgesell sich am schönsten Promenadentag der Esel des Thomasmüllers; sie ritten wohlgekleidet, in Schuhen und Strümpfen, mit dem größten Ernst um die Stadt, angestaunt von allen Spaziergängern [...] Als ihm einige Wohldenkende hierüber Vorstellungen taten, versicherte er ganz unbefangen, er habe nur sehen wollen, wie sich der Herr Christus in einem ähnlichen Fall möchte ausgenommen haben. Nachahmer fand er jedoch keinen und wenig Gesellen.

Denn der Studierende von einigem Vermögen und Ansehen hatte alle Ursache, sich gegen den Handelsstand ergeben zu erweisen und sich um so mehr schicklicher äußerer Formen zu befleißigen, als die Kolonie ein Musterbild französischer Sitten darstellte. Die Professoren, wohlhabend durch eignes Vermögen und gute Pfründen, waren von ihren Schülern nicht abhängig, und der Landeskinder mehrere, auf den Fürstenschulen oder sonstigen Gymnasien gebildet und Beförderung hoffend, wagten es nicht, sich von der herkömmlichen Sitte loszusagen. Die Nähe von Dresden, die Aufmerksamkeit von daher, die wahre Frömmigkeit der Oberaufseher des Studienwesens konnte nicht ohne sittlichen, ja religiösen Einfluß bleiben.

Mir war diese Lebensart im Anfang nicht zuwider; meine Empfehlungsbriefe hatten mich in gute Häuser eingeführt, deren verwandte Zirkel mich gleichfalls wohl aufnahmen. Da ich aber bald empfinden mußte, daß die Gesellschaft gar manches an mir auszusetzen hatte und ich, nachdem ich mich ihrem Sinne gemäß gekleidet, ihr nun auch nach dem Munde reden sollte und dabei doch deutlich sehen konnte, daß mir dagegen von alledem wenig geleistet wurde, was ich mir von Unterricht und Sinnesförderung bei meinem akademischen Aufenthalt versprochen hatte, so fing ich an, lässig zu werden und die geselligen Pflichten der Besuche und sonstigen Attentionen [Aufmerksamkeiten] zu versäumen [...]

Unsern Besuch bei Gottsched darf ich nicht übergehen, indem die Sinnes- und Sittenweisen dieses Mannes daran hervortritt [...] Wir traten hinein zu einer sonderbaren Szene: Denn in diesem Augenblick trat Gottsched, der große, breite, riesenhafte Mann, in einem gründamastnen, mit rotem Taft gefütterten Schlafrock zur entgegengesetzten Tür herein; aber sein ungeheures Haupt war kahl und ohne Bedeckung. Dafür sollte jedoch gleich gesorgt sein: Denn der Bediente sprang mit einer großen Allongeperücke auf der Hand (die Locken fielen bis an den Ellenbogen) zu einer Seitentür herein und reichte den Hauptschmuck seinem Herrn mit erschrockner Gebärde. Gottsched, ohne den mindesten Verdruß zu äußern, hob mit der linken Hand die Perücke von dem Arm des Dieners, und indem er sie sehr geschickt auf den Kopf schwang, gab er mit seiner rechten Tatze dem armen Menschen eine Ohrfeige, so daß dieser, wie es im Lustspiel zu geschehen pflegt, sich zur Tür hinauswirbelte, worauf der ansehnliche Altvater uns ganz gravitätisch zu sitzen nötigte und einen ziemlich langen Diskurs mit gutem Anstand durchführte.

Johann Wolfgang Goethe: Aus meinem Leben. Dichtung und Wahrheit. In: Werke, 27. Bd. a. a. O. S. 52ff.

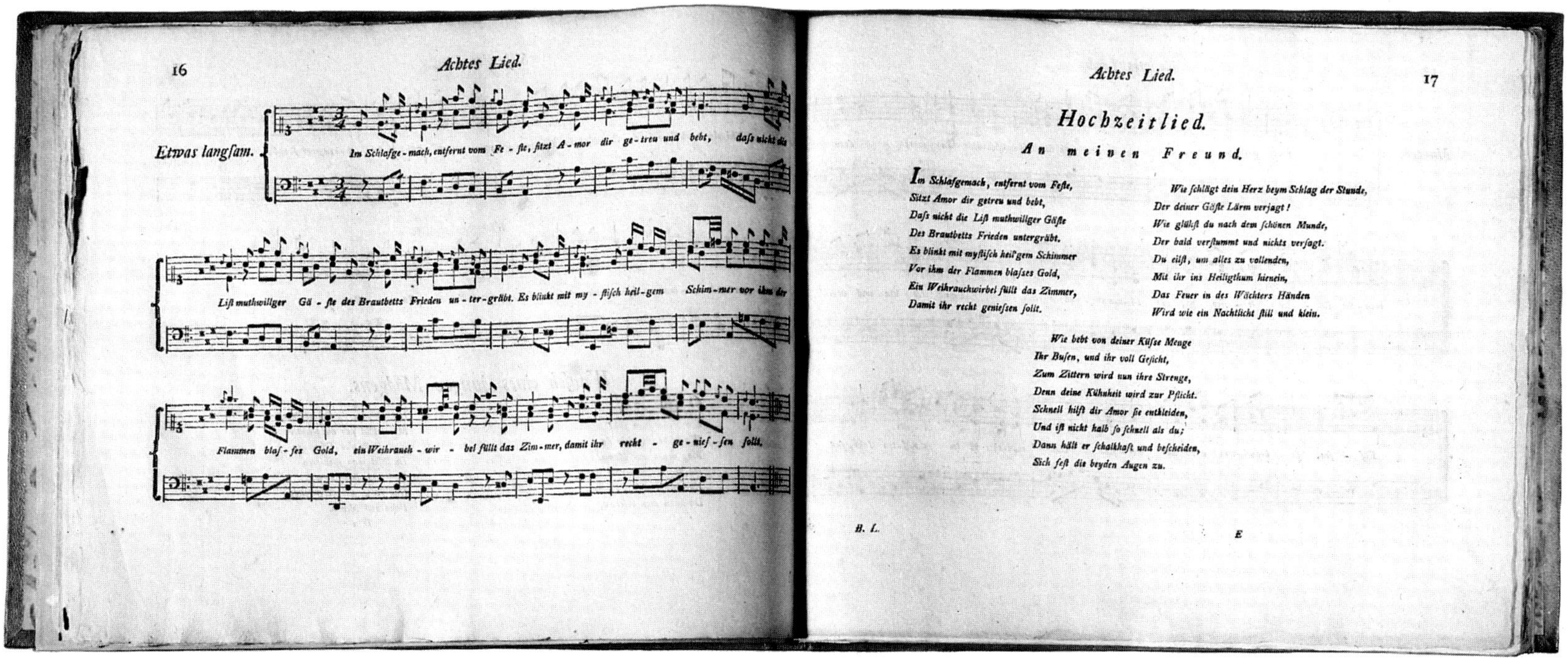

268 Leipziger Liederbuch. Texte von Johann Wolfgang Goethe, Vertonung von Bernhard Theodor Breitkopf. 1770

269 Altes Theater auf der Ranstädter Bastei (am heutigen Richard-Wagner-Platz). Kolorierter Kupferstich von Carl Benjamin Schwarz. 1784

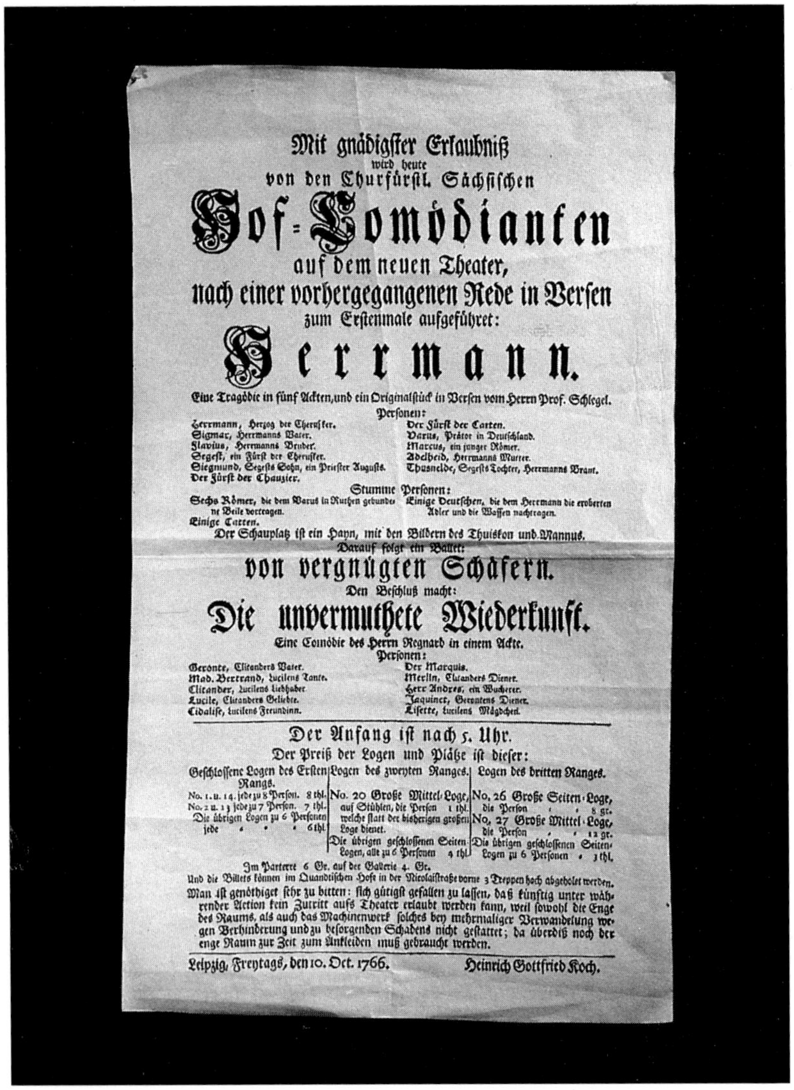

Mit gnädigster Erlaubniß
wird heute
von den Churfürstl. Sächsischen
Hof-Comödianten
auf dem neuen Theater,
nach einer vorhergegangenen Rede in Versen
zum Erstenmale aufgeführet:
Herrmann.
Eine Tragödie in fünf Ackten, und ein Originalstück in Versen vom Herrn Prof. Schlegel.
Personen:

Herrmann, Herzog der Cherusker.
Sigmar, Herrmanns Vater.
Flavius, Herrmanns Bruder.
Segest, ein Fürst der Cherusker.
Siegmund, Segests Sohn, ein Priester Augusts.
Der Fürst der Chauzier.
Der Fürst der Catten.
Varus, Prätor in Deutschland.
Marcus, ein junger Römer.
Adelheid, Herrmanns Mutter.
Thusnelde, Segests Tochter, Herrmanns Braut.

Stumme Personen:

Sechs Römer, die dem Varus in Ruthen gebundene Beile vortragen.
Einige Catten.
Einige Deutschen, die dem Herrmann die eroberten Adler und die Waffen nachtragen.

Der Schauplatz ist ein Hayn, mit den Bildern des Thuiskon und Mannus.
Darauf folgt ein Ballet:
von vergnügten Schäfern.
Den Beschluß macht:
Die unvermuthete Wiederkunft.
Eine Comödie des Herrn Regnard in einem Ackte.
Personen:

Geronte, Clitanders Vater.
Mad. Bertrand, Lucilens Tante.
Clitander, Lucilens Liebhaber
Lucile, Clitanders Geliebte.
Cidalise, Lucilens Freundinn.
Der Marquis.
Merlin, Clitanders Diener.
Herr Andres, ein Wucherer.
Jaquinet, Gerontens Diener.
Lisette, Lucilens Mägdchen.

Der Anfang ist nach 5. Uhr.
Der Preiß der Logen und Plätze ist dieser:

Geschlossene Logen des Ersten Rangs.	Logen des zweyten Ranges.	Logen des dritten Ranges.
No. 1. u. 14. jede zu 8 Person. 8 thl. No. 2 u. 13 jede zu 7 Person. 7 thl. Die übrigen Logen zu 6 Personen jede . . . 6 thl.	No. 20 Große Mittel-Loge, auf Stühlen, die Person 1 thl. welche statt der bisherigen großen Loge dienet. Die übrigen geschlossenen Seiten-Logen, alle zu 6 Personen 4 thl.	No. 26 Große Seiten-Loge, die Person . . 8 gr. No. 27 Große Mittel-Loge, die Person . . 12 gr. Die übrigen geschlossenen Seiten-Logen zu 6 Personen . 3 thl.

Im Parterre 6 Gr. auf der Gallerie 4. Gr.
Und die Billets können im Quandtischen Hofe in der Nicolaistraße vorne 3 Treppen hoch abgeholet werden.
Man ist genöthiget sehr zu bitten: sich gütigst gefallen zu lassen, daß künftig unter währender Action kein Zutritt aufs Theater erlaubt werden kann, weil sowohl die Enge des Raums, als auch das Machinenwerk solches bey mehrmaliger Verwandelung wegen Verhinderung und zu besorgenden Schadens nicht gestattet; da überdiß noch der enge Raum zur Zeit zum Ankleiden muß gebraucht werden.

Leipzig, Freytags, den 10. Oct. 1766. Heinrich Gottfried Koch.

270 Programmzettel zur Eröffnung des Alten Theaters. 1766

Verordnung gegen gewinnsüchtige Wirte. 10. April 1766 [...] wurde die neueste hiesige Stadtverordnung publiziert, so zu einem Beweis dienen kann, wie man über die beste Polizei allhier auf das strengste halte und davor [dafür] sehr weislich gesorgt hat, daß die Fremden in den Lebensmitteln, täglicher Kost und Quartiergeld von gewinnsüchtigen Wirten nicht übersetzt und bevorteilt [übervorteilt] werden können. Denn bei ordentlichen Ausspeisungen, wenn Suppe, Fleisch und Fisch, ein Stück Braten, Zugemüse, Butter und Käse auf die Person gereicht wird, darf von jeder Person, wenn ihrer 6 oder mehr miteinander speisen, nicht mehr gefordert werden als 6 Gr[oschen] und dafern deren weniger als 6 Personen, 7 Gr., wo aber ein Essen mehr, auch wohl Gebackenes gegeben würde, 9 bis 10 Gr.; bei einzelner Speisung passiert vor [für] eine Wasser- oder Biersuppe 6 Pf[ennige], vor eine Portion gekochtes Fleisch mit Zugemüse und Brot 2 Gr., vor eine Portion Braten und Salat 2 Gr., vor eine Portion Zugemüse 6 Pf., vor eine Portion Butter und Käse 6 Pf., vor eine Kanne Braunbier, so hier gebraut, 6 Pf.; desgleichen vor ein à partes [gesondertes] Bett auf eine Nacht in der Wirtsstube und Licht 2 Gr., vor eine besondere angewiesene Stube Tag und Nacht nebst Licht in großen Gasthöfen 8 Gr., vor dergleichen in kleinen, auch in den vor dem Tor gelegenen Wirtshäusern 4–6 Gr.; vor das Einheizen jedesmal 4 Gr.; vor eine Kanne mit drei Lot Coffee, Milch und Zucker 5 Gr., vor eine Kanne Tee und Zucker 3 Gr.

Stadtarchiv Leipzig: Riemer-Chronik. S. 1744

Eröffnung des neuen Theaters. 10. Oktober 1766 An ebendiesem Tag wurde zum erstenmal Komödie auf dem neuen Theater am Rannischen Tor auf der Bastei gehalten. Die Komöd[ie] wurde betitelt ›Hermann‹ [Tragödie von Johann Elias Schlegel, 1743].

Stadtarchiv Leipzig: Riemer-Chronik. S. 1760

Aufzug der Zimmerleute. 6. Juni 1768 [...] geschah hier ein außerordentlicher Aufzug der Zimmerleute, eine Begebenheit, welche sich seit a[nn]o 1695 und also in 73 Jahren nicht ereignete. Das löbl[iche] Zimmerhandwerk verlegte ihre bisher auf der Trinkstube am [N]Aschmarkt gehabte Herberge, welche vor 73 Jahren aus dem ›Schwarzen Kreuz‹ im Brühl dahin verlegt worden war, anderswo und aufs neue in das ›Schwarze Hufeisen‹ im Brühl [...] Die Anzahl der Zimmerleute belief sich auf 220 Mann und teilte sich in zwo Abteilungen mit doppelter Musik; die erste Partei war mit neuen Äxten auf den Schultern und Degen an der Seite schön geputzt, mit Bouquets und Zitronen versehen, die andern aber mit dem Winkeleisen, worauf sie Zitronen gesteckt hatten und den erstern in der schönsten Ordnung und zu getrennten Gliedern nachfolgten. In der Stadt zogen sie zuerst nach ihrer Herberge auf die Trinkstube am Aschmarkt, holten daselbst ihre Lade und übrigen Signa [Zunftzeichen] ab [...] und brachten in der schönsten Ruhe den ganzen Vormittag damit zu, worauf sie diesen und folgenden Tag mit größten Vergnügen zu erlaubten Ergötzungen anwendeten.

Stadtarchiv Leipzig: Riemer-Chronik. S. 1855 f.

271 Bühnenvorhang des Alten Theaters. Kopie des 1766 von Adam Friedrich Oeser geschaffenen Originals. Aquarell von Christian Friedrich Wiegand. 1819

Studenten-Tumulte. Juli 1768
Den 26. und folgende Tage wurde das große, jährlich gewöhnliche Vogelschießen von E. Hochedl[en] Schützengesellschaft [...] auf der bekannten Pfingstwiese allhier gehalten [...] Da nun dieses Vergnügen ein Ende hatte, so gingen einige Studiosi nach Plagwitz in die Geßnersche Schenke, und wurde eine Studentenwache vor dieselbe gelegt, und wann [wenn] Studenten hineinwollten, so von der Affäre nichts wußten, wurden sie in die andere Schenke zu gehen beordert, letztere ist alsdenn so voll worden, daß kein Mensch mehr hineingehen können; Handwerksburschen und ander liederlich Gesindel haben sich retirieren müssen, und haben sich die Burschen ganz ruhig gehalten. Nach 12 Uhr marschieren 200 Burschen in die Geßnersche Schenke; wie aber die Wirtin sieht, daß die Burschen so stark ankommen, entspringt sie mit ihrer Familie; unterdessen aber zerschmeißen die Studenten alles, was ihnen vorkommt, Krüge, Gläser, Fenster und den Ofen. Es kamen auch die Bauern der Schenkin zu Hilfe, welche aber durch 50 Studenten zurückgetrieben worden. Wie alles ruiniert war, gingen die Burschen geruhig in die andere Schenke. Der Schaden wurde auf 80 rt. [Reichstaler] ästimiert [geschätzt].

Den 31. als Sonntag abend gingen 50 bis 60 Studenten durch das Peterstor, welche kein Torgeld geben wollten. Da kam es mit den Stadtsoldaten zum Handgemenge, ein Soldat aber, so die Wache hatte, wurde von den Studenten auf den Peterskirchhof getragen, die Flinte genommen und mit Schlägen übel traktiert; als bat er um seine Flinte, daß man sie ihm geben sollte, so haben die Studenten solche mit dem größten Ungestüm auf die Erde geworfen, und ging alles nach Hause.

Stadtarchiv Leipzig: Riemer-Chronik. S. 1858f.

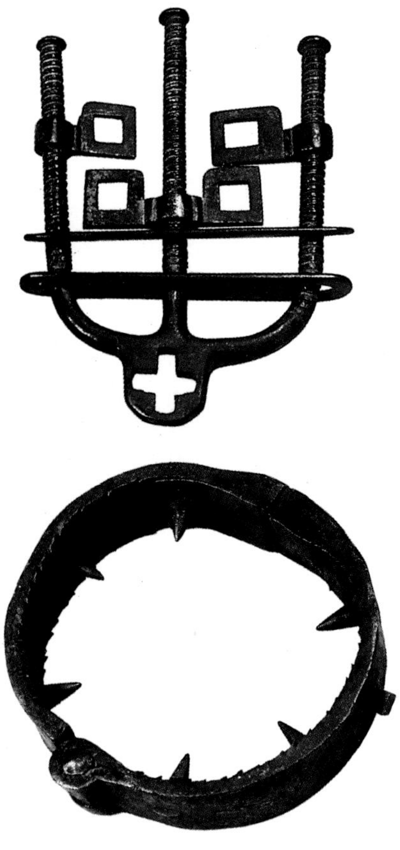
272 Eiserne Folterwerkzeuge (Daumenschrauben und Spanischer Halskragen). 17./18. Jahrhundert

Kurfürst Friedrich August III. von Sachsen verfügt den Abbruch von Festungswerken und überläßt der Stadt die Bebauungsflächen. 13. Dezember 1769 [...] Wann [wenn] wir nun in mildester Rücksicht auf die Umstände gedachten Handelsplatzes ermeldeten Stadtrats [Er-]Suchen dergestalt zu deferieren [stattzugeben] gemeint sind, daß demselben außer der bereits im Jahre 1765 vergebenen Ranstädter Bastei annoch sämtliche um die Stadt Leipzig herumgehende Festungswerke, jedoch mit Ausschluß der zu dem Schloß Pleißenburg gehörigen Festung und Bastei und deren Baracken, als welche wir uns vorbehalten, nunmehro zwar unentgeltlich, jedoch unter folgenden Bedingungen dergestalt überlassen und eingeräumt werden, daß erstens besagter Stadtmagistrat mit Demolierung so[ge]taner Werke baldmöglichst den Anfang zu machen oder solches an Privatpersonen zu bringen und diesen die Abtragung, auch Bebau- und Benutzung der hierdurch erhaltenen Plätze [...] zu überlassen [...] und daß zweitens oftgedachter Rat, wie er die Ausfüllung und Planierung des Schloßgrabens auf seine Kosten bewerkstelligen wolle, sich gebührend erkläre [...]

Stadtarchiv Leipzig: Urkundenkasten 78, Nr. 19

Vorschriften für die Hinrichtung von Verbrechern (I). 1769 Nachricht, was bei einer Exekution zu besorgen:

1. Wird der Herr Superintendent durch den Herrn Gerichtsnotarium ersucht, die zwei Herren Geistlichen, so den Delinquenten zur Gerichtsstätte begleiten sollen, zu bestellen.
2. Die Vorbitte [Fürbitte] in den Kirchen wird von dem Herrn Oberschöppenschreiber gefertigt, 7mal abgeschrieben und mit vorheriger Kommunikation der Ratsstube dem Herrn Superintendenten zugeschickt.
3. Die Schüler zum Singen werden von der Ratsstube besorgt, allwo ein Registrator zum Herrn Rektor auf die Thomasschule geschickt wird.
4. Den Marktmeistern und dem Stockmeister wird auf Verordnung der Edl[en] Stadtgerichte durch den Gerichtsfron angedeutet, die Wache zu besorgen und die Armesünderstube zu reinigen.
5. Dem Nachrichter wird von den Edl. Stadtgerichten angedeutet, sich nächster Tage zur Exekution parat zu halten.
6. Die zwei Herren Geistlichen, so zur Exekution denominiert [benannt], werden sonnabends vor der Übergabe noch à part [gesondert] durch den Herrn Gerichtsnotarium invitiert [eingeladen] und die Stunde der Übergabe gemeldet.
7. Der Peinliche Ankläger wie auch der Blutschreier bekommen von dem Herrn Oberschöppenschreiber dasjenige, was jeder zu sagen hat, in Abschrift.
8. Bei der Vorstellung in der Ratsstube erkundigt sich vorhero der Herr Oberschöppenschreiber, wann es geschehen soll, und pflegt solches gemeiniglich dienstags od[er] mittwochs nachmittags zwischen 3 und 4 Uhr zu geschehen.
9. Dafern ein Rad zur Exekution nötig ist, gehört zwar die Besorgung dem Nachrichter, allein er muß mit dem Herrn Obervogt diesfalls kommunizieren.
10. Zitronen vor die Herren Gerichtsassessores, zwei Herren Geistliche, sämtl[iche] Herren Actuarii, Gerichtsnotarium, Gerichtsfron und Peinlichen Ankläger, ingleichen wenn die regierenden Herren Baumeister, Stadtschreiber, Buchhalter sowohl die 3 Stadtoberoffiziere zum Frühstück kommen, werden von dem Gerichtsfron besorgt.
11. Das Frühstück vor die Edl. Stadtgerichte wird durch den Gerichtsfron bei dem Hausvater bestellt, und zwar, wenn etwas anderes nicht beliebt wird, Coffee, Bratwürste, gerührte Eier, 4 Kannen Rheinwein, wozu der

Herr Stadtrichter und Assessores wie auch sämtl. Actuarii, Gerichtsnotarius und Stadtoffiziere von dem Gerichtsfron, die Herren Baumeister, Stadtschreiber und Buchhalter aber von dem Herrn Oberschöppenschreiber invitiert werden.

12. Die Herren Geistlichen bekommen Coffee, eine Bouteille [Flasche] süßen Wein nebst Konfekt und Semmeln.

13. Wenn ein schicklicher Wagen im Marstall übrig ist, wird solcher zur Hereinfahrung der Herren Geistlichen gebraucht und muß zu dem Ende in der Gegend des Rabensteins [heute Rabensteinplatz] halten, außerdem aber wird ein Mietwagen bestellt.

14. Die Lieder, so unterwegs gesungen werden sollen, wählt der Herr Stadtrichter, überläßt es aber auch den Herren Geistlichen.

15. Das Läuten vor Hegung [Heiligung] des Halsgerichts besorgt der Gerichtsfron, muß sich aber um die Zeit desselben bei dem regierenden Herrn Bürgermeister erkundigen.

16. Vor Hegung des Halsgerichts muß der Gerichtsfron den Richterstab und Bibel auf des Herrn Stadtrichters Tisch und auf des Herrn Oberschöppenschreibers Tisch Tinte, Sandbüchse, 2 Bogen Papier nebst den Inquisitionsakten legen.

17. Die Stühle, Tische und Richterstuhl werden vom Hausvater besorgt und gesetzt.

18. Was die Herren Schöppen zu reden haben, wird von dem Herrn Oberschöppenschreiber dem regierenden Herrn Bürgermeister eingehändigt, welcher es austeilen läßt.

Stadtarchiv Leipzig: Titel LXII G, Nr. 23b

273 Moritzbastei. Kolorierter Kupferstich von Weise. Ende des 18. Jahrhunderts

274 Esplanade vor dem Peterstor (heute Wilhelm-Leuschner-Platz). Kolorierte Aquatintaradierung von François Aubertin, nach einer Zeichnung von Gottlob Friedrich Thormeyer. 1800

Vorschriften für die Hinrichtung von Verbrechern (II). 1769
19. Wenn das Halsgericht angeht, so setzen sich der Herr Stadtrichter, die Herren Schöppen wie auch sämtl[iche] Assessores und Actuarii an ihren bestimmten Ort, der Gerichtsfron aber tritt auf die andere Stufe bei dem 5ten Herrn Schöppen und hat das Schwert an der Seite, ein weiß Stäbgen aber in der Hand. Sobald sich nun sämtl. Herren niedergesetzt, zieht der Gerichtsfron das bloße Schwert aus und legt es mit aufgesetztem Hut (das Stäblein in der linken Hand habend) unter des Herrn Stadtrichters Tisch, jedoch daß der Griff nach dem Herrn Stadtrichter zu liegt, macht mit abgenommenen Hut seine Submission [Ehrerbietigkeit], stellt sich wieder an seinen Ort und hält das Stäblein in der rechten Hand.

20. Wenn die Exekution außer der Stadt geschieht, muß der Gerichtsfron zu Pferde neben des regierenden Herrn Stadtrichters Wagen herreiten und das Richterschwert, welches er gleich nach vollendetem Halsgericht unter dem Tisch herfürnimmt, statt des Degens anhängen.

21. Die zur Exekution benötigten Kutschen aus dem Marstall werden von dem regierenden Herrn Baumeister besorgt.

22. Ein halb Maß Merseburger Bier, so den Exekutionstag von den Edl[en] Stadtgerichten der Circulwache [die Runde gehenden Wache] gegeben wird, bestellt der Gerichtsfron auf'm Burgkeller.

23. Die Schüler fangen nicht eher an zu singen, als bis der Delinquent vom Halsgericht wieder vor bis an die große Treppe gebracht worden ist.

24. Dem ältesten Marktmeister wird von dem Herrn Stadtrichter anbefohlen, dem Nachrichter auf dem Richtplatz sicher Geleit auszurufen.

25. Die Schlüssel zum Galgen und Rabenstein hängen an der Richterstube hinter des Gerichtsfrons Stelle.

Stadtarchiv Leipzig: Titel LXII G, Nr. 23b

Verlegung der Trödel- und Fischbuden. 4. Juli 1770 [...] wurden die sonst an Ew. [Eurer] Hochlöbl[ichen] Academiae gehörigen Pauliner-Collegio feilhabenden sogenannten Trödelbuden auf Ew. Hochedl[en] und Hochweisen Rates Befehl auf den Alten Neumarkt an das Zeughaus placiert, allwo die Besitzer einstweilen ihren Handel fortsetzen können. An ebendiesem Tag wurde auch von E. Edl. und Hochw[eisen] Rat dieser Stadt die Verordnung getroffen, daß die am Grimmischen Tor bisher feilgehabten Herings- und Stockfischbuden auch anderweit placiert werden möchten, und wurden selbe vor das Grimmische Tor an den ›Weißen Schwan‹ nach der Neugasse zu versetzt.

Stadtarchiv Leipzig: Riemer-Chronik. S. 1979

Studenten verspotten Bürgeroffizier. 27. August 1770 Erschien Herr Johann Michael Burck, Bürger und Perückenmacher allhier, und brachte an, er sei heutigen Tages mit der Wache als Bürgeroffizier aufgezogen, und als er sich bei dem Schlafschen Haus geschwenkt, wären ohngefähr 6 Studenten hinter ihm drein gekommen und hätten ihm krumme Beine nachgemacht, auch ausgespottet; die

275 Spottbild auf die Leipziger Stadtsoldaten. Kupferstich. 1775

276 Demiani-Zimmer im Romanushaus. Historisches Foto der Gestaltung von 1792

Worte aber, die sie gesprochen, habe er nicht gehört [...]; wer die Studenten gewesen, könne er auch nicht angeben, sondern davon würde der Gerichtsknecht Ellinger mehr anzeigen können; bittet, diesen darüber zu befragen und sodann ihm zur Satisfaktion zu verhelfen [...]

Stadtarchiv Leipzig: Titel VII C, Nr. 84, Bl. 3

Gefängnis-Gottesdienst. 13. Januar 1771 [...] ist auf dem Rathaus allhier von 8 bis 10 Uhr den Gefangenen zum ersten Mal Gottesdienst gehalten worden [...] Und wird künftig auf alle Sonntage damit fortgefahren werden.

Stadtarchiv Leipzig: Riemer-Chronik. S. 2009

Handwerksmeister berichten über den sogenannten guten Montag ihrer Gesellen. 5. April 1771 [...] auf Befragen sagt Tischlerobermeister, bei ihrem Handwerk hätten die Gesellen des Jahres 3 gute [›blaue‹] Montage, an welchen die Loszusprechenden [Ausgelernten] in die Bruderschaft [Zunft] aufgenommen würden, wenn aber der Meister Arbeit hätte, dürften seine Gesellen den guten Montag auch nicht mithalten [...] Zinngießerobermeister sagt, [...] nach vollendeter Messe aber hielten die Gesellen allemal 1 guten Montag. Kupferschmiedobermeister sagt, ihre Gesellen hielten weiter keinen guten Montag als den Montag nach jeder Leipziger Messe. Buchbinderobermeister sagt, ihre Gesellen hielten keinen wöchentl[ichen] guten Montag [...] Gürtlerobermeister sagt, bei ihrem Handwerk würden jährlich 3 gute Montage gehalten [...] Klipper- [Klempner-], Weißgerber-, Messerschmied-, Leinweber-, Korbmacher-, Bürstenbinder-, Kammacher-, Seilerobermeister sagen, sie hätten gar keinen guten Montag [...]

Stadtarchiv Leipzig: Titel LXII, Nr. 122

277 Schreibschrank aus Mahagoni. Gefertigt von Johann Christian Knesing. Um 1806

Der Dekan der theologischen Fakultät, Professor Dr. Ernesti, fordert das Verbot von Goethes ›Die Leiden des jungen Werthers‹. 28. Januar 1775 Es wird hier ein Buch verkauft, welches den Titel führt ›Leiden des jungen Werthers etc.‹. Diese Schrift ist eine Apologie [Rechtfertigung] und Empfehlung des Selbstmordes; und es ist auch um deswillen gefährlich, weil es in witziger und einnehmender Schreibart abgefaßt ist. Einige gelehrte und sonst gesetzte Männer haben gesagt, daß sie sich nicht getraut hätten, das Buch durchzulesen, sondern es etliche Male weggelegt hätten. Da die Schrift also üble Impressionen machen kann, welche, zumal bei schwachen Leuten, Weibspersonen, bei Gelegenheit aufwachen und ihnen Verführung werden können, so hat die theol[ogische] Fakultät für nötig gefunden zu sorgen, daß diese Schrift unterdrückt werde, dazumal itzo die Exempel des Selbstmordes frequentiv werden. Daher ich der löblichen Bücherkommission im Namen jener hierdurch ersuche, den Verkauf dieser Schrift zu verbieten und dadurch üblen Folgen vorbeugen zu helfen.

Stadtarchiv Leipzig: Titel XLVI, Nr. 190, Bl. 195

Einladung zum Feuerwerk. 11. Mai 1775 Es wird hiermit bekanntgemacht, daß auf den 14. Mai in dem Neuen Garten vor dem Ranstädter Tor bei Musik ein schön Feuerwerk gespielt werden soll. Der Garten wird dabei illuminiert, der Anfang wird mit Kanonenschießen angezeigt, und dieses Vergnügen dauert von 9 bis 12 Uhr. Der Einlaß vor jede Person kostet 12 Gr[oschen]. Man kann dabei Essen, Wein, Tee, Coffee nach Verlangen bekommen. Es wird auch die folgenden Tage die Messe über mit Musik und Erleuchtung des Gartens fortgefahren, wie auch einige Stück Feuerwerk auf dem Wasser präsentiert werden. Der Einlaß vor die Person ist 8 Gr. Die Billetts werden in dem Garten

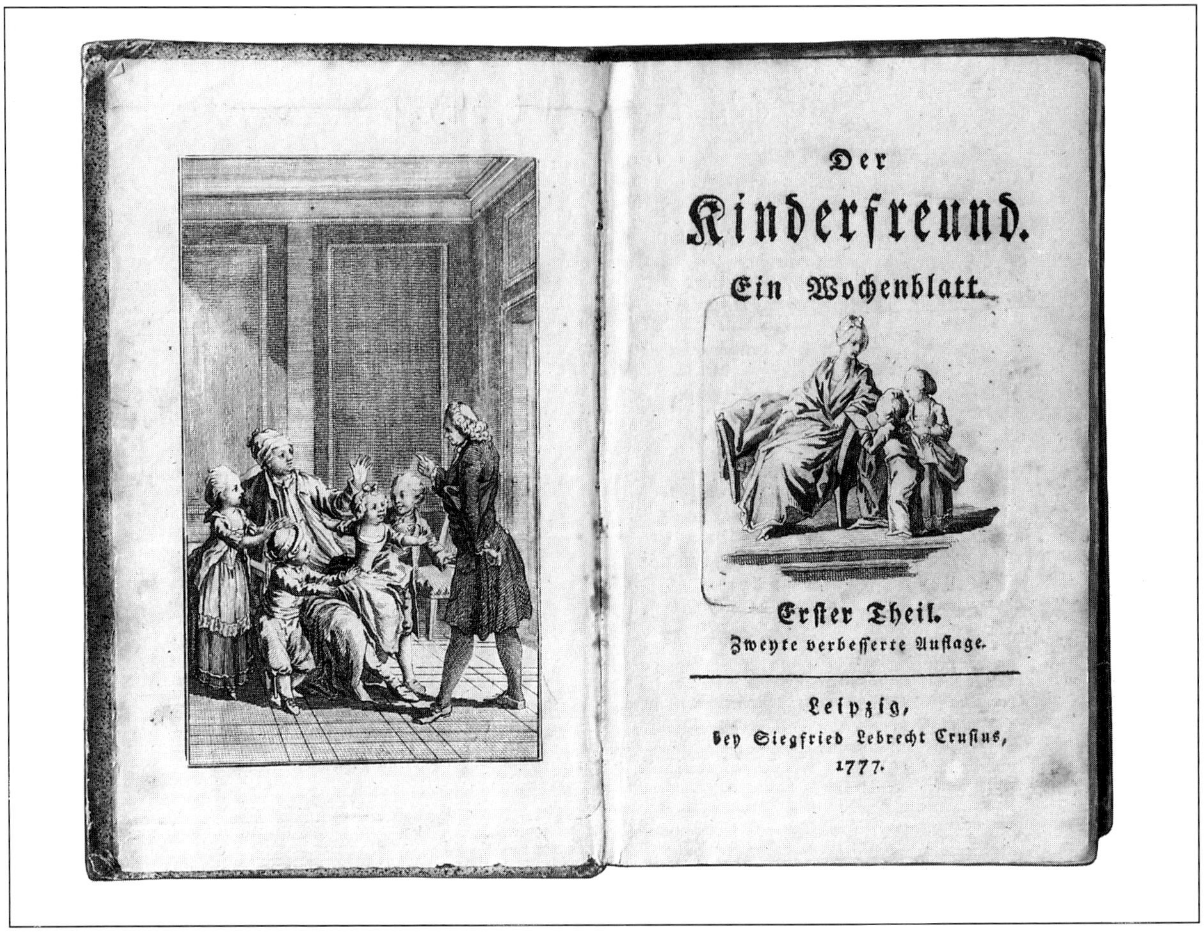

278 Pädagogische Zeitschrift. Herausgegeben von Christian Felix Weiße. 1777

279 Puppenküchengeschirr. Fayencen. Erstes Drittel des 18. Jahrhunderts

beim Eingang genommen. Herren und Damen, welche die besten Plätze verlangen, aus den Fenstern zu sehen, belieben inzeiten Billetts à 16 Gr. abholen zu lassen.

Stadtarchiv Leipzig: Titel XXIV A, Nr. 14, Bl. 53

Johann Wolfgang Goethe an Herzog Carl August von Sachsen–Weimar. 25. März 1776 In Leipzig ist mir sonderlich worden beim Nähern [...], und kann nicht genug sagen, wie sich mein Erdgeruch und Erdgefühl gegen die schwarz, grau, steifröckigen, krummbeinigen Magister, gegen die feiertagsberockten, allmodischen, schlanklichen, vieldünklichen Studentenbuben, gegen die zuckenden, grinsenden, schnäbelnden und schwumelnden Mägdlein und gegen die hurenhaften, strozzlichen, schwänzlichen und finzlichen jungen Mägde ausnimmt, welcher Greuel mir alle heut' um die Tore [...] entgegnet sind.

Johann Wolfgang Goethe. Werke, IV. Abt., 3. Bd. Weimar 1888. S. 46

Antrag eines Marionettenspielers. 25. April 1776 Johann Carl Heroldt, Marionettenspieler von Chemnitz, bittet, daß er die 3 Meßsonntage wie sonst nach völlig geendigtem Gottesdienst spielen dürfe.

Stadtarchiv Leipzig: Titel XXIV A, Nr. 14, Bl. 27

Verbot des Fahrens, Reitens, Rauchens und Lärmens im Rosental. 14. April 1779 Da E. E. Hochw. Rat allhier aus verschiedenen Ursachen weder das Fahren noch das Reiten im Rosental oder durch Pfaffendorf gestatten kann, so wird dieses zu jedermanns Nachachtung hiermit bekanntgemacht sowie denjenigen, die darinnen gehen, das Tabaksrauchen, nicht minder alles Lärmen, Geschrei und Singen, dergleichen daselbst zum öftern zu hören gewesen, ernstlich untersagt, sowohl das unterm 18. März jüngsthin ergangene Verbot, Hühner- und andere Hunde mit in das Rosental zu nehmen, wiederholt wird [...]

Stadtarchiv Leipzig: Titel LX B, Nr. 6, Bl. 74

Gegen Unrat auf den Straßen. 24. November 1779 Da zeithero zum öftern unbrauchbare und zerbrochene Gläser, Töpfe, alte Kacheln, Auster- und Muschelschalen und dergleichen aus den Häusern auf die freie Straße herausgeworfen, nicht weniger Unreinigkeiten an die Brunnen, Schleusenlöcher und sonst umhergeschüttet, überdies die wegen des Kehrichts gemachte gute Ordnung, daß nur mittwochs und sonnabends, und zwar nachmittags vor Ankunft der Marstallkarren, solcher vor jedem Haus in einen Haufen gebracht werden solle, gehörig nicht beobachtet worden [...] ist, so wird von E. E. Hochw. Rat dieser Stadt dieses Ungebührnis [...] hierdurch nochmals und besonders das Herauswerfen des Glases, wodurch Menschen und Vieh Schaden leiden können, auf das ernstlichste verboten [...]

Stadtarchiv Leipzig: Titel LX B, Nr. 6, Bl. 84

280 Spielpuppe mit Wachskopf. Mitte des 18. Jahrhunderts

281 Student im Karzer. Illustration aus dem Stammbuch des Leipziger Studenten Haugk. Lavierte Pinselzeichnung. Um 1775/80

282 Ein Student überreicht in einem Studierzimmer ein Empfehlungsschreiben. Blatt aus dem Stammbuch des Leipziger Studenten Johann Georg Heinrich Mentz. Aquarell von Meinerus. 1776

Studentenalltag. 1779 Bei den Logis hat man in Leipzig einige Vorsicht nötig. Man muß immer sich vor Wanzen hüten, welche Plage in Leipzig nicht selten ist. Den Preis bestimmt teils das Zimmer selbst und ob eine Kammer dabei ist, teils die Lage desselben, ob es vorne heraus und auf welche Gasse oder hinten hinaus gehe; Zimmer am Markt, auf der Petersstraße, Grimmischen Gasse etc. sind meistens teurer als andre, die in die Nikolaistraße, den Brühl; das Goldhahngäßchen, auf den neuen Kirchhof [Johannisfriedhof] etc. gehen. In den Höfen sind die Zimmer sehr wohlfeil, aber es ist ungesunde Luft [...] Ferner kömmt es hier auf die Etage an: Zimmer in der ersten Etage sind teurer als die in der dritten [...] Und endlich ist sehr oft bei einem Zimmer die äußerst beschwerliche Bedingung, daß man in der Messzeit sein Zimmer mit einer hoch- und abgelegnen Kammer vertauschen muß [...]

Wo in einem Haus Zimmer zu vermieten sind, da hängt ein Zettel an der Tür aus mit folgenden oder ähnlichen Worten: Allhier sind Studentenstuben zu vermieten. Man mietet Zimmer auf halb- oder vierteljährliche Losung [Loslösung]. Die letztere ist wohl die bequemste. Man kann alsdann bei jedem neuen Vierteljahr, nach sechs Wochen vorher geschehener Aufkündigung, ausziehen; da man hingegen im ersteren Fall ein Vierteljahr vorher aufkündigen muß.

In manchem Haus wird, noch außer der Miete, eine gewisse Summe des Vierteljahres für Teewasser, Kohlen etc. ausbedungen. Meist durchgängig wird die Aufwartung in Leipzig durch Aufwärterinnen verrichtet; es müßte denn sein, daß eine ganze Etage aus lauter Studentenzimmern bestünde, in welchem Fall auch oft ein Kerl dazu gehalten wird. Man gibt diesem oder der Aufwärterin ein gewisses vierteljährliches Trinkgeld, das gewöhnlich in einem Gulden besteht. Klingeln habe ich in Leipzig nicht gesehen: Man ruft, pfeift etc. oder gibt ein anderes, eingeführtes Zeichen etc. In manchen Häusern, wo ein eigner Hausmann ist, der das Haus öffnet und zuschließt, [...] wird oft das Haus um zehn schon verschlossen oder zu einer andern bestimmten Zeit; kömmt man alsdann später zu Hause und klingelt (denn dazu ist eine Klingel an allen Häusern draußen an der Haustür) den Hausmann heraus, so kostet es 1 Gr[oschen], den dieser bekömmt.

Fast durchgängig ist die Gewohnheit in Leipzig, daß man seine eignen Betten hat; wenigstens muß man sonst bei der Miete des Zimmers allemal ein Bett besonders verdingen, welches gewöhnlich des Jahres 6 thlr. [Taler] kostet und doch oft schlecht ist. Wer aber seine eignen Betten hat, für den ist die obenerwähnte Vorsicht wegen der Wanzen sehr wichtig.

Es ist wahr, daß auf dem Paulino Zimmerchen zu 7 thlr. jährlich zu bekommen sind; aber sie sind elend und fast ohne Meubles [Möbel], und sie gehn nicht auf den schönen, großen, vorderen Paulinerhof, sondern in einen kläglichen, ungesunden Hinterhof des Paulinums hinaus [...]

Wer ein Kollegium hören will, geht geradezu hinein und schreibt seinen Namen auf einen dazu bestimmten Bogen, den ihm der Famulus präsentiert. Bis zur dritten Stunde kann er, ohne sich aufgeschrieben zu haben, hineingehen; alsdann aber muß er sich entweder unterschreiben oder wegbleiben. Das Honorarium steht entweder oben, gleich zu Anfang des Bogens, bestimmt, oder man erfährt es vom Famulus, wenn man sonst keine Gelegenheit oder Bekannte hat. Der Famulus fordert auch das Honorarium ein, wenn man es anders nicht, aus andern Ursachen, dem Professor selbst geben will [...] Bei vielen Professoren und Kollegien kann man im Honorario einigen Ablaß bekommen [...]

In den Hörsälen, wenigstens in vielen, kann man entweder einen Platz auf einer Bank oder einen Stuhl vor einem Tisch wählen. Ist das letztere, so sagt man es dem Famulus, der alsdann an die Lehne des Stuhles den Namen des Studenten und die Stunde des Kollegiums schreibt. Dafür gibt man ihm 16 gr. sogenanntes Stuhlgeld. In einigen Kollegien, die abends bei Licht gelesen werden, bekömmt der Famulus noch außerdem eine Kleinigkeit, etwa 4 gr. sogenanntes Lichtgeld. Im Winterhalbjahr bekömmt der Famulus 8 gr. Holzgeld für Einheizen [...]

Die Professoren dürfen ohne Vorwissen des Landesherrn nicht verreisen, falls nicht Ferien sind. Diese sind so bestimmt, daß sie vom Sonntag vor bis zum Sonntag nach Weihnachten, von Palmarum [Sonntag vor Ostern] bis Quasimodogeniti [Sonntag nach Ostern], von Pfingsttag bis Trinitatis [Sonntag nach Pfingsten] dauern und zugleich auf jede Leipziger Messe (deren drei sind [...]) 14 Tage frei sein [...]

Leipzig und seine Universität im 18. Jahrhundert. Aufzeichnungen des Leipziger Studenten Johann Heinrich Jugler aus dem Jahre 1779. Leipzig 1909. S. 49ff.

283 Leipziger Student gegen Ende des 18. Jahrhunderts. Kupferstich. Um 1800

284 ›Leipziger Studentengeographie‹. Illustration aus dem Stammbuch des Leipziger Studenten Johann Georg Heinrich Mentz. Kolorierte Federzeichnung von Schulze. Um 1775

Jean Paul: ›Die Mode ist der Tyrann, der diese Stadt beherrscht.‹ 1781

[Ende Mai:] Ich bin gesund in Leipzig angelangt. Die Stadt ist schön; wenn man eine Stadt schön nennet, die große Häuser und lange Gassen hat – für mich ist sie noch einförmig. Und die herrliche Gegend – die Sie [der Schulrektor und ehemalige Lehrer Jean Pauls in Schwarzenbach, Karl August Werner] mir versprochen –, die find ich um Leipzig herum nicht. Überall ein ewiges Einerlei – keine Täler und Hügel –, völlig entblößt von dem Reiz, der mir die Gegend, wo Sie noch wohnen, sonst so angenehm machte. In vielen Sachen ist's so hier, wie Sie mir vorausgesagt haben – in andern aber ist's anders. Für 18 Pfennige kann ich zu Mittag essen [...] Für mein schönes Zimmer brauch ich nur 16 rtl. [Reichstaler] zu zahlen – aber dafür muß ich zu Messzeiten allemal ausziehen. Auch die Studenten – die gemeinen Leute sind so höflich, so poliert, wie Sie mir gesagt haben. Allein in folgendem scheint mir Ihre Vorhersagung nicht eintreffen zu wollen. Die Informationen sind hier selten – und die Menge der[er], die informieren, ist unsäglich groß [...] Alle haben mir das eben nicht tröstliche Sprichwort von Leipzig gesagt: Lipsia vult exspectari [Leipzig will erwartet werden]. Und das exspectari ist so unbestimmt, daß man, wenn einer 50 Jahr in Leipzig ist und in diesen 50 J[ahren] kein Brot [Erwerb] be[kommen], ihm immer noch vorpredigen kann, er solle nur *warten*, es würde sich schon geben. – Die Mode ist der Tyrann, der diese Stadt beherrscht. Alles gleißt und schimmert von außen – so die Studenten –, aber von innen, wie ich einen schon kennengelernt habe, fehlt es an Kopf und Herz. –

[17. September:] Die Stutzer bedecken die Straße, bei schönen Tagen flattern sie herum wie die Schmetterlinge. Einer gleicht dem andern; sie sind wie Puppen im Marionettenspiel, und keiner hat das Herz, er selbst zu sein. Das Herrgen [Herrchen] gaukelt hier von Toilette zu Toilette, von Assemblee [Versammlung] zu Assemblee, stiehlt überall ein paar Torheiten mit weg, lacht und weint, wie's dem andern beliebt, nährt die Gesellschaft von den Unverdaulichkeiten, die er in einer andern eingesammlet hat, und beschäftigt seinen Körper mit Essen und seine Seele mit Nichtstun, bis er ermüdet einschläft. Wen nicht seine Armut zwingt, klug zu sein, der wird in Leipzig der Narr, den ich jetzt geschildert habe. Die meisten reichen Studenten sind dieses. –

Jean Pauls sämtliche Werke. Dritte Abt., 1. Bd. Berlin 1956. S. 6f., S. 20

285 Aufzug zur Abendmusik in der Ritter- und Grimmaischen Straße zu Ehren des Universitätsrektors Johann Friedrich D. Burscher. Übermalte Radierung von Friedrich August Scheitereck. 1783

286 Paulinerkirche mit innerem Grimmaischen Tor. Aquarell von Carl Benjamin Schwarz. Um 1790

Aus Briefen Johann Wolfgang Goethes an Charlotte von Stein. Dezember 1782 [27. Dezember:] Es geht mir wohl, und mein hiesiger Aufenthalt tut die gehoffte Würkung. Viele und merkwürdige Verhältnisse sind in dieses Städtgen eingesperrt, und ich mache mich damit bekannt. Alles neue Figuren, wohin ich sehe, und niemand, der mich näher angeht oder auf irgendeine Weise an mein Innerstes rührt. Seit [17]69, da ich von hier wegging, bin ich nie über ein paar Tage hier gewesen, auch hab ich nur meine alten Bekannten besucht, und Leipzig war mir immer so eng wie jene ersten Jahre. Diesmal mache ich mich mit der Stadt auf meine Weise bekannt, und es ist mir eine neue kleine Welt.

[29. Dezember:] Ich wünschte, mich ein Vierteljahr hier aufhalten zu können, denn es stickt [steckt] unglaublich viel hier beisammen. Die Leipziger sind als eine kleine moralische Republik anzusehen. Jeder steht für sich, hat einige Freunde und geht in seinem Wesen fort, kein Obrer gibt einen allgemeinen Ton an, und jeder produziert sein kleines Original, er sei nun verständig, gelehrt, albern oder abgeschmackt, tätig, gutherzig, trokken oder eigensinnig und was der Qualitäten mehr sein mögen. Reichtum, Wissenschaft, Talente, Besitztümer aller Art geben dem Ort eine Fülle, die ein Fremder, wenn er es versteht, sehr wohl genießen und nutzen kann. Er muß sich nur im Allgemeinen halten und keinen Anteil an ihren Leidenschaften, Händeln, Vorliebe und Abscheu nehmen. Es leben hier einige Personen im stillen, die, wenn ich so sagen darf, vom Schicksal in Pension gesetzt worden sind, von denen ich großen Vorteil ziehen würde, wenn es mir die Zeit erlaubte. Von dem allgemeinen Betragen gegen mich kann ich sehr zufrieden sein. Sie bezeigen mir den besten Willen und die größte Achtung, dagegen bin ich auch freundlich, aufmerksam, gesprächig und zuvorkommend gegen jedermann. Es ist gar schön, an einem Ort fremd zu sein und doch so notwendig eine Heimat zu haben.

Johann Wolfgang Goethe: Werke, IV. Abt., 6. Bd. Weimar 1890. S. 111ff.

287 Markt. Aquarell von Carl Benjamin Schwarz. 1790

Ein französischer Besucher berichtet über die Messestadt (I). 1783

Leipzig ist eine kleine, aber ungemein schöne und zum Teil prächtige Stadt. Die Zahl der Einwohner, die Vorstädte mitgerechnet, muß nahe an die 30000 steigen. Die Lebensart ist von jenen in den andern sächsischen Städten, die ich gesehen, sehr verschieden. Es herrscht hier mehr Verschwendung und Luxus als zu Dresden. Man spielt fast in allen Gesellschaften, und oft unmäßig hoch. Das hiesige Frauenzimmer ist untätiger im Hauswesen als seine Landsmänninnen in den andern Städten und hat mit denselben die Liebe des Putzes und der Koketterie gemein.

Unter dem Schwarm der hiesigen Gelehrten gibt es zuviel Stutzer, Kleinmeister und Unwissende, so daß ich in einigen Gesellschaften mich wieder nach Wien versetzt zu sein glaubte, wo die Gelehrten und Friseure in einem Rang roulieren [im Umlauf sind, sich befinden] und auch gleich zahlreich sind. Allein die beträchtliche Anzahl der Männer von Verdienst, welche den Troß dieser vorgeblichen Literatoren ihrer Vaterstadt so verachten, wie er's verdient, machte mich bald wieder den Unterschied bemerkend. In allen Fächern findet man hier einige vortreffliche Männer, die sich sowohl durch die Tiefe als auch die Ausbreitung ihrer Kenntnisse und besonders durch eine große Bekanntschaft mit der übrigen Welt von den Gelehrten zu Wien stark auszeichnen, für welche meistens alles, was außer der Linie ihrer Stadt liegt, tot ist. Die Kleinmeister machen hier wirklich den – zwar etwas zu dicken – Troß, zu Wien aber die eigentliche Armee der Pallas [Athene] aus, an deren Spitze einige Helden in Riesengröße stehen, um den Zug der Zwerge hinter ihnen desto lächerlicher und verächtlicher zu machen [...]

Die Handlung und die Manufakturen dieser Stadt sind sehr beträchtlich. Sie ist der Mittelpunkt des Bücherhandels von ganz Deutschland, des Wollhandels von fast ganz Sachsen, und wenige deutsche Städte werden ihr es auch in Wechselgeschäften zuvortun. Man verfertigt hier Sammet, Seidenzeuge, Plüsche, Leinwande, Tücher, Kattun, Tapeten und noch verschiedne andre Sachen. Mit Materialien und Spezereien versieht diese Stadt den größten Teil von Sachsen, und sie hat einen großen Teil des gegenseitigen Handels zwischen Süddeutschland, der Schweiz, Italien und dem Norden. Es gibt mehrere Millionärs hier.

Die Messe, welche acht Tage vor meiner Ankunft vorüber war, soll, nach dem Geständnis aller Einwohner und der fremden Kaufleute, kaum ein Schatten mehr von dem sein, was sie vor dreißig und mehrern Jahren war. Das merkwürdigste ist noch auf derselben der Bücherumschlag zwischen den Buchhändlern Deutschlands, die sie teils durch Kommissäre [Bevollmächtigte] beschicken, größtenteils aber in eignen hohen Personen erscheinen. Ihre Anzahl soll sich auf etwa dreihundert und der Wert der Bücher, die sie gegeneinander vertauschen, über 500000 Reichstaler, ohngefähr 1751000 Livres, im Durchschnitt der letztern Jahre belaufen.

Leipzig erhält sich im Besitz dieses Buchhandels nicht so sehr durch die unter den Buchhändlern einmal eingeführte Gewohnheit als vielmehr durch den häufigen Verlag, den es selbst von neuen Büchern hat, und weil es mitten in der Gegend von Deutschland liegt, wo die Künste und Wissenschaften vorzüglich blühen und das Lesen und Schreiben am [all]gemeinsten ist. Man hat schon einige Versuche gemacht, dieser Stadt diesen Handlungsast zu rauben, allein jetzt noch ist es meines Erachtens wegen obbemeldten Ursachen platterdings unmöglich. Die österreichischen Buchhändler waren bis anjetzo die einzigen, die nicht regelmäßig und zahlreich bei diesem Literaturhandel erschienen sind [...]

Leipzig kam durch die Verdienste seiner Bürger und Landsleute in den Besitz dieses sonderbaren Handels, der meines Wissens in Europa der einzige in seiner Art ist. Sachsen war die Wiege der Literatur und des Geschmacks in Deutschland [...] Seit Luthers Zeiten hatte dieses Land immerfort einige Männer, die sich von dem barbarischen lateinischen Schulton, welcher durch ganz Deutschland herrschte, entfernten und ihr Wissen populär zu machen suchten. Der Kirchendienst hatte hier vorzüglich viel zur Verbesserung der Sprache beigetragen. Die Schulen für die kleine Jugend waren in Sachsen schon lange vor der blühenden Epoche der Literatur in einem guten Zustand. Die Sprachen einiger sächsischer Schriftsteller aus der Zeit zwischen 1715 und [17]25, wo das übrige Deutschland noch den unsinnigen Kanzleistil schrieb, hat schon ziemlich viel von dem Gepräge der grammatikalischen Richtigkeit und Reinlichkeit. Der natürliche Witz der Sachsen und die ihnen ganz eigne und wie angeborne Liebe zu allem, was schön ist, machte gar bald Eifer und Stolz, ihre Sprache gut und schön zu sprechen, unter ihnen rege, der ehedem die Athenienser auszeichnete. Der geringste Handwerker hier bemüht sich mehr, gut zu sprechen, und ist viel glücklicher in der Wahl seiner Ausdrücke als irgendein Gelehrter von Profession in Süddeutschland, mit dem ich zu reden die Ehre hatte. Sogar die hiesigen Mädchen sind empfindlich gegen die Sprachfehler und ahnden sie.

Johann Kaspar Riesbeck: Briefe eines reisenden Franzosen über Deutschland. Berlin 1976. S. 310ff.

288 Medaille auf die Übernahme der 1787 auf dem Turm der Pleißenburg errichteten Sternwarte durch die Universität. Rückseite. Silberprägung von Friedrich Heinrich Krüger. 1794

289 Promenade zwischen Barfüßer- und Thomaspförtchen. Kupferstich von Johann August Rosmaesler. 1777

Ein französischer Besucher berichtet über die Messestadt (II). 1783
Sachsen hatte nebst der verfeinerten Sprache noch andre Vorteile, welche dazu beitrugen, daß sich die Literatur unter seinen Einwohnern früher und schneller ausbreitete als unter den übrigen Deutschen.

Die Philosophie und höhern Wissenschaften waren schon lange vor der ästhetischen Epoche von dem scholastischen Staub gesäubert. Leibniz, Pufendorf, Thomasius, Wolff und andere hatten das ganze weite wissenschaftliche Feld umgerissen, mit Einsicht und Geschmack angebaut und in ganz Norddeutschland, vorzüglich aber in Sachsen, eine glückliche Revolution in den Köpfen veranlaßt. Die bekannte ›Acta eruditorum‹ [erste deutsche Gelehrtenzeitschrift, begründet vom Leipziger Professor Otto Mencke] nahm hier schon 1682 ihren Anfang und wetteiferte mit den Rezensionen der aufgeklärtesten europäischen Völker, [...] indessen der Geschmack in den meisten andern Gegenden Deutschlands, sogar zu Berlin, noch bloß das Eigentum einiger Hofleute war. Schon im ersten Viertel dieses Jahrhunderts besorgte man hier gute Ausgaben der Alten [Werkveröffentlichungen von Autoren der griechischen und römischen Antike], die zur Entwicklung des Genies überall mehr beitrugen als die besten Regeln und Theorien.

Die Prachtliebe und der Aufwand für Kunstsachen der sächsischen Auguste trugen ohne Zweifel sehr viel zur frühern Verfeinerung des Geschmacks und zur Ermunterung des Genies in diesem Lande bei. Die Künste haben eine schwesterliche Liebe gegeneinander, und selten lassen sie sich lange trennen. Die Malerei, Bildhauerei, Musik, Baukunst und alle mit ihnen verwandten Künste waren an dem Hof Augusts des Dritten blühender als an irgendeinem europäischen Hof. Aus der Schule der Künstler, die sich damals hier bildeten, kamen Mengs, der größte Maler unsers Jahrhunderts, Hasse, dessen musikalisches Genie mit dem dichterischen eines Metastasio wetteiferte, Gluck, Hiller und andere mehr. Es war sehr natürlich, daß sich zu diesen vielen Künsten auch endlich die Dichtkunst gesellte. Die Opern machten die Sachsen mit italienischen Dichtern bekannt, so wie sie die Hofsprache mit den französischen bekannt gemacht hatte. Endlich machten sie selbst einige Versuche in ihrer Sprache, und sie gelangen ihnen. Gellert, Rabener und andere mehr haben sich offenbar nach den Franzosen, Italienern und Engländern gebildet.

Seit dieser Zeit hatte Sachsen nach dem Verhältnis immer die meisten schönen Geister unter den übrigen Provinzen Deutschlands. In der Zahl der Handlanger der schönen Literatur übertrifft es das übrige Deutschland zusammen. Der Übersetzer, Journalisten, Magazinen-, Almanachen- und Verzeichnismacher und anderen dergleichen ist eine unendliche Menge. Es gibt hierzulande viel Leute, die mit der alten und neuen Literatur der Franzosen, Italiener und Engländer so bekannt sind als die Gelehrten dieser Völker selbst [...] Sogar im tiefen Norden, auf dem dänischen, schwedischen, russischen und polnischen Parnaß, fouragieren [beschaffen] sie [literarische Werke]. Vorteile, welche

290 Altargerät (Abendmahlskelch, Hostiendose und Abendmahlskanne) aus der Nikolaikirche. Gefertigt von Meister GMH. Silber, vergoldet. Um 1785/90

291 Altarleuchter aus der Nikolaikirche. Gefertigt von Johann Traugott Lorenz. Messing, feuervergoldet. Um 1785/90

Deutschland vor allen andern Ländern voraus hat.

In Rücksicht auf das Mechanische der Literatur, die Verhantierung [Verarbeitung] der ersten Materien und den Verkauf der Manufakturen [handgefertigten Erzeugnisse] dieser Art, wird Sachsen deswegen noch lange dem übrigen Deutschland überlegen bleiben, allein sein Genie selbst scheint erschöpft zu sein. Die neue Zucht seiner schönen Geister ist die Frivolität selbst, indessen erst in andern Provinzen Deutschlands das Genie in seiner Jugendstärke erwacht. – Es verhält sich mit dem dichterischen Genie wie mit der physischen Zeugungskraft des Menschen [...] Durch einige Debauchen [Ausschweifungen], die im Anfang vielleicht die Wirkung des Übermaßes der Zeugungssäfte waren, läßt sich der Geist leicht zur Geilheit hinreißen, und anstatt sich nach den Gesetzen mit einer Wissenschaft zu verheiraten, die ihn in Zucht und Ehren und mit Maß und Ziel abrahmen könnte, verschwendete er in der Geilheit seiner Säfte, nimmt bei der Abnahme derselben Schokolade [...] und dergleichen, die seine gänzliche Entkräftung beschleunigen, und schwindet endlich zu einem Schatten zusammen. Ich seh es an den Waden der hiesigen Literatoren, daß ihr Geist unvermögend ist.

Johann Kaspar Riesbeck: Briefe eines reisenden Franzosen über Deutschland. a. a. O. S. 314ff.

292 Inneres der Nikolaikirche nach der klassizistischen Umgestaltung 1785/97

Wirtshäuser, Weinschenken, Gasthöfe und Speisewirtschaften. 1784

An guten Wirtshäusern fehlt es in Leipzig gar nicht; Reisende vom Stande werden in folgenden zu ihrer Befriedigung bewirtet werden:

Herr Wölbling, im Hôtel de Saxe in der Klostergasse.
" Eberhardt, im Hôtel de Baviere auf der Petersstraße.
" Zimmermann, im ›Großen Joachimstal‹ auf der Hainstraße.
" Orb, im ›Blauen Engel‹ auf der Petersstraße.
" Klau, im ›Grünen Schild‹ auf der Fleischergasse, hat auch Ausspannung.
" Hildebrand, im ›Goldnen Schiff‹ ebendaselbst, hat auch Ausspannung.
" Ernst, im Saalischen Haus auf der Petersstraße.
" Pfeiffer, im Thomasiussischen Haus am Markt.
" Zimmermanns Erben, auf der Klostergasse, der Post gegenüber.
" Müller, in Trebitzens Haus auf der Petersstraße.
" Dorns Witwe, am Barfußpförtchen.
" Böhme, in seinem Haus auf der Reichsstraße.

Diese Herren schenken Wein, speisen und logieren Fremde
[...]

Weinschenken, welche zugleich speisen:
Herr Erkel, in Quandts Hof auf der Nikolaistraße.
" Oehme, im ›Heilbrunnen‹ im Brühl.
" Stade, auf dem Ratsweinkeller am Markt.

Weinschenken:
Herr Müller, in seinem Haus am Nikolaikirchhof.
" Reinwald, unter Bastinellers Haus auf der Grimmischen Gasse.
" Treiber, unter Hohenthals Haus am Markt.
" Valz, in Kochs Hof am Markt.

Öffentliche Gasthöfe:
Folgende Gasthöfe haben größtenteils Stallungen für Pferde; es wird darinnen Bier geschenkt, gespeist und in den meisten Fremde beherbergt:
Herr Albrecht, in der ›Säge‹ am Grimmischen Steinweg.
" Bauer, in der ›Goldnen Eule‹ im Brühl.
" Beck, im ›Helm‹ vor dem Peterstor.
" Berger, im ›Schwarzen Kreuz‹ auf der Gerbergasse.
" Bergmann, im ›Weinfaß‹ am Neuen Kirchhof.
" Bergmann, in der ›Goldnen Krone‹ auf der Fleischergasse.
" Biele, in der ›Grünen Tanne‹ im Brühl.
" Buder, in der ›Goldnen Hand‹ auf der Nikolaistraße.
" Dietrich, im ›Pelikan‹ am Neuen Neumarkt.
" Düllßner, im ›Weißen Adler‹ auf der Burgstraße.
" Enkens Witwe, im ›Schwarzen Kreuz‹ im Brühl.
" Espenhain, in der ›Dresdner Herberge‹ im Kupfergäßgen.
" Ganglof, im ›Reiter‹ auf der Petersstraße.
" Göhricke, im ›Schwarzen Hufeisen‹ im Brühl.
" Grunert, im ›Goldnen Arm‹ auf der Petersstraße.
" Hahmann, im ›Poststall‹.

293 Weinetiketten.
Radierungen von Johann Wolfgang Goethe für Käthchen Schönkopfs Vater, Weinschenk im Brühl. Um 1767

294 Kuchengarten in Reudnitz (heutige Kohlgartenstraße). Kolorierter Kupferstich von Friedrich August Scheureck. 1788

Herr Heberlein, in der ›Laute‹ am Mühlgraben.
〃 Helmer, im ›Roten Krebs‹ auf dem Brühl.
〃 Heilemann, im ›Schwarzen Bären‹ ebendaselbst.
〃 Heinnich, im ›Roten Ochsen‹ ebendaselbst.
〃 Heinrich, im ›Schwarzen Bock‹ ebendaselbst.
〃 Heppler, im ›Blauen Hecht‹ auf der Nikolaistraße.
〃 Hering, im ›Strauß‹ im Brühl.
〃 Herold, im ›Goldnen Adler‹ auf der Hainstraße.
〃 Johlge, im ›Weißen Schwan‹ am Grimmischen Steinweg.
〃 Kietz, im ›Blauen Roß‹ vor dem Peterstor.
〃 Kitzing, in der ›Goldnen Kanne‹ im Brühl.
〃 Köhler, im ›Einhorn‹ auf dem Grimmischen Steinweg.
〃 Kunze, im ›Palmbaum‹ auf der Gerbergasse.
〃 Läppchen, in den ›Drei Schwanen‹ im Brühl.
〃 Lasse, im ›Tiger‹ ebendaselbst.
〃 Ludewig, im ›Halben Mond‹ auf der Hallischen Gasse.
〃 Markert, im ›Goldnen Elefanten‹ auf der Hainstraße.
〃 Odermanns Witwe, in den ›Drei Königen‹ auf der Petersstraße.
〃 Rarich, im ›Roten Adler‹ im Brühl.
〃 Gebrüder Röder, im ›Goldnen Hirsch‹ auf der Petersstraße.
〃 Rosprigs Witwe, in der ›Sonne‹ auf der Gerbergasse.
〃 Rudolph, im ›Goldnen Hahn‹ auf der Hainstraße.
〃 Schleif, in den ›Drei Lilien‹ auf dem Ranstädter Steinweg [heute Friedrich-Ludwig-Jahn-Allee].
〃 Schlick, im ›Sieb‹ auf der Hallischen Gasse.
〃 Schumann, im ›Posthorn‹ vor dem Peterstor.

Herr Schumann, im ›Weißen Roß‹ im Brühl.
〃 Sporwald, im ›Roten Stiefel‹ ebendaselbst.
〃 Stäglich, im ›Rosenkranz‹ auf der Nikolaistraße.
〃 Troitzsch, im ›Roten Löwen‹ im Brühl.
〃 Ungebauer, in der ›Goldnen Gans‹ auf der Hainstraße.
〃 Zorn, im ›Goldnen Ring‹ auf der Nikolaistraße.

Speisewirte:
Herr Batzig, in Jöchers Haus auf der Burgstraße.
〃 Elbke, in Müllers Haus im Gewandgäßgen.
〃 Hofrecht, in Uhligs Haus vor dem Peterstor, logiert auch Fremde.
〃 Kluge, in D[oktor] Richters Haus im Brühl.
〃 Krauthaupt, in Freislebens Haus auf der Nikolaistraße.
〃 Kühns Witwe, in D[oktor] Barths Haus auf der Grimmischen Gasse.
〃 Landgraf, im Markt in Löhrs Hof.
〃 Lukas, im ›Kleinen Blumenberg‹ auf der Fleischergasse.
〃 Nöbe, in seinem Haus im Brühl.
〃 Purl, in Metschkens Haus im Barfußgäßgen.
〃 Schmidt, im ›Roten und Weißen Löwen‹ im Brühl.
〃 Schmidt, in Kochs Haus am Neuen Neumarkt.
〃 Schumann, in seinem Haus im Brühl.

Johann Gottlob Schulz: Beschreibung der Stadt Leipzig. Leipzig 1784. S. 473ff.

295 Weinkeller. Kolorierter Kupferstich von Georg Emanuel Opiz. Um 1825

Friedrich Schiller an den Buchhändler Christian Friedrich Schwan. 24. April 1785 Wenn einer, in der größeren Welt noch so sehr Neuling wie ich, um die Meßzeit zum ersten Mal nach Leipzig kommt, so ist es, wo nicht verzeihlich, doch wenigstens sehr begreiflich, daß er in den ersten Tagen über den Mannigfaltigkeiten, die durch seinen Kopf gehn, seiner selbst vergißt [...]

Ich habe in der ersten Woche meines Hierseins schon unzählige Bekanntschaften gemacht, worunter mir Weiße, Oeser, Hiller, Zollikofer, der Professor Huber, Jünger, der berühmte Schauspieler Reinecke, einige hiesige Kaufmannshäuser und einige Berliner die interessantesten sind. Man kann, wie Sie selbst wissen, zu Meßzeiten eigentlich niemand *ganz* genießen, und die Aufmerksamkeit auf einzelne verliert sich in dem Getümmel. Meine angenehmste Erholung ist bisher gewesen, Richters Kaffeehaus [im 2. Stock des Romanushauses, Katharinenstraße/Ecke Brühl] zu besuchen, wo ich immer die halbe Welt Leipzigs beisammen finde und meine Bekanntschaften mit Einheimischen und Fremden erweitere [...] Vielen wollte es gar nicht zu Kopfe, daß ein Mensch, der die ›Räuber‹ gemacht hat, wie andre Muttersöhne aussehen soll. Wenigstens rundgeschnittene Haare, Kurierstiefel und eine Hetzpeitsche hätte man erwartet.

Man pflegt hier in vielen Familien den Sommer über auf den benachbarten Dörfern zu kampieren und das Land zu genießen. Ich werde auch einige Monate in dem Ort Gohlis zubringen, der nur eine Viertelmeile von Leipzig entlegen ist und wohin ein sehr angenehmer Spaziergang durch das Rosental führt. Hier bin ich willens, sehr fleißig zu sein, an dem ›Carlos‹ und der ›Thalia‹ zu arbeiten [...]

Friedrich Schiller: Briefe in zwei Bänden. 1. Bd. Berlin und Weimar 1968. S. 75f.

296 Richters Kaffeehaus im Romanushaus, Katharinenstraße/Ecke Brühl. Kupferstich von Johann Georg Wagner. 1794

Aus dem Erinnerungsbericht eines Zeitgenossen über Schillers Aufenthalt in Gohlis. 1785 Als zwölfjähriger Knabe habe ich [Johann Christoph Schneider] [...] den deutschen Dichter Schiller hier bedient. Er wohnte damals in dem meinem Vater zugehörigen Gut [...] Schiller stand damals sehr frühzeitig auf, schon um 3 oder 4 Uhr, und pflegte dann in das Freie, weit hinaus in die Felder zu gehen. Dabei mußte ich ihm mit der Wasserflasche und dem Glas folgen. Um 5 oder 6 Uhr kehrte Schiller dann gewöhnlich nach Hause [zurück] und teilte oft seine Ideen dem Buchhändler Göschen, der in demselben Haus wohnte, mit, worüber sich dann zuweilen beide stritten. Bei diesen Morgenspaziergängen schrieb Schiller nichts nieder, sondern überließ sich nur seinen Gedanken. Das Niederschreiben erfolgte erst bei der Rückkehr in seine Wohnung. Bei diesen frühen Spaziergängen war Schiller leicht angezogen, mit dem Schlafrock bekleidet, mit unbedecktem Hals. Sein Weg führte ihn gewöhnlich in die Felder nach der Hallischen Straße zu, in denen er kreuz und quer umherirrte. Den Tag über besuchte er das Rosental sehr fleißig. Schiller war stets freundlich und human, er sah blaß von Gesicht, hatte viele Sommersprossen, rötliches Haar und war sehr lang. Mit Göschen war er sehr genau befreundet.

Gustav Wustmann: Das Schillerhaus in Gohlis. In: Quellen zur Geschichte Leipzigs. Bd. 2. a. a. O. S. 537

Verbot des Polterabends. 6. Juli 1785 E. E. Hochweiser Rat dieser Stadt hat mißfällig vernommen, wasmaßen in den Nachbarschaften der hiesigen Vorstädte am Abend vor der Trauung verlobter Personen die Jugend männlichen und weiblichen Geschlechts unter dem Geschrei: ›Alte Töpfe!‹ auf den Straßen umherziehe, von Haus zu Haus allerhand irdene Geschirre einsammele, auch sodann dieselben vor der Haustür des Bräutigams oder der Braut in Stücken zu werfen sich unterfange und daß dieses mit dem Namen des Polterabends belegt zu werden pflege. Wie aber dieser alberne Gebrauch, welcher zu Aufläufen und Exzessen Veranlassung gibt, schlechterdings nicht zu gestatten ist, also wird Obrigkeits wegen derselbe hiermit allen Ernstes untersagt und den Gassenmeistern zugleich anbefohlen, daß, sobald sie hinfüro davon etwas gewahr werden, sie solches zu hindern suchen oder aber davon unverzügliche Anzeige tun sollen, inmaßen sie außerdem unnachbleibliche Ahndung zu gewarten haben, wie denn auch die Eltern, die bei solcher Gelegenheit ihre Kinder nicht bei sich und in ihrer Wohnung zurückhalten, ingleichen diejenigen, welche den Kindern durch Darreichung irdener oder anderer Geschirre zu Begehung des bisher gebräuchlichen Unfugs Vorschub tun, mit nachdrücklicher Strafe werden belegt werden [...]

Stadtarchiv Leipzig: Titel LX B, Nr. 6, Bl. 95

297 Schillerhaus in Gohlis (Küche), Wohnsitz des Dichters 1785

298 Damenuhr ›Tavernier‹. Goldgehäuse mit Emailmalerei und Perlenverzierung. Um 1780

299 Johann Friedrich August Tischbein: Familie des Leipziger Bankiers Karl Eberhard Löhr. Öl auf Leinwand. Um 1795/1800

Von der Mode und den Frauenzimmern. 1785 Jede Messe bringt auch eine neue Mode auf [...] Kaum erschien die Erfindung der Luftbälle [Heißluftballons], und gleich trugen die Damen Hüte, Schürzen, Tücher und Kleider à la Montgolfier [französische Luftfahrtpioniere, die 1783 den ersten Heißluftballon aufsteigen ließen]. Ein Puderhändler ließ in die Zeitungen setzen, daß bei ihm Puder à la Montgolfier zu haben sei, und in Zeit von ein paar Tagen hatte er auf tausend Pfund abgesetzt.

Die jungen Herren tragen entweder Schuhschnallen, die auf beiden Seiten, gleich einem Hufeisen, aufklappen, oder auch Bänder in den Schuhen. Einige haben Stiefel, die bis über die Knie reichen, mit großen langen Sporen geziert, deren Geklirr den Ton eines in Ketten geschlossenen Missetäters von sich geben. Andere lassen lange Riemen, die man sonst nur dazu braucht, um die Stiefel anzuziehen, herunterhängen. Die mehresten tragen sich nach der Ökonomie; statt der goldenen Tressen haben sie nur auf der Brust drei Knopflöcher mit Goldband besetzt. Das Kleid geht kaum bis an die Kniekehle und hat eine lange Taille. Die Westen sind sehr kurz, desto länger gehen die Beinkleider herauf. Manche lassen zwei Uhrbänder heraushängen, um sich dadurch mehr Ansehn zu verschaffen. Den Zopf oder den Haarbeutel lassen sie bis auf die Hälfte des Rückens herunterbinden, dies verursacht, daß der Rücken ganz weiß von Puder wird.

Sie tragen Degen, um zu zeigen, daß sie Männer sind; dieser könnte aber ebensogut auch von Holz sein, denn zur Verteidigung hat ihn gewiß noch kein Stutzer an die Seite gehenkt. Wie der Stahl bei jetziger Zeit ein Stück der Galanterie hat werden können, weiß ich nicht, da er doch gar nicht zu unsern jetzigen weiblichen [weibischen] Sitten paßt. Viele glauben den Putz ihres Kleides dadurch zu verschönern; und so tragen ihn die Professores kraft des Zeremoniells, die Studenten wollen damit anzeigen, daß sie nun nicht mehr in die Schule gehen, und die Ladendiener, daß sie die Jungenschuhe ausgezogen haben.

Frauenzimmer [...] verstehen hier sehr gut die Kunst, einer jeden Mannsperson zu gefallen, und hierzu ist ihnen ihre Kleidung, ihr Putz, ihre geschmackvolle Auswahl in demselben, ihr einnehmendes Wesen, ihr feiner Umgang und ihre reine Sprache besonders behülflich. Ein Leipziger Frauenzimmer gefällt, wenn sie auch nicht schön ist. Doch hat sie die Natur meist mit dieser Gabe beschenkt; dabei sind sie lebhaft, haben Herzen voll Gefühl und Zärtlichkeit. Will man in ihrer Gesellschaft nicht für einen geschmacklosen Menschen gehalten werden, so muß man eine Menge Titel von den neuesten Romanen und Komödien auswendig wissen und aus vielen Stellen zitieren können. Fragen sie nach diesem oder jenem Roman, ob man ihn gelesen, wie er gefallen hat, und man antwortet nein, so ist man gewiß ihren Sticheleien bei aller Gelegenheit ausgesetzt.

Mädchen von zehn bis zwölf Jahren sind schon in den Künsten der Liebe erfahren; sie vertreiben sich die Zeit mit Schmachten und Seufzen nach Dingen, die ihre Lust befriedigen. Ihre Einbildungskraft wird noch durch das häufige Lesen von liebehauchenden, hinschmelzenden und hirnlosen Romanen frühzeitig erhitzt, woraus sie nichts lernen, als selbst Romane und Intrigen zu spielen. Wie kann so ein Frauenzimmer, wenn sie verheiratet wird, der Haushaltung und den übrigen Geschäften im Ehestand vorstehen, wenn sie nichts weiter gelernt hat als Putz, Moden und Romanelesen? Wie kann so eine Frau ihren Kindern eine anständige Erziehung geben, wenn sie selbst von keiner bessern weiß? [...] Ihre weichliche und wollüstige Lebensart ist alsdann Ursache, daß sie beständig bleich und gelb aussehen und im dreißigsten Jahr am Rande des Grabes stehen. Alles dieses gehört aber zum bon [guten] Ton und zur feinen Lebensart [...]

Es gibt hier zwar nicht öffentliche Bordelle oder Hurenwirtschaften; desto häufiger wohnen solche Mädchen vor sich, in einer Kammer oder Stube, je nachdem ihr Verdienst gut oder schlecht ist. Des Abends wandern sie auf den Straßen der Stadt oder vor den Toren umher und bieten sich einem jeden an. Treffen sie einen, der ihren Anerbieten Gehör gibt, so nehmen sie ihn mit sich nach Hause oder verrichten ihre schändliche Unzucht auf der Straße, in dem ersten besten Winkel. Es ist was Entsetzliches, was man vor eine Menge solcher Mädchen in der Petersstraße oder vor den Toren in der Allee antrifft; geht man allein, wird man gewiß alle zehn Schritte mit einer Unfläterei bewillkommt [...] Es sind dieses meist Dienstmädchen, die keine Lust zu arbeiten haben, oder solche, die der Verlust ihrer Jungferschaft um Ehre und Kredit brachte. Viele, die sonst bei dem Anblick einer Mannsperson schamhaft die Augen niederschlugen, sehen jetzt mit wollüstigen Blicken nach ihnen, in der Hoffnung, einen zu finden, der ihren viehischen Trieb befriedigt [...]

Schande, ewige Schande vor die Leipziger Polizei, die doch sonst für so vortrefflich ausgeschrien ist, daß sie solchen Unwesen nicht steuert [...] Wäre es nun nicht besser, wenn man öffentliche Häuser der Wollust widmete, wenn man die Unzucht in Mauern einschränkte, als daß sie weit heftiger außer denselben wütete? [...] Doch dieses würde die feine Lebensart der Leipziger beleidigen, wenn solche Häuser in den Mauern der Stadt geduldet würden; aber daraus wird nichts gemacht, wenn schändliche Weibspersonen die halbe Stadt anstecken [...] Es ist dahero kein solches Haus nötig, denn gewiß müßten alle Leipziger Frauenzimmer hineinkommen.

(Karl Heinrich Krögen:) Freie Bemerkungen über Berlin, Leipzig, Prag. o. O. 1785. S. 115ff.

300 Faltfächer aus verzierten Elfenbeinstäben und bemaltem Papier. Um 1800

›Klein-Paris‹. 1785 Leipzig ist ohnstreitig eine der schönsten Städte Deutschlands, sie wird dahero immer Klein-Paris genannt; ihre Lage ist ausnehmend schön, und die ganze Gegend um Leipzig ist die fruchtbarste in ganz Sachsen. An sich ist die Stadt nicht groß, sie kann füglich in dreiviertel Stunden umgangen werden. Man zählt achthundertneunzig Häuser, zweiunddreißig Gassen und sieben freie Plätze. Sie sind in vier Viertel eingeteilt, welche ihren Namen nach den Toren haben. Die Häuser sind meist massiv und prächtig gebaut; die Straßen sind schön, breit, gerade und gut gepflastert; unter der Erde gehen die Schleusen, welche die Unreinigkeiten in den Stadtgraben abführen; des Nachts wird sie mit Laternen erleuchtet, welche an den Häusern befestigt sind. Die Stadt hat acht Zugänge, nämlich vier Tore, drei Pförtgen und den Eingang durch das Schloß.

Leipzig hat auch vier große Vorstädte, die nach den Toren, vor welchen sie liegen, benennt werden; man findet auch da die schönsten Straßen, Häuser und die anmutigsten Gärten. Der Markt ist ziemlich groß; auf der einen Seite desselben steht das Rathaus, welches zwar von außen kein besonderes Ansehn hat, allein der prächtige Saal und die hellen Expeditionsstuben machen es von innen desto schöner. Gleich neben dem Rathaus auf dem Naschmarkt steht die Börse, wo die Kaufleute bei außerordentlichen Gelegenheiten Versammlung halten. Sie ist nach ionischer Ordnung zwei Stock hoch gebaut, steht ganz frei und hat ein Dach, mit Kupfer belegt, wo ringsherum ein Geländer geht, welches mit steinernen Statuen besetzt ist.

(Karl Heinrich Krögen:) Freie Bemerkungen über Berlin, Leipzig, Prag. a. a. O. S. 89

Georg Joachim Göschen kündigt die erste autorisierte Gesamtausgabe der Werke Goethes in acht Bänden an. 1786 Ohnstreitig wird dem Publico die Nachricht sehr angenehm sein, daß der Herr Geheime Rat von Goethe zu Weimar sich entschlossen hat, eine vollständige Ausgabe seiner sämtlichen Werke zu besorgen und in meinem Verlag herauszugeben. Lange schon wünschten seine Freunde und die Verehrer seiner Muse in und außer Deutschland diesen Entschluß, und das Publikum sehnte sich nach mehrern Werken von dem Schriftsteller, den es schon von Anfang her unter seine Lieblingsdichter gestellt hatte; man raffte daher ohne sein Wissen zusammen, was man nur von ihm fand oder glaubte, daß es von ihm sein könne, druckte, und so entstanden die sogenannten Sammlungen seiner Werke, darin Sachen zusammengestellt wurden, die er teils nicht für seine Arbeiten anerkannt hatte, teils offenbar andern Verfassern zugehörten und überdies nicht zur Hälfte komplett waren, weil das meiste von des Herrn Verfassers Schrif-

301 Bilderwand im Gemäldekabinett von Karl Gottfried Winckler II. Aquarell von Christian Friedrich Wiegand. Um 1770

ten bis jetzt noch ungedruckt lag.

Es sind eigene Veranlassungen, welche den Herrn Geheimen Rat von Goethe zu dem Entschluß bewegen, sich der Kinder seiner Muse selbst anzunehmen und dem Publico die erste echte und vollständige Ausgabe seiner sämtlichen Werke von eigner Hand zu schenken [...]

Ich werde alles mögliche tun, daß diese vortrefflichen Werke auch ein ihrem innern Wert entsprechendes Äußere erhalten. Der Herr Verfasser hat klein Oktav [Druckbogen zu je 16 Seiten] zum Format gewählt. Sie sollen daher in solchem Format mit ganz neuen deutschen Schriften gedruckt, mit acht Kupfern von Chodowiecki und acht Vignetten von Meil geziert werden.

Ohngeachtet ich sie mit [...] allergnädigsten Privilegiis drukken werden, so finde ich doch nötig, mich bei dieser Unternehmung gegen die Räuberei unserer ehrlosen Nachdrucker, welche auf diese Beute gewiß lauren werden, durch den Weg der Subskription zu decken. Ich bin gewiß, der vortreffliche Herr Verfasser hat zu viele Freunde und Verehrer in und außer Deutschlands, als daß nicht viele davon, deren Zeit und Geschäfte es erlauben, ihm dies Zeichen ihrer Hochachtung gern geben, Subskribenten zu Sicherung dieser Ausgabe sammeln und mir gütigst melden sollten [es fanden sich jedoch nur 550 Vorbesteller!]. Die Subskribentenliste wird dem letzten Band beigefügt werden.

Der Subskriptionspreis dieser Ausgabe in klein Oktav für alle acht Bände, wovon jeder ohngefähr ein Alphabet [23 Druckbogen] stark werden wird und wovon vier Bände auf Ostern und die andern vier zwischen Johannis [24. Juni] und Michaelis [29. September] 1787 geliefert werden [der Abschluß konnte auf Grund Goethes zögernder Manuskriptbereitstellung erst 1790 erfolgen], ist 6 Rthlr. [Reichstaler] 16 Gr[oschen] [...] Ende der Jubilatemesse [Ostermesse 1787] aber kostet das Werk 8 Rthlr. im Ladenpreis. Die Herren Subskribenten erhalten das Buch nicht allein wohlfeiler, sondern auch den Vorteil der ersten Abdrücke der Kupferplatten, welches ich als ehrlicher Mann verspreche. Den Liebhabern guter Kupfer kann dieses Versprechen bei einer etwas starken Auflage nicht gleichgültig sein [...]

Ich ersuche alle Liebhaber der Goethenschen Muse, welchen dieses Avertissement [Ankündigung] zu Gesicht kommt, entweder sich bei mir unmittelbar oder bei den Buchhandlungen ihres Orts oder in Ermangelung derselben bei den löblichen Postämtern wegen der Subskription zu melden.

Weimarisches Jahrbuch für deutsche Sprache, Literatur und Kunst. Bd. 3. Hannover 1855. S. 195ff.

302 Johann Heinrich Tischbein d. Ä.: Der Leipziger Kauf- und Ratsherr Karl Gottfried Winckler II. Öl auf Leinwand. Um 1765/70

303 Anton Graff: Der Leipziger Buchhändler und Verleger Philipp Erasmus Reich. Öl auf Leinwand. 1774

304 Anton Graff: Der Gewandhauskapellmeister und spätere Thomaskantor Johann Adam Hiller. Öl auf Leinwand. 1774

Aus der Badeordnung. 11. Juni 1787 Nachdem die im Patent vom 9. August 1784 als sicher angezeigten Badeplätze in der Elster und Pleiße, nämlich

1. der 210 Ellen lange Platz in der Elster, hinter den Wiesen der Funkenburg [im Bereich der heutigen Funkenburgstraße] an dem Ratsgehölz, zwischen der dritten und vierten oder der sogenannten Kuhtürmer und Lindenauer Allee im Rosental;

2. der 150 Ellen lange Platz unterhalb der Gohliser Mühle, wozu die sogenannte Möckerische Allee den Eingang vom Rosental aus bemerkt;

3. der über 700 Ellen lange Platz in der alten Pleiße, zwischen der Saubrücke und dem Krumbhaarschen, sonst Fregeschen Garten [im Bereich des heutigen Floßplatzes],

auch in itzigem Jahr bei der angeordneten Untersuchung sicher befunden worden, also wird dieses hierdurch bekanntgemacht sowohl die im angezogenen Patent gegebene Anweisung, wie die Badenden zu Wahrnehmung ihrer Gesundheit sich zu verhalten haben, nämlich daß man

a. nicht gleich nach gehaltener Mahlzeit, sondern entweder vormittags nach einem leichten Frühstück oder gegen Abend, wenn die Verdauung der Mittagsspeisen meist vorüber ist, bade;

b. am wenigsten aber als dann, wenn man kurz vorher geistige Getränke, als Bier, Wein oder wohl gar Branntwein, zu sich genommen;

c. daß man sich nicht nach vorhergegangener Erhitzung auf dem Wege plötzlich auskleide noch mit erhitztem Körper ins Wasser steige, vielmehr eine Zeitlang am Fluß ausruhe, bis sich der Schweiß verloren und der Körper durchaus eine gleiche und mittelmäßige Wärme erlangt;

d. daß man nicht auf einmal mit dem ganzen Körper ins Wasser springe, sondern nach und nach hineinsteige, auch die ganze Oberfläche des Körpers immerfort fleißig abreibe;

e. daß man alle Erhitzung des Kopfes bei erkältetem Körper sorgfältig vermeide, deswegen auch den Kopf nicht dem anhaltenden Sonnenschein aussetze, vielmehr gleich beim Einsteigen ein zusammengefaltetes Tuch ins Wasser tauche und um den Kopf schlage; daß man endlich

f. nach überstandenen Krankheiten, und wenn die Natur einen Ausschlag aus dem Körper getrieben, nie ohne Beirat eines verständigen Arztes bade,

anderweit eingeschärft, zugleich aber allen denjenigen, die des Badens in Flüssen sich bedienen wollen, anbefohlen, nach erfolgter Entkleidung des Umherlaufens an den Ufern der Flüsse und auf den angrenzenden Plätzen sich zu enthalten, inmaßen wir dieses sittenlose, freche und ärgerliche Beginnen ihnen hierdurch ernstlich untersagen und jede uns angezeigte Zuwiderhandlung mit nachdrücklicher Strafe ahnden werden [...]

Stadtarchiv Leipzig: Titel LX B, Nr. 6, Bl. 99b

Tanzgesellschaft im Alten Gewandhaus. 31. August 1787

[...]

1. Die Anzahl der Mitglieder bleibt auf 50 festgesetzt.

[...]

5. Jedes Mitglied zahlt gegen Schein, ohne einigen fernern Nachschuß, elf Reichstaler an den Herrn Kassierer zum Beitrag für die Miete des Saals und der Zimmer, Erleuchtung, Heizung, Tanzmeister, Musik und andere Ausgaben.

6. Jedes neuaufgenommene Mitglied zahlt bei dem Eintritt noch besonders 5 Thlr. [Taler] zur Kasse [...]

7. Die Gesellschaft versammelt sich wie bishero auf dem neuen Tanzsaal neben dem Konzertsaal an den annoch zu bestimmenden Tagen abends um fünf Uhr.

8. Für das Abendessen, so außer einer Reissuppe in kalten Speisen besteht, sorgt Herr Zimmermann, welchem für die Person mit Inbegriff des Tees 12 Groschen gezahlt werden; auch versieht selbiger, jedoch bloß auf Verlangen, die Gesellschaft mit verschiedenen Sorten von Wein, indem jedem Mitglied freisteht, für sich und seine Gäste Wein selbst mitzubringen. Mit Gefrornem bedient Herr Exter die Gesellschaft.

[...]

11. Jedem Mitglied ist erlaubt, außer Frau und Kindern annoch drei einheimische Gäste mitzubringen. Durchreisende Fremde sind unter dieser eingeschränkten Anzahl von Gästen nicht mit begriffen.

12. Die wegen der Plätze bei der Tafel angenommene Ordnung wird ferner beibehalten, auch werden sich die tanzenden Herren die zeitherige Einrichtung in Ansehung der Tanznummern noch künftig gefallen lassen.

13. Da diese Gesellschaft bloß als ein bürgerliches Privatvergnügen anzusehen ist, so können Personen von Adel und Militärstand, auch allhier studierende junge Herren mit ihren Hofmeistern nie als Mitglieder aufgenommen werden, dagegen sie als mitgebrachte Gäste der Gesellschaft jederzeit angenehm sein werden.

14. Die Herren Mitglieder werden ihren Gästen zu bedeuten belieben, daß man deren Bedienten zur Aufwartung bei der Tafel nicht bedürfe, sondern daß selbige bloß von den Bedienten der Mitglieder und Herrn Zimmermanns Leuten zu verrichten sei, wie denn überhaupt allen Domestiken der Zutritt in den Tanzsaal untersagt bleibt [...]

Stadtarchiv Leipzig: Tanzgesellschaft im Gewandhaus, Nr. 1

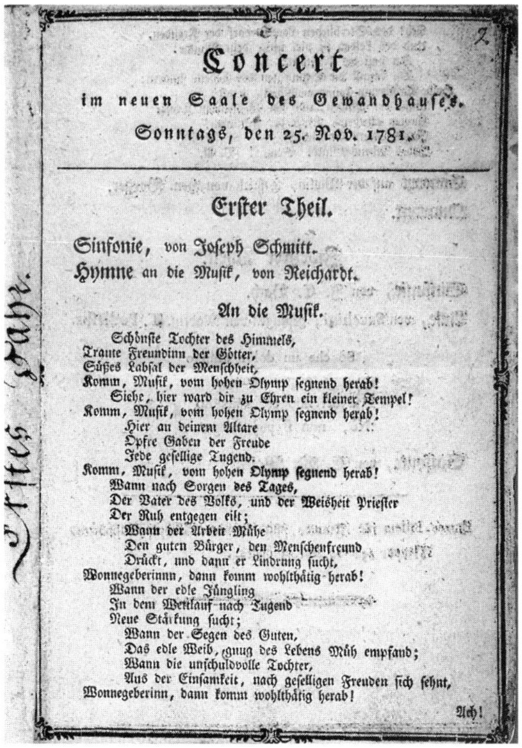

Concert
im neuen Saale des Gewandhauses.
Sonntags, den 25. Nov. 1781.

Erster Theil.

Sinfonie, von Joseph Schmitt.
Hymne an die Musik, von Reichardt.

An die Musik.

Schönste Tochter des Himmels,
Traute Freundinn der Götter,
Süßes Labsal der Menschheit,
Komm, Musik, vom hohen Olymp segnend herab!
Siehe, hier ward dir zu Ehren ein kleiner Tempel!
Komm, Musik, vom hohen Olymp segnend herab!
Hier an deinem Altare
Opfre Gaben der Freude
Jede gesellige Tugend.
Komm, Musik, vom hohen Olymp segnend herab!
Wann nach Sorgen des Tages,
Der Vater des Volks, und der Weisheit Priester
Der Ruh entgegen eilt;
Wann der Arbeit Mühe
Den guten Bürger, den Menschenfreund
Drückt, und dann er Lindrung sucht,
Wonnegeberinnn, dann komm wohlthätig herab!
Wann der edle Jüngling
In dem Wettlauf nach Tugend
Neue Stärkung sucht;
Wann der Segen des Guten,
Das edle Weib, gnug des Lebens Müh empfand;
Wann die unschuldvolle Tochter,
Aus der Einsamkeit, nach geselligen Freuden sich sehnt,
Wonnegeberinn, dann komm wohlthätig herab!

Ach!

305 Konzertprogramm zur Eröffnung des Alten Gewandhauses. 1781

306 Modell des Konzertsaals im Alten Gewandhaus. Gefertigt von Franz Schneider. Um 1890

Falsches ›Meißner‹ auf der Messe. 6. Oktober 1787 [...] sind die beifolgenden porzellanen Tee-Koppgen [Koppchen, henkellose Tassen], worauf ein den Kurschwertern ganz ähnliches Zeichen befindlich ist, mit der Anzeige eingereicht worden, daß solche in den Porzellanmanufakturen zu Limbach, Wallendorf und Rauenstein fabriziert wären und nachbenannte, zu dermaligen Messe hier anwesende Handelsleute [...] dergleichen nicht sowohl zum feilen Verkauf, als vielmehr, um solche den nach der Türkei handelnden fremden Kaufleuten vorzuzeigen und darauf Commissiones zu erhalten, führten [...]

Stadtarchiv Leipzig: Titel LXII P, Nr. 13, Bl. 1

Putz und Prunk. 1787 Hier herrscht der bösartigste Luxus mit eisernem Szepter, und wenn seine Herrschaft durch eine stärkere Gewalt nicht bald ein Ende nimmt, so muß Leipzig in zwanzig, dreißig Jahren ein bettelarmes Nest, ein Pfuhl aller möglichen Schandtaten werden.

Der Kaufmann bestrebt sich, [...] es dem begüterten Edelmann gleich und noch zuvorzutun und muß dabei zu Betrugslisten seine Zuflucht nehmen; der Gelehrte wetteifert mit dem Kaufmann und stürzt sich, wenn er nicht großes Vermögen hat, in eine Schuldenlast, die noch seinen Erben die Schultern wunddrückt; der Künstler, der Handwerker betreten denselben Weg, fressen, saufen, verschwenden auf alle mögliche Weise und hinterlassen die Ihrigen reif zum Bettelstab – die ledigen Leute, Studenten, Kaufdiener usw. stürzen sich mit in den Strudel, der alles fortreißt, und es gehört gewaltig viel Phlegma oder geradesoviel praktische Philosophie, als man beinahe von keinem Erdensohn erwarten darf, dazu, sich aufrecht in diesem allgemeinen Stoßen und Treiben zu erhalten.

Wer zum ersten Mal ohne weitere Vorkenntnis hieher kömmt, der muß glauben, daß hier Geld zu verdienen sei, mehr als an irgendeinem Ort der Erde; denn alles atmet Wohlstand, alles trägt das Gepräge des Überflusses an sich. Die höhern Stände wissen beinahe nicht mehr, wie sie sich kleiden, wie sie ihre Zimmer möblieren, was sie essen und trinken sollen. Schnell verdrängt eine Mode die andre, und die letzte ist immer sonderbarer, als die erste war. Die kostbarsten seidenen Zeuge, die feinsten Zitze [Baumwollgewebe], Kleider, mit Gold und Silber gestickt, dienen zu Alltagskleidungen, und man darf nicht sagen, daß der übrige Teil des Anzugs unverhältnismäßig sei. Öfters ist denn freilich der ganze schimmernde Putz noch unbezahlt; öfters schlägt unter der reichgestickten Weste ein ängstlich klopfendes Herz, dem der Ge-

307 Teekanne. Porzellan mit farbiger Aufglasurmalerei. Um 1780

308 Herrenweste aus Brokat. Zweite Hälfte des 18. Jahrhunderts

309 Gedeckelter Pokal in Form eines Römers. Porzellan mit farbiger Aufglasurmalerei ›Leipzig von der Connewitzer Seite‹. Um 1785/90

danke an den Wechselarrest das Blut im Sechsachteltakt gehen macht – öfters versetzt die Dame das eine Kleid, um in dem andern paradieren zu können, oder die guten Möbel, die lange bei der Familie ein Erbstück waren, wandern zum Juden, um etliche Zimmer neu zu möblieren; aber das alles ist eben guter Ton, das ist im letzten Geschmack, und im Notfall ißt man Erdäpfel mit der Montur [Schale] und trinkt Kofent [Dünnbier] dazu, wenn man nur auf Stühlen im antiken Gout [Geschmack] sitzen und modisch gekleidet ist. Solange es gehn will, sucht man freilich sowohl für Kragen als Magen zu sorgen; wer modisch gekleidet ist und modische Möbel hat, will auch gern modisch essen, und da Fleischer, Bäcker und was da weiter zur Leibesnahrung erforderlich ist, auch Kredit gibt, so macht diese Vereinigung die meisten Male auch keine Hindernisse. So weiß ich denn Leute hier, die alltäglich gleich dem reichen Mann in Purpur und köstliche Leinwand gekleidet sind, die ihr kostbares und im letzten Geschmack – denn dieser ist hier die Seele von allem – verfertigtes Hausgerät haben und alles, was sie in der Wirtschaft bedürfen, groschenweise von dem Höker holen lassen und dem Fleischer, dem Bäcker, dem Weinschenk, der Milchverkäuferin sogar, zu dreißig, vierzig, hundert und mehr Taler schuldig sind [...]

Gehen wir nun zu den Handwerksleuten, so finden wir gerade denselben Geist über sie ausgegossen, [...] da jedermann, bis zur schlechtesten Magd herab, durch seinen Anzug mehr zu scheinen sucht, als er wirklich ist, jeder dadurch Achtung zu erlangen sucht, daß er sich so zierlich und geschmackvoll als möglich zu kleiden bemüht ist. Der Frisör, der Schneidergesell, der Häscher sogar unterscheiden sich in ihrer Kleidung wenig oder gar nicht von den Studenten, seit dieser die unnütze Zierde des Degens abgelegt hat. Markthelfer und Hausknechte in seidnen Unterkleidern und Strümpfen zu sehen ist nichts Seltenes, und der Mensch, der mir die Zeitungen bringt, der nur Laufbursche eines ordentlichen Zeitungsträgers ist, macht mehr Figur, als ich zu machen imstande bin.

Detlev Prasch (eigtl. Johann Andreas Degenhard Pott): Vertraute Briefe über den politischen und moralischen Zustand von Leipzig. London 1787. S. 160ff.

Vergnügungssucht. 1787 Wenn es wahr ist, daß ein lustiges Volk nicht ganz böse sein kann, so lassen sich hieraus sehr gute Folgerungen für die Leipziger ziehen, denn beinahe nirgends, wo ich noch gewesen bin, habe ich eine so rasende Begierde nach Vergnügungen und ein so großes Bestreben, sich alles zum Vergnügen zu machen, gefunden als in Leipzig [...] Da darf nur ein Schenkwirt ein Vogelschießen anstellen oder es darf irgendetwas zu sehen sein, so strömt alles, was Kopf und Bein hat, dazu hin, und der unbedeutendste Gegenstand gibt dann Gelegenheit, daß gefressen, gesoffen, getanzt und geschwelgt wird [...]

Die erste Stelle verdient denn wohl das Schauspiel, für welches man hier leidenschaftlich eingenommen ist [...] Dies ist auch der Grund, warum die elenden Komödiantenbanden, Marktschreier mit Hanswurst, Marionetten und dgl. Raritäten, die in den Messen vor dem Peterstor ihren Sitz aufgeschlagen haben, nicht bloß vom Pöbel, sondern von Herren und Damen häufig besucht werden [...]

An die Schauspiele schließen sich die Konzerte, deren zu Fasten- und Adventszeit, wenn die Tanzmusik untersagt ist, sogar auf Bierschenken aufgeführt werden. Das Große Konzert verdiente schon wegen des Saals, auf dem es gegeben wird, besucht zu werden, wenn mich auch die Musik nicht hingezogen hätte. Ich bin mehrere Male dagewesen, habe die Musik allezeit so gewählt und so ausgeführt gefunden, daß sie wohl jedermanns Aufmerksamkeit verdiente, und gleichwohl hab ich gesehen, daß ihr nur der geringste Teil des Auditoriums diese Aufmerksamkeit schenkte. Dieser lorguiert [beobachtet] die Frauenzimmer, jene mustert den Putz ihrer Nachbarinnen, und bei den rührendsten Stellen sogar flüstert man sich so viel in die Ohren, zeigt man so viel Zerstreuung, daß ich immer glaube, die Herren und Damen abonnieren sich bloß, damit man sagen könne, daß sie Stützen des Großen Konzerts sind, und gehen bloß herein, um in dem Zwischenakt mit ihren Bekannten zu plaudern und Süßigkeiten zu sagen oder sich sagen zu lassen [...]

Wo die Musik geliebt wird, steht der Tanz auch gewiß in keinem geringen Grad der Achtung; auch ist er ein wesentliches Stück von den Winter- und Sommervergnügungen Leipzigs, und es ist beinahe keine Partie de plaisir [Vergnügungspartie] gedenkbar, ohne daß sie mit Tanz beschlossen wird. Wenn etliche Familien spazierenfahren, werden gewöhnlich Musikanten bestellt, und in der schönsten Gegend sperrt man sich in einen Saal ein und tanzt. Wenn junge Leute die Dörfer besuchen, lockt sie gewiß meist alle der Tanz [...] Im Winter gibt's denn in der Stadt häufige Bälle, teils zwischen geschlossenen Gesellschaften, teils an öffentlichen Orten, wo alles durcheinander tanzt, was zu tanzen Lust hat, und wo oft auch in den Nebenstuben, auf den Treppen, hinter den Türen und an andern Orten etwas mehr als *getanzt* wird.

Unter den geschlossenen Bällen hat der Große Ball auf dem Gewandhaus den ersten Rang. Hier tanzt die große Welt [...] Andre geschlossene Tanzgesellschaften haben die Kaufleute, Kaufdiener, Studenten, ja sogar auch Bedienten – Markthelfer und Schneidergesellen, die alle, vom Dämon des Tanzes besessen, ihre Feinsliebchen zusammenschleppen und bei Wein, Kaffee und Punsch – denn der edle Punsch ist hier schrecklich in

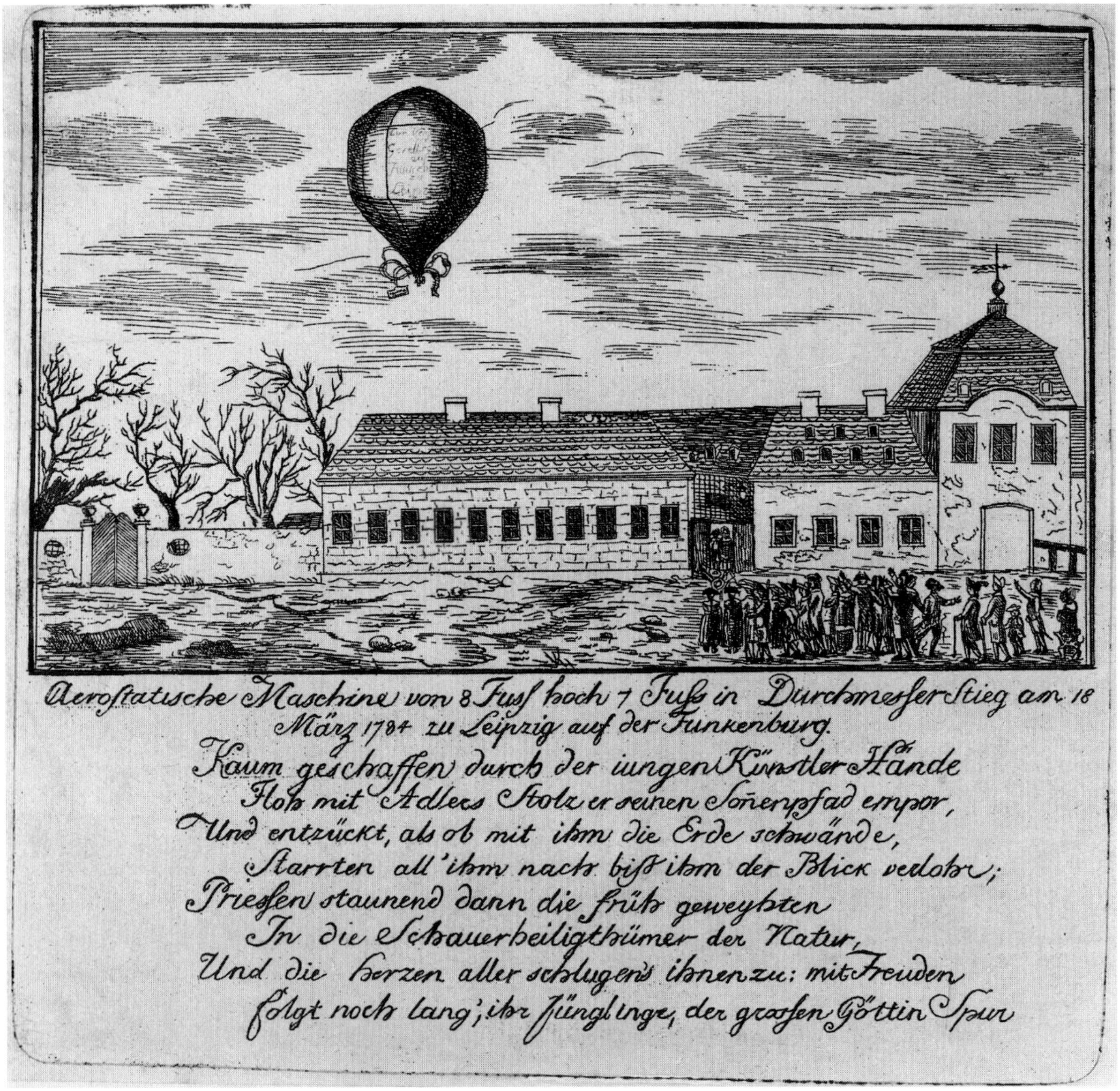

310 Ballonaufstieg an der Funkenburg (heutige Funkenburgstraße). Radierung. 1784

Mißbrauch gekommen – sich eine frohe Nacht machen.

Detlev Prasch: Vertraute Briefe über den politischen und moralischen Zustand von Leipzig. a. a. O. S. 171ff.

Musikinstrumente der Thomasschule. 3. Juli 1789 Habe zufolge erhaltenen Auftrags auf der Thomasschule die zu gedachter Schule gehörigen, daselbst in IV. Klasse aufbewahrten und verschlossenen musikalischen Instrumente, als ein Positiv von 8 Registern, von dem Orgelbauer Schweinefleisch im Jahre 1771 erbaut; sechs ausgelegte Violinen mit sechs Schraubenbogen, mit 1, 2, 3, 4, 5, 6 numeriert, in drei verschlossenen Futteralen; vier alte Violinen mit vier Schraubenbogen, mit 7, 8, 9, 10 numeriert; drei alte Violinen, worunter zwei alte gute ausgelegt sind, alle mit Schraubenbogen, mit 11, 12, 13 numeriert; zwei Violoncelli nebst zwei Bogen ohne Schrauben; zwei Violons, wozu ein Bogen mit und der andere ohne Schraube gehörig; vier eiserne Haken an die langen Pulte und zwölf hölzerne Dämpfer auf die Violinen, von dem zeitherigen Kantor, Herrn Johann Friedrich Doles, im Beisein des neuen Kantors, Herrn Johann Adam Hiller, übernommen, selbige letzterem, Herrn Hiller, übergeben, und hat dieser deren richtige Übergabe durch seine eigne Unterschrift dieser darüber abgefaßten Registratur bekennet [...]

Stadtarchiv Leipzig: Stift VIII B, Nr. 12, Bl. 8f.

311 Leipziger Volkstypen (Händlerinnen und Händler mit Borsdorfer Äpfeln, Heidelbeeren, Kirschen sowie Fischen und Krebsen). Kolorierte Kupferstiche von Johann Salomo Richter. 1791

Aus Briefen des russischen Schriftstellers Nikolai Michailowitsch Karamsin. Juli 1789 [15. Juli:] Die eigentliche Stadt ist gar nicht groß; aber mit den Vorstädten, die auch mehrere Gärten enthalten, nimmt sie einen ziemlichen Bezirk ein. Die Lage Leipzigs ist nicht so malerisch wie die von Dresden; denn es liegt mitten in einer großen Ebene. Da aber diese Ebene sehr gut bestellt und mit Feldern, Gärten, Lustwäldern und Dörfern, in zierlicher Abwechslung, bedeckt ist, so findet das Auge mannigfaltige Veränderungen und ermüdet nicht leicht. Die Lage Dresdens ist herrlich und die von Leipzig artig. Jene kann man mit einem Frauenzimmer vergleichen, bei welcher jeder auf den ersten Blick ausruft: Was für eine Schönheit! Und diese ist einem Mädchen gleich, die jedermann gefällt, aber nur nach und nach, die alle einstimmig loben, nur ohne Begeisterung, und von welcher man mit einer stillen und angenehmen Bewegung der Seele sagt: Sie ist reizend!

Die Häuser sind hier ebenso hoch als in Dresden; sie haben größtenteils vier Stockwerke. Die Straßen sind gar nicht breit, und es ist gut, daß man nicht viel in Kutschen fährt, sonst müßten die Fußgänger befürchten, unter die Räder zu kommen. Noch habe ich in Deutschland keine so volkreiche Stadt gesehen wie Leipzig. Der Handel und die Universität locken eine Menge Fremde hierher [...]

[16. Juli:] Heute morgen wohnte ich den ästhetischen Vorlesungen Platners bei [...] Ein Riesensaal war so vollgestopft mit Zuhörern, daß kein Apfel zur Erde konnte. Ich fand kaum noch Platz unter der Tür. Platner stand schon auf dem Katheder und sprach. Alles war still und aufmerksam. Nicht das geringste Geräusch verhinderte die Stimme des Dozenten, sich im ganzen Saal auszubreiten. So weit ich von ihm stand, so verlor ich doch kein Wort [...] Platner spricht so freimütig und unbefangen, als wäre er in seinem Kabinett, und ebendeswegen gefällt er so. Alle Zuhörer, soviel ich bemerken konnte, hörten ihm mit der größten Aufmerksamkeit zu. Auch sagt man, daß kein Professor in Leipzig von den Studenten so geliebt und geehrt wird als Platner. Als er das Katheder verließ, machten sie ihm wie einem König einen geräumigen Weg bis zur Tür frei [...]

Man sagt, daß der Aufenthalt in Leipzig sehr angenehm ist, und ich glaube es. Einige der hiesigen reichen Kaufleute geben oft Diners, Soupers, Bälle und so weiter. Die jungen Stut-

312 Roßplatz. Aquarell von Christian Gottfried Heinrich Geißler. Um 1800

zer aus der Zahl der Studenten erscheinen bei solchen Gelegenheiten in ihrem Glanze. Man spielt Karten, man tanzt, man schneidet die Cour [macht den Damen den Hof] wie überall bei diesen Festen. Außerdem gibt es noch besondere gelehrte Gesellschaften oder Klubs; da unterhält man sich von gelehrten und politischen Neuigkeiten, beurteilt Bücher und so weiter. Auch ist ein Theater hier. Nur reist die Schauspielergesellschaft den Sommer über nach anderen Städten und kommt erst im Herbst zur Michaelismesse wieder zurück nach Leipzig. Wer gern spazierengeht, findet rings um Leipzig die angenehmsten Lustorte. Wer gern seinem Gaumen etwas zugute tun will, hat hier die außerordentlich schmackhaften Lerchen, die köstlichen Kuchen, den herrlichsten Spargel und eine Menge Früchte, vorzüglich Kirschen, die sehr gut und jetzt so wohlfeil sind, daß man für zehn Kopeken eine ganze Schüssel voll bekommt. Überhaupt ist es in Sachsen wohlfeil zu leben. Für den Tisch, den Wein nicht mitgerechnet, bezahle ich ungefähr dreißig Kopeken und ebensoviel täglich für das Zimmer; und dies waren auch die Preise in Dresden.

313 Eselsplatz mit Roßmühle (Mitte) und Burse (Studenteninternat) ›Zum Fuchszagel‹ (rechts) an der Ritterstraße. Aquarell. 19. Jahrhundert

Fast auf jeder Straße findet man mehrere Buchläden, und doch werden die Leipziger Buchhändler reich, worüber ich mich wundere. Zwar sind viele Gelehrte hier, die Bücher brauchen; aber dies sind größtenteils Schriftsteller oder Übersetzer, die den Buchhändler, wenn sie sich eine Bibliothek anschaffen, nicht mit Geld, sondern mit Manuskripten bezahlen. Überdies gibt es in jeder deutschen Stadt von einiger Bedeutung öffentliche Lesebibliotheken, aus welchen man für geringes Geld Bücher aller Arten zum Lesen erhalten kann. –

Aus ganz Deutschland versammeln sich hier die Buchhändler auf den Messen, deren jährlich drei gehalten werden, nämlich zum Neujahr, zu Ostern und zu Michaelis, um ihre neuen Verlagsartikel miteinander zu tauschen. Für ehrlos werden diejenigen unter ihnen gehalten, die in ihren Druckereien fremde Bücher nachdrucken und dadurch den rechtmäßigen Verlegern, die das Manuskript von dem Verfasser kauften, Schaden verursachen. Deutschland, wo der Buchhandel so wichtig ist, bedarf über diesen Punkt besonderer und strenger Gesetze. Vielleicht wünscht Ihr zu wissen, wie die Schriftsteller von den Buchhändlern bezahlt werden? – Dies kommt auf die Berühmtheit des Verfassers an. Ist er dem Publikum noch nicht von einer vorteilhaften Seite bekannt, so erhält er für den Bogen kaum mehr als zwei Taler; hat er aber schon einen gewissen Ruf, so wird ihm der Bogen wohl mit acht bis zehn Talern bezahlt […]

[17. Juli:] Den heutigen Abend habe ich sehr angenehm zugebracht. Gegen sechs Uhr führte mich Herr Melly in einen Garten vor der Stadt. Wir fanden eine Menge Menschen da, Studenten und Philister. Einige saßen im Schatten der Bäume und lasen oder hatten wenigstens ein Buch in der Hand, sie würdigten die Vorübergehenden keines Blicks. Andere saßen tabakrauchend im Kreise und schützten sich vor den Strahlen der Sonne durch dicke Rauchwolken, die kräuselnd in die Höhe stiegen und sich über ihren Köpfen sammelten. Noch andere spazierten mit Damen am Arm in dunklen Alleen. – Die Musik ertönte unaufhörlich; und dafür sammelte ein Mensch, der mit einem Teller herumging, beliebige Beiträge von den Anwesenden […] Wir blieben bis um Mitternacht da; dann kehrten wir zusammen in die Stadt zurück. Die Tore waren schon geschlossen, und wir mußten jeder etliche Kopeken bezahlen, daß man sie öffnete. Denn in Leipzig ist das Gesetz: Entweder kehre beizeiten in die Stadt zurück, oder bezahle Strafe.

Nikolai Michailowitsch Karamsin: Briefe eines russischen Reisenden. Berlin 1977. S. 130ff.

314 Johann Gottlob Immanuel Breitkopf. Radierung von Jakob Mangot. Um 1790

Ueber
die Geschichte
der
Erfindung der Buchdruckerkunst.
Bey Gelegenheit
einiger neuern darüber geäußerten besondern Meynungen.
Nebst
der vorläufigen Anzeige des Inhaltes
seiner
Geschichte
der Erfindung der Buchdruckerkunst.
Von
Johann Gottlob Immanuel Breitkopf.
BIBL. UNIVERS. LIPS.
donatione Joh. Gottlob. Boehmii
Leipzig,
gedruckt bey J. G. I. Breitkopf, 1779.

315 Titelblatt eines wissenschaftlichen Werkes von Johann Gottlob Immanuel Breitkopf. 1779

Aufruhr von Maurergesellen. 11. September 1792 […] geruhen hochgeneigtest sich von uns, den Ober- und andern Meistern der hiesigen Maurerinnung, gehorsamst vorstellen zu lassen, daß gestrigen Tages, als das Quartal [vierteljährliche Innungsversammlung] gewöhnlichermaßen auf der Herberge im ›Goldnen Beil‹ allhier gehalten werden sollte, ein Geselle namens Johann Carl Heinrich unter Beitritt dreier anderer von ihm aufgewiegelter Gesellen, als Johann Jacob Scheit, Johann Schulze und Friedrich Grössel, bei offener Lade [Zunfttruhe] und versammelter Innung äußerst strafbar sich aufgeführt. Denn als wir durch den Handwerksschreiber gewöhnlichermaßen die Namen verlesen ließen, drängten Heinrich und Kons[orten] sich an uns an, mit dem Geschrei, er habe auch etwas zu reden, und bedrohte uns sogar mit Tätlichkeiten, und als ich, der Obermeister, ihm seine strafbare Aufführung zu Gemüte führte und denselben zur Ordnung und einem vernünftigen artikelsmäßigen Betragen anermahnte, äußerte derselbe, er verstehe mehr als wir und wisse auch, was dazugehört, setzte auch sein wütendes Geschrei so heftig fort, daß wir, um größeren Mißhandlungen auszuweichen, uns genötigt sahen, das Verlesen einzustellen, die Lade zu schließen, die Versammlung aufzuheben und uns […] schleunigst wegbegeben mußten.

Dieses strafbare Beginnen wollen wir hiermit [dem Rat der Stadt] untertänig gehorsamst anzeigen und bitten, Heinrich und die von ihm aufgewiegelten obbenannten Konsorten des fördersamsten vernehmen zu lassen, nachdrücklich zu bestrafen und selbige zu Leistung einer Abbitte vor versammelter Innung, sowohl zum Ersatz aller hierunter verursachten Kosten, nicht minder zu einem gesitteten und artikelsmäßigen Betragen gegen uns anzuhalten.

Wir hoffen die schleunigste Gewährung unserer gehorsamsten Bitte um so gewisser, da wir sonst, wenn diesem aufrührischen Beginnen nicht Einhalt geschieht, an Haltung einer Handwerksversammlung gänzlich behindert sind und eine schonende Nachsicht die gefährlichsten Folgen befürchten läßt […]

Stadtarchiv Leipzig: II. Sektion, M Nr. 919, Bl. 5ff.

Theaterskandal. 13. Oktober 1792 Nachdem durch eine glaubwürdige Person anhero versichert worden, daß am 18. September in dem Schauspielhaus bei Aufführung des Brandesischen [von Johann Christian Brandes verfaßten] Lustspiels ›Gutherzigkeit und Eitelkeit‹ in 5 Aufzügen schon beim Anfang des dritten Aufzugs eine Anzahl junger Leute […], sämtlich der Kaufmannschaft Zugetane, sich bemüht hätten, mehrere anzuwerben, um dieses Stück fallend zu machen, sie auch so weit gebracht hätten, daß anfänglich ein merkliches Geräusch entstanden und am Ende dieses Lustspiel förmlich ausgepocht worden, so ist dieses nachrichtlich anhero so wohl, daß der Schauspieler, Herr Thering, über diesen Vorgang nachhero geäußert, man wisse sehr gut, daß dieser Lärm von einem hergerührt, der etwas nach Frankreich hineingeguckt hätte [gemeint ist die Französische Revolution von 1789], und daß daher derselbe wohl mehr Auskunft geben könnte, bemerkt worden.

Stadtarchiv Leipzig: Titel VII C, Nr. 110, Bl. 2

Johann Gottlob Immanuel Breitkopf über Buchdruckerei und Buchhandel in Leipzig. 1793 Der jetzt in Leipzig sich befindende Flor der Buchdruckerei und der Stapel des Buchhandels sind nicht durch Zufall, nicht durch Gelegenheit der Warenmesse entstanden, sondern sie sind ein Werk von 300 Jahren und eine Folge des nach und nach zugenommenen Flors der Wissenschaften in Sachsen: Und die Anzahl der Druckereien und das Übergewicht des Buchhandels wuchs in ebendem Verhältnis in Leipzig, als Sachsen überhaupt das Übergewicht über den vormals im Vorderndeutschland [Süddeutschland] gewesenen Sitz der Wissenschaften erhielt […] Seit dieser Zeit ist die Anzahl der Pressen in Leipzig bis auf 78 gestiegen, welche auf 350 Arbeiter unterhalten können, wenn sie gehörig mit Arbeit unterstützt werden.

Wie vorteilhaft diese Lage des Buchhandels und der Buchdruckerei in Leipzig für das Land überhaupt sein müsse, ist daraus leicht zu berechnen, daß zum Umtrieb dieser Geschäfte, nur allein für Leipzig, jährlich gegen 6000 Ballen Papier nötig sind, wodurch wenigstens 30 Papiermühlen im Land in Arbeit und Nahrung gesetzt werden. Den Mittelpreis dieser in so mancherlei an Größe und Wert verschiedenen Sorten Papier nur zu 12 Rthlr. [Reichstaler] gerechnet: So bringen sie dem Land wenigstens 72000 Rthlr. und durch die darunter befindlichen Schreibpapiere mit einiger Erhöhung dieses Preises 80000 Rthlr. und mehr ein, davon 2/3 sicher vom Ausland gezogen werden.

Journal für Fabrik, Manufaktur und Handlung. Leipzig 1793. Bd. 5, S. 1ff.

316 Der Antiquar. Aquarell von Georg Emanuel Opiz. Um 1820

Aus der Ratsverordnung über die An- und Abmeldung von Gästen. 11. März 1793
[...]

1. Jedweder Wirt, der Fremde aufnimmt oder beherbergt, soll sofort nach erfolgter Ankunft eines Fremden, der bei ihm zu übernachten gedenkt, es mag nun derselbe sich nur einen oder mehrere Tage und Wochen zu Leipzig aufhalten wollen, selbigem einen in gewisse, mit Überschriften versehene Kolumnen abgeteilten Zettel vorlegen und ihn ersuchen, in deutscher Sprache oder aber, wenn er deren nicht kundig, in französischer Sprache seinen vollständigen Tauf- und Geschlechtsnamen, ingleichen seine Bedienung, seinen Charakter oder sein Gewerbe, das Land und den Ort, wo er herkommt, die Anzahl der bei sich habenden Personen, die Gelegenheit, mit der er nach Leipzig gekommen, und die Zeit, die er ohngefähr daselbst zu bleiben gedenke, in die Kolumne, wohin jedes gehört, eigenhändig einzuzeichnen. Dafern derselbe sich dessen weigern sollte, so hat der Wirt ihm zwar auf die glimpflichste und bescheidenste Art, daß solches höchsten Orts anbefohlen sei und in der Stadt durchgängig in dieser Maße beobachtet werden müsse, vorzustellen, bei fernerer Verweigerung aber sofort bei der Obrigkeit davon Anzeige zu tun. Auch ist dieser Zettel sodann von dem Wirt selbst mit Hinzufügung des Tages und der Jahreszahl eigenhändig zu unterschreiben.

2. Unter dem Namen eines Fremden wird jeder verstanden, der nicht wesentlich in der Stadt wohnhaft ist und entweder von einem andern auswärtigen oder inländischen Ort an demselben Tag nach Leipzig gekommen oder bereits in einem andern Hotel oder Gasthof gewohnt und seine Wohnung verändert hat. Es macht hierbei weder dessen vornehmer oder geringer Stand noch die Art und Weise, wie er eingetroffen ist, einen Unterschied, und es ist also völlig einerlei, ob letzteres mit Extrapost oder mit einem ordentlichen Postwagen, mit einer Lohnfuhre oder mit eigener Gelegenheit, ingleichen zu Pferd oder zu Fuß geschehen sei, wie denn diese Vorschrift auch in Absicht auf bloße Fußgänger und in den geringsten Gasthöfen und Herbergen beobachtet werden soll, jedoch mag der Reisende, im Fall er des Schreibens nicht kundig wäre, die ihm vorgelegten Fragen bloß mündlich beantworten, und es hat solchenfalls der Wirt unter seiner eigenen Unterschrift das Nötige aufzuzeichnen.

3. Die binnen vierundzwanzig Stunden gesammelten und von dem Wirt selbst unterschriebenen Zettel hat dieser letztere, ohne einen einzigen davon zurückzuhalten, jedesmal des Abends, und zwar im Sommer um acht Uhr und im Winter um sechs Uhr, bei der Ratsstube einzureichen oder durch einen seiner Leute, auf den er sich vorzüglich verlassen kann, einreichen zu lassen und dabei eine solche Genauigkeit und Ordnung zu beobachten, daß, wenn über kurz oder lang über den Namen oder den Aufenthalt eines bei ihm eingekehrten und von ihm aufgenommenen Fremden Frage entsteht, dieser Zettel nachgesehen werden könne und bei dessen Zusammenhaltung mit dem Torzettel und sonst keine Unrichtigkeit wahrgenommen werde.

4. Bei dem Abgang eines Fremden, es sei nun, daß er gänzlich von Leipzig abreise oder nur seine Wohnung in hiesiger Stadt verändere, ist derselbe in dem erstern Fall, wohin er zu reisen gedenke, und im letztern, in welchen Gasthof oder in welches Privathaus er ziehe, zu befragen, und solches, ingleichen mit was für Gelegenheit und an welchem Tag er abgereist sei, auch wie lange er sich aufgehalten, ist von dem Wirt anzumerken und von den binnen vierundzwanzig Stunden abgegangenen Fremden jedesmal des Abends, bei Abgabe der Ankunftsanzeigen oder Meldungszettel, ein vollständiges Verzeichnis unter seiner Unterschrift und mit Hinzufügung des Tages und der Jahrzahl an der Ratsstube abzugeben [...]

Stadtarchiv Leipzig: Titel L, Nr. 19

Der Rat der Stadt verbietet aufrührerische Reden und Schriften. 20. März 1793 Vermöge eines gemessenen Befehls, welchen Ihro kurfürstliche Durchlaucht, unser gnädigster Herr, an uns erlassen haben, werden alle und jede anherokommenden Fremden zu einem ruhigen, den hiesigen Landesgesetzen gemäßen Betragen in Reden und Handlungen hierdurch ernstlich anermahnt, unter der Verwarnung, daß wider diejenigen, welche dieser Ermahnung nicht Folge leisten, sondern durch aufrührerische Reden, durch Verbreitung gefährlicher und aufrührerischer Schriften oder sonst auf andere Art die öffentliche Ruhe zu stören versuchen werden, unausbleiblich [...] werde verfahren werden.

Tausend Jahre deutscher Vergangenheit [...]. Bd. 2. a. a. O. S. 22

317 Dreisprachiger Prospekt des Hôtel de Bavière in der Petersstraße/Ecke Preußergäßchen mit Entfernungsangaben deutscher und ausländischer Städte in Reisestunden. Zweite Hälfte des 18. Jahrhunderts

318 Reisetasche mit Stickerei. Mitte des 19. Jahrhunderts

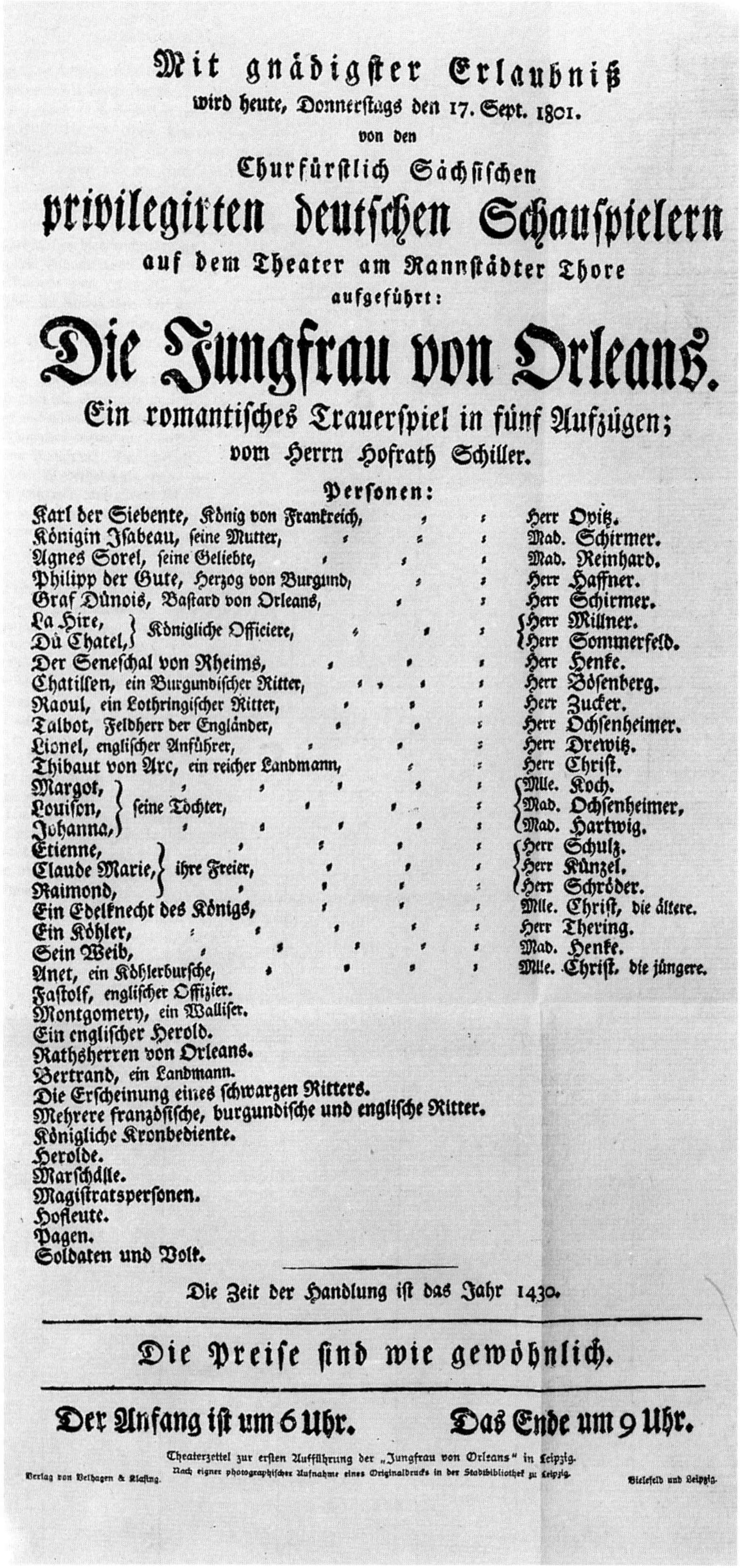

Mit gnädigster Erlaubniß
wird heute, Donnerstags den 17. Sept. 1801.
von den
Churfürstlich Sächsischen
privilegirten deutschen Schauspielern
auf dem Theater am Rannstädter Thore
aufgeführt:

Die Jungfrau von Orleans.

Ein romantisches Trauerspiel in fünf Aufzügen;
vom Herrn Hofrath Schiller.

Personen:

Karl der Siebente, König von Frankreich,	Herr Opitz.
Königin Isabeau, seine Mutter,	Mad. Schirmer.
Agnes Sorel, seine Geliebte,	Mad. Reinhard.
Philipp der Gute, Herzog von Burgund,	Herr Haffner.
Graf Dünois, Bastard von Orleans,	Herr Schirmer.
La Hire, } Königliche Officiere,	Herr Millner.
Dû Chatel, }	Herr Sommerfeld.
Der Seneschal von Rheims,	Herr Henke.
Chatillon, ein Burgundischer Ritter,	Herr Bösenberg.
Raoul, ein Lothringischer Ritter,	Herr Zucker.
Talbot, Feldherr der Engländer,	Herr Ochsenheimer.
Lionel, englischer Anführer,	Herr Drewitz.
Thibaut von Arc, ein reicher Landmann,	Herr Christ.
Margot, }	Mlle. Koch.
Louison, } seine Töchter,	Mad. Ochsenheimer.
Johanna, }	Mad. Hartwig.
Etienne, }	Herr Schulz.
Claude Marie, } ihre Freier,	Herr Künzel.
Raimond, }	Herr Schröder.
Ein Edelknecht des Königs,	Mlle. Christ, die ältere.
Ein Köhler,	Herr Thering.
Sein Weib,	Mad. Henke.
Anet, ein Köhlerbursche,	Mlle. Christ, die jüngere.

Fastolf, englischer Offizier.
Montgomery, ein Walliser.
Ein englischer Herold.
Rathsherren von Orleans.
Bertrand, ein Landmann.
Die Erscheinung eines schwarzen Ritters.
Mehrere französische, burgundische und englische Ritter.
Königliche Kronbediente.
Herolde.
Marschälle.
Magistratspersonen.
Hofleute.
Pagen.
Soldaten und Volk.

Die Zeit der Handlung ist das Jahr 1430.

Die Preise sind wie gewöhnlich.

Der Anfang ist um 6 Uhr. Das Ende um 9 Uhr.

Theaterzettel zur ersten Aufführung der „Jungfrau von Orleans" in Leipzig.
Nach eigner photographischer Aufnahme eines Originaldrucks in der Stadtbibliothek zu Leipzig.
Verlag von Velhagen & Klasing. Bielefeld und Leipzig.

319 Programmzettel zur Aufführung von Friedrich Schillers ›Jungfrau von Orleans‹ im Alten Theater. 1801

Verkauf billiger Gipsfiguren durch italienische Hausierer. 15. März 1794 Unter den außer der Messe hausierenden Personen sind zeither immer die Italiener, die mit kleinen Gipsfiguren hausieren gehen, geduldet worden. Sonst sind diese Leute nur sparsam, besonders außer der Messe, hergekommen, allein jetzt hat sich auf einmal eine größere Anzahl eingefunden, da eben jetzt im ›Schwan‹ vor dem Grimmischen Tor zwei angekommen, deren jeder zwei Leute hausieren schickt.

Diese Leute, wie sich auf beschehenes Ausfragen ergeben, haben selbst wenig Kunstkenntnis, sondern machen ihre Arbeiten nach Formen, die sie öfters weither erhalten, und da sie größtenteils arm sind und auf Reisen nicht viel mit sich nehmen können, muß ein Stück so lange aushalten, als nur möglich ist, die Abdrücke fallen so schlecht aus, als sie wollen. So versicherte einer, die Formen von zwei Statuen des Shakespeare und Milton aus Frankreich vor der Revolution [von 1789] erhalten zu haben und diese noch dazu mit mehr andern. Auf große Figuren können sie sich zwar nicht einlassen, weil die Formen dazu sich nicht gut transportieren lassen, allein die kleinern und daher wohlfeilern finden eine größere Menge Abnehmer, und dieser Leute bekannte Betriebsamkeit weiß sie überall zu verbreiten; bessere Kunstwerke werden durch dergleichen Pfuschereien verdrängt, und das Zutrauen des Publikums zu Leipziger Kunstwaren sinkt. Hinzu kommt noch, daß manche hiesige geringe Einwohner, die etwa bei Arbeiten in Gips gebraucht werden und die auch nicht einmal das natürliche Kunstgeschick jener Italiener haben, sich unter der Hand mit solchen Arbeiten abgeben.

Diese Umstände veranlassen E. E. Hochw. Rats Einnahmestube zu folgender gehorsamsten Anfrage: Ob diesen Leuten überhaupt das Hausieren gestattet werden soll oder ob, weil sie an einigen Expeditionen auf der Waage- und Generalakzise nicht ohne Unkosten ihre Waren erst zum Eingang zu vergeben pflegen, ehe sie zur Einnahmestube kommen, ihnen in diesem Falle einige Tage, jedoch nicht länger, zu gestatten, und ob hiesigen Einwohnern das Hausieren mit Gipswaren außer der Messe zu gestatten?

Stadtarchiv Leipzig: Titel LIV, Nr. 29

Der Rat der Stadt kauft das Schauspielhaus am Ranstädter Tor. 4. April 1796 [...] Nämlich es verkauft erwähnte Frau Johanne Henriette verwitwete Zehmisch das seit der am 10. Oktober 1778 erfolgten Lehnsreichung [Übereignung] ihr eigentümlich zuständige, am Ranstädter Tor allhier gelegene Schauspielhaus nebst allen dabei befindlichen Angebäuden und dem dasselbe umgebenden, von der Brücke des Ranstädter Tores an bis zur Hallischen Pforte sich erstreckenden Garten, sowohl mit den vorhandenen Dekorationen und Gerätschaften, auch überhaupt mit allen Zubehörungen, nichts davon ausgeschlossen, wie alles steht und liegt, mit allem, was erd-, wand-, band-, niet-, mauer-, nagel- und wurzelfest ist, nicht minder mit allen Nut-

320 Figurinen zu Wolfgang Amadeus Mozarts ›Zauberflöte‹.
Kolorierte Kupferstiche. Um 1796

zungen und Beschwerungen, an E. E. Hochweisen Rat der Stadt Leipzig um und für sechzehntausend Taler [...]

Stadtarchiv Leipzig: Titel XXIV A, Nr. 18, Bl. 3f.

Beschlagnahme unliebsamer Schriften. 28. November 1798 Zufolge erhaltenen Auftrags habe dato das in vorstehendem gnädigsten Befehl erwähnte ›Philosophische Journal einer Gesellschaft teutscher Gelehrter‹, herausgegeben von Johann Gottlieb Fichte und Friedrich Immanuel Niedhammer, bei sämtlichen hiesigen Buchhändlern unter Bekanntmachung des eingegangenen gnädigsten Befehls aufgesucht und dann von dem angegebenen 1sten und 2ten Stück bei nachfolgenden Buchhändlern, als bei 1. Herrn von Kleefeld 3 Exemplare vom 1sten und 8 vom 2ten, bei Herrn Reinicke und Hinrichs 2 Exemplare vom 1sten und 2 vom 2ten wie auch bei Herrn Grieshammer 1 Exemplar vom 1sten Stück, sonst aber bei keinem einzigen weiter etwas vorgefunden; inmaßen zwar mehrere von ihnen, wie sie vorgaben, von jedem Stück, wann [wenn] es herauskomme, für ihre auswärtigen Besteller zugeschickt erhielten, solches aber jedesmal auch bald nach dem Empfang wiederum von hier abschickten und mithin keines anitzo besäßen. Hiernächst gab der Buchhändler Beygang zu vernehmen, wie daß er auch zwei Exemplare von diesen angezeigten zwei Stükken in seinem [Lese-]Museo [Leihbücherei] habe, beide aber gegenwärtig nicht zu Hause wären. Wannenhero ich [der Bücherinspektor] ihm bedeutete, selbige sofort den Innehabern abfordern zu lassen und sie sodann bei der Ratsstube [zur Beschlagnahme] einzureichen. Übrigens wird dieses Journal nach der Versicherung sämtlicher Buchhändler, obgleich auf dem Titel Leipzig mit erwähnt wird, weder hier noch in hiesigen Landen, sondern in Jena gedruckt und also auch dort zensiert und von Jena aus ihnen solches stückweise zugeschickt [...]

Stadtarchiv Leipzig: Titel XLVI, Nr. 54, Bl. 2

321 Die Nacht. Kolorierter Kupferstich von Johann Friedrich August Clar, nach einer Zeichnung von Georg Emanuel Opiz. Um 1825

Messelast und -lust. 1799 Die vielen hier anwesenden Messverkäufer, die aufgeschlagenen Butiken, Kramläden und Stände sowie das unaufhörliche und bis in die späteste Nacht fortwährende Unwesen, welches durch die Schleifen [schlittenartigen Transportmittel] deutscher, polnischer, russischer und griechischer Kaufleute verursacht wird, machen zwar das sonst öde und tote Leipzig im ganzen um einen großen Teil lebhafter und, wenn Du willst, angenehmer, im Gegenteil aber auch um ein Merkliches enger und, mir wenigstens, odiöser [unausstehlicher].

Du glaubst gar nicht, wie sehr man in dem tollen Gedränge sich vorsehen muß; wie nötig es ist, auf seine Uhr, Börse und Schnupftücher ein stets wachendes Auge zu haben, und wie ratsam es selbst dem fürsichtigsten Mann wird, in einem Augenblick sich wenigstens viermal umzusehen, wenn er nicht zuweilen Gefahr laufen will, derbe Rippenstöße zu erhalten, von einherrollenden Wagen umgefahren zu werden [...]

Allzuweit sind ohnedem die Straßen in Leipzig nicht, mache Dir also eine Idee, wieviel Platz da sein kann, wo zwischen einem Raum von vierzehn Ellen (denn so breit sind zirka die meisten Straßen) noch zwei Budenleute einander gegenüberstehen, deren Behältnisse beide zusammengenommen doch immer auch eine Breite von acht Ellen ausmachen, und rechne für jeden derselben noch eine Elle, die gewiß die um ihn herumstehenden Käufer und Gaffer ausfüllen, hinzu, so hast Du in Summa eine Straße, wo in einem Zwischenraum von nicht mehr als vier Ellen Vieh, Menschen und Esel bequemlich wandeln sollen.

Zwar, und das wird man mir einwenden, ist noch einiger Platz hinter den Buden obengerühmter Kaufleute, und dieser führt gerade unter der Dachtraufe hinweg; allein um alles in der Welt, lieber Baron, mag ich diesen Weg nicht einschlagen, denn selbst die Tropfen, welche von den Dächern der Häuser herabträufeln, abgerechnet, so findest Du noch überdem auf und an diesem Weg, hinter und zwischen den nahe stehenden Buden die unverkennbarsten und sichtlichsten Beweise von der guten Verdauungskraft der Leipziger Messfremden [...]

Hier ist also kein anderer Ausweg: Entweder mußt Du während der Messe gänzlich auf das Straßengehn Verzicht tun oder mit Hintansetzung aller Bequemlichkeit Deinen raschen Schritten eine Beinschelle anlegen und hinter Karren und Schleifen so langsam und bedächtig einhergehen wie ein schwarzer Leichenbedienter bei der Prozession an der Kutsche oder mußt wenigstens die hereinbrechende Nacht und ihre Schatten erwarten, wo Dir dann keine Schleife und kein polnisch Pferd den Weg mehr vertreten, sondern höchstens etwa ein girrendes Täubchen durch Husten und freundliches Zusprechen in sein dunkles Nestchen Dich einladet [...]

Ich komme auf ein Hauptprodukt, das ganz vorzüglich die Leipziger Messen verschönert, auf die Legion in- und ausländischer, schöner und minder schöner, geputzter und zerrissener, parfümierter und barfüßiger, reiner und angesteckter Freudenmädchen, welche alle nach Standes Gebühr und Würden sich bemühen, junge und alte Wollüstlinge in ihre Venuswinkel einzuladen.

Oh, lieber Baron, so viel niederträchtige Geschöpfe und verworfene Mädchen jeder Art wirst Du wohl nie antreffen als zur Zeit der Messe in Leipzig. Die meisten derselben kommen aus unserm lieben Berlin, aus Dresden, Frankfurt, Dessau, Halle, Jena, kurz, aus allen Teilen der Welt versammelt sich diese giftige Brut. Abends wimmelt's auf den Straßen von diesen Freudennymphen in Korsetts und Saloppen [schlampigen Kleidern]. Da steht eine an der Ecke und gibt mit einem hämischen Husten oder einem freundlichen ›Guten Abend‹ die Losung. Wer sich will finden lassen, gibt Antwort, der Handel ist fertig. Nun kriecht man mit dem artigen Schäfgen in einen nahen Winkel oder meldet sich auf dem Markt bei den Wächtern der Buden, diese öffnen die Tür einer Butike, man schlupft hinein, und der Kampf der Liebe beginnt.

Weit bequemer noch kann man sich Lage und Stellung vor dem Peterstor machen, wo eine Reihe von Kutschen und niedlichen Wiener Chaisen [leichten, mit Verdeck versehenen Wagen für zwei Personen] dasteht, welche die Stellmacher den Tag über zum Verkauf ausbieten; auch bei diesen wachen gedungene Mietlinge, an welche man angeht und sich dann zu seinem Minnespiel für zween Groschen den besten und weichgepolstertsten Wagen ausersehen kann, wo Nacht und Stille das Vordringen des kleinen Amors befördern und der Lose sich dann doppelt brüstet, auf vier Rädern eine Lanze zu brechen. So ganz sans gêne [zwanglos] kann man hier sein Mütchen kühlen, und ungescheut der Vorübergehenden wackelt die verschwiegene Kutsche, in welcher eben zwei in einem Fleiße sind.

August Maurer: Leipzig im Taumel. Nach Originalbriefen eines reisenden Edelmanns. Leipzig 1799. S. 20ff.

322 Messeszenen (›Die Koppelpferde‹ und ›Die Buden‹). Kolorierte Kupferstiche von Georg Emanuel Opiz. Um 1825

Der Rat der Stadt kündigt die Eröffnung einer allgemeinen Bürgerschule an. 2. Juni 1803 Es ist nunmehro alles in die Wege geleitet worden, daß zu Michael[is] [29. September] dieses Jahres, alsbald nach geendigter Messe, zur Eröffnung einer allgemeinen Bürgerschule in dem völlig ausgebauten Flügel des Gebäudes auf der Moritzbastei verschritten werden kann.

Wie nun solches den Innungen, die bereits vor mehreren Jahren um Anlegung einer dergleichen Bürgerschule angelegentlichst gebeten haben, auch der gesamten Bürgerschaft allhier andurch bekanntgemacht wird, also werden diejenigen Eltern, welche ihre Kinder auf so[ge]tanem [so beschaffenem] Unterricht, der sich vorzüglich auf Religion, Schreiben, Rechnen, Zeichnen, Erdbeschreibung, Naturkunde, Historie, insonderheit Vaterlandsgeschichte, auch in der Folge auf Technologie und überhaupt auf alles, was zum gewöhnlichen bürgerlichen Leben nützlich und angenehm ist, erstrecken soll, gegen Erlegung eines billigmäßigen Schulgeldes Anteil nehmen zu lassen gedenken, hiermit veranlaßt, [...] auf dem Rathaus [...] die Namen und das Alter ihrer Kinder, deren Aufnahme sie wünschen, genau anzugeben [...]

Vogel: Zur festlichen Feier des fünfzigjährigen Jubiläums der ersten Bürgerschule zu Leipzig am zweiten Januar 1854. Leipzig 1853. S. 11

Erpressungsversuch. 7. Januar 1804 [...] Seit einigen Tagen unterfängt sich eine allhier zur Messe sich aufhaltende Weibsperson, welche sich die Hechelin nennt und aus Eisleben gebürtig ist, auf folgende Art eine Gelderpressung an mir [Johann Christoph Phillip aus Großröhrsdorf] zu versuchen, indem sie mich zum Vater eines bei sich habenden, dem Ansehen nach [ein]jährigen Kindes erklärt und im Falle, ich ihr nicht eine gewisse Summe bar bezahlen würde, mir solches in meine auf dem Nikolaikirchhof allhier be-

323 Bürgerschule auf der Moritzbastei (Ansicht der Parkseite). Kupferstich von Johann Jakob Wagner. 1830

stehende Bandbude [Verkaufsstand für Bänder] oder auf mein Zimmer zu setzen droht. Sie hat auch wirklich, da ich die verlangte Summe aus dem Grunde verweigert, weil sie gar keine Ansprüche diesfalls an mich zu machen hat, gestrigen Tages früh durch ein Bauermädchen und des Nachmittags durch eine gewisse Mannsperson, welche sich für ihren Ehemann ausgibt, dieses Kind mir in meine auf der hiesigen Nikolaistraße im Hintergebäude des Wendtschen Hauses befindliche Messwohnung mit Gewalt einzusetzen zwei Versuche gemacht [...]; sehe mich dahero genötigt, diese unerlaubte Konkussion [Erpressung] andurch [...] anzuzeigen [...]

Stadtarchiv Leipzig: Titel VIII, Nr. 334/1804

Maßnahmen der französischen Besatzungsmacht gegen englische Waren. 18. Oktober 1806

Proklamation.

Der General Macon, Unter-Gouverneur der Tuilerien, Kommandant der Ehrenlegion, Großkreuz des Löwen-Ordens und Kommandant der Stadt Leipzig.

Den Bankiers, Negozianten [Großhändlern] und Kaufleuten der besagten Stadt, Messieurs.

Das Glück der Waffen hat Leipzig in die Hände Napoleons des Großen gegeben. Ihre Stadt ist in Europa als eine Haupt-Niederlage englischer Waren bekannt und in dieser Hinsicht Frankreichs gefährliche Feindin. Der Kaiser und König befiehlt mir folgendes:

Art[ikel] 1. Jeder Bankier, Negoziant oder Kaufmann, welcher Fonds oder Waren aus englischen Manufakturen hat, sie mögen den Engländern oder ihm selbst zugehören, soll darüber in Zeit von 24 Stunden nach dieser gegenwärtigen Proklamation eine schriftliche Erklärung vor einer bei dem Kommandanten des Platzes etablierten Stelle einreichen.

Art. 2. Sobald diese authentischen Erklärungen eingereicht sind, sollen Haussuchungen bei denen, welche Erklärungen eingereicht und nicht eingereicht haben, vorgenommen werden, um ihre Bücher nachzuschlagen und ihre Angabe mit den Waren zu vergleichen, um sich von der Richtigkeit der gedachten Angaben zu überzeugen. Jeder dabei begangene Betrug soll militärisch bestraft werden.

Art. 3. Ingleichen soll der Stadt-Magistrat eine zuverlässige und detaillierte Erklärung über alle Militär-Magazine, sie mögen Sachsen oder Preußen zugehören, unter seiner Verantwortlichkeit abgeben, wie nicht weniger über alle Vorräte von Schießpulver, selbst diejenigen, welche sich im Handel befinden.

Art. 4. Es soll eine Kommission niedergesetzt werden, welche den Auftrag hat, übermorgen die Siegel an alle Magazine und Fonds, welche man entdeckt haben wird, anzulegen.

[...]

6ter und letzter Art. Die gegenwärtige Proklamation soll öffentlich verlesen und an allen Straßen, Ecken und Plätzen der Stadt angeschlagen werden [...]

Leipziger Zeitung. 21. Oktober 1806

324 Preußischer Jäger.
Ölfarbenmalerei auf Holz im Turm der Thomaskirche. 1813

Mitteilung des Rates der Stadt über die bevorstehende Durchreise Napoleons. 16. Juli 1807 Nachdem zufolge eingegangener Nachrichten zu vermuten steht, daß S[eine]r Majestät der Kaiser von Frankreich und König von Italien in kurzem durch hiesige Stadt reisen möchten, als wird hiervon den gesamten hiesigen Einwohnern Eröffnung getan, und zwar zugleich mit der Veranlassung, Vorkehrungen zu treffen und sich so einzurichten, daß sie an dem ihnen annoch bekanntzumachenden Abend ihre Häuser und Quartiere erleuchten können [...]

Stadtarchiv Leipzig: Titel LXI, Nr. 17

Die Ankunft des Eroberers verschlafen. 1807 In diese Zeit fällt eine Anekdote, welche damals in Leipzig den Gegenstand großer Belustigung bildete und hier eine Stelle finden möge.

Der Tilsiter Friede [9. Juli 1807] hatte dem preußisch-französischen Krieg ein Ende gemacht. Sachsen war, von der Gewalt der Ereignisse gedrängt, als Mitglied des Rheinbundes der Sache des Franzosenkaisers beigetreten, und die außerordentliche Erscheinung dieses Mannes im Zusammenwirken mit seinen Waffenerfolgen übte solch einen bedeutenden Einfluß aus, daß es an freiwilligen Bewunderern und offiziellen Ovationen nicht fehlte. Friedrich August [I.] war selbst ein aufrichtiger Verehrer des genialen Kriegsfürsten, wozu sich noch ein Gefühl der Dankbarkeit gesellte, denn zum Lohn für seine Ergebenheit war er von seinem gewaltigen Freund und Bundesgenossen zum König von Sachsen mit bedeutenden Gebietsvergrößerungen auf Kosten Preußens erhöht worden.

Napoleon kehrte aus dem Felde zurück und wurde auf der Durchreise nach Paris in Leipzig erwartet, wo das Frühstück eingenommen und umgespannt werden sollte. Der Stadtrat von Leipzig glaubte daher, den Beifall der sächsischen Regierung zu erwerben, wenn er dem großen Eroberer und Freund König Friedrich Augusts eine glänzende Huldigung darbrächte. Demzufolge wurde eiligst und schleunigst vor dem Grimmaischen Tor eine gewaltige Triumphpforte gezimmert, malerisch ausgestattet, mit Kränzen und Blumengirlanden geschmückt und mit der schmeichelhaften Inschrift versehen: Fortunae reduci (Der zurückführenden Glücksgöttin). Weißgekleidete Mädchen sollten den Helden ansingen, der Leipziger Rat ihn im Pomp empfangen, und die junge Kaufmannschaft hatte sich mit großen Kosten glänzend uniformiert und beritten gemacht, um als Ehrengarde den Sieger von Jena und Friedland im Triumph vor den Toren einzuholen. Am bestimmten Tage sollten Kanonenschüsse die Ankunft Cäsars [des Kaisers] und den Beginn des Festes bezeichnen. Sächsische Kavallerie biwakierte die Nacht hindurch im Straßengraben vor der Stadt. Die ritterliche Handelsjugend hielt aber diese Aufopferung für überflüssig, der Kaiser war um 6 Uhr angesagt. ›Morgen‹, hieß es, ›morgen um 6 Uhr früh!‹

Aber o Tücke des Schicksals! Hatte der Gefeierte durch schadenfrohe Berichterstatter Kunde erhalten, was ihm Drohendes bevorstehe, hatte er allzu große Eile oder war ein anderer Dämon tätig, genug, der Besieger Preußens und Rußlands langte unerwartet schon um 5 Uhr an. Die Kanonenschüsse erdröhnten, die sächsische Kavallerieeskorte saß auf, aber weder die Blüte von Leipzigs Jungfrauen noch die Träger von Waage und Elle, noch auch die Väter der Stadt hatten sich vom weichen Lager erhoben.

Ich [der spätere Schauspieler Heinrich Anschütz], ein flinker Bursche, hatte mich beim ersten Schuß aufgemacht und erreichte die Post, als gerade der Wagen des Kaisers mit frischen Pferden bespannt wurde. Nun erschien endlich der flügge gewordene Teil des Stadtrates, aber bevor er sein ›Großmächtigster, Unüberwindlichster‹ oder dergleichen vorbringen konnte, lehnte sich der Adjutant des Kaisers aus dem Wagenschlag und bemerkte, daß Seine Majestät schlummerten und keine Order gegeben hätten, Sie zu wecken. Tief in die Ecke gedrückt sah ich den Mann des Jahrhunderts lehnen, ein Tuch über das Antlitz geworfen. Ein Peitschenknall! – und fort ging es in halber Karriere, die sächsischen Kürassiere hintendrein, zum Ranstädter Steinweg [heute Friedrich-Ludwig-Jahn-Allee] hinaus nach Lindenau, und erst hier nahm Napoleon das Frühstück ein, auf welches Leipzig so stark gepocht hatte.

Kaum war der Gegenstand der Feier verschwunden, so flatterten gleich einer Schar weißer Tauben aus allen Straßen die Festmädchen herbei, und ganz

325 Französische Dragoner und Jäger zu Pferde. Radierung von Heinrich Cotta. 1814

326 Illumination des Marktes zu Ehren des Leipzig besuchenden sächsischen Königs Friedrich August I.
Kolorierter Kupferstich von Friedrich Wilhelm Irmisch, nach einer Zeichnung von Johann Friedrich Carl Dauthe. 1808

zuletzt kamen die Centauren Merkurs [berittenen Kaufleute] angeschnaubt, um mit dem verdutzten Magistrat bestürzte Blicke zu wechseln. Mittlerweile hatte sich die ganze Stadt aus den Federn losgewunden, und die Straßen füllten sich mit erwartungsvollen Zuschauern, die nun von dem Mißlingen des projektierten Triumphzuges Kunde erhielten. Unter dem homerischen Gelächter der Menge trabten die so mitleidwürdig enttäuschten Ehrengarden so schnell als möglich nach Hause, um sich den Blicken der Spötter zu entziehen, und die verunglückten Ritter vermieden es in der ersten Zeit nach Tunlichkeit, sich öffentlich zu zeigen.

Ich und mein Schulfreund Ernst Schmorl konnten dem übermütigen Jugenddrang nicht widerstehen, diese verhängnisvolle Kavalkade durch Parodierung zu verewigen. In einer launigen Stimmung setzten wir uns zusammen, nahmen Schillers ›Jungfrau von Orleans‹ zur Hand und adaptierten den berühmten Monolog des vierten Aktes als elegische Klage einer zerschmetterten Kaufmannsseele [...] Übrigens war dieses Kunstwerk kein vereinzeltes. Das verunglückte Reiter-Experiment hatte viele Homere und Vergile gefunden. Das parodistische Talent hatte in Leipzig zu jener Zeit zahlreiche und begabte Vertreter, wozu das rasche Auftauchen der klassischen Literatur Deutschlands wesentlich beitragen mochte.

Heinrich Anschütz: Erinnerungen aus dessen Leben und Wirken. Nach eigenhändigen Aufzeichnungen und mündlichen Mitteilungen. Wien 1866. S. 78ff.

327 Theodor Körner.
Gemalt von seiner Schwester Emma Sophie.
Öl auf Leinwand (Ausschnitt).
Nach 1813

Aus Briefen des Verlegers Georg Joachim Göschen. 1807–1811
[24. Februar 1807:] Die Ostermesse wird für keinen Buchhändler gut und für viele schrecklich werden. Der größte Teil der Buchhändler hat gelitten, manche sind in großer Not, und wieder andere benutzen die Zeit zum Vorwand. – Ein Freund schrieb mir, daß er am Rande des Verderbens sei mit den mehrsten seiner Mitbürger. Keinen Gehalt, keine Einnahmen, kein Brot usw.

[April 1808:] Die armen Menschen der ersten beiden Dezennien dieses Jahrhunderts! Und dazu gehören auch wir mit wenigen Ausnahmen. Wir sind wie die gescheuchten Tauben und noch schlimmer, denn uns fehlen die Flügel. – Der Ostermesse ist wieder der Hals gebrochen. Vor lauter Eifer, den britischen Handel zu zerstören, wird der Handel der übrigen europäischen Welt zerstört. Ist es nur ausgemacht, daß ein Staat keinen Handel und Wandel braucht, so ist alles ganz konsequent [...] Kommen Sie [Carl August Böttiger] ja zur Messe, damit wir doch jemand haben, der den Leichenzug des literarischen Verkehrs mit verherrlichen kann oder auch mit lachen, wenn die Bücherwürmer gar zu erbärmliche Gesichter schneiden. Das tun nicht die edlen Menschen, die tief leiden und tragen; sondern die erbärmlichen, deren Romane, Komödien und Tageblätter Merkur nicht zu retten weiß vor dem gestiefelten und geharnischten Gott.

[1809:] Vom Buchhandel können Sie weiter nichts sagen, als daß die Buchhändler gar keine Messe gehabt haben. Seit dem Ausbruch des Krieges [Frankreichs] mit Österreich [9. April 1809] hörte aller Verkehr auf. Die besten Handlungen empfinden den Druck der Zeit. Aber der Friede wird sie wieder aufrichten. Demungeachtet ist ein Messkatalog erschienen. Wenn Sie aber die zukünftigen Bücher daraus wegnehmen und die Bücher mit neuen Auflagen, [...] so wird wenig übrigbleiben.

[2. April 1811:] Ich habe alles versucht, um mich in der bisherigen Tätigkeit einigermaßen zu erhalten; ich habe sogar wieder Kalender gedruckt, aber es ist nichts mehr zu verdienen. Vielleicht kann ich für andere etwas drucken, vielleicht durch ein lokales Blatt die Pressen erhalten oder durch Nachdruck englischer Werke, da die Engländer die deutschen Werke jetzt auch nachdrucken, vornehmlich die philologischen. – Oder ich mache Essig, baue Kartoffeln und drucke Tabakszeichen und dergleichen. Könnte ich die armen Teufel, die Drucker und Setzer, dem Hungertod preisgeben, ich würde die Offizin zumachen, und dann hätte ich keine Sorgen mehr.

Schriftsteller und Buchhändler vor hundert Jahren. Carl August Böttiger und Georg Joachim Göschen im Briefwechsel. Leipzig 1911. S. 195, 201f., 218, 263f.

Wegen ›Unsittlichkeiten‹ verboten. 24. November 1812 [...] wird sämtlichen Buchhändlern und Buchdruckern, sowohl den Besitzern der sogenannten Lesebibliotheken, der Debit [Verkauf] und das Ausgeben der unter dem Titel ›Gottfried August Bürgers Ehestandsgeschichte‹, Berlin und Leipzig bei Ferdinand Schulz und Comp., 1812, herausgekommenen Schrift, da solche mehrere Unsittlichkeiten enthält und eine erdichtete Firma trägt, bei zehn Taler Strafe für jedes Exemplar ausdrücklich untersagt [...]

Stadtarchiv Leipzig: Titel XLVI, Nr. 96, Bl. 2

Werbung für russisch-deutsches Wörterbuch. 31. März 1813 Hand- und Hülfsbuch für Deutsche und Russen, um sich gegenseitig verständlich zu machen, welches alle nötigen, im gemeinen Leben vorkommenden Redensarten nebst einem russisch-deutschen und deutsch-russischen Wörterbuch nebst hinzugefügter Aussprache des Russischen enthält. Für den bequartierten Bürger und Landmann bearbeitet von F. G. H. Geisler 1813, 9 Gr[oschen].

Wenn bei der nicht geringen Menge sogenannter russisch-deutscher Dolmetscher dennoch kein einziger das leistet, was man billigerweise von ihm erwartet, so darf gegenwärtiges Buch unstreitig auf den Vorzug vor jenen Werkchen billigen Anspruch machen. Die von dem Verf[asser] eingeschlagene Methode, welche man aus dem Buch selbst kennenlernen muß, wenn man sich von ihrer Zweckmäßigkeit überzeugen will, ist unstreitig die einzige, welche zum Ziel führt und die Hauptschwierigkeiten sowohl für den Russen, der kein Deutsch, als auch für den Deutschen, der kein Russisch kann, beseitigt. Um dem Buch Zutrauen zu erwecken, dürfen wir nicht unbemerkt lassen, daß der Verf. in Gesellschaft des berühmten [Reisenden und Naturforschers] Pallas mehrere Jahre in Rußland lebte und nicht allein die Landessprache, sondern auch die Sitten der vornehmen und geringern Russen vollkommen kennenlernte, daher denn auch zugleich über die Behandlung derselben einige Winke in dieser Schrift gegeben sind, welche die Brauchbarkeit derselben um so mehr erhöhen, da jedem das Bedürfnis solcher Belehrungen in gegenwärtiger Zeit von selbst einleuchten muß. Ist in Kommission bei Hinrichs in Leipzig und in andern Buchhandlungen zu haben.

Leipziger Zeitung. 31. März 1813

328 Französische Soldaten kontrollieren am Grimmaischen Tor die Ausfuhren auf verbotene englische Waren.
Kolorierter Kupferstich von Christian Gottfried Heinrich Geißler. 1808

Der Rat der Stadt fordert Bettstellen an. 17. Oktober 1813 Es ist unerläßlich, daß aus jeder hiesigen Familie eine Bettstelle und ein Strohsack für die Militärlazarette geliefert wird, daher werden denn alle hiesigen Einwohner ohne Ausnahme hiermit aufgefordert, sofort eine Bettstelle und einen Strohsack [...] gegen Quittung abzuliefern, diese Quittung aber sorgfältig aufzubewahren, indem sie einzig und allein durch Vorzeigung dieser Quittung sich gegen die harten Maßregeln schützen können, die gegen alle diejenigen angeordnet sind, welche dem gegenwärtigen Patent Folge zu leisten wider Erwarten unterlassen sollten.

Stadtarchiv Leipzig: Leipziger Bekanntmachungen, 1813–1814

Aus einem ersten Pressebericht über die Völkerschlacht. 21. Oktober 1813
Ungeachtet die Zeit noch nicht vergönnt hat, offizielle Berichte über die für die ganze Welt so merkwürdigen und entscheidenden Ereignisse, welche seit fünf Tagen bei und in unsrer Stadt vorfielen, zu erhalten, so eilen wir doch, unsern Lesern eine kurze Übersicht von den ewig denkwürdigen Begebenheiten zu geben, deren Augenzeuge wir waren.

So wenig wir von den Ereignissen wußten, die in unsrer Nähe vorfielen, so überzeugte uns doch seit Anfang dieses Monats die Unterbrechung der Kommunikation von allen Seiten und der Kanonendonner, den wir fast täglich nach mehrern Richtungen hin hörten, daß beträchtliche Armeekorps in unsrer Nähe waren.

Am 14ten Okt[o]b[e]r kam der Kaiser Napoleon bei uns an und schlug sein Hauptquartier in Reudnitz, eine Viertelstunde von der Stadt, auf. Ihm folgte seine ganze Armee, die von der Elbe zurückkam und die Gegend um unsere Stadt überschwemmte und verwüstete.

Am 15ten Oktbr. hörten wir nur einzelne Gefechte, die das Vorspiel der großen Szenen waren, die nahe bevorstanden.

Am 16ten Okt. morgens um 8 Uhr entbrannte im ganzen Umkreis um unsre Stadt eine der größten und schrecklichsten Schlachten, welche die Geschichte kennt. Gegen viermal hunderttausend Menschen standen einander gegenüber, um zu entscheiden, ob es fernerhin eine Selbständigkeit der Völker geben oder alles der Willkür eines Eroberers unterworfen sein solle. – Ununterbrochen donnerte der Kanonendonner rings um unsre Stadt, mehrere Dörfer standen in Flammen. Umsonst verbreiteten die französischen Behörden Siegesnachrichten; der Augenschein widerlegte sie so wie das mit gleicher Stärke fortwährende und sich immer mehr nähernde Gebrüll der Schlacht, das nur nach Sonnenuntergang sich endete.

Am 17ten Oktbr. begann das Feuer mit gleicher Lebhaftigkeit und dauerte bis gegen Mittag, wo eine Waffenruhe eintrat, die jedoch nur von kurzer Dauer war.

Am 18ten Oktbr. morgens ging die Schlacht wieder mit doppelter Heftigkeit an. Der Mittelpunkt derselben schien in der Gegend von Probstheida und Wachau zu sein. Eine ununterbrochene schreckliche Kanonade erschütterte die Stadt. Das Bataillonsfeuer der Infanterie schwieg keinen Augenblick. Viele Dörfer standen in Flammen. Sehnsuchtsvoll erwarteten wir jeden Augenblick die Entscheidung, aber auch diesmal ging die Sonne blutrot unter, und noch war das große Trauerspiel nicht geendigt, wiewohl wir das nahe Ende desselben aus den Bagage-Kolonnen der französischen Armee, die in unabsehbaren Linien um die Stadt defilierten und die Straße nach Naumburg einschlugen, ahnten. Während der Nacht nahm ein sehr großer Teil der französischen Armee dieselbe Richtung.

Der 19te Oktober brach an; ein Tag, der unsrer Stadt ewig im Andenken bleiben wird und die schrecklichsten und erfreulichsten Szenen im schnellen Wechsel brachte. Der Kanonendonner rückte unsrer Stadt näher. Die franz[ösische] Armee war im vollen Rückzug. Nach 10 Uhr flüchtete der Kaiser Napoleon mit seinem Gefolge durch die Stadt. Ein hartnäckiges Gefecht begann an den äußern Toren. Die siegreiche alliierte Armee nahm die Stadt mit Sturm. Der Rückzug der Franzosen ward völlige Deroute [wilde Flucht]. Der entscheidendste Sieg war für die gute Sache erkämpft. Das siegreiche Heer zog ein, die erhabnen verbündeten Monarchen waren an der Spitze desselben, und alle Herzen, die vor kurzem noch bangten, ergossen sich in einstimmigen Jubelruf der seligsten Freude für Errettung aus großer Gefahr, für Befreiung aus einem Übermaß von Schmach und Leiden, die vorzüglich auf unsrer Stadt lasteten.

Die Resultate dieses Tages werden die offiziellen Berichte bestimmter angeben. Mehr als 40000 Gefangene, worunter viele, zum Teil der angesehensten Generale sich befinden, mehr als 300 Kanonen und ein ungeheurer Bagagetrain sind den Siegern in die Hände gefallen. Die gute Sache hat triumphiert! Die Selbständigkeit der Völker ist gerettet!

Leipziger Zeitung. 21. Oktober 1813

329 Ernst Wilhelm Straßberger: Reiterkampf russischer Dragoner und Kosaken gegen französische Kürassiere in der Völkerschlacht 1813 (im Hintergrund die Kirche zu Wachau). Öl auf Leinwand (Ausschnitt). Um 1860

Leipzig nach der Völkerschlacht. Oktober 1813 Die Toten bedeckten alle Straßen und namentlich in der Vorstadt [...] Der Raum, den Leipzig mit allen Vorstädten einnimmt, wird nicht viel weniger als zwei Stunden im Umfang haben. Hier war selten ein Platz, wenn er nicht mit Häusern besetzt war, wo man nicht gefochten hatte. Überall stieß man hier auf Tote. Besonders groß war die Anzahl der Pferde. Die Leichen lagen am dichtesten, je mehr man sich dem Ranstädter Tor näherte. Der Ranstädter Steinweg [heute Friedrich-Ludwig-Jahn-Allee], der von dem sogenannten Mühlgraben durchschnitten wird, gewährte einen vorzüglich schauderhaften Anblick. Dort sah man überall Menschen und Pferde, die, ins Wasser gedrängt, darin ihr Grab gefunden hatten und in scheußlichen Gruppen hervorragten. Hier hatten sich die stürmenden Kolonnen von allen Toren her, indem ihnen der fliehende Feind als Wegweiser gedient hatte, größtenteils vereinigt und in den zusammengedrängten Massen ein sicheres Ziel für jeden Schuß gefunden [...]

Am gräßlichsten sah es in dem schönen Richterschen Garten, sonst eine Zierde der Stadt, da aus, wo er an die Elster stößt. Dort mußte auch Kavallerie im Handgemenge gewesen sein, wenigstens sah ich eine große Menge französischer Kürasse liegen [...] Am ganzen Ufer hinauf sah man Köpfe, Arme und Füße aus dem Wasser hervorragen. Unzählige, die hier den tückischen Fluß hatten durchwaten wollen, waren ertrunken. Man war eben beschäftigt, die weggeworfenen Gewehre zusammenzutragen, und hatte bereits einen Haufen aufgeschichtet, der weit über Mannshöhe emporstieg [...]

Die Reste von Feuerbränden, das überall zertretene Stroh, Knochen und Fleisch von geschlachteten Tieren, zerbrochene Geschirre, tausenderlei Lederwerk, zerrissene Tornister, alte Lumpen, weggeworfene Kleidungsstücke, alle Arten von Pferdegeschirren, zerschlagene Gewehre, aufgebrochene Wa-

330 Rückzugsgefecht der Franzosen während der Völkerschlacht (vor dem Grimmaischen Tor). Koloriertes Schabkunstblatt mit Aquatintaradierung von Johann Lorenz Rugendas. 1813

gen und Karren, Waffen aller Art und tausend sterbende und tote, scheußlich zerstümmelte Körper von Menschen und Pferden – das alles wild durcheinander [...] Unter den Gebäuden hatten vorzüglich die viel gelitten, welche an den äußern Toren der Stadt befindlich waren [...] Diese waren größtenteils so durchlöchert, daß sie eher einem großen durchsichtigen Käfig als massiven Mauern mehr ähnlich sahen.

Ludwig Hußell: Leipzig während der Schreckenstage der Schlacht im Monat Oktober 1813 als Beitrag zur Chronik dieser Stadt. Leipzig 1813. S. 74ff.

Poniatowski-Sarg, 25. Oktober 1813 [...] In diesem Gewölbe [unter dem Rathaus] fand sich ein männlicher Leichnam, mit der französischen Uniform bekleidet, im Sarg liegend, welchen die vorbenannten fünf Herren Generale für den Leichnam S[eine]r Erlaucht[igkeit], des [am 19. Oktober 1813 in der Elster verwundet ertrunkenen] Herrn Fürsten Poniatowski, Kriegsministers, Kommandanten der poln[ischen] Truppen und Marschalls von Frankreich, auf Beaugenscheinigung desselben einstimmig erkannten. Auf Vorlesen haben sämtliche Interessenten gegenwärtiges Protokoll mit der Bemerkung genehmigt, daß die Uniform, mit welcher der Leichnam bekleidet sei, nicht französische, sondern polnische Uniform sei [...]

Stadtarchiv Leipzig: Kapitel 74, Nr. 11, Bd. 1, Bl. 85

Zehntausende Verwundete in Notlazaretten der Stadt (I). 26. Oktober 1813 Auf dem Wege dahin [nach Leipzig] begegnete mir [dem Mediziner Johann Christian Reil, der wenige Wochen später an einer sich hier zugezogenen Typhus-Infektion starb] ein ununterbrochener Zug von Verwundeten, die wie die Kälber auf Schubkarren ohne Strohpolster zusammengeklumpt lagen und einzeln ihre zerschossenen Glieder, die nicht Raum genug auf diesem engen Fuhrwerk hatten, neben sich herschleppten. Noch an diesem Tag, also sieben Tage nach der ewig denkwürdigen Völkerschlacht, wurden Menschen vom Schlachtfeld eingebracht, deren unverwüstliches Leben nicht durch Verwundungen noch durch Nachtfröste und Hunger zerstörbar gewesen war.

In Leipzig fand ich ohngefähr 20000 [nach anderen Schätzungen sogar 40000] verwundete und kranke Krieger von allen Nationen. Die zügelloseste Phantasie ist nicht imstande, sich ein Bild des Jammers in so grellen Farben auszumalen, als ich es hier in der Wirklichkeit vor mir fand. Das Panorama würde selbst der kräftigste Mensch nicht anzuschauen vermögen; daher gebe ich Ihnen [Heinrich Friedrich Karl Reichsfreiherr vom und zum Stein] nur einzelne Züge dieses schauderhaften Gemäldes, von welchem ich selbst Augenzeuge war und die ich daher verbürgen kann.

Georg Heinrich Pertz: Das Leben des Ministers Freiherrn vom Stein. Bd. 3. Berlin 1851. S. 438

331 Gruppe vor dem Denkmal für den polnischen Feldherrn Józef Fürst Poniatowski. Illustration aus dem Stammbuch des Leipziger Studenten C. C. C. Eichler. Sepiamalerei. Um 1835

332 Becher. Gefertigt von Samuel Mohn. Farbloses Glas mit farbiger transparenter Emailmalerei ›Das Grimmaische Tor zu Leipzig‹. 1815

Zehntausende Verwundete in Notlazaretten der Stadt (II). 26. Oktober 1813 Man hat unsere Verwundeten an Orte niedergelegt, die ich der Kaufmännin nicht für ihren kranken Möppel anbieten möchte. Sie liegen entweder in dumpfen Spelunken, in welchen selbst das Amphibienleben nicht Sauerstoffgas genug finden würde, oder in scheibenleeren Schulen und wölbischen Kirchen, in welchen die Kälte der Atmosphäre in dem Maße wächst, als ihre Verderbnis abnimmt, bis endlich einzelne Franzosen noch ganz ins Freie hinausgeschoben sind, wo der Himmel das Dach macht und Heulen und Zähneklappern herrscht. An dem einen Pol der Reihe tötet die Stickluft, an dem andern reibt der Frost die Kranken auf.

Bei dem Mangel öffentlicher Gebäude hat man dennoch auch nicht ein einziges Bürgerhaus den gemeinen Soldaten zum Spital eingeräumt. An jenen Orten liegen sie geschichtet wie die Heringe in ihren Tonnen, alle noch in den blutigen Gewändern, in welchen sie aus der heißen Schlacht hereingetragen sind. Unter 20000 Verwundeten hat auch nicht ein einziger ein Hemd, Bettuch, Decke, Strohsack oder Bettstelle erhalten. Nicht allen, aber doch einzelnen hätte man geben können. Keiner Nation ist ein Vorzug eingeräumt, alle sind gleich elend beraten, und dies ist das einzige, worüber die Soldaten sich nicht zu beklagen haben. Sie haben nicht einmal Lagerstroh, sondern die Stuben sind mit Heckerling [Spreu] aus den Biwaks ausgestreut, das nur für den Schein gelten kann. Alle Kranken mit zerbrochenen Armen und Beinen, und deren sind viele, denen man auf der nackten Erde keine Lage hat geben können, sind für die verbündeten Armeen verloren. Ein Teil derselben ist schon tot, der andere wird noch sterben. Ihre Glieder sind wie nach Vergiftungen furchtbar aufgelaufen, brandig und liegen in allen Richtungen neben den Rümpfen. Daher der Kinnbackenkrampf in allen Ecken und Winkeln, der um so mehr wuchert, als Hunger und Kälte seiner Hauptursache zu Hülfe kommen [...]

Viele sind noch gar nicht, andere werden nicht alle Tage verbunden. Die Binden sind zum Teil von grauer Leinwand, aus Dürrenberger Salzsäcken geschnitten, die die Haut mitnehmen, wo sie noch ganz ist. In einer Stube stand ein Korb mit rohen Dachschindeln zum Schienen der zerbrochenen Glieder. Viele Amputationen sind versäumt, andere werden von unberufenen Menschen gemacht, die kaum das Barbiermesser führen können und die Gelegenheit nützen, ihre ersten Ausflüge an den verwundeten Gliedern unserer Krieger zu versuchen. Einer Amputation sah ich mit zu, die mit stumpfen Messern gemacht wurde. Die braunrote Farbe der durchsägten Muskeln, die fast schon zu atmen aufgehört hatten, des Operierten nachmalige Last und Pflege gaben mir wenig Hoffnung zu seiner Erhaltung. Doch hat er den Vorteil davon, daß er auf einem kürzeren Weg zu seinem Ziel kömmt.

An Wärtern fehlt es ganz. Verwundete, die nicht aufstehen können, müssen Kot und Urin unter sich gehen lassen und faulen in ihrem eigenen Unrat an. Für die Gangbaren sind zwar offene Bütten ausgesetzt, die aber nach allen Seiten überströmen, weil sie nicht ausgetragen werden. In der Petrikirche stand eine solche Bütte neben einer andern, ihr gleichen, die eben mit der Mittagssuppe hereingebracht war. Diese Nachbarschaft der Speisen und

333 Chirurgisches Besteck zur Öffnung der Schädeldecke. Stahl, oberflächenveredelt. 19. Jahrhundert

der Ausleerungen muß notwendig einen Ekel erregen, den nur der grimmigste Hunger zu überwinden imstande ist. Das Scheußlichste in dieser Art gab das Gewandhaus. Der Perron [Terrasse] war mit einer Reihe solcher überströmenden Bütten besetzt, deren träger Inhalt sich langsam über die Treppen hinabwälzte. Es war mir unmöglich, durch die Dünste dieser Kaskade zu dringen [...]

In der Petrikirche sah ich der Verteilung des Mittagsbrots zu. Die Fleischportion wog 2 bis 4, das Brot für den Tag ohngefähr 8 bis 12 Lot. Die Suppe bestand aus Wasser, in welchem die Reiskörner gefischt werden mußten. Bier und Branntwein wurden hier gar nicht gegeben. An anderen Orten hatte er nur den Geruch des Fusels, enthielt kaum 10% Alkohol, der nicht einmal durch die Epidermis [Oberhaut] eines Kosakenmagens dringen kann. Bei dieser Maßdiät, die kaum einen Südländer auf den Beinen halten kann, gehen unsere nordischen Völker in kurzer Zeit verloren, verfallen in Nervenschwäche und schwinden wie die Schatten dahin [...]

Ich schließe meinen Bericht mit dem gräßlichsten Schauspiel, das mir kalt durch die Glieder fuhr und meine ganze Fassung lähmte. Nämlich auf dem offenen Hof der Bürgerschule fand ich einen Berg, der aus Kehricht und Leichen meiner Landsleute bestand, die nackend lagen und von den Hunden und Raben angefressen wurden, als wenn sie Missetäter und Mordbrenner gewesen wären. So entheiligt man die Überreste der Helden, die dem Vaterland gefallen sind! Ob Schlaffheit, Indolenz oder böser Wille die Ursache des schauderhaften Loses ist, das meine Landsleute hier trifft, die für ihren König, das Vaterland und die Ehre der deutschen Nation geblutet haben, mag ich nicht beurteilen.

Georg Heinrich Pertz: Das Leben des Ministers Freiherrn vom Stein. Bd. 3. a. a. O. S. 438ff.

334 Französische Lazarettbaracke am Thonberg. Federzeichnung von Ernst Wilhelm Straßberger. 1813

Der russische Stadtkommandant, Obrist Victor Anton Franz von Prendel, verspricht ›in kurzem eine gute Ordnung‹. 28. Oktober 1813 Da ich von verschiedenen Einwohnern wegen unbedeutender Abänderung der Einquartierungsbilletts zu sehr überlaufen werde, so ersuche ich sämtliche Quartierträger, nur noch einige Tage Geduld zu haben und die Versicherung anzunehmen, daß ich stets bereit bin, um jede Bedrückung zu vermindern, und vielleicht mir schmeicheln darf, in kurzem eine gute Ordnung hergestellt zu wissen, welche der Umstände wegen bis jetzt unmöglich war […]

Stadtarchiv Leipzig: Leipziger Bekanntmachungen, 1813–1814

Gegen Unreinlichkeit in den Straßen. 29. Oktober 1813 Die Unreinlichkeit in den Straßen und auf den Plätzen will noch nicht abnehmen. Die Misthaufen liegen allerorten herum. Ich [der russische Stadtkommandant] frage nicht um die Ursache, sondern vor welchem Haus sich nach 24 Stunden eine Unreinlichkeit finden wird, bezahlt der Hauseigentümer in die Spitalskasse 10 Taler Kurant [vollwertige Münzwährung im Gegensatz zu Papiergeld], und der Herr Polizeipräsident bleibt für die Ausführung verantwortlich.

Stadtarchiv Leipzig: Leipziger Bekanntmachungen, 1813–1814

Der Rat der Stadt lädt auswärtige Orte zur Belieferung Leipzigs ein. 1. November 1813
Aufforderung!
Da unter den jetzigen Zeitverhältnissen, wo die hiesige Stadt mehrere Wochen lang ganz auf sich beschränkt war, an den unentbehrlichsten Bedürfnissen Mangel eingetreten ist, so laden wir auswärtige Orte hiermit ein, Tafelglas, Töpferwaren aller Art, Böttcherwaren, hauptsächlich Gefäße, Bretter, Latten, Pfosten und Bauholz aller Art, Kalk, Brennholz, Kohlen und Blechwaren schleunigst anhero zum Verkauf zu senden, und können sie eines ganz unfehlbaren Absatzes gewärtig sein.

Leipziger Zeitung. 1. November 1813

E.T.A. Hoffmann: Altes Leben kehrt zurück. 28. Dezember 1813 Leipzig hat dadurch, daß sich hier das Schicksal Deutschlands durch eine Schlacht, die so glorreich, als Napoleon nie eine erfocht, gewonnen wurde, entschieden, ein so hohes Interesse erhalten als nie zuvor; die Menschen sind, unerachtet noch so vieles zu tun, heiterer, freundlicher geworden. – In den öffentlichen Häusern kehrt das alte Leben zurück, und man sieht mit freudiger Erwartung einer reichen ergiebigen Neujahrsmesse entgegen. – Die Feier des Alexandertages [Geburtstag des regierenden russischen Zaren Alexander I.] am 24. war wahrhaft herzlich gemeint. Im Theater gaben wir

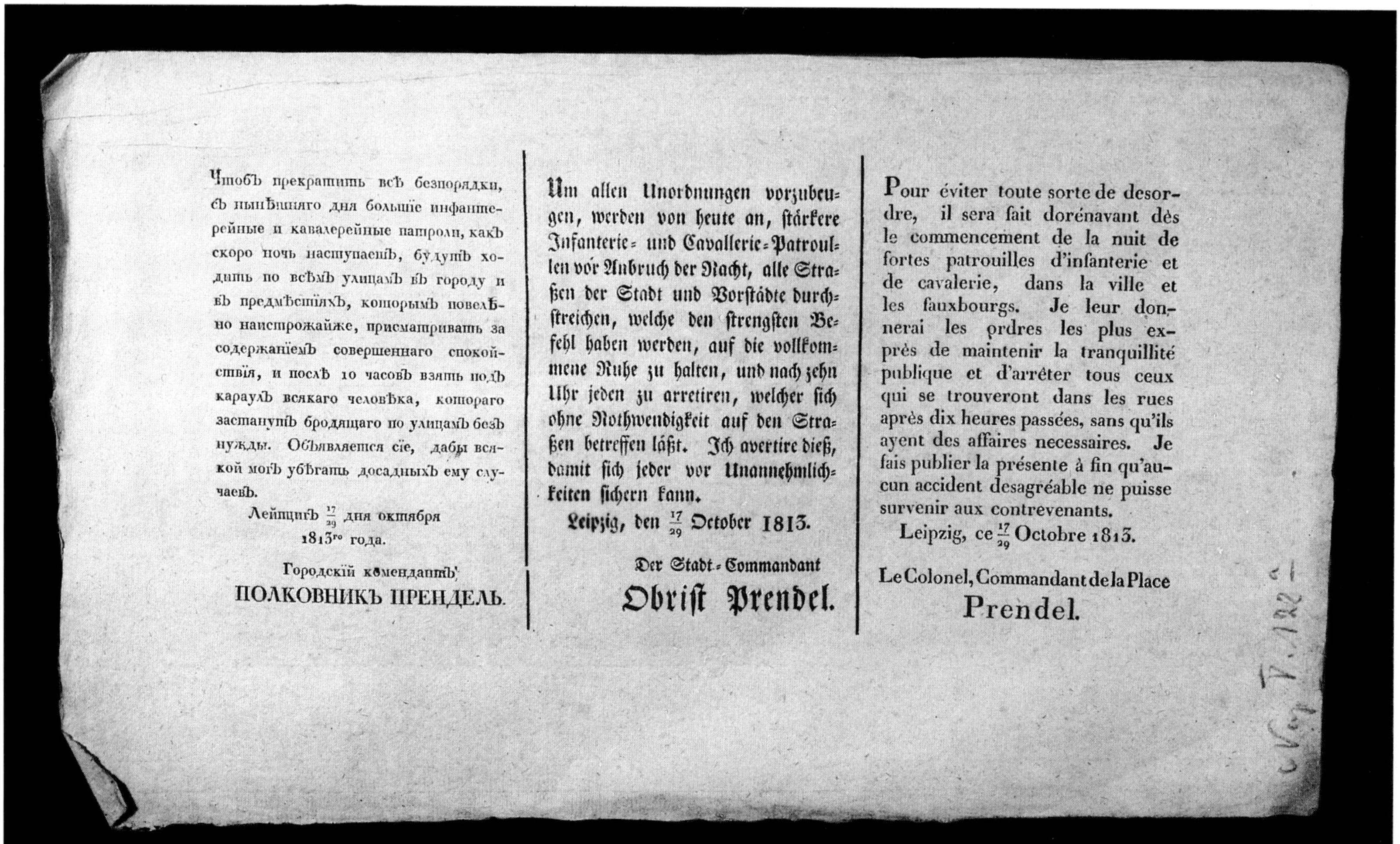

Чтобъ прекратить всѣ безпорядки, съ нынѣшняго дня большіе инфантерейные и кавалерейные патроли, какъ скоро ночь наступаетъ, будутъ ходить по всѣмъ улицамъ въ городу и въ предмѣстіяхъ, которымъ повелѣно наистрожайже, присматривать за содержаніемъ совершеннаго спокойствія, и послѣ 10 часовъ взять подъ караулъ всякаго человѣка, котораго застанутъ бродящаго по улицамъ безъ нужды. Объявляется сіе, дабы всякой могъ убѣгать досадныхъ ему случаевъ.

Лейпцигъ 17/29 дня октября 1813го года.

Городскій комендантъ
ПОЛКОВНИКЪ ПРЕНДЕЛЬ.

Um allen Unordnungen vorzubeugen, werden von heute an, stärkere Infanterie- und Cavallerie-Patroullen vor Anbruch der Nacht, alle Straßen der Stadt und Vorstädte durchstreichen, welche den strengsten Befehl haben werden, auf die vollkommene Ruhe zu halten, und nach zehn Uhr jeden zu arretiren, welcher sich ohne Nothwendigkeit auf den Straßen betreffen läßt. Ich avertire dieß, damit sich jeder vor Unannehmlichkeiten sichern kann.

Leipzig, den 17/29 October 1813.

Der Stadt-Commandant
Obrist Prendel.

Pour éviter toute sorte de desordre, il sera fait dorénavant dès le commencement de la nuit de fortes patrouilles d'infanterie et de cavalerie, dans la ville et les fauxbourgs. Je leur donnerai les ordres les plus exprès de maintenir la tranquillité publique et d'arrêter tous ceux qui se trouveront dans les rues après dix heures passées, sans qu'ils ayent des affaires necessaires. Je fais publier la présente à fin qu'aucun accident desagréable ne puisse survenir aux contrevenants.

Leipzig, ce 17/29 Octobre 1813.

Le Colonel, Commandant de la Place
Prendel.

335 Dreisprachiger Befehl des russischen Stadtkommandanten. 1813

›Faniska‹ von Cherubini, und als ich vor dem Anfang und in den Zwischenakten fleißig pauken und trompeten ließ, erdröhnte das Haus von dem Vivat der Deutschen und dem Hurra der Russen.

Eben heute hat sich unser alter Seconda [Operndirektor in Leipzig und Dresden, bei dem Hoffmann als Kapellmeister wirkte], der schon seit mehreren Tagen klagte, gelegt; sollte der Mann Gottes ein schöner Engel werden, so dürfte mit unserm Theater sich manches ereignen, was vielleicht auch auf mich Einfluß hätte. Doch wer kann alles vorauswissen. –

E.T.A. Hoffmann im persönlichen und brieflichen Verkehr. Sein Briefwechsel und die Erinnerungen seiner Bekannten. 2. Bd. 1. H. Berlin 1912. S. 184f.

Mechanische Figuren. 3. März 1814

[...] Da ich [der Mechaniker Thieme aus Frohburg] mir schmeicheln darf, daß meine Vorstellungen jedesmal mit vielem Beifall aufgenommen worden sind, da ich auch nicht fürchten mag, auf irgendeiner Seite Veranlassung zur Unzufriedenheit über mich gegeben zu haben, indem ich bei meinen Vorstellungen stets auf Ruhe und Ordnung gehalten, auch bei Wahl der zu gebenden Stücke und ihrer Darstellung nie die Grenzen der Sittlichkeit außer Augen gesetzt, insbesondere aber Leipzig nie, ohne alles auf das Pünktlichste bezahlt zu haben, verlassen habe, so hoffe ich auch diesmal auf geneigte Gewährung meiner Bitte: daß dieselben mir die Erlaubnis, während bevorstehender Ostermesse meine Vorstellungen mit mechanischen Figuren in dem Garten der Großen Funkenburg [im Bereich der heutigen Funkenburgstraße], wo ich zeither immer gespielt habe, geben zu dürfen, zu erteilen wohlgeneigtest geruhen mögen [...]

Stadtarchiv Leipzig: Titel XXIV A, Nr. 18a, Bd. 1, Bl. 4f.

Der russische Stadtkommandant erläßt Regeln für den Besuch von Kunstausstellungen. 8. April 1814

Um jede mögliche Beschädigung der zu Beförderung eines guten Zweckes uns anvertrauten, hier aufgestellten Kunstwerke zu vermeiden, sind nachstehende Regeln nach Maßgabe aller ähnlichen, in größern Städten bestehenden Anstalten festgesetzt worden:

1. Mannspersonen legen ihre Hüte, Stöcke, Regenschirme, Mäntel mit großen Kragen und alles, wodurch sie den Gemälden zu nahe kommen könnten, vor den Gemäldezimmern in der dazu bestimmten Garderobe ab. Derselbe Fall ist bei den Damen mit Sonn- und Regenschirmen. Die Herren Offiziere werden aus Achtung für die Künste auch ihre Degen solange auf die Seite stellen, als sie in den Gemäldezimmern sich umsehen.
2. Sämtliche Damen und Herren werden vorher soviel als möglich die Füße auf den bereitstehenden Fußbürsten reinigen.
3. Hunde dürfen durchaus nicht mitgebracht werden.
4. Ebensowenig kann das Rauchen von Cigarros oder wohl gar von Tabakspfeifen stattfinden.
5. Die von grünem Band gezogenen Linien bezeichnen, wieweit es erlaubt ist, sich den Gemälden zu nähern.
6. Gemälde abnehmen zu wollen, dieselben anzugreifen oder wohl gar mit feuchten Fingern darauf zu wischen, ist durchaus verboten.
7. Kinder unter 12 Jahren können nicht mitgebracht werden [...]

Stadtarchiv Leipzig: Leipziger Bekanntmachungen, 1813–1814

336 Der russische Stadtkommandant von Leipzig, Obrist Victor Anton Franz von Prendel. Aquarell von Christian Gottfried Heinrich Geißler. Um 1814

337 Erste Entwürfe zu einem Denkmal der Völkerschlacht. Lavierte Federzeichnungen von Hans Christian Genelli bzw. Kupferstich von Johann Jakob Friedrich Weinbrenner (rechte Seite). 1813 bzw. 1814 (siehe auch S. 283)

Vorschriften für Theaterbesucher. 23. April 1814 Auf Verordnung des russisch-kaiserl[ichen] Herrn Generalpolizeidirektors von Sachsen, Obersten und Ritters Baron von Rosen, werden folgende, die Erhaltung der Ordnung und des Anstands im Schauspielhaus betreffende Vorschriften dem hiesigen Publico zur genauen Nachachtung nochmals bekanntgemacht:

1. Allen Mannspersonen ist untersagt, mit bedecktem Haupt im Schauspielhaus zu erscheinen und zu verweilen, und es ist diese Vorschrift nicht bloß von der Zeit der wirklichen Darstellung, sondern von der ganzen Dauer des Aufenthalts im Theater, ohne Ausnahme irgendeines Zeitpunktes, zu verstehen.
2. Jedermann hat sich allen störenden Geräusches, besonders des unbefugten Gebietens des Stillschweigens, sowie
3. des geräuschvollen Herumgehens auf den Gängen während der Darstellung zu enthalten.

Die Übertreter dieser Vorschriften werden durch die dazu angewiesenen Polizeioffizianten und Diener zu deren Beobachtung [Beachtung] angehalten werden [...]

Stadtarchiv Leipzig: Titel XXIV A, Nr. 18a, Bd. 1, Bl. 15

Der Rat der Stadt untersagt das öffentliche Rauchen. 29. Mai 1814
[...] wird nochmals angeordnet, daß [...] jedermann, wer er auch sei, auf öffentlichen Plätzen, auf freier Straße in der Stadt und in den Vorstädten, in den um die Stadt angelegten Spaziergängen und im Rosental schlechterdings des Tabak- und Zigarrenrauchens sich enthalten soll, widrigenfalls [...] ihnen die Tabakspfeifen genommen, [...] auch mit Geld- oder Gefängnisstrafe unnachbleiblich belegt werden sollen [...]

Stadtarchiv Leipzig: Leipziger Bekanntmachungen, 1813–1814

Arm-in-Arm-Gehen verboten. 8. August 1814 Wenn 6, 8 bis 10 Personen auf Straßen und öffentlichen Spaziergängen Arm in Arm zusammen gehen, so wird für andere Menschen der Weg versperrt und durch dieses unschickliche Betragen leicht Unannehmlichkeiten verursacht. Ich [der russische Stadtkommandant] wünsche daher, daß dieses auch hier übliche Arm-in-Arm-Gehen mehrerer Personen unterlassen und daraus entstehenden Unannehmlichkeiten vorgebeugt werde.

Stadtarchiv Leipzig: Leipziger Bekanntmachungen, 1813–1814

Ernst Moritz Arndt: ›Über ein Denkmal bei Leipzig‹. 1814 Daß auf den Feldern bei Leipzig ein Ehrendenkmal errichtet werden muß, das dem spätesten Enkel noch sage, was daselbst im Oktober des Jahres 1813 geschehen, darüber ist in ganz Teutschland, ja wohl fast in der ganzen Welt nur Eine Stimme. Aber wie und in welcher Art dieses Denkmal errichtet werden soll, darüber werden die Stimmen gewiß ebenso verschieden lauten, als sie über das erste einig sind.

Ein kleines unscheinbares Denkmal, das sich gegen die Natur umher in nichts gleichen kann, tut es nicht; ein zierliches und blankes, etwa in Leipzig selbst auf irgendeinem Platz hingestellt, würde in seiner Armseligkeit von der großen Tat, wodurch die Welt von dem abscheulichsten aller Tyrannen und dem tückischsten aller Tyrannenvölker befreit ward, zu sehr beschämt werden. Das Denkmal muß draußen stehen, wo so viel Blut floß; es muß so stehen, daß es ringsum von allen Straßen gesehen werden kann, auf welchen die verbündeten Heere zur blutigen Schlacht der Entscheidung heranzogen. Soll es gesehen werden, so muß es groß und herrlich sein, wie ein Koloß, eine Pyramide, ein Dom in Köln. Aber solches in großer Kraft und im großen Sinn zu bauen, fehlt uns das Geld und das Geschick, und ich fürchte, wenn man bei kleinen Mitteln etwas Ähnliches machen will, kömmt etwas Erbärmliches heraus.

Ich schlage daher etwas ganz Einfaches und Ausführliches [Ausführbares] vor, ein Denkmal, wobei die Kunst keine Äffereien anbringen und wogegen unser nordischer, allen Denkmälern so feindseliger Himmel nichts ausrichten kann. Ich befehlige einige tausend Soldaten oder Bauern in die Ebene von Leipzig hin und lasse sie in der Mitte des meilenlangen Schlachtfeldes einen Erdhügel von etwa 200 Fuß Höhe auftürmen. Auf den Erdhügel werden Feldsteine gewälzt, und über diesen wird ein kolossales, aus Eisen gegossenes und mit mancherlei Anspielungen und Zeichen geziertes Kreuz errichtet, das Zeichen des Heils und der Herrscher des neuen Erdballs. Das Kreuz trägt eine große vergoldete Kugel, die weit in die Ferne leuchtet. Das Land rings um den Hügel, etwa 10 bis 25 Morgen weit, wird für ein geheiligtes Land erklärt, mit Wall und Graben eingefaßt und mit Eichen bepflanzt. – Dieser Hügel, dieses Kreuz und diese Bäume wären zugleich ein echt germanisches und ein echt christliches Denkmal, wohin unsere Urenkel noch wallfahrten gehen würden. Der Eichenhain würde zum Kirchhof großer teutscher Männer geweiht, wo berühmter Feldherren und für das Vaterland gebliebener Helden und anderer um das Vaterland hochverdienter Sehrmänner [Persönlichkeiten] Leichen begraben würden; denn es ist der Besten würdig, in heiliger Erde zu ruhen.

Ernst Moritz Arndt: Ein Wort über die Feier der Leipziger Schlacht. Frankfurt am Main 1814. S. 20ff.

Vordere Ansicht des teutschen National-Denkmals auf dem Leipziger Schlachtfelde.

338 Blechblasinstrumente (Tenor-Baß- und Alt-Posaune). Gefertigt von Christian Friedrich Sattler. 1841

Aus den Statuten der Singakademie. 3. September 1814

§ 1. Ansicht und Zweck des Unternehmens.

[...] vereinigt sich eine Anzahl von Freunden und Freundinnen des ernsten Gesangs, um durch gesellschaftliche Übung unter der Leitung eines erfahrenen Lehrers ihre Kunstfertigkeit zu vermehren, ihren Geschmack zu bilden und durch nähere Bekanntschaft mit den klassischen Werken älterer und neuerer Zeit sowie durch möglichst vollkommene Aufführung derselben die Liebe zur Tonkunst überhaupt und zum Gesang insbesondere zu erhalten und immer mehr zu verbreiten.

§ 2. Erste Gesellschaft dieser Art in Leipzig. Stiftung der gegenwärtigen.

[...] Herr Musikdirektor Riem, jetzt Domorganist in Bremen, bildete – nachdem schon früher, im Jahre 1805, unter der Aufsicht des Herrn Musikdir[ektor] Schicht eine ähnliche Gesellschaft eine kurze Zeit lang bestanden hatte – im Jahre 1812 durch Vereinigung seiner Schüler und Schülerinnen und einiger Musikfreunde eine kleine Akademie, die sich unter seiner Leitung im mehrstimmigen Gesang übte. Von dieser Gesellschaft wurde zuerst vor einer kleinen Anzahl seiner Freunde das Requiem von Mozart, späterhin im großen Konzertsaal der ›Tod Jesu‹ von Graun und unter andern zuletzt, in Verbindung mit der später gestifteten neuern Gesellschaft des Herrn Musikdirektors Schicht und mehreren anderen Dilettanten, die ›Schöpfung‹ von Haydn in der Nikolaikirche am April und Mai dieses Jahres zum Besten der durch die Schlacht bei Leipzig Verunglückten aufgeführt [...]

§ 3. Direktion der Akademie.

Die Art und die Mittel, durch welche der im § 1 bezeichnete Zweck der Akademie am vollständigsten erreicht werden kann, wird den Einsichten und der Erfahrung des Direktors überlassen. Dieser bestimmt die Tage und Stunden der Zusammenkünfte, ingleichen die etwa nötigen Proben und Vorübungen der einzelnen Stimmen. Er sorgt für eine zweckmäßige Auswahl und genügsame Abwechslung der Stücke, jedoch so, daß durch hinlängliche Wiederholung derselben und nachsichtslose Rüge aller Fehler nach und nach die möglichste Vollendung der Ausführung erreicht und die Akademie zu einem schönen Ganzen gebildet werde. Die Mitglieder stehen daher zu ihm in dem Verhältnis gebildeter Schüler zu ihrem Lehrer [...]

§ 4. Vorsteherschaft der Akademie.

Es werden alle halben Jahre vier Vorsteher und ebensoviel Vorsteherinnen der Gesellschaft gewählt, welche alle Monate, oder sooft es sonst nötig ist, zusammenkommen, um über die Angelegenheiten der Akademie sich zu besprechen [...] Man ist im voraus überzeugt, daß durch Mitwirkung der Vorsteherinnen der Sinn für alles Schöne und Gute wesentlich werde befördert und insonderheit die Gefälligkeit der gesellschaftlichen Formen aufrechterhalten werde [...]

§ 5. Eigenschaften, Anzahl und Wahl der Mitglieder.

Es werden bei diesen Übungen nicht nur die Elementarkenntnisse der Musik überhaupt, Bekanntschaft mit den Schlüsseln, Noten, Intervallen, Takt, Tonarten usw., sondern auch eine reine, biegsame, bereits etwas ausgebildete Stimme, ein richtiges Gehör und einige Übung im Treffen vorausgesetzt. Die Anzahl der Mitglieder ist vorderhand auf 50 festgesetzt [...] Bei der Wahl neuer Mitglieder wird, zunächst der Kunstfertigkeit, vorzüglich mit auf moralische Unbescholtenheit gesehen [...] Die Wahl geschieht durch Ballotage [geheime Abstimmung mit verschiedenfarbigen Kugeln]. Niemand kann den Zutritt erhalten, der nicht wenigstens zwei Drittteile der Stimmen für sich hat.

§ 6. Verbindlichkeiten der Mitglieder.

[...] Jedes Mitglied entrichtet monatlich pränumerando [im voraus zahlbar] einen Taler Honorar für den Direktor und vierteljährlich vier Groschen für den Aufwärter [...]

§ 7. Zusammenkünfte der Akademie.

Die sämtlichen Mitglieder versammeln sich wöchentlich einmal mit dem Schlage der festgesetzten Stunde in dem angewiesenen Lokal zu einer zweistündigen Übung. Außer den Eltern und Ehegatten der Mitglieder können den gewöhnlichen Übungen keine Zuhörer beiwohnen. Doch ist an der Stelle der ersteren einem der nächsten Verwandten der Zutritt verstattet. Es steht dem Direktor frei, auswärtige Künstler und Musikfreunde als Besuchende in die Versammlung zu bringen [...] Sobald von dem Direktor das Zeichen zum Anfang gegeben ist, darf niemand durch lautes Sprechen oder Hin- und Hergehen eine Störung veranlassen. Schon die im § 1 angedeutete Tendenz des ganzen Unternehmens bringt es mit sich, daß sich die Auswahl der vorzulegenden Stücke auf die Gattung der ernstern Komposition, Choräle, Motetten, Kantaten und Oratorien, beschränken muß [...]

Stadtarchiv Leipzig: Singakademie zu Leipzig, Nr. 1

339 Holzblasinstrumente (Oboe d'amore, Oboe, Alt-Blockflöte und Oboe d'amore). Überwiegend Leipziger Arbeiten. Zwischen 1735 und 1750

Rücksichtsvolleres Fahren. 26. September 1814 Jeder auf den Straßen zu Fuß Gehende hat den gerechten Anspruch, daß, wenn jemand hinter ihm gefahren kömmt, selb[ig]er dem zu Fuß Vorausgehenden, besonders während der Messzeit, bevor er ihn mit den Pferdeköpfen anfährt, zurufen soll; überhaupt werde ich [der russische Stadtkommandant] streng darauf halten, daß jedermann in den Straßen langsam fährt.

Stadtarchiv Leipzig: Leipziger Bekanntmachungen, 1813–1814

Bürger fordern ein eigenes ständiges Theater in der Stadt. 17. Dezember
[...] Leipzig sieht seit vielen Jahren sein Theater während des Winters von wechselnden Gesellschaften heimgesucht und mehr oder minder zum Schauplatz der Mittelmäßigkeit und Gemeinheit herabgewürdigt. Dies veranlaßte nur zu oft lebhafte und laute Äußerungen der gerechtesten Unzufriedenheit und führte trotz aller unabläßlichen Bemühungen der Polizei Szenen im Schauspielhaus herbei, die Obrigkeit und Publikum gern vermieden gesehen hätten. Schon von jeher fühlte man die Entbehrung eines guten Theaters im Winter, wo eine anständige gesellige Erholung zum Bedürfnis wird, wenn sie im Sommer entbehrlich ist, und sah nur zu wohl alle Nachteile davon auf Bildung und Sittlichkeit ein.

Dies Gefühl ist aber in den neueren Zeiten um so lebhafter und dringender geworden, als sich der Sinn für Künste und Wissenschaften immer mehr verbreitet hat und insofern jetzt mehr als je der Umstand Berücksichtigung verdient, daß ein Theater mit eingeführtem Abonnement ein weniger kostspieliges Vergnügen gewährt als die meisten gesellschaftlichen Ergötzlichkeiten. Diese Einrichtung jedoch, so wie überhaupt die Erlangung eines bessern Theaters, läßt sich nur dadurch bezwecken, daß Leipzig, wie beinahe alle bedeutenden Handelsstädte Deutschlands, ein eigenes stehendes Theater erhält, dem die einträglichen Einnahmen während der Messen und

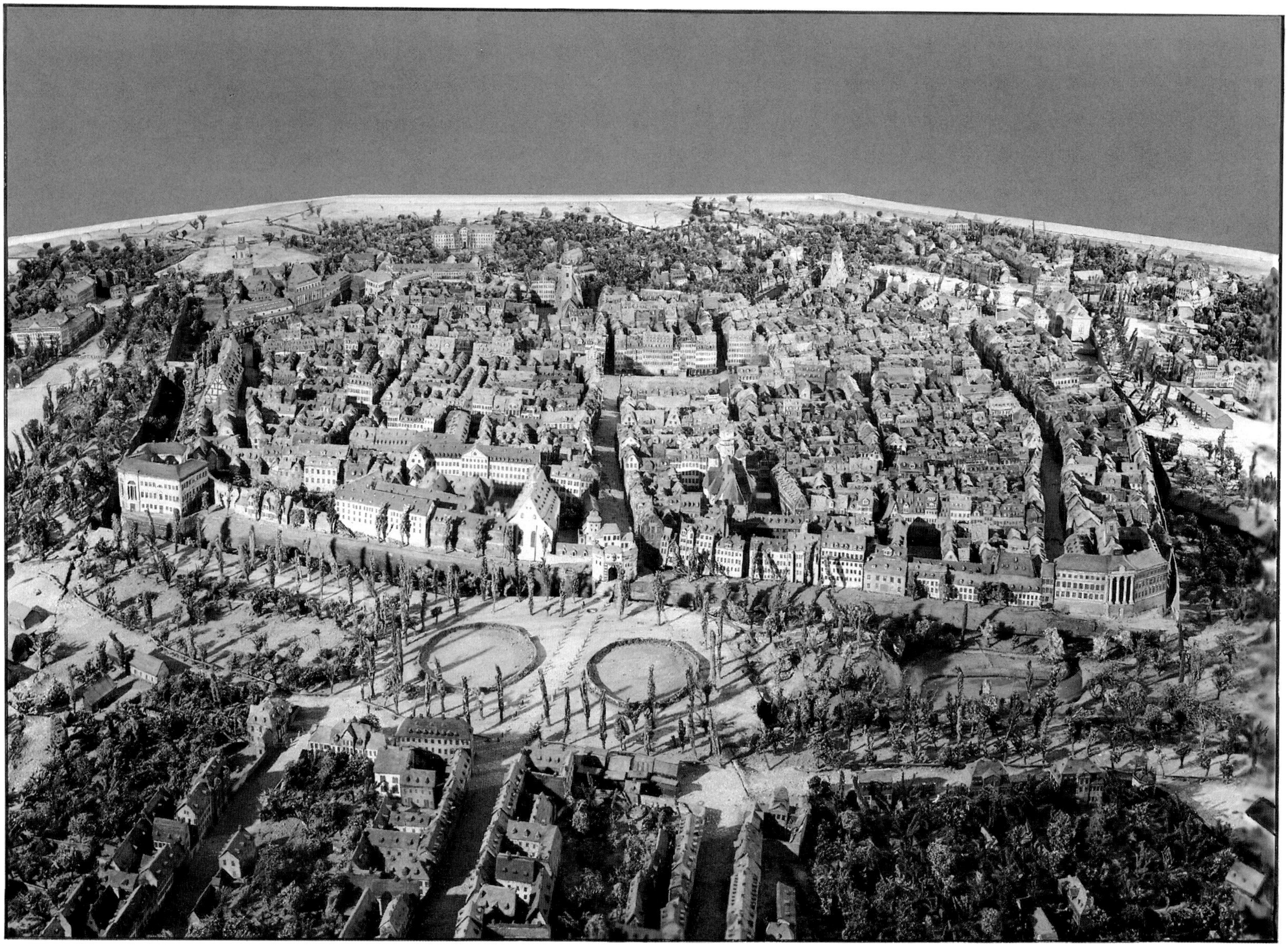

340 Modell der Stadt und ihrer Vororte (im Vordergrund der damals noch unbebaute Augustusplatz). Gefertigt von Johann Christoph Merzdorf. 1823

des Sommers nicht entzogen werden; denn so lange Leipzig einer Schauspielergesellschaft nur während des Winters offen steht und sie im Sommer das wieder an andern Orten zusetzen muß, was sie in Leipzig gewonnen hat, wird und muß diese Stadt ein schlechtes Schauspiel besitzen.

Ist es schon an sich keinem Zweifel unterworfen, daß Leipzig, vor anderen Handelsstädten durch die Messen und die Universität begünstigt, ebensogut wie jene ein stehendes Theater unterhalten kann, so wird dies noch faktisch dadurch erwiesen, daß während des Sommers und der Messen die eine und während des Winters die andere Gesellschaft sich reichlich in Leipzig erhalten, ja die letztere soviel erübrigt hat, um damit den an anderen Orten während des Sommers erlittenen Schaden zu decken.

Da nun jetzt das dem vorigen Unternehmer, Herrn Franz Seconda, erteilte Privilegium durch die neue Einrichtung der Königlichen Schauspiele völlig erloschen ist, mithin die Hauptschwierigkeit, die einem stehenden Theater in Leipzig entgegen war, gehoben sein dürfte und es jetzt nur allein auf der Gnade Sr. Königl. Majestät, unsers allerdurchlauchtigsten Herrn, beruht, jene oberwähnten Nachteile für Leipzig aufzuheben, so glauben Unterzeichnete diesen Augenblick nicht vorübergehen lassen zu dürfen und wenden sich an Ew. Magnifizenz, Wohl- und Hochedelgeb., auch Hochweise Herren [des Rates der Stadt] mit der gehorsamsten Bitte, dieselben wollen diesen unsern submissesten Wunsch an Sr. Majestät gelangen lassen [...]

Stadtarchiv Leipzig: Titel XXIV A, Nr. 19a, Bl. 1f.

Sonntagsschule. 13. Februar 1816

[...] Die gehorsamst unterzeichneten Vorsteher der Armenkomitees bei der hiesigen Freimaurerloge ›Balduin zur Linde‹ beschäftigten sich schon seit längerer Zeit mit dem Plan zur Errichtung einer Sonntagsschule, zunächst für Lehrlinge und Gesellen hiesiger und benachbarter Künstler und Handwerker, und sind nun in ihren Bemühungen dahin gediehen, daß die Eröffnung einer solchen Anstalt nur noch der huldvollen Bestätigung eines Hochedeln und Hochweisen Magistrats hiesiger Stadt bedarf.

Der innige Wunsch, wahrhaft Gutes zu wirken und in bescheidener Anspruchlosigkeit etwas dazu beizutragen, daß dem Staat nützliche Bürger gebildet werden, hat dem Plan der Unterzeichneten sein Entstehen gegeben, und ebenso einfach wie diese Gründe soll die Einrichtung der Schule werden, wenn sie dero hohen Genehmigung sich erfreuen darf.

Es sollen nur solche Zöglinge, und zwar völlig unentgeltlich, zugelassen werden, die bereits konfirmiert, von allem Schulunterricht entlassen und wirklich in der Lehre oder in Diensten eines Bürgers sind. Die Unterrichtsgegenstände sollen sich auf Schreiben, Rechnen, Zeichnen und Technologie beschränken und wie natürlich jeder Religionsunterricht ausgeschlossen sein. Die Schule soll des Sonntags, und zwar in solchen Stunden gehalten werden, die den öffentlichen Gottesdienst nicht stören. Jedermann, der sich dafür interessiert, namentlich aber die Meister und Lehrherren der Zöglinge, sollen, sooft sie wollen, dem Unterricht beiwohnen können [...]

Wir hoffen auf eine geneigte baldige Gewährung dieser unserer gehorsamsten Bitte [...]

Stadtarchiv Leipzig: Schulamt, Kapitel VIII, Nr. 1, Bl. 1ff.

341 Ofenkachel mit Ansicht des Peterstors.
Fayence mit monochromer Malerei. Mitte des 19. Jahrhunderts

342 Tasse mit Ansicht des Augusteums (Universitätshauptgebäude) am Augustusplatz.
Meißner Porzellan mit farbiger Aufglasurmalerei. Um 1840

›Theater der Stadt Leipzig‹.
4. März 1817 Nachdem in betreff aller auf das neu zu errichtende Theater hiesiger Stadt Bezug habenden Angelegenheiten ein Verein gebildet und die endesunterzeichneten Mitglieder desselben mit dem Magistrat die nötigen Unterhandlungen gepflogen und von demselben das Schauspielhaus nebst Zubehör mietweise überkommen haben, so ist zwischen [...] den den Theaterverein bildenden Mitgliedern und Herrn Hofrat Dr. Karl Theodor Küstner, allhier, folgender rechtsverbindlicher Vertrag verabredet und vollzogen worden.

1. Der Theaterverein überläßt unter den nachfolgenden nähern Bestimmungen Herrn Hofrat Küstner die Unternehmung und Direktion des hiesigen neu zu errichtenden Theaters auf sechs Jahre, nämlich vom 1. August 1817 bis zum 31. Juli 1823.

2. Das Theater erhält den Namen ›Theater der Stadt Leipzig‹, nicht den des Unternehmers.

3. Der Unternehmer verpflichtet sich, eine Schauspiel- und eine Operngesellschaft aufzustellen, deren Personenanzahl hinreicht, die Schauspiele und Opern, welche die Repertorien der ersten Bühnen Deutschlands enthalten und enthalten werden, aufzuführen, auch nur solche Künstler zu wählen, deren künstlerischer und sittlicher Wert dem Zweck der Sache und der Bildung der Einwohner Leipzigs entspricht.

4. Zur Beaufsichtigung des artistischen [künstlerischen] Teils der Unternehmung wird ein besonderer Ausschuß aus zwei Deputierten des Magistrats und drei Mitgliedern des Theatervereins gebildet [...]

5. Der Regisseur und der Musikdirektor werden von dem Unternehmer dem Inspektionsausschuß vorgeschlagen und nur nach des letztern ausdrücklicher Einwilligung angenommen [...]

6. Der Unternehmer kann Schauspieler und Sänger ohne Zustimmung des Inspektionsausschusses auf ein Jahr engagieren. Zu längeren Engagements ist die Einwilligung des Ausschusses erforderlich. Hingegen kann der Unternehmer Schauspieler und Sänger (nur mit Ausnahme des Regisseurs, wenn dieser zugleich Schauspieler ist) entlassen [...]

7. Die Anordnung der Tage, wo Vorstellungen gegeben werden, die Bestimmung der Eintrittspreise sowie die Aufhebung der Abonnements bei gewissen Vorstellungen erfolgt nur mit Bewilligung des Inspektionsaus-

343 Ranstädter Tor und Altes Theater (links) nach dem klassizistischen Umbau von 1816/17.
Kolorierter Kupferstich von Johann Carl August Richter, nach einer Zeichnung von Carl Harnisch. Um 1830

schusses, dessen Stimme in diesem Punkt entscheidend ist.

[...]

12. Es sollen jährlich zu einer von dem Inspektionsausschuß zu bestimmenden Zeit, welche jedoch weder in eine der drei Messen noch auf einen Sonntag oder Feiertag fallen soll, zwei Benefiz-Vorstellungen zum Besten der Armen gegeben werden, deren Kosten der Unternehmer zu tragen sowie auch dem Armendirektorium, wie bisher jedesmal, drei Stücke in Vorschlag zu bringen hat, von welchen dieses eins auswählt.

13. Es soll für die Mitglieder des Theaters eine Pensionsanstalt errichtet werden [...]

[...]

32. Wegen der Ratsloge und den diesfallsigen Freibilletts soll es bei der zeitherigen Einrichtung bleiben. Was die erstern anlangt, so hat der Stadtmagistrat im veränderten Haus eine Loge zu erhalten, welche der bisherigen Ratsloge an Lage, Plätzen und sonstiger Beschaffenheit gleichzusetzen ist [...]

[...]

Stadtarchiv Leipzig: Titel XXIV A, Nr. 19a, Bl. 159ff.

Aufgaben des Ratsgärtners (I). 14. Juli 1819

[...]

1. Herr Kühns hat vorzüglich Sorgfalt und allen Fleiß darauf zu verwenden, daß die Alleen sowohl als die englischen Partien und die Esplanade bei der Hauptwache in schönster Ordnung, bestem Stande und größtmöglichster Reinlichkeit erhalten werden. Zu dem Ende hat er das Fehlende oder die entstandenen Blößen durch neue Anpflanzungen aus seiner Baumschule und auf seine Kosten zu ergänzen, alles im gehörigen Schnitt zu erhalten, damit die Gruppierungen nicht verwachsen oder verwildern.

2. Sobald ein Baum eingegangen ist, muß er solches dem Aufseher im Holzhof anzeigen, von wo aus das Ausrotten und Abfahren des Holzes auf des Magistrats Nutzen und Kosten besorgt werden wird.

Stadtarchiv Leipzig: Kapitel 26, Nr. 1, Bd. 1, Bl. 9

344 Umgebautes Altes Theater auf der Ranstädter Bastei (am heutigen Richard-Wagner-Platz). Öl auf Leinwand. 1820

Aufgaben des Ratsgärtners (II). 14. Juli 1819
Herr Kühns soll und will ferner

3. die Partien vom Laub und Spitzgras reinigen und glatt ausharken lassen,

4. die sämtlichen Gänge zwischen den Partien und Alleen in steter Reinlichkeit erhalten und vom Unkraut oder Unsauberkeiten reinigen,

5. zwischen den großen Bäumen in den Alleen Vertiefungen, wie in frühern Zeiten es geschah, im Frühjahr und Sommer anlegen, damit die Bäume vom Regen hinlängliche Nahrung erhalten können,

6. die Raseneinfassungen um die Partien herum wieder in den vorigen Stand setzen, wozu ihm der Rasen kostenfrei angefahren werden soll,

7. darauf sehen, daß durch seine Leute der die Nacht über sich etwa eingefundene Unrat sogleich weggebracht und verscharrt werde,

8. die Sandplätze vor dem Grimmaischen Tor, auch andern Orten um die Stadt, wo solche angelegt sind, stoßen und harken lassen, damit das Unkraut darauf nicht überhandnimmt,

9. am letzten Tag jeder Messe die Plätze vor dem Grimmaischen Tor, auf welchen die Buden aufgestellt werden, nach deren Hinwegschaffung sogleich wieder von allem Unrat reinigen lassen. Nächsten Morgen muß alles wieder in gehöriger Ordnung befunden werden.

10. Die in den Alleen befindlichen Linden, je nachdem es deren Wachstum erfordert, sind, um das Absterben der Äste zu verhindern, [...] von Zeit zu Zeit zu schnödeln [schneiden]. Das davon sich ergebende Reißholz empfängt der Magistrat und wird in dessen Holzhof abgefahren.

11. Da die Schönheiten der englischen Anlagen darin bestehen, daß sie jung, frisch, voll, nicht allzu hoch und überwüchsig im Holz sein müssen, so hat Herr Kühns alle Frühjahre und im Herbst [...] Anzeige zu machen, wo Verbesserungen, Verjüngungen oder Verschönerungen wieder zu machen und anzubringen wären [...]

12. Weil die Holzbarrieren soviel Geld kosten, so ist der feste und bestimmte Wille des Magistrats, daß sie nach und nach eingehen sollen. Um jene zu ersetzen, sollen Anpflanzungen von lebendigen Hecken angelegt werden. Im Herbst, wo dergleichen Anpflanzungen am besten gedeihen, hat daher Herr Kühns jedes Jahr Strecken von 500 Ellen mit jungen Hölzern zu bepflanzen, welche nach der Anlegung für mögliche Beschädigungen mit Dornenzäunen zu decken sind [...]

Stadtarchiv Leipzig: Kapitel 26, Nr. 1, Bd. 1, Bl. 9ff.

Von der studentischen Burschenschaft (I). 1820/21 Es war ein guter, bewegter Sommer, die Burschenschaft im vollen Gedeihen. Wir hatten in der Vorstadt ein Gasthaus mit großem Saal für unsere Versammlungen und mit einem Garten, darin einen Turnplatz. Das war alles verboten, uns kümmerte das nicht. Es bildete sich eine kleine Bibliothek, eine Burschenzeitung

345 Parkanlage im englischen Stil mit Schwanenteich auf dem Gelände der ehemaligen Festungswerke (rechts der aufgeschüttete ›Schneckenberg‹, heute Standort des Opernhauses). Kolorierter Kupferstich von Carl Benjamin Schwarz. 1793

wurde aufgelegt, zwar sehr bescheiden nur in einigen geschriebenen Exemplaren, dafür ohne Zensur besprechend, was gerade die Gemüter bewegte. Der Verein war groß genug, daß sich einzelne Kreise darin ohne feindseliges Abstoßen gegen andere bildeten. In den späteren Nachmittagsstunden gingen wir über die Wiesen nach dem ziemlich entfernten Bad, dann wurde gefochten oder geturnt. So eifrig war ich [der spätere Kirchenhistoriker Karl Hase] im Abhärten, daß ich neben dem Bett auf dem Boden schlief, den Kopf auf einer umgelegten Stuhllehne. Das Verbindungswesen erforderte manche Stunde, aber indem ich am Frühaufstehen festhielt, und es galt als guter Ton, Fleiß und munteres Studentenleben zu vereinigen, gingen die Studien, damals theologische und politische, ihren Gang [...]

Die Burschenschaft war [durch die Karlsbader Beschlüsse] unter strenger Drohung verboten, aber in Leipzig vollkommen geduldet. Wir trugen vor aller Augen das schwarzrotgoldene Band, bei akademischen Feierlichkeiten den deutschen Rock mit der Schärpe jener Farben und das befiederte Barett, jedermann kannte das Burschenhaus, im Sommer die ›Blaue Mütze‹ am Rosental, im Winter die ›Goldene Gans‹ am Ausgang der Hainstraße. In dem einen Zimmer stand unsere kleine Bibliothek, lagen neben anderen Journalen die handschriftlichen Exemplare der Burschenzeitung, an einem schwarzen Brett hingen Bekanntmachungen, Ankündigungen einer Sitzung des Vorstands, einiger Klassenversammlungen der Ausschußmänner und was sonst in einer vielverzweigten Verbindung vorkommt.

Karl Hase: Ideale und Irrtümer. Jugenderinnerungen. Leipzig 1872. S. 75f., 85

346 ›Gotisches Tor‹ in der neuen Parkanlage. Kolorierte Aquatintaradierung von François Aubertin, nach einer Zeichnung von Gottlob Friedrich Thormeyer. 1804

347 Ansicht der neuen Parkanlage vom ›Gotischen Tor‹ aus. Kolorierter Kupferstich von Carl Benjamin Schwarz. Um 1800

Von der studentischen Burschenschaft (II). 1820/21 Als Herbst [ein Mitstudent], der im Amt des Sprechers mir gefolgt war, gegen Abend am 15. Dezember an die Tür des Burschenhauses trat, sah er den Universitätsaktuarius mit zwei Pedellen hinter sich herkommen, sprang die Treppe hinauf, riß die Zettel ab, aber bevor er sie noch in die Tasche stecken konnte, hielt ein Pedell ihm den Arm fest; hiermit hatte die Behörde eine Anzahl urkundlicher Anzeigen wider uns. Herbst erhielt sogleich Stadtarrest, drei Tage gingen noch hin, dann wurden wir beide aufs Karzer gebracht. Dies war in unserm Alten Paulinum, nur ein Tabulat [Fußboden] tiefer, aber ich von dem Freund getrennt durch die ganze Länge des Gebäudes [...]

Wir beiden Gefangenen sollten zwar von der Außenwelt ganz abgeschlossen sein, Schreibmaterialien waren uns versagt: Allein da meine Aussicht in einen verschlossenen Garten ging, wurde ein Zimmer über meiner Klause, das von Studenten bewohnt war, sogleich von Verbindungsgenossen in Beschlag genommen, und ein Bindfaden von oben brachte alle Abende jede nötige Mitteilung und Gerätschaft vor das Eisengitter meines Fensters. Herbst konnte seine Telegraphenlinie unmittelbar auf die Straße herablassen [...]

349 Umzug zum Reformationsfest (Gruppe der Universität Leipzig). Kolorierte Lithographien von Christian Gottfried Heinrich Geißler (Ausschnitt). 1830

348 Darstellung der Fahne der Universität Leipzig, den Studenten gestiftet zum Reformationsfest von der Stadt. Kolorierter Kupferstich von Heinrich Straßberger. 1830

Anfangs bin ich mir recht wie ein gefangener Vogel vorgekommen, der Lust hat, sein Köpfchen mindestens an den Glasscheiben zu zerstoßen. Dieses sinnliche Grauen gab sich doch bald, die Weihnachtsfeiertage gingen in dieser Abgeschlossenheit hin, am Silvesterabend schrieb ich in ein Blatt des Tagebuchs: ›Es ist das erste Opfer, das ich der guten Sache bringe, darum bring ich's mit heiterm Mute.‹ [...]

In dieser Zeit stellte ich einmal im Verhör vor, es sei doch eine unnütze Härte, uns so lange gefangen zu halten in einer bloßen Untersuchung, die man ebenso sicher auf freiem Fuße mit uns vornehmen könnte. Einer der Assessoren fiel mir bei: Er sehe keinen Grund und kein Recht, die Herren länger auf dem Karzer zu halten. Der Rektor wandte verwundert sein Haupt, so daß der kleine Zopf, den er nach altväterischer Weise trug, fast nach vorn zu stehen kam, und sprach: ›Nun, Sie werden unsere Entschließung vernehmen.‹ Es währte noch zwei Wochen, und als endlich der alte Charon [Bezeichnung für den Karzerwärter] kam mit dem Ruf der Freiheit, hat es wieder einen Tag gedauert, ehe es wirklich dazu kam, weil an diesem Nachmittag ein Professor gestorben war, mit dessen Nachlaß die Magnifizenz beschäftigt sei. Wir haben ihm das so nachgetragen, daß es eine kleine Verschwörung gab, ihn einmal abends anzuhalten und sein Zöpfchen abzuschneiden. Doch hat es keiner übers Herz gebracht, das auszuführen.

Endlich am 9. Februar taten sich die Riegel auf, ich eilte auf meine Stube, da sah es aus, als wäre ich gestorben, meine Blumen, die ich so gern pflegte, waren erfroren. Dann stürzte Herbst in meine Arme, dann Robert, und von einer muntern Schar begleitet, zogen wir vors Tor. Meine Knie knickten doch ein wenig zusammen, ich war sieben Wochen nicht aus dem kleinen Gemach gekommen, außer wenn ich ins Verhör geführt wurde, es war wie nach einer Krankheit, ein glückliches Gefühl der Genesung, der Freiheit, so wieder für sich selber zu sein in der frischen Luft. Das

Leben wäre sehr schön, wenn man's nicht durch den bittern Gegensatz erkaufen müßte oder sich's bewahren könnte, dieses jubelnde Gefühl des Lebens, das nichts bedarf als eine unverschlossene Tür.

Die Untersuchung ging noch immer fort, aber auch unser Verbindungsleben, nur etwas vorsichtiger. Ich begann wieder meinen Morgenfleiß, die Nachmittage ging ich doch meist mit guten Gesellen auf eins der umliegenden Dörfer. Wir hatten zwar Stadtarrest, aber wir erbaten uns bald diesen, bald jenen Ort zum Besuch und faßten dieses so auf, als sei die Gestattung gleich für alle Tage gegeben, so daß wir in kurzem die ganze Umgegend frei hatten […]

Am 3. April wurden wir vor das Konzilium gefordert, an 30 Mann, auch einige von den Landsmannschaften, zur Eröffnung des Urteils. Dasselbe sprach gegen die einzelnen, je nachdem sie sich hatten herausreden können, von 3 Tagen Karzer in allmählichen Abstufungen bis zu 4 Wochen, nur Herbst und ich erhielten als ›wegen Teilnahme an unerlaubten Verbindungen‹ das Consilium abeundi, d. h. den Rat fortzugehen, der freilich binnen 24 Stunden befolgt werden muß, die mildere Art der Wegweisung. Wir waren das alle sehr zufrieden. Die Burschenschaft blieb unversehrt.

Karl Hase: Ideale und Irrtümer. Jugenderinnerungen. a. a. O. S. 85ff.

Sträflinge müssen Verpflegungskosten selbst tragen. 30. Mai 1821 […] Daß in Zukunft diejenigen, welche zufolge ergangener Rechtssprüche mit Zuchthausstrafe belegt oder bis zu Ausführung ihrer Unschuld oder Ablehnung des Verdachts in einem Zuchthaus auf bestimmte oder unbestimmte Zeit verwahrt werden, auch zum Ersatz der Kosten für ihre Verpflegung während ihrer Verwahrung in einer allgemeinen Strafanstalt für deren ganze Dauer, soweit jene Kosten nicht durch den aus ihren Arbeiten zu ziehenden Gewinn gedeckt werden, sowohl bei ihrem eigenen Unvermögen für diejenigen, die sich noch in väterlicher Gewalt befinden, deren Väter und für Eheweiber deren Ehemänner verpflichtet sein sollen, ferner, bis zu anderer Anordnung, dieser Verpflegungszuschuß auf ein Quantum von 25 Talern jährlich für einen männlichen und von 20 Talern jährlich für einen weiblichen Sträfling festgesetzt sein soll […]

Stadtarchiv Leipzig: Titel LX B, Nr. 29, Bl. 132

Domino-Gesellschaft. 1823 Die Domino-Gesellschaft entstand, da mehrere Freunde nach Tisch auf dem Kaffeehaus ein Stündchen die Zeit sich mit Dominospielen vertrieben. Die erste Epoche, wo sich die Gesellschaft fester begründete, war im Jahre 1823, wo wir zuerst die Idee erfaßten, einen kleinen Schmaus zu feiern. Dies geschah im November 1823. Die Veranstalter desselben, Herren Ernst Härtel, Schönkopf und Kunze, übernahmen schon damals gewisse Chargen [Ämter, Würden], der erstere als General, der zweite als Beisitzer und letzterer als Sekretär. Der Schmaus verging fröhlich, doch ohne besonders Bemerkenswertes, als daß die Torten Devisen [Wahlsprüche], dem Tag entsprechend, führten und obige 3 Mitglieder in zierlichen Papiermützen erschienen. Nach dieser Zeit blühte die Gesellschaft immer mehr und mehr auf, nahm die Gestalt eines festeren Bundes an, in welchem die Mitglieder als Domino-Ritter erschienen, Spitz- und Beinamen für verschiedene entstanden, auch ergaben sich gewisse technische Spielausdrücke, welche beliebt blieben. Es war allgemeiner Beschluß, im nächsten Jahr wieder eine Hauptversammlung zu veranstalten, wurde daher von den Beamten genau auf alles achtgegeben, was den einzelnen Mitgliedern im Laufe des Jahres begegnete […]

Stadtarchiv Leipzig: Domino-Gesellschaft, Nr. 1

350 ›Notröhrenwächter im kalten Winter‹. Kolorierter Kupferstich von Johann Salomo Richter. 1791

Aus der Instruktion für den Stundenrufer. 25. Juni 1824
[...]
1stens. Soll derselbe diesen Dienst treulich versehen, sich sowohl jederzeit nach der von E. E. Hochw. Rats erteilten und gegenwärtigen Instruktion richten und selbige befolgen.

2tens. Gegen alle Grundstücksbesitzer und Nachbarn sich höflich und bescheiden bezeigen, des Nachts nicht betrinken oder in Häuser begeben, von niemandem keine Geschenke nehmen noch fordern, alle Stunden gehörig rufen und keine verschlafen, von seinem Posten schlechterdings nicht gehen, sich in keine andern Sachen, was seines Amtes nicht ist, mischen und überhaupt alles der Nachbarschaft Nachteilige, so des Nachts passiert, dem amtsführenden Gassenmeister den folgenden Morgen gehörig anzeigen.

3tens. Auf die Haustüren, daß selbige nach 10 Uhr verschlossen, genau Aufsicht haben und diese wie auch das sogenannte blinde Tor öfters visitieren, und insofern derselbe alle Türen des Nachts offenfände, soll derselbe solche zumachen und bei unmöglichen Fällen sogleich desselbigen Grundstücksbesitzers solches anzeigen.

4tens. Bei angetretener Nachtwache alle Stunden sowohl gehöriger Maßen mit der Schnorre [Schnarre] derb und nicht so kurz angeben wie auch deutlich vernehmlich rufen und abdanken [...]

5tens. Bei den auf dieser Nachbarschaft befindlichen Brunnen alle Wochen, jedesmal des Sonnabends, kehren und die dabei befindlichen Gassen reinigen, und wenn ein Feiertag an gedachtem Tag sein sollte, soll solches allemal den Tag vorher geschehen.

6tens. Zur Winterszeit liegt ihm ob, die Brunnen vor dem Frost mit Stroh zu verbinden, das Eis bei selbigen aufzuhauen, und zwar bei harter Kälte wöchentlich zweimal, bei mäßiger Kälte aber nur einmal, und den Abfluß der Gasse zu beobachten, das aufgehauene Eis auf einen Haufen abwärts zusammenwerfen.

7tens. Die Sturmfässer bei eintretendem Winter ausleeren, reinigen und umlegen, hingegen bei herannahendem Frühling, wenn kein harter Frost mehr zu erwarten ist, wieder vollfüllen, und wenn grüne Dornsträuche zu holen sind, solche holen und in die Fässer setzen [...]

8tens. Bei entstehender Feuersgefahr, es sei bei Tag oder Nacht, muß selbiger den amtsführenden Gassenmeister zu rufen suchen und, sobald gestürmt wird, mit der Schnorre auf allen vorgenannten Stellen Lärm machen und nicht eher nachlassen, als wenn das Stürmen aufgehört hat [...]

Stadtarchiv Leipzig: Titel XXXIX, Nr. 24, Bl. 5ff.

Franz Grillparzer über die Sachsen und Leipzig. 1826 Die Sprache dieser Leute beleidigt mein Ohr. Ein Österreicher kann mit seinem Jargon einem Fremden bäurisch vorkommen, die Sprache dieser Leute aber ist unleidlich. Sie ist unmännlich, geckenhaft, wie von und für Kopflose. Alle scharf denkenden und lebhaft fühlenden Nationen sprechen nicht sowohl schnell (das tun die Sachsen im Übermaß) als abbreviiert [abgekürzt]. Sie ziehen zusammen, verschlucken einen Teil der Buchstaben, z. B. Franzosen, Engländer; aber die Leute hier dehnen jede Silbe, verlängern jedes Wort, hängen überall ein Lieblings-E an, so daß ihre Sprache endlich ein förmliches Mäh, Mäh von Schafen wird [...]

Das Innere des Theaters bis auf einen gewissen Grad imposant, mit vor- und übereinander gebauten Galerien, in einem seltsamen Geschmack, fast an eine türkische Moschee erinnernd, mit dünnen, goldenen Säulchen zu hellen, bunten Farben. Die Studenten etwas abgeschmackt herausgestutzt, sonst aber ziemlich gesittet. Zwei von ihnen, nicht jung mehr, mit aufgedunsenen, leeren Gesichtern, hatten sich aufs modischste in schwarze Anzüge gekleidet, auf dem Kopf aber trugen sie weiß und blaue kleine Käppchen, auf die Art, wie ehemals die Kurfürsten sie trugen. Hier fängt wohl das Land des Scheines an, obwohl nicht zu leugnen ist, daß sie auch in manchem Wesentlichen uns arme Österreicher weit zurücklassen [...]

Leipzig hat einen offenbaren Vorzug vor Dresden, nämlich die wunderbare Anzahl hübscher Mädchen, die hier auf den Straßen herumlaufen, indes das weibliche Geschlecht in Dresden zu den unbegabtesten gehört, die mir noch vorgekommen [...]

Wenn ich meiner innersten Neigung folgte, so würde ich auf der Stelle umkehren und wieder nach Hause reisen. Die Natur in diesen Gegenden ist nicht anziehend genug, und die Leute beengen mich. Es war ein Teil des Zweckes meiner Reise, die namhaftern Männer kennenzulernen, und ich besuche sie mit einer Art Pflichtgefühl, aber nur, damit ich dort war, nicht, als ob es mir Vergnügen machte hinzugehen. Diese Leute haben eine Art Rührigkeit des Geistes, die meine wienerische Trägheit zuschanden macht und einschüchtert. Ich rede, wenn ich etwas zu sagen habe, und schweige still, wenn ich nichts weiß; diese Leute aber wissen immer etwas.

Franz Grillparzer: Reisetagebücher. Berlin 1971. S. 104ff.

351 ›Goldener Brunnen‹ auf dem Markt. Aquarell von Carl Benjamin Schwarz (Ausschnitt). 1794

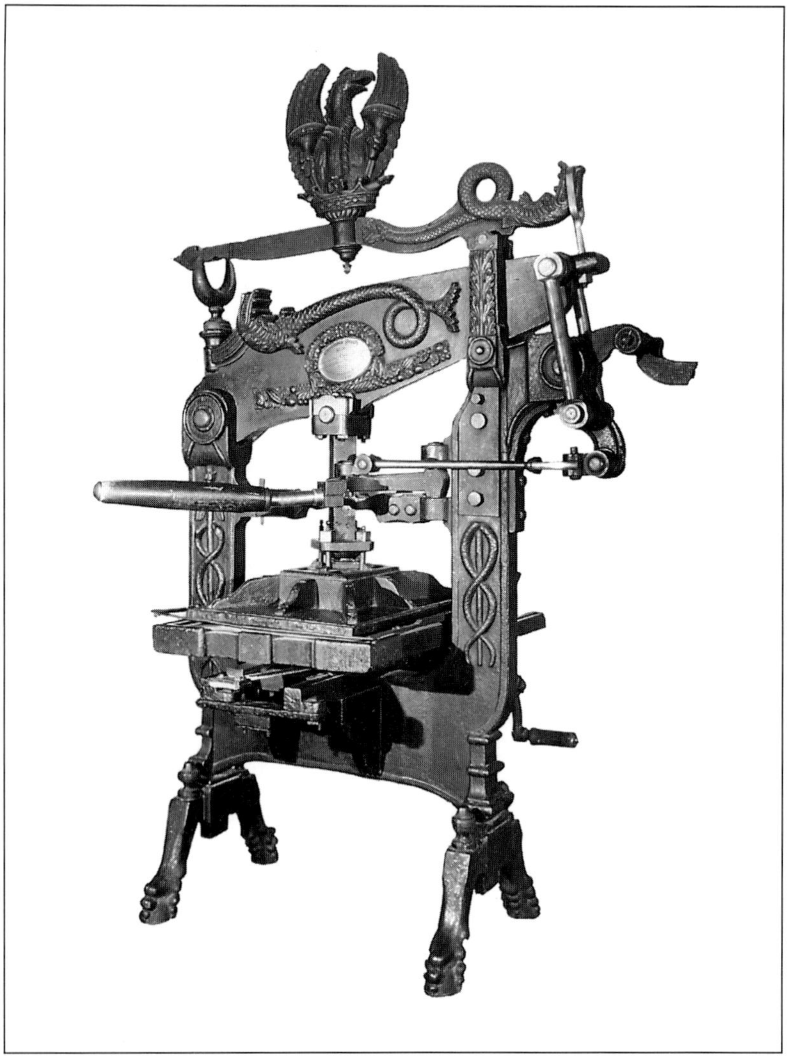

352 Buchdruckerpresse. 1827

Aus einem Antrag der Innung der Barbiere. 10. Januar 1826
[...] und glauben, daß durch folgende Anordnüngen [...] am zweckmäßigsten oben angemeldeten Übeln abgeholfen und entgegengewirkt werden könne:

1. Wenn jeder ausübende Arzt bei etwa vorkommenden Fällen in Familien anträgt, nur mit einem examinierten Chirurgen die Behandlung zu leiten, welches doch auch ihm um so lieber sein wird.

2. Wenn wegen einer chirurgischen Hilfsleistung auf eine Barbierstube geschickt wird, so solle es nur dem Herrn der Stube zustehen, dem Ruf zu folgen; ist es ihm selbst jedoch nicht möglich, so möge er zwar einen Gesellen senden können, aber er muß von dessen Kenntnissen überzeugt sein, auch für ihn [...] Bürge [...] sein.

3. Wird jedoch auf eine Barbierstube geschickt, wo entweder der Herr derselben nicht praktizieren darf oder eine Witwe die Verwaltung leitet, so müsse es dem Boten sogleich zu wissen getan oder nach einem andern examinierten Wundarzt geschickt werden. Es sei aber nicht erlaubt, einen Gesellen zu senden.

4. Den Barbiergesellen streng zu untersagen, unter keinerlei Vorwand irgendeinem Ruf zu einem Kranken zu folgen, sondern alle an ihn deshalb getanen Aufforderungen an seinen Herrn, falls er praktischer Wundarzt ist, zu verweisen.

5. Den in hiesiger Stadt ohne Legitimation herumlaufenden Afterärzten, welche weder bei einem Arzt noch Wundarzt als Gehilfe stehen, ihr Unwesen streng zu untersagen.

6. Den Apotheken ernstlich anzuempfehlen, keinem, wer er auch sei, Medikamente ohne die Verordnung eines Arztes oder Chirurgen verabfolgen zu lassen.

[...]

Stadtarchiv Leipzig: Titel XLIV A, Nr. 1b, Bl. 73f.

Buchdruckergesellen befürchten Arbeitslosigkeit durch Technisierung. 14. August 1826 [...] Wenn wir mit vollem Recht das Land glücklich preisen können, dessen Bürger für das Wohl des Staates durch Beförderung der Künste und Wissenschaften Sorge tragen und hierdurch den Flor des Landes zu erhöhen suchen, wenn wir gerade unser Sachsen unter jene glücklichen Länder rechnen können, so muß dennoch uns, einem kleineren Teil, diejenige Beförderung der Industrie minder gefallen, insofern dieselbe die Rechte anderer beeinträchtigt oder im allgemeinen einen größern Schaden als Nutzen darbietet. Nicht ohne Grund können wir die vor einiger Zeit von dem H[errn] Buchdrucker Brockhaus in seiner Buchdruckerei errichtete Maschine [die erste in Leipzig laufende Schnellpresse], [...] obwohl sie mit vollem Recht ein Meisterstück der menschlichen Erfindungen genannt werden kann, dennoch mehr schädlich als nützlich anerkennen [...]

Betrachten wir vornehmlich die Folgen, die durch die Aufstellung jener Maschine entstehen, so können wir dieselbe nicht anders als nachteilig nennen. Ein Beispiel hat in der jüngstverflossenen Zeit uns England dargeboten, wo Tausende der Menschen früher ihr Brot hatten und jetzt nach Errichtung von Maschinen zu dem äußersten Grad der Verzweiflung gebracht worden sind. Steht nicht auch uns ein gleiches Schicksal bevor? Würde nicht die Zahl der Armen bedeutend vermehrt und diese, da in unsern Tagen der Broterwerb so beschränkt ist, der Verzweiflung preisgegeben werden? Würden nicht ganze Familien unglücklich werden, [...] wenn, wie leicht zu erwarten steht, jene Maschine Beifall und Nachahmung findet und die Zahl solcher Maschinen sich in hiesiger Stadt, nach vielfachen Äußerungen, vermehrt, wenn die beträchtliche Zahl von 350–360 arbeitenden Individuen außer Brot gesetzt ist, da die größere Zahl derselben noch für eine zahlreiche Familie zu sorgen hat? [...]

Doch uns Armen nicht allein, sondern auch den Herren Prinzipalen [Geschäftsinhabern], deren Wirkungs- oder Geschäftskreis von geringerer Ausbreitung ist, wächst Schade aus jener Maschine, sie gehen zugrunde, und die Zahl der unglücklichen Familien wird in nicht geringem Maße durch die Spekulation eines einzigen vermehrt.

Nur in der Absicht, [...] gehorsamst vorzutragen, welcher vielfache Schaden aus der Wirksamkeit jener Maschinen erwächst, haben wir gewagt, vorstehende Punkte aufzuzeichnen, nur in der Absicht haben wir Endesgenannten uns entschlossen, [...] schriftlich die Gesinnungen und Meinungen aller vorzulegen, um, was bei der großen Zahl von teils zu sehr aufgeregten und erhitzten, teils weniger unterrichteten Menschen fast zu drohen schien, eine gesetzwidrige Empörung und eine die Schranken übersteigende Auflehnung zu vermeiden, die gewöhnlich die Frucht erhitzter und unruhiger Gemüter ist [...]

Stadtarchiv Leipzig: II. Sektion, B Nr. 1553, Bl. 2ff.

353 Messeszene (›Die Landschuhmacher‹). Kolorierter Kupferstich von Georg Emanuel Opiz. Um 1825

354 Georg Friedrich Kersting: Der Geiger Niccolò Paganini. Öl auf Holz (Ausschnitt). Nach einer Zeichnung von 1830

Kosten für die Beisetzung auf dem städtischen Johannisfriedhof. 23. September 1828 Diejenigen, welche an, auf und in den Gräbern ihrer Angehörigen auf hiesigem Gottesacker eine oder die andere Vorkehrung treffen wollen, sind zeither nicht allemal von den Konzessionsgeldern genau unterrichtet gewesen, die, der längst bestandenen Verfassung gemäß, an das Hospital zu St. Johannis allhier zu entrichten und an den Herrn Vorsteher desselben zu bezahlen sind. Um nun alle diesfallsigen Zweifel zu beseitigen, werden die Ansätze der erwähnten Konzessionsgelder, wie hier folget, zu jedermanns Wissenschaft bekanntgemacht.

	Thl. [Taler]	Gr[oschen]
Für Beisetzung einer Leiche in dem Ratsschwibbogen	50	–
für ein ausgemauertes Grab	50	–
für ein eisernes Gitter um ein Grab 4 Ellen lang, 2 Ellen breit	30	–
für ein hölzernes dergleichen ebensogroß	4	–
für jeden steinernen Würfel darunter	–	12
für ein steinernes Denkmal	50	–
für ein eisernes Kreuz auf ein Grab	4	–
für ein hölzernes dergl[eichen] 3 Zoll stark und darüber	4	–
für eines dergleichen unter 3 Zoll	1	8
für eine Einfassung um ein Grab von Brettern	1	–
für eine dergleichen um ein Kindergrab	–	12
für einen Pfostensarg in die freie Erde	6	–
für einen dergleichen für ein Kind	3	–
für einen Leichenstein zu lüften	4	–
für ein eisernes Gitter vor [für] ein Erbbegräbnis	4	–
für ein hölzernes dergleichen vor ein dergleichen	2	–
für jeden auf ein Grab zu pflanzenden Baum	–	8
für Aufbewahrung eines Grabes	2	–

[...]

Stadtarchiv Leipzig: Titel XLIV E, Nr. 15, Bd. 1, Bl. 55

Aus dem Theater- und Konzertleben. 1829 28. Aug[ust] Heute wurde im Theater zur Feier von Goethes Geburtstag ›Faust‹ gegeben. Man hat es immer für unmöglich gehalten, die Dichtung auf die Bühne zu bringen, und es ist doch eigentlich gar nicht sehr schwer; entschließt man sich zu einigen Weglassungen und ändert des Szenischen wegen anderes, so macht sich alles recht gut, und es bleibt von der kolossalen Schöpfung noch so viel übrig, daß man sich recht erlaben kann, aber freilich auch den Unwert dessen, was man uns gewöhnlich auftischt, desto mehr empfindet. Tieck hat die hier gegebene Bearbeitung gemacht und wohl ganz richtig gefühlt, daß möglichst wenig weggelassen werden müsse. Trotzdem ist freilich sehr viel Schönes weggeblieben, aber das war nun einmal notwendig, und es wäre töricht, auf einen Genuß ganz zu verzichten, weil man ihn eben nicht in seiner ganzen Vollständigkeit haben kann [...]

5. Okt[ober] Ich [der Verleger Heinrich Brockhaus] habe Paganini, den Vielbesprochenen und

Gepriesenen, nun auch gehört und muß gestehen, daß er ein seltener Genius ist. Unbedingt scheint er mir der größte Violinspieler zu sein, der gelebt hat und, man darf wohl sagen, je leben wird; denn daß auf diesem Instrument noch mehr sollte geleistet werden können, ist sehr zu bezweifeln. Aber heute habe ich mehr die Größe Paganinis geahnt als erkannt, und sollte ich bloß nach dem Eindruck urteilen, den manches von dem, was er spielte, auf mich gemacht, so würde ich ihm rechte Künstlergröße nicht zuschreiben. Nach einzelnem zu schließen, was er heute zu hören gab, kann er gewiß das Außerordentlichste im Adagio, doch dem eigentlichen Prüfstein der Meisterschaft, leisten, aber das meiste, was er heute gab, war leidige Virtuosität. Deshalb hat er mich auch nicht innerlich ergriffen, ich bin nur erstaunt gewesen, wie man solche Schwierigkeiten besiegen kann. Mir kommt es vor, als foppe Paganini das Publikum mit seiner Kunstfertigkeit und mache sich selbst lustig, wenn ein rasender Beifall die Folge davon ist. Ein sarkastisches Lächeln schwebt um seine Lippen, indes kann es auch wirkliche Freude am Beifall und über die besiegten Schwierigkeiten sein. Das Konzert fand im Theater zu dreifach erhöhten Preisen statt, und doch war kein Platz mehr zu erhalten.

Aus den Tagebüchern von Heinrich Brockhaus. 1. Teil. Leipzig 1884. S. 139ff.

355 Messeszene (›Die Kupferstiche‹). Aquarell von Georg Emanuel Opiz. Um 1825

356 Volksunruhen in Leipzig (vor dem Haus des Polizeiamtsaktuars am Grimmaischen Tor). Aquarell von Georg Emanuel Opiz. 1830

Richard Wagner über Volksunruhen in Auswirkung der französischen Julirevolution. September 1830 Die Extrablätter der ›Leipziger Zeitung‹ brachten die Nachricht der Pariser Julirevolution. Der König von Frankreich war vom Thron gestoßen [...] Auch Sachsen blieb nicht unberührt; in Dresden kam es zu einem wirklichen Straßenkampf, der zu einer unmittelbaren politischen Veränderung durch die Einsetzung der Mitregentschaft des nachherigen Königs Friedrich [August II.] und zur Gewährung einer konstitutionellen Verfassung führte. Mich begeisterte dieses Ereignis so sehr, daß ich eine politische ›Ouvertüre‹ entwarf [...]

Ehe ich jedoch zur weiteren Ausführung meiner politisch-musikalischen Entwürfe gelangte, brachen in Leipzig selbst Unruhen aus, welche mich, vom Gebiet der Kunst ab, zu unmittelbarer Beteiligung am Staatsleben beriefen. Dieses Staatsleben hatte nun in Leipzig keine andere Bedeutung als die eines Antagonismus der Studenten mit der Polizei; die Polizei war das Urverhaßte, an welchem sich der Freiheitssinn der Jugend übte [...] Die akademische Jugend, unter welcher es bereits seit einigen Tagen unruhig herging, [...] bildete sich in Kolonnen und zog nun, verstärkt durch alles Junge, was es mit den Studenten hielt, ernst und entschlossen vom Markt aus nach dem Universitätsgebäude, um dort die Karzer zu sprengen und die verhafteten Studenten zu befreien. Mir klopfte das Herz in unglaublicher Erregtheit, als ich zu dieser Bastille-Erstürmung mitmarschierte [...]

Das gefährliche Beispiel, welches von der Jugend gegeben worden war, verführte jedoch an den folgenden Abenden auch die niederen Volksklassen, namentlich das Arbeiterproletariat, zu ähnlichen Exzessen gegen mißliebige Fabrikherren und dergleichen: Nun wurde die Sache ernster; das Eigentum war bedroht, der Kampf zwischen arm und reich stand grinsend vor den Häusern. Jetzt waren es die Studenten, welche, da Leipzig ohne alle bewaffnete Macht und die Polizei gänzlich desorganisiert war, zum Schutz gegen das niedere Volk herbeigerufen wurden [...] Von den Behörden aufgerufen, sich zum Schutz des Eigentums zu waffnen und zu scharen, sammelten sich dieselben jungen Leute, welche zwei Tage vorher sich selbst in die Wut des Zerstörens versetzt hatten, im Universitätshof. Die verpönten Namen der Landsmannschaften und der Burschenschaft riefen laut aus dem Mund der Stadträte und Polizeidirektoren die wunderlich ausgerüsteten Jünglinge auf, welche nun in mittelalterlich naiver Kriegsgliederung sich über die Stadt verteilten, die Wachtstuben der Tore bezogen, Schutzmannschaften in die Grundstücke einzelner reicher Kaufleute legten und nach Gutdünken bedroht erscheinende Lokalitäten, worunter namentlich Gasthäuser sehr beliebt wurden, unter ihre andauernde Protektion nahmen [...]

Noch längere Zeit blieb die Bewachung der Stadttore den Studierenden anvertraut; die unerhörte Blüte, in welche das Studentenwesen dadurch geriet, lockte von nah und fern Kommilitonen herbei; täglich entluden am Hallischen Tor große Gesellschaftswagen ganze Scharen der verwegensten Studenten aus Halle, Jena, Göttingen, ja aus den entferntesten Gegenden her. Sie stiegen unmittelbar an den Torwachen ab und sind während mehrerer Wochen nie in einen Gasthof noch in eine sonstige Wohnung gekommen: Dort lebten sie auf Ratsunkosten, stellten für gelieferte Eß- und Trinkwaren Bons auf die Polizei aus und kannten nur eine Sorge, nämlich die der möglichen allgemeinen Beruhigung der Gemüter, welche ihre angelegentliche Wachsamkeit überflüssig machen könnte [...]

Ich befand mich all diesen Erscheinungen gegenüber wie vor den Wirkungen eines Erdbebens, welches die gewohnte Ordnung der Dinge und Gegenstände aufhebt. Mein Schwager Friedrich Brockhaus, welcher mit Recht den bisherigen Behörden Leipzigs ihre Unfähigkeit, Ruhe und Ordnung zu erhalten, vorwerfen konnte, geriet in den Strom einer ansehnlichen oppositionellen Bewegung. Ein kühnes Wort, welches er auf dem Rathaus an die Herren vom Magistrat gerichtet hatte, machte ihn populär; er ward zum Vizekommandanten der nun ins Leben gerufenen Leipziger Kommunalgarde ernannt. Dieses Institut verdrängte meine angebeteten Studenten schließlich aus den Wachtstuben der Stadttore [...] Ich fing nun an, leidenschaftlich Zeitungen zu lesen und Politik zu treiben; für den persönlichen Umgang zog mich jedoch die bürgerliche Welt nicht genügend an, um dem geliebten Studentenverkehr untreu zu werden; ich folgte ihm aus den Wachtstuben getreulich in die eigentliche Kneipe, wohin die Studentenglorie sich nun wieder zurückzog.

Richard Wagner: Mein Leben. 1. Bd. Leipzig 1958. S. 67ff.

357 Tumult am Freudenhaus. Kolorierte Lithographie. 1830

358 Studentenwache und ihre Ablösung. Lithographie. 1830

359 Buchhändlerkompanie (Rottmeister, Hauptmann und Gardist). Kolorierte Lithographie. Um 1830

Anonymer Aufruf gegen die Stationierung von Militär. September 1830 Einwohner von Leipzig, Soldaten in Euern Mauern? – Wer dies vor Jahren gehört hätte, hätte er es geglaubt? – Wollt Ihr Soldaten gegen Euch selbst gebrauchen? –

Als Ihr aufstandet, um die Mißbräuche, die sich hier eingeschlichen hatten, auf eine kräftige Weise abzuschaffen, seid Ihr zugleich denjenigen, die Unordnung suchten und vielleicht ihren Vorteil, entgegengetreten. Die Bürger und die Studierenden haben mit vereinigten Kräften der Unordnung ein Ziel gesetzt, wozu bedarf es also etwa der militärischen Gewalt, um hier die Ruhe zu erhalten? Es ist gegen Eure Privilegien, es stört Euern erst vor kurzem erst wieder freudige Hoffnungen erregenden Handel. Entfernung des Militärs aus der Stadt ist der Wunsch aller Einwohner. Die bestimmte Erklärung dieses Wunsches wird hoffentlich hinreichen, dies zu bewirken!

Stadtarchiv Leipzig: Titel VIII, Nr. 119, Bl. 26

Zur Wahl einer Kommunrepräsentation. 22. September 1830

I. Bis zum Eintritt einer definitiven Stadtordnung sollen die Kommunalangelegenheiten der Stadt Leipzig durch sechzig Repräsentanten beraten, besorgt und vertreten werden [...] Diese Kommunrepräsentanten bestehen aus: 25 Angesessenen und 35 Unangesessenen, sowie wieder die letzteren aus 18 Kaufleuten und Buchhändlern, 12 Professionisten [Handwerkern] und 5 unzünftige Gewerbe treibenden Bürgern.

II. Die Wahl dieser Repräsentanten erfolgt durch Wähler aus der Bürgerschaft [...]

III. Die Ernennung der Wähler geschieht durch die Kommun selbst, die sich zu diesem Zweck in besondere Verbindungen mehrerer Bürger nach dem gemeinschaftlichen Interesse, welches jede vermöge des Grundbesitzes oder des Gewerbsbetriebs verknüpft, teilt, in sogenannten Wahlvereinen nach folgenden Grundsätzen: 1. Die Wahlvereine teilen sich ab in: a. Die Grundstücksbesitzer, wozu auch die Besitzer derjenigen Grundstücke gehören, welche als solche, ohne das städtische Bürgerrecht erlangt zu haben, zu den Kommunallasten beitragen; b. den Handelsstand [...]; c. die verschiedenen Innungen [...] und d. die gesamten unzünftigen gewerbtreibenden Bürger. Jeder dieser Wahlvereine wählt seine eignen Wähler aus seiner Mitte [...] 3. Frauen sind von persönlicher Teilnahme an der Wahl ausgeschlossen [...]

Stadtarchiv Leipzig: Titel VIII, Nr. 119, Bl. 67

Schuljugend kontra Militär. 8. November 1830 [...] Es ist zu bemerken gewesen, daß die hiesige Schuljugend, vorzüglich die Knaben, sich allerhand Unfug auf den Straßen erlaubt und namentlich in der Gegend der Hauptwache sowie in der Nähe der Schildwache besonders beim Nachhausegehen aus den Schulen, sogar dicht vor der Bürgerschule, ein sehr mißfälliges Unwesen treibt, ganz besonders aber sich beigehen läßt, sich auf eine ungebührliche Weise gegen die Schildwachen und andere Soldaten zu benehmen [...]

Stadtarchiv Leipzig: Titel VIII., Nr. 119, Bl. 142f.

Aus der Dienstvorschrift für die Kommunalgarde. 29. November 1830

[...]

§ 1. Der Zweck der Kommunalgarde, die Erhaltung der gesetzmäßigen Ordnung und Sicherheit im Vaterland, muß jedes Mitglied dieses Vereins vorzugsweise verpflichten, den Vorschriften der Landesgesetze und der allgemeinen Sittlichkeit stets genaue Folge zu leisten.

[...]

§ 21. Bei Störungen der öffentlichen Ruhe und Vergehungen

gegen die Gesetze soll die Kommunalgarde vorzugsweise in Wirksamkeit treten. In solchen Fällen wird der Befehlshaber der Abteilung die Ruhestörer zuvor laut und vernehmlich mit den Worten: ›Im Namen des Königs‹ auffordern, seine Anordnungen zu befolgen; sobald dieser Aufforderung nicht Folge geleistet wird, ist die Kommunalgarde berechtigt, Gewalt zu brauchen und sich ihrer Waffen, nach Anordnung ihrer Befehlshaber, zu bedienen. Diesen liegt hierbei die Pflicht ob, Mißbräuche und Ausschweifungen zu verhindern. Gegen Verhaftete sollen keine Gewalttätigkeiten verübt werden.

[...]

§ 28. Als Ehrenbezeigung treten die Wachen ins Gewehr und präsentieren vor S[eine]r Majestät dem König sowie vor den Prinzen und Prinzessinnen des königlichen Hauses. Wenn bewaffnete Abteilungen der Armee oder der Kommunalgarde, königliche Fahnen, bürgerliche Aufzüge oder Leichenbestattungen vorüberziehen, so treten die Wachen heraus und schultern das Gewehr [...]

Stadtarchiv Leipzig: Kommunalgarde Leipzig 11

360 Dienstmädchenversammlung. Kolorierte Lithographie. 1830

Die industrialisierte Großstadt

Der Aufstieg Leipzigs bis zum Ende der Monarchie in Sachsen (1830 bis 1918)

Einundvierzigtausend Einwohner lebten 1830 in Leipzig. Im folgenden Jahr wurde den Bürgern des Königreichs Sachsen die Freizügigkeit gesetzlich garantiert, wodurch sich die Mobilität des einzelnen beträchtlich erhöhte. Der alte Grundsatz ›Stadtluft macht frei!‹ gewann erneut an Bedeutung und bewirkte einen gewaltigen Zustrom vom Land in die Stadt. Verstärkt wurde diese Entwicklung noch durch die Verkündung der Gewerbefreiheit, die in Sachsen bereits 1862 erfolgte. Bei Gründung des Deutschen Reiches im Jahre 1871 wurde denn auch folgegemäß die Einwohnerzahl Leipzigs mit einhundertsiebentausend angegeben, womit der Ort – rein statistisch betrachtet – zur Großstadt geworden war.

Wenngleich so die Bevölkerung in vierzig Jahren auf etwa das Zweieinhalbfache anwuchs, blieb doch das kommunale Territorium in diesem Zeitraum weitgehend unverändert. Um für all die Zuzügler Wohnraum zu schaffen, wurde während jener Jahre die stadtnahe Flur fast vollständig überbaut, auf den Arealen der barocken Gartenanlagen entstanden geschlossene Wohngebiete von zumeist geringem architektonischen Wert. Leipzig verlor seinen Ruf als Gartenstadt und galt dafür nun als eine der dynamischsten Großstädte des Reiches.

Wirtschaftlich getragen wurde diese Entwicklung vorrangig durch den Eisenbahnbau, dessen neuartige arbeitsteilige Technologie das traditionelle Leistungsprofil der Region verändern sollte. Unter dem Einfluß des württembergischen Nationalökonomen Friedrich List, der einige Jahre in Nordamerika gelebt und dort den stürmischen Aufschwung des Landes namentlich durch die zeitig einsetzende Revolution im Verkehrswesen beobachtet hatte, fanden sich Industrielle, Bankiers und Politiker zum Leipzig-Dresdner-Eisenbahn-Comité zusammen, das mit großem ideellen und materiellen Einsatz den Bau der ersten deutschen Ferneisenbahn zwischen Leipzig und Dresden begann.

Eine Fahrt mit dem ›Dampfwagen‹ galt in jenen Anfangsjahren als aufregendes, ja abenteuerliches Unterfangen. Der Dresdner Bahnhof, Leipzigs erstes ›Tor zur Welt‹, war nichts anderes als eine offene hölzerne

Halle und wurde deshalb realistisch ›Personeneinsteigeschuppen‹ genannt. Der Lokführer, der ebenso wie die ersten Lokomotiven aus England kam, trug Frack und Zylinder, und auch die Passagiere traten zur Reise im Sonntagshabit an. Auf ein Glockensignal hin bestiegen sie die Wagen, ›von denen die des ersten Ranges an Bequemlichkeit und Eleganz im Innern und Äußern alles zu überbieten scheinen, was der Luxus in Anspruch nehmen kann‹. In offenen Waggons hingegen fuhren die Passagiere der Dritten Klasse, was findige Geschäftsleute alsbald veranlaßte, Spezialbrillen und Gaze-Gesichtsmasken gegen die Flugasche anzupreisen, für die eigene Rauchentwicklung auch ›prima Canaster-Dampfwagen-Zigarren‹, das Stück zu zwei Groschen, was der Taxe für eine Meile Bahnfahrt entsprach, jedoch ›genügend der gänzlichen Reise nach Dresden‹.

1839 war die Gesamtstrecke fertiggestellt, und binnen zweier Jahrzehnte verband ein Schienennetz die Handelsstadt mit allen bedeutenden Märkten der nahen und ferneren Umgebung. Der Bau der verschiedenen Eisenbahnlinien ließ in der Messemetropole sechs eigenständige, nach dem jeweiligen Fahrtziel benannte Bahnhöfe entstehen, von denen sich der Bayrische (1842 eröffnet) als ältester heute noch betriebener Kopfbahnhof Europas erhalten hat. Leipzig war, wie von Friedrich List vorhergesagt, zur ›Herzkammer des deutschen Binnenverkehrs, des Buchhandels und der deutschen Fabrikindustrie‹ geworden.

Mit dem Ausbau des Verkehrswegenetzes hatte das Messegeschäft zunächst nochmals einen profitablen Aufschwung genommen. Das Zunfthandwerk hingegen erwies sich den Anforderungen der technischen Revolution weder organisatorisch noch personell gewachsen; seine Struktur zerfiel binnen weniger Jahre. Einige der ehemaligen Handwerksbetriebe wuchsen zu Industrieunternehmen, wobei der Einsatz der ersten stationären Dampfmaschinen diesen Prozeß beschleunigte.

Der Rat der Stadt stand solcher Entwicklung jedoch skeptisch gegenüber. Er befürchtete – und dies nicht unbegründet –, daß die Lebensqualität der Bürger und vor allem der Messegäste durch den geräuschvollen und Schmutz verbreitenden Betrieb von Fabriken beeinträchtigt würde. So mußten sich die ersten Großunternehmen denn auch außerhalb der Stadtgrenze ansiedeln, in Gemeinden wie Plagwitz und Reudnitz, die bald als ›Industriedörfer‹ bezeichnet wurden. Die bereits im Jahre 1830 unweit von Leipzig gegründete Pfaffendorfer Kammgarnspinnerei galt inzwischen als die bedeutendste ihrer Art in Deutschland.

Entlang der Schienenwege waren Unternehmen ansässig geworden, die von der preisgünstigen Verkehrsanbindung profitierten. Unter dem Einfluß der industriellen Revolution und des verstärkten Zuzugs der dazu benötigten Arbeitskräfte aus weniger erschlossenen Regionen hatten die stadtnahen Dörfer ihren ländlichen Charakter weitgehend verloren. Nach langjährigen Verhandlungen mit den Umlandgemeinden begann mit dem 1. Januar 1889 der Prozeß der Eingliederung, der sich über mehrere Jahrzehnte erstreckte. Erst im Zuge dieser Entwicklung wuchs Leipzig auch flächenmäßig zur Großstadt: Von etwa siebzehn Quadratkilometern vor Beginn der Eingemeindungen verfünffachte sich das kommunale Territorium bis 1916. Die Volkszählung im Jahre 1895 wies vierhunderttausend Einwohner aus, am Ende des Ersten Weltkrieges waren es reichlich sechshunderttausend.

In dieser bewegten Zeit kam es zugleich zu einem bedeutenden künstlerisch-kulturellen Aufschwung, der den Ort als Musikstadt Weltruhm erlangen ließ. Hier schuf Robert Schumann zahlreiche seiner bekanntesten Kompositionen und Albert Lortzing solche unvergänglichen Opern wie ›Zar und Zimmermann‹, ›Der Wildschütz‹ und ›Der Waffenschmied‹. Vor allem aber das Gewandhausorchester feierte unter Felix Mendelssohn Bartholdy, der den Klangkörper von 1835 bis zu seinem Tod im Jahre 1847 leitete, triumphale Erfolge; 1843 begründete er das Konservatorium als erste, heute seinen Namen tragende Musikhochschule Deutschlands, zu deren Absolventen neben anderen der norwegische Komponist Edvard Grieg und der tschechische Tonschöpfer Leoš Janáček zählen. Mit dieser Blüte bürgerlichen Konzertlebens entwickelte sich zugleich die Laiensängerbewegung.

Wie lebte es sich nun um die Mitte des vergangenen Jahrhunderts an der damals noch ungetrübten Pleiße? Einige Angaben anno 1853 mögen versuchen, darauf eine Antwort zu geben: Im genannten Jahr zählte die Stadt sechsundsechzigtausendsechshundertzweiundachtzig Einwohner; fünfhundertdreizehn Ehen wurden geschlossen, zweitausendzweihundertachtundsechzig Kinder geboren und tausendsiebenhundertzwölf Verstorbene betrauert. Es gab tausendneunhundertneunundfünfzig Häuser, dreiundfünfzig Straßen, siebenundzwanzig Gassen, zwölf Gäßchen und achtundzwanzig Plätze. Für deren Bewachung nach Einbruch der Dunkelheit standen in zwei Abteilungen sechsundsiebzig Nachtwächter und zwölf Stellvertreter bereit, bewaffnet mit langen Stäben, Signale gebend durch kleine Hörner und die Stunde ausrufend ab 22 Uhr; die Überwachung der Überwacher versahen zwei Obernachtwächter. Es dominierte die bereits 1838 eingerichtete Gasbeleuchtung, deren Bedienung eine für alle Fälle mit einer Feuerspritze ausgerüstete Truppe von siebenundzwanzig Mann versah, dazu noch ein Aufseher mit dem dieser jungen technischen Entwicklung entsprechenden Namen Säugling.

Gastliche Stätten waren in reichlicher Zahl vorhanden, darunter achtundsiebzig Hotels, Gasthöfe und Gasthäuser wie der ›Palmenbaum‹ in der Gerbergasse mit immerhin hundertsechs Fremdenzimmern. Zu den einunddreißig Kaffeehäusern und -gärten zählte das berühmte Café Français am Grimmaischen Tor, dessen Gründer Wilhelm Felsche begehrte Spezialitäten anbot und beispielsweise zum Universitätsjubiläum 1859 einen Riesen-Baumkuchen lieferte, für den sechshundert Eier verbacken wurden. Außerdem existierten noch sechsundzwanzig Konditoreien, einunddreißig Wein- und Italienerkeller sowie zweihundertneunundachtzig sonstige Restaurationen. Und wer sich nach Lokalschluß aller dieser Etablissements trotzdem eines knurrenden Magens zu erwehren hatte, konnte selbigen besänftigen durch Anrufung der beliebten ambulanten Würstchenverkäufer, die erst 1879 durch eine Polizeiverordnung solchermaßen beschränkt wurden: ›In Rücksicht darauf, daß das Feilbieten von Würstchen und Semmeln zur Nachtzeit in den Straßen der Stadt insofern wiederholt zu Störungen der Nachtruhe Veranlassung gegeben hat, als bei Gelegenheit des Verkaufs genannter Ware öfters laute Gespräche geführt und Differenzen zwischen Käufer und Verkäufer durch überlautes Reden geschlichtet werden, wird hiermit jedes Feilbieten von 12 Uhr nachts an in den Straßen hiesiger Stadt fernerhin verboten.‹

Immer wieder zog es die Leipziger mit Kind und Kegel hinaus ›aufs Land‹, wo zahlreiche dörfliche Ausflugslokale mit traditionellen Speisen und Getränken lockten. In Plagwitz (1855 aus ganzen sechsunddreißig Gebäuden bestehend!) empfahl sich der ›Garten Belvedere‹ (beim heutigen ›Felsenkeller‹): ›Hier im Sommer alle Sorten Obst frisch vom Baum. Gondelfahrten dorthin auf der Elster durch die an der Frankfurter Straße wohnenden Fischer.‹ Das benachbarte Lindenau war bekannt für vorzüglichen Sauerbraten und Merseburger Bier, Eutritzsch für Bratwürste und Gose, Schönefeld für leckeres Gebäck vom Meister Stannebein, der am heutigen Stannebeinplatz eine seit Generationen in Familienbesitz befindliche Windmühle mit angeschlossenem Kaffeegarten betrieb, vor allem aber als selbst von Bismarck im Namen Kaiser Wilhelms I. bedankter Wetterprophet weit über Leipzig hinaus berühmt war. Eines der beliebtesten Nahziele war das anmutig gelegene Schleußig (1834 erst hundert Einwohner zählend), das man auf Wald- und Wiesenwegen oder per Stechkahn auf der Elster erreichte. In Connewitz lud am linken Ufer der Pleiße die originelle Pfahlbaurestauration ›Zum Wassergott‹ ein; Spaziergänger vom jenseitigen Dammweg wurden auf den Ruf ›Hol über!‹ vom Fährmann sicher und trockenen Fußes zur gastlichen Stätte gebracht, wo es sich urgemütlich saß unter der beruhigenden Inschrift: ›Wer sich erst stärkt beim Wassergott, stirbt sicher nicht den nassen Tod.‹ Und wer zum ›lieblichen Fest‹ den etwas weiteren Ausflug nach Rötha nicht scheute, konnte mit birkengrüngeschmücktem Kremser unter Harmonikaklängen zur dortigen Obstweinschenke fahren, wo sich im Garten ein prächtiger Pfingstochse drehte – am Spieß, versteht sich!

Die vermeintliche Idylle verliert sich rasch, wenn man bedenkt, daß um 1850 die wöchentliche Arbeitszeit beispielsweise in der Textilindustrie neunzig Stunden betrug, in den siebziger Jahren ein neugeborener männlicher Säugling eine durchschnittliche Lebenserwartung von nur reichlich fünfunddreißig Jahren hatte, noch Ende des Jahrhunderts täglich zehnstündige Kinderarbeit keine Seltenheit war und 1910 nach einer Statistik der Ortskrankenkasse weit über die Hälfte der Schwangerschaften von Leipziger Metallarbeiterinnen mit einer Früh- oder Fehlgeburt endeten.

Schlaglichtartig erhellt sich solchermaßen die Kehrseite wachsender Industriealisierung. Metallverarbeitung und Maschinenbau überflügelten das Leipziger graphische Gewerbe, auch wenn dieses im 1871 durch ›Blut und Eisen‹ geschaffenen preußisch-deutschen Kaiserreich, in dem Sachsen aufging und Leipzig mit wesentlichen Auswirkungen ›verpreußte‹, seine führende Position behaupten konnte. Textilindustrie und Baugewerbe setzten diese Rangfolge fort, Chemieindustrie und elektrotechnisch-feinmechanische Fertigung gewannen ständig an Bedeutung, Handwerk und Kleingewerbe hingegen wurden mehr und mehr in den Bereich der Reparaturen und Dienstleistungen abgedrängt. 1871 gab es in der Großstadt insgesamt viertausendfünfhunderteinundfünfzig Betriebe, darunter achtundfünfzig in der Größenordnung von fünfzig bis zweihundert Beschäftigten. 1895 hatte sich die Gesamtzahl bereits auf achtzehntausendeinhundertsechsundfünfzig erhöht, davon fünfzig Unternehmen mit zweihundert bis tausend Arbeitern, und bis 1914 wurden nochmals mehr als dreitausend neue Betriebe gegründet. Damit war Leipzig zu einem der bedeutendsten deutschen Industriestandorte geworden.

Mit der Ausweitung der industriellen Großproduktion wandelte zugleich die Messe ihr Gesicht, und dies nicht zuletzt unter dem Einfluß jüdischer Initiativen. Seit Mitte des 19. Jahrhunderts traten mehr und mehr Fabrikanten anstelle von Kaufleuten als Aussteller auf, und statt der Handelsobjekte wurden verstärkt Warenmuster präsentiert. Im Frühjahr 1895 fand hier die erste Mustermesse der Welt statt. Diese neue Angebotsform, die Leipzig fortan noch größere Bedeutung im internationalen Handel zuwies, ließ die alten Messehöfe und Verkaufsbuden modernen Zweckbauten weichen; dem 1903 eröffneten ›Städtischen Kaufhaus‹ als erstem Mustermessehaus der Welt folgten bis 1917 weitere dreißig Messehausneubauten in der Innenstadt.

Im Zuge dieser Veränderung wurde auch das ursprünglich im Bereich des heutigen Wilhelm-Leuschner-Platzes angesiedelte traditionelle Volksfest der Kleinmesse aus dem Zentrum vor das Frankfurter Tor verlegt. Tausendzweihundert Budenbesitzer, darunter der legendäre Oscar Seifert, und dreihundert fliegende Händler richteten sich auf dem neuen Gelände hinter dem Waldplatz ein, über dessen Eröffnung am 7. April 1907 die Lokalpresse schrieb: ›In den nach dem Messplatz führenden Straßen wimmelte es von Menschen vom Mittag bis zum Abend. Mit vollen Zügen genoß die Leipziger Bevölkerung die Freuden ihres neuen Messplatzes [...] In vier Längsreihen bieten sich die Schau- und Vergnügungsstätten der neuen Mess-Festwiese als ein geschlossenes Ganzes dar. Verkaufsbuden, der Hippodrom ist dreifach vertreten, 12 Karussells der modernsten und verschiedensten Art. Hugo Haase hat neben seiner elektrischen Stufenbahn eine prächtige Berg-und-Tal-Bahn aufgestellt. Dann gibt es eine Fahrradbahn und eine Ponyschule, vier Luftschaukeln, eine Hexenschaukel und endlich auch wieder einmal eine sich als Rad vertikal bewegende Schaukel. Kinematographen, Panoramen, Theater für Zwergpferde, Affen, Hunde und Katzen, Panoptikum, Irrgarten, ein Athleten- und ein Marionetten-Theater, Schauzelte, Kasperletheater, Glasbläserei und Schießstände.‹

Überhaupt war seit der zweiten Hälfte des 19. Jahrhunderts die Möglichkeit vielfältiger Freizeitgestaltung ebenso explosiv gewachsen wie die Einwohnerzahl. Da konnte man beispielsweise wählen zwischen einem Besuch des Zoologischen Gartens, der 1880 einschließlich des ersten hier geborenen Leipziger Löwen bereits zweihundertvierundsiebzig Tiere aus achtundneunzig verschiedenen Arten zeigte, und der mehr stillen Erbauung im Städtischen Kunstmuseum, das die Bevölkerung liebevoll-respektlos so besang: ›Hier wärd die Sorde Gunst gepflegt, die feste steht un unbewegt, in Eel, in Marmor un in Gipse, verboten isses Angedipse.‹ Es gab hier des weiteren die erste Schrebergartenkolonie der Welt und das damals einzige nicht überdachte Freiluft-Damenschwimmbad Deutschlands nebst in der Wassertiefe verstellbarem Becken für Kinder, zahlreiche sonstige Sport- und Spielgelegenheiten wie Eislauf-, Rad- und Pferderennbahn – kurz, die ganze bunte Palette pulsierenden Lebens einer Großstadt, deren Menschen seit jeher den irdischen Daseinsfreuden anhingen, und dies zuweilen recht unbekümmert. Als beispielsweise 1913 das alte Leihhaus in sein neues Domizil am Yorkplatz (heute Erich-Weinert-Platz) umzog, waren allein achtzig große Möbelwagen mit Federbetten beladen. Die ›gute alte Zeit‹ ...!

Im Bereich der Kunst dominierte nach wie vor eindeutig die Musik; vor allem das Gewandhausorchester, seit 1895 unter der Leitung von Artur Nikisch stehend, feierte triumphale Erfolge im In- und Ausland. Der einstige literarische Glanz hingegen, wie er vor allem im 18. Jahrhundert von Leipzig ausgegangen war, hatte sich längst in Provinzialismus und Heroenkult verloren. Zwar übte die Stadt noch immer wie ›seit Goethes Studentenjahren eine eigentümliche Anziehung auf angehende Dichter und Schriftsteller‹ aus, doch vermochte sie nicht, ›die Ankömmlinge dauernd festzuhalten‹ (Valerian Tornius). Ähnliches galt – sieht man einmal von Max Klinger ab – für die bildenden Künstler. ›Eine Dumpfheit und Schwere liegt in den fleißigen und energischen Köpfen der Einwohner. Vielleicht macht es diese Arbeitsamkeit und Schwere, daß in der Stadt die freien und schönen Künste nur wenig gedeihen und besonders die Dichtkunst wenig gepflegt wird‹, versuchte der Schriftsteller Kurt Pinthus zu deuten. Er gehörte zu jenem Kreis, der um 1910 im Vorfeld des Expressionismus die Leipziger Literaturszene kurzzeitig wiederbelebte. Im Mittelpunkt standen dabei Ernst Rowohlt mit seinem hier im genannten Jahr gegründeten und später von Kurt Wolff weitergeführten Verlag, der die Stadt zu einem Mekka für junge, avantgardistische Autoren nicht nur aus ganz Deutschland werden ließ, sowie Walter Hasenclever und Franz Werfel.

Der erste Weltkrieg beendete diese hoffnungsvolle Entwicklung. Doch schon zuvor hatten sich ortstypische bürgerlich-konservative Hemmnisse abgezeichnet, die der bekannte Theaterkritiker Herbert Jhering 1914 so kennzeichnete: ›Leipzig ist eine Geschäftsstadt und kennt nur die zweckvolle Arbeit. Seine Bewohner können enthusiastische Konzertbesucher sein, weil die Musik sich ohne weiteres als etwas Fremdes, Unwirkliches legitimiert, aber sie werden der Literatur fern stehen, weil die mit ihrem Material an die Wirklichkeit des Tages erinnert.‹ –

Der rasche industrielle Aufschwung in der zweiten Hälfte des 19. Jahrhunderts hatte an der Universität namentlich den Ausbau der naturwissenschaftlichen Forschung und Lehre gefördert. Zahlreiche neue Instituts- und Klinikbauten waren entstanden, an denen weltberühmte Gelehrte wie der Mathematiker Felix Klein, der Chemiker Wilhelm Ostwald, der Neurologe Adolf Strümpell, der Medizinhistoriker Karl Sudhoff und der Psychologe Wilhelm Wundt wirkten. Sie und viele andere vermehrten den internationalen Ruf der Alma mater Lipsiensis und damit deren Anziehungskraft für Hörer aus dem In- und Ausland.

Die Studenten bildeten auch in der entwickelten Industriemetropole einen unverwechselbaren Teil des Leipziger Alltags. Freilich verkörperten sie nicht immer dessen friedlichste Seite, wie aus dem von 1861 bis 1934 geführten ›Karzerbuch‹ unschwer zu erkennen ist. Genannt werden dort Delikte wie ›Herabhängen und Hinwegtragen mehrerer Firmenschilder‹, ›Mutwillige Beschädigung fremden Eigentums‹, ›Ungebührliche Redensarten‹, ›Beleidigung eines Nachtwächters‹, ›Nächtliches Umherschwärmen‹, ›Besuch eines verrufenen Hauses‹, ›Unmäßiger Genuß geistiger Getränke und bis zur Bewußtlosigkeit gesteigerte Trunkenheit‹. Ein Jurastudent faßte sein Vergehen gar in gebundene Rede: ›Einundzwanzig Laternen, den vielgehaßten Geschöpfen, ließ ich den Geist entwehen, als längst schon graute der Morgen.‹ Dabei hatte der Karzer, dessen Zellen solche phantasievollen Namen wie ›Fegefeuer‹, ›Totenkammer‹, ›Onkel Toms Hütte‹ oder ›Hotel Kaiserhof‹ trugen, seine einstigen Schrecknisse bereits lange verloren. Die Arrestanten konnten nicht nur Besucher zum gemütlichen Plausch oder Kartenspiel empfangen, sondern sich auch von der ›Karzermarie‹ mit Bier und Speisen versorgen lassen – kein Wunder, wenn sie dann sangen: ›Auf dem Karzer lebt sich's frei, lustig ist die Karzerei!‹

Eine häufig gerügte studentische Verfehlung war ›Unwürdiges Betragen gegen den Wirt‹, doch entsprang dies wohl weniger jugendlicher Ungebärdigkeit als vielmehr jenen Mietbedingungen, über die ein Kommilitone so urteilte: ›Die Leipziger Studentenwohnungen zerfallen nach meinen Beobachtungen und Erfahrungen in sehr billige und sehr teure. Die ersteren sind fast durchweg sehr primitiv, drekkig und verwanzt, die letzteren dagegen mehr oder minder bordellähnlich.‹ Dieses Zitat entstammt einer 1914 auf Beschluß des Akademischen Senats der Universität erfolgten Erhebung, die endlich einmal auch den Begriff der ›sturmfreien Bude‹ präzisierte: ›Sturmfrei ist eine Wohnung dann, wenn ihre Benutzung zu anderen als zu Wohnzwecken vom Vermieter stillschweigend oder ausdrücklich zugelassen ist. Der sturmfreie Betrieb besteht in dem nächtlichen Mitbringen von Frauenspersonen, die der Gewerbs- oder Gelegenheitsunzucht ergeben sind, oder in dem nächtlichen Beherbergen von solchen.‹

Studenten und Studentinnen – 1906 waren nach jahrzehntelangen Kämpfen die ersten dreißig zum Studium zugelassen worden – wurden wie alle sonstigen Einwohner von der fortschreitenden Entvölkerung des Stadtzentrums betroffen, wie sie insbesondere die Entwicklung der Großindustrie, des Handels und der Messe bedingte. Wohnraum mußte der geschäftlichen Nutzung weichen, der Altstadtkern mit der ausgebauten Ringmagistrale wurde zur kommerziellen City. Die noch 1895 über fünfundzwanzigtausend Bewohner der Innenstadt reduzierten sich bis 1910 auf weniger als die Hälfte. Mehr und mehr prägten hier Banken und Versicherungen, Messepaläste, Handels- und Warenhäuser sowie Gebäude der Staats- und Stadtverwaltung, auch kirchliche und kulturelle Monumentalbauten das von großbürgerlichem Repräsentationsbedürfnis bestimmte Bild. Als städtebaulicher Ausdruck des sozialen Gefälles entstanden außerhalb des Zentrums einerseits großzügig angelegte Villenbezirke des Bürgertums wie das sogenannte Musikviertel, andererseits die im Osten und Westen Leipzigs in Gestalt eng aneinandergereihter Mietskasernen konzentrierten Ballungsgebiete der Arbeiter.

Wie wohl kaum ein anderer Bereich vermittelt die Entwicklung der Nahverkehrsmittel einen Eindruck von jenem stürmischen Aufstieg, den Leipzig binnen weniger Jahrzehnte nahm. Da gab es zunächst den schon 1841 gegründeten ›Fiacre-Verein‹, dessen gelbbekragte ›Personenbeförderer‹ mit ihren anfänglich vierunddreißig Pferdefuhrwerken zu einer täglichen Dienstzeit von 6 bis 21 Uhr im Sommer und von 7 bis 20 Uhr im Winter verpflichtet waren; sie hatten das ›nahende Publikum durch Anreden oder auf andere Weise nicht zu behelligen‹, ›Tabakrauchen‹ wie ›Einkehren in Schänkwirtschaften‹ zu vermeiden, dafür aber über eine ›richtiggehende Taschenuhr‹ zu verfügen; denn die Fahrten innerhalb der Stadt wurden nach Zeit abgerechnet. Außerdem standen noch bis 1883 auf dem Naschmarkt zwanzig Sänftenträger und zehn Gehilfen mit acht Tragestühlen sowie je zwei Krankentragen und Siechkörben zu Beförderungsdiensten bereit. Mehr dem Ausflugsverkehr dienten die auf den Wasserwegen eingesetzten überdachten Gondeln und Stechkähne, denen sich ab 1864 sogar Dampfboote zugesellten.

Die rasche Ausdehnung Leipzigs veranlaßte zur Einführung immer leistungsfähigerer Transportmittel. 1860 wurde ein Pferdeomnibus-Unternehmen gegründet, dessen zweispännige Wagen mit offenem Oberdeck vierundzwanzig Personen faßten und erstmalig im Linienbetrieb nach Fahrplan verkehrten. Zur Pfingstsensation 1872 wurde dann die Inbetriebnahme der Pferdeeisenbahn, die zunächst auf einer Gesamtschienenlänge von noch nicht einmal zehn Kilometern zwischen Augustusplatz und Reudnitz, Roßplatz und Connewitz sowie rings um die Innenstadt fuhr. Die Konzession hatte ein englisches Unternehmen mit Sitz in London erhalten, das dem ›angestellten Beamten- und Arbeiter-Personal‹ harte Bedingungen diktierte: ›Die Dienstverpflichtung ist nicht auf bestimmte Stunden beschränkt, vielmehr sind sie [die Angestellten] gehalten, zu jeder Tages- und Nachtzeit, auch an Sonn- und Feiertagen, die in ihren Berufskreisen liegenden Geschäfte zu besorgen. Eine Vergütung für außergewöhnliche Dienste oder Arbeiten wird ihnen nicht zugesichert.‹ Auch mit solchen Ermahnungen wurde nicht gespart: ›Ein auffälliges Trinken aus der Flasche ist im öffentlichen Verkehr durchaus zu vermeiden, ebenso das Einkehren in Schankwirtschaften auf anderen als den Endstellen. Vertraulichkeiten beim Aus- und Einsteigen, insbesondere gegen Damen, sind streng verboten. Der Aufenthalt in den Wagen und das Speisen in denselben an den Endpunkten ist verboten. Die auf den Endstationen haltenden Wagen müssen so weit voneinander halten, daß die Pferde die Perrons nicht benagen können.‹ Übrigens betrugen damals die täglichen Unterhaltungskosten für einen ›Hafermotor‹ drei Mark, ein Angestellter hingegen verdiente nur zwei Mark.

1895 beförderte die ›Bimmel‹ – Messingglocken für Warnsignale gaben ihr diesen bis heute erhaltenen Namen – auf acht Linien mit sechsundvierzigeinhalb Kilometern doppelgleisiger Streckenlänge immerhin über einundzwanzig Millionen Fahrgäste, wobei die hundertzweiundsiebzig Wagen, für die mehr als tausend Pferde zur Verfügung standen, schon in Fünf- bis Zehn-Minuten-Abständen verkehrten. Dennoch schlug in diesem Jahr die vom technischen Fortschritt diktierte Abschiedsstunde, die selbst einen ›Dichter‹ auf den Plan rief: ›Elektrisch fahren wollen wir, nach Ost, West, Nord und Süd, lebt wohl, ihr guten Pferdchen ihr, da könnt ihr nicht mehr mit!‹ Gleich zwei fortan erbittert miteinander konkurrierende deutsche Straßenbahn-Gesellschaften eröffneten 1896 den Betrieb, nach den unterschiedlichen Farben ihrer Fahrzeuge vom Volksmund kurz als ›Blaue‹ und ›Rote‹ bezeichnet. Während erstere das Schienennetz der Pferdeeisenbahn übernahm, baute letztere eigene Linien aus, die vor allem verkehrstechnisch noch nicht erschlossene Vororte und Randgemeinden berührten und dabei auch das Leipziger Stadtzentrum durchqueren durften. Als 1919 die ganze ›Elektrische‹ in kommunalen Besitz überging, betrug die Gleislänge insgesamt zweihundertsechzig Kilometer; die vorhandenen tausendzweihundertfünfundzwanzig Fahrzeuge mit meist noch unverglasten Perrons erhielten als äußeres Zeichen der Vereinigung einen einheitlich elfenbeinfarbenen Anstrich.

Im Jahre 1906 schließlich begann auch in der Messemetropole das motorisierte Zeitalter, als nämlich die erste Kraftdroschke mit dem amtlichen Kennzeichen III 988 und einer Höchstgeschwindigkeit von dreißig Stundenkilometern durch die Straßen knatterte. Es war ein Wagen vom Typ ›Rex-Simplex‹, ausgerüstet mit Anwerfkurbel und Karbidscheinwerfern, dessen Fahrer noch unter freiem Himmel saß. Nach einer Bestimmung des Rates der Stadt mußten die Benzinkutschen im Taxibetrieb kirschrot lackiert sein und die Chauffeure als Dienstkleidung ein schwarzes Lederjackett mit gelber Borte und gelbem Kragen sowie eine schwarze Ledermütze tragen. Bereits 1911 tauchten zehn umweltfreundliche Elektromobile auf, die sich jedoch nicht behaupten konnten; zwei Jahre später verkehrten Doppelstock-Autobusse auf fünf Linien.

So präsentierte sich Leipzig um die Mitte des zweiten Jahrzehnts unseres Jahrhunderts als eine allseitig entfaltete, blühende Metropole, deren Entwicklung zur Großstadt weitestgehend abgeschlossen war.

Die Kehrseite dieses Aufstiegs wurde jedoch geprägt von preußisch-deutschem Nationalismus, wie er sich besonders deutlich bei der Einweihung des Völkerschlachtdenkmals gezeigt hatte. Es folgten schwere Jahre zunehmender Not. Schon 1915 bildeten sich die ersten ›Kartoffelschlangen‹ vor der Markthalle, hatten sich die Preise für Butter und Eier verdoppelt. Im Jahr danach führten ›Hungerkrawalle‹, mit denen vor allem Frauen gegen die zunehmende Lebensmittelknappheit und das sich ausbreitende Schiebertum protestierten, zur Verhängung des verschärften Belagerungszustandes. Kohlrüben als Kartoffelersatz gaben dem folgenden Winter seinen Namen. Die Versorgung wurde rationiert und betrug für Erwachsene wöchentlich tausendneunhundert Gramm Brot, zweihundertfünfzig Gramm Fleisch, hundertachtzig Gramm Zucker, achtzig Gramm Butter und ein halbes Ei; auch begann die Zwangsbewirtschaftung der Kohle. Und zu allem Elend noch die sich ständig mehrenden Schreckensmeldungen von der Front über Tod oder Verwundung der Männer und Söhne – insgesamt fielen etwa sechzehntausendfünfhundert Leipziger für ›Kaiser und Vaterland‹.

Die allgemeine Kriegsmüdigkeit führte zum Matrosenaufstand von Kiel, dessen Fernwirkung auch in Leipzig zu spüren war. Am Mittag des 8. November 1918 meuterten im Hauptbahnhof mehrere hundert Soldaten, die damit verhindern wollten, noch an die Front verlegt zu werden. Sie zogen durch die Stadt zum Volkshaus (heute Haus der Gewerkschaften in der Karl-Liebknecht-Straße), wobei sich ihnen weitere, am Ort stationierte Truppenteile anschlossen. Nach dem Vorbild der russischen Revolution des Vorjahres wählten sie einen Arbeiter- und Soldatenrat, in dem mit Richard Lipinski ein führender Vertreter der Leipziger Sozialdemokratie tätig wurde. Es war auch sein Verdienst, daß dieser politische Umbruch, anders als in anderen deutschen Städten, hier unblutig verlief. Am 13. November erklärte der sächsische König Friedrich August III. in Guteborn bei Ruhland den Thronverzicht; in Leipzig wurde die alte Stadtverordnetenversammlung aufgelöst und für den 26. Januar 1919 eine Neuwahl – erstmals nach demokratischem Verhältniswahlrecht – ausgeschrieben.

361 Leipzig von Westen. Lithographie von Gustav Täubert. Um 1855

Über die Auswirkungen der neuen Verfassung. 1831 Daß Leipzig ein Klein-Paris ist, mochte manchem im Jahre 1830 einfallen [...], als nach der Pariser Julirevolution im September eine Volksbewegung folgte, die sich auch nach Dresden etc. verzweigte [...] und zur Umgestaltung der Landesverfassung führte. Es war ein Fieber, das Leipzig wie andere Städte durchschüttelte, ein Läuterungsprozeß, aus dem mit der Konstitution [Verfassung] vom Jahre 1831 für Leipzig die bedeutsamsten Umgestaltungen hervorgingen.

Bis dahin hatte es geheißen: Universität und Stadtrat, und darin sich die städtischen Behörden summiert; von bewaffneter Macht aber gab es, zu geschweigen der Schützengilde und der Stadtsoldaten, nur ein schwaches Detachement [Truppenabteilung] königlichen Fußvolks auf der Pleißenburg. Nun aber hatte bei den Bewegungen im September sich eine Kommunalgarde gebildet, und königl[iche] Truppen waren als Garnison eingezogen. Infolge der durch Einführung der Konstitution getroffenen staatlichen Einrichtungen bekam Leipzig einen neugestalteten Stadtrat mit Stadtverordneten, Stadtgericht und Polizeiamt, es ward Sitz einer Kreisdirektion und eines Appellationsgerichts und erhielt eine ansehnliche Garnison, neben der auch die nach und nach militärisch organisierte Kommunalgarde fortbestand. Wie nun dergestalt Leipzig reicher an Behörden wurde, so ward auch seine Bewohnerschaft reicher an Sinn für das Gemeinwesen, die Teilnahme an öffentlichen Angelegenheiten lebhafter, die Presse kühner und die Diskussion über städtische und staatliche Fragen in öffentlichen Blättern beliebter.

Europa. Chronik der gebildeten Welt. Jg. 1836, H. 3

Maskenball. 11. Februar 1831

1. Der Anfang des Maskenballs [der Gesellschaft ›Der Tunnel‹ im Hôtel de Pologne] ist abends 7 Uhr, vor welcher Zeit kein Eintritt in das dazu bestimmte Lokal stattfindet; auch wird schon von nachmittags 3 Uhr an jedem, der weder eine Einlaßkarte noch eine Domestikenmarke, noch auch ein Hausbewohnerbillett aufzuweisen hat, der Eingang in das Hotel versagt.

2. Am Ball selbst nehmen, außer den Mitgliedern obengenannter Gesellschaft, nur die von ihnen eingeführten Gäste teil.

3. Die Einlaßkarten empfängt, gegen Erlegung von 1 Taler pro Stück, jedes Mitglied für sich und seine Gäste bei den Komiteemitgliedern [...]

4. Männliche und weibliche Dienerschaft, welche von den

362 Leipzig von Osten. Kolorierter Kupferstich von Georg Emanuel Opiz. Um 1830

Teilnehmern mitgebracht oder zum Abholen bestellt wird, passiert auf die mit Nummern bezeichneten Marken, welche bei Erhebung der Einlaßkarte zu erhalten sind. Doch müssen die Domestiken in dem ihnen angewiesenen Raum bleiben, bis man nach ihren Nummern sie dort aufruft.

5. In der ersten Etage befindet sich eine besondere Garderobe, wo Mäntel, Hüte und dergleichen gegen numerierte Marken abgegeben werden können, und hat der dazu eigens bestellte Garderobier gegen die gewöhnliche kleine Vergütung für die übernommenen Gegenstände zu haften. Auch werden in derselben Etage mehrere Zimmer geheizt sein, wo plötzlichen Derangements [Mängeln] am Kostüm einzelner Masken abgeholfen und selbst völliges Umkleiden vorgenommen werden kann.

6. Als Buffets sind die dem Ballsaal zunächstliegenden Zimmer eingerichtet, wo man Tee und Backwerk unentgeltlich, andere warme und kalte Getränke hingegen für die festbestimmten Preise erhält. In dem durch vollständig erleuchtete Treppe und Gang mit dem Ballsaal in Verbindung gesetzten Speisesaal parterre wird portionsweise gespeist [...]

7. Im Ballsaal findet, außer den Komiteemitgliedern der genannten Gesellschaft, welche über Erhaltung der Ordnung zu wachen haben, niemand ohne Gesichtsmaske Zutritt. Das Demaskieren, was in den Buffetzimmern und im Speisesaal schon früher gestattet wird, ist im Ballsaal erst nach dem Maskenzug, also um Mitternacht, erlaubt.

8. Der Tanz wird durch ein unverletzliches Reglement geleitet. Er beginnt um 10 Uhr [...]

Stadtarchiv Leipzig: Titel LXII M, Nr. 17, Bl. 89

Not und Armut. 12. Oktober 1831

[...] Bis jetzt habe ich mich mit Malen beschäftigt und mein Brot oftmals kümmerlich damit erworben, doch aber hatte ich immer etwas zu arbeiten, obgleich es immer weniger von Zeit zu Zeit wurde; durch den schweren Druck der Zeit aber hört bei mir fast alle Arbeit auf, und es vergehen Wochen, wo ich auch nicht das geringste zu arbeiten habe, mir daher auch oftmals meine Lebensbedürfnisse fehlen. Ich flehe daher Sie [den Rat der Stadt] untertänigst an, sich meiner großen Not zu erbarmen und mir gütigst die jetzt offne Stelle eines Brotwiegers zu erteilen [...]

Stadtarchiv Leipzig: Titel LIV, Nr. 23, Bl. 18

363 Buchhändlerbörse in der Ritterstraße 12. Lithographie von Joseph Maximilian Kolb, nach einer Zeichnung von C. L. Hofmann. Um 1840

364 Buchhandlung. Holzstich von Eduard Kretschmar, nach einer Zeichnung von Louis Ferdinand Koska. 1850

Aus den Statuten des Vereins der Buchhändler (I). 10. Dezember 1832

[...]

§ 1. Da der Leipziger Buchhandel mit dem gesamten deutschen ein untrennbares Interesse hat, so folgt hieraus, daß der Zweck des Vereins – die Förderung der in Leipzig zu betreibenden Buchhändlergeschäfte – zugleich ein allgemeiner ist. Es soll daher durch gegenwärtige Statuten der Nutzen der auswärtigen, hierselbst Geschäfte treibenden Buchhändler sowohl als der der hiesigen gleichmäßig gefördert werden.

§ 2. Der Verein wird durch die in dessen Rolle eingetragenen Buchhändler gebildet. Zu demselben werden die Musikalienhändler durchgängig und die Landkartenhändler, dafern sie als solche Verlagsgeschäfte betreiben, gerechnet. Der Buchhändlerverein besteht unter der Autorität des Staats. Die Rechte und Obliegenheiten der einzelnen Mitglieder werden zunächst nach den in diesen Statuten enthaltenen Bestimmungen beurteilt.

§ 3. Zur Aufnahme in den Verein ist erforderlich: a. Großjährigkeit und völlige Verfügungsfähigkeit; b. Gewinnung des Bürgerrechts in Leipzig; c. Unbescholtener Ruf, dessen Vorhandensein nach den hiesigen Landesgesetzen zu beurteilen ist. Überhaupt kann Personen, welche wegen solcher Vergehen, die nach allgemeinem Begriffe für entehrend zu halten sind, vor Gericht gestanden haben, ohne von der Anschuldigung völlig oder von der Instanz freigesprochen zu sein, die Aufnahme verweigert werden. d. Die wirkliche Betreibung eines oder mehrerer der unter § 2. genannten Geschäfte. Diese Eigenschaften, mit Ausnahme der unter c., muß der Aufzunehmende auf Erfordern nachweisen.

[...]

§ 6. Kunsthändler, Buchdrukker, Antiquare, Buchbinder und Kolporteure [Hausierer mit Druckschriften] aller Art können als solche dem Verein nicht beitreten.

§ 7. Individuen, welche nicht in Leipzig wohnen, dürfen, dafern sie nicht Mitglieder des Vereins sind, die Buchhändlergeschäfte, welche sie hier zu unternehmen wünschen, nur durch Mitglieder des Vereins betreiben.

§ 8. Ausgenommen hiervon bleibt die Zeit der Jubilate- und Michaelismesse – da zur Zeit der Neujahrsmesse fremde Buchhändler auf hiesigem Platz bekanntlich nicht erscheinen – sowie 14 Tage nach jeder derselben. Während dieser Zeit sind vielmehr die nach gegenwärtigem Statut begründeten Beschränkungen, soweit sie sich auf die Betreibung des Buchhandels beziehen, als aufgehoben zu betrachten.

[...]

§ 12. Dem Verein stehen folgende Wahlen zu: a. den Mitgliedern unmittelbar: die Wahlen der Deputierten des Buchhandels; b. durch die Deputierten des Buchhandels: die Wahl eines rechtsverständigen Syndici sowie der Mitglieder zur Vergleichsdeputation [...], ingleichen der Vorschlag der Beisitzer aus der Mitte der Buchhändler bei dem Handelsgericht und der Bücherkommission.

§ 13. Die Vertretung des Vereins und Ausübung der gemeinschaftlichen Rechte und Obliegenheiten, welche demselben nach allgemeinen Gesetzen und diesen Statuten zukommen, insonderheit die Verwaltung seines Gesamtvermögens, wird den erwähnten Deputierten des Buchhandels mit denselben Befugnissen, welche dem gesamten Verein zustehen, übertragen.

[...]

§ 21. Zu den Deputierten werden sieben männliche Mitglieder des Vereins gewählt, von denen wenigstens ein Deputierter mit dem Musikalienhandel beschäftigt sein muß. Von mehreren Teilhabern einer [Buch-]Handlung kann nur einer als Deputierter gewählt werden.

§ 22. Die Deputierten werden auf sechs Jahre gewählt.

§ 23. Nach Ablauf des zweiten Jahres scheiden zwei, nach Ablauf des vierten Jahres wiederum zwei, nach Ablauf des sechsten Jahres drei Deputierte durch das Los aus. Sind von den zuerst erwählten Deputierten nur noch die letzten drei als solche übrig, so erfolgt der Austritt so, daß jedesmal diejenigen Deputierten ausscheiden, welche sechs Jahre zuvor gewählt worden sind. Die Austretenden sind sofort wieder wählbar [...]

§ 24. Die durch den Abgang eines Deputierten erledigte Stelle wird durch sofortige Wahl wieder ersetzt.

§ 25. Zu der Wahl werden sämtliche zu dem Verein gehörende Handlungen durch Umlaufschreiben eingeladen. Persönliche Anwesenheit von mindestens zwei Dritteilen ist bei diesem Wahlgeschäft unbedingtes Erfordernis. Wer ohne Entschuldigung außenbleibt, soll in eine Ordnungsstrafe von 5 Rthlr. [Reichstaler] zur Kasse des Vereins verfallen.

§ 26. Die erste Wahl wird von einem Deputierten des Magistrats unter Zuziehung zweier von ihm zu wählenden Buchhändler geleitet.

§ 27. Die Deputierten wählen am folgenden Tag unter sich einen Vorsitzenden, einen Sekretär und einen Kassierer.

§ 28. In der Folge leitet der Vorsitzende die Wahl, welche so erfolgt, daß jeder Anwesende eine Liste der Wahlfähigen erhält und darauf so viel Personen, als zu wählen sind, bezeichnet.

Stadtarchiv Leipzig: Titel LXII V, Nr. 9a, Bl. 5ff.

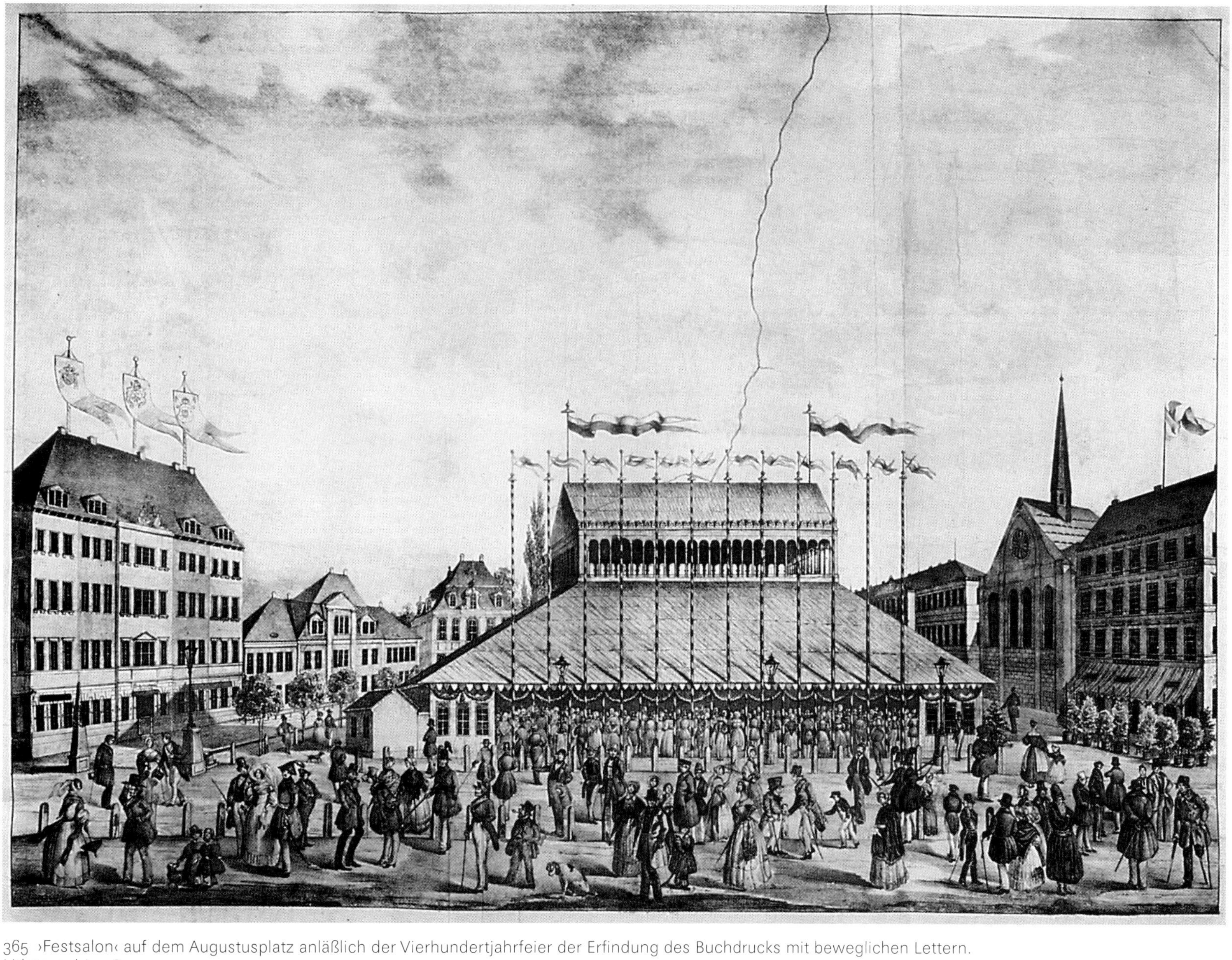

365 ›Festsalon‹ auf dem Augustusplatz anläßlich der Vierhundertjahrfeier der Erfindung des Buchdrucks mit beweglichen Lettern. Lithographie. 1840

Aus den Statuten des Vereins der Buchhändler (II). 10. Dezember 1832

§ 29. Diejenigen, auf welche die relative Stimmenmehrheit gefallen ist, werden als Gewählte bekanntgemacht und treten in die Zahl der Deputierten ein. Unter denen, welche gleichviel Stimmen haben, entscheidet das Los.

[...]

§ 31. Alle diese Wahlen sind auch für die, welche der Wahlversammlung nicht beigewohnt haben, gültig und verbindend. Es ist nicht gestattet, bei dieser Versammlung durch Bevollmächtigte zu erscheinen, jedoch sind Prokuristen und Geschäftsführer zulässig und zur Abstimmung gleich wirklichen Mitgliedern berechtigt.

§ 32. Wer ein ihm nach diesen Statuten durch die Wahl übertragenes Amt nicht annehmen will, muß genügende Entschuldigungsgründe dafür anführen.

§ 33. Nur sechzigjähriges Alter, erwiesene anhaltende Kränklichkeit und die Verwaltung städtischer, nach einem Attest des Magistrats mit dem Vereinsamt unvereinbarer Kommunalämter können als genügende Gründe angesehen werden.

[...]

§ 38. [...] Wer aus den Sitzungen wegbleibt, ohne sich gehörig entschuldigt zu haben, verfällt in eine Strafe von einem Taler. Über die Gültigkeit der Entschuldigung entscheidet die Versammlung der Deputierten.

[...]

§ 67. Die Mitglieder des Vereins halten ihre Versammlung auf der Buchhändlerbörse. Über das Lokal der Buchhändlerbörse sowie über die Zeit der Versammlungen, welche teils ordentliche, d. i. regelmäßig stattfindende, teils außerordentliche sein werden, hat ein gemeinsamer Beschluß der Mitglieder des Vereins nach Stimmenmehrheit das Nähere festzusetzen.

§ 68. Die Deputierten des Buchhandels halten in allen Versammlungen auf Ruhe, Anstand und Ordnung [...]

Stadtarchiv Leipzig: Titel LXII V, Nr. 9a, Bl. 8ff.

366 Tafelklavier aus dem Besitz von Friedrich Wieck, dem Vater Clara Wiecks. Vermutlich Leipziger Arbeit. Um 1835

Baufällige Armenschule. 20. Februar 1833 [...] Nach Gründung der Armenanstalt ward von E. Edeln und Hochweisen Stadtmagistrat dem Armendirectorio, unter Reservation des Eigentumsrechts, ein Haus am Ende der Holzgasse überlassen, worin sich früher eine Arbeitsanstalt für Arme befand, das aber seit 1815 für die Armenschule verwendet und gewöhnlich das alte Schulhaus genannt wird. In den Lokalien des Erdgeschosses und der ersten Etage genießen mehrere Schulklassen Unterricht. Auch befindet sich die Arbeitsschule in der ersten Etage. Die Zimmer unter dem Dach werden von einem Lehrer der Armenschule, Herrn Lochmann, bewohnt.

Dieses dem Vernehmen nach 1803 errichtete Gebäude ist gegenwärtig sehr baufällig vom Erdgeschoß bis unter das Dach, dergestalt, daß der Oberlehrer der Armenschule, Herr Kunath, uns die Besorgnis geäußert hat, es könne bei der täglichen starken Belastung der ersten Etage durch so bedeutende Anzahl von Schülern einmal ein Unglück erfolgen. Das fragliche Schulhaus soll bei Stürmen sehr auffallende Erschütterung erleiden. Freilich ist das Erdgeschoß nur en pisé [aus gestampfter Erde] gebaut, darüber Fachwerk. Das ganze Gebäude hat sich gesenkt, Türen und Fenster sind in schadhaftem Zustand.

Unter solchen Umständen halten wir uns [die Armendirektion] verpflichtet, an E. Edeln und Hochweisen Rat das ganz ergebenste Gesuch zu richten, recht bald eine Besichtigung des bezeichneten alten Schulgebäudes durch Sachverständige anzuordnen und uns den Befund gütigst zu eröffnen [...]

Stadtarchiv Leipzig: Titel XXIV C, Nr. 52, Bl. 1f.

Aus einem Brief Robert Schumanns. 28. Juni 1833 Eine Menge junger, wohlgebildeter Leute, meistens Musikstudierender, hat einen Kreis [den ›Davidsbund‹] um mich gezogen, den ich wieder um das Wieck-sche Haus ziehe. Am meisten erfaßt uns der Gedanke an eine neue, große musikalische Zeitung [die 1834–1844 erscheinende ›Neue Zeitschrift für Musik‹], die Hofmeister verlegt und von welcher Prospectus und Anzeige schon im künftigen Monat ausgegeben werden. Ton und Farbe des Ganzen sollen frischer und mannigfaltiger als in den andern, vorzüglich dem alten Schlendrian ein Damm entgegengestellt werden, ob ich gleich wenig Aussicht habe, mit Wieck [seinem späteren Schwiegervater], der mir übrigens täglich befreundeter wird, je in meiner Kunstansicht zusammenzutreffen. Viel Köpfe, viel Sinne, wenn es auch Kampf geben sollte. Die Direktion besteht aus [dem Schriftsteller] Ortlepp, Wieck, mir und zwei anderen Musiklehrern, meistens ausübenden Künstlern (mich neunfingerigen [wegen Lähmung des rechten Mittelfingers] ausgeschlossen), das schon der Sache einen Anstrich gibt, da die andern musikalischen Zeitungen von Dilettanten redigiert werden [...] Vielleicht gewinne ich durch dieses Unternehmen etwas, nach dem ich mich, dessen Natur sich eigentlich gegen alles Ungeregelte sträubt, wie mit mir sich mancher andere Künstler sehnt, das heißt: meinen festeren (bürgerlichen) Hintergrund, der gleichsam sich als Rahmen um das Bild oder als Gefäß um die auseinanderfließende Masse legt, der finanziellen Vorteile usw. nicht zu gedenken.

Schumanns Briefe in Auswahl. Stuttgart 1906. S. 63f.

367 Robert Schumann. Lithographie von Joseph Kriehuber. 1839

368 Clara Wieck, die spätere Ehefrau Robert Schumanns. Zeichnung von Elvine von Leyser. 1836

Günstige Bedingungen für den Eisenbahnbau. 1833 Das von Leipzig aus nach allen Richtungen weit hin sich erstreckende ebene und feste Terrain, das seine Bewohner einzuladen scheint, ohne Vorbereitung die Schienen auf den Boden zu legen, [kennzeichnet] diese Gegend als eine für die Anlegung von Eisenbahnen besonders geeignete [...]

Ein zweiter bei den hiesigen Lokalverhältnissen besonders in Betracht kommender Umstand ist die Eigenschaft des hiesigen Platzes als Herzkammer des deutschen Binnenverkehrs, des Buchhandels und der deutschen Fabrikindustrie [...]

Endlich kommt die Konsumtion des Platzes selbst in Betracht. Alle Arten von Lebensmitteln nebst Brennmaterialien sind hier teurer als in den Seestädten und dabei bedeutend schlechter. Holz kostet 100 Prozent mehr in der Stadt als 4 bis 5 Meilen von hier. Während bei so hohen Preisen der großen Masse der Bevölkerung das Brennmaterial äußerst spärlich zugemessen ist, liegen 8 Meilen südlich von hier alle Berge voll Steinkohlen. An Fabriken, die Wasserkraft und Brennmaterial erfordern, ist nicht zu denken; kaum sind die vorhandenen Wasserwerke zureichend, das erforderliche Semmelmehl zu liefern, das Schwarzbrot wird dem ärmeren Teil der Bevölkerung vom Lande zu Markte gebracht. Überall gewahrt man, wie der Mangel an wohlfeilen Transportmitteln die Bevölkerung und die Gewerbsindustrie niederhält [...]

In der Anlage habe ich [der Nationalökonom Friedrich List] einen Plan zu einem sächsischen Eisenbahnsystem skizziert, so gut es mir ohne Lokalaugenschein möglich war. Nach demselben würde die Route von Leipzig nach Dresden sich nach Zwickau, Chemnitz und Freiberg, die von Weimar und Gotha nach Frankfurt am Main und Bamberg verzweigen; durch die Route nach Halle käme das Königreich Sachsen mit den Salzwerken und mit der Saale in Verbindung, durch die nach Dessau, Wittenberg oder Torgau würde die Elbe an einem Punkt berührt, wo die Schiffahrt noch nicht erschwert ist. Dieses im ganzen nicht mehr als 50 Meilen betragende Eisenbahnsystem würde alle Bedürfnisse des Königreichs Sachsen befriedigen und den Städten Nürnberg, Frankfurt am Main, Braunschweig, Magdeburg, Berlin, Hamburg und Prag auf halbem Weg entgegenkommen. An und für sich brächte es auf ein Anlagekapital von 3 bis 4 Millionen Taler eine Dividende von 15 bis 20 Prozent.

Friedrich List: Über ein sächsisches Eisenbahn-System als Grundlage eines allgemeinen deutschen Eisenbahn-Systems und insbesondere über die Anlegung einer Eisenbahn von Leipzig nach Dresden. Leipzig 1833. S. 15ff.

369 Messeszene (›Die Russen‹).
Kolorierter Kupferstich von Georg Emanuel Opiz. Um 1825

370 Leipziger Straßenszene mit Kohlenmann, Dienstmädchen und Briefträger.
Aquarell von Georg Emanuel Opiz. Um 1825

371 Marktleute. Aquarell von Georg Emanuel Opiz. Um 1830

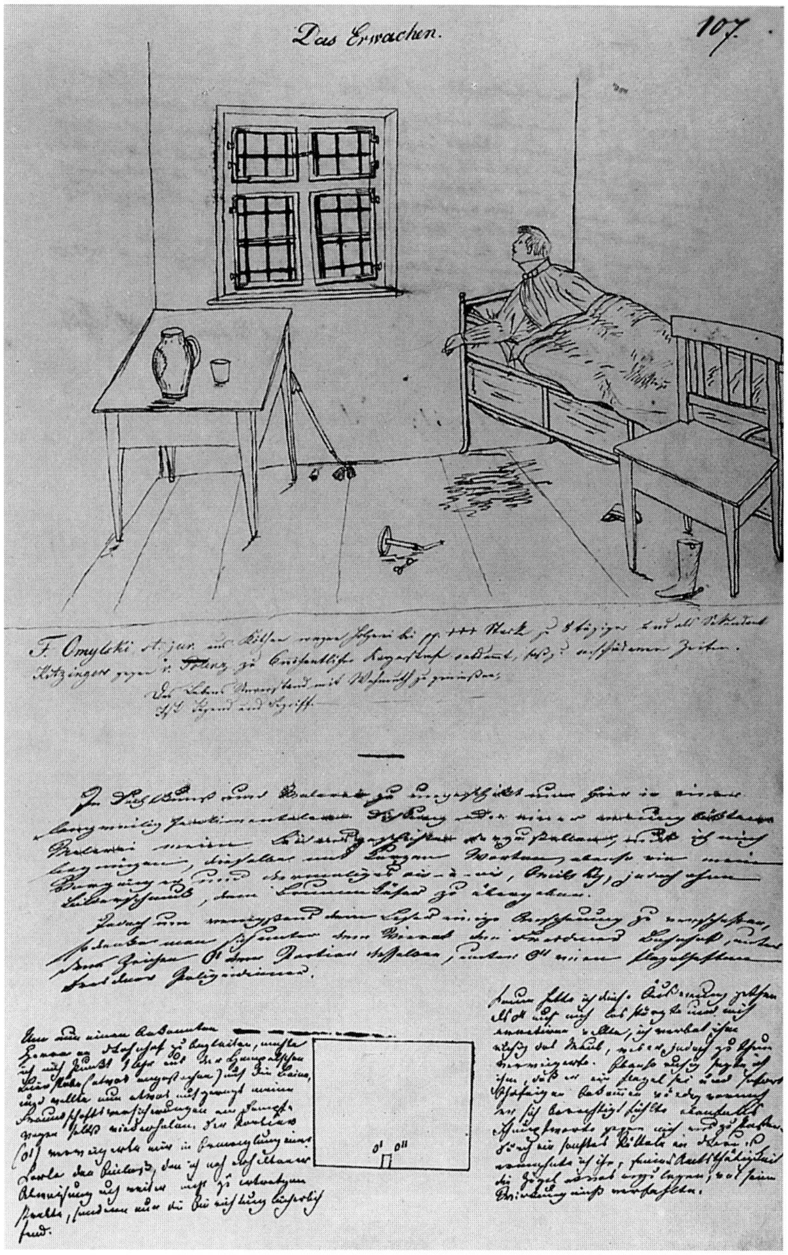

372 Seite aus dem ›Brummkäfer‹, einem illegal geführten Karzerbuch Leipziger Studenten. 1836/44

Vereinigungsabsicht von Bildungsinstituten. 16. August 1834
[...] Demnächst wurde der von dem Herrn Regierungskommissar zur Begutachtung mitgeteilte Plan der Vereinigung der hiesigen Sonntagsschule, der polytechnischen Gesellschaft und der Gewerbsschule, insonderheit in Beziehung auf Lehrplan, Disziplinarregulativ und Kassenverwaltung, einer Prüfung unterworfen. Eine Annäherung dieser Bildungsinstitute erkannte man allerdings zum progressiven Unterricht für sehr wünschenswert [...]

Stadtarchiv Leipzig: Titel LXII K, Nr. 22, Bl. 20

Publikumslieblinge. 1834 Die Neujahrs- und Karnevalszeit 1834 brachte ich [der Romanschriftsteller und Dramatiker Karl Gutzkow] in Leipzig zu. Nicht auf den Maskenbällen des Hôtel de Pologne, sondern in einem warmen Stübchen am Markt bei knirschendem Frost in den Straßen. Im Theater hätten die paar Leute, die es besuchten, zusammenrücken mögen, um sich einander zu erwärmen [...]

Ein idealischer Liebhaberspieler mit langem schwarzem Haar war damals Ludwig Dessoir. Seine Gattin, die sich von ihm trennte, Therese, besaß lange Jahre hindurch das Herz der Leipziger und wetteiferte in Popularität mit Fräulein Günther, späterer Günther-Bachmann.

Lebhafte, anregende Charaktere gab es täglich an der Gasttafel des bayrischen Hofes, Advokaten, Gutsbesitzer, Beamte. Natürlich trug alles das spezifisch sächsische Gepräge bis zu den Stimmungen der Revanche gegen den großen Nachbarstaat [Preußen], der zwar unmittelbar nahe lag, aber mit einer Hauptstadt, die für nichts in Deutschland maßgebend war [...] Die Leipziger Theaterereignisse erhitzten oft die Köpfe der Streitenden, und Heinrich Laube erteilte seine Sprüche unbedingter Unfehlbarkeit. Ich freute mich über jeden Studierten oder Fachgenossen, der es wagte, dem ewig Maßgeblichen ein ›Wieso?‹ oder ›Das seh ich gar nicht ein!‹ zu erwidern.

Karl Gutzkow: Rückblicke auf mein Leben. Berlin 1875. S. 112

Über den Niedergang der Universität. 1834 Unter allen deutschen Universitäten ist die Leipziger eine der ältesten [...] Aus ihr gingen nicht nur die vorzüglichsten Gelehrten, sondern auch der größte Teil der ausgezeichneten Männer des Vaterlandes hervor. Es war eine Zeit, wo die Leipziger Universität als die erste unter ihren deutschen Schwestern glänzte. Jetzt sind jene Zeiten vorüber, und sie ist alt und schwach geworden. Der Besuch ausländischer Studierenden (solcher, die außerhalb der sächsischen Grenzen wohnen) ist daher sehr gering, desto mehr strömen der Alma mater aus allen sächsischen Städten, Städtchen und Dörfern Muttersöhne zu, welche, wenn sie drei Jahre mit den Mappen in den Hörsälen sich herumgedrückt, brot- und amtshungrig ins gesegnete Land der Philister eilen.

An dem Verfall der Leipziger Universität mag unstreitig die größte Schuld tragen, daß sie zu wenig pekuniäre Unterstützung genießt. Obgleich für die Studierenden selbst durch zahlreiche Stipendien hinlänglich gesorgt ist, so leidet doch die Universität an wesentlichen Dingen Mangel, deren Aufzählung uns hier zu weit führen würde [...] Diese armselige Dotierung ist auch schuld, daß es nur selten einmal der Leipziger Universität gelingt, einen ausgezeichneten Mann des Auslands für ihre schmale Kost zu gewinnen.

Wenn man aber bedenkt, daß das Militärwesen in Sachsen 1500000 Taler, das Gesandtenwesen nebst der Bundeskanzlei 122000 Taler und der Hof 900000 Taler kostet, während auf die einzige Landesuniversität nur 50000 Taler verwendet werden, so sollte es wohl eine der heiligsten Pflichten der gegenwärtig versammelten Stände sein, hier kräftig einzuschreiten [...]

Ein Hauptübel, woran die Leipziger Universität hinsichtlich der Vorlesungen leidet, ist das bejammernswerte Diktiersystem, das besonders in den so zu nennenden ›Brotkollegien‹, welche bei weitem die größte Anzahl der Kollegien ausmachen, auf schauderhafte Art ausgeübt wird. Manche dieser Vorlesungen sind durchaus nichts andres als tachygraphische [Schnellschrift-]Übungen. Der Professor tritt auf den Katheder, schlägt sein Heft auf und beginnt mit den Worten: ›Meine hochzuverehrenden Herren, in der letzten Stunde sind wir da und da stehengeblieben, jetzt wollen wir weitergehen.‹ Auf diese Worte beschränkt sich nicht selten der ganze freie Vortrag, und die Schreibestunde beginnt von neuem [...]

Die Anzahl der in Leipzig Studierenden war im Wintersemester 1832/33 auf 1250 angegeben, wovon sich 494 zur Theologie, 521 zum Jus [Rechtswissenschaft], 103 zur Medizin, 66 zur Pädagogik, 24 zur Chirurgie, 12 zum Kamerale [Staatswissenschaft] und die übrigen zu andern wissenschaftlichen Fächern bekannten. Indes kann man sich auf die Richtigkeit dieses Katalogs durchaus nicht verlassen. Um durch eine große Studentenzahl Europa zu imponieren, werden auch die Namen solcher, die bereits längst die Universität verlassen, noch immer in dem Leipziger Studentenverzeichnis fortgeführt [...] Auf ähnliche Weise [...] verhält sich's mit dem Katalog ›der zu haltenden Vorlesungen‹ [...]

Die Zivilisation hat in der Leipziger Studentenwelt [...] bedeutende Fortschritte gemacht. Die langen Haare, Hunde und Hetzpeitschen verschwinden immer mehr; und die studentischen Sitten und Gebräuche stehen minder schroff als ehedem der übrigen vernünftigen Gesellschaft entgegen. Das Landsmannschaftswesen, das studentische Kastensystem, hat viel von seinen übeln Eigenschaften verloren; die Burschenschaft wird man kaum noch gewahr. Das Duell kommt wohl noch häufig vor, aber die Leutchen meinen es in der Regel nicht sehr bös miteinander, und von einer lebensgefährlichen Verwundung hört man äußerst selten [...]

Die Pflanzschule des Duells sind wie überall, so auch in Leipzig, die Landsmannschaften, denn unter ›Finken‹, d.h. Studenten, die sich zu keiner Verbindung halten, wird selten eine ›Suite kontrahiert‹. Solcher Landsmannschaften nun gibt es dermalen drei in Leipzig: die Lausitzer oder Lusaten, die Sachsen und die Montanen, früher Markomannen [...] Eine jede solche Landsmannschaft hat ihre besonderen Farben, ihren besondern Charakter und Eigentümlichkeiten. So bestehen die Lausitzer fast aus lauter Eingebornen der Lausitz, ein kräftiger, aber etwas rauher Stamm, die stärksten Biertrinker Leipzigs. Unter den Sachsen befindet sich der sächsische Adel. Ihr Äußeres ist feiner und eleganter als das der Lusaten; schöne Gestalten, aber nicht frei von den Fehlern ihrer Kaste. Von einer politischen Bedeutung sind diese Landsmannschaften keineswegs.

Ferdinand Stolle: Das neue Leipzig nebst einer Kreuzturminspiration über Dresden. Leipzig 1834. S. 225f., 235ff.

373 Studentenwachstube. Lithographie. 1845

Aus einem Brief von Felix Mendelssohn Bartholdy. 6. Oktober 1835

Nun kamen aber die Proben zum ersten Abonnementkonzert nach und nach, und vorgestern abend fing also meine Leipziger Musikdirektorschaft an. Ich kann Euch gar nicht sagen, wie zufrieden ich mit diesem Anfang bin und mit der ganzen Art, wie sich meine Stellung hier anläßt. Es ist eine ruhig ordentliche Geschäftsstellung; man merkt, daß das Institut seit 56 Jahren besteht, und dabei scheinen die Leute mir und meiner Musik recht zugetan und freundlich. Das [Gewandhaus-]Orchester ist sehr gut, tüchtig musikalisch, und ich denke, in einem halben Jahre soll es noch besser werden, denn mit welcher Liebe und Aufmerksamkeit diese Leute meine Bemerkungen aufnehmen und augenblicklich befolgen, das war mir in den beiden Proben, die wir bis jetzt hatten, ordentlich rührend; es war immer ein Unterschied, als ob ein anderes Orchester spielte. Einige Mängel sind noch im Personal, aber sie werden wohl nach und nach abgestellt werden, und ich glaube einer Reihe sehr angenehmer Abende und guter Aufführungen entgegensehen zu können.

Ich wollte, Ihr hättet die Einleitung meiner ›Meeresstille‹ gehört (denn damit fing das Konzert an); es war im Saal und auf dem Orchester eine Ruhe, daß man das feinste Tönchen hören konnte [...] Es war aber auch eine Aufmerksamkeit und Spannung im ganzen Orchester, wie ich sie nie größer gesehen; sie paßten auf wie – Schießvögel, hätte Zelter gesagt. Nach dem Konzert empfing und machte ich auf dem Orchester eine Masse Gratulationen; erst das Orchester, dann die Thomaner (welche Prachtjungen sind und so pünktlich eintreten und loslegen, daß ich ihnen einen Orden versprochen habe) [...]

Felix Mendelssohn Bartholdy: Briefe aus den Jahren 1833 bis 1847. Leipzig 1864. S. 101f.

374 Ernst Rietschel: Der Gewandhauskapellmeister Felix Mendelssohn Bartholdy. Gips. Vor 1847

375 Mendelssohn-Zimmer im Alten Rathaus. Originalmöbel und Kunstwerke aus dem Besitz des Komponisten. Erste Hälfte des 19. Jahrhunderts

Gegen Konkurrenz-Konzerte. 11. Oktober 1835 [...] Einem Edlen und Hochweisen Rat [der Stadt] danken wir [das Direktorium des Gewandhauskonzerts] verbindlichst für die geneigte Mitteilung des erneuerten Gesuchs des [Musikalienhändlers] Herrn Friedrich Hofmeister um Gestattung musikalischer Soireen im Saal des Hôtel de Pologne, welches auch gegenwärtig noch für die Konzertanstalt nichts weniger als gleichgültig sein kann. Denn wenn auch durch das Hofmeistersche Unternehmen dem [Gewandhaus-]Konzert für diesen Winter keine Abonnenten mehr entzogen werden dürften, so läßt sich doch mit Gewißheit annehmen, daß solches auf die Einnahme des Konzerts von verkauften Billetts von nachteiligem Einfluß sein werde, da Herr Hofmeister zu seinen Soireen ohne Zweifel ebenfalls Billetts und vermutlich zu niedrigern Preisen als das Konzert verkaufen wird. Vornehmlich aber ist zu befürchten, es werde das Unternehmen in der angegebenen beschränkten Form nicht lange verbleiben, vielmehr bei dem mutmaßlichen Auftreten einheimischer und fremder Virtuosen in den Soireen bald einer verstärkten Instrumentalbegleitung bedürfen und durch den Anschluß andrer musikalischer Vereine, vielleicht selbst der Singakademie, oder auch durch die nicht unwahrscheinliche Mitwirkung von Sängern des Theaters sich allmählich zu einem wirklichen zweiten Konzert gestalten, welches, einmal ins Leben getreten, nicht so leicht wieder zu unterdrücken

376 Karl Friedrich Schinkel: Entwurf zum Portalgewände des Augusteums (Universitätshauptgebäude) am Augustusplatz.
Federzeichnung; Graphitstift, laviert. 1832

377 ›Schinkel-Portal‹ des Augusteums. Historisches Foto. Um 1880

oder in die ursprünglichen Grenzen zurückzuführen sein möchte, dagegen aber dem Gewandhauskonzert manche artistischen [künstlerischen] und pekuniären Mittel entziehen und es ihm, wo nicht unmöglich machen, doch sehr erschweren würde, den höhern Ansprüchen, die an dasselbe gemacht werden, fernerhin zu genügen [...]

Auf fernere wohlwollende Berücksichtigung unseres Instituts glauben wir jetzt um so mehr rechnen zu dürfen, als wir durch die Berufung eines in so vieler Hinsicht ausgezeichneten Mannes, wie der Herr Musikdirektor Mendelssohn Bartholdy, einen Schritt getan haben, von welchem, wie wir uns schmeicheln, nicht bloß für das Konzert, sondern für die Kultur der Tonkunst in Leipzig überhaupt die erfreulichsten Folgen zu erwarten sind – wenn es gelingt, ihn, diesen Mann, auf längere Zeit unsrer Stadt zu erhalten.

Für den Fall daher, daß ein Edler und Hochweiser Rat Bedenken tragen sollte, das Hofmeistersche Gesuch ganz zurückzuweisen, erlauben wir uns, den angelegentlichen Wunsch auszudrücken, daß wenigstens bei der zu fassenden Entschließung die Entfernung der vorhin erwähnten Besorgnisse möglichst berücksichtigt, insbesondere die beabsichtigten Soireen, welche niemals an einem Konzerttag zu veranstalten wären, auf den jetzigen Winter und auf die am Schluß des Gesuchs gebetene Zahl von dreien [...] beschränkt werden möchte [...]

Stadtarchiv Leipzig: Titel LXI, Nr. 13a

378 Aula des Augusteums. Historisches Foto. Um 1875/80

Verbot fortschrittlicher Literatur. 6. Februar 1836 Infolge hoher Ministerialverordnung wird den Inhabern von Leihbibliotheken hiermit aufgegeben, des Verleihens sämtl. Schriften von Heinr. Heine, Karl Gutzkow, Ludolf Wienburg, Heinr. Laube, Theod. Mundt und Friedr. Clemens, dessen wahrer Name Joh. Fr. Gerke ist, erschienenen und noch erscheinenden Schriften pp. b[ei] 20 rt. [Reichstaler] Strafe zu enthalten [...]

Stadtarchiv Leipzig: Titel XLVI, Nr. 124a, Bl. 15

Einladung zur Einweihung des neuen Universitätshauptgebäudes. 21. Juli 1836 [...] Die Universität beabsichtigt, die zum nächstkünftigen 3. August bestimmte Einweihung des Augusteums festlich zu begehen und einen Zug zu veranstalten, welchen zu versammeln ihr ein passender Platz fehlt. Den verehrlichen Magistrat der Stadt Leipzig ersuchen wir daher, ergebenst zu gestatten, daß der Zug in der Kirche zu St. Thomae sich versammeln könne, und Verfügung zu treffen, daß zu diesem Behufe jene Kirche von 7 Uhr morgens zur Disposition der Universität gestellt werde. Mit diesem Ersuchen verbinden wir aber zugleich die anderweite Bitte, daß es Ihrem verehrten Kollegium gefällig sein möge, außer dem Herrn Bürgermeister und dem Herrn Vizebürgermeister, welchen besondere Einladungen werden zugestellt werden, noch durch zwei Deputierte sowohl an der Feierlichkeit selbst und dem beabsichtigten festlichen Zug als auch an dem darauf folgenden Mittagsmahl teilzunehmen. Sie wollen die Güte haben, die Namen dieser Deputierten dem unterzeichneten Rektor der Universität bald gefällig anzuzeigen, damit ihnen die das Nähere besagenden Einladungskarten eingehändigt werden können [...]

Stadtarchiv Leipzig: Titel VII C, Nr. 175

Über das Medizinalwesen. 1836

Wir berühren zuvörderst das Medizinalwesen der Stadt Leipzig. Dasselbe steht unter Aufsicht eines Stadtphysikus, eines Geburtshelfers, mehrer Stadtwundärzte und eines Stadtzahnarztes. Für die Entbindungsfälle insbesondere sind in den verschiedenen Stadtvierteln wohlunterrichtete, verpflichtete Hebammen mit Gehilfinnen angestellt. Der Physikus hält auch die vorhandenen Apotheken unter seiner Aufsicht.

Die bereits seit längerer Zeit angeordnete zweckmäßige Besorgung des Begräbniswesens hatte in neuerer Zeit vorzüglich dadurch eine vollkommenere Einrichtung erhalten, daß außer den verpflichteten Leichenbestattern und Leichenwäscherinnen seit dem J[ahre] 1827 auch noch vier Ärzte zur Leichenschau angestellt wurden. Die Expedition der Angelegenheiten, welche das Begräbniswesen betreffen, wird von einem Ober- und einem Unterleichenschreiber besorgt, welche äußerst zweckmäßig geordnete Bücher über die Verstorbenen unterhalten, welche Bücher in Leipzig bereits seit dem Ende des 16. Jahrhunderts vorkommen. – Allwöchentlich teilt ein besonders gedruckter Zettel die Zahl der Verstorbenen mit Angabe ihrer Todesursachen sowie die Zahl der Gebornen mit. – Gänzlich dürfen wir indes die Klagen nicht mit Stillschweigen übergehen, welche die Leipziger Bürgerschaft hinsichtlich des Begräbniswesens im J. 1830 gegen die königl. Kommission aussprach. Es heißt in der diesfallsigen Adresse: ›Es existiert wohl keine Stadt in Deutschland, wo die Beerdigung eines Verstorbenen mit so übertriebenen Kosten verbunden wäre als in Leipzig. Eine nur einigermaßen anständige Leichenbestattung kann unter 150–200 Talern gar nicht vor sich gehen [...]‹

Zur Erhaltung der Gesundheit der Bewohner Leipzigs tragen die öffentlichen Anstalten nicht wenig bei, welche auf die Reinlichkeit der Stadt abzwecken. Die bereits im Jahre 1700 angefangenen, im Jahre 1740 aber vollendeten unterirdischen gewölbten Schleusen in den Straßen der Stadt schaffen den flüssigen Unrat hinweg. Auch die Vorstädte sind mit solchen Schleusen in neuerer Zeit versehen worden. Besonders verdient der im J. 1830 für die Johannisvorstadt unternommene Schleusenbau bemerkt zu werden, der für diesen sehr ungünstig gelegenen Stadtteil eine Wohltat wurde, wenngleich auf der andern Seite die Einrichtung desselben eine Belästigung für andere Gegenden, besonders für die Grimmaische Vorstadt, herbeiführte und daher manchem Tadel unterlag. – Anderer Gassenkot wird durch eigens hierzu bestimmte Karren an gewissen Tagen und Stunden hinweggeführt.

Carl Christian Carus Gretschel: Leipzig und seine Umgebungen. Leipzig 1836. S. 257ff.

379 Aufzug der Böttcher auf dem Markt. Lithographie (Ausschnitt). 1838

Volksfeste. 1836 Ist die Erntezeit vorüber, so findet sechs Sonntage hintereinander nachmittags in Schönefeld [...] die sogenannte Kletterstange statt. Ein Mensch klettert an einer hohen Stange hinan und holt von den obenhängenden Kleidungsstükken eins, ihm alsdann zufallendes, unter lautem Gejauchze des versammelten Volkes herab. Dies wird auch das Ablaßfest genannt, und vielleicht erinnert dieser Name an seinen Ursprung.

Das Fischerstechen fällt in den Monat August, und zwar früher auf den Tag des jährlichen Ratswechsels (Bartholomäus [24. August]), und sollte eine Nachahmung der zu Venedig gehaltenen Gondolierekämpfe sein [...] Bemerkt werde hier, daß noch jetzt die Leipziger Fischerinnung aus den Staatskassen 27 Thl. [Taler] für 3 Faß Bier erhält, welche Bewilligung auf dem Umstand beruht, daß ein Leipziger Fischer ein Mitglied der königlichen Familie dereinst aus dem Wasser gerettet haben soll.

Am Septembermarkt des Städtleins Taucha [...] ist wohl die größte Menschenmasse aufgeregt. Wie die Berliner zum Stralauer Fischzug, wallfahrten Tausende hinaus in das gedachte Städtlein, um – sich ein Stückchen Pflaumenkuchen, eine Trommel, Pfeifchen oder bleierne Orden zu kaufen, mit denen geschmückt Leipzig seine Kinder zurückkehren sieht [...]

Ein neues Fest, welches sich wohl im Laufe der Zeiten zu einem Volksfest gestalten könnte, entstand in der neusten Zeit in dem [...] Johannistal. Diesen Namen erhielten die Gartenanlagen zwischen dem Hospital- und Windmühlentor in der ehemaligen großen Sandgrube. Den zahlreichen Bewohnern der Johannisvorstadt [...] wurden seit dem Frühjahr 1833 einzelne Plätze dieser Gegend von der Kommun gegen einen billigen Zins überlassen, und bald entstanden eine Menge kleiner Gärten, die zum Teil um so geschmackvoller angelegt wurden, da auch wohlhabendere Stadtbewohner, der Aufmunterung wegen, Plätze übernahmen. Breite Wege, mit lebendigen Hecken eingefaßt, teilen die Gärten. Das Johannistal wurde am Johannistag [24. Juni] 1833 eingeweiht. Es entstand auf diese Weise ein Blumenfest, an welches sich ein Fest für die Kinder der Leipziger Armenschulen knüpfte [...] An diesem Tag wandeln Tausende auf den Plätzen und in den Gärten des Johannistals, dessen Gärten, Lauben, Brunnen usw. mit Blumengewinden und Kränzen geschmückt sind, während Wimpel, die Sachsenfarben tragend, weithin die Freude verkünden und fröhliche Musik die Gemüter zur Heiterkeit stimmt.

Gänzlich dürfen wir auch die am 4. September seit 1831 gefeierten Konstitutionsfeste nicht übergehen, welche, wenn sie schon Feste des Vaterlandes sind, doch in Leipzig vor vielen andern Städten Anklang fanden.

Carl Christian Carus Gretschel: Leipzig und seine Umgebungen. a. a. O. S. 358ff.

380 Johann Geyer: Das Innere einer Tierbude. Öl auf Leinwand. 1835

Außerordentliche Vorstellung
von
betriebsamen Flöhen.

Herr Bertolotto, welcher das Glück gehabt hat, seine betriebsamen Flöhe in Gegenwart JJ. MM. der Könige von Frankreich, England und der Niederlande zu zeigen, und darüber Beweise der höchsten Zufriedenheit zu erhalten, hofft auch hier seine unermüdliche Geduld durch einen zahlreichen Besuch belohnt zu sehen.

Programm der Vorstellung:

Der Ballsaal.
In diesem tanzen 2 Flöhe als Herren und 2 als Damen einen Walzer; das Orchester ist mit 14 Flöhen besetzt, welche verschiedene Instrumente spielen; 4 andere spielen eine Partie Piquet. Der Saal ist mit Kronleuchtern geschmückt.

Die englische Schnellpost,
gezogen von 4 vollständig angeschirrten Flöhen. Der Kutscher, welcher sie führt, und der Conducteur sind ebenfalls Flöhe, in königliche Livre gekleidet.

Das Cabriolet,
worin 2 Flöhe als Herr und Dame sitzen, wird von einem Floh mit großer Schnelligkeit fortbewegt.

Ein Kriegsschiff,
von 120 Stück Geschütz auf goldenen Rädern, 500mal schwerer als der dasselbe ziehende Floh.

Der Groß-Mogul
auf einem Elephanten unter seinem eleganten Houda, umgeben von Sclaven, 400mal schwerer als der Floh, welcher das Ganze zieht.

Das Ringelspiel oder Carrousel
von einem einzigen Floh in Bewegung gesetzt.

Die Helden von Waterloo,
Der Herzog von Wellington und Buonaparte, sitzend auf elegant geschirrten Flöhen mit goldenem Sattel und Zaum.

Das Duell.
Zwei Flöhe machen eine Ehrensache mit dem Degen in der Faust ab. Die Waffen sind von Stahl mit goldenem Griff.

Der Brunnen.
Ein Floh, als Frauenzimmer in einem blauen Röckchen, zieht einen Eimer Wasser aus dem Brunnen.

Die Wahrsagerin.
Die Sibylle wird von einem Floh dargestellt, welcher auf die von den Zuschauern an ihn gestellten Fragen Antwort ertheilt.

Eintrittspreis 12 Gr. Kinder unter 10 Jahren bezahlen die Hälfte.

Herr Bertolotto bittet diejenigen Personen, welche an der Wahrheit des in obigem Programm Gesagten zweifeln, nicht eher das Eintrittsgeld zu entrichten, bis sie geschaut und sich überzeugt haben.

Die Geschichte des Flohes, französisch und englisch von Herrn Bertolotto, ist an der Casse für 8 Gr. zu haben.

Auch kann man auf Verlangen das niedliche Schauspiel zu Hause sehen. Für Kurzsichtige sind Vergrößerungsgläser vorhanden.

Die Vorstellungen sind täglich von Morgens 10 bis Abends 8 Uhr.

Der Schauplatz ist in der Hainstraße Nr. 207, dem Hotel de Pologne gegenüber, erste Etage.

381 Flohzirkus-Plakat. 1837

382 Wohnhaus im Löhrschen Garten zwischen Tröndlinring und Parthe. Kolorierter Kupferstich von Johann Jakob Wagner (Ausschnitt). Um 1840

Die Leipziger Gärten. 1836
Wiederum vom Hallischen Tor ausgehend, stoßen wir rechts, dem Schauspielhaus gegenüber, [...] auf den Löhrschen (jetzt Keilschen) Garten [...] Stolz erhebt sich das im J[ahre] 1822 um ein Stockwerk erhöhte Haus, und schon ein Blick durch das Hauptportal läßt uns so manches Schöne ahnen. Zwar befindet sich der Garten selbst um einige Fuß tiefer als das Gebäude und ward auf einem morastigen Grund angelegt, doch hat dies nicht gehindert, ihn in einen reizenden englischen Park mit schönen Baumgruppen und einladenden Ruheplätzen umzuschaffen, welcher unter dem jetzigen Besitzer die schönsten Gewächs- und Treibhäuser erhielt. Sein nördliches Ende wird durch die vorbeifließende Parthe bewässert.

Der berühmte ehemalige Reichenbachsche [vormals Richtersche] Garten hat seinen Haupteingang vom Fleischerplatz her [...] Der darin Wandelnde stößt auf die herrlichsten Anlagen. Treffliche Bildsäulen, römische Häuser, Volieren, Treibhäuser usw. bieten dem Auge eine ergötzende Abwechslung, während bald dichtbelaubte Haine, bald freiere Aussicht gestattende Gänge uns zu einem im japanischen Geschmack erbauten Gartenhäuschen führen. Hier strömt die Elster vorbei, und hier fand in ihren Fluten der edle Poniatowski beim Rückzug der Franzosen im J. 1813 sein nasses Grab. Ein einfacher Würfelstein bezeichnet die Stelle, wo er mit dem Pferd sich in den Fluß stürzte; [...] allein in einem andern Teil des Gartens hat man durch einen großen, auf einem herrlichen, mit Trauerweiden umgebenen Rasenfeld aufgestellten Sarkophag das Andenken des Helden noch würdiger zu ehren gesucht [...]

Nachdem wir noch zuvor einen kurzen Besuch in dem [...] Richterschen (ehemals Kleinbosischen [...]) Garten abgestattet haben, wenden wir uns zu dem nicht weniger bekannten Reichelschen [ehemals Apelschen] Garten, welcher der Thomaspforte gegenüberliegt [...] Das lange, zwei Stock hohe Vordergebäude zeigt sich mit einer Front von 39 Fenstern. An das drei Stock hohe Mittelgebäude schloß sich eine Kolonnade, welche jetzt ebenfalls in Wohnungen umgeschaffen worden ist, an. Eine Menge kleinerer Abteilungen werden als Gärtchen an Leipziger vermietet, und eine nicht geringe, besonders seitdem die Familie des frühern Besitzers den Boden parzelliert, immer mehr steigende Anzahl anderer Gebäude fesselt das Auge. Unter ihnen zeichnen wir besonders ein Badehaus aus, in welchem man zur Sommers- und Winterszeit warme Bäder erhalten kann. Ferner ist das Kettembeilsche, im italienischen Geschmack erbaute, und das Menzsche Gebäude zu nennen. Eine Menge Tabagien [Gasthäuser, in denen das bis 1848 auf den Straßen polizeilich verbotene Rauchen gestattet war] locken viele Besucher an. Im Mittelgebäude befand sich bis jetzt während des Sommers die bekannte Struvsche Anstalt zum Trinken künstlicher Mineralwasser. Zu erwähnen ist noch die vorzügliche Kirschplantage, deren Verpachtung dem Besitzer jährlich eine erkleckliche Summe einträgt. Man schlägt die Zahl der im Garten Wohnenden gegenwärtig auf 800 an und glaubt, bald eine eigne Art von Vorstadt aus dem Garten entstehen zu sehen.

Unmittelbar aus ihm kann man in den bekannten Rudolphschen (jetzt Riedelschen)

383 Gewächshaus im Löhrschen Garten. Kolorierter Kupferstich von Johann Jakob Wagner (Ausschnitt). Um 1840

Kaffeegarten gelangen, welcher früher zu dem vorigen gehörig, später durch Verkauf davon getrennt wurde. In dieser nach französisch-holländischem Geschmack geregelten Anlage findet man zwar das ganze Jahr hindurch eine Gesellschaft aus den gebildeten Ständen; vorzüglich ist er aber an den Messsonntagen beachtungswert, wo Tausende von Menschen sich in ihm versammeln, die Gänge auf und ab wallen und, was die Mode Neues bietet, zur Schau tragen. Nicht weit vom Ende dieses Gartens befindet sich seitwärts eine sehenswerte Anstalt für Erzeugung von Blutegeln, welche dem Apotheker Rohde gehört.

In der Nähe der Nonnenmühle bemerken wir den Garten des Kaufmanns Jänisch, welcher seines ausgezeichneten Nelkenflors wegen zu erwähnen ist. Dann treten wir hinter den Wasserkünsten [...] in den Trierschen Garten, dessen Gebäude früher das Hebammeninstitut [...] enthielt. Von nun an wird der Garten bloß den botanischen Zwecken bestimmt bleiben, denen früher der am Fürstenhaus [...] gewidmet war.

Nun wandeln wir vor das nahegelegene Münztor, um den [...] großen Garten, durch welchen die Pleiße fließt, zu besuchen; er enthält eigentlich nichts Ausgezeichnetes und ist nur in der neuern Zeit besuchter worden, da auf der in einem seiner Teiche liegenden Insel (›Buen Retiro‹ [Angenehmer Aufenthaltsort] genannt) eine beliebte Restauration angelegt worden ist. Wir eilen an ihm sowie an manchen freundlichen Privatgärten in der Petersvorstadt vorüber und gelangen zu dem Großbosischen Garten, welcher [...] am Ende des Roßplatzes sich befindet. Mehr noch durch seine ehemalige Berühmtheit als durch seine jetzige, doch immer noch freundliche Gestalt ausgezeichnet, verdankt er seine Entstehung dem Ratsherrn Caspar Bose († 1700) gegen das Ende des 17ten Jahrhunderts [...] Lange blieb er berühmt; doch nach und nach verschwand der alte Glanz, Ruinen zeigten sich den Blicken, und nur die in ihm gehaltenen Konzerte zogen die größere Menge Menschen dahin. Auch diese haben unter dem jetzigen Besitzer dieses Grundstücks, dem Buchhändler Reimer, aufgehört. Zwar ist er nunmehro in einen Nutzgarten verwandelt, allein auch manches Eigentümliche, was er besaß, vollends zerstört worden. Viele Familien finden in den ihnen vermieteten Abteilungen einen befriedigenden Genuß. Auch ein Privattheater der Leipziger Buchdrucker, ›Thalia‹ genannt, findet sich jetzt darin vor. –

Sollten wir nun wieder die vielen Privatgärten in der freundlichen Grimmaischen Vorstadt erwähnen, so würde das hier zu weit führen. Darum gedenken wir hier noch schließlich des dem Georgenhaus gegenüberliegenden Wintergartens, [...] den der Hof- und Kunstgärtner Christian August Breiter seit dem J[ahre] 1809 mit den trefflichsten Glas- und Treibhäusern versehen ließ. Hier befinden sich die seltensten exotischen Gewächse aus allen Erdteilen; denn der Besitzer unterhält den ausgebreitetsten Briefwechsel und Tauschhandel für solche Zwecke. Ein von ihm selbst verfertigtes systematisches Verzeichnis gibt über die große Menge von Pflanzen und Sämereien ausführliche Nachricht.

Carl Christian Carus Gretschel: Leipzig und seine Umgebungen. a. a. O. S. 364ff.

Fahrtaxe in Groschen für eine Person in Wagen I. Classe

von	nach Leipzig	" Wurzen	" Luppa-Dahlen	" Oschatz	" Riesa	" Pristewitz	" Oberau	" Dresden
Leipzig	—	15	27	33	42	54	58	72
Wurzen	15	—	12	18	27	39	43	57
Luppa-D.	27	12	—	6	15	27	31	45
Oschatz	33	18	6	—	9	22	26	39
Riesa	42	27	15	9	—	12	16	30
Pristewitz	54	39	27	22	12	—	5	19
Oberau	58	43	31	26	16	5	—	14
Dresden	72	57	45	39	30	19	14	—

Hunde dürfen nicht in die Personenwagen, können aber in besondern Behältnissen gegen Fahrbillets à 1 Gr. per Meile, mitgenommen werden.

384 Abfahrtszeiten der Leipzig-Dresdner Eisenbahn. 1839

Tägliche Abfahrtsstunden der Dampfwagenzüge von den Stationen.

A. Cours von Leipzig nach Dresden.

Von *Leipzig*	Von *Wurzen*	Von *Luppa-D.*	Von *Oschatz*	Von *Riesa*	Von *Pristewitz*	Von *Oberau*
6 Morg.	6¾ Morg.	7¼ Morg.	7½ Morg.	8 Morg.	8½ Morg.	8¾ Morg.
3 Nachm.	3¾ Nachm.	4¼ Nachm.	4½ Nachm.	5 Nachm.	5½ Nachm.	5¾ Abends.

B. Cours von Dresden nach Leipzig.

Von *Dresden*	Von *Oberau*	Von *Pristewitz*	Von *Riesa*	Von *Oschatz*	Von *Luppa-D.*	Von *Wurzen*
6 Morg.	6½ Morg.	6¾ Morg.	7¼ Morg.	7¾ Morg.	8 Morg.	8½ Morg.
3 Nachm.	3½ Nachm.	3¾ Nachm.	4¼ Nachm.	4¾ Nachm.	5 Nachm.	5½ Nachm.

385 Fahrtaxe der ›Dampfwagenzüge‹. 1839

Eröffnung des ersten Abschnitts der Leipzig-Dresdner Eisenbahn. 24. April 1837 [...] am 24. April war der Tag erschienen, auf welchen so manche, so viele Hunderte und Tausende lange gehofft hatten. An ihm fand früh um 9 Uhr die erste Fahrt statt, an welcher nur das verehrl[iche] Direktorium, die von demselben eingeladenen hohen Behörden und einige andere mit einer Karte hierzu Beehrte Anteil nahmen.

Es war ein festlicher Tag; ein Schauspiel der Freude und Hoffnung und Erwartung für Tausende, die aus der Stadt hinzueilten, um mitzufahren oder die Fahrenden zu schauen. Der Bahnhof war mit wehenden Wimpeln geschmückt, und der ›Blitz‹ [die so benannte Lokomotive], der die Wagen fortzuführen bestimmt war, spie Dampf und Rauch aus seinen Röhren wie ein ungeduldiges Roß aus seinen Nüstern. 3/4 9 Uhr ertönten die muntern Hörner und Trompeten der Schützenmusik, bald gab die Glocke das Zeichen zum Besteigen der schönen Wagen, von denen die des ersten Ranges an Bequemlichkeit und Eleganz im Innern und Äußern alles zu überbieten scheinen, was der Luxus in Anspruch nehmen kann.

Alles harrte schon des Zeichens der Abfahrt, als Se. Königl. Hoheit, der Prinz Johann, noch zwei Minuten vor dem Glockenschlag 9 Uhr in den Bahnhof gefahren kam und durch seine Ankunft die allgemeine Freude aufs höchste steigerte. Se. Königliche Hoheit war die ganze Nacht gefahren, um Ihre Teilnahme an dem großartigen Unternehmen an den Tag zu legen, die nur mit dem ehrerbietigsten Dank erkannt werden kann.

Jetzt setzte sich der mit Fahnen und Kränzen geschmückte ›Blitz‹ in Bewegung. Donnernde Böller und Musketensalven und Raketen begrüßten ihn, mit tausendstimmigem Jubelgeschrei vermischt, wie er erst langsam, dann schnell und schneller dahinsauste. Überall salutierten die aufgestellten Militärpiketts [Vorposten] und Wachen, jeder Bahnwärter stand gravitätisch auf seinem Posten und gab das Zeichen, wie alles in Ordnung sei. Man flog über die zwei Chausseen, die Dörfer zur linken entschwanden, da lag Althen, und der Klang des hier befindlichen vereinigten Musikchors löste die Militärmusik ab, welche die Fahrt verschönert hatte. Eine zahlreiche Menge war zu Pferde und im Wagen hinausgeeilt, mit frohem Jauchzen die Ankommenden zu bewillkommen, und in der schönen, eleganten Restauration, ein Meisterstück netter Zimmermannsarbeit, stand für die hierzu Geladenen ein Dejeuner bereit; 20 Minuten ungefähr waren vonnöten gewesen, hinauszugelangen, da man nicht die ganze Kraft des Dampfes aufgeboten hatte und der Weg sanft, aber doch fast immer etwas steigt. In 4 Minuten weniger kam man zurück, und hatten sich früh so viele längs der Bahn aus Stadt und Dorf versammelt, so waren ihrer jetzt noch viel mehr geworden. Es machte einen eignen Eindruck, bei der buntfarbigen Menge vorbeizuschießen und nicht die Züge eines einzigen auffassen zu können.

Die erste Fahrt war vollendet, hin und zurück; gedrängte Scharen harrten bereits, die zweite beginnen zu können. Möge die erste das glückliche Zeichen für alle die künftigen gewesen sein, die von nun an nach Althen, dem sonst so unbekannten Dörfchen, dessen Name aber jetzt bis in die fernsten Länder gelangen dürfte, fortgesetzt, sich bald aber weiter und immer weiter erstrecken werden!

Leipziger Tageblatt. 25. April 1837

Nebenberuflicher Weinhandel. 22. August 1838 [...] Ich beabsichtige, neben meinem Böttchergeschäft einen Handel mit Weinen, welche ich billig zu beziehen Gelegenheit habe, auf hiesigem Platze zu betreiben, jedoch nicht so, daß ich Gäste in meiner Wohnung setze, sondern daß ich in Flaschen oder Eimern verkaufe, also mehr en gros handele. Ich unterwerfe mich der diesfallsigen gesetzlichen Gewerbssteuer, beziehe mich zur Unterstützung meines Gesuchs auf das hier erlangte Bürgerrecht und bitte den wohllöblichen Stadtrat ganz ergebenst, meinem Gesuch stattzugeben und mir den zu Betreibung des Weinhandels nötigen Gewerbsschein gefälligst auszustellen [...]

Stadtarchiv Leipzig: Titel LXII W, Nr. 21, Bd. 2, Bl. 11

Gesichtsmasken für Eisenbahnbenutzer. 22. September 1838 Viele haben, wenn sie mit dem Dampfwagen fuhren, die Unbequemlichkeiten gespürt, welche die umherfliegende Asche etc. den Augen verursachen. Jetzt ist uns eine zwar kleine, aber recht zweckmäßige Einrichtung in diesen Tagen vorgekommen, welche, nachdem wir sie selbst erprobt, wir wohl werthalten, in den Spalten dieses Blattes mit einigen Worten zu erwähnen. Wir meinen die Halbmasken von Gaze, welche dazu bestimmt sind, den Augen während der Dampfwagenfahrt Schutz zu gewähren. Die kleinen Masken sind so leicht, zierlich und doch so zweckmäßig eingerichtet, daß wir dem Verfertiger (Herrn Richter, Gerbergasse, der ›Goldenen Sonne‹ gegenüber) bei dem wirklich sehr billigen Preis von zwei Groschen für das Stück einen recht starken Absatz wünschen.

Leipziger Tageblatt. 22. September 1838

386 Erste Eisenbahnfahrt von Leipzig nach Althen. Kolorierter Kupferstich. 1837

387 Explosion der Lokomotive ›Windsbraut‹ auf dem Leipzig-Dresdner Bahnhof. Holzstich (Ausschnitt). 1846

Vorherrschaft der Musik. 1838 Das damalige, etwa fünfzigtausend Seelen zählende, tätige und fleißige, im Besitz allgemeinen Wohlstands befindliche Leipzig glich in seiner behaglichen Selbstgenügsamkeit und seinem frohen, genußlustigen Bürgerstolz durchaus einer Freien Reichsstadt, aber nicht im mindesten der auf sie als Krämernest sehr vornehm herabblikkenden Residenz an der Elbe [Dresden], der die eifersüchtigen Leipziger ihrerseits Bettelstolz und Servilismus nachsagten. Die Universität mit ihren vielen Professoren und dem sich daranschließenden kolossalen Buchhandel bildete ein sehr wohltätiges Gegengewicht gegen die eigentliche Kaufmannschaft, so daß die Stadt eine ganz auffallende Anzahl hochgebildeter Männer in allen Ständen zählte, nicht minder viele Selfmademen, Leute, die durch angeborne Tüchtigkeit es von nichts zu Bildung, Reichtum und Weltstellung gebracht hatten. Diese traf man besonders unter den Buchhändlern und sonstigen Industriellen, da die gewerbliche Tätigkeit eben anfing, zu rascher Blüte zu gelangen. Denn während bisher der Vertrieb englischer Waren in Deutschland die Leipziger wie die Hamburger vorzugsweise beschäftigte, so fing jetzt die Wettbewerbung der sächsischen Industrie an. –

Leipzig hatte nun schon immer unter seinen Bürgern eine Anzahl Kunstfreunde gehabt und besaß einige sehr achtbare Kunstsammlungen, jetzt war [...] die moderne Kunst unter den reichen Kaufleuten Mode geworden, und fast jeder kaufte Bilder [...] Da die alten Leipziger Familien fast alle untereinander verwandt oder doch befreundet waren, so bildete die ganze Stadt damals noch ein fest zusammenhängendes, wohlgegliedertes, nach außen ziemlich streng abgeschlossenes Ganzes, so daß ich [der Maler und Schriftsteller Friedrich Pecht] es wohl als eine besondere Gunst betrachten konnte, da eingeführt worden zu sein. Um so mehr, als das Interesse für die bildende Kunst doch noch sehr hinter dem für die Wissenschaft, besonders aber hinter den musikalischen Liebhabereien zurücktrat. Denn noch lebte Felix Mendelssohn da und bildete mit seinem echt künstlerischen, hochgebildeten, aber

388 Konzertsaal im Alten Gewandhaus in der Universitätsstraße. Aquarell von Gottlob Theuerkauf. Um 1880

nervös beweglichen Wesen den fast angebeteten Mittelpunkt derselben. Ich habe auch nicht leicht eine feinere und liebenswürdigere Natur gesehen, wenn sie auch an Größe und ursprünglicher Begabung wie dämonischer Macht weit hinter der des nachher auftauchenden Richard Wagner zurückstand.

Mendelssohn war damals Leiter der berühmten Gewandhauskonzerte, wo nur klassische Musik, vor allem Beethoven aufgeführt ward, dessen Symphonien er unübertrefflich dirigierte. Da es zum guten Ton gehörte, diesen allwöchentlich stattfindenden Konzerten beizuwohnen, lernte ich bei dieser Gelegenheit Beethoven kennen wie nie mehr nachher, hier, wo das ganze elegante Publikum mit wahrer oder geheuchelter Andacht atemlos seinen göttlichen Inspirationen lauschte. Nur einmal kamen wir alle, Mendelssohn mit eingeschlossen, um alle Fassung. Denn während solcher in die höchsten Sphären entführenden Tondichtung hörte man bei einer ganz unvermutet und plötzlich eintretenden Pause eine im reinsten Leipzigerisch singende Weiberstimme im ganzen Saal deutlich – ›und ich koche sie immer mit Sauerkraut‹ zu einer Freundin sagen, wobei denn freilich unsere Andacht schändlich in die Brüche ging.

Friedrich Pecht: Aus meiner Zeit. Lebenserinnerungen. Bd. 1. München 1894. S. 156f., 162f.

389 Satirische Darstellung des Gewandhausorchesters. Lithographie, nach einer Zeichnung von C. Reimers. Um 1850

Für die Einrichtung eines Konservatoriums. 8. April 1840 Hier in Leipzig ist das Bedürfnis einer Musikschule, in welcher die Kunst mit gewissenhaftem Studium und ernstem Sinn getrieben würde, gewiß ein lebhaft gefühltes, und aus mehrfachen Gründen scheint Leipzig ein wohlgeeigneter Platz dafür zu sein. Schon ist durch die Universität ein Mittelpunkt für bildsame, emporstrebende junge Leute gegeben, und der Schule der Wissenschaften würde sich die der Tonkunst in mannigfaltiger Beziehung anschließen. – An den meisten anderen größeren Orten Deutschlands wirken öffentliche Vergnügungen für junge Leute nachteilig und zerstreuend; hier aber, wo die meisten dieser Vergnügungen mehr oder weniger mit Musik zusammenhängen oder daraus bestehen und wo außer den musikalischen wenig allgemein zugängliche Genüsse geboten werden, könnten diese die Sache und jeden einzelnen nur noch mehr fördern. – Ferner hat Leipzig gerade für [...] höhere Instrumental- und geistliche Kompositionen in seinen sehr zahlreichen Konzerten und Kirchenmusiken ein Bildungsmittel für angehende Tonkünstler, wie es wenig andere deutsche Städte in dem Maße aufzuweisen haben.

Felix Mendelssohn Bartholdy: Briefe aus den Jahren 1833 bis 1847. a. a. O. S. 229f.

390 Das von Felix Mendelssohn Bartholdy begründete Konservatorium am Neumarkt, die erste Musikhochschule Deutschlands. Lithographie. Um 1843

Theodor Fontane über seine Ankunft in Leipzig. 31. März 1841 Nun hielten wir vor dem eben erst fertig gewordenen großen Postgebäude, den Platz mit Universität und Paulinum in voller Ausdehnung vor uns. Es mochte sechs Uhr sein; die Luft war weich, die Sträucher in den Anlagen hatten schon grüne Knospen. Über allem lag ein feiner Dämmer. Ich reckte und streckte mich, atmete hoch auf und hatte das Gefühl eines gewissen Geborgenseins. Es war auch so. Das mit den ersten Eindrücken hat doch was auf sich.

Das Neubertsche Haus [die Adler-Apotheke] lag in der Hainstraße [Nr. 9], so daß ich, um dorthin zu gelangen, den echtesten und schönsten Teil von Leipzig, die Grimmasche Gasse und den Rathausplatz [Markt], zu passieren hatte. Mein Gepäckträger ging neben mir her und machte in gutem Sächsisch den Führer. Ich war ganz benommen und möchte behaupten, daß, soweit Architektur und Stadtbild in Betracht kommen, nichts wieder in meinem Leben einen so großen, ja komisch zu sagen, einen so berauschenden Eindruck auf mich gemacht hat wie dieser in seiner Kunstbedeutung doch nur mäßig einzuschätzende Weg vom Post- und Universitätsplatz bis in die Hainstraße [...]

Über einen schmalen und rumplig verbauten Hof weg – der mich übrigens durch seine Giebel und Dächer und vor allem durch unzählige Dachrinnen, die bis in die fast überlaufenden Wasserkübel niederreichten, aufs äußerste interessierte – stiegen wir drei Treppen hoch in ein Hinterhaus hinauf, in dessen oberster Etage das Personal in zwei Stuben untergebracht war. Eine der Stuben gehörte dem älteren Herrn, dem Geschäftsführer, den ich unten eben gesprochen hatte, für uns andre aber, und wir waren unsrer vier, existierte nur eine danebengelegene kleine Stube mit einem noch kleineren Alkovenanhängsel, in welch letzterem vier Betten standen, von denen zwei nur mit Hilfe von Überkletterung erreicht werden konnten. Dieser Alkoven, fensterlos, empfing sein Licht durch das vorgelegene Zimmer, das aber eigentlich auch kein Licht hatte. Wo sollte es auch herkommen? Der Hof war fast ganz dunkel, und das bißchen Helle, was er hatte, fiel durch ein elendes Mansardenfenster ein. Der durch die Dachschräge gebildeten Vorderwand

391 Adolph Menzel: Westfront von Hohmanns Hof in der Petersstraße 15. Bleistiftzeichnung. 1840

392 Augustusplatz mit Augusteum (Universitätshauptgebäude) und Paulinerkirche (Mitte).
Lithographie von Friedrich Salathé, nach einer Zeichnung von Adolph Eltzner. 1846

des Zimmers gegenüber standen an der Hinterwand entlang vier Bastarde von Schrank und Sekretär, in denen wir unsre Sachen unterzubringen hatten. Glücklicherweise hatte man nicht viel. Von sonstigen Möbeln war nichts vorhanden als vier Stühle mit Roßhaarüberzug und ein sogenanntes Real [eigtl. Schriftkastengestell des Setzers; Regal], auf dem vier blecherne Kaffeemaschinen und ebenso viele Spiritusflaschen standen. Diese Spiritusflaschen waren um unsres zu kochenden Morgenkaffees willen sehr wichtig für uns, aber noch wichtiger für das alte Faktotum, das da jetzt neben mir stand und meinen Führer machte. Denn dies Faktotum, ein halb schon zum Kretin gewordener Süffel, lebte fast ausschließlich von dem Inhalt dieser vier Flaschen.

Als ich, nachdem mich mein Führer verlassen, den Inhalt meines Koffers in die verschiedenen Schubladen des mir zustehenden Schrankes eingepackt hatte, sah ich mich erst in dem Zimmer um und dann durch das offenstehende Mansardenfenster auf den Hof hinaus. Ich hätte guten Grund gehabt, alles sehr sonderbar und beinah schauderhaft zu finden, es lag aber in meiner Natur, mich von diesen Dingen mehr angeheimelt als abgestoßen zu fühlen [...] Nun, hier war nichts hübsch und Komfort kaum dem Namen nach bekannt; aber die grauen, steilen, regenverwaschenen Dächer, auf die mein Auge fiel, der gekräuselte Rauch, der aus den Schornsteinen aufstieg, und das Plätschern des Wassers, das aus den Röhren in die Kübel fiel – alles gewann mir ein Interesse ab, und selbst der Blick in den Alkoven konnte mich nicht umstimmen.

Es stand mir aufs neue fest, daß es mir hier gut gehen würde.

Und es ging mir auch gut.

Theodor Fontane: Von Zwanzig bis Dreißig. In: Sämtliche Werke. Bd. XV. München 1967. S. 68ff.

393 Peterstor vor seinem Abbruch. Aquarell von Carl Friedrich Heinrich Werner. 1859

394 Gustav Adolph Hennig: Die Töchter des Malers auf dem Schulweg. Öl auf Leinwand. 1851

wie mehrere Gemälde und Handzeichnungen von Kunstfreunden und auswärtigen, sehr geachteten Künstlern geschenkt worden sind, für die Stadt von wesentlichem Vorteil, weil ein solches ebenfalls nicht nur Hiesigen und Auswärtigen wahren Genuß gewähren und manchen Fremden zum Verweilen hierselbst veranlassen wird [...], sondern auch jedenfalls einmal nach Maßgabe der Statuten Eigentum der Stadt werden wird [...]

Stadtarchiv Leipzig: Kapitel 35, Nr. 5, Bd. 1, Bl. 93

Windschutz für Schornsteine. 1841 [...] Eine der größten und häufigsten Unbequemlichkeiten, denen wir im Winter ausgesetzt sind, ist der Rauch, der, statt durch die Röhren und Feueressen fortzuziehen, in die Zimmer getrieben wird. Bekanntlich entsteht dieses Übel am häufigsten dadurch, daß ein die obere Öffnung des Schornsteins treffender Wind oder Luftzug sich dem Aufsteigen des Rauches widersetzt und zuweilen ein stilles Hervordringen des Rauches durch die Ofentür, bei stärkerem Wind aber sogar ein Herausschlagen der Flamme aus dem Ofen bewirkt. Dieses Übel, daß der aufstoßende Wind den Rauch heruntertreibt, zu vermeiden, dient diejenige Einrichtung der Schornsteinaufsätze [...] Sie besteht darin, daß durch den Wind selbst diejenigen Seitenöffnungen, welche vom Wind getroffen werden, sich schließen und so das Eindringen des Windes gehindert wird. Da nun unter den vier Seiten des Schornsteins allemal doch eine oder zwei nicht getroffen werden und dort dem Zug des Rauches freier Raum gelassen wird, so erhellt sehr deutlich, daß die Erfindung angemessen ist und ihren Zweck erreichen muß; aber auch die Erfahrung hat dies bestätigt [...]

Stadtarchiv Leipzig: Titel XXIV C, Nr. 25, Bd. 1, Bl. 125

Antrag auf Erweiterung des Konzertsaals im Alten Gewandhaus. 15. Januar 1842 [...] Sechzig Jahre sind verflossen, seit der Rat dieser Stadt den Konzertsaal im Gewandhaus erbauen ließ und hierdurch einer der edelsten Künste, welche in Leipzig stets vorzüglich geehrt und gepflegt wurde, einen würdigen Tempel errichtete. Bis dahin hatten die schon von früherer Zeit her bestandenen und sehr geschätzten regelmäßigen Konzerte in

Aus dem Statut der ersten Aktiengesellschaft. 1841 [...] Der zu Ende des Jahres 1836 unter der Firma Kammgarnspinnerei zu Leipzig zusammengetretene Aktienverein bezweckt, in dem von ihm käuflich erworbenen Grundstück und Etablissement des Herrn Ferdinand Hartmann und seiner Ehegattin in Pfaffendorf bei Leipzig und nach Befinden an andern Orten, wo es ihm angemessen scheint, Kammgarnspinnerei nebst den damit verbundenen Geschäften der Kämmerei, des Einkaufs und Sortierens der erforderlichen Schafwollen und des Verkaufs [...] zu betreiben [...]

Stadtarchiv Leipzig: Kapitel 35, Nr. 9, Bl. 6

Über die Ziele des Kunstvereins. 28. Oktober 1841 [...] Der zur Beförderung des Kunstsinnes in hiesiger Stadt seit mehreren Jahren bestehende Kunstverein äußert seine Wirksamkeit hauptsächlich in Veranstaltung der permanenten und Hauptausstellungen und in der allmählichen Bildung eines städtischen Museums. Beide Gegenstände sind für die Stadt von unleugbarem Interesse, indem die Ausstellungen einem großen Teil der hiesigen Einwohner geistigen Genuß und Bildung gewähren und viele Besucher von auswärts nach hiesiger Stadt locken. Besonders aber ist die Bildung eines Museums, für welches bereits mehrere Gemälde angekauft so-

395 Café Français neben der Paulinerkirche am Augustusplatz. Kolorierte Lithographie von A. Werl. 1860

396 Carl Foedisch: Konstantin und Maria Angelika von Tischendorf. Malerei in Aufglasurfarben und Gold auf Berliner Porzellanplatten. 1838

beschränkten und mangelhaften Lokalen gegeben werden müssen. Der Gewandhaussaal half dem in dieser Beziehung längst gefühlten Bedürfnisse ab, indem er in akustischer Hinsicht musterhaft angelegt, auch sonst sehr zweckmäßig eingerichtet und geschmackvoll dekoriert war und damals vollkommen hinreichenden Raum für das die Konzerte besuchende Publikum darbot [...]

In dem langen, seit jener Zeit verflossenen Zeitraum ist nicht nur die Bevölkerung der Stadt ansehnlich gestiegen, sondern es hat auch bei der allgemeinern Verbreitung und Veredlung des Sinnes für die Tonkunst das Interesse für solche Leistungen, wie sie das Gewandhauskonzert bietet, und mit ihm der Besuch dieses Konzerts in der neuern Zeit merklich zugenommen. Dadurch ist aber der Raum für die Zuhörer in dem Saal immer beschränkter geworden, und es haben sich die Abonnenten häufig zu Klagen besonders über Mangel an Sitzplätzen veranlaßt gesehen. Um diesen Mangel einigermaßen abzuhelfen, sind schon seit mehrern Jahren die hinter den Fenstern des Saales befindlichen Räume zu Logen eingerichtet, auch die Logen über dem Orchester für Zuhörer benutzt worden. Man hat aber dadurch nur eine unvollkommene Abhülfe erlangt [...]

Das unterzeichnete Direktorium hat wiederholt in Erwägung gezogen und sich mit Sachverständigen darüber beraten, ob und auf welche Weise eine namhafte Erweiterung des Raumes für das Publikum erzielt werden könne, ohne die Gestalt und Bauart des Saales wesentlich abzuändern und dessen akustische Vorzüge aufs Spiel zu setzen. Als der einzige Weg hierzu hat sich folgender gezeigt: wenn nämlich die äußern Umfassungsmauern des Gebäudes, in welchem sich der Konzertsaal befindet, sowohl nach dem Hof als nach der Straße zu bis zu gleicher Höhe, wie dies schon in früherer Zeit an dem anstoßenden Teil des Gewandhauses, wo sich der Ballsaal befindet, geschehen ist, aufgeführt werden und die Dachung hiernach abgeändert, sodann aber aus dem zwischen den Umfassungsmauern und dem Saal auf beiden Seiten zu gewinnenden Raum, da, wo sich jetzt die Fensterlogen befinden, eine fortlaufende, nach dem Saal zu offene und nur mit eisernen Säulen zu Tragung der Decke und einem eisernen Geländer versehene Galerie gebildet wird [...]

Stadtarchiv Leipzig: Titel XXIV C, Nr. 25, Bd. 1, Bl. 76ff.

Neuer Standort für Gellert-Denkmal. 4. Juni 1842 Auf der künstlich angelegten Höhe [dem ›Schneckenberg‹, Standort des heutigen Opernhauses], welche die Aussicht in unsern Park gewährt, wird [...] die neue Aufstellung von Christian Fürchtegott Gellerts Monument der Achtung und dem Schutz des Publikums anvertraut sein. Bekanntlich ließ ihm ein Denkmal der durch des Dichters Schriften reich gewordene Buchhändler Johann Wendler in seinem vor dem Grimmaischen Tor gelegenen Garten durch Adam Friedrich Oeser errichten, dem indessen, nach einigen, bloß die Erfindung gehören soll, während es Christian Samuel Schlegel ausführte.

Leipziger Zeitung. 6. Juni 1842

Felix Mendelssohn Bartholdy kündigt die Einweihung des Bach-Denkmals an. 18. April 1843
Einem Hochedeln und Hochweisen Rat der Stadt Leipzig erlaube ich mir hierdurch ergebenst anzuzeigen, daß es mein Wunsch ist, das bisher verdeckte Denkmal für Johann Sebastian Bach, welches nach den Angaben der Herren Professor Bendemann und Professor Hübner durch den Steinmetz Herrn Hiller und den Bildhauer Herrn Knaur gearbeitet ist, am nächsten Sonntag, dem 23sten d[es] M[onats], in den Vormittagsstunden enthüllen zu lassen. Ich beabsichtige, an demselben Tag früh um ½ 11 im Saal des Gewandhauses ein Konzert mit lauter Vokal- und Instrumentalkompositionen dieses unsterblichen Meisters zu geben, wozu mir diesen Morgen bereits die Erlaubnis gütigst erteilt worden ist; nach beendigtem Konzert, also zwischen 12 und 1 Uhr, dachte ich dann mit einem Teil des Sängerchors an die Thomasschule zum Denkmal hinzugehen und, nach Absingen eines Bachschen Chorals, dasselbe der Stadt als Eigentum zu übergeben [...]

Stadtarchiv Leipzig: Kapitel 26 A, Nr. 3, Bl. 6

Verlagsstreitigkeit. 2. Mai 1843
Da ich [Johann Peter Eckermann] wegen verschiedener Vertragswidrigkeiten in Betreff der dem Buchhändler Herrn F. A. Brockhaus zu Leipzig in Verlag gegebenen ersten Auflage meiner ›Gespräche mit Göthe‹, worüber ein schriftlicher Vertrag vom 26./28. Jan[uar] 1836 spricht, sowie wegen unbefugten Druckes einer zweiten Auflage dieses Buches eine bedeutende Entschädigungsforderung an schon genannten Herrn F. A. Brockhaus zu Leipzig zu machen habe, so erteile ich hierdurch dem Amtsadvokaten Dr. Oskar von Wydenbrugk zu Eisenach Vollmacht, unter Zuziehung des Herrn Dr. und Buchhändler Mäder von Eisenach als Sachverständigen, mit Herrn F. A. Brockhaus zu Leipzig zum Zweck einer gütlichen Beilegung der Sache zu verhandeln und einen Vergleich definitiv in meinem Namen abzuschließen. Sollte Herr Brockhaus auf einen Vergleich nicht eingehen, so soll mein genannter Bevollmächtigter befugt sein, sofort eine Kriminaluntersuchung wider Herrn Brockhaus einzuleiten, auch zur Betreibung derselben sowie zur Erhebung einer Zivilklage einem Leipziger Anwalt Instruktion und Vollmacht zu erteilen.

Stadtarchiv Leipzig: Titel XLVI, Nr. 124d, Bl. 6

Ablösung von Frondiensten auf städtischem Grundbesitz. 26. Mai 1843
[...]
1. Auflösung des dermaligen und Eintritt des neuen Verhältnisses.

Es verzichtet nämlich H[err] Stadtrat Herold namens der Stadtkommun Leipzig auf alle und jede von den Begüterten und Häuslern zu Panitzsch dem Rittersgut Cunnersdorf zu leistenden Acker-, Spann-, Ernte-, Drusch-, Bau-, Jagd- und Handfronen [...] Die Begüterten und Häusler zu Panitzsch aber verzichten auf alle und jede mit den in Wegfall kommenden Fronen verbundenen Gegenleistungen. Beide Teile nehmen die gegenseitig ausgesprochenen Verzichtleistungen hiermit an, und es sollen vom ersten Januar 1841 an die erwähnten Fronen und Gegenleistungen für ewige Zeiten in Wegfall kommen.

2. Entschädigung der Stadtkommun Leipzig.

397 Reisetruhe mit Ölfarbenmalerei auf Holz aus dem Besitz von Felix Mendelssohn Bartholdy. Um 1830

Die Begüterten zu Panitzsch bewilligen der Stadtkommun Leipzig als Entschädigung für Aufgabe der Fronen eine jährliche Rente von einundzwanzig Taler 6 ng. [Neugroschen] 4 Pf[ennige], womit H. Stadtrat Herold einverstanden ist [...]

Stadtarchiv Leipzig: Urkundenkasten 59, Nr. 111

Mendelssohn Bartholdy unterstützt Gehaltsforderungen der Musiker.
3. Oktober 1843 [...] denn die Leistungen unsres [Gewandhaus-]Orchesters sind ja nicht allein denen des Frankfurter, sondern denen aller andern deutschen Städte an die Seite zu setzen, ja den meisten mir bekannten unbedingt vorzuziehen! Den guten, weit verbreiteten musikalischen Ruf, den Leipzig in ganz Deutschland genießt, verdankt es einzig und allein diesem Orchester, dessen Mitglieder sich aufs kümmerlichste, aufs traurigste behelfen müssen; jener gute Ruf ist gewiß nicht ohne materielle Vorteile für die Stadt Leipzig, der geistigen Vorteile für die Kunst zu geschweigen; sollen denn die einzelnen, denen man so günstige Resultate schuldig ist, nach wie vor in einer ihren Leistungen und den Zeitumständen unangemeßnen, in einer drückenden Lage bleiben, während das Ganze durch sie gedeiht und die Stadt selbst Ehre und Nutzen von ihnen hat? [...]

Stadtarchiv Leipzig: Kapitel 32, Nr. 3, Bl. 75

398 Altes Bach-Denkmal in den Anlagen am Dittrichring. Aquarell. Um 1850

Aus der Instruktion für Schuhputzer. 31. Januar 1846

§ 1. Die von der [städtischen] Anstalt [für Arbeitsnachweisung] angenommenen, konzessionierten Schuhputzer sollen Vorübergehenden auf den Straßen sowie an öffentlichen Plätzen und Gebäuden auf Verlangen Kleider und Schuhwerk reinigen.

§ 2. Sie sind zu diesem Zweck von der Anstalt mit einem Apparat versehen, welcher aus einem Kasten mit Trageband, einer Kleiderbürste, einer Glanzbürste, einer Schmutzbürste, einer Auftragebürste, einer blechernen Wichskapsel und einer Stütze besteht.

§ 3. Sie haben für die gehörige Instandhaltung dieses Apparats in allen Teilen desselben auf eigene Kosten Sorge zu tragen und insbesondere abgängig gewordene Bürsten durch neue von gleicher Güte zu ersetzen. Sie dürfen keine andere Wichse verwenden als diejenige, welche ihnen von der Anstalt in bestmöglicher Qualität besorgt und zum Kostenpreis überlassen wird.

§ 4. Bei ihrem etwaigen Abgang haben sie den ganzen Apparat vollständig und in gutem Zustand wieder an die Anstalt abzuliefern und zur Sicherstellung der letzteren allwöchentlich 1 Ng. [Neugroschen] von ihrem Verdienst bei dem Buchhalter der Anstalt bis zur Summe von 5 Rthlrn. [Reichstalern] zu deponieren.

§ 5. Sie sind ferner verpflichtet, allwöchentlich ihren Apparat in der Anstalt dem Buchhalter vorzuzeigen, so wie sie sich auch gefallen zu lassen haben, daß dieser und der Aufwärter zu allen Zeiten und an allen Orten eine Kontrolle über die Beschaffenheit des Apparats und die gute Leistung der Arbeit ausüben. Desgleichen haben sie den Anordnungen der städtischen Beamten bei Ausführung ihrer Funktionen unbedingt Gehorsam zu leisten.

§ 6. Für das Bürsten der Kleider und des Schuhwerks Vorübergehender dürfen sie nicht

399 Leipziger Bahnhöfe: Magdeburger und Dresdner Bahnhof (Gelände des heutigen Leipziger Hauptbahnhofs), kolorierte Lithographie von C. W. Arldt, um 1840 (linke Seite oben); Thüringer Bahnhof (Gelände des heutigen Leipziger Hauptbahnhofs), Lithographie von Robert Geißler, um 1850 (linke Seite unten); Sächsisch-Bayrischer Bahnhof, Stahlstich von Johann Gabriel Poppel, nach einer Zeichnung von Ludwig Rohbock. Um 1850 (siehe auch S. 340)

mehr als ½ Ng. à Person verlangen.

§ 7. Bei Verrichtung ihres Geschäfts haben sie sich der größten Akkuratesse zu befleißigen und stets bescheiden und höflich gegen alle, welche ihre Dienste in Anspruch nehmen, sich zu betragen.

§ 8. Jeder hat sich auf die von der Anstalt ihm angewiesenen und schriftlich bezeichneten Stationen innerhalb der bestimmten Distrikte zu beschränken, um nicht den Verdienst der übrigen zu beeinträchtigen, übrigens in dieser Beziehung jede für notwendig erachtete Veränderung hinsichtlich der Stationen der Distriktseinteilung sowie auch seine Versetzung nach andern Stationen und in andere Distrikte unweigerlich sich gefallen zu lassen.

§ 9. Die auf dem Leipzig-Magdeburger und Leipzig-Dresdner Bahnhof Stationierten haben sich gegenseitig bei Ankunft und Abgang der Züge so viel als möglich zu unterstützen.

§ 10. Alle müssen von morgens früh bis zum Einbruch der Dunkelheit in ihren resp[ektiven] [jeweiligen] Distrikten anzutreffen sein, die an den 3 Eisenbahnhöfen Stationierten müssen dort zur Zeit des Abgangs und der Ankunft der Züge sich aufhalten und dürfen nur in der übrigen Zeit auf den ihnen sonst noch zugewiesenen Straßen oder Plätzen Beschäftigung suchen. Bei dringender Abhaltung hat der Betreffende sofort Anzeige in der Arbeitsnachweisungsanstalt zu machen.

§ 11. Wer in der angegebenen Arbeitszeit nicht auf seinem Posten ist, durch sein persönliches Betragen oder durch mangelhafte Ausführung seiner Geschäfte Veranlassung zu gegründeten Beschwerden gibt, seinen Apparat nicht in gehöriger Ordnung hält, das wöchentliche Depositum von 1 Ng. nicht regelmäßig entrichtet, widerspenstig gegen die Anordnungen des Buchhalters der Anstalt sich zeigt, überhaupt in irgendeinem Punkt gegen den Inhalt dieser Instruktion sich vergeht, hat die sofortige Entlassung zu gewärtigen, wie es überhaupt der Anstalt zu jeder Zeit freisteht, die Konzession zurückzunehmen.

§ 12. Diese Instruktion hat jeder beständig bei sich zu führen und auf Verlangen jedem, der seine Dienste in Anspruch nimmt, sowie den städtischen Beamten dieser Stadt vorzuzeigen […]

Stadtarchiv Leipzig: Armenamt, Rep. 6c, Nr. 3, Bl. 18f.

Beschlagnahme aufgehoben. 16. Februar 1846 Die verfügte provisorische Beschlagnahme der Musikwerke mit dem Titel ›Fidelio‹ pp., Oper von Beethoven, ›Norma‹, von Bellini, ›Die Schöpfung‹, von Haydn, ist wieder aufgehoben.

Stadtarchiv Leipzig: Titel XLVI, Nr. 124a, Bl. 96

Über das Einsargen. 16. März 1846
Da der Mangel geeigneter Personen zum Einsargen von Toten bisweilen dahin geführt hat, daß die Tischlergesellen und Lehrburschen, welche den Sarg abliefern, zu diesem Geschäft gebraucht worden sind, dies aber in medizinalpolizeilicher Hinsicht manchen Bedenken unterliegt, so haben wir, um dem abzuhelfen, die verpflichteten Leichenwäscherinnen angewiesen, die Einsargung der Toten in allen den Fällen, in welchen sie nicht von den Angehörigen der Verstorbenen selbst besorgt, sondern fremde Hilfe dazu erfordert wird, unter gegenseitiger Assistenz zu vollführen, und es hat eine jede der dabei gebrauchten Leichenwäscherinnen, von denen in der Regel zweie zu der Einsargung eines Toten hinreichen, 5 Gr[oschen] für ihre diesfallsige Mühwaltung zu erhalten. Wenn nun auch durch diese Einrichtung niemand genötigt wird, sich der Leichenwäscherinnen bei Einsargung der Toten zu bedienen, so wird doch die Verwendung der Tischlergesellen und Lehrlinge zu diesem Geschäft hiermit untersagt.

Leipziger Tageblatt. 20. März 1846

Aus dem literarischen Leben. 1846

Leipzig [...] erschien mir, als ich [der Lyriker, Romanschriftsteller und Dramatiker Alfred Meißner] im September 1846 dort eintraf, äußerst interessant, sogar romantisch. Der Charakter Leipzigs war damals noch der einer alten deutschen Stadt. Die herannahende Michaelismesse hatte eine Bretterstadt innerhalb der großen Plätze hervorgezaubert, es wogte von Menschen in den Gassen. An allen Schaubuden wurde geblasen und getrommelt. Man fand sich in diesem Wirrsal kaum zurecht [...]

Ich hatte den Kopf voll Lektüre und wollte alle historischen Gebäude sehen. Zuerst das Haus in Gohlis, in welchem Schiller 1785 sein Lied ›An die Freude‹ gedichtet: Tiefbewegt besichtigte ich die jämmerlichen Räume, in denen ein hochgewachsener Mann wie Schiller nur barhaupt einhergehen konnte. Nun wollte ich wissen, wo Gottsched und seine Gattin Adelgunde, die Ahnfrau aller schreibenden Frauen, und wo der Studiosus Wolfgang Goethe logierte. Sogar das Wohnhaus des frommen Christian Fürchtegott Gellert und der Quandtsche Hof, dem mein Onkel entstammte, durch Zachariäs ›Renommist‹ unter dem Namen des Zothischen Hofes bekannt, war mir nicht gleichgiltig [...]

Ich machte viele Bekanntschaften. Ich lernte Heinrich Laube kennen, der unlängst unter die Dramatiker gegangen war [...] Ich sah Gerstäcker, den schon damals vielgereisten, der in seinem Zimmer in einer Hängematte zu liegen pflegte, den sanften und boshaften [Eduard] Maria Oettinger, der damals für den deutschen Paul de Kock galt, aber dabei gar sentimentale, tränenfeuchte Lieder dichtete; ich lernte den biederen Ernst Willkomm, den vornehmen Gustav Kühne und den längsten aller deutschen Schriftsteller, Friedrich Saß, kennen, dem es, wenn er ins Theater ging, wiederholt passierte, daß ihm zugerufen wurde, er möge sich doch setzen, während er längst saß. Ich machte auch die Bekanntschaft Herloßsohns, des talentvollen Romanschriftstellers und vortrefflichen Menschen, dem man schon nach fünf Minuten herzlich gut sein mußte, des Mannes, den der Wein, den er so liebte, immer trauriger stimmte, bis er endlich ganz in Wehmut zerfloß, und der, wenn die Stunde, nach Hause zu gehen, endlich heranrückte, gar so schwer in seine Galoschen hineinkam. Endlich wäre noch Dr. Haltaus zu nennen, der Verfasser einer Weltgeschichte, die im Stil der nach kerniger und gedrängter Kürze strebenden Römer geschrieben war. Es wurden damals aus derselben im Kreis der Freunde viel komische Stellen zitiert. Eine derselben ist mir noch im Gedächtnis, es ist die, wo er vom Sturz des Tarquinius [sagenhafter letzter römischer König] berichtet: ›Sie stritten im Lager über die Vorzüge ihrer Frauen. Bei dem nächtlichen Ritt trug Lucretia den Sieg davon.‹

Ich wohnte in einem kleinen Gasthaus, ›Zur Stadt Wien‹ genannt, fast am Ende der Hainstraße. Der wackere Johannes Nordmann, der Dichter und Feuilletonist, war mir ein lieber Zimmernachbar. Ich hatte ein schönes, helles Erkerzimmer inne, von welchem man die Straße und die Leute, die sich unten tummelten, nach beiden Seiten übersehen konnte. Da stand ich stundenlang am Fenster.

Nach des Tages literarischen Mühen suchte man das unterir-

401 Gosenflasche und -glas. Um 1900

400 Der Reiseschriftsteller Friedrich Gerstäcker. Daguerreotypie von Carl Weniger. 1844

402 ›Gosenschänke‹ in Eutritzsch. Historisches Foto. Um 1906

dische Leben auf und traf sich bei Äckerlein oder in ›Auerbachs Keller‹. Der Ort der wahren Einkehr ist immer ein unterirdischer. Man suchte damals keine großen, eleganten Lokale, man liebte das trauliche, enge, nachgedunkelte Stübchen. Dort, in der rauchgeschwängerten Atmosphäre, mundete der Wein und das ›Töpfchen‹ Bayrisch [Bier] am besten. Da war auch der ›Nobiskrug‹, in einem gar engen Gäßchen, zu dessen Auffindung man die Führung eines wohlbewanderten Freundes nötig hatte. Schon der Name wirkte anlockend, wenn man erst unlängst Friedrich Daumers ›Geheimnisse des christlichen Altertums‹ gelesen und daraus erfahren hatte, daß das geheimnisvolle Wort ›Nobiskrug‹ [...] abzuleiten sei [...] von abis, abyssus, gleichbedeutend mit Abgrund, Krypta, Ort des Greuels, Teufelswirtschaft, ein Ort, wo ehedem finstere Mysterien vollzogen worden seien [...]

Schon in den ersten Tagen meines Aufenthalts in der großen Buchhändlerstadt sollte ich darüber orientiert werden, was es mit den Buchhändlern auf sich habe. Ich hatte meinen neuen Verleger [Anton Philipp Reclam] geneigt gefunden, zu meinem ›Žižka‹ die ›Gedichte‹ zu erwerben, die vor anderthalb Jahren als dünnes Löschpapier-Heft erschienen waren. Ich sollte mich erkundigen, wieviel Exemplare davon noch auf Lager seien, dann könne man es vielleicht mit einer neuen, vermehrten Auflage versuchen.

Ich eilte zu meinem früheren Verleger und trug ihm mein Anliegen vor. Er gab sofort einem seiner Leute den Auftrag, die Reste abzuzählen. Während dies geschah, hielt mir der Buchhändler einen Vortrag, daß ›siebenhundertundfünfzig Exemplare‹ eben die richtige Zahl für das Buch eines jungen Autors sei. Sechs Freiexemplare fielen dem Verfasser zu, mit vierzig Exemplaren seien die Redaktionen zu bedenken, so blieben ungefähr siebenhundert Exemplare übrig, mit welchen der Bedarf der lesenden Welt genügend gedeckt sei. Ich fand dies wenig, aber: Es war nun einmal nicht anders im deutschen Vaterland, selbst bei Büchern, die Aufsehen gemacht hatten.

Da kam der Gehilfe zurück und meldete, daß noch achthundert Exemplare vorrätig seien. ›Das ist entsetzlich!‹ rief ich. ›Nicht nur kein Absatz; die Exemplare haben sich auf Lager noch selbst vermehrt!‹ Der Buchhändler wurde verlegen. Er sprach von einem Irrtum, den er persönlich aufklären müsse. Übrigens möge sich mein neuer Verleger zu ihm verfügen, da werde man sich über die Sache leicht einigen.

Und sie einigten sich in der Tat. Schriftsteller wird schwer mit Kaufmann fertig; Kaufmann mit Kaufmann schon weit leichter.

Alfred Meißner: Geschichte meines Lebens. I. Bd. Wien u. Teschen 1885. S. 156ff.

Soziale Not im ›Wilden Viertel‹. 1847 Alles, was unsre gesellschaftlichen Zustände charakterisiert, findet sich auch in Leipzig vor, freilich nur erst im Keim und unentwickelt, nur in geringem Maße, aber es ist doch da und kann an Intensivität und Ausdehnung ebenso werden wie anderswo, zumal wenn die jetzige Ausdehnung Leipzigs zu Geschäften und im Raum so fortschreitet [...] Die Gewalt des Kapitals, der Pauperismus [Massenarmut], die Demoralisation nimmt immer mehr überhand [...] Ihr seht es nur nicht. Ganz natürlich. Wenn man vom Peterstor auf die Promenade zum Augusteum [damaliges Universitätshauptgebäude am heutigen Augustusplatz] hingeht, so wird die Aussicht von der innern Stadt abwärts durch hohe schöne Gebäude begrenzt, und der imposante Anblick derselben läßt in dem Zuschauer einen guten Eindruck zurück von dem herrlichen Leipzig. Aber hinter diesen hohen Gebäuden versteckt liegt ein anderes Leipzig, von schmutzigem, krankem oder auch verwildertem Aussehen; denn es ist überall so, ›die schlechten Viertel‹ werden immer abseits gebaut, damit man ihren ekelhaften Anblick nicht stets vor Augen hat [...]

Das Prostitutionswesen hat sich längst auf die ganze Stadt ausgedehnt; die innere Stadt, das sogenannte Wilde Viertel, die übrigen Vorstädte, alle haben sie Bordelle. Dazu die öffentlichen Freudenmädchen, die des Abends auf den Fang ausgehen und von denen viele reich oder doch angenehm eingerichtete Privatwohnungen haben. Man kann die Leipziger Freudenmädchen einteilen in solche, die in festen Bordellen wohnen, in solche, die ihre eignen Wohnungen haben, andre, die sogenannte Absteigequartiere benutzen (es gibt nämlich Leute, die ihre Wohnungen oder Häuser denselben gegen Entschädigung zur Verfügung stellen), in die Straßen- und Alleedirnen (diese haben stets ihren ›Liebsten‹ [Zuhälter] bei sich, in ihrer Kunstsprache Louis genannt, mit denen sie sonst leben, die sie sogar ziemlich ernähren, damit sie von ihnen bei ihren nächtlichen Ausgängen gegen Mißhandlungen oder Zahlungsbetrügereien geschützt werden), in die verheirateten, die dies Gewerbe mit Bewilligung ihres Mannes treiben (es ist vorgekommen, daß ein Mann ein Freudenmädchen geheiratet hat, um sich von ihr nähren zu lassen), und endlich in Arbeiterhuren [...] So verschieden die Klasse dieser Mädchen ist, so verschieden auch ihr Alter, vom 14. bis 50., 56. Lebensjahr laufen sie herum. Die Alten machen später die Lehrmeister bei den Jüngeren, sie unterstützen sie mit Rat, Kleidern, Logis; natürlich haben sie ihren Profit dabei. Sie haben untereinander ihre Kunstsprache und für die angesehensten unter sich gewisse Kriegsnamen. Fast alle sind trunksüchtig, aber auch äußerst gutmütig. Eine ward mir als sehr wohltätig geschildert; sie hatte großen Gewinn, aber alles teilte sie mit ihren Wirtsleuten, die in der bittersten Not waren, mit den Worten: ›Den Bettel verdiene ich bald wieder!‹

Eine eigentümliche Menschenklasse sind diese Louis; faul, trunk- und spielsüchtig, liegen sie den Tag über in den Kneipen; von ihrer Begleitung der Dirnen zurückgekehrt,

403 Haus in der Windmühlengasse, genannt ›Stehpult‹. Lithographie. Um 1847

404 Brand des Hôtel de Pologne in der Hainstraße 16/18. Kolorierte Lithographie. 1846

durchsaufen und durchspielen sie die halbe Nacht; wenn dann der Wirt merkt, daß ihnen und den Huren das Geld ausgeht, wirft er sie vor die Tür, falls er sie nicht aus Mitleid des Nachts behält. Zuweilen überfällt diese Menschen tiefe Reue, aber die Gewohnheit und die Not, die Unkenntnis von Gewerben treibt sie zur alten Lebensweise zurück [...]

Der Hauptherd der vulgären Prostitution ist das ›Wilde Viertel‹, jener Stadtteil, den die Front der Gebäude vom Hôtel de Prusse bis nahe zur Königsstraße [heute Goldschmidtstraße] den Spaziergängern der Promenade verbirgt und der besonders seit dem Krieg [nach 1813] entstanden ist. Hier war früher eine Sandwüste, die erst vor kurzem zum Johannistal umgewandelt wurde; in dieser Sandhöhle (der Sandgasse) siedelten sich die Armen an, die sich aus Scham vor der vornehmen Stadt zurückzogen; [...] diese Vorstädter fühlen sich als Gegensatz zu den gebildeten feineren Städtern, sie bilden Opposition gegen dieselben, sie fangen an, sich als ›Volk‹ zu erkennen [...] Bei dem Brand des Hôtel de Pologne [1846] hatte ein Bürger über einen Unglücksfall geäußert: ›Es sind ja nur Arbeiter‹; den Tag darauf ging ich [der Publizist und Lehrer Hermann Semmig] zufällig durch die Ulrichgasse, es standen Weiber auf der Gasse, schimpfend auf die Verhöhnung der Arbeiter durch den Bürger, in ihrem Ausdruck lag etwas wie Selbstbewußtsein der Stadt gegenüber. ›Ein anderes Mal laßt's brennen‹, sagten andere, ›wir wollen unser Leben den Reichen zu Gefallen nicht preisgeben.‹ [...]

In diesem Viertel wuchert die Armut in ihrer schmutzigsten Gestalt [...] Die Überfüllung der kleinsten Löcher, ›Stuben‹ genannt, mit Personen, ja wohl selbst Familien ist häufig; Verheiratete, die selbst kaum Raum für sich haben, nehmen noch Schlafburschen an; von einem solchen wurde mir erzählt, daß er auf den Dielen schlafe. Manche Wohnungen sind eigentlich Ställe; durch eine Parterrestube geht die Gosse, mit einem Brett überdeckt.

Der Leuchtturm. Monatsschrift zur Unterhaltung und Belehrung für das deutsche Volk, Jg. 1847, H. 1

Anklage gesellschaftlicher Mißstände. 16. April 1848 Mit innigster Freude begrüße ich [Albin Warth, Mitglied des Ausschusses des Arbeiter- und des Vaterlandsvereins in Leipzig] die Bewegungen der Gegenwart; endlich einmal ist das deutsche Volk aufgestanden, um, gemeinsam handelnd, seine Rechte als Menschen zu erlangen. Das höchste Gut, ohne welches der Mensch nichts anderes unternehmen kann, die freie Bewegung, hat sich das deutsche Volk errungen.

Es ist daher die heiligste Pflicht der Arbeiter, daß sie, als der größte Teil unsers Volkes, von diesem errungenen Gut, der freien Bewegung, auch den richtigen Gebrauch machen; und dies erkennend, erhebe ich, ein Schlossergeselle, im Namen aller meiner Brüder, der Feuerarbeiter, meine Stimme, um die Besitzenden öffentlich anzuklagen, daß es nur infolge ihrer gegen den Arbeiter ausgeübten Despotie kommen muß, wenn derselbe sich zu Schritten verleiten läßt, welche die Sicherheit des Eigentums möglicherweise gefährden können [...]

Der Ausführung unsers innigen Wunsches, uns eine vernünftige Anschauung vom öffentlichen Leben zu verschaffen, steht aber ein Damm entgegen, den zu durchbrechen und dann ganz wegzuräumen unsere erste Aufgabe sein muß. Ich meine hier die Arbeitszeit, welche in Betracht unserer schweren Arbeit zu lange dauert. Der Schlossergeselle nämlich muß von früh 5 Uhr bis abends 7 Uhr am Amboß, am Feuer oder am Schraubstock stehen und tüchtig zugreifen; während dieser 14 Stunden gönnt ihm sein Meister zum Frühstücken eine halbe Stunde, zum Mittagessen aber nur höchstens 10 Minuten Zeit, so daß gleichsam dem Gesellen ein Befehl zum Geschwindessen dadurch gegeben ist. Hat nun unsereiner in dieser Arbeitszeit von 13 Stunden und 20 Minuten den Hammer tüchtig geschwungen, die Feile gehörig gehandhabt, oder ist durch die Glut der Kohlen die Kreisbewegung des Blutes aufs höchste gespannt worden, so wird es jedem einleuchten, daß nach eingetretenem Feierabend sich der Geselle nach Ruhe sehnt, daß er durch das Naturgesetz zur Ruhe getrieben wird, denn er ist durch die anhaltende körperliche Anstrengung körperlich und geistig zugleich zu abgespannt, um daran denken zu können, seinem Wunsch nachzugehen und sich die ihm nötige Bildung durch Lesen guter Schriften zu verschaffen; er ist zu abgespannt, um mit Aufmerksamkeit den Vorträgen in den nun gottlob endlich einmal abzuhalten erlaubten öffentlichen Versammlungen zuhören zu können. Mit den Schmiedegesellen ist es noch schlimmer; die müssen bei viel schwererer Arbeit als die der Schlosser sogar noch eine Stunde länger arbeiten [...]

Hat der Schlosser- oder Schmiedegesell den Tag über am Feuer gestanden, so zwar, daß er halb gebraten wurde, hat er den gewichtigen Hammer geschwungen, hat er sich mit schweren Eisenstücken herumgeplagt, so zwar, daß ihm des Abends die Knochen im ganzen Leib brummen, so muß ihm von Gott und Rechts wegen auch

405 Dampfküche der Städtischen Speiseanstalt an der Esplanade (heute Wilhelm-Leuschner-Platz). Holzstich. Um 1850

ein vernünftiges Nachtlager zukommen [...] Ist er bei einem Meister, der kein menschliches Herz im Leib hat, so muß er vier, oft fünf Treppen auf den Oberboden hinauf, und nachdem er sich an den Balken und Sparren, im Dunkeln tappend, den Kopf halb eingerennt, fährt er in sein mit Federn spärlich gefülltes Bett. Aber kaum dem Einschlummern nahe, wird ihm das heilige Naturrecht, der Schlaf, gewaltsam entzogen durch eine Anzahl Tierchen, die unverschämt genug sind, nicht danach zu fragen, ob der Feuerarbeiter der Nachtruhe bedarf oder nicht [...] Das gilt vom Sommer. Im Winter ist es wieder etwas anderes, was uns Gesellen in manchen Werkstellen arg mitspielt. Anstatt nämlich der Meister für ein sicheres Nachtlager seiner Gesellen Sorge tragen soll, muß der Geselle oftmals erst den Schnee vom Oberbett herunterstreichen, ehe er ins Bett hineinsteigen kann; wacht er aber des Morgens auf, so ist es mir wenigstens, der ich bei manchem Meister schon gearbeitet habe, hier und da begegnet, daß das ganze Gesicht förmlich zugeschneit war [...]

Ist der Arbeiterstand erst so gebildet, wie es für ihn nötig ist, dann wird es nimmer möglich sein, daß der Kommunismus von demselben falsch verstanden wird; dann wird die Furcht der Besitzenden vor den Besitzlosen zu einer Lächerlichkeit; dann erst, und was die Hauptsache ist, dann erst kann das deutsche Vaterland auf eine glückliche Lösung seiner gegenwärtig so schwierigen Fragen mit unerschütterlicher Zuversicht entgegensehen. Wir Arbeiter streben nach der für uns nötigen Bildung, weil wir zu dem Heil des Vaterlandes mitwirken wollen, mitwirken müssen – man höre daher auch unsere Klagen, unsere Wünsche und trage dazu bei, daß sie auch gehört und erfüllt werden.

Leipziger Arbeiter-Zeitung. 1. Mai 1848

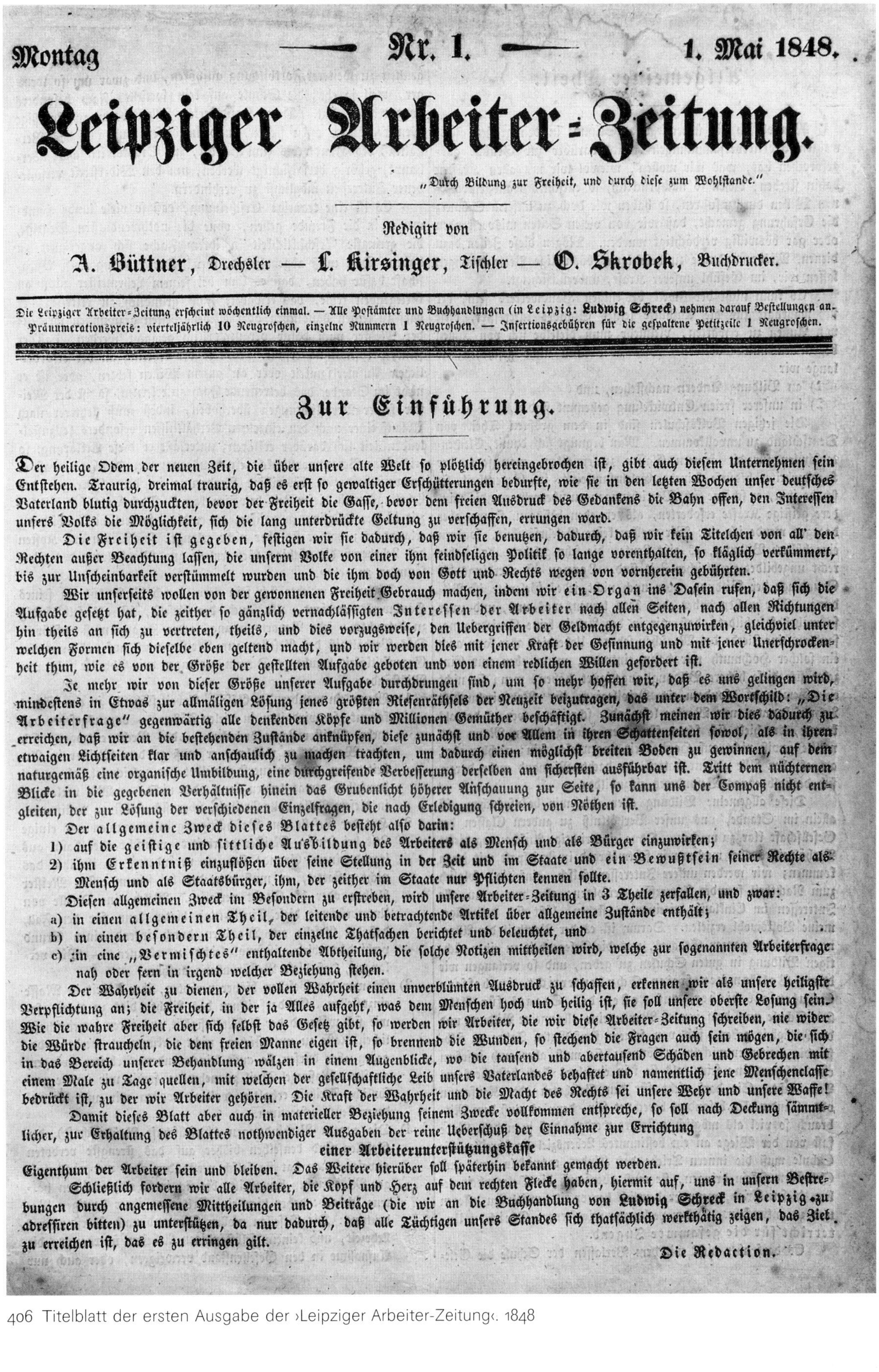

Montag — Nr. 1. — 1. Mai 1848.

Leipziger Arbeiter-Zeitung.

„Durch Bildung zur Freiheit, und durch diese zum Wohlstande."

Redigirt von

A. Büttner, Drechsler — L. Kirsinger, Tischler — O. Skrobek, Buchdrucker.

Die Leipziger Arbeiter-Zeitung erscheint wöchentlich einmal. — Alle Postämter und Buchhandlungen (in Leipzig: **Ludwig Schreck**) nehmen darauf Bestellungen an. Pränumerationspreis: vierteljährlich 10 Neugroschen, einzelne Nummern 1 Neugroschen. — Insertionsgebühren für die gespaltene Petitzeile 1 Neugroschen.

Zur Einführung.

Der heilige Odem der neuen Zeit, die über unsere alte Welt so plötzlich hereingebrochen ist, gibt auch diesem Unternehmen sein Entstehen. Traurig, dreimal traurig, daß es erst so gewaltiger Erschütterungen bedurfte, wie sie in den letzten Wochen unser deutsches Vaterland blutig durchzuckten, bevor der Freiheit die Gasse, bevor dem freien Ausdruck des Gedankens die Bahn offen, den Interessen unsers Volks die Möglichkeit, sich die lang unterdrückte Geltung zu verschaffen, errungen ward.

Die Freiheit ist gegeben, festigen wir sie dadurch, daß wir sie benutzen, dadurch, daß wir kein Titelchen von all' den Rechten außer Beachtung lassen, die unserm Volke von einer ihm feindseligen Politik so lange vorenthalten, so kläglich verkümmert, bis zur Unscheinbarkeit verstümmelt wurden und die ihm doch von Gott und Rechts wegen von vornherein gebührten.

Wir unserseits wollen von der gewonnenen Freiheit Gebrauch machen, indem wir ein Organ ins Dasein rufen, daß sich die Aufgabe gesetzt hat, die zeither so gänzlich vernachlässigten Interessen der Arbeiter nach allen Seiten, nach allen Richtungen hin theils an sich zu vertreten, theils, und dies vorzugsweise, den Uebergriffen der Geldmacht entgegenzuwirken, gleichviel unter welchen Formen sich dieselbe eben geltend macht, und wir werden dies mit jener Kraft der Gesinnung und mit jener Unerschrockenheit thun, wie es von der Größe der gestellten Aufgabe geboten und von einem redlichen Willen gefordert ist.

Je mehr wir von dieser Größe unserer Aufgabe durchdrungen sind, um so mehr hoffen wir, daß es uns gelingen wird, mindestens in Etwas zur allmäligen Lösung jenes größten Riesenräthsels der Neuzeit beizutragen, das unter dem Wortschild: „Die Arbeiterfrage" gegenwärtig alle denkenden Köpfe und Millionen Gemüther beschäftigt. Zunächst meinen wir dies dadurch zu erreichen, daß wir an die bestehenden Zustände anknüpfen, diese zunächst und vor Allem in ihren Schattenseiten sowol, als in ihren etwaigen Lichtseiten klar und anschaulich zu machen trachten, um dadurch einen möglichst breiten Boden zu gewinnen, auf dem naturgemäß eine organische Umbildung, eine durchgreifende Verbesserung derselben am sichersten ausführbar ist. Tritt dem nüchternen Blicke in die gegebenen Verhältnisse hinein das Grubenlicht höherer Anschauung zur Seite, so kann uns der Compaß nicht entgleiten, der zur Lösung der verschiedenen Einzelfragen, die nach Erledigung schreien, von Nöthen ist.

Der allgemeine Zweck dieses Blattes besteht also darin:

1) auf die geistige und sittliche Ausbildung des Arbeiters als Mensch und als Bürger einzuwirken;
2) ihm Erkenntniß einzuflößen über seine Stellung in der Zeit und im Staate und ein Bewußtsein seiner Rechte als Mensch und als Staatsbürger, ihm, der zeither im Staate nur Pflichten kennen sollte.

Diesen allgemeinen Zweck im Besondern zu erstreben, wird unsere Arbeiter-Zeitung in 3 Theile zerfallen, und zwar:

a) in einen allgemeinen Theil, der leitende und betrachtende Artikel über allgemeine Zustände enthält;
b) in einen besondern Theil, der einzelne Thatsachen berichtet und beleuchtet, und
c) in eine „Vermischtes" enthaltende Abtheilung, die solche Notizen mittheilen wird, welche zur sogenannten Arbeiterfrage nah oder fern in irgend welcher Beziehung stehen.

Der Wahrheit zu dienen, der vollen Wahrheit einen unverblümten Ausdruck zu schaffen, erkennen wir als unsere heiligste Verpflichtung an; die Freiheit, in der ja Alles aufgeht, was dem Menschen hoch und heilig ist, sie soll unsere oberste Losung sein. Wie die wahre Freiheit aber sich selbst das Gesetz gibt, so werden wir Arbeiter, die wir diese Arbeiter-Zeitung schreiben, nie wider die Würde straucheln, die dem freien Manne eigen ist, so brennend die Wunden, so stechend die Fragen auch sein mögen, die sich in das Bereich unserer Behandlung wälzen in einem Augenblicke, wo die tausend und abertausend Schäden und Gebrechen mit einem Male zu Tage quellen, mit welchen der gesellschaftliche Leib unsers Vaterlandes behaftet und namentlich jene Menschenclasse bedrückt ist, zu der wir Arbeiter gehören. Die Kraft der Wahrheit und die Macht des Rechts sei unsere Wehr und unsere Waffe!

Damit dieses Blatt aber auch in materieller Beziehung seinem Zwecke vollkommen entspreche, so soll nach Deckung sämmtlicher, zur Erhaltung des Blattes nothwendiger Ausgaben der reine Ueberschuß der Einnahme zur Errichtung

einer Arbeiterunterstützungskasse

Eigenthum der Arbeiter sein und bleiben. Das Weitere hierüber soll späterhin bekannt gemacht werden.

Schließlich fordern wir alle Arbeiter, die Kopf und Herz auf dem rechten Flecke haben, hiermit auf, uns in unsern Bestrebungen durch angemessene Mittheilungen und Beiträge (die wir an die Buchhandlung von **Ludwig Schreck** in Leipzig zu adressiren bitten) zu unterstützen, da nur dadurch, daß alle Tüchtigen unsers Standes sich thatsächlich werkthätig zeigen, das Ziel zu erreichen ist, das es zu erringen gilt.

Die Redaction.

406 Titelblatt der ersten Ausgabe der ›Leipziger Arbeiter-Zeitung‹. 1848

›Demokratischer Verein‹. 21. Juni 1848 [...] hat Herr Emil Ottokar Weller, hiesiger Bürger und Buchhändler, in Stellvertretung des Vorstandes vom hiesigen ›Demokratischen Verein‹ bei der Ratsstube angezeigt, daß dieser Verein seine Versammlungen regelmäßig jeden Donnerstag abends im Schützenhaus halten, diese Woche aber ausnahmsweise statt morgen nächsten Freitag seine Versammlung daselbst halten werde [...]

Stadtarchiv Leipzig: II. Sektion, V. Nr. 360, Bl. 26

Statuten des Sozialen Klubs. 18. September 1848

I. Zweck des Klubs.

§ 1. Der Soziale Klub hat lediglich zum Zweck, (seine Mitglieder) durch Wort und Schrift über die Wissenschaft der Gesellschaft (Sozialismus) aufzuklären.

§ 2. Er wird daher in keinerlei Weise seine Zustimmung oder Mißstimmung mit politischen Maßnahmen – durch Adressen oder Protestaktionen – zu erkennen geben.

§ 3. Es sind nur Vorträge vom Standpunkt des Sozialismus aus gestattet; die Wahl der den Vorträgen zugrunde liegenden Gegenstände ist unbeschränkt.

II. Mitgliedschaft.

§ 4. Aufgenommen ist jeder, für den sich bei der infolge seiner Meldung vorgenommenen Abstimmung die Mehrheit der anwesenden Mitglieder ergibt.

§ 5. Jedes Mitglied zahlt einen monatlichen Beitrag von 2 ng. [Neugroschen] in den ersten beiden Wochen jeden Monats.

§ 6. Derjenige, gegen den sich auf Antrag eines Mitgliedes zwei Dritteile der anwesenden Mitglieder erklären, verliert seine Mitgliedschaft im Klub und seinen Anspruch am Eigentum desselben.

III. Wie soll der Zweck erreicht werden?

§ 7. Der Klub hält auf seine Kosten einige sozialistische Zeitschriften, welche an die Mitglieder der Reihe nach herumgeschickt werden.

§ 8. Der Klub gründet von den Beiträgen seiner Mitglieder eine sozialistische Bibliothek, deren Benutzung jedem Mitglied offensteht.

§ 9. Die Mitglieder des Vorstandes haben die Pflicht, für passende Vorträge zu sorgen und, falls keins der übrigen Mit-

407 Ansprache Robert Blums vom Balkon des Alten Rathauses. Lithographie. 1848

glieder Vorträge hält, dies selbst zu tun in abwechselnder Reihenfolge.

IV. Vorstand.

§ 10. An der Spitze des Klubs steht zur Verwaltung der formellen Angelegenheiten und zur Sorge für die Erreichung des Zwecks ein Vorstand von 5 Mann.

§ 11. Der Vorstand wird jedes Vierteljahr neu gewählt; tritt im Laufe der Zeit ein Mitglied aus ihm ab, tritt dafür derjenige ein, der die meisten Stimmen nach dem Gewählten hatte.

§ 12. Bei seinem Abgang hat der Vorstand Rechenschaft über seine Amtsführung abzulegen sowie eine kurze Übersicht über die gehaltenen Vorträge und über die dermalige Lage des Klubs zu geben.

§ 13. Dem Vorstand liegt die Auswahl der für die Bibliothek anzuschaffenden Werke ob, er hat aber stets die Zustimmung des Vereins einzuholen vor Ankauf der gewählten Bücher.

§ 14. Die Mitglieder können die Wahl jedes Vorstandsmitgliedes ungültig machen dadurch, daß sie in der Mehrzahl den entgegengesetzten Willen erklären, wodurch eine neue Wahl nötig wird.

§ 15. Jede Woche findet eine Versammlung statt. Die Versammlungen sind nicht öffentlich, doch dürfen ihnen hiesige Einwohner 2mal, Fremde unbeschränkt als Gäste beiwohnen, müssen aber von Mitgliedern eingeführt sein.

§ 16. Vor dem Schluß jeder Versammlung hat ein Vorstandsmitglied eine Übersicht über die dermalige Weltlage vom sozialistischen Standpunkt aus zu geben.

Anhang.

§ 17. Die Ehefrauen der Mitglieder sind Mitglieder des Klubs; andere Frauen können selbständige Mitglieder werden.

Stadtarchiv Leipzig: Titel XLIII, Nr. 50, Bl. 1ff.

Stadtorchester fordert mehr Geld. 1. Oktober 1848 Von den Vorstehern des hiesigen Stadtorchesters aufgefordert, meine Ansicht über die von ihnen dem verehrten hiesigen Stadtrat vorgetragenen Wünsche hinsichtlich der Veränderung einiger wesentlicher Punkte des Kontraktes mit dem Theaterunternehmer auszusprechen, erkläre ich [Felix Mendelssohn Bartholdy] nach bestem Wissen und Gewissen: daß ich sämtliche vom Orchester vorgetragene Bitten, deren Inhalt mir genau bekannt ist, für gerecht und durchaus begründet halte, daß ich diese Wünsche teile und fast überzeugt bin, eine Verweigerung derselben werde für das hiesige Musikwesen zum wesentlichen Schaden gereichen und auf das Theater wie auf die übrigen musikalischen Institute Leipzigs den nachteiligsten Einfluß ausüben. Möchte daher der jetzige Zeitpunkt, der einzige, wo eine Verbesserung jener Verhältnisse mir denkbar scheint, nicht unbenutzt vorübergelassen werden!

Stadtarchiv Leipzig: Kapitel 32, Nr. 3, Bl. 73

Aufhebung der Pressezensur. 18. November 1848 Im Königreich Sachsen ist die Zensur für immer aufgehoben. Es besteht völlige Freiheit der Presse ohne irgendeine Beschränkung durch Konzessionen, Kautionen, Stempelauflagen oder Postverbote, und es ist daher jedermann berechtigt, ohne Einholung obrigkeitlicher Erlaubnis Presserzeugnisse herzustellen und zu veröffentlichen.

Leipziger Zeitung. 6. Dezember 1848

408 August Hunger: Robert Blum, demokratischer Politiker und Ehrenbürger der Stadt Leipzig. Öl auf Leinwand (Ausschnitt). Um 1848

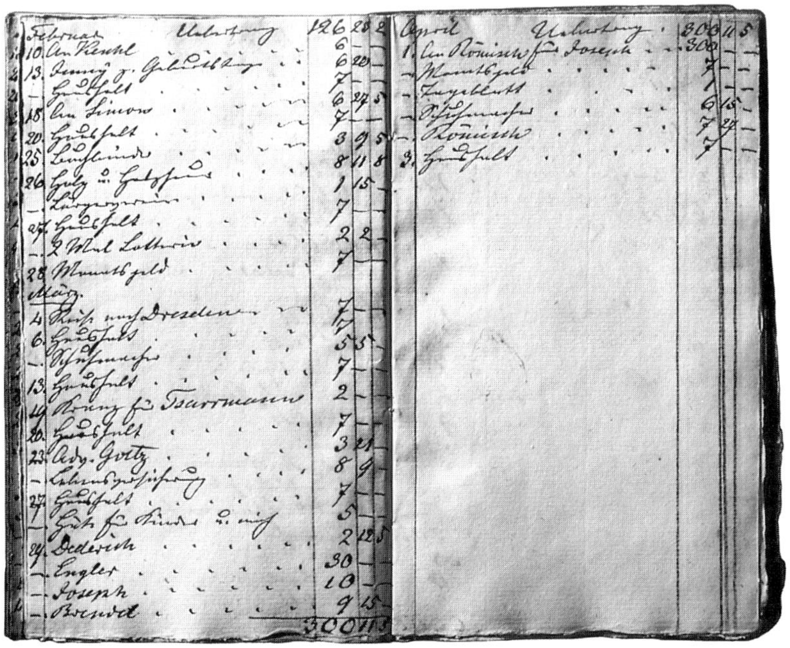

409 Seite aus dem Haushaltsbuch von Robert Blum. 1843/47

410 Erstürmung der Barrikade in der Grimmaischen Straße. Holzstich. 1849

Barrikadenkämpfe. 6./7. Mai 1849
Die verwichene Nacht ist es auch in Leipzig zum Blutvergießen gekommen. Schon am Nachmittag waren von den Tumultuanten bei Gelegenheit der Zerstörung des Schloßgatters durch Steinwürfe drei Kommunalgardisten leicht, einer aber schwer verwundet worden [...] Der Schloßplatz wurde geräumt, und man erwartete trotz der fulminanten Reden der Führer vom Nachmittag, die Nacht ruhig verstreichen zu sehen, als gegen 9 Uhr ein Volkshaufe in geschlossenen Reihen die Straßen der Stadt durchzog und sich zum Peterstor hinaus nach der äußeren Seite des Schlosses wendete. Dort wurde ein an sich unbedeutender Konflikt dazu benutzt, durch geradezu lügenhafte Gerüchte die Leidenschaften der Masse zu entflammen und sie in blinder Wut zu einem Aufstandsversuch zu treiben, der Menschenleben gekostet und die Stadt in die äußerste Bestürzung versetzt hat. Die Menge empfing nämlich die heranreitende Eskadron der Kommunalgarde mit Geschrei und Steinwürfen, ja es wurde sogar aus der Menge ein Terzerol auf sie abgefeuert. Die Eskadron konnte die dadurch scheu gemachten Pferde nicht ganz in ihrer Gewalt behalten, und so geschah es, daß ein Mann [...] überritten und durch einen Hufschlag heftig an der Stirn verwundet wurde. Aus diesem einfachen Verlauf machte erhitzte Einbildungskraft oder Böswilligkeit das Gerücht, die Eskadron sei in reinem Übermut in die Menge hineingesprengt, und einer der Reiter habe ohne alle Veranlassung unter die Menge gefeuert und jenen Mann getötet, den man unter wildem Geschrei nach Rache zum Peterstor hereintrug [...]
Im Nu erscholl auch durch die ganze innere Stadt das Getöse der zu Barrikaden niedergeworfenen Meßstände und Warenkisten und der Schläge gegen den Meißnerschen Gewehrladen im Thomasgäßchen, der erbrochen und geplündert wurde. Die Kommunalgarde sah sich genötigt, zuerst an jener Ecke des Marktes Feuer zu geben. Die Wut der Menge stieg. Es folgten sich mehrere Stunden lang, jedoch in längeren Zwischenräumen, mehrere Pelotonfeuer [Beschuß durch geschlossen aufgestellte taktische Abteilungen], durch die man die Tumultuanten zwang, die am Thomaskirchhof, an der Reichsstraße und am Neuen Neumarkt errichteten Barrikaden zu räumen. Die größte und festeste Barrikade hatte man am Grimmaischen Tor am Café Français errichtet, gegen die während der Dauer der Nacht von der Kommunalgarde auch ein ernstlicher

411 Leipziger Kommunalgarde. Kolorierte Lithographie. 1848

Angriff nicht gemacht wurde. Nicht wenig wurde aber die Bestürzung der Stadt und das Schauerliche der ganzen Szene erhöht, als plötzlich vom Augustusplatz die helle Lohe emporschlug und das Gerücht sich verbreitete, man habe sämtliche Buden, die den Platz bedecken, in Brand gesteckt. Es stellte sich jedoch heraus, daß man nur einzelne Meßstände abgebrochen und zu einem Scheiterhaufen aufgetürmt hatte, um durch den Feuerschein die Dörfer zu alarmieren, auf deren Zuzug und Unterstützung unsere Demokraten bei jeder Gelegenheit rechnen. Die Barrikade am Grimmaischen Tor wurde erst nach Tagesanbruch von der Kommunalgarde aus den Fenstern der anliegenden Häuser beschossen und von Freiwilligen erstiegen.

Die Anzahl der Toten auf seiten der Tumultuanten beträgt zwei, auf seiten der Kommunalgarde zwei [...] Die Zahl der Verwundeten ist [...] auf seiten der Kommunalgarde leider [...] unverhältnismäßig stark [...] Die Anzahl der zum Teil mit den Waffen in der Hand Verhafteten beträgt [...] gegen sechzig.

Leipziger Zeitung. 8. Mai 1849

Schließung der Ostermesse. 7. Mai 1849 Ein Plakat des Stadtrats und der Stadtverordneten [...] schließt heute mittag die Ostermesse und ordnet die sofortige Hinwegräumung sämtlicher Messbuden bis heute nachmittag an [...] Zugleich erlassen die städtischen Behörden eine Aufforderung an alle waffenfähigen Einwohner Leipzigs, sich der Kommunalgarde zur Aufrechterhaltung der Ordnung und des Gesetzes anzuschließen. Die hiesigen Maurer- und Zimmergesellen zogen schon heute morgen, mit ihren Beilen und Hacken bewaffnet und von ihren Meistern geführt, zur Unterstützung der Kommunalgarde auf.

Leipziger Zeitung. 8. Mai 1849

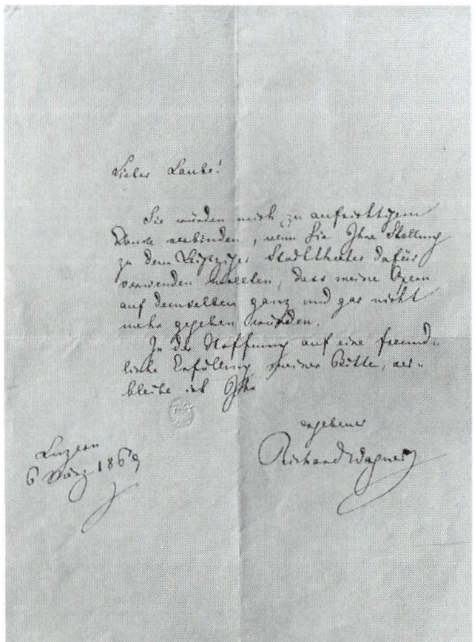

Lieber Laube!

Sie würden mich zu aufrichtigem Danke verbinden, wenn Sie Ihre Stellung zu dem Leipziger Stadttheater dafür verwenden wollten, dass meine Opern auf demselben ganz und gar nicht mehr gegeben würden.

In der Hoffnung auf eine freundliche Erfüllung meiner Bitte, verbleibe ich Ihr

ergebener
Richard Wagner

Luzern
6 März 1869

412 Brief Richard Wagners an den Schriftsteller und Leiter des Leipziger Stadttheaters Heinrich Laube. 1869

413 Franz von Lenbach: Richard Wagner. Öl auf Holz (Ausschnitt). Um 1872

Aus der königlichen Verordnung gegen Aufruhr. 7. Mai 1849

§ 1. Sobald die öffentliche Ruhe, Ordnung oder Sicherheit der Personen oder des Eigentums durch Widersetzung wider die öffentliche Autorität [...] oder Volksauflauf [...] oder Aufruhr [...] gestört oder bedroht erscheint, hat bis auf Anordnung der Oberbehörde die Sicherheitsbehörde jedes Ortes von Amts wegen einzuschreiten, nach Befinden alle Volksversammlungen unter freiem Himmel [...] zu verbieten und die sonst noch erforderlichen Maßregeln zu leiten.

[...]

§ 4. Alle diejenigen, deren dienstlicher Beruf es nicht ist, zur Wiederherstellung der Ruhe mitzuwirken, haben sich auch unaufgefordert auf die erste Kenntnis von dem Tumult und, wo möglich, bis zu dessen Beendigung in ihre Wohnungen zurückzuziehen. Diejenigen, welche während des Tumults in seiner Nähe auf den Straßen und öffentlichen Plätzen verweilen, haben kein Recht zu Beschwerden oder Klagen, wenn sie den Tumultuanten gleich behandelt werden.

§ 5. Gleichzeitig [...] sind sowohl die öffentlichen Gasthöfe und Schankstätten als die Privathäuser, Läden und Gewölbe zu schließen, und jedes Familienhaupt hat seine Angehörigen und Dienstleute, jeder Fabrikant, Kaufmann, Meister oder andere Arbeitgeber seine Diener, Gesellen, Lehrlinge und Arbeiter bei eigner Verantwortlichkeit möglichst zu Hause zu halten. Die Schüler in den Schulen sind, wenn sie nicht bis zu Wiederherstellung der Ruhe gänzlich zurückbehalten werden können, nur in kleinen Abteilungen zu entlassen.

[...]

§ 9. Auch ohne Signal und Aufforderung [...] ist die bewaffnete Macht zu jedem erforderlichen Gebrauch ihrer Waffen berechtigt: a. sobald die Tumultuanten auf sie eindringen oder sie angreifen, b. wenn die Tumultuanten sich gewalttätige Handlungen gegen die Behörde oder gegen die Mannschaft oder gegen dritte Personen erlauben, c. wenn sie fremdes Eigentum verletzen, entwenden oder zerstören und der Abwehr oder Verhaftung sich gewalttätig widersetzen.

[...]

§ 14. Von Eintritt der Waffengewalt an und bis deren Anwendung wieder aufgehört hat kann als Warnungszeichen die Sturmglocke von fünf zu fünf Minuten jedes Mal mit neun Schlägen angeschlagen werden.

[...]

§ 17. Zuwiderhandlungen werden standrechtlich wie die Kapitalverbrechen der im Felde vor dem nahen Feind stehenden Truppen untersucht, auch die vom Standrecht zuerkannten Strafen nach Anordnung des Oberbefehlshabers ohne Anstand militärisch vollzogen.

[...]

Leipziger Zeitung. 10. Mai 1849

Steckbrief gegen Richard Wagner. 16. Mai 1849 Der unten etwas näher bezeichnete Königl. Kapellmeister Richard Wagner, von hier, ist wegen wesentlicher Teilnahme an der in hiesiger Stadt [Dresden] stattgefundenen aufrührerischen Bewegung zur Untersuchung zu ziehen, zur Zeit aber nicht zu erlangen gewesen. Es werden daher alle Polizeibehörden auf denselben aufmerksam gemacht und ersucht, Wagnern im Betretungsfalle zu verhaften und davon uns schleunigst Nachricht zu erteilen [...] Wagner ist 37–38 Jahre alt, mittler Statur, hat braunes Haar und trägt eine Brille.

Leipziger Zeitung. 20. Mai 1849. Beilage

Gustav Freytag: ›Die schläfrigste Revolution‹. Mai 1849 Auch den Leipzigern blieben 1849 die Schrecken des Straßentumults nicht erspart. Da nach dem ersten Barrikadenbau der Stadtrat alle wohlgesinnten Bewohner aufgefordert hatte, sich bewaffnet, durch eine weiße Armbinde kenntlich, in der nächsten Nacht zur Verstärkung der Kommunalgarde einzufinden, holte auch ich eine alte Jagdflinte hervor, band die weiße Binde um den Arm und ging zur Nacht von Gohlis, wo ich damals im Sommerquartier wohnte, durch das stille Rosental nach der Stadt. Auf den Straßen fand ich alles leer, die Türen verschlossen, den Markt wie ausgestorben [...] Als ich aber auf die Hauptwache kam und mich bei dem Offizier der Kommunalgarde, welcher die Wache befehligte, zum Dienst meldete, Namen und Absicht nannte, fand ich keine willige Annahme, ja, weil ich keinem von der Wache bekannt war, wurde ich mit unverhohlenem Mißtrauen betrachtet und mir endlich erklärt, hier könne man mich nicht brauchen, ich müsse mich da und dort melden und legitimieren. ›Jetzt bei Nacht? Dann also gehe ich weiter!‹ Wieder ging ich durch leere Straßen; es war die schläfrigste Revolution, die man sich denken kann.

Gustav Freytag: Erinnerungen aus meinem Leben. Leipzig 1899. S. 232f.

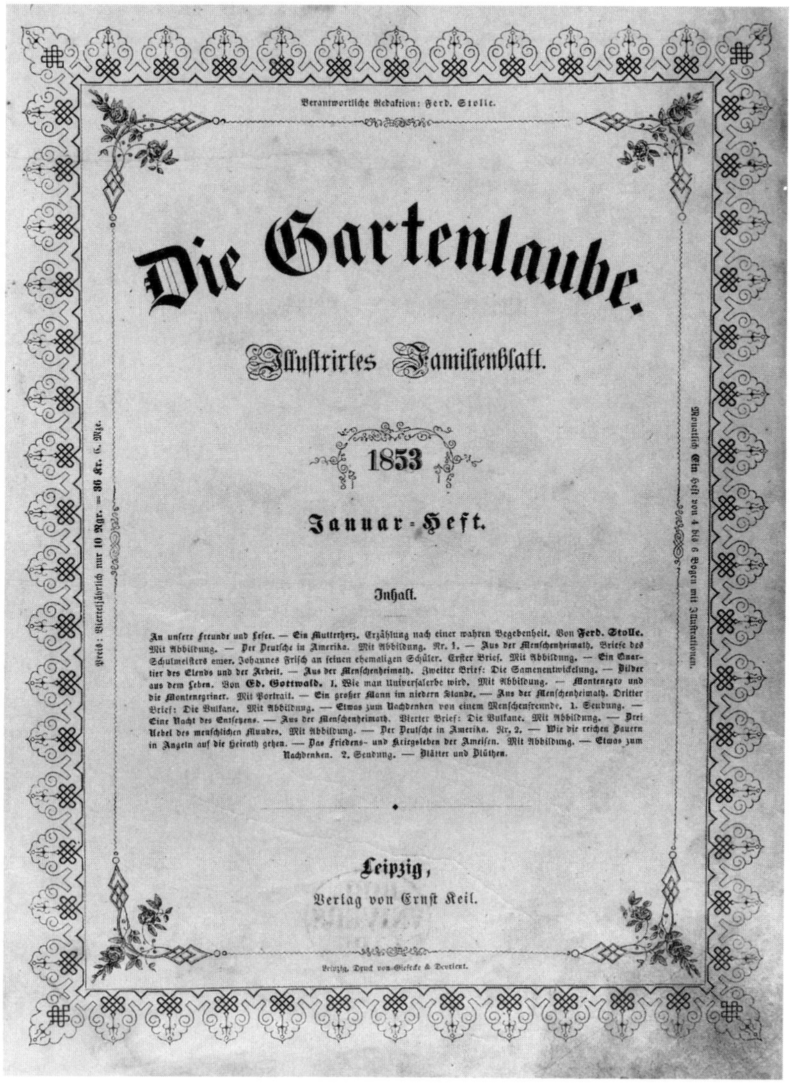

Verantwortliche Redaktion: Ferd. Stolle.

Die Gartenlaube.

Illustrirtes Familienblatt.

1853

Januar-Heft.

Preis: Vierteljährlich nur 10 Ngr. = 36 Kr. C. Mze.

Monatlich Ein Heft von 4 bis 6 Bogen mit Illustrationen.

Inhalt.

An unsere Freunde und Leser. — Ein Mutterherz. Erzählung nach einer wahren Begebenheit. Von Ferd. Stolle. Mit Abbildung. — Der Deutsche in Amerika. Mit Abbildung. Nr. 1. — Aus der Menschenheimath. Briefe des Schulmeisters emer. Johannes Frisch an seinen ehemaligen Schüler. Erster Brief. Mit Abbildung. — Ein Quartier des Elends und der Arbeit. — Aus der Menschenheimath. Zweiter Brief: Die Samenentwickelung. — Bilder aus dem Leben. Von Ed. Gottwald. 1. Wie man Universalerbe wird. Mit Abbildung. — Montenegro und die Montenegriner. Mit Portrait. — Ein großer Mann im niedern Stande. — Aus der Menschenheimath. Dritter Brief: Die Vulkane. Mit Abbildung. — Etwas zum Nachdenken von einem Menschenfreunde. 1. Sendung. — Eine Nacht des Entsetzens. — Aus der Menschenheimath. Vierter Brief: Die Vulkane. Mit Abbildung. — Drei Uebel des menschlichen Mundes. Mit Abbildung. — Der Deutsche in Amerika. Nr. 2. — Wie die reichen Bauern in Angeln auf die Heirath gehen. — Das Friedens- und Kriegsleben der Ameisen. Mit Abbildung. — Etwas zum Nachdenken. 2. Sendung. — Blätter und Blüthen.

Leipzig,

Verlag von Ernst Keil.

Leipzig, Druck von Giesecke & Devrient.

414 Titelblatt der ersten Ausgabe der ›Gartenlaube‹. Herausgegeben vom Leipziger Verleger Ernst Keil. 1853

415 Fischmaß aus Eisen. 19. Jahrhundert

416 Siebtopf. Hafnerware. 19. Jahrhundert

Arbeitsvermittlung der städtischen Anstalt für Arbeitsnachweisung. 1849

[...] Die 4469 ausgeführten Arbeitsbestellungen verteilen sich folgendermaßen auf die beiden Geschlechter und die verschiedenen Arten der Beschäftigung:

A. Männliche Personen

1 Aufwärter
1 Bogendurchzieher
8 Bogenleger
1 Bogenfalzer
9 Boten
1 Zigarrenpacker
3 Kolporteure
14 Deckenausklopfer
14 Eisaufhacker
5 Fabrikarbeiter
1 Farbereiber
1 Federschließer [Federschleißer]
1 Federschneider
3 Feldarbeiter
1 Fensterputzer
1 Firmaschreiber
19 Flaschenspüler
50 Flickschneider
86 Gartenarbeiter
25 Grubenräumer
37 Haarzupfer
611 Handarbeiter
5 Heuablader
54 Holzhacker
69 Holzträger
7 Hülfsmarkthelfer
4 Hundewäscher
1 Kehrmann
24 Kohlenabträger
1 Kohlenfahrer
8 Krankenwärter
71 Laufburschen
1 Linierer[Notenlinienzieher]
66 Logisräumer
1 Markthelfer
5 Messmarkthelfer
1 Notenschreiber
2 Obstpflücker
7 Ölfarbenstreicher
60 Ofenkehrer
1 Ofensetzer
2 Packer
5 Papparbeiter
1 Pferdewärter
9 Polierer
70 Raddreher
34 Rolldreher
4 Roßhaarsortierer
10 Schneeschipper
23 Schreiber
5 Schuhflicker
19 Schuhputzer
11 Steineschläger
1 Stößer
1 Straßenkehrer
6 Stubenmaler
26 Torfabträger
84 Träger
1 Viehtreiber
3 Wasserpumper
31 Wasserträger
1 Zettelankleber
1 Zettelträger
1 Zimmerfrottierer
2 Zuschläger [für Kupferschmiede]

B. Weibliche Personen

24 Aufwäscherinnen
109 Aufwartefrauen
209 Aufwartemädchen
19 Ausbesserfrauen
7 Bettensömmerfrauen [Bettenlüfterinnen]
1 Botenfrau
10 Fabrikarbeiterinnen
1 Federschließerin
2 Feldarbeiterinnen
21 Gartenarbeiterinnen
3 Haarzupferinnen
1 Kartoffelausleserin
5 Kartoffellegerinnen
17 Kartoffelschälerinnen
1 Kehrfrau
56 Kinderwärterinnen
1 Kochfrau
40 Krankenwärterinnen
2 Laufmädchen
10 Logisräumerinnen
100 Näherinnen
15 Plätterinnen
15 Rolldreherinnen
1 488 Scheuerfrauen
30 Schneiderinnen
1 Stickerin
3 Strickerinnen
2 Torfabträgerinnen
16 Trägerinnen
2 Vorhangaufsteckerinnen
1 Warenausleserin
610 Waschfrauen
11 Wasserträgerinnen
2 Wochenwärterinnen
2 Wollzupferinnen

[...]

Stadtarchiv Leipzig: Armenamt, Rep. 6c, Nr. 3; Bl. 21

Abendausstellungen. 17. März 1851
[…] Gewiß sind Sie [der Ausschuß des Kunstvereins] mit uns [dem Direktorium] einverstanden, daß die Abendausstellungen als ein wichtiger Teil unserer Wirksamkeit zu betrachten ist. Es wird in ihnen den Kunstfreunden hiesiger Stadt und namentlich den angehenden Künstlern (Schülern der Akademie) Gelegenheit geboten, Kunstwerke zu besichtigen, die ihnen auf anderem Wege nicht vor die Augen treten und von denen sie den größten Nutzen ziehen können […] Das Interesse an ihnen hat sich dadurch vermehrt, namentlich sind sie fleißig von jungen Künstlern besucht worden […]

Stadtarchiv Leipzig: Leipziger Kunstverein, Nr. 38, Bl. 46

Strafmaßnahmen gegen den Buchhändler Otto Wigand (Zusammenstellung). 2. Juni 1853

1. Wegen Herausgabe der ›Briefe eines deutschen Bürgers‹ kam er im Jahre 1851 in Untersuchung und wurde in beiden Instanzen zu einer zweimonatlichen Gefängnisstrafe […] verurteilt, diese Strafe aber durch königl[iche] Gnade in eine Geldbuße verwandelt. Acta 15257

2. Auf Acta 16079 ist er wegen Verlags der Druckschrift ›Geschichte des deutschen Volkes für das deutsche Volk‹ von Winderlich […] in erster Instanz zu einer 4monatlichen Gefängnisstrafe verurteilt worden, seit dem 20sten August v[origen] J[ahres] liegt die Sache im Königl. Oberappelationsgericht. Ferner ist er

3. […] wegen der Weltgeschichte von Winderlich zur Untersuchung gezogen, aber in Mangel näheren Verdachts freigesprochen worden. Acta 16080. Endlich ist er im Jahre 1851 noch

4. wegen der beiden Druckschriften ›Kossuth‹ von Horn und ›Der ungarische Befreiungskrieg‹ von Klappke […] zur Untersuchung gezogen und in beiden Sachen zu je einer Geldbuße von 25 Talern […] verurteilt worden, die er erlegt hat […]

Stadtarchiv Leipzig: Polizeiamt, Nr. 21, Bl. 11

417 Markt zur Messezeit (sogenannte Budenmesse). Stahlstich von Georg Michael Kurz, nach einer Zeichnung von Ludwig Rohbock. Um 1850

Das Direktorium des Kunstvereins bittet um Errichtung eines Museums-Zweckbaus. 14. Juli 1853
[...] Wenn wir die Bildung und Förderung eines städtischen Kunstmuseums als den wichtigsten Zweck des Vereins anerkannt haben, dessen Leitung uns anvertraut ist, und mit Freuden auf den glücklichen Erfolg zurückblicken, mit dem unsre Bemühungen bisher belohnt worden sind, so werden es Ew. Hochwohlgeboren [des Rates der Stadt] gewiß nicht mißdeuten, wenn wir auf eine spätere Zeit vor die Augen nehmen und die Frage an Sie richten: Wo sollen wir demnächst Raum für die schnell anwachsende städtische Kunstsammlung finden?

Mit aufrichtiger Anerkennung haben wir die uns vor 4½ Jahren von dem Magistrat überwiesenen Lokalitäten akzeptiert. Für unser damaliges Besitztum und die aus der Stadtbibliothek überwiesenen altdeutschen Gemälde waren dieselben ausreichend, ja, wir mußten bekanntlich, um sie auszufüllen, die Hülfe einiger liberaler Kunstfreunde unsrer Stadt in Anspruch nehmen. Das Verhältnis hat sich geändert, und wir sind schon jetzt nicht mehr im Stande, alle dem Museum zugehörigen Gemälde, namentlich einige von größerem Umfang, aufzuhängen. Wohl könnte man die Unterbringung erzwingen, wenn man das Verschiedenartigste ineinanderschichtete – aber gerade das ist ein Vorzug gewählter Galerien: daß einem jeden Kunstwerk seine richtige Beleuchtung und durch die Perspektive bedingte Aufstellung angewiesen wird. Diese bisher in unserm Museum festgehaltene Anordnung war es, die den erfreulichen Eindruck auf alle Kunstfreunde machte, welche dasselbe besuchten, und hierin eine Änderung zu treffen, würde so gut sein, wie der Sammlung die Hälfte ihres Reizes zu nehmen [...]

Es ist nicht denkbar, daß Leipzigs Bewohner je das Interesse an dem städtischen Museum verlieren, ebenso, daß dessen Fortwachsen gehemmt werden und daher die Bedachtnahme auf umfangreichere Lokalitäten für dasselbe als ungerechtfertigt erscheinen könnte. Man wird im Gegenteil, ohne sanguin [überschwenglich] zu erscheinen, annehmen dürfen, daß die Teilnahme an dem öffentlichen Institut wesentlich gehoben werden wird, sobald die Aufstellung des städtischen Eigentums in einem eigenen und ganz geeig-

418 Städtisches Bildermuseum am Augustusplatz. Lithographie. Um 1858

419 Ferdinand von Rayski: Der Leipziger Kaufmann und Konsul Adolf Heinrich Schletter, Stifter des Museumsbaus. Öl auf Leinwand (Ausschnitt). 1845

420 Der Schriftsteller Gustav Freytag. Stahlstich von August und Theodor Weger. Um 1850

neten Lokal bewirkt, wenn Leipzigs zahlreiche Kunstfreunde darüber sichergestellt sein werden, daß ihren Stiftungen eine für immer ungestörte vorteilhafte Aufstellung gewidmet bleibt.

Ew. Hochwohlgeboren haben, wie wir wissen, die Wichtigkeit eines Kunstmuseums für unsre Stadt erkannt, dessen günstiger Einfluß auf die Einwohnerschaft in geistiger wie in materieller Beziehung wohl auch von keiner Seite bezweifelt werden wird; wir brauchen daher auch nicht zu fürchten, daß unsre Bitte, dem Bau eines allein dem städtischen Kunstmuseum gewidmeten Gebäudes ernste Aufmerksamkeit zu schenken, bei Ihnen oder bei Ihrem Collegio eine gute Statt nicht finden sollte [...]

Stadtarchiv Leipzig: Titel LXII M, Nr. 31a

Gustav Freytag beantragt die Aufenthaltsgenehmigung. 16. Januar 1857 [...] Der Unterzeichnete gibt sich die Ehre, eine hochlöbliche Polizeidirektion um Erteilung von Aufenthaltskarten für sich und seine Hausgenossen hierdurch ganz ergebenst zu bitten und legt zu diesem Zweck 1. seinen Heimatschein, 2. das Dienstbuch seiner Köchin, 3. einen Anmeldezettel des Hausbesitzers Hulbe, Königsstraße Nr. 16, bei.

Im Jahre 1848 bin ich mit meinem Haushalt von Dresden nach Leipzig übergesiedelt und habe seit dieser Zeit am hiesigen Ort als Miteigentümer der Wochenschrift ›Die Grenzboten‹ auch ein geschäftliches Interesse zu überwachen. Da ich aber durch Grundbesitz in Thüringen und durch eine Anstellung am Hofe S[eine]r Hoheit des regierenden Herzogs von Sachsen-Coburg-Gotha namentlich in den letzten Jahren genötigt war, einen großen Teil des Jahres außerhalb Leipzigs zu verleben, und da ich einem fremden Staatsverband und Dienst angehöre, so war ich nicht füglich in der Lage, als Schutzverwandter in den Königl.-Sächsischen Untertanenverband einzutreten, und sehe mich deshalb genötigt, bei meiner Wiederankunft in Leipzig durch ein Gesuch um geneigte Gestattung des Aufenthalts in Leipzig bis zum Anfang des Sommers Ew. Hochwohlgeboren zu bemühen.

Indem ich diese Bitte Ew. Hochwohlgeboren hierdurch vortrage und mit den geziemenden Empfindungen eine mehrwöchentliche Versäumnis derselben bedauernd anklage, habe ich die Ehre, zu gleicher Zeit anzuzeigen, daß mein Hausstand außer mir und meiner Frau noch eine weibliche Bedienung, Christine Schortmann aus Eisenach, enthält [...]

Stadtarchiv Leipzig: Titel LXII F, Nr. 15, Bl. 11f.

Gründung des Künstlervereins. 10. November 1858 Schon mehrere Male hatten Versuche stattgefunden, im ›Künstlerleben‹ Leipzigs eine Vereinigung zuwege zu bringen. So hatten sich um das Jahr 1840 oder 1842 eine Anzahl Künstler und Kunstfreunde vereinigt, welche sonnabends abends nach den im damaligen Kunstvereinslokal auf dem Thomaskirchhof 21, dem nachmaligen Lokal von Wendlers Freischule, stattfindenden Vorträgen und Abendausstellungen sich in dem Parterrelokal von ›Stadt Berlin‹, Ecke des Thomasgäßchens und der Klostergasse, zusammenfanden und dort bei einem Glas Bier ihre Gedanken austauschten. Diese Sonnabendskneipe führte den Namen ›Lincolnshöhle‹. Als der unterschriebene Berichterstatter mit seinem Vater, Dr. jur. August Ludwig Mothes, es mag wohl im Winter von 1844 zu 45 gewesen sein, in diese ›Höhle‹ eintreten durfte, fand er dort, wenn er sich jetzt nach schier 30 Jahren noch richtig entsinnt, unter andern die Herren: Vizekriminalrichter Hoffmann, Advokat Mothes (schon erwähnt), Advokat Petschke, jetzt Appellationsgerichtspräsident, Carl Lampe, Kaufmann etc., ferner die Künstler: Hermann Knaur, Bildhauer, Friedrich Bauer, Maler, Professor Moritz Hennig, Maler, Jordan, Maler, Professor Direktor Neher, Maler, Professor Geutebrück, Architekt. Zu einem wirklichen Verein, zu gemeinsamem Wirken hat sich dieser Klub nie erhoben. Einige Jahre später ist es versucht worden, einen ›Verein von Künstlern und Schriftstellern‹ zu gründen. Der Verein hat, soviel ich gehört, seine Versammlungen im Hôtel de Pologne gehalten, auch Feste gegeben, an deren Zustandekommen Künstler und Schriftsteller gemeinschaftlich wirkten. Warum der Verein und wann er auseinandergegangen? Es soll den Künstlern so vorgekommen sein, als ob sie allein alle Arbeit, die Schriftsteller allein alle Ehre zugeteilt bekämen. Ums Jahr 1856 scheint die Sache schlafengegangen zu sein [...]

Mothes erließ ein Zirkular, infolgedessen am 10. November 1858 im Schützenhaus zu Leipzig der Leipziger Künstlerverein gegründet ward [...] Am 27. November war die Mitgliederzahl bereits auf 52 angewachsen, und am 12. März 1859 zählte der Verein 126 Mitglieder. Am 19. März 1859 veranstaltete der Verein ein großes Künstlerfest mit lebenden Bildern, deklamatorischen, musikalischen und Instrumentalvorträgen, an welchem über 800 Personen teilnahmen.

Stadtarchiv Leipzig: Kapitel 35, Nr. 47, Bl. 19

421 Feier zum 100. Geburtstag Friedrich Schillers auf dem Markt. Holzstich. 1859

Namensgebung der Schillerstraße. 10. November 1859
Bekanntmachung.
Das Jubiläum des einhundertjährigen Geburtstages unsres großen Nationaldichters Friedrich Schiller, welches unsere Stadt heute festlich begeht, hat uns [den Rat der Stadt], um diesem Tag eine bleibende Erinnerung zu widmen, zu dem Beschluß veranlaßt, die neue Straße vom Peterstor bis zum Ausgang der Universitätsstraße mit dem Namen ›Schillerstraße‹ zu bezeichnen.

Wir bringen dies hierdurch zur allgemeinen Kenntnis.

Stadtarchiv Leipzig: Titel XLVII, Nr. 45, Bl. 36

Anregung zu einer Mustersammlung für Kunstgewerbe. 10. August 1861
Seit der Eröffnung des städtischen Museums ist die Teilnahme für dasselbe eine so lebendige geworden und hat sein Ruf nach außen hin sich in so rühmlicher Weise verbreitet, daß jetzt die seitens der Stadt demselben gebrachten Opfer gewiß allgemein als im besten Sinne verwendete Ausgaben betrachtet werden. Die zahlreichen und zum Teil höchst bedeutenden Schenkungen, welche dem städtischen Besitz Kunstwerke von hohem Wert zuweisen, der äußerst zahlreiche Besuch aus allen Klassen des Publikums sprechen besser als alle anderweitigen Gründe dafür, daß Leipzig in seinem Museum ein Gut besitzt, dessen Bedeutung von seiner Bürgerschaft im vollen Maße anerkannt wird.

Wie es aber nicht der materielle Wert der Sammlung, sondern deren lebendige Wirksamkeit auf die Beschauer ist, die ihre Bedeutung ausmacht, so erscheint es für deren ferneres Gedeihen notwendig, nicht nur eine Vermehrung durch Ankauf von Kunstwerken und passende Einreihung der dargebotenen Geschenke im Auge zu haben, sondern gleichzeitig auf diejenigen Ergänzungen unserer

422 Teile eines Kaffeeservices mit Leipziger Stadtansichten. Meißner Porzellan mit farbiger Aufglasurmalerei. Um 1860

423 Puppenküchenzinn. Letztes Drittel des 18. Jahrhunderts

Kunstsammlung bedacht zu sein, welche geeignet erscheinen, deren Wirksamkeit auf die verschiedenen Kreise kunstliebender Beschauer zu erhöhen.

Durch das Geschenk der in der zweiten Etage aufgestellten Kupferstichsammlung besitzt unser Museum, und zwar allein von allen bekannten Kunstsammlungen, den Vorzug, seinen Beschauern einen Überblick über die Geschichte der Malerei darbieten zu können, der anderwärts nur durch mühevolle Detailstudien zu gewinnen ist. Der günstige Erfolg des darin befolgten Grundsatzes: ›Durch systematische Zusammenstellung guter Nachbildungen der bezeichnendsten Kunstdenkmäler in das Verständnis der Kunstgeschichte einzuführen‹ regte in uns die Idee an, auf ähnliche Weise eine Sammlung aufzustellen, welche die Geschichte des Kunstgewerbes schilderte und dadurch geeignet erschien, eine ornamentale Mustersammlung für die praktischen Zwecke der Gegenwart zu bilden [...]

Stadtarchiv Leipzig: Titel LXII M, Nr. 31, Bd. 1, Bl. 277

424 Festsaal im Alten Rathaus. Aquarell von Carl Friedrich Heinrich Werner (Ausschnitt). 1858

Neue Stadtteile, altes Theater. 1861
Welchen Nutzen übrigens trotz der von Jahr zu Jahr zunehmenden Klagen über Verschlechterung des Messverkehrs Leipzig noch immer von seinen Messen zieht und wie sehr überhaupt der Wohlstand und die Blüte unserer Stadt im Wachstum begriffen ist, das lehrt schon ein Blick auf die außerordentliche räumliche Vergrößerung, deren dieselbe sich erfreut. Es wird verhältnismäßig wenig Städte in Deutschland geben, in denen so viele und so großartige Bauten im Gange sind wie während der letzten Jahre bei uns, und noch immer ist die Baulust im Steigen; wie groß dieselbe, mit andern Worten also, wie rentabel das Bauen bei uns noch immer ist, das können Sie unter anderm daraus abnehmen, daß, wie die öffentlichen Blätter kürzlich mitteilten, allein im Laufe dieses Jahres, von Neujahr bis Ende August, nicht weniger als 140 Konzessionen zu Neubauten von Privatpersonen nachgesucht worden sind. Die innere Stadt wird freilich nur wenig davon betroffen, hier ist der Raum zu beschränkt, die Grundstücke stehen zu hoch im Preis und sind bereits zu ausgenutzt, um dem Spekulationsgeist noch besonders lockende Chancen zu bieten. Desto gewaltiger regt derselbe sich an den Promenaden und in den Vorstädten; wer hier seit einigen Jahren nicht gewesen, hat Mühe, sich zurechtzufinden, ganz neue Stadtteile sind über Nacht wie aus der Erde gewachsen; wo vor kurzem noch Garten und Wiese, Sumpf und Moor, da erheben sich jetzt ganze lange Straßen, und noch immer neue schießen wie die Pilze empor. Leider ist man dabei, wie das bei solchen Spekulationen geht, allmählich in einen Kasernenstil geraten, der vielleicht recht einträglich sein mag, aber das ästhetische Gefühl nur sehr wenig befriedigt; einzelne neue Straßen, wie z. B. die durch ihre Länge ausgezeichnete Weststraße [heute Friedrich-Ebert-Straße], die direkt auf die Lindenauer Chaussee führt, haben dadurch etwas Tristes und Eintöniges erhalten, das wahrhaftig nicht geeignet ist, Mieter anzulocken [...]

Allein so viel auch bei uns gebaut und umgebaut wird, ein

425 Plagwitz. Lithographie von Ludwig Hochstein. 1864

426 Ratsstube im Alten Rathaus. Aquarell von Carl Friedrich Heinrich Werner (Ausschnitt). 1858

Gebäude, das schon längst einem bessern und zweckmäßigern hätte weichen sollen, ja das in seiner jetzigen Verfassung, innerlich wie äußerlich, ein wahres Pasquill [Schandschrift] auf den Kunstsinn unserer Stadt ist, bleibt standhaft stehen – ich meine das Theater. Von außen ein wüstes Gerümpel von allerhand An- und Nebenbauten, von Giebeln, Dächern und Verschlägen, zeigt dasselbe auch in seiner innern Einrichtung kaum eine Spur von jener Eleganz und jenem Komfort, den man heutzutage mit Recht auch im Theater verlangt und den man auch wirklich in den Theatergebäuden viel kleinerer und minder wohlhabender Städte findet. Man muß in der Tat ein geborener Leipziger sein oder sich wenigstens hier akklimatisiert haben, um sich wohl zu fühlen auf diesen harten Bänken, in diesen engen, schlecht erleuchteten Logen, zu denen man sich auf ebenso engen und dunkeln Gängen erst mühsam hindurchwinden muß. Die Frage wegen eines Neubaus, der in Wahrheit dringend geboten ist, nicht nur im Interesse unsers guten Namens und der Ehre unserer Stadt, sondern auch im Interesse der Bequemlichkeit und Sicherheit der Theaterbesucher, ist seit Jahren häufig angeregt, aber jedesmal wieder beseitigt worden, und jetzt scheint sie völlig in Vergessenheit geraten; statt dessen verwendet man seitens der Stadt Jahr für Jahr nicht unerhebliche Summen auf Reparaturen und Veränderungen, die doch nichts bessern können, geradesowenig wie man aus einzelnen Flicken einen neuen Rock zusammensetzen kann, im Gegenteil, das Übel wird nur noch ärger, und zuletzt, wenn man das Konto dieser ewig wiederholten Reparaturen und Ausflickereien einmal summieren wird, so wird schließlich eine Summe herauskommen, über die man selbst erschrecken wird und die schon einen ganz hübschen Grundstock für den Neubau, den man mit alledem doch nicht vermeidet, hätte geben können […]

Und doch ist das ökonomische Interesse das einzige, das unsere Bühne regiert; seiner strengen und unerbittlichen Aufrechterhaltung verdanken wir es, daß unser Personal sich von Jahr zu Jahr mehr gelichtet hat und daß dasselbe jetzt fast nur noch aus Anfängern besteht und noch dazu meistenteils aus Anfängern von sehr zweifelhaftem Beruf. Allerdings, diese Anfänger sind billig zu haben, ein Engagement bei einem renommierten Theater in einer großen Stadt wie Leipzig ist schon an sich eine Art von Gnade für sie, das Publikum aber – je nun, das Publikum ist geduldig, es gewöhnt sich an das Schlechte wie an das Gute, und außerdem spielen wir ja beinahe drei Monate im Jahr vor Messfremden, die mit allem vorliebnehmen, gleichviel, wenn sie ihr Geld nur totschlagen.

Deutsches Museum. Zeitschrift für Literatur, Kunst und öffentliches Leben. Jg. 1861, Nr. 44

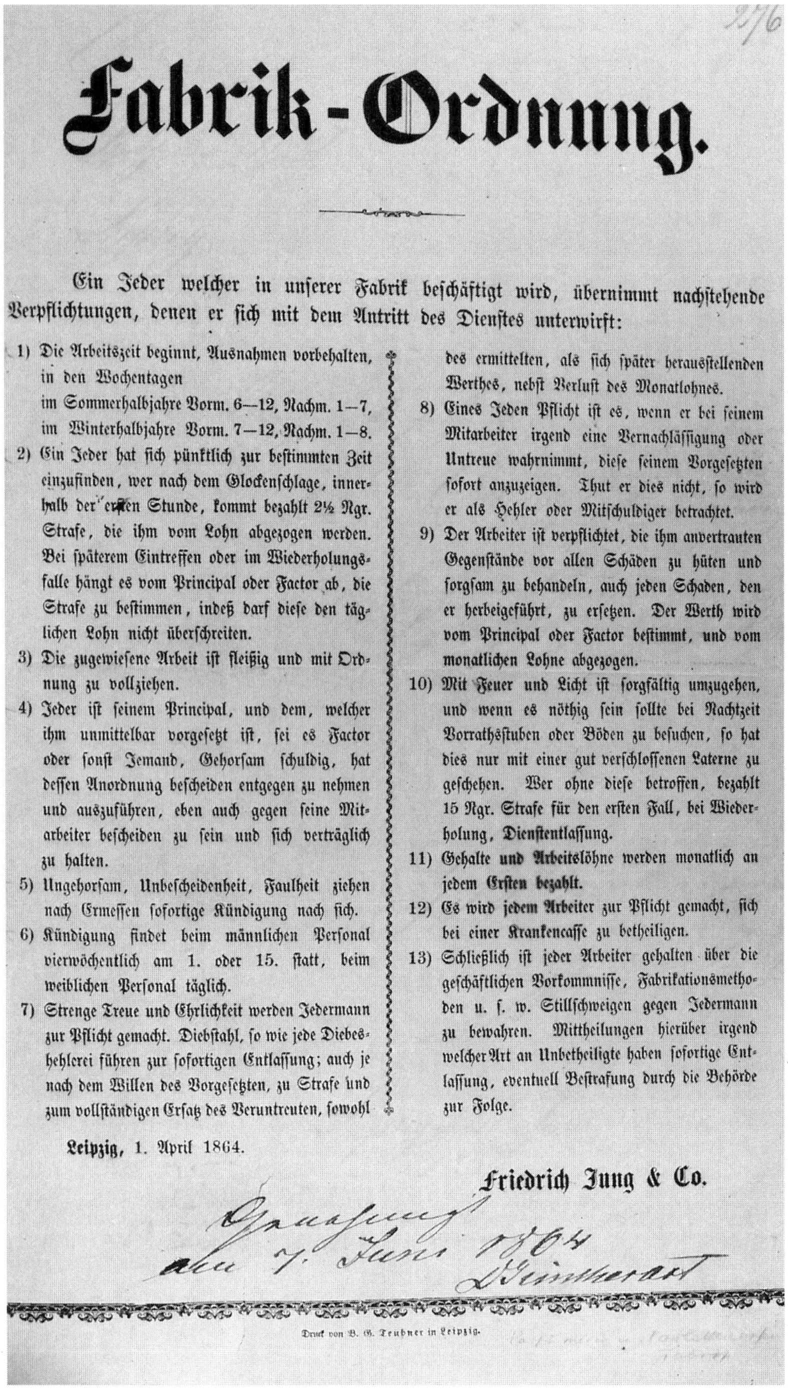

Fabrik-Ordnung.

Ein Jeder welcher in unserer Fabrik beschäftigt wird, übernimmt nachstehende Verpflichtungen, denen er sich mit dem Antritt des Dienstes unterwirft:

1) Die Arbeitszeit beginnt, Ausnahmen vorbehalten, in den Wochentagen
im Sommerhalbjahre Vorm. 6–12, Nachm. 1–7,
im Winterhalbjahre Vorm. 7–12, Nachm. 1–8.

2) Ein Jeder hat sich pünktlich zur bestimmten Zeit einzufinden, wer nach dem Glockenschlage, innerhalb der ersten Stunde, kommt bezahlt 2½ Ngr. Strafe, die ihm vom Lohn abgezogen werden. Bei späterem Eintreffen oder im Wiederholungsfalle hängt es vom Principal oder Factor ab, die Strafe zu bestimmen, indeß darf diese den täglichen Lohn nicht überschreiten.

3) Die zugewiesene Arbeit ist fleißig und mit Ordnung zu vollziehen.

4) Jeder ist seinem Principal, und dem, welcher ihm unmittelbar vorgesetzt ist, sei es Factor oder sonst Jemand, Gehorsam schuldig, hat dessen Anordnung bescheiden entgegen zu nehmen und auszuführen, eben auch gegen seine Mitarbeiter bescheiden zu sein und sich verträglich zu halten.

5) Ungehorsam, Unbescheidenheit, Faulheit ziehen nach Ermessen sofortige Kündigung nach sich.

6) Kündigung findet beim männlichen Personal vierwöchentlich am 1. oder 15. statt, beim weiblichen Personal täglich.

7) Strenge Treue und Ehrlichkeit werden Jedermann zur Pflicht gemacht. Diebstahl, so wie jede Diebeshehlerei führen zur sofortigen Entlassung; auch je nach dem Willen des Vorgesetzten, zu Strafe und zum vollständigen Ersatz des Veruntreuten, sowohl des ermittelten, als sich später herausstellenden Werthes, nebst Verlust des Monatlohnes.

8) Eines Jeden Pflicht ist es, wenn er bei seinem Mitarbeiter irgend eine Vernachlässigung oder Untreue wahrnimmt, diese seinem Vorgesetzten sofort anzuzeigen. Thut er dies nicht, so wird er als Hehler oder Mitschuldiger betrachtet.

9) Der Arbeiter ist verpflichtet, die ihm anvertrauten Gegenstände vor allen Schäden zu hüten und sorgsam zu behandeln, auch jeden Schaden, den er herbeigeführt, zu ersetzen. Der Werth wird vom Principal oder Factor bestimmt, und vom monatlichen Lohne abgezogen.

10) Mit Feuer und Licht ist sorgfältig umzugehen, und wenn es nöthig sein sollte bei Nachtzeit Vorrathsstuben oder Böden zu besuchen, so hat dies nur mit einer gut verschlossenen Laterne zu geschehen. Wer ohne diese betroffen, bezahlt 15 Ngr. Strafe für den ersten Fall, bei Wiederholung, Dienstentlassung.

11) Gehalte und Arbeitslöhne werden monatlich an jedem Ersten bezahlt.

12) Es wird jedem Arbeiter zur Pflicht gemacht, sich bei einer Krankencasse zu betheiligen.

13) Schließlich ist jeder Arbeiter gehalten über die geschäftlichen Vorkommnisse, Fabrikationsmethoden u. s. w. Stillschweigen gegen Jedermann zu bewahren. Mittheilungen hierüber irgend welcher Art an Unbetheiligte haben sofortige Entlassung, eventuell Bestrafung durch die Behörde zur Folge.

Leipzig, 1. April 1864.

Friedrich Jung & Co.

Druck von B. G. Teubner in Leipzig.

427 Leipziger Fabrikordnung. 1864

Beabsichtigte Gründung eines zoologischen Gartens. 25. September 1861 [...] Die Unterzeichneten [ein Kuratorium zur Gründung einer Aktiengesellschaft] beehren sich, dem Rat der Stadt Leipzig die ergebene Mitteilung zu machen, daß sie für Leipzig einen zoologischen Garten zu gründen beabsichtigen [...]

Mit Rücksicht auf Leipzig schien es uns indes ein Haupterfordernis für das Zustandekommen des Unternehmens, das zu benutzende Grundstück gratis zu erhalten [...] So glauben wir den Rat der Stadt ersuchen zu dürfen, uns für Anlegung eines zoologischen Gartens einen Teil des Rosentals überlassen zu wollen [...] Mit diesem Gesuch hängt auf das genaueste die weitere Frage zusammen, ob wir im Falle seiner Gewährung die Erlaubnis erhalten, im zoologischen Garten ein Lokal zur Erfrischung und Stärkung der vom Besuch des Gartens Ermüdeten mit Speise und Trank einzurichten und unter von uns zu vereinbarenden Bedingungen zu verpachten [...]

Der Teil des Rosentals, welchen wir als wahrscheinlich am besten für einen zoologischen Garten geeignet im Auge haben, ist ein am hintern Rand der großen Wiese beginnender, das hinterste Wiesenstück jedoch mit umfassender, zirka 500 Ellen breiter Streifen, welchen wir zunächst in einer Länge von 600–800 Ellen (nach der Pleiße zu, also parallel dem Gohliser Hauptweg) einfriedigen lassen würden. Wir sagen zunächst, da wir uns gern die Möglichkeit offenhalten möchten, bei günstigstem Fortgang des Unternehmens den Garten nach der Pleiße und der Pfingstweide zu vergrößern zu können [...]

Stadtarchiv Leipzig: Kapitel 26, Nr. 6, Bl. 1f.

Auswanderung aus Not. 1861
[...] Carl Gustav Schneider, gebürtig aus Leipzig, [...] hat den gehorsamst Unterzeichneten veranlaßt, mit einem ganz ergebensten Bittgesuch bei dem wohllöblichen Rat der Stadt Leipzig einzukommen.

Früher als Kohlenmesser bei dem seit Jahresfrist eingegangenen Braunkohlenwerk der Herren Eisenschmidt und Fritzsch angestellt, ernährt Schneider seine zahlreiche Familie, Frau und sechs Kinder, durch Handarbeit. Bei einem wöchentlichen Verdienst von zirka 2 rt. [Reichstalern] und dem verhältnismäßig hohen Preis der Lebensmittel muß er mit den Seinen den bittersten Mangel leiden und hat deshalb den Entschluß gefaßt, sein Vaterland zu verlassen und mit seiner Familie nach Brasilien auszuwandern, wo er einer besseren Zukunft entgegenzugehen hofft.

Nach seiner eigenen Versicherung ist ihm und den Seinen von Hamburg aus freie Fahrt bis in das genannte Land zugesichert worden. Wenn ihm nun aber die Mittel gänzlich fehlen, bis nach Hamburg zu gelangen, so richtet er an den wohllöblichen Rat der Stadt Leipzig als seiner Vaterstadt hierdurch die ergebenste Bitte, hochderselbe wolle in geneigter Berücksichtigung seiner äußerst bedrängten Lage ihm eine Unterstützung zu gedachter Reise bewilligen.

Wenn der gehorsamst Unterzeichnete den Bittsteller als einen fleißigen Arbeiter und guten Familienvater kennt, so hat er kein Bedenken getragen, im Namen Schneiders diese ganz gehorsamste Bitte an den wohllöblichen Stadtrat zu richten [...]

Stadtarchiv Leipzig: Kapitel 1, Nr. 2, Bd. 1, Bl. 72f.

Aus dem Statut einer Arbeiterkrankenkasse. 1861
§ 1. Bildung der Krankenkasse. Die zünftigen und unzünftigen Arbeiter der Maschinenfabrik von Koch & Comp. haben ›eine gemeinschaftliche Krankenkasse‹ vom 1. Januar 1861 für alle Zeiten selbständig gegründet. Außer dem in der Fabrik beschäftigten Personal ist nieman-

dem der Beitritt zu dieser Krankenkasse gestattet.

NB. Derselben beizutreten und den Bestimmungen des gegenwärtigen Statuts sich zu unterwerfen, ist jeder in der gedachten Fabrik zur Zeit der Einführung desselben beschäftigte und künftig dahin eintretende Arbeiter verpflichtet.

§ 2. Mittel der Krankenkasse.
Die Geldmittel der Krankenkasse werden gebildet: a. aus den Eintrittsgeldern der Arbeiter (§ 3), b. aus den regelmäßigen Beiträgen derselben (§ 4), c. aus den Strafgeldern, welche von den Arbeitern nach den Bestimmungen der Fabrikordnung erhoben werden, d. aus freiwilligen Beiträgen der Geschäftsinhaber.

[...]

§ 5. Rechte der Mitglieder.
Jedem Arbeiter, welcher mindestens acht Wochen zur Krankenkasse beigetragen hat, stehen [...] folgende Ansprüche an die Kasse zu: 1. auf Leistung ärztlichen Beistands, 2. auf eine laufende Unterstützung von wöchentlich zwei Talern, solange als die ärztliche Behandlung dauert.

[...]

§ 10. Bildung des Ausschusses.
Die Verwaltung der Krankenkasse ist in die Hände eines Ausschusses gelegt, welcher aus irgendeinem der Geschäftsinhaber der Firma Koch & Comp. als Vorsitzendem, dem jeweiligen Werkführer und zwei Mitgliedern der Krankenkasse besteht [...]

Stadtarchiv Leipzig: II. Sektion, F Nr. 1117, Bd. 1, Bl. 12f.

428 Einzylinder-Dampfmaschine. 1868

Entsendung zur Londoner Industrieausstellung. 28. Mai 1862 [...] In Betracht der Wichtigkeit der Londoner Industrieausstellung für das gesamte Gewerbewesen haben wir [der Rat der Stadt] beschlossen, die Summe von sechshundert Talern zur Entsendung von vier hier in Arbeit stehenden jungen Gewerbsgehilfen nach London behufs genauer Besichtigung der Ausstellung zu verwenden und das Direktorium der polytechnischen Gesellschaft hier zu ersuchen, daß dieselbe uns geeignete Personen hierzu vorschlage [...]

Stadtarchiv Leipzig: Kapitel 75 A, Nr. 1, Bd. 1, Bl. 1

Aus den Satzungen des Schillervereins. 5. November 1862

[...]

§ 1. Der Schillerverein zu Leipzig, der erste, der in Deutschland – im Herbst 1840 – gegründet wurde, hat den Zweck: die Wirksamkeit des mustergültigen deutschen Schrifttums in unserm Volk lebendig zu erhalten, den Geist desselben mehr und mehr zum Gemeingut des Volkes zu machen und das Andenken Schillers sowie anderer deutscher Musterschriftsteller, die im Geiste Schillers gewirkt haben, zu feiern.

§ 2. Das Bestreben der allgemeinen deutschen Schillerstiftung ist demzufolge auch das seinige, nämlich: deutsche Schriftsteller und Schriftstellerinnen, welche für die Nationalliteratur verdienstlich gewirkt, vorzugsweise solche, welche sich dichterischer Formen bedient haben, dadurch zu ehren, daß ihnen oder ihren nächstangehörigen Hinterlassenen in Fällen über sie verhängter schwerer Lebenssorge Hülfe und Beistand dargeboten wird [...]

§ 3. Die Mitgliedschaft können unbescholtene Personen beiderlei Geschlechts erwerben, wenn sie die im § 22 des Vereinsgesetzes vom 22. November 1850 vorgeschriebene Dispositionsfähigkeit besitzen. Die Mit-

429 Festzug auf dem Markt anläßlich des Dritten Allgemeinen Deutschen Turnfestes in Leipzig. Holzstich von F. Rudolph, nach einer Zeichnung von Friedrich Waibler. 1863

430 Schreberplatz der Südvorstadt (am Schleußiger Weg). Holzstich, nach einer Zeichnung von G. Sundblad. 1883

gliedschaft ist entweder eine ordentliche oder eine Ehrenmitgliedschaft oder eine außerordentliche [...]

Stadtarchiv Leipzig: Schillerverein zu Leipzig, Nr. 1

Über das Dritte Allgemeine Deutsche Turnfest. 2./5. August 1863

Man erwartete auswärts etwas Außerordentliches von Leipzig, der Ausschuß [zur Vorbereitung des Turnfestes] faßte alles großartig und energisch auf, und nur die Bewohner Leipzigs zeigten sich bis in die allerletzte Zeit verhältnismäßig nüchtern und indifferent. Es hatten sich allmählich gegen 15000 fremde Turner gemeldet, aber es gab eine Zeit, wo diesen 15000 gegenüber nur etwa 5 bis 6000 Freiwohnungen zur Disposition gestellt waren. Das hat sich denn in der letzten Zeit gebessert, und bei den Festtagen selbst ist Leipzig in einen wahren Festtaumel geraten, die Lässigen und Langweiligen sind mit fortgerissen worden. Leipzig hatte sich in den letzten Tagen vor der Ankunft der Turngäste durch Fahnen, Laubgewinde und dergleichen auf das festlichste geschmückt, und der Anblick der so geschmückten Stadt mußte auf jeden, der noch nicht viel Derartiges gesehen hat, einen überwältigenden, erhebenden Eindruck machen. Tausende von Fahnen waren ausgehängt, zum bei weitem größten Teil schwarz-rot-goldene, daneben dann sächsische und Leipziger Fahnen [...]

Am Essen in der Festhalle haben am Sonntag wohl gegen 6000 Menschen Anteil genommen [...] Am Montag entwikkelte sich dann der kolossale Festzug, der wohl aus 20000 Menschen gebildet gewesen ist und dessen Vorüberziehen, wenn jemand an einem und demselben Fleck blieb, gegen zwei Stunden gedauert haben soll [...] Wirklich war der Festzug etwas Außerordentliches in seiner Art, wie ich [der Verleger Heinrich Brockhaus] bisher noch nie etwas Ähnliches sah. Besonders gingen auch die Mädchen und Frauen aus dem zurückhaltenden Wesen, das sie sonst viel beobachten, heraus. Kurz, es war eine Freude, diesen Zug mitzumachen und sich begrüßen zu lassen. Hier und da ist außer dem Werfen von Blumenbouquets, dem Winken und Wehen mit den Taschentüchern auch etwas Reelleres den Vorüberziehenden geboten worden; man hat Wein, Bier, Brotchen angeboten [...] Der Mittwoch war zu einem Erinnerungsfest für die Schlacht bei Leipzig bestimmt. Da Leipzig wesentlich wegen des Schlachtenjubiläums gewählt worden ist, so wäre es wohl zweckmäßig gewesen, das große Erinnerungsfest für die Schlacht bei Leipzig gleich mit dem Turnfest zu verbinden und es in den August zu verlegen, weil das Turnfest im Oktober nicht gut stattfinden konnte [...]

Nun, die festlichen Tage sind vorüber, die fremden Gäste sind zum großen Teil hochbefriedigt in die Heimat zurückgekehrt, der Schmuck verschwindet wieder aus den Straßen, und es tritt alles in das gewohnte Gleis zurück [...] Daß die Tage vom Sonnabend bis Mittwoch heitere und glückliche Tage waren, steht fest, und was auch die Ursache des Zusammenströmens so vieler Tausende von Menschen gewesen, man sieht so etwas in dieser Art wohl nicht wieder.

Aus den Tagebüchern von Heinrich Brockhaus. 4. Teil. Leipzig 1887. S. 178ff.

431 Leipzig aus der Vogelschau. Xylographie (Ausschnitt). Um 1850

433 Stecknerpassage, Leipzigs älteste Ladenstraße (zwischen Petersstraße und Thomaskirchhof). Historisches Foto. Um 1900

432 Türklinken aus Büffelhorn, gedrechselt von August Bebel. Zweite Hälfte des 19. Jahrhunderts

August Bebel eröffnet eine Drechslerwerkstatt. 1864 Meine Stellung in der Arbeiterbewegung wie meine Verlobung [mit einer Leipziger Arbeiterin] ließen mir meine dauernde Niederlassung in Leipzig wünschbar erscheinen. Sachsen hatte zwar im Jahre 1863 die Gewerbefreiheit eingeführt, aber wer sie als ›Ausländer‹ benutzen wollte, und das war jeder Nichtsachse, mußte die sächsische Naturalisation [Einbürgerung] erwerben. Das kostete damals viel Geld, denn gleichzeitig mußte man sich auch in einer Gemeinde einbürgern lassen. Zur Selbständigmachung und zur Naturalisation fehlten mir aber die Mittel. Die letztere erforderte mit dem Bürgerwerden in Leipzig zirka 150 Taler, und was ich von zu Hause erwarten konnte, waren zirka 350 Taler. Unerwarteterweise wurde ich zur Selbständigmachung gezwungen, indem mir mein Meister Ende 1863 unter der Vorgabe, er habe keine Arbeit mehr für mich, kündigte [...]

Ich mietete dann ein Werkstattlokal mitten in der Stadt, im Hof eines Kaufhauses [heute Standort des Messehauses ›Drei Könige‹, Petersstraße 32/34], das eben aus einem Pferdestall in einen Arbeitsraum umgewandelt worden war. Das Lokal war so primitiv, daß es noch keine Kaminanlage hatte und ich bis zur Fertigstellung derselben, wider alle polizeiliche Vorschrift, mein Ofenrohr durch das Fenster in den Hof leiten mußte. Dasselbe Lokal mußte mir auch, da meine geringen Mittel wie Butter an der Sonne zusammengeschmolzen waren, als Schlafraum dienen, wobei ich in den kalten Winternächten jämmerlich fror. Um die Naturalisation einstweilen zu umgehen, hatte ich mein Geschäft unter der Firma eines befreundeten Bürgers eröffnet, bis ich im Frühjahr 1866, um heiraten zu können, auch die Naturalisation mit Schuldenmachen unternahm [...]

Ich begann mein Geschäft im kleinsten Maßstab, mit Hilfe eines Lehrlings. Anfangs arbeitete ich wiederholt Tag und Nacht durch, das heißt sechsunddreißig Stunden hintereinander, um die bestellte Arbeit liefern zu können. Nach einigen Monaten vermochte ich einen Gehilfen einzustellen. Als ich aber im Februar 1867 in den Reichstag gewählt worden war

434 Markt mit Verkaufsständen. Historisches Foto von Hermann Walter. Nach 1861

und nun während meiner Abwesenheit meinem Gehilfen Einblicke in das Geschäft gewähren mußte, die er sonst nicht erlangte, kündigte er mir nach meiner Rückkunft und machte sich selbständig. Als ich später diesen Vorgang einem ehemaligen Kollegen erzählte, meinte dieser trocken: ›Das geschieht dir recht, warum zahlst du einen Lohn, bei dem er sich Geld sparen konnte.‹ Dieser ›horrende Lohn‹ betrug damals 4½ Taler pro Woche, er war um einen halben Taler höher als in jeder anderen Werkstatt, auch währte bei mir die Arbeitszeit täglich zehn Stunden, anderwärts elf.

Im übrigen lernte ich das Elend des Kleinmeisters gründlich kennen. Die gelieferten Waren mußten auf längeren Kredit gegeben werden, Lohn für Gehilfe und Lehrling, Spesen und der eigene Lebensunterhalt erforderten aber täglich und wöchentlich Ausgaben. Woher das Geld nehmen? Ich lieferte also einem Kaufmann meine Ware gegen Barzahlung zu einem Preis, der nur wenig höher als die Selbstkosten war. Holte ich mir aber am Samstag mein Geld, so erhielt ich lauter schmutzige Papierscheine, von denen damals Leipzig durch seinen Verkehr mit den thüringischen Kleinstaaten überflutet wurde. Jeder dieser kleinen Staaten nutzte sein Münzrecht gründlich aus und überschwemmte mit Papiergeld den Markt. Aber dasselbe wurde allgemein gegeben und genommen und galt als Verkehrsgeld. Daneben erhielt ich aber auch öfters Coupons irgendeines industriellen Unternehmens, die noch nicht fällig waren, oder Dukaten, die der Manichäer [Schuldforderer] derart beschnitten hatte, daß ich statt 3 Taler 5 Groschen, wie sie mir angerechnet wurden, beim Bankier, bei dem ich sie wechseln mußte, oft nur 3 Taler und weniger erhielt. Ähnlich ging es mit den Coupons. Ich war über diese Zahlungsweise wütend, aber was sollte ich machen? Ich ballte die Faust in der Tasche und lieferte die nächste Woche wieder Ware und holte mir die gleiche Zahlung, denn ich brauchte um jeden Preis bares Geld.

Meine öffentliche Tätigkeit brachte allmählich das Unternehmertum gegen mich auf. Man verweigerte, mir Aufträge zu geben. Das war der Boykott. Wäre es mir nicht gelungen, außerhalb Leipzigs in anderen Städten einen kleinen Kundenkreis auf meine Artikel [Tür- und Fenstergriffe aus Büffelhorn] zu erwerben, ich wäre Ende der sechziger Jahre zum Bankrott gezwungen worden.

August Bebel: Aus meinem Leben. Berlin 1978. S. 147f.

Über den Buchdruckerstreik. 27. März/6. Juni 1865 So wie der Feldherr nach geschlagener Schlacht zurückblickt auf den Kampfplatz, um die Richtigkeit seiner Taktik zu prüfen, und erst dann alle die Schwierigkeiten kennenlernt, die er zu überwinden hatte, so richten auch wir noch einmal unser Auge auf die vergangenen Tage von Leipzig.

Die erste Frage muß die sein: Durch was wurde die Bewegung in Leipzig hervorgerufen? – Es ist ein Zusammenwirken vieler Umstände, deren hauptsächlichste wir hier mitteilen wollen: 1. die Erbitterung, welche die Genossenschaft [der Druckereibesitzer] durch ihr im höchsten Grade ungerechtes Auftreten in der Unterstützungskassenregelung hervorgerufen, brachte die einzelnen Prinzipale um das Vertrauen ihrer Gehülfen; 2. das Herabdrücken der ohnehin niedrigen Preise in einzelnen Offizinen steigerte die Bedürftigkeit vieler Setzerfamilien so, daß die Allgemeinheit an Notwehr denken mußte; 3. die glücklichen Erfolge, welche die Kollegen anderer Städte, hauptsächlich Berlin und Stuttgart, durch ihr geschlossenes Auftreten errungen, ließen in Leipzig ein Gleiches hoffen, und 4. schien der Geschäftsgang der Buchdruckerei wie die Arbeiterbewegung überhaupt der Sache förderlich zu sein.

Die Taktik unserer damaligen Gegner wurde bestimmt durch die ihnen eingetränkte Furcht vor Anarchie und Konkurrenz. Bei Aufstellung des neuen Tarifs dachte man seitens der Gehülfen erst in entfernterer Linie und als allerletztes Mittel an Massenkündigung, und es läßt sich vielleicht nicht mit Unrecht vermuten, daß die Genossenschaft genau davon unterrichtet war und die herausgeforderte Arbeitseinstellung den unvorbereiteten Gehülfen gegenüber als ein Mittel ansah, die ganze Bewegung durch Zuvorkommen binnen acht oder vierzehn Tagen niederzutreten. Das Geschäft ging zwar sehr flott am Ort, aber man konnte alle Werke einige Monate liegenlassen. Abgesehen davon, daß die großen hiesigen Buchdrucker auch Verleger sind, genügt es vollständig, wenn die auf Rechnung gehenden Arbeiten bis Ende September abgeliefert werden; denn in den Sommermonaten macht der Sortimenter keine Geschäfte, da zu dieser

435 Druckersaal des Verlages F. A. Brockhaus. Holzstich. Um 1870

Zeit die Bücher kaufende Welt in Bädern und auf Reisen ist [...]

So waren beinahe neun Wochen vergangen, ohne daß die Feiernden weiter als in fünf Wochen mit der Aussicht auf fernere Erfolge gekommen. Die sieben den neuen Tarif zahlenden Druckereien präsentierten kaum 100 Gehülfen; [...] die Gewährung des von uns in London gesuchten Kredits war problematisch, alle ferneren Geldopfer aber sowieso nutzlos [...] Die [...] Begeisterung der Standhaften sank von Tag zu Tag; Unheil ahnend, verließ einer um den andern die Stadt oder machte sich reisefertig, und in einer Versammlung der Tarifkommission wurde allen Ernstes vorgeschlagen, die ganzen Feiernden sollten nötigenfalls mit Weib und Kind auswandern [...] Wäre dieser Vorschlag ausführbar gewesen, so hätte das zwar ein prächtiges Finale abgegeben, aber es handelte sich nicht mehr um Projekte, sondern darum, die für uns nicht mehr sehr günstigen Umstände in bester Weise zu verwenden, um die Sache zu einem einigermaßen befriedigenden Abschluß zu führen [...]

Was haben wir errungen? – Viel! – Bei Brockhaus und in vielen anderen Druckereien macht der erzielte Aufschlag 21 Prozent aus [...] Außerdem gibt es jetzt in Leipzig einen gleichmäßigen Tarif, und haben wir der gesamten industriellen Welt ebenfalls bewiesen, daß unsere sozialen Verhältnisse auf faulen Füßen stehen, daß es anders, daß es besser werden muß. [...] Unsere Vorgänger haben in 17 Jahren einen Pfennig errungen, wir in zehn Wochen das Vierfache; und wir haben es errungen durch die zur Tat gewordene Parole fast der gesamten europäischen Buchdrucker: ›Einer für alle und alle für einen!‹

Der Korrespondent. Wochenschrift für Deutschlands Buchdrucker und Schriftgießer. Jg. 1865, Nr. 25

August Bebel beantragt das Bürgerrecht. 23. November 1865 [...] Gegenwärtig ist es nun meine Absicht, mich selbständig als Drechsler hier zu etablieren, und dürfte dem wohl weder hinsichtlich meiner geschäftlichen Befähigung hierzu noch auch bezüglich meines bisherigen bürgerlichen und sittlichen Wohlverhaltens ein Bedenken entgegenstehen. Über den mir zur Seite stehenden guten Leumund und meine Unbescholtenheit beziehe ich mich auf das [...] beifolgende Führungsattest und in Betreff der neueren Zeit auf die bei dem geehrten Polizeiamt hiesiger Stadt liegenden Legitimationspapiere [...]

Meine Vermögensverhältnisse anlangend, gestatte ich mir, folgendes anzuführen: Von der Vormundschaftsabteilung des königlich-preußischen Kreisgerichts zu Wetzlar habe ich vor 2 Jahren 167 rt. [Reichstaler] Erbegelder ausgezahlt erhalten, die ich zum Ankauf von Handwerkszeug und sonstigen derartigen Anschaffungen verwendet habe; außerdem habe ich mir von meinem Arbeitslohn seither gegen 240 rt. erspart, und es besteht mein mobiles Vermögen, wenn ich dazu noch ca. 100 rt. rückständige Arbeitslöhne rechne, in mindestens 500 rt. Daneben besitze ich eigentümlich an Immobilien in Wetzlar drei mir aus der Verlassenschaft meiner Mutter und meines jüngeren Bruders zugefallene Ackerstücke und einen Garten, die auf 293 rt. gerichtlich gewürdert [geschätzt] sind und welche ich für den Fall, daß mir hierorts das Bürgerrecht verliehen würde, zu verkaufen und den Erlös davon mit in mein Gewerbe zu verwenden gedenke.

Unter den dargelegten Umständen darf ich wohl einer günstigen Aufnahme meines obigen ergebensten Gesuchs entgegensehen [...]

Stadtarchiv Leipzig: Aufnahmeakten, Nr. 23750, Bl. 2

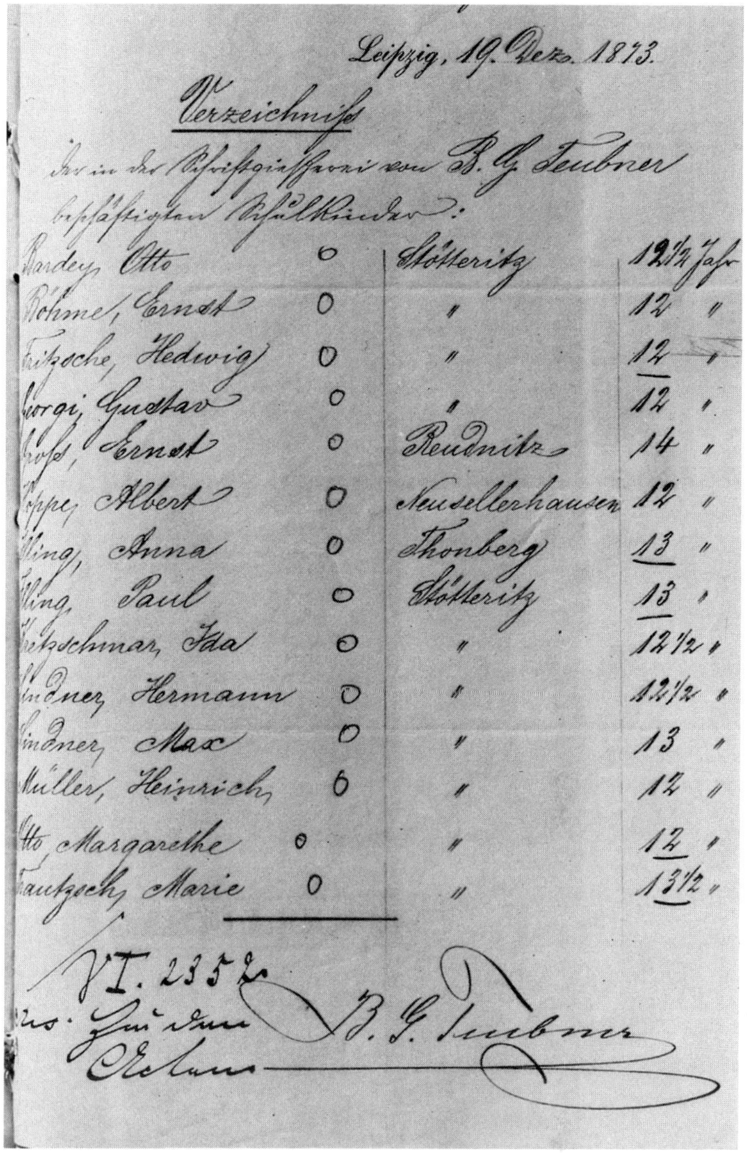
Leipzig, 19. Dez. 1873.

Verzeichniß

der in der Schriftgießerei von B. G. Teubner beschäftigten Schulkinder:

...rdey, Otto	O	Stötteritz	12½ Jahr
Böhme, Ernst	O	"	12 "
...tzsche, Hedwig	O	"	12 "
...orgi, Gustav	O	"	12 "
...oss, Ernst	O	Reudnitz	14 "
...ppe, Albert	O	Neusellerhausen	12 "
...ling, Anna	O	Thonberg	13 "
...ling, Paul	O	Stötteritz	13 "
...etschmar, Ida	O	"	12½ "
...indner, Hermann	O	"	12½ "
...indner, Max	O	"	13 "
Müller, Heinrich	O	"	12 "
...tto Margarethe	O	"	12 "
...autzsch, Marie	O	"	13½ "

VI. 2352

B. G. Teubner

436 Verzeichnis der in der Schriftgießerei des Verlages B. G. Teubner beschäftigten Schulkinder. 1873

437 Geschäftshaus des Verlages K. F. Koehler im Täubchenweg 21. Holzstich. 1914

438 Gemeindesynagoge in der Gottschedstraße/Ecke Zentralstraße. Außen- und Innenansicht. Holzstiche. 1855

Am Vorabend des Preußisch-Österreichischen Krieges. Juni 1866 Friedlich liegt die ansehnliche Handelsstadt in der Ebene [...] Sie [...] hat sich seit dem vorigen Jahrhundert sehr zum Bessern verändert. Es ist keine der größten Städte auf deutschem Boden, aber eine der wohlhäbigsten, und es ist gesunder Wohlstand, der hier gedeiht, denn viele nehmen daran teil, auch der kleine Mann fühlt sich bei wackerer Arbeit hier leichter behaglich als anderswo. Es ist ein verständiges, arbeitsames Geschlecht, Kommunalsinn, hübsche Bildung, ein warmes und inniges Familienleben. Wenn die Deutschen in den letzten Jahren ihrer übergroßen Festfreude eine Stätte suchten, haben sie gern diesen Ort gewählt, und alle, die hier waren, wissen die Gastlichkeit und die kluge Umsicht der Bürger zu rühmen [...] Es ist eine friedliche Stadt von stillem Frohsinn, freundlich für Fremde und aller Welt angenehm. Sie ist nicht Hauptstadt ihres Königreichs, aber es kann wohl sein, daß der Chinese oder der gebildete Sandwichsinsulaner mehr von ihr weiß als von dem Staat, zu welchem sie gehört [...]

Unterdes rüstet sich die Stadt für fremde Einquartierung; es ist eine verständige, vorsichtige Kommune, die nicht überrascht werden und nicht die Unordnung quartierloser Truppen ertragen will, viele Schreiber sitzen und verfassen Quartierzettel. Wer auch zu den offenen Toren hereinkomme, er soll finden, daß der Bürger das Unvermeidliche ihm und sich vorsichtig zurecht gelegt hat [...] Sorgliche Hausmütter kümmern sich auch um die Teuerung, welche in die Stadt kommen wird; Vorräte werden angeschafft, und weil alte Erinnerungen aufleben, daß in ärgster Kriegsgefahr das Brot unerschwinglich wird, häuft eine bedächtige Wirtin Körbe von Milchbrot, um zur letzten Zuflucht, wenn alles aufhört, die versteinerten einzuweichen oder nach der Rückkehr in unheimliche Naturzustände zwischen zwei Steinen zu zerreiben wie Robinson Crusoe seinen Schiffszwieback.

Gustav Freytag: Eine deutsche Stadt bei Ausbruch des Krieges. In: Die Grenzboten. Jg. 1866, Nr. 26

Die ersten Preußen in der Stadt. 18. Juni 1866 Gestern wurden die ersten preußischen Truppen in und bei Leipzig gesehen [...] Auf dem Her- wie auf dem Rückweg machten sich auf der Dresdner Landstraße in Reudnitz wie innerhalb der Stadt (in der Gegend zwischen der ›Säge‹ und dem ›Bienenkorb‹) einzelne mehr oder weniger erwachsene Knaben das gefährliche Vergnügen, nach den Pferden der Dragoner mit Erdklößen und Steinen zu werfen, auch vereinzelte, nicht eben schmeichelhafte Rufe denselben nachzusenden. Es dürfte im öffentlichen Interesse Leipzigs wie der gesamten Umgegend liegen, wenn jedermann, dem es irgend möglich ist, mit allem Fleiß darauf achtete, daß dergleichen Ungebühr, welches leicht großes Unglück zur Folge haben kann, künftig sich nicht wiederhole.

Leipziger Zeitung. 19. Juni 1866

439 Wilhelm Gerhard: Moritzdamm (heute Schillerstraße). Öl auf Leinwand. Um 1840

Mahnung zu Ruhe und Ordnung. 18. Juni 1866
Bekanntmachung.
Die schweren Zeiten, die unserer Stadt bevorstehen, mahnen ernst zu ruhiger Fassung und streng gesetzlicher Haltung. Wir [der Rat der Stadt] vertrauen fest darauf, daß die gesamte Einwohnerschaft Leipzigs dieser Mahnung stets eingedenk sein und, wo es nötig ist, ein jeder an seinem Ort, kräftigst darin unterstützen werde, daß dieselbe überall williges Gehör finde. Insbesondere aber schärfen wir zu pünktlicher Nachachtung hierdurch ein, daß während der Dauer des Kriegszustandes gegen alle in unsere Mauern, sei es im Durchmarsch, sei es zur Einquartierung, einrückenden Truppen, denen zwar achtungsvoll zu begegnen ist, doch jede Demonstration zu deren Gunsten oder Ungunsten unbedingt zu unterbleiben hat. Jede unbedachte oder absichtliche Nichtbeachtung dieser Vorschrift könnte unsere Stadt in die größten Gefahren für Personen und Eigentum stürzen. Die Erfahrungen, welche unsere Vorvordern hierin gemacht haben, müssen uns als ernste Lehre dienen. Zuwiderhandlungen werden von uns unnachsichtlich zu gesetzlicher Ahndung gezogen werden [...]

Leipziger Tageblatt. 19. Juni 1866

Gute Miene zum bösen Spiel. Juni 1866 Leipzig, als in einer Ecke unmittelbar an Preußens Grenze liegend, bekam daher das preußische Militär zuerst zu sehen und mußte als bedeutendster Handelsplatz und ohne auf militärische sächsische Hilfe rechnen zu können, gute Miene zum bösen Spiel machen; es blieb ihm zunächst nichts übrig, als den Feind mit Würde und den Tatsachen entsprechend zu empfangen.

Wilhelm Schilbach: Erinnerung aus Sachsens schwerer Zeit. In: Leipziger Tageblatt. 23. Juli 1908

Bestrafung Franz Mehrings wegen Beschimpfung der Kommunalgarde. 9. März 1867
Bescheid.
Der Student der Philologie Erdmann Franz Mehring aus Schlawe [heute Schławno, Polen] ist infolge der von dem Kommando der Kommunalgarde gegen die Urheber einer Störung der Kommunalgardenwache am 6. Febr. 1867 in Ausübung ihrer Dienstpflicht und der hierbei gegen dieselbe ausgestoßenen Beschimpfung und Bedrohung gerichteten Anzeige Fol[io] [Blatt] 1, nachdem seine Beteiligung bei dem erwähnten Vorfall Fol. 4b ermittelt worden, er auch die gerügten Schimpf- und Drohworte ausgestoßen zu haben Fol. 7 zugestanden hat, in Betracht, daß das Kommando der Kommunalgarde die Anklage wegen faktischer Dienststörung Fol. 8a hat fallenlassen und den Antrag auf Bestrafung wegen der zugestandenen Verbalbeschimpfung der im Dienst befindlichen Kommunalgardenwache beschränkt hat, acht Tage lang mit Karzer ersten Grades zu bestrafen und allen Ernstes zu verwarnen, auch zu bedeuten, daß er bei Wiederholung eines gleichen oder ähnlichen Vergehens mit einer härtern Strafe, nach Befinden mit der gänzlichen Wegweisung von der Universität werde belegt werden; er ist auch die erwachsenen Kosten abzustatten verbunden.

Es hat zwar Mehring zu seiner Entschuldigung angeführt, daß er durch das vorausgegangene Betragen der Kommunalgardisten gegen ihn und seine Kommilitonen zu den eingestandenen Schimpf- und Drohworten gereizt worden sei, allein einesteils haben die diesfalls angestellten Erörterungen zu einer Bestätigung dieser Behauptung nicht geführt, im Gegenteil ist dadurch der Urgrund seiner Behauptung, daß die Kommunalgardisten bei dem Heraustreten aus der Wachstube zum Teil mit den Flintenkolben ihn und seine Begleiter aus dem Wege

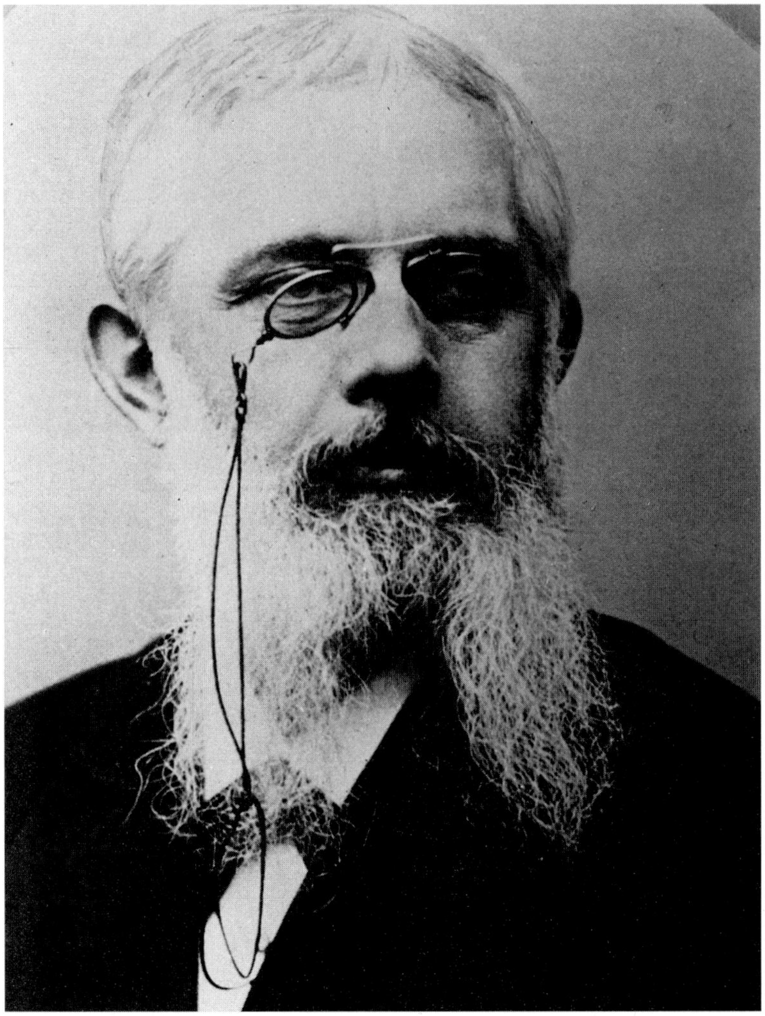

440 Franz Mehring. Historisches Foto. 1912

441 Tischplatte mit ›Inskriptionen‹ aus dem Karzer der Universität Leipzig. Zweite Hälfte des 19. Jahrhunderts

gestoßen haben, genügend dargetan, da die Gewehre der aus der Wachstube heraustretenden Mannschaften noch nicht in deren Händen, sondern den dienstlichen Vorschriften gemäß unter dem Gewehrmantel von dem Wachposten sich befunden haben, andernfalls würden auch die von Mehring angeführten Umstände, selbst wenn dieselben einige Bestätigung gefunden hätten, nicht genügen, eine so allgemein ausgesprochene Beschimpfung eines vom Staat anerkannten Instituts zu rechtfertigen oder ausreichend zu entschuldigen [...]

Stadtarchiv Leipzig: Kommunalgarde, Nr. 84, Bl. 146

Aus dem Programm des Vereins für Geschichte Leipzigs. 17. Dezember 1867 Der ›Verein für Geschichte Leipzigs‹ hat sich den Zweck vorgesetzt, für die Erforschung der Geschichte der Stadt Leipzig mit besonderer Berücksichtigung geschichtlicher Denkmäler zu wirken und die Resultate seiner Arbeiten durch Veröffentlichung zum Gemeingut aller derjenigen zu machen, welche an der Geschichte und Sage unserer Stadt Interesse nehmen. Zugleich bestrebt sich derselbe, vorhandene geschichtliche Denkmäler zu erhalten und wichtige Vorgänge durch äußerliche Merkzeichen der Vergessenheit zu entziehen.

Hierin liegt von selbst die Aufgabe, nicht allein das Vergangene in einer der historischen Kritik genügenden, zugleich aber allgemein zugänglichen Form zusammenzufassen, sondern auch die Ereignisse der Gegenwart aufzuzeichnen und der Nachwelt dergestalt zu überliefern, daß künftig die historische Wahrheit in möglichster Einfachheit und Lauterkeit aus diesen Aufzeichnungen erkannt werden möge. Diese Aufgabe ist eine so große, daß eine auch nur annähernde Lösung derselben ein befriedigendes Resultat sein wird. Um dem vorgesteckten Ziel möglichst nahe zu kommen, bedarf es des Zusammenwirkens vielfacher Kräfte [...]

Stadtarchiv Leipzig: Verein für die Geschichte Leipzigs, Nr. 1

Mitteilung über die Gründung des Vereins für Geschichte Leipzigs. 16. April 1868 [...] Dem Rat der Stadt Leipzig wird nicht entgangen sein, daß sich hier ein Verein für Geschichte Leipzigs gebildet hat, der sich zu seiner Aufgabe macht, nicht nur Leipzigs Geschichte möglichst genau zu erforschen, sondern auch auf die Erhaltung solcher Gegenstände hinzuwirken, die mit der Geschichte unserer Stadt in irgendeiner Weise im Zusammenhang stehen, namentlich ein kulturhistorisches Interesse gewähren [...]

Zur Leitung der Tätigkeit im Verein fungieren zwei Sektionen, eine literarische und eine artistische. Der ersteren liegt ob, nicht allein durch Berichte über die neuen Erscheinungen auf dem Gebiet der historischen Literatur, sondern auch durch archivalische Studien die Kenntnis der Geschichte Leipzigs zu erweitern und zu befördern [...]

Die artistische Sektion ihrerseits [...] hat die Aufgabe, die den Gebieten der Kunst angehörigen Denkmale der Leipziger Geschichte aufzusuchen, zu untersuchen und Schritte zu deren Erhaltung, soweit solche nötig und tunlich erscheinen, zu tun [...]

Stadtarchiv Leipzig: Kapitel 35, Nr. 33, Bl. 1

442 Wandmalerei im Karzer der Universität Leipzig.
Lavierte Federzeichnung von G. Drescher (Nachzeichnung). 1892

443 Flohkratze aus Elfenbein. 19. Jahrhundert

Aus einem Schreiben des Arbeiterbildungsvereins. 9. Dezember 1868 [...] Nach einem Bericht des Leipziger Anzeiger und Tageblattes vom 5. Dezember haben die Herren Stadtverordneten in ihrer Sitzung vom 4. ds. Mts. beschlossen, die dem Arbeiterbildungsverein aus städtischen Mitteln gewährte Subvention von 200 rt. [Reichstalern] auf das nächste Jahr so lange zu beanstanden, bis der Stadtrat Auskunft darüber erteilt habe, ›ob nicht der genannte Verein durch die auf dem letzten Arbeitertag zu Nürnberg gefaßten Resolutionen sich als ein politischer darstelle‹.

Wir glauben im Interesse aller Beteiligten zu handeln, wenn wir uns die Freiheit nehmen, diese Frage frei und offen selbst zu beantworten.

Zunächst aber erlauben wir uns, unsere Bewunderung darüber auszusprechen, daß den Zweifel an der politischen Tendenz des Vereins keiner der Herren Stadtverordneten beseitigt hat, da doch jedenfalls eine erhebliche Zahl der Herren Stadtverordneten das sächsische Vereinsgesetz genau kennt, wonach es keinem Zweifel unterliegt, daß unser Verein, wie alle sächsischen Arbeitervereine, als politischer angesehen wird. Nach diesem Gesetz hängt es von dem Belieben keines Arbeitervereins ab, ob er sich als politischer Verein betrachtet sehen will oder nicht [...]

Aber auch abgesehen von der Stellung, welche das Gesetz unserm Verein anweist, betrachten wir es als die Aufgabe eines Arbeiterbildungsvereins, neben der Förderung der allgemeinen Bildung auch die Bildung und Aufklärung über politische und soziale Fragen und Einrichtungen bei seinen Mitgliedern zu pflegen, sie bekannt zu machen mit der Stellung, die sie innerhalb der staatlichen und gesellschaftlichen Zustände einnehmen, ja sie nötigenfalls zu veranlassen, wo sich die Gelegenheit bietet, für Änderung des Bestehenden zu ihrem eigenen Wohl und zum Wohl der Gesamtheit einzutreten und zu wirken [...]

Wir halten uns übrigens für verpflichtet, es hier auszusprechen, daß der Beschluß der Herren Stadtverordneten wegen der Subvention, wie er auch ausfallen möge, uns nicht beirren wird, auf dem einmal für richtig erkannten Weg fortzuschreiten. Politische und soziale Bildung unsern Mitgliedern zugänglich zu machen, ist unsere Aufgabe, und daß wir dieser Aufgabe gerecht zu werden suchen, zeigt ein Blick auf den Lehrplan. Nach diesem finden jede Woche an zwei Abenden Vorträge statt über politischen, sozialen und wissenschaftlichen Inhalt, über Welt- und Kulturgeschichte, Erd-, Völker- und Baukunde, Gesundheitslehre, Literatur, Naturgeschichte, Chemie usw. Unterricht wird erteilt wöchentlich, und zwar zweimal in Gesang, Turnen, Schreiben, Stenographie, Englisch, einmal im Rechnen, Buchführung und Wechselkunde, deutsche Sprache und Stilistik, deklamatorische Übung; die Bibliothek zählt über 1800 Bände und ist zweimal wöchentlich geöffnet, im Lesezimmer, das täglich geöffnet ist, liegen 31 Zeitungen und Zeitschriften aus; der Verein tut also, was ein solcher Verein zu leisten imstande ist [...]

Stadtarchiv Leipzig: Kapitel 35, Nr. 25, Bl. 105ff.

Bedenken des Rates der Stadt gegen Pferdebahnen. 1. März 1869 [...] Die Errichtung solcher Bahnen im Innern unserer Stadt würde mit Rücksicht auf die geringe Breite der hier befindlichen Straßen, insbesondere aber mit Rücksicht auf den hiesigen Messverkehr, nicht unerheblichen Schwierigkeiten unterliegen. Leichter ausführbar würde das Projekt für die Vorstädte und die Umgegend sich darstellen [...]

Stadtarchiv Leipzig: Kapitel 70, Nr. 20, Bd. 1, Bl. 3

Aus einem Bericht über das Bordellwesen. 5. April 1870 [...] Im Jahre 1863 bestanden in hiesiger Stadt 60 Bordelle, im Jahre 1864 deren 65, im Jahre 1865 deren 63, am Schluß des Jahres 1866 deren 59, im Jahre 1867 deren 58, im Jahre 1868 deren 52, am Schluß des Jahres 1869 wie noch heute deren 42 [...] Im Jahre 1866, als ich die Direktion des Polizeiamtes interimistisch übernahm, waren 348 Frauenspersonen wegen Gewerbsunzucht unter Kontrolle, davon 219 in Bordellen wohnhaft, 129 separiert wohnend, im Jahre 1869 war deren Zahl 313, wovon 235 in Bordellen, 78 in Privatwohnungen sich aufhielten [...] Ich nehme übrigens hierbei Gelegenheit, über die jetzige Verteilung der Bordelle Auskunft zu geben: 14 Pleißengasse, 5 Ulrichsgasse, 5 Sporergäßchen, 3 Neukirchhof, 3 Magazingasse, 2 Alexanderstraße, 1 Kleine Fleischergasse, 1 Preußergäßchen, 1 Schuhmachergäßchen, 1 Naundörfchen, 1 Schloßgasse, 1 Zimmerstraße, 1 Kupfergäßchen, 1 Hospitalplatz, 1 Alter Hof, 1 Wasserkunst/Schrötergäßchen = 42 [...]

Stadtarchiv Leipzig: Kapitel 11, Nr. 9, Bl. 169ff.

444 Samtkostüm mit Feh-Besatz. Um 1890

445 Damenunterwäsche. Batist mit Spitze. Um 1900

Hurrapatriotismus im Stadttheater. 18. Juli 1870 Die maßlos freche Herausforderung, welche der französische Übermut Preußen und dem jetzt von Preußen unzertrennbaren Deutschland ins Gesicht geschleudert hat, ruft eine Begeisterung der Abwehr hervor, wie wir sie seit 1813 nicht gekannt haben [...] Diese Gesinnung fand auch hier in der gestrigen Aufführung von Schillers ›Wilhelm Tell‹ den lebendigsten Ausdruck. Der mannesstolze Geist dieses Stückes, das begeisterte nationale Unabhängigkeitsgefühl traf mit der Stimmung des Augenblicks so zusammen, daß alle bezüglichen Stellen in den Gemütern zündeten und mit enthusiastischem Applaus aufgenommen wurden [...] Die Rütliszene bot reichlich Veranlassung zu stürmischen Demonstrationen [...] Später fanden noch die Worte des sterbenden Attinghausen: ›Seid einig, einig, einig!‹, namentlich aber die Stelle im Gespräch des Tell mit dem Flurschützen: ›Es kann der Frömmste nicht im Frieden leben, wenn es dem bösen Nachbarn nicht gefällt‹ ein enthusiastisches Echo im ganzen Haus.

Leipziger Tageblatt. 19. Juli 1870

Truppenauszug. 27. Juli 1870 Schon der Aufbruch des ersten Bataillons hatte trotz der frühen Morgenstunde eine außerordentlich große Menschenmenge, die die Truppen bis an den Bahnhof begleitete, auf die Beine gebracht. Unübersehbar aber waren die Massen des Publikums, die bei dem einige Stunden später erfolgenden Abmarsch des zweiten Bataillons förmlich eine lebendige Mauer um dasselbe bis zum Einsteigen in die Eisenbahnwagen bildeten. Die braven Soldaten zeigten bei allem Ernst doch fast durchgängig guten Humor und werden, das konnte man aus ihren Mienen deutlich lesen, den Herren Franzosen gediegene Vorlesungen über deutsche Hiebe halten. Möge der allmächtige Lenker der Schlachten sie vor allzu großen Verlusten bewahren und siegesgekrönt in die Mauern unserer Stadt zurückkehren lassen.

Leipziger Tageblatt. 27. Juli 1870. 1. Beilage

Nationalistischer Appell an die Frauen. 27. Juli 1870 Echt deutsch schlägt Euer Herz für Deutschlands Recht und Größe. Mit deutscher Hingebung vereinen sich Eure Kräfte, Eure rastlos tätigen Hände, den Söhnen des Vaterlands Erquickung und

446 Auszug in den Krieg: Abschied von Studenten; Infanterietransport (rechte Seite oben); Kavallerietransport (rechte Seite unten). Xylographien. Um 1895

Pflege zu bringen. Doch diese Tugenden sind noch umflort von französischen Moden und Formen. Deutsche Frauen und Jungfrauen, werft diese unwürdige Hülle von Euch ab, deutsch und wahr wie Euer Herz sei auch Eure Kleidung und Rede! Die Zierde Eures Hauptes sei nur das eigene Haar, die Umhüllung Eures Körpers deutsche Stoffe nach eigenem deutschen Schnitt und Eure Worte schlicht und deutsch nach der Sitte unserer Vorfahren. So helfen wir Frauen auch an unserer Stelle den Feind des Vaterlands besiegen und fühlen uns mit Stolz bewußt als die Mütter und Schwestern unserer heldenmütigen Krieger.

Eine Mutter, die bemüht ist, ihre Töchter deutsch zu erziehen.

Leipziger Tageblatt. 27. Juli 1870. 1. Beilage

Kriegsspenden. September 1870

Der von einer Anzahl hiesiger angesehener Einwohner jüngst erlassene Aufruf im Interesse unseres im Felde stehenden sächsischen (XII.) Armeekorps hat allenthalben den erfreulichsten Anklang gefunden, und es sind so bedeutende und reiche Gaben eingegangen, daß bereits in den nächsten Tagen eine beträchtliche Sendung unter Begleitung mehrerer Herren, die sich bereitwilligst dazu erboten haben, nach dem Kriegsschauplatz abgehen und ihrer Bestimmung zugeführt werden kann.

Bei den verschiedenen Sammelstellen [...] gingen in der Zeit vom 15. bis mit 23. Sept. an Gaben ein: 7718 Paar Socken, 996 Stück Jacken, 871 Paar Unterhosen, 2177 Stück Leibbinden, 695 Stück Hemden (wollene und leinene), 618 Paar Fußlappen, 294 Paar Pulswärmer, 326 Stück Schals, 88 Stück Decken, 8 Pakete diverse wollene Sachen und Wäsche, 10 Stück Mützen, 253 Stück Halstücher, 94 Stück Brustlätze, 18 Stück Einlegesohlen, 59 Paar Filzschuhe und Pantoffeln, 1201 1/2 Flaschen, 3 3/8 Eimer, 6 Faß Spirituosen, als: Wein, Liköre, Magenbitter etc., 147805 Stück Zigarren, 284 1/2 Pfund und 103 Pakete Schnupf- und Rauchtabak, 350 Stück gefüllte Schnupftabakdosen; ferner 519 1/2 Pfund, 72 Pakete, 1 Brod [kegelförmige oder runde Warenform] Zucker, 218 3/4 Pfund, 124 Pakete Schokolade, 66 1/2 Pfund, 11 Pakete, 1 Büchse und 1 Kistchen Tee, 45 Pfund, 2 Büchsen Fleischextrakt, 60 Pfund kondensierte Milch, 1000 Gläser Choleratropfen, 13 Stück Schinken, 36 Stück Würste, 1 Kiste Eier, 28 Pfund und 1 Paket Kaffee, 100 Pfund Salz, 10 Pfund Pfeffer, 17 Stück Speck, 20 Pfund Rauchfleisch, 4 Gros [1 Gros = 12 Dutzend] Bleistifte, 1 Ctr. [Zentner] gew[öhnliche] Seife, 40 Dztd. [Dutzend] feine Seife, 6 Dtzd. Kämme, 5 137 Taler Geld.

Leipziger Zeitung. 27. September 1870

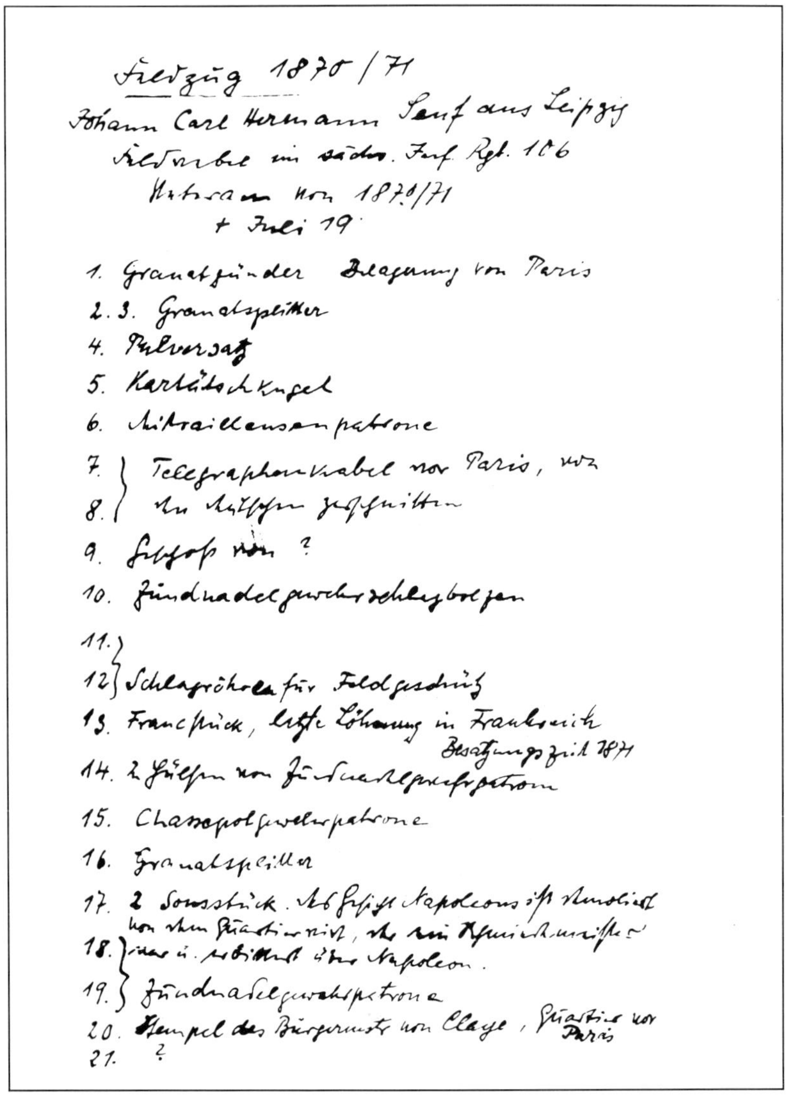

Feldzug 1870/71
Johann Carl Hermann Senf aus Leipzig
Feldwebel im sächs. Inf. Rgt. 106
Veteran von 1870/71
† Juli 19

1. Granatzünder Belagerung von Paris
2. 3. Granatsplitter
4. Pulversatz
5. Kartätschkugel
6. Mitrailleusenpatrone
7. } Telegraphenkabel vor Paris, von
8. } [illegible] geschnitten
9. Geschoß von ?
10. Zündnadelgewehrschlagbolzen
11. }
12. } Schlagröhren für Feldgeschütz
13. Francstück, letzte Löhnung in Frankreich Besatzungszeit 1871
14. 2 Hülsen von Zündnadelgewehrpatronen
15. Chassepotgewehrpatrone
16. Granatsplitter
17. 2 Sousstück. Abschied Napoleons [illegible] von dem Quartierwirt, [illegible]
18. } [illegible] u. erbittert über Napoleon.
19. } Zündnadelgewehrpatrone
20. Stempel des Bürgermstr. von Claye, Quartier vor Paris
21. ?

447 Kriegs-Erinnerungsensemble. 1870/71

Kriegs-Messe-Kitsch. Oktober 1870 Ein Gang durch verschiedene Musterlager während der jetzigen Michaelismesse hat uns Gelegenheit gegeben, allerliebste Kriegsartikel bewundern zu können, namentlich in Porzellan als sogenannte Nippfiguren, Papiermaché und Holzwaren [...] Die einzelnen Szenen, die uns vorgeführt werden und die mit dem Schönen stets das Nützliche verbinden, sind ebenso originell als sinnreich. Jede Szene ist zudem durch ein Verslein aus der Feder des bekannten Volksdichters Karl Weise, Drechslermeister in Freienwalde, charakterisiert und trifft sozusagen den Nagel auf den Kopf [...]

Beginnen wir mit einem Tintenfaß. Da sitzt ER [Napoleon III.], der Gefangene auf Wilhelmshöhe, in leibhaftiger Gestalt auf dem Tintenfaß. Darunter ist zu lesen:

Dies Schreibzeug soll ein
Denkmal sein
Für meine Jungens, groß und
klein,
Ihm, der, seit er Saarbrücken
nahm,
So tief in deutsche Tinte kam.

Eine Anzahl Streichfeuerzeuge entwickeln einen köstlichen Humor [...] Ein [...] Streich-Feuerzeug bildet eine zierliche Mitrailleuse [mehrläufige Maschinenwaffe] mit der Unterschrift:

Großer Kaiser, sei nicht böse,
Daß nun Frankreichs Mitrailleuse,
Sonst Dein Heiligtum und Stolz,
Dient dem deutschen –
Schwefelholz.

[...] Von den vielen sinnreichen Artikeln sei noch ein Feuerzeug erwähnt, welches ein Denkmal, eine steinerne Pyramide darstellt, und das folgende Widmung trägt:

Einst dachte Preußens großer
›Stein‹:
Erst ›Metz‹ darf Deutschlands
Grenze sein!
Nun, diese Stunde wird
schon schlagen,
Der Vater ›Steinmetz‹ [preußischer Heerführer]
wird's Euch sagen.

[...] Herr Herzig, ein liebenswürdiger Mann und echt deutscher Patriot, ist gern bereit, seine industriellen Kunstprodukte zu zeigen und zu erläutern.

Leipziger Tageblatt. 5. Oktober 1870. 1. Beilage

Friedensfeier. 7. März 1871 Die gestrige Friedensfeier der Stadt Leipzig gestaltete sich, wie zu erwarten stand, zu einer der letzteren allenthalben würdigen, ja wahrhaft großartigen. Zur Vorfeier fand am Abend zuvor seitens der hiesigen Studentenschaft ein imposanter Fackelzug, an welchem sich gegen 14 bis 1500 Personen beteiligten, statt. Nach dem üblichen Hoch auf den Rektor der Universität, Prof. Dr. Zarncke, erwiderte dieser mit einem Hoch auf die akademische Jugend; ein weiteres Hoch auf dem glänzend erleuchteten Marktplatz zu Füßen der 34 Fuß hohen Statue der Germania galt dem deutschen Vaterland; ihm folgte später die Verbrennung der Fackeln unter dem Gesang: Gaudeamus etc.!

Nach einer von der hiesigen Garnisonsmusik am gestrigen Morgen ausgeführten Reveille fand um 9 Uhr in den sämtlichen Kirchen ein Dankgottesdienst statt, zu welchem überall der Zudrang ein ganz außerordentlich zahlreicher war. Um dieselbe Zeit wurde auf dem Schletterplatz mit den der hiesigen Schützengesellschaft gehörigen kleinen Geschützen Viktoria geschossen, wobei eines der Geschütze zersprang, jedoch glücklicherweise ohne jemanden von der dicht umstehenden Menschenmenge zu verletzen. Nach Beendigung des Gottesdienstes ertönte vom Rathaus-Balkon Instrumentalmusik und brachte von demselben herab Herr Bürgermeister Dr. Koch ein Hoch auf den Kaiser, das Reich und die Armee aus. Gleichzeitig sangen auf dem Augustusplatz am Museum die dem Gausängerbund angehörigen fünf hiesigen Vereine [...]

Inzwischen hatte sich eine

mit jeder Minute dichter anwachsende Menschenmenge eingefunden. Die Grimmaische Straße und die dort einmündenden Nebenstraßen konnten nur im langsamsten Schritt passiert werden; auf dem Marktplatz stand Kopf an Kopf. Von nah und fern waren viele Tausende herbeigeströmt, und seit den Tagen der Leipziger Schlachtfeier [1813] hat Leipzig wohl nicht wieder ein so zahlreiches, froh erregtes Publikum in seinen im reichsten Festgewand gekleideten Straßen vereinigt [...] Von 12 bis 1 Uhr wurde mit sämtlichen Glocken der Stadt geläutet. Am Nachmittag durchfluteten zahllose Massen die Straßen, um die Illuminationsvorrichtungen in Augenschein zu nehmen.

Mit Beginn der Abenddämmerung entfaltete sich ein feenhaftes Lichtmeer. Es ist unmöglich, hier aller der glänzenden Arrangements an öffentlichen und Privatgebäuden zu gedenken. Unter den erstern nahm unstreitig das Rathaus in seinem prächtigen Festschmuck mit über 100 Fahnen und einigen 30 in den städtischen Landes- und deutschen Farben drapierten Fenstern den ersten Rang ein. Von 35000 Gasflammen und 3000 Lämpchen erleuchtet, fand es die einstimmige Bewunderung aller; insbesondere lenkte das am Turm angebrachte Transparentbild: Lipsia, in kniender Stellung der Germania huldigend, die allgemeine Aufmerksamkeit auf sich.

Leipziger Zeitung. 8. März 1871

448 Schmuckbild, aus Haaren gefertigt. Zweite Hälfte des 19. Jahrhunderts

Volksversammlung. 14. Juni 1871 Zum 14. Juni 1871 hatten wir in Leipzig eine Volksversammlung einberufen mit der Tagesordnung: ›Die hohen Kommunalsteuern und die städtische Verwaltung‹. Leipzig hatte seit 1848 keine solche Beteiligung gesehen wie bei dieser Versammlung. Eine wahre Völkerwanderung begann nach dem Versammlungslokal, das, obgleich es 5000 Köpfe faßte, kaum den dritten Teil der Besucher aufnehmen konnte [...] Ich ging mit der Stadtverwaltung streng ins Gericht. Die von mir vorgeschlagenen Resolutionen tadelten das Steuersystem, das die kleinen Leute zugunsten der Wohlhabenden ungerecht belaste, sie tadelten ferner die Verwendung der Gemeindesteuern, die hauptsächlich im Interesse der besitzenden Klasse erfolge, und forderten, da diese Wirtschaftsweise nur durch das bestehende Klassenwahlgesetz möglich sei, die Einführung des allgemeinen, gleichen, geheimen und direkten Wahlrechts. Die Versammlung nahm unter stürmischem Beifall meine Vorschläge gegen drei Stimmen an. Die liberale Presse tobte.

August Bebel: Aus meinem Leben. a. a. O. S. 354

August Bebel über den Leipziger Hochverratsprozeß. 11./27. März 1872 Die Frühjahrssession des Leipziger Schwurgerichts war für unsere Aburteilung [wegen Ablehnung der Kriegskredite 1870 und des Eintretens für die Pariser Kommune] bestimmt worden. Der Prozeß sollte Montag, den 11. März [1872], seinen Anfang nehmen. Die Aufregung in Leipzig war groß [...]

Es kann nicht meine Aufgabe sein, den Verlauf des Prozesses, der vierzehn Verhandlungstage in Anspruch nahm, in seinen Einzelheiten darzulegen [...] Unter den Geschworenen waren sechs Kaufleute, davon drei aus Leipzig, ein Rittergutsbesitzer, ein Oberförster und einige Gutsbesitzer. Die Verhandlungen waren für Leipzig eine Sensation. Tag für Tag war der geräumige Verhandlungssaal überfüllt mit Zuhörern aus allen Ständen. Mehrere Male waren auch der Justizminister und der Generalstaatsanwalt anwesend. Und da alle größeren Blätter Deutschlands ausführliche Berichte brachten und ihre Leser jetzt zum erstenmal zu hören bekamen, was der Sozialismus sei und was die Sozialisten erstrebten – soweit dies bei Zeitungsberichten möglich ist –, wirkten die Verhandlungen eminent agitatorisch. Dafür sorgten natürlich auch wir durch unsere Haltung, namentlich Liebknecht, der der eigentliche Führer des Prozesses wurde [...]

Die Beeinflussung der Geschworenen wurde Tag für Tag von unseren Gegnern dadurch versucht, daß sie dieselben in der Restauration aufsuchten, in der die meisten von ihnen allabendlich zusammenkamen [...] Am dreizehnten Verhandlungstag begannen unter enormem Zudrang des Publikums die Plä-

449 August Bebel. Historisches Foto von Pinkau & Gehler. 1902

450 Wilhelm Liebknecht. Historisches Foto von Karl Pinkau. 1881

451 Leipziger Hochverratsprozeß gegen die Führer der deutschen Sozialdemokratie. Holzstich, nach einer Zeichnung von Friedrich Waibler. 1872

doyers, nachdem die Fragen für die Geschworenen formuliert worden waren [...] Nach mehr als zweieinhalbstündiger Beratung verkündeten die Geschworenen, daß sie Liebknecht und mich der Vorbereitung zum Hochverrat schuldig befunden, Hepner freigesprochen hätten. Der Staatsanwalt beantragte hierauf gegen uns eine Höchststrafe von zwei Jahren Festung, weil die Vorbereitungshandlungen noch entfernte gewesen seien, gegen Hepner beantragte er Freisprechung. Der Gerichtshof erkannte demgemäß gegen Liebknecht und mich unter Anrechnung von zwei Monaten Untersuchungshaft.

Unsere Parteigenossen waren über das Urteil höchst aufgebracht. Mich packte der Galgenhumor: ›Wißt ihr was‹, äußerte ich zu den Verteidigern und Mitangeklagten nach Schluß der Verhandlung, ›wir gehen heute abend dem Urteil zum Trotz in ‚Auerbachs Keller' [...] und trinken eine Flasche Wein.‹ [...] Unsere Frauen, die uns mit lautem Weinen empfingen, waren freilich von diesem Vorschlag sehr wenig erbaut. Es sei eine Frivolität, dergleichen zu tun, wir seien schreckliche Männer. Aber sie waren tapfer und gingen schließlich mit [...] Meine Frau war noch vor der Verurteilung durch unseren Hausarzt in etwas eigentümlicher Weise getröstet worden. ›Frau Bebel‹, hatte er zu ihr gesagt, ›wird Ihr Mann zu einem Jahre Festung verurteilt, so seien Sie froh, er braucht sehr dringend Ruhe.‹

Am 27. März [...] erließen Liebknecht und ich im ›Volksstaat‹ [seit 1. Oktober 1869 in Leipzig erscheinendes Organ der Sozialdemokratischen Arbeiterpartei] eine kurze Ansprache ›An die Parteigenossen‹, in der wir sie aufforderten, tapfer zur Sache zu stehen und namentlich für die Verbreitung des ›Volksstaates‹ zu sorgen, der jetzt 5500 Abonnenten hatte. An demselben Tag veröffentlichten wir eine zweite Erklärung im ›Volksstaat‹ ›Zu unserer Verurteilung‹, in der es hieß: ›[...] Die Sozialdemokratie steht über dem Bereich eines Schwurgerichts. Unsere Partei wird leben, wachsen und siegen [...]‹

August Bebel: Aus meinem Leben. a. a. O. S. 366ff.

452 Pferdeeisenbahn an der Pleißenburg (heutiger Martin-Luther-Ring). Historisches Foto. Um 1880

453 Elektrische Straßenbahn am Connewitzer Kreuz. Historisches Foto. Um 1900

Besichtigung der Pferdeeisenbahn. 4. Mai 1872 Bei der gestrigen und heutigen Besichtigung der Pferdeeisenbahn haben wir [das städtische Bauamt] gefunden, daß folgende Strecken als fertig bezeichnet werden können: a. die Ringbahn, b. die Bahn nach Reudnitz, c. die Bahn nach Connewitz bis an das Kreuz, d. die Bahn nach Plagwitz bis an die Kuhstrangbrücke. Unvollendet sind noch: e. die Haltestellen auf dem Roßplatz und dem Obstmarkt, bei welchen der Steinknack [Schotter] noch nicht mit Sand gedeckt und eingewalzt ist, f. bei der Strecke in Connewitz vom Kreuz bis zur Haltestelle fehlt dasselbe, g. die Arbeiten an der Plagwitzer Linie sind noch weiter zurück, da eine größere Bahnstrecke noch gar nicht verfüllt ist. Über die Lage und Beschaffenheit der fertigen Bahnstrecke läßt sich im allgemeinen sagen, daß die Ausführung nach den eingegebenen Detailzeichnungen erfolgt ist [...]

Stadtarchiv Leipzig: Kapitel 70, Nr. 20, Bd. 1, Bl. 202

Zusätzliche Weichen. 10. Oktober 1872 Seitdem die Plagwitzer Linie bis Lindenau verlängert, hauptsächlich aber wohl seitdem die Abfahrtsstation auf den Augustusplatz verlegt worden ist, hat sich der Verkehr auf derselben so gesteigert, daß es wenigstens zu gewissen Zeiten nicht mehr genügt, nur aller 20 Minuten einen Wagen abgehen zu lassen. Eine Vermehrung der Fahrten ist jedoch nur möglich, wenn noch ein paar Weichen eingebaut werden. Um dem Bedürfnis Rechnung zu tragen, haben wir [die Leipziger Pferdeeisenbahngesellschaft] die Einlegung von zwei Weichen beschlossen [...]

Stadtarchiv Leipzig: Kapitel 70, Nr. 20, Bd. 2, Bl. 6

Ordnung für den Betrieb von Pferdebahnwagen. 1872
Bekanntmachung.
Die Pferdebahnwagen halten nur an den Stationen und den durch Tafeln erkennbar gemachten Haltestellen an; es ist jedoch gestattet, auf- und abzusteigen, während die Wagen in Bewegung sind.

Der Fahrgast hat sofort bei dem Eintritt in den Wagen ein Fahrbillett zu lösen. Dasselbe muß die Strecke, für welche die Fahrt verlangt worden, und den dafür zu zahlenden Preis angeben. Es ist nur für die Fahrt giltig, für welche es gelöst worden. Während der Fahrt muß es aufbewahrt und behufs der Kontrolle jederzeit vorgezeigt werden.

Mit dem Verkauf der Fahrbilletts sind die Kondukteure betraut. Dieselben werden zu dem Ende mit Büchern, zu welchen eine größere Anzahl von Billetts verbunden sind, versehen. Von einem solchen Buch ist das verlangte Billett vom Kondukteur abzureißen und vor der Aushändigung zu kupieren [zu lochen].

Das Publikum wird gebeten, hierauf genau zu achten und die Kondukteure zu überwachen.

Kranke und Betrunkene finden keine Aufnahme in den Wagen. Ebensowenig ist gestattet, Hunde in dieselben mitzubringen.

Fahrgäste, welche sich unanständig betragen, werden durch die Kondukteure aus den Wagen herausgewiesen.

Das Tabakrauchen ist in den offenen Wagen allenthalben, in den anderen nur auf den äußeren Sitzen nachgelassen, dagegen in den geschlossenen Wagenräumen streng verboten.

Stadtarchiv Leipzig: Kapitel 70, Nr. 20, Bd. 1, Bl. 206

Aus einem Gesuch des Frauenvereins für weibliche Dienstboten. 31. Januar 1874 [...] Unsere im Oktober 1869 eröffnete Herberge für weibliche Dienstboten hat, wie dem hochweisen Rat unserer Stadt hinlänglich bekannt sein wird, zum Zweck, unbescholtenen zugewanderten oder außer Dienst gekommenen weiblichen Dienstboten gegen ein geringes Kostgeld zeitweiliges Unterkommen und Beköstigung sowie Schutz vor sittlichen Gefahren zu gewähren, auch konfirmierte Mädchen, die in Dienst treten wollen, gegen Lehrgeld für denselben auszubilden.

Wir beherbergten in der Zeit

vom 18. Oktober 1869 bis 30. Juni 1870	381,
vom 1. Juli 1870 bis 31. Dezbr. 1871	597,
im Jahre 1872	471,
im Jahre 1873	547,
zusammen	1 996

weibliche Dienstboten.

454 Leipziger Automobilausstellung. Historisches Foto. 1906

Unsere Absicht, mit der Herberge eine Waschanstalt zu verbinden und dadurch der Anstalt einen Teil der Unterhaltungskosten zuzuführen, wurde zeither durch ein das Angebot überwiegendes Gesuch nach weiblichen Dienstboten und hierdurch bedingten kurzen Aufenthalt derselben in unserem Asyl vereitelt.

Das in den ersten Jahren zu entrichtende Pflegegeld von täglich 25, jetzt 30 Pfennigen pro Kopf deckt selbstverständlich nicht unsere Kosten, und sind wir in der Hauptsache auf Liebesgaben zur Bestreitung derselben angewiesen. Die letzteren fließen uns infolge der Zeitrichtung mit jedem Jahr spärlicher zu, und doch steht unser Streben mit dem Wohlsein der Familie als Grundsäule staatlicher Ordnung in innigster Berührung.

Der Rat der Stadt Leipzig hat in hochherziger Weise zeither alle die Institutionen unterstützt, welche ein dem Gemeindewohl zugute kommendes sittliches oder förderndes Ziel verfolgten. Im Vertrauen hierauf geht an den hochweisen Rat unsere gehorsamste Bitte dahin, auch die Herberge für weibliche Dienstboten mit einer Unterstützung aus den Mitteln der Stadt hochgeneigtest zu bedenken [...]

Stadtarchiv Leipzig: Titel LXII V, Nr. 43, Bl. 1f.

455 Doppelstock-Autobus am Völkerschlachtdenkmal. Historisches Foto. Um 1914

August Bebel über die Verfolgung während der Zeit des Sozialistengesetzes. 1878/90 Während der zwölfjährigen Dauer des Sozialistengesetzes war ich – ich darf das ohne Übertreibung sagen – der in Deutschland polizeilich am meisten verfolgte Mensch. Die Polizei hatte die vorgefaßte Meinung, ich sei ein gefährlicher Mensch, den man nicht aus den Augen lassen dürfe [...] Daß ich mich unter dieser polizeilichen Schutzwache wohl gefühlt, wird man nicht annehmen. Im Gegenteil, mein Haß gegen diese Staatsretterei steigerte sich von Jahr zu Jahr, und da die zahllosen Gemeinheiten und Gewissenlosigkeiten, die die Polizei an zahlreichen Parteigenossen und auch an mir verübte, sich berghoch anhäuften, wuchs auch meine Verachtung gegen sie [...] Ich hatte schließlich eine solche Übung in der Entdeckung dieser ›Geheimen‹ unter einem Haufen anderer Menschen erlangt, daß, wenn der Zug in eine Station einfuhr und ich den Kopf zum Fenster herausstreckte, ich auch rasch das Polizeigesicht entdeckte, das meine Überwachung übernehmen werde.

Bei dieser Art der Verfolgung entwickelte sich ein stiller Krieg zwischen mir und meinen Verfolgern. Da ich selbstverständlich das Bedürfnis empfand, namentlich an den Abenden in den Kreisen meiner Genossen zu verkehren und mit diesen Gedanken auszutauschen, die für Polizeiohren nicht bestimmt waren, so bot ich alles auf, den mir folgenden ›Staatsretter‹ zu ›versetzen‹, wie bei uns der Kunstausdruck lautete, das heißt, ich bot alles auf, um im Gewirr der Straßen und Häuser meinem Verfolger zu entrinnen, was mir mit Hilfe meiner flinken Beine und der Mithilfe der Genossen fast ausnahmslos gelang. Mancher ruhige Bürger sah mir etwas erstaunt nach, wenn mein rascher Schritt allmählich in einen gelinden Trab sich verwandelte und eine Strecke hinter mir keuchend und schweißtriefend ein Individuum sich zeigte, über dessen Charakter er nicht im klaren war [...]

Überhaupt wurde es unter dem Sozialistengesetz bei den Parteigenossen geradezu Sport, die Polizei zum besten zu halten und irrezuführen. Und jeder gelungene Streich wurde weidlich belacht und stachelte zu neuen Versuchen an. Kamen wir zusammen und hatten wir unsere Parteiangelegenheiten erledigt, dann kam auch der Humor zu seinem Recht, und einen großen Teil des Unterhaltungsstoffes bildeten Erzählungen über die Nasführungen der Polizei. Diese hatte überhaupt das, was sie entdeckte und erfuhr, in den seltensten Fällen ihrem eigenen Witz und Geschick zu danken, sondern dem Leichtsinn oder der Schwatzsucht dieses oder jenes Genossen. Abgesehen von Verrätereien durch Genossen, die den Geldangeboten der Polizei nicht zu widerstehen vermochten oder auch von der Polizei zu Verräterdiensten gezwungen wurden, weil diese über sie Dinge erfahren hatte, die, wenn sie zur Anzeige gebracht wurden, die Betreffenden dem Gefängnis überlieferten. Solche Zwangsfälle kamen wiederholt vor. Die polizeilichen Stützen des christlichen Staates ließen gern ein Vergehen ungesühnt, wenn sie dafür einen politischen Verrat eintauschen konnten [...]

Alle diese Maßnahmen konnten nur von Behörden getroffen werden, die uns gegenüber jeder Überlegung bar waren und kein Gefühl mehr dafür besa-

Verzeichniß

der auf Grund von § 28 Abs. 3 des Reichsgesetzes gegen die gemeingefährlichen Bestrebungen der Sozialdemokratie vom 21. Oktober 1878, in Verbindung mit der Bekanntmachung des Kgl. Gesammtministeriums zu Dresden vom 27. Juni d. J. aus der Stadt und dem amtshauptmannschaftlichen Bezirk Leipzig Ausgewiesenen.

A. Mittels Verordnung der Kgl. Kreishauptmannschaft als Landespolizeibehörde vom 28. Juni 1881 sind ausgewiesen:

№	Name.	Stand.	Letzter Aufenthaltsort.	Alter. geb.	Statur.	Haare.	Augen.	Nase.	Mund.	Bart.	Gesicht.	Besondere Kennzeichen.	Bemerkungen.
1	**Bebel**, Ferd. Aug.	Drechsler	Leipzig	22/2 40	mittel	dunkelbraun	dunkelgrau	langgroß	volllippig	brauner Vollbart	voll blaß	Zähne vorn oben auseinanderstehend	
2	**Berthold** gen. **Mosemann**, Friedr. Herm.	Tischler	"	29/12 47	mittel	braun wenig gekräftigt	graublau	stark gestreck	breit	br. schwarz. Vollbart.	oval	Zähne oben unvollständig	
3	**Burkhardt**, Theod. Otto	Xylograph	"	21/6 48	übermittel schmächtig	schwarz buschig	hellbraun	schmal	klein	schwarzer Vollbart	länglich		
4	**Fink**, Wilhelm Joseph	Buchhdlr.	"	17/2 33	übermittel	braun	braun	gewöhnlich	verdeckt				
5	**Goldhausen**, Franz	"	"	18/8 34	mittel	dunkelblond lang	blau	gewöhnlich	gewöhnlich	bl. Schnur- u. Kinnbart	etwas eingefallen	trägt goldene Brille, Zähne unvollständig	
6	**Hadlich**, Joh. Christ. Moritz	"	"	2/11 31	untermittel schwächlich	schwarzbr.	grün bräunlich	groß	verdeckt	dunkelbr. ang. melirt. Schnur- u. Kinnbart.	mager eingefallen	über dem link. Auge kl. Leberfl. Nase an d. Spitze etwas kolbig	
7	**Hasenclever**, Wilhelm	Schriftsteller	"	19/4 37	mittel	grau melirt	bläulich	groß	volllippig	dunkl. melirt. Vollbart	voll	Glatze, am Wirbel ein kleiner Auswuchs	
8	**Heinrich**, Carl Gustav Adolf	Schmiedemeister	"	28/11 58	mittel	schwarzbr.	schwarzbr.	gewöhnlich	gewöhnlich	dunkelbraun schwacher Schnur- u. Backenbart	oval	zw. d. l. Augenbr. eine kleine Narbe, d. rechte kl. Finger ist schwach u. krumm	
9	**Kießling**, Carl Fr. Gust.	Markthelfer	"	11/10 44	übermittel	hellbraun	hellbläulich	groß	schmallippig	rasirt	längl. voll		
10	**Kießling**, Carl Rud. Hugo	Notendruck.	"	10/3 49	mittel	röthl.-blond	hellgrau	gestreckt	dicklippig	roth-blond Schnurbärtchen	voll	kurzsichtig	
11	**Liebknecht**, Wilh. Ph. Mart. Christ. Ludwig	Schriftsteller	"	29/3 26	mittel	dunkelgrau melirt	dunkelgrau	gestreckt	volllippig	dunkelgrau mel. Schnur- u. Backenb.	längl. oval		

456 Verzeichnis der aus Leipzig ausgewiesenen Sozialdemokraten (Auszug). 1881

ßen, wie sie sich damit in den Augen jedes vernünftigen Menschen bloßstellten. Der Sozialistenkoller machte sie eben besinnungslos.

So auch nach meiner Ausweisung im Jahr 1881 in Leipzig. Sobald man mir allergnädigst gestattete, zwei-, höchstens dreimal im Jahr ein, zwei Tage in die Stadt zu dürfen, um mich wegen einer Geschäftsreise im Geschäft zu unterrichten, stand auch der Polizeiposten von früh bis spät vor dem Tor. Geschäftsfreunde, die uns auf dem Kontor besuchten, scherzten: Wir dachten uns schon, Majestät sei wieder zugegen, seine Leibwache steht vor der Tür. Einer unserer Arbeiter, der im Zorn über diese Überwachung dem Polizisten eine beleidigende Bemerkung zurief, büßte diese mit acht Tagen Haft. Passierte ich auf der Durchreise Leipzig, so mußte ich vorher anmelden, auf welchem Bahnhof und zu welcher Stunde ich ankam und auf welchem Bahnhof und wann ich abreiste. Alsdann trat wieder die polizeiliche Überwachung in Kraft. Vorschrift war, ohne weiteren Aufenthalt von einem Bahnhof zum anderen mit dem nächsten Zug die Stadt zu verlassen. Diese Verpflichtung traf alle aus Leipzig und der Amtshauptmannschaft Leipzig Ausgewiesenen, sobald sie das Gebiet wegen einer Durchreise betraten.

August Bebel: Aus meinem Leben. a. a. O. S. 583ff.

457 Bierkrug (›Eigentum der fremden Maurer zu Leipzig‹). Steingut mit farbiger Unterglasurmalerei und Zinndeckel. 1900

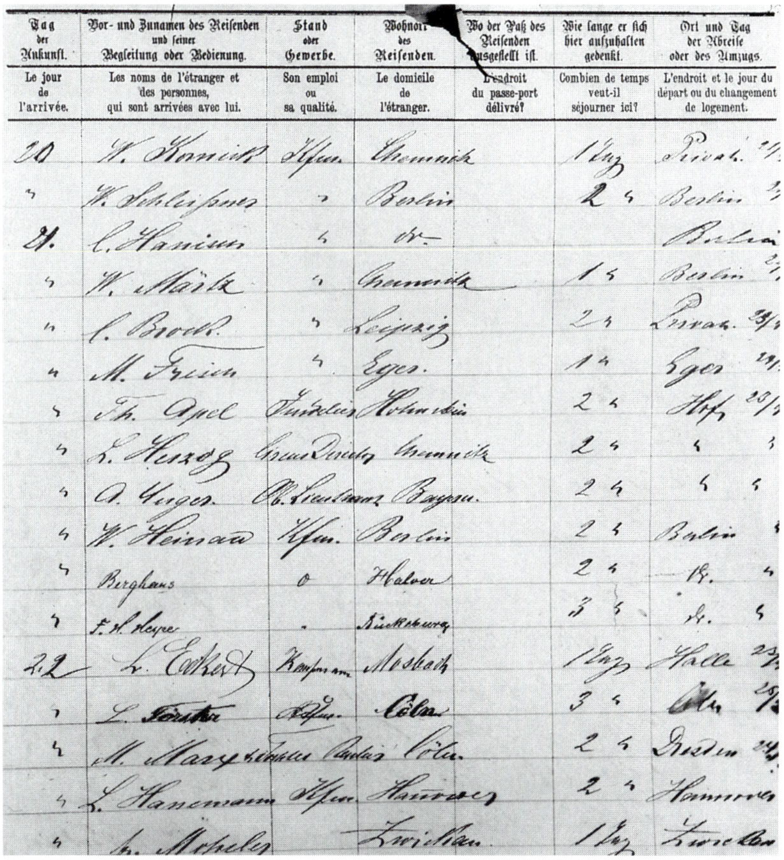

Tag der Ankunft. Le jour de l'arrivée.	Vor- und Zunamen des Reisenden und seiner Begleitung oder Bedienung. Les noms de l'étranger et des personnes, qui sont arrivées avec lui.	Stand oder Gewerbe. Son emploi ou sa qualité.	Wohnort des Reisenden. Le domicile de l'étranger.	Wo der Paß des Reisenden ausgestellt ist. L'endroit du passe-port délivré?	Wie lange er sich hier aufzuhalten gedenkt. Combien de temps veut-il séjourner ici?	Ort und Tag der Abreise oder des Umzugs. L'endroit et le jour du départ ou du changement de logement.
20	[illegible]	Kfm.	Chemnitz		1 Tag	Privat
"	[illegible]	"	Berlin		2 "	Berlin
21.	[illegible]	"	do.			Berlin
"	[illegible]	"	Chemnitz		1 "	Berlin
"	[illegible]	"	Leipzig		2 "	Privat
"	[illegible]	"	Eger		1 "	Eger
"	Th. Apel	[illegible]	[illegible]		2 "	Hof
"	L. Herzog	[illegible]	Chemnitz		2 "	"
"	[illegible]	[illegible]	[illegible]		2 "	"
"	W. [illegible]	Kfm.	Berlin		2 "	Berlin
"	Berghaus	"	[illegible]		2 "	do.
"	[illegible]	"	[illegible]		3 "	do.
22	L. Eckert	Kaufmann	Mosbach		1 Tag	Halle
"	L. Förster	Kfm.	Cöln		3 "	Cöln
"	M. Marx	[illegible]	Cöln		2 "	Dresden
"	L. Hanemann	Kfm.	Hannover		2 "	Hannover
"	[illegible]		Zwickau		1 Tag	Zwickau

458 Eintrag im Gästebuch des Hotels Hochstein über den Aufenthalt von Karl Marx in Leipzig. 1874

Die Kreishauptmannschaft fordert das Verbot sozialdemokratischer Gesangvereine. 17. Mai 1881 Neuerdings angestellte Erörterungen haben nun ergeben, daß die sozialdemokratischen Gesinnungsgenossen in der Umgebung von Leipzig in der Tat eine Anzahl bestehender oder von ihnen neugebildeter Gesangvereine zum Deckmantel ihrer sozialdemokratischen Agitationen benutzen, daß an den Vereinsabenden die Gesinnungsgenossen angeblich zum Zweck von Gesangsübung, in der Wirklichkeit aber zur gegenseitigen Aussprache über Parteiangelegenheiten sich versammeln, von Zeit zu Zeit öffentliche Gesangsaufführungen veranstalten, die fast nur von Personen besucht werden, die zur sozialdemokratischen Partei gehören, und die denselben Gelegenheit bieten, einander näher zu treten beziehentlich nahe zu bleiben und über innere Angelegenheiten der sozialdemokratischen Partei Beratung zu pflegen, während die Erträgnisse dieser Aufführungen unter Umständen zu Parteizwecken Verwendung finden.

Diese Vereine stellen sich demnach als solche dar, welche wahrheitsgemäß einer zulässigen Zweckbestimmung dienen, daneben aber Bestrebungen, welche darauf gerichtet sind, den Umsturz der bestehenden Staats- und Gesellschaftsordnung herbeizuführen, in ihrer Mitte in einer den öffentlichen Frieden gefährdenden Weise zur Geltung und zum erkennbaren Ausdruck gelangen lassen [...]

Stadtarchiv Leipzig: Gemeindeakten I, Gemeinde Stötteritz, Nr. 314, Bl. 10f.

459 Ansicht des Zoologischen Gartens.
Holzstich von J. A. Knobloch, nach einer Zeichnung von A. Heinrich (Ausschnitt). 1881

Zur Entwicklung des Zoologischen Gartens. 24. August 1881

ergebenst Unterzeichnete [Ernst Pinkert], seit langem Bürger der Stadt Leipzig und gegenwärtig Besitzer und Inhaber des Zoologischen Gartens im Pfaffendorfer Hof hier, gestattet sich, das nachstehende Gesuch an den wohllöblichen Rat zu richten und zu dessen Begründung folgendes anzuführen.

Wenn ich mir es zur Aufgabe gestellt habe, unserer Stadt nach und nach zu einem zoologischen Garten zu verhelfen, so war ich mir von Anfang an der großen Schwierigkeit dieser Aufgabe bewußt [...] Ich wagte aber dennoch den Schritt, weil ich mir einmal sagte, in der immer mehr zur wirklichen Großstadt sich entwickelnden, ihre Einwohnerzahl so rasch vermehrenden Stadt Leipzig müsse denn doch wohl das Bestehen eines zoologischen Gartens möglich sein, zumal da Leipzig an Sehenswürdigkeiten verhältnismäßig wenig bietet, und weil ich mir zum andern die Sache so dachte, daß das Projekt sich nur nach und nach, nach Maßgabe der mir zu Gebote stehenden Mittel, verwirklichen und so vom Kleineren allmählich zum Größeren übergehen solle.

Was ich in den Jahren daher geschaffen, es liegt vor den Augen meiner Mitbürger da, und ich darf mir wohl sagen, daß meine Bemühungen und Anstrengungen nicht vergeblich gewesen sind. Ich habe allerdings keinen großen zoologischen Garten nach Art der Gärten in Berlin, Hamburg, Dresden hervorbringen können, indessen das war auch gar nicht beabsichtigt und konnte nicht die Absicht sein. Aber ich glaube ein Etablissement geschaffen zu haben, dessen sich die Stadt Leipzig nicht zu schämen braucht und das einem großen Teil unserer Einwohnerschaft zum Vergnügen gereicht und wohl auch als Anschauungsmittel für den Naturunterricht dient. Es gereicht mir zu lebhafter Befriedigung, daß das Publikum das Entstehen und die Entwicklung meines Zoologischen Gartens mit reger Teilnahme begleitet hat, und ich hätte wohl allerdings manchesmal erlahmen können, wenn mir nicht von dieser Seite die Beweise wohlwollenden Interesses entgegengebracht worden wären [...]

Freilich, ich muß sagen, daß mein Wollen oft noch hinter dem Können zurückgeblieben ist, da Gründe finanzieller Art sich hier und da als unübersteigliches Hindernis in den Weg stellten. Der Ankauf neuer Tiere, wie z. B. des indischen Elefanten, absorbierte derartige Mittel, daß ich damit nur sehr langsam vorgehen konnte, hierzu kamen die notwendigen Neubauten, welche ganze Kapitalien erforderten. Es ist die volle Wahrheit, wenn ich versichere, daß mir für all mein Mühen und Sorgen bis jetzt so gut wie nichts verblieben ist [...] Angesichts aller dieser Verhältnisse [...] habe ich mich nunmehr entschlossen [...], an den wohllöblichen Rat der Stadt Leipzig das ergebene Gesuch zu richten: mir entweder aus städtischen Mitteln, gleichwie das für andere gemeinnützig wirkende Vereine, Institute oder dergleichen geschieht, oder aus den Mitteln des Grassischen Vermächtnisses [der allgemeinnützigen Stiftung des Kaufmanns Franz Dominic Grassi], welches meines Wissens zu Verschönerungszwecken in unserer Stadt bestimmt ist, eine jährliche Subvention in Höhe von 2000 Mark gütigst zu weiterer Entwicklung und Beförderung meines Zoologischen Gartens bzw. zu dessen Vergrößerung zu bewilligen [...]

Stadtarchiv Leipzig: Schulamt, Kapitel I, Nr. 45, Bd. 1, Bl. 1f.

460 Titelblatt eines Führers durch den Zoologischen Garten Leipzig. 1883

461 Plan des Zoologischen Gartens. 1883

Öffentliche Eisbahn. 10. Dezember 1883 Nachdem die öffentliche Eisbahn am Schleußiger Weg eröffnet worden ist, bringen wir die für die Benutzung derselben geltenden Bestimmungen hiermit in Erinnerung:

1. Die Bahn ist errichtet für Kinder unbemittelter Eltern und darf nur von Kindern im schulpflichtigen Alter benutzt werden.

2. Erwachsenen ist das Betreten derselben nur zu dem Zweck gestattet, ihre Kinder das Schlittschuhlaufen zu lehren.

3. Die Bahn darf nur zur Tageszeit benutzt werden; mit einbrechender Dunkelheit ist dieselbe auf das vom Aufseher gegebene Zeichen sofort von allen Eisfahrern zu verlassen.

4. Den Weisungen des von uns bestellten Aufsehers, des Fischermeisters Herrn Meißner, ist unweigerlich Folge zu leisten.

Stadtarchiv Leipzig: Kapitel 23, Nr. 35, Bd. 1, Bl. 50

Knabenhort. 21. Januar 1884 Vorstand des Fröbel-Vereins hat beschlossen, für die Bewohner der Ulrichstraße und Umgegend einen Knabenhort nach dem Muster der in München bereits mit segensvollen Resultaten bestehenden Anstalten zu gründen. Es ist dies eine Anstalt, in welcher Schulknaben jedes Alters nach der Schulzeit von 4 Uhr bis 7 Uhr nachmittags Eintritt haben, um dort unter Aufsicht eines bewährten Lehrers, der als väterlicher Freund liebevoll und opferfreudig für die Jugend ein Herz hat, um also unter solcher Aufsicht die täglichen Schularbeiten zu fertigen und sodann nach Beendigung derselben unter seiner Leitung sich an gemeinsamen Spielen zu erfreuen oder etwa selbstgewählte Handfertigkeiten wie Zeichnen, Ausmalen, Ausschneiden, auch im Sommer im Garten gymnastische Übungen oder Gartenarbeiten etc. zu treiben. Spaziergänge ins Freie oder auch größere Wanderungen in Gemeinschaft mit Beteiligung des betreffenden Lehrers, event[uell] der Vorstandsmitglieder, sind ebenfalls nicht ausgeschlossen. Wir teilen dies hierdurch den Eltern mit und fordern dieselben auf, ihre schulpflichtigen Knaben dieser wohltätigen Anstalt anzuvertrauen.

Daß mit der Gründung derselben den Knaben eine Stätte entsteht, wo sie Gehorsam, Ordnung, Zucht und Sitte lernen, wo ihr Geist und Gemüt gepflegt und auch auf die körperliche Entwicklung Bedacht genommen wird, leuchtet ein, und es ist ebenso klar, daß solche Knaben dann in der Schule gute, tüchtige Schüler und in der Familie wie im künftigen Berufsleben brave Menschen werden. Zu dieser sittlichen Erziehung will die Anstalt die Hand bieten. Sie wird demnächst beginnen, und ist der Eintritt in dieselbe frei [...]

Stadtarchiv Leipzig: Kapitel 35, Nr. 113, Bl. 3

Eröffnung des Neuen Gewandhauses. 11. Dezember 1884 Leipzig hat sich einen großartigen Konzertpalast geschaffen, dessen Schönheit und Gediegenheit nach allen Richtungen hin heute ohne Ausnahme, und zwar selbst von den kritischsten Sachkennern, bewundert und anerkannt worden ist. Das ist etwas Großes und Ganzes, etwas Großartiges, wie man es wohl eigentlich nur in einer Weltstadt zu finden gewöhnt ist – so oder ähnlich lauteten heute abend viele Meinungen. Wir registrieren eine Äußerung eines erfahrenen Mannes, [...] die dahin lautet, er habe bis jetzt in bezug auf ein Konzerthaus nirgends, auch nicht in den großen Hauptstädten, so Schönes gefunden. Nun, freuen wir uns von ganzem Herzen,

462 Neues Gewandhaus in der Grassistraße 5. Historisches Foto. Um 1910

daß der Wurf gelungen, daß Leipzig als Musikstadt wieder in eine neue verheißungsvolle Epoche eingetreten ist.

Schon von 6 Uhr nachmittags an wurde es in dem architektonisch wirklich meisterhaft entworfenen, künstlerisch gediegen ausgeführten großen Raum zu ebener Erde, an den sich links und rechts die glänzend schönen Treppenhäuser anschließen, lebhaft. In diesem Raum befinden sich die Garderoben, die so praktisch angelegt sind, daß mancher erleichtert aufatmen wird. Hier ist endlich einmal die Garderobenfrage in so zweckmäßiger Weise gelöst, daß nun niemand mehr zu befürchten hat, an seinem Leib oder an seiner Kleidung Schaden zu nehmen [...]

Endlich wurden die Treppen freigegeben, und nunmehr flutete der Strom der Konzertbesucher in die oberen Räume, vor allem in den großen Konzertsaal, der durch die Totalität seiner Erscheinung und Ausstattung allen Worte freudiger Bewunderung entlockte [...] Es ist nicht allein der Luxus und Glanz, welcher den Beschauer entzückt, sondern es ist namentlich auch die Behaglichkeit, welche aus der ganzen Ausstattung hervorsprießt und den Aufenthalt im Saal so angenehm macht [...] Noch nicht völlig in Ordnung erwies sich die elektrische Beleuchtung, welche plötzlich in der Mitte des Konzerts ihre Dienste versagte [...] Das Konzert erlitt dadurch nicht die geringste Störung, denn die Gasbeleuchtung ersetzte das elektrische Licht, ohne daß irgendwelche besondere Vorkehrungen nötig waren [...]

Während der nun folgenden Pause fluteten die Festteilnehmer aus dem Saal in das Foyer und die übrigen Räume [...]

Einen besonderen Reiz gewährte der Anblick der glänzenden, in allen Farben schimmernden Toiletten der Damen und der kostbare Schmuck der Juwelen, den viele derselben trugen; es waren namentlich auch viele junge anmutige Mädchengestalten erschienen, welche sich in ihren weißen Ballroben sehr vorteilhaft abhoben.

Leipziger Tageblatt. 12. Dezember 1884. 4. Beilage

463 Rückfront des Neuen Theaters am Augustusplatz. Stahlstich von Johann Gabriel Poppel. 1869

464 Robert Sterl: Der Gewandhauskapellmeister Artur Nikisch. Graphitstiftskizze. 1909

465 Konzertsaal im Neuen Gewandhaus. Historisches Foto. Um 1884

466 Tabakspfeife. Porzellankopf mit farbiger Aufglasurmalerei und Vergoldung. 1893

Für die Gondelschiffahrt. 7. April 1885

[...]

§ 1 Der Rat der Stadt Leipzig verpachtet an genannten Abpachter die demselben schon zeither zur Benutzung überlassen gewesene, von der Stadt aus gerechnet rechtsseitige Uferböschung des Pleißenmühlgrabens am Schleußiger Weg

ad 1, von der Flügelmauer der Spießbrücke an aufwärts bis zur Braustraßenbrücke,

ad 2, von der Braustraßenbrücke an 46 Meter aufwärts,

ad 3, in einem Abstand von 46 Metern, von der Südseite der Braustraßenbrücke aus gemessen, aufwärts 37,5 Meter lang,

ad 4, von der Südseite der Brandbrücke an 30 laufende Meter aufwärts,

ad 5, in einem Abstand von 50 Metern, von der Südseite der Brandbrücke aus gemessen, 30 Meter aufwärts,

zum Anlegen von Gondeln und Kähnen [...]

Stadtarchiv Leipzig: Kapitel 23, Nr. 25, Bd. 1, Bl. 63f.

Verhaltensvorschriften für Prostituierte. 12. November 1886

[...]

§ 1 Den gedachten Frauenspersonen ist verboten:

1. das Heraussehen durch die Fenster ihrer Aufenthaltsräume, so daß sie von außen wahrnehmbar sind;

2. das Wohnen in Räumen, deren Fenster nicht mit dichten, das Durchblicken von außen verhindernden Vorhängen verschlossen sind;

3. das Wohnen in Parterre-Räumen;

4. das übermäßige und auffällige Erleuchten ihrer Wohnung während der Dunkelheit sowie das Anbringen bunter Laternen oder anderer auffälliger Abzeichen an denselben;

5. alles laute Singen, Musizieren, schallendes Gelächter und sonstiges ruhestörendes oder die Nachbarschaft belästigendes Benehmen in ihren Wohnungen;

6. die Gestattung des Zutrittes zu ihren Wohnungen an junge unselbständige Leute, namentlich an Lehrlinge und Schüler hiesiger Lehranstalten;

7. das nächtliche Beherbergen von Mannspersonen überhaupt sowie das heimliche, d. h. ohne polizeiliche Erlaubnis bewirkte Beherbergen von Frauenspersonen in ihren Wohnungen;

8. das Veranstalten von Trinkgelagen in ihren Wohnungen;

9. das Wohnen bei den Inhabern öffentlicher Lokale, insbesondere Schankwirten, sowie das Dienen in solchen Lokalen als Kellnerinnen oder Hausmädchen, ingleichen das Funktionieren als Verkäuferinnen in Trinkhallen;

10. das Nächtigen außerhalb ihrer Wohnungen, insbesondere bei Mannspersonen, und das Aufliegen bei anderen der Gewerbsunzucht verdächtigen Frauenspersonen;

11. das Stehen vor, in oder hinter den Haustüren sowie das Umhertreiben vor den Häusern;

12. das Anlocken von Mannspersonen, sei es durch Worte und Laute oder durch Zeichen und Gebärden wie Winken, Anlachen, scharfes Ansehen und dergleichen sowie das Abgeben von Visitenkarten oder Fotografien an Mannspersonen;

13. das Tragen auffälliger oder unanständiger Kleidung, das Rauchen von Zigarren oder Zigaretten sowie das Zusammengehen, Zusammenstehen und Zusammensitzen mit einem sog. Zuhälter oder mit mehreren diesen Vorschriften unterworfenen Frauenspersonen auf Straßen, Plätzen und an sonstigen öffentlichen Orten;

14. das auffällige und zwecklose Umherziehen auf den Straßen, Plätzen und Promenaden der Stadt und der Vorstädte, insbesondere soweit es sich durch Auf- und Abgehen, wiederholtes Stehenbleiben ohne besonderen triftigen Grund, auffallend langsames Gehen und öfteres Umsehen äußert, und zwar sowohl zur Tageszeit als ganz besonders zur Abendzeit von Beginn der Straßenbeleuchtung an;

15. das Gehen und der Aufenthalt in den Straßen der Stadt überhaupt während der späteren Abend- und Nachtstunden von abends 9 Uhr an;

16. das Fahren in offenen Droschken oder Equipagen und das Reiten auf öffentlichen Wegen;

17. das Sitzen auf den in den öffentlichen Promenaden aufgestellten Bänken;

18. der Zutritt zum Rosental, Johannapark und Scheibenpark [Scheibenholz] sowie das Verkehren auf den Promenaden der städtischen Waldungen;

19. der Besuch des Rennplatzes zur Zeit der Rennen;

20. der Zutritt zu den beiden städtischen Theatern, dem städtischen sowie anderen Museen, öffentlichen Kunstausstellungen, dem Alten und Neuen Gewandhaus ingleichen dem Zoologischen Garten;

21. der Besuch des Parketts, des I. Ranges und der Logen im Carola-Theater [in der heutigen Shakespearestraße] und der Logen und Sperrsitze im Zirkus;

22. der Besuch der Militärparaden und der öffentlichen Konzerte sowie der Verkehr in öffentlichen Restaurationen und Konditoreien überhaupt; der Besuch der öffentlichen Tanzmusiken soll den unter sittenpolizeilicher Kontrolle stehenden Frauenspersonen bezüglich einzelner vom Polizeiamt bestimmter Lokale nachgelassen bleiben, ingleichen der Besuch der öffentlichen Volksmaskenbälle unter der Voraussetzung, daß die genannten Frauenspersonen auf denselben mit Gesichtslarve und in unauffälliger und anständiger Maskenkleidung erscheinen [...]

Stadtarchiv Leipzig: Kapitel 11, Nr. 9, Bl. 276

467 Gehrock und Weste aus bestickter Seide.
Zweite Hälfte des 19. Jahrhunderts

468 Pfingstausflug mit Stechkähnen auf der Pleiße (an der Pfahlbaurestauration ›Zum Wassergott‹ in Connewitz). Historisches Foto. 1907

469 Eislaufen im Palmengarten. Historisches Foto. 1907

470 Radfahrverein ›Bicycle-Klub‹. Historisches Foto. 1884

471 Neue Leipziger Schwimmanstalt (Schreberbad).
Holzstich von W. Harland, nach einer Zeichnung von Adolph Eltzner. 1866

Aus einem Gesuch des Ruderklubs ›Adler‹. Mai 1887 [...] Der unterzeichnete Ruderklub erlaubt sich hierdurch, dem hochgeehrten Rat der Stadt Leipzig nachstehende Darlegungen mit ergebener Bitte zu unterbreiten [...]

Wir haben [...] uns erlaubt, unser Boot einstweilen rechts von dem Standort des Herrn Fischermstr. Gustav Meißner (Schleußiger Weg, rechts von der Mahlmannbrücke) anzulegen. Wie wir nun gehört haben, ist der Raum zwischen Herrn Gustav Meißner und Herrn Wilhelm Meißner noch vakant, und geht unsere Bitte nun dahin, der hochgeehrte Rat der Stadt Leipzig wolle uns einen Anlegeplatz für unser Boot dort gefälligst überlassen. Eine Strecke von 10 Meter würde unserem Zweck vollständig genügen. Wir würden uns natürlich verpflichten, die Uferböschung sowie überhaupt unseren ganzen Anlegeplatz, schon in unserem Interesse, stets sauber und schön grün zu erhalten. Eine Beschädigung der Böschung etc. ist also von vornherein ausgeschlossen.

Zu unserm Zweck und Gebrauch würden wir uns am Fuße der Böschung ein Podest nebst einer kleinen Treppe zum An- und Aussteigen bauen sowie eine Kiste zum Aufbewahren diverser Rudergegenstände. Der Eingang würde wie bei den Fischermeistern an der Barriere verschlußfähig hergestellt werden.

Bemerken wollen wir noch, daß unser Boot nicht vermietet oder an andere Leute gegen irgendwelche Vergütung abgegeben wird, sondern dient dasselbe nur zu unserm Privatgebrauch. Auch möchte ich noch erwähnen, daß unser Klub aus größtenteils verheirateten und älteren Leuten besteht, und ist es unser eifrigstes Bestreben bisher stets gewesen, den leider auf dem Wasser öfters vorkommenden Ungehörigkeiten mit voller Energie entgegenzutreten, und ist uns schon oft Gelegenheit dazu geboten worden.

Wir wagen deshalb zu sagen, daß es auch in Ihrem Interesse liegen würde, einem Verein aus älteren erfahrenen Ruderern Gelegenheit zu geben, festen Fuß zu fassen [...]

Stadtarchiv Leipzig: Kapitel 23, Nr. 25, Bd. 1, Bl. 81f.

Radfahrer-Vereinigungen. 18. Oktober 1887 [...] Wie dem geehrten Rat der Stadt Leipzig nicht unbekannt geblieben sein wird, hat im letzten Jahrzehnt, ganz besonders aber in den letztvergangenen Jahren, das Radfahren auf Zwei- und Dreirädern eine allgemeine Bedeutung gewonnen und die Aufmerksamkeit größerer Kreise auf sich gelenkt.

Mit der steten Verbesserung und Vervollkommnung der Fahrmaschine, mit den noch fortdauernden und schon bisher recht erfolgreichen Bemühungen, neue und möglichst zweckmäßige Formen für diese Maschine zu konstruieren, ist die Möglichkeit, das Radfahren nicht nur als Sport, sondern auch zur Erreichung ernsterer und wichtigerer Zwecke zu betreiben, in nächste Nähe gerückt, und schon jetzt sieht man häufig genug, daß mittels Anwendung des Zwei- und Dreirads die Botenwege verkürzt, Warenbeförderungen beschleunigt, kurz, geschäftliche Interessen mannigfaltiger Art gefördert werden [...]

Auch in Leipzig haben sich Vereinigungen von Radfahrern gebildet. Seit dem Jahre 1881 besteht der Leipziger Bicycle-Klub, zur Zeit 114 Mitglieder stark; später sind noch einige andere Klubs (›Radfahrer‹, ›Dreiadler‹, ›Sturmvogel‹, ›Radtouristenklub‹) mit zusammen ungefähr 150 Mitgliedern gegründet worden, und ungefähr 200 Einzelfahrer halten, wenn sie auch die Mitgliedschaft einer dieser Vereinigungen nicht erworben haben, insofern zu letzteren, indem sie größere Unternehmungen, z. B. Beteiligung an Festen, Veranstaltung von Preiswettfahrten und dergleichen, gern und selbst unter Darbringung materieller Opfer unterstützen.

Die erwähnten Vereinigungen bez[iehungsweise] die ihnen nahestehenden Einzelfahrer gehören verschiedenen Ständen, dem Gelehrten- und dem Handwerkerstand und ganz besonders auch dem Kaufmannsstand an und zählen neben einer Anzahl jüngerer Leute eine mindestens ebenso große Anzahl selbständiger Mitglieder, welche finanziell leistungsfähig und auch bereit sind, für die Interessen der Radfahrer einzutreten [...]

In Leipzig, wenn auch nicht auf Stadtflur selbst, so doch bei der nahen Moritzburg, hat der ergebenst unterzeichnete Verein [Bicycle-Klub] – welcher als stärkster und auch finanziell leistungsfähigster Verein sowie nach der Zusammensetzung seiner Mitglieder in allen wichtigen Angelegenheiten die Führung übernimmt und die juristische Persönlichkeit besitzt – seit 1884 eine Rennbahn errichtet. Es sind seitdem dort regelmäßige Frühjahrs- und Herbstrennen abgehalten worden mit immer steigender Frequenz und zum Teil vorzüglichem Erfolg [...]

Stadtarchiv Leipzig: Kapitel 35, Nr. 191, Bl. 1ff.

472 Tribüne der Pferderennbahn am Scheibenholz. Aquarell. 1907

Verzeichnis der öffentlichen Uhren. 1887

1. Augustusplatz, an der Hauptpost
2. Augustusplatz (Datensäule)
3. Grimmaischer Steinweg Nr. 5
4. Johanniskirche
5. Platostraße (Schulen)
6. Eilenburger Bahnhof
7. Johannishospital
8. Johannisfriedhof
9. Hospitalstraße (Paketpost)
10. Stephanstraße (Sternwarte)
11. Sternwartenstraße Nr. 22 (Hof)
12. Nürnberger Straße Nr. 12
13. Johannisgasse Nr. 16 (Hof)
14. Südstraße Nr. 65
15. Scharnhorststraße (Schule)
16. Bayer[i]sche Straße (Schule)
17. Elisenstraße (Schule)
18. Zeitzer Straße Nr. 34 (Hof)
19. Lößniger Straße Nr. 4 (Hof)
20. Sidonienstraße Nr. 18
21. Bayerscher Bahnhof
22. Floßplatz (Schule)
23. Peterskirche
24. Turnerstraße (Turnhalle)
25. Kurprinzenstraße Nr. 6
26. Peterssteinweg Nr. 10
27. Königsplatz Nr. 4
28. Königsplatz (Datensäule)
29. An der I. Bürgerschule
30. Petersstraße Nr. 4
31. Lutherkirche
32. Plagwitzer Straße Nr. 43
33. Schwimmanstalt
34. Schreberstraße Nr. 14 (Turnhalle)
35. Wiesenstraße Nr. 20/22 (Hof)
36. Weststraße Nr. 65/67 (Hof)
37. Dorotheenstraße Nr. 11
38. Katholische Kirche
39. Burgstraße Nr. 25
40. Stecknerpassage (Mittelbau)
41. Thomaskirchhof Nr. 1
42. Kleine Fleischergasse Nr. 9
43. Matthäikirche
44. Georgenhaus (Hof)
45. Parthenstraße (Schulen)
46. Gasanstalt I
47. Gasanstalt II (Flur Connewitz)
48. Gerberstraße Nr. 12
49. Plauenscher Platz (Datensäule)
50. Hallesche Straße Nr. 8
51. Thüringer Bahnhof
52. Magdeburger Bahnhof
53. Dresdener Bahnhof
54. Berliner Bahnhof
55. Turnerstraße Nr. 29
56. Turnerstraße Nr. 1
57. Universität (Bornerianum [erstes Seminargebäude])
58. Universitätsstraße Nr. 1
59. Pleißenburg
60. Windmühlenstraße Nr. 6
61. Preußergäßchen Nr. 14
62. Rathaus
63. Schützenstraße Nr. 2.

Stadtarchiv Leipzig: Kapitel 75 U, Nr. 3, Bl. 31

473 Tischuhr in farbig bemaltem Holzgehäuse. Um 1910

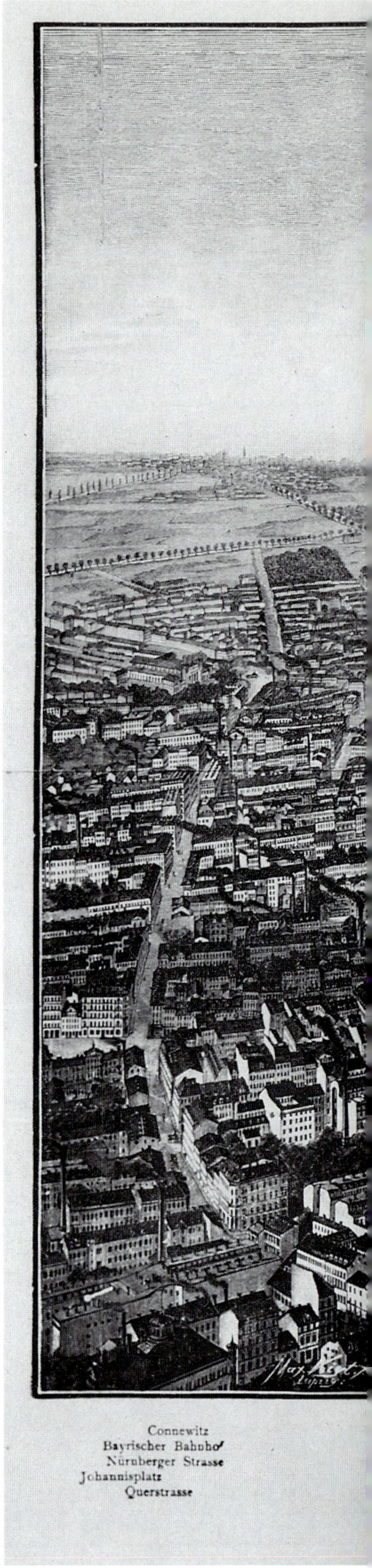

474 Leipzig aus der Vogelschau. Holzstich, nach einer Zeichnung von Albert Schirmes. 1895

Eingemeindungen. 1889/1936

Anger-Crottendorf	1889
Reudnitz	1889
Eutritzsch	1890
Gohlis	1890
Neureudnitz	1890
Neuschönefeld	1890
Neustadt	1890
Sellerhausen	1890
Thonberg	1890
Volkmarsdorf	1890
Connewitz	1891
Kleinzschocher	1891
Lindenau	1891
Lößnig	1891
Plagwitz	1891
Schleußig	1891
Neusellerhausen	1892
Volkmarsdorf, Straßenhäuser	1892
Rittergutsbezirk Lößnig	1904
Rittergutsbezirk Kleinzschocher	1909
Probstheida	1910
Stötteritz	1910
Stünz	1910
Dölitz	1910
Dösen	1910
Meusdorf	1910
Möckern	1910
Schönefeld	1915
Mockau	1915
Paunsdorf	1922
Großzschocher	1922
Windorf	1922
Leutzsch	1922
Wahren	1922
Burgaue	1925
Knautkleeberg	1930
Schönau	1930
Abtnaundorf	1930
Thekla	1930
Heiterblick	1930
Portitz	1935
Knauthain	1936
Lauer	1936

Nach: Leipzig in acht Jahrhunderten. Leipzig 1965. S. 147

Haltung der Unternehmer zum 1. Mai. 21. April 1890 Der auf Beschluß der Versammlung von Arbeitgebern Leipzigs und Umgegend vom 14. April d. J. zusammengetretene Ausschuß von Vertrauensmännern macht den sämtlichen Arbeitgebern hierdurch folgendes in bezug auf die Haltung der Arbeitgeber gegenüber der für den 1. Mai durch Arbeitseinstellung beabsichtigten Demonstration bekannt:

1. Der Ausschuß erachtet die sämtlichen Arbeitgeber für verpflichtet, mit aller Entschiedenheit und Strenge gegen diejeni-

475 Postkarte zum 1. Mai. Lithographie. 1892

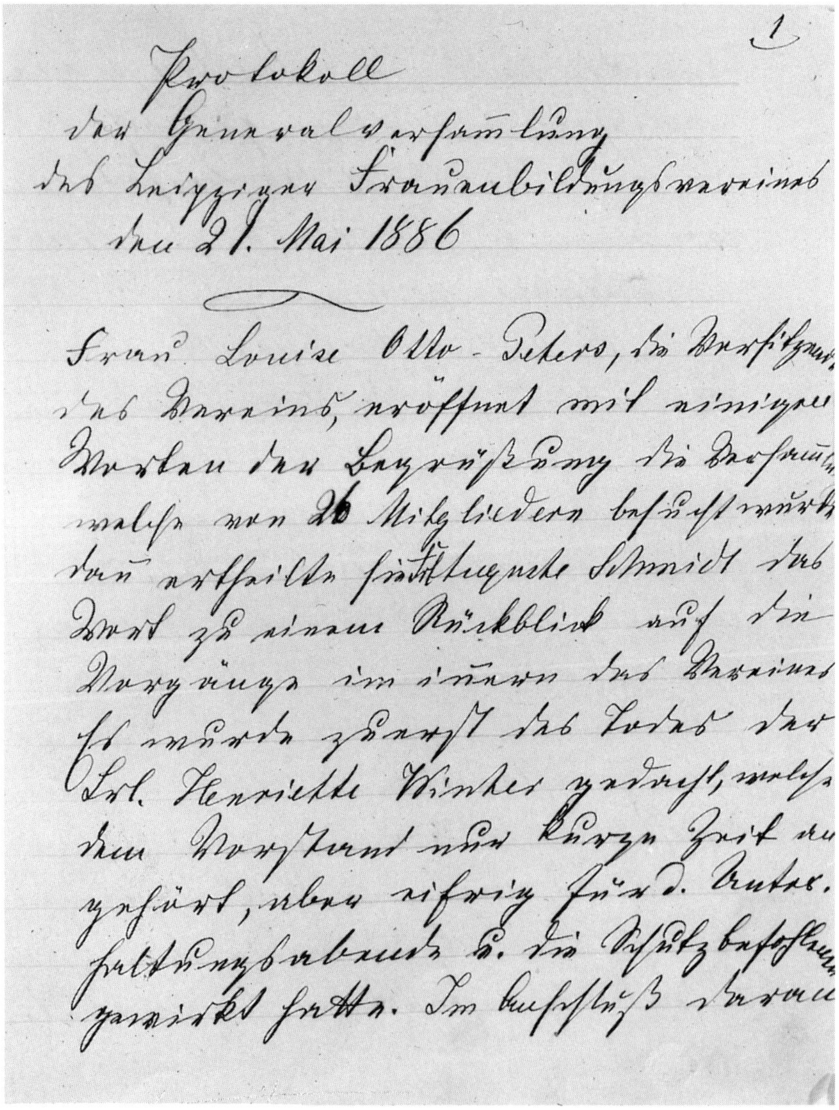

1

Protokoll
der Generalversammlung
des Leipziger Frauenbildungsvereins
den 21. Mai 1886

Frau Louise Otto-Peters, die Vorsitzende des Vereins, eröffnet mit einigen Worten der Begrüßung die Versammlung welche von 26 Mitgliedern besucht wurde, dann ertheilte Schriftführerin Schmidt das Wort zu einem Rückblick auf die Vorgänge im innern des Vereins. Es wurde zuerst des Todes der Frl. Henriette Winkler gedacht, welche dem Vorstand nur kurze Zeit angehört, aber eifrig für d. Unterhaltungsabende u. die Schutzbefohlenen gewirkt hatte. Im Anschluß daran

476 Seite aus dem Protokollbuch des Leipziger Frauenbildungsvereins. 1886/97

gen Arbeiter einzuschreiten, welche sich an der Arbeitseinstellung am 1. Mai d. J. beteiligen sollten.

2. Jedem Arbeitgeber liegt die Pflicht ob, etwaige Gesuche von Arbeitern um Beurlaubung für den 1. Mai abschlägig zu bescheiden.

3. Fehlen nur einzelne Arbeiter, so sollen diese sofort oder in möglichst kurzer Frist entlassen werden.

4. Wenn in einem Betrieb 2/3 der Arbeiter feiern, so liegt es dem Arbeitgeber ob, nach eigenem pflichtmäßigen Ermessen selbst bis zum vollständigen Schließen seines Betriebes zu schreiten.

5. Wegen Arbeitsverweigerung am 1. Mai entlassene Arbeiter dürfen nur mit reduziertem Lohn und nur von ihrem alten Arbeitgeber wieder eingestellt werden. Die auf diese Art gesparten Löhne haben der Fabrikkranken- oder Unterstützungskasse zuzufließen.

6. Arbeiter, welche anläßlich des 1. Mai entlassen werden, dürfen während der folgenden 6 Wochen in keinem andern Betrieb Aufnahme finden; die Namen dieser Leute sind sofort dem geschäftsführenden Ausschuß aufzugeben.

7. Es empfiehlt sich, daß die Arbeitgeber ihre Arbeiter in entsprechender Weise auf die ernsten Folgen einer etwaigen Arbeitseinstellung am 1. Mai d. J. aufmerksam machen [...]

Stadtarchiv Leipzig: Kapitel 72, Nr. 17, Bd. 1, Bl. 4

Schlafleutewesen. 1892 Die Verteilung der Haushaltungen mit Schlafleuten [Untermietern] war in den einzelnen Stadtbezirken folgende:

	Haushaltungen	mit Schlafleuten
Innere Stadt	903	1 883
Ostvorstadt	1 444	2 656
Nordvorstadt	692	1 432
Westvorstadt	1 319	2 353
Südvorstadt	2 180	3 899
Zus. Alt-Leipzig	6 538	12 223
Reudnitz	1 086	1 597
Neureudnitz	82	111
Thonberg	192	228
Anger-Crottendorf	499	708
Neuschönefeld	241	324
Neustadt	278	403
Volkmarsdorf	582	796
Neusellerhausen	60	74
Sellerhausen	224	297
Eutritzsch	330	473
Gohlis	711	990
Lindenau	1 121	1 702
Plagwitz	770	1 193
Kleinzschocher	313	437
Schleußig	59	87
Connewitz	220	300
Lößnig	7	9
Zus. Neu-Leipzig	6 776	9 729

(Alt- und Neu-Leipzig: 13314 Haushaltungen mit 21952 Schlafl.)

Leipziger Tageblatt. 4. Dezember 1892. 2. Beilage

477 Rosa Luxemburg. Historisches Foto von Karl Pinkau. Um 1900

478 Clara Zetkin. Historisches Foto von Karl Pinkau. 1904

Personendampfschiffahrt. 26. April 1893 [...] Die von uns [der Westend-Baugesellschaft] auf der Elster und dem fertiggestellten Stück unseres Kanals betriebene Personendampfschiffahrt erfreut sich ziemlicher Beliebtheit, sie würde aber ungleich mehr benutzt werden, wenn in der nächsten Nähe der Plagwitzer und Lindenauer Landungsplätze bessere Gartenrestaurationen gelegen wären oder schöne, schattige Spaziergänge an diese Endpunkte sich anschlössen. Einer der beliebtesten und frequentiertsten Leipziger Ausflugspunkte ist Connewitz bez[iehungsweise] der Weg dahin durch das Ratsholz; nur der Zugang zu dem letzteren mittels des Schleußiger Weges ist im Sommer unbequem, da er schattenlos und staubig ist.

Die Spaziergänger und namentlich die aus dem Westen kommenden würden es daher jedenfalls freudig begrüßen, wenn wir an den Sonntagen unsere Dampfer, von der jetzigen Leipziger Landungsstelle an der Thomasiusstraße aus, auf der Elster und dem Pleißenwildflutbett bis nach dem Pleißenwehr an der Brücke der Leipzig-Plagwitzer Bahn verkehren lassen würden. An den Tagen, an welchen die Rennen [auf der 1867 eingeweihten Pferderennbahn am Scheibenholz] stattfinden, würden wir die Schiffe an der Kettenbrücke halten lassen.

Wir bitten ergebenst zu Ermöglichung unseres Vorhabens uns Landungsplätze an der Kettenbrücke und am Pleißenwehr zur Verfügung stellen zu wollen [...]

Stadtarchiv Leipzig: Kapitel 70, Nr. 14, Bl. 13f.

480 Studie zum Eingang der Deutschen Bank am Martin-Luther-Ring. Getönte Federzeichnung von Arwed Rossbach. 1898

479 Leipziger Palmengarten. Historisches Foto. 1914

Jubiläums-Gartenbauausstellung. 1893 Zur Feier des fünfzigjährigen Bestehens des Leipziger Gärtnervereins e. G. findet in den Tagen vom 25. August bis einschließlich den 5. September 1893 eine Jubiläums-Gartenbauausstellung in Leipzig statt [...] Der Rat der Stadt Leipzig hat dieses Unternehmen durch die gütige Überlassung eines ca. 13 1/2 Hektar großen, von mächtigen Baumgruppen umgrenzten, herrlich gelegenen Platzes, ›das Kuhturmgrundstück‹ genannt, wesentlich gefördert und des weiteren auch die für die Universitätsstadt Leipzig historisch gewordenen Kuhturmgebäude in wohlwollendster Weise zu Ausstellungszwecken zur Verfügung gestellt. Das zu dieser Ausstellung zu verwendende Areal enthält somit, einschließlich der zu errichtenden Haupthalle, ca. 5000 Quadratmeter bedeckten Raum sowie, einschließlich einer ca. 6500 Quadratmeter großen Teichanlage, über 136000 Quadratmeter Raum im Freien [...]

Stadtarchiv Leipzig: Kapitel 75A, Nr. 30, Bl. 11

Mexikanische Altertümer. 18. August 1894 [...] Der ergebenst unterzeichnete Vorstand nimmt sich die Freiheit, einem geehrten Rat [der Stadt] hierdurch mitzuteilen, daß dem Museum für Völkerkunde eine große Sammlung höchst interessanter und wertvoller mexikanischer Altertümer, wie sie noch in keinem Museum vorhanden ist, zum Kauf angeboten wird. Diese ungefähr 3500 bis 4000 Nummern umfassende Sammlung stammt aus dem Küstengebiet, einem bisher noch gar nicht ergiebig erforschten Gebiet Mexikos, und ist mit größter Sorgfalt und Gewissenhaftigkeit unter genauer Berücksichtigung der wissenschaftlichen Ansprüche von einem ebenso eifrigen Forscher wie gründlichen Kenner des alten Mexikos [gemeint ist Hermann Strebel] mit vieler Mühe und bedeutenden Kosten zusammengebracht worden. Die Gegenstände sind überaus eigenartig und charakteristisch und weichen im Stil sehr wesentlich von den Altertümern ab, die man bisher nur im mexikanischen Hochland gefunden hat [...]

Stadtarchiv Leipzig: Kapitel 31, Nr. 12, Bd. 1, Bl. 292

Fachlehrergehälter. 15. Februar 1898

[...] Seit dem 1. Januar 1897 ist bezüglich der Besoldung der ständigen Lehrer und Lehrerinnen der Leipziger Volksschulen das reine Dienstalterszulagensystem eingeführt und zugleich eine – wenn auch nicht sehr erhebliche – Aufbesserung der Gehalte dadurch erfolgt, daß anstatt der früher aller 5 Jahre eintretenden Gehaltserhöhung um 300 M bereits nach 2- bez[iehungsweise] 3jähriger Dienstzeit eine Zulage von je 150 M gewährt wird.

Es dürfte nur der Billigkeit entsprechen, diese Zwischenstufen auch für die Fachlehrer und Fachlehrerinnen sowie für die Lehrerinnen für Nadelarbeiten einzuführen, während bei ihnen das Dienstalterszulagensystem schon früher bestanden hat.

1. Für Fachlehrer beträgt das Gehalt jetzt 70 M für Stunde und Jahr und steigt viermal aller 5 Jahre um je 10 M bis zum Höchstgehalt von 110 für Stunde und Jahr. Ich schlage vor, unter Belassung des Anfangs- und des Höchstgehalts die Gegenleistung folgendermaßen festzusetzen:

Anfangsgehalt			70 M für Stunde und Jahr,
nach	3jähriger	Dienstzeit	75 " " ,
"	5	" "	80 " " ,
"	7	" "	85 " " ,
"	10	" "	90 " " ,
"	12	" "	95 " " ,
"	15	" "	100 " " ,
"	17	" "	105 " " ,
"	20	" "	110 " " .

2. Die Handarbeitslehrerinnen erhalten jetzt ein Anfangsgehalt von 1200 M, das nach je 5jähriger Dienstzeit viermal um je 100 M bis 1600 M ansteigt. Hier werden folgende Gehaltssätze vorgeschlagen:

Anfangsgehalt			1 200 M,
nach	3	Dienstjahren	1 250 ",
"	5	"	1 300 ",
"	7	"	1 350 ",
"	10	"	1 400 ",
"	12	"	1 450 ",
"	15	"	1 500 ",
"	17	"	1 550 ",
"	20	"	1 600 ".

3. Für die an der Fortbildungsschule für Mädchen beschäftigten Handarbeitslehrerinnen, die schon jetzt nach gemeinschaftlichem Beschluß von Rat und Stadtverordneten 100 M Gehalt jährlich mehr beziehen als die übrigen Handarbeitslehrerinnen, sind die unter 2. ersichtlichen Sätze um je 100 M zu erhöhen [...]

Stadtarchiv Leipzig: Schulamt, Kapitel I, Nr. 54, Bd. 1, Bl. 404

481 Sächsisch-Thüringische Industrie- und Gewerbeausstellung im König-Albert-Park (heute Teil des Clara-Zetkin-Parks). Heliogravüre. 1897

Messen und Märkte. 1898
[...]

1. Neujahrsmesse	3.–16. Januar
2. Borstenmarkt	28. Februar
3. Ausstellung von Musterkollektionen und Musterlägern	7.–19. März
4. Ostermesse	
Böttcherwoche	17.–23. April
Messwoche	24.–30. April
Zahlwoche	1.– 8. Mai
5. Wollmarkt	erfolgt bes. Bekanntmachung
6. Borstenmarkt	27. Juni
7. Michaelismesse	
Böttcherwoche	28. Aug.–3. September
Messwoche	4.–10. September
Zahlwoche	11.–18. September

Stadtarchiv Leipzig: Kapitel 66, Nr. 2, Bd. 16, Bl. 88

482 Markthalle auf dem Gelände des heutigen Wilhelm-Leuschner-Platzes. Historisches Foto. Um 1900

483 Seiferts Oscar auf der Leipziger Kleinmesse. Historisches Foto. Um 1930

Fahrgeschwindigkeit und Verkehrsdichte. 6. September 1898 Wir haben in den letzten Tagen die Verhältnisse an der Kreuzung der Quer- und Dörrien- bez[iehungsweise] Gellertstraße wiederholt geprüft und können an Hand der angestellten Erörterungen bestätigen, daß das, was die elektrische Straßenbahn vorstehend auf die Eingabe des Herrn Hartung angibt, richtig ist. Wir haben die Geschwindigkeit der in der Querstraße fahrenden Wagen der elektrischen Bahn wiederholt gemessen und können angeben, daß die Wagen an der von Herrn Hartung genannten Stelle der Querstraße durchschnittlich noch nicht einmal mit derjenigen Geschwindigkeit fahren, welche nach § 25 der Betriebsordnung der elektrischen Straßenbahnen gestattet ist, 18 km in der Stunde (oder 5 m in der Sekunde) [...]

Der Verkehr, welcher an jener Stelle durch die Querstraße sich bewegt, ist bei weitem nicht so lebhaft wie der in der Grimmaischen Straße. In der Grimmaischen Straße, Kreuzung bei Felsche, wurden am 4. März 1897 von 5 1/2 früh bis 12 Uhr nachts, also in 1110 Minuten,

954 Wagen der Großen Straßenbahn,
411 „ „ elektrischen [Straßenbahn],
2 216 Lastgeschirre,
1 478 Hand- und Hundewagen

5 059 Wagen im ganzen oder 4,56 Wagen per Minute gezählt.

An der Kreuzung der Quer- und Gellertstraße wurden am Donnerstag, dem 1. September (an den Donnerstagen ist der Buchhandelverkehr wie bekannt besonders lebhaft), von früh 5 1/2 Uhr bis 6 Uhr abends oder in 810 Minuten – um 5 1/2 Uhr beginnt der elektrische Bahnverkehr – von uns gezählt:

420 Wagen der elektrischen Straßenbahn,
215 Droschken, Fleischer-, Milch-, Bäckerwagen und andere Leichtgeschirre,
323 Lastgeschirre,
27 Postwagen,
74 Hundewagen,
763 Handwagen

1 822 Wagen im ganzen oder pro Minute 2,12 Wagen,

und rechnet man den Verkehr noch hinzu, der in der Richtung der Dörrien-, Gellertstraße über die Querstraße sich bewegt, so kommen zu obigen Zahlen noch hinzu

138 Droschken etc. wie oben Leichtgeschirre,
238 Lastgeschirre,
30 Postwagen,
7 Hundewagen,
282 Handwagen,
und es ergibt sich dann dort ein Gesamtverkehr von
2 517 Wagen in 810 Minuten oder 3,10 pro Minute [...]

Stadtarchiv Leipzig: Kapitel 70, Nr. 91, Bd. 1, Bl. 12f.

Goethe-Eiche. 30. August 1899
[...] Auf meine [des Verlagsbuchhändlers Julius Milde] telegraphische Anfrage am 26. August 1899 hat Frau Baronin Ulrike von Levetzow auf Schloß Triblitz, die als letzte Herzensfreundin Goethes das seltene Glück hat, die 150jährige Geburtstagsfeier Goethes als 95jährige körperlich und geistig frische Greisin zu erleben, die Güte gehabt, mir für die Leipziger und Leipziger Studentenschaft eine Goethe-Eiche als Geschenk zu übersenden.

Nachdem ich bereits der Leipziger Studentenschaft, z. H. des Herrn Rektor Prof. Dr. Hauck, von diesem – durch die Person der Geschenkgeberin besonders wertvollen – Geschenk Kenntnis gegeben und um freundliche Annahme ersucht habe, erfülle ich noch die angenehme Pflicht, den Rat der Stadt Leipzig als Vertreter der ›Leipziger‹ um gütige Annahme der Goethe-Eiche zu bitten.

Im weiteren Sinne sind also ›die Leipziger‹ Besitzer der Goethe-Eiche und im engern Sinne

›die Leipziger Studentenschaft‹, da Goethe ja als Student seine Studienjahre hier verlebt hat [...]

Stadtarchiv Leipzig: Kapitel 71, Nr. 48, Bl. 6f.

Einführung von Jugendturnspielen. 1900 Im Hinblick darauf, daß den hiesigen Volksschülern wenig Gelegenheit geboten ist, sich während ihrer freien Zeit auf geeigneten Plätzen zu tummeln und daß das Spiel beim Turnunterricht wegen der geringen Stundenzahl nicht die erforderliche Berücksichtigung finden kann, haben wir [der Schulausschuß der Stadt] nach dem Vorgang anderer Großstädte die Einführung von Jugendturnspielen an den hiesigen Volksschulen auf dazu passenden Schulhöfen beschlossen [...]

Hierbei sollen folgende Grundsätze maßgebend sein:

1. Zu einer Spielgruppe werden in der Regel nur Kinder derselben Schule genommen, und zwar die Knaben der Klassen 1 bis 4, die Mädchen der Klassen 1 bis 5.
2. Der Besuch der Jugendturnspiele ist ein freiwilliger.

[...]

4. Als Spielzeiten gelten die Mittwoch- und Sonnabendnachmittage von 4 bis 6 Uhr.

[...]

7. Einem Spielleiter dürfen nicht mehr als 100 Kinder unterstellt werden [...]

Stadtarchiv Leipzig: Schulamt, Kapitel I, Nr. 78, Bd. 1, Bl. 19

484 ›Städtisches Kaufhaus‹, erstes Mustermessehaus der Welt. Historisches Foto. Um 1920

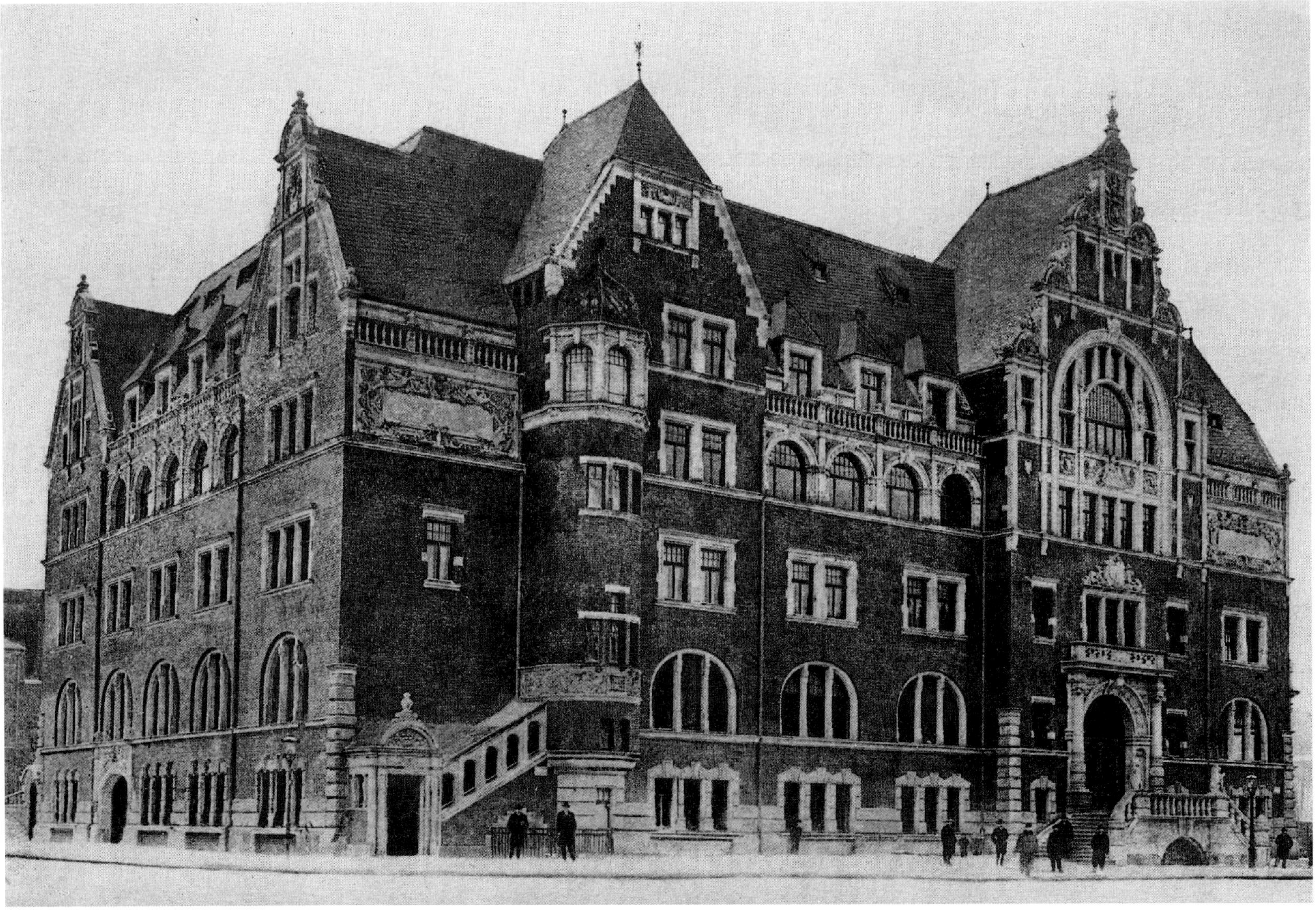

485 Buchgewerbehaus am Gerichtsweg. Koloriertes historisches Foto. Um 1900

Über das neue Buchgewerbehaus. 21. Januar 1900 Am Ende des verflossenen Jahres ist der Bau des Buchgewerbehauses vollendet worden; ein Gebäude, dessen Zweck es sein soll, ein ergänzendes Glied des deutschen Buchhändlerhauses zu bilden, hat es äußerlich in seinen Bauformen sich dem Charakter des letzteren angepaßt und bildet nun mit diesem gemeinsam ein imposantes, einheitliches Häusergeviert, welches östlich vom Gerichtsweg, westlich von der Plato-, südlich von der Hospital- und nördlich von der Dolzstraße begrenzt wird. Die Hauptgrundrißanlage des Gebäudes bildet ein ungleichseitiges längliches Viereck, dessen vier Flügel sich um einen Lichthof gruppieren. Der nach Westen hin gelegene Giebel wird durch einen stark hervortretenden, mit reichem ornamentalen Schmuck verzierten Giebelbau besonders geziert, denn in diesem Gebäudeteil hat der vornehmste Raum der ganzen Anlage, die große Gutenberghalle, Platz gefunden [...]

Das Erdgeschoß wird, ebenso wie das über dem Zwischengeschoß sich aufbauende Hauptgeschoß, vornehmlich zu Ausstellungszwecken Verwendung finden. Ist das Erdgeschoß dazu bestimmt, die buchgewerbli-

486 Gutenberghalle im Buchgewerbehaus. Historisches Foto. Um 1900

chen Maschinen und dergleichen aufzunehmen, so werden in dem Hauptgeschoß die Erzeugnisse der Buchgewerbekunst und mit derselben in Beziehung stehende künstlerische Darbietungen Aufnahme finden [...]

Ganz vortrefflich, ja meisterhaft gelöst ist die Einführung und Durchbildung des von Josef Magr ausgeführten figürlichen Schmucks, der in den Zwickelfeldern über den Rundbogenfenstern der Gutenberghalle und über dem östlichen und westlichen Seitenportal sichtbar ist [...] Die Figuren nehmen teils Bezug auf die Schriftcharaktere verschiedener Zeiten, so versinnbildlicht u. a. ein Assyrer die Keilschrift, eine Griechin den Papyrus, ein Mönch die mittelalterliche Schriftkunst, teils verkörpern die Figuren Handel und Schiffahrt, Maschinenbetrieb und Letternsatz, Kunst und Handwerk [...]

Stadtarchiv Leipzig: Kapitel 35, Nr. 214, Bd. 1, Bl. 51

Aus der Haus- und Schulordnung der Buchdrucker-Lehranstalt (I). 1. März 1900

[...]

1. Der Unterricht beginnt [je nach Sommer oder Winter] ¼ nach 6 (bez[iehungsweise] nach 7) Uhr; es hat sich jeder Schüler pünktlich in der Schule einzufinden.

2. Jeder Schüler hat reinlich und in anständiger Kleidung zur Schule zu kommen.

3. Beim Eintritt in das Schulhaus sind die Füße an den vor den Türen und an den Treppen befindlichen Abstreichern gehörig zu reinigen.

4. Die Benutzung der Wasserleitung auf den einzelnen Korridoren ist nur mit Genehmigung des Lehrers gestattet. Das Mitbringen von Eßwaren aller Art ist verboten.

5. Nach dem Eintritt in das Klassenzimmer hat sich jeder Schüler ruhig auf seinen Platz zu begeben und denselben nicht wieder zu verlassen. Das Hinausgehen aus der Klasse während der Unterrichtsstunden ist nur in dringenden Fällen und mit besonderer Erlaubnis des Lehrers gestattet.

6. Alle Gerätschaften und Räume der Schule sind sorgfältig zu schonen und vor Verunreinigung zu bewahren; insbesondere dürfen weder auf den Korridoren und Treppen noch in den Klassenzimmern Papierstükken und dergleichen weggeworfen oder liegengelassen werden.

7. Wird das Eigentum der Schule in irgendwelcher Weise beschädigt oder zerstört, so hat zunächst der Täter oder, wenn dieser nicht zu ermitteln, die gesamte Klasse dafür Ersatz zu leisten.

8. Zu den Unterrichtsstunden sind jederzeit die nötigen Bücher und Schreibmaterialien in gutem Zustand mitzubringen. Das Tagebuch muß an jedem Unterrichtsabend mitgebracht werden. Die Bücher sind in einer Ledermappe zu verwahren. Alle aufgegebenen häuslichen Arbeiten müssen pünktlich angefertigt und abgeliefert werden.

9. Die Schüler sind zu regelmäßigem Besuch der Schule verpflichtet. Als Entschuldigungsgrund bei Versäumnissen gilt allein Krankheit des Schülers. Geschäftliche Abhaltung irgendwelcher Art darf als Entschuldigungsgrund nie vorgebracht werden. Inwiefern jedoch andere Ursachen als Rechtfertigung für das Wegbleiben eines Schülers vom Unterricht anerkannt werden können, entscheidet nur der Direktor, dem vorher das Gesuch um Befreiung vom Unterricht zu unterbreiten ist. Bei Behinderung eines Schülers infolge Krankheit ist dem Direktor vor Beginn des auf den ersten Krankheitstag fallenden Unterrichts schriftlich Anzeige zu erstatten. Um Urlaub für eine einzelne Stunde ist der Lehrer zu befragen.

10. Für unentschuldigtes Fehlen bis zu 3mal tritt eine Ordnungsstrafe von 1 Mark für jeden Versäumnistag ein; bei weiterem Fehlen kann diese Strafe bis zu 3 Mark für jeden Tag erhöht werden. Auch kann bei fortgesetzter Schulversäumnis die polizeiliche Zuführung des Schülers erfolgen. Die Versäumnisstrafen sind von demjenigen zu bezahlen, der das Versäumnis verschuldet hat, also entweder vom Lehrling oder vom Lehrherrn. In jedem Fall hat der Lehrherr für pünktliche Bezahlung der Schulstrafe Sorge zu tragen.

[...]

13. Die Schüler haben den Weisungen jedes Lehrers sofort und unweigerlich Folge zu leisten, alle Lehrer in höflicher Weise zu grüßen und ihnen überhaupt innerhalb wie außerhalb des Schulgebäudes Achtung und Ehrerbietung entgegenzubringen.

14. Als Schulstrafen gelten: Erinnerungen und Verweise durch den Lehrer. – Aufstehen vom Platz und Heraustreten aus der Bank. – Aufgabe einer angemessenen häuslichen Strafarbeit. – Erinnerungen und Verweise durch den Direktor. – Schriftliche Anzeigen an die Lehrherren oder Eltern. – Erinnerungen und Verweise im Beisein des Lehrherrn oder des Vaters bez[iehungsweise] des Vormunds. – Verweise durch den Schulausschuß. – Arrest bis zu 2 Stunden wöchentlich. – Karzer ohne polizeiliche Zuführung. – Karzer mit polizeilicher Zu- und Abführung. – Androhung der Entlassung unter Mitteilung an den Schulausschuß, den Lehrherrn und die Eltern bez. den Vormund. – Ausschließen aus der Anstalt durch den Schulausschuß. Der diesbez[ügliche] Antrag bedarf der einstimmigen Zustimmung der Lehrerkonferenz. Karzerstrafe kann nur durch den Direktor bez. nur unter ausdrücklicher Zustimmung desselben verhängt werden.

[...]

Stadtarchiv Leipzig: Schulamt, Kapitel VIII, Nr. 6, Bd. 1, Bl. 226f.

РОССІЙСКАЯ СОЦІАЛЬ-ДЕМОКРАТИЧЕСКАЯ РАБОЧАЯ ПАРТІЯ

ИСКРА

„Изъ искры возгорится пламя!“... Отвѣтъ декабристовъ Пушкину

№ 1. ДЕКАБРЬ 1900 ГОДА. № 1.

НАСУЩНЫЯ ЗАДАЧИ НАШЕГО ДВИЖЕНІЯ.

Русская соціалдемократія не разъ уже заявляла, что ближайшей политической задачей русской рабочей партіи должно быть ниспровержение самодержавія, завоеваніе политической свободы. Это заявляли больше 15 лѣтъ тому назадъ представители русской соціалдемократіи, члены группы „Осв. Труда“, это заявили два съ половиной года тому назадъ и представители русскихъ соціалдемократическихъ организацій, образовавшіе весной 1898 года Россійскую Соціалдемократическую Рабочую Партію. Но не смотря на эти неоднократныя заявленія, вопросъ о политическихъ задачахъ соціалдемократіи въ Россіи снова выступаетъ на очередь въ настоящее время. Многіе представители нашего движенія выражаютъ сомнѣніе въ правильности указаннаго

ческой мысли отъ передовыхъ представителей трудящихся классовъ гораздо больше, чѣмъ въ другихъ странахъ, и что при такой оторванности русское революціонное движеніе осуждено на безсиліе. Отсюда сама собою вытекаетъ та задача, которую призвана осуществить русская соціалдемократія: внѣдрить соціалистическія идеи и политическое самосознаніе въ массу пролетаріата и организовать революціонную партію, неразрывно связанную съ стихійнымъ рабочимъ движеніемъ. Много уже сдѣлано въ этомъ отношеніи русской соціалдемократіей; но еще больше остается сдѣлать. Съ ростомъ движенія поприще дѣятельности для соціалдемократіи становится все шире, работа все разностороннѣе, все большее число дѣятелей движенія сосредоточиваетъ свои силы на осуществленіи различныхъ частныхъ задачъ, которыя выдвигаются повседневными нуждами пропаганды и агитаціи. ...

есть въ Россіи живого и честнаго. И только тогда исполнится великое пророчество русскаго рабочаго-революціонера, Петра Алексѣева: „подымется мускулистая рука милліоновъ рабочаго люда, и ярмо деспотизма, огражденное солдатскими штыками, разлетится въ прахъ!“

ВИЛЬГЕЛЬМЪ ЛИБКНЕХТЪ

(родился 29-го марта 1826 г., умеръ 7-го августа 1900 г.)

Со смертью старѣйшаго вождя германской соціалдемократіи революціонный пролетаріатъ всего міра лишился одного изъ своихъ наиболѣе замѣчательныхъ и неутомимыхъ борцовъ и руководителей. Не даромъ вѣсть объ его внезапной кончинѣ, какъ громомъ поразила передовыхъ рабо-

487 Titelblatt der ersten Ausgabe der von Wladimir Iljitsch Lenin redigierten ›Iskra‹ (Der Funke), gedruckt in Leipzig-Probstheida (Ausschnitt). 1900

488 Stadtbibliothek. Historisches Foto von Hermann Walter. Um 1885

Aus der Haus- und Schulordnung der Buchdrucker-Lehranstalt (II). 1. März 1900

16. Nach dem Schluß der Schule ist ein längeres Verweilen in den Klassenzimmern wie in den Schulräumen nicht erlaubt.

17. Beim Kommen zur Schule und beim Fortgehen aus derselben ist jedes ungehörige Springen, Pfeifen und Lärmen auf den Korridoren, im Treppenhaus, auf dem Schulhof wie auch auf dem Schulweg streng verboten; auch ist das Stehenbleiben vor dem Schulgebäude nicht gestattet.

18. Der Besuch von Schankstätten seitens der Schüler der Buchdrucker-Lehranstalt anders als in Begleitung erwachsener Personen, denen sie angehören, ist ebenso wie alles Tabakrauchen untersagt; auch ist der Beitritt zu Vereinen irgendwelcher Art nur mit besonderer Erlaubnis des Direktors gestattet.

[...]

20. Als gesetzliche Schulferien gelten folgende: Der Unterricht beginnt in der zweiten Woche nach Ostern. – Zu Pfingsten fällt der Unterricht in der Pfingstwoche aus. – Die Sommerferien beginnen mit dem 3. Sonnabend im Juli und dauern 4 Wochen. – Während der Michaeliswoche wird der Unterricht gleichfalls ausgesetzt. – Zu Weihnachten schließt der Unterricht am 16. Dezember und beginnt wieder am 7. Januar. Das Schuljahr schließt mit dem Freitag vor Palmarum [Sonntag vor Ostern]. Hierzu kommen als freie Tage alle im Königreich Sachsen geltenden Feiertage einschließlich der vaterländischen Gedenktage und des Johannistages [24. Juni], eventl. die Vorabende vor den Bußtagen.

Stadtarchiv Leipzig: Schulamt, Kapitel VIII, Nr. 6, Bd. 1, Bl. 227

Aus den Satzungen der Neuen Bachgesellschaft. 1900

1. Sitz: Die am 27. Januar 1900 sofort nach Auflösung der alten Bachgesellschaft von deren Vorständen begründete Neue Bachgesellschaft hat ihren Sitz in Leipzig und durch Eintragung in das Vereinsregister des Königl. Amtsgerichts Leipzig Rechtsfähigkeit erlangt.

2. Zweck: Der Zweck der Neuen Bachgesellschaft ist, den Werken des großen deutschen Tonmeisters Johann Sebastian Bach eine belebende Macht im deutschen Volk und in den ernster deutscher Musik zugängigen Ländern zu schaffen, insbesondere auch seine für die Kirche geschaffenen Werke dem Gottesdienst nutzbar zu machen.

3. Mittel zum Gesellschaftszweck: Die Neue Bachgesellschaft setzt da ein, wo die alte Bachgesellschaft, die sich auf die erstmalige Veröffentlichung der kritischen Gesamtausgabe der Werke von Johann Sebastian Bach beschränkt hat, aufgehört hat. Sie sucht ihren Zweck zu erreichen durch Veranstaltung von wandernden Bachfesten, durch Veröffentlichungen, die Bachs Werke und die Ergebnisse der Bachforschungen in weite Kreise des Volkes einführen sollen, und durch Gründung eines Bachmuseums.

[...]

Stadtarchiv Leipzig: Kapitel 35, Nr. 823, Bd. 1, Bl. 17

489 Buchhändlerhaus in der Hospitalstraße (heute Prager Straße/Gutenbergplatz). Holzstich, nach einer Zeichnung von Bruno Straßberger. 1898

490 Neue Börse am Tröndlinring 2. Historisches Foto. 1887

Wach- und Schließgesellschaft. 1902
[...] Wir übernehmen die nächtliche Beaufsichtigung aller Gebäude, zu deren Bewachung wir Auftrag erhalten. Ferner übernehmen wir auf Wunsch die Schließung derjenigen Häuser, zu denen uns die Schlüssel ausgehändigt werden. Die Dienststunden unserer Wachmannschaften sind: im Winter von abends 10 bis morgens 6½ Uhr, im Sommer von abends 10 bis morgens 5 Uhr, und haben sich die Wächter, welche während der ganzen Nacht von unseren Kontrollbeamten kontrolliert werden, allnächtlich annähernd 15mal davon zu überzeugen, daß jedes uns zur Bewachung anvertraute Haus verschlossen ist.

Findet ein Wächter bei seinen Rundgängen ein Haus unverschlossen, so hat er dieses, falls wir im Besitz der Hausschlüssel sind, sofort zu verschließen, nachdem er sich zuvor die Überzeugung verschafft hat, daß sich nicht inzwischen verdächtige Personen eingeschlichen haben. Jedes Haus, welches wir bewachen, ohne im Besitz des Schlüssels zu sein, hat der Wächter in diesem Fall ebenfalls abzuleuchten und die Haustüren, falls sich nichts Verdächtiges findet, zuzuziehen oder, wenn dies gewünscht wird, eventl. unseren Abonnenten zu wecken. In jedem Fall hat er das offengefundene Haus besonders scharf zu bewachen und sich möglichst die ganze Nacht in nächster Nähe aufzuhalten.

Bei Feuersgefahr sollen unsere Wachmannschaften die ersten erforderlichen Schritte tun, d. h. sämtliche Hausbewohner wecken sowie durch den nächsten Meldeapparat die Feuerwehr herbeirufen und selbst tatkräftig eingreifen. Ebenso haben sich die Mannschaften bei Wassersnot, bei Lebensgefahr, bei Krankheitsfällen in den Dienst des Bürgers zu stellen und sind angewiesen, der Einwohnerschaft innerhalb ihrer Kompetenz während der Nachtzeit jede Hilfe zu gewähren, um die man sie ersucht. Die Wächter werden ärztlicherseits im Samariterdienst ausgebildet, führen alles Erforderliche wie Verbandszeug usw. bei sich und sind angewiesen, bei Unglücksfällen jedermann sofort und kostenlos Hilfe zu leisten [...]

Stadtarchiv Leipzig: Kapitel 35, Nr. 688, Bl. 2f.

Völkerschlachtmuseum. 1904 Das Museum, welches in der ganzen Welt allein schon wegen seines Reichtums an hervorragenden kostbaren Dokumenten, Briefen usw. berühmt ist, hat dieser Tage eine Sammlung weiterer Dokumente erhalten, welche ruhmvolle Marksteine der Befreiungskämpfe bilden [...] Bestand der Autographensammlung über 2500 Nummern, auch auf anderen Gebieten sind gute Erwerbungen gemacht.

Leipziger Tageblatt. 3. Februar 1904

Aus den Satzungen des Bachvereins. 29. März 1905
[...]

§ 1. Der Zweck des im Jahre 1875 gegründeten Bachvereins ist die lebendige Pflege der musikalischen Schätze des 15. bis 18. Jahrhunderts. Unter diesen sind die Werke Johann Sebastian Bachs als des Meisters, von dem der Verein seinen Namen trägt, vor allen andern zu berücksichtigen. Ausnahmsweise kann die Wiedergabe eines modernen, künstlerisch bedeutsamen Chorwerkes großer Form gestattet werden, dessen Aufführung in Leipzig sonst nicht zu erwarten ist.

§ 2. Alljährlich in der Zeit vom 15. September bis 15. Juni finden drei Aufführungen statt, deren eine in der Regel ein Haus- bzw. A-capella-Konzert sein soll [...]

Stadtarchiv Leipzig: Kapitel 35, Nr. 809, Bd. 1, Bl. 16

491 Neues Rathaus im Bau. Historisches Foto. 1902

492 Festsaal im Alten Rathaus, seit 1911 als Stadtgeschichtliches Museum genutzt. Historisches Foto. 1909

Zur Einweihung des Neuen Rathauses. Juli 1905 Der Rat zu Leipzig will im Oktober das Neue Rathaus einweihen, und natürlich soll das nicht geschehen, ohne daß man sich dabei ›eine Güte‹ tut. Der Deutsche kann ja leider kein Fest feiern, ohne dabei zu schmausen und zu zechen. In Leipzig hat man für diesen Zweck 50000 Mark bewilligt. Allerdings soll von dieser Summe für die Feier auch noch das Rathaus geschmückt und beleuchtet werden, aber es ist wohl anzunehmen, daß von den geladenen Honoratioren trotzdem und trotz der hohen Fleischpreise keiner hungrig und durstig vom Tisch aufstehen wird. 50000 Mark Gemeindegelder für eine Rathausweihe! Da merkt man keine schlechten Zeiten, und Not scheint es in der schönen Stadt an der Pleiße nicht zu geben. Aber das ist ein Irrtum. Die verehrten städtischen Behörden wollen das Fest nicht feiern, ohne auch der armen Leute zu gedenken. An dem Tage sollen unter diese – 5000 Flaschen Wein verteilt werden. Werden die sich glücklich schätzen! Das Nötigste, was die Armen in Leipzig brauchten, waren jedenfalls diese 5000 Flaschen. Prosaische, aber doch sozial fühlende Nationen meinen jedoch, es wäre besser gewesen, statt die Armut in Leipzig mit Wein zu begießen, auf das ganze Fest zu verzichten und für die 50000 Mark etlichen hundert Bedürftigen am Wintersanfang die Wohnungsmiete zu bezahlen.

Stadtarchiv Leipzig: Kapitel 71, Nr. 54, Bl. 30

493 Amtskette des Leipziger Oberbürgermeisters.
Gefertigt nach einem Entwurf von Ernst Riegel. Silber und Email. 1913

494 Max Klinger: Die neue Salome. Marmor und Bernstein. 1893

Max Klinger an den Leipziger Kunstverein. 24. Oktober 1908
[...] Wegen der Arbeiten zur Aufstellung der Leinwand [›Die Blüte Griechenlands‹] für die Aula der Universität bin ich heut sehr in Anspruch genommen, wollen Sie mich heut entschuldigen.

Auch für Ihren sehr liebenswürdigen Vorschlag, eine Ausstellung meiner Sachen im Februar zu veranstalten, muß ich Einwendungen machen. Die Ausstellung des Kartons für die Aula ist eine nicht gut mögliche Sache. Der Karton ist 20 Meter 20 Zent[imeter] lang, 6,15 hoch. Sie haben im ganzen Museum keinen entsprechend großen Raum. Außerdem brauche ich ihn durchaus für die Arbeit, für die die Zeit sehr knapp bemessen ist [...]

Dagegen bitte ich Sie um eins: Im Lauf des November denke ich mit 3 Skulpturen zu kommen, von denen eine, ein Marmor ›Diana‹, ganz neu ist, die andern, ›Galathea‹ Silber und Marmor, ›Brandes‹ [lebensgroße Büste des dänischen Literaturkritikers und Essayisten Georg Brandes] Marmor, waren hier noch nicht ausgestellt. Wenn ich diese auf nur 4 Tage hier im Kunstverein ausstellen dürfte, da sie später schon anderweit angemeldet sind [...]

Stadtarchiv Leipzig: Leipziger Kunstverein, Nr. 158

Neuer Standort für Gellert-Denkmal. 10. Dezember 1908 [...] Das Verwaltungskomitee der Stiftung für die Stadt Leipzig hat in pietätvoller Beachtung eines Lieblingsgedankens des verstorbenen Stadtrats Dürr durch den Leipziger Künstler Dr. M. Lange eine getreue Nachbildung des von dem Maler und dereinstigen Direktor der Zeichenakademie zu Leipzig, Adam Friedrich Oeser, geschaffenen Gellert-Denkmals, das bis zur Abtragung des ›Schneckenbergs‹ am hiesigen Schwanenteich diesen Hügel krönte, aber beim Bau des Neuen Stadttheaters entfernt werden mußte und wegen starker Verwitterung nicht zu erhalten war, herstellen lassen und hat dieses Denkmal unserer Stadt zum Geschenk angeboten.

Wir haben beschlossen, dieses Geschenk anzunehmen, und haben als Aufstellungsort für das Denkmal in den von der verlängerten Universitätsstraße, dem verlängerten Neumarkt, der Schillerstraße und dem Georgiring begrenzten Promenadenanlagen den [...] Platz ausgewählt [...] Das Denkmal kann an diesem Ort von allen Seiten betrachtet werden; es liegt in einer vielbegangenen Gegend, ist aber dem geräuschvollen Verkehr immerhin weit genug entrückt, so daß seine Eigenschaft als eine Art Grabdenkmal nicht darunter leidet [...]

Stadtarchiv Leipzig: Titel LXII D, Nr. 7, Bl. 88

Musikfachausstellung. 3./15. Juni 1909 Leipzig ist die Musikstadt par excellence und deshalb in erster Linie dazu berufen, diese Ausstellung, die ein umfassendes, allseitiges Gesamtbild auf dem Gebiet der Musik gibt, in ihren Mauern zu beherbergen [...] Am stärksten ist natürlicher- und erfreulicherweise die Leipziger Industrie vertreten [...], weil Leipzig alle andern Städte auf dem Gebiet der Musikindustrie übertrifft. In 17 Gruppen hat das Ausstellungskomitee das große Material, das die Ausstellung auszeichnet, geordnet. Auf sämtliche Räume des Krystallpalasts [ehemals Wintergartenstraße 17/19, im Jahre 1943 zerstört] sind diese Gruppen verteilt [...] Im großen Varietésaal sind die großen Instrumente zur Schau gestellt [...] Die kleineren Instrumente, Streich-, Holzblas-, Blechblas-, Schlag-, Zupf- und mannigfaltige Saiteninstrumente, sind im Theatersaal aufgestellt [...] Eine andere Gruppe, ›Musikverlag‹, ist im Blauen Saal untergebracht. Gerade diese Abteilung zeigt die Musikstadt Leipzig von ihrer überlegensten Seite [...]

Stadtarchiv Leipzig: Kapitel 75, Nr. 69, Bl. 74

Festzug zur 500-Jahrfeier der Universität. 1909 Die Gruppen des Festzuges:

1. Einzug der Prager Studenten in Leipzig, Sommer 1409 [...]
2. Gründung der Universität durch Markgraf Friedrich den Streitbaren, 1409 [...]
3. Einzug der Wittenberger zur Leipziger Disputation am 24. Juni 1519 [...]
4. Kurfürst Moritz um 1550 [...]
5. Tilly gibt Leipziger Professoren das Geleit, 1631 [...]
6. Studententrachten zur Zeit der Gründung der Lausitzer Predigergesellschaft, 1716 [...]
7. Gottfried Wilhelm Leibniz, Leipziger Student und Magister, 1661–1665 [...]
8. Gotthold Ephraim Lessing, Leipziger Student, 1746–1748 [...]
9. Johann Wolfgang Goethe, Leipziger Student, 1765–1768 [...]
10. Faust-Szene aus Auerbachs Keller [...]
11. Befreiungskrieg 1813: Körner und die Lützowschen Reiter [...]
12. Leipziger Burschenschaften, Landsmannschaften und Korps in ihren Trachten während des ersten Drittels des 19. Jahrhunderts [...]
13. Studentenwache während des Straßenaufstandes im September 1830 [...]
14. Chargierte mit der neuen Universitätsfahne [...]

Stadtarchiv Leipzig: Kapitel 4, Nr. 9, Beiheft 1, Bl. 11f.

495 Max Klingers großes Atelier in der Karl-Heine-Straße. Historisches Foto. Vor 1920

496 Max Klinger: Die Blüte Griechenlands. Wandgemälde in der Aula des Augusteums (Universitätshauptgebäude) am Augustusplatz. Öl auf Leinwand. 1909

Jubiläums-Ausstellung der Universität. 1909 Zur Feier des fünfhundertjährigen Jubiläums der Universität Leipzig wird eine Universitäts-Jubiläums-Ausstellung veranstaltet, die die Kunstaltertümer aus Universitätsbesitz vereinigen und die Entwicklung der Universitäten in bildlichen Darstellungen vorführen soll.

Die Ausstellung wird folgende Gebiete umfassen:

1. Die baugeschichtliche Entwicklung der Leipziger Universität in bildlichen Darstellungen, Modellen, Grund- und Aufrissen. Pläne des Grundbesitzes.

2. Eine Auswahl Abbildungen zur Geschichte anderer deutscher und fremder Universitäten (Außen- und Innenarchitektur, monumentale Malerei).

3. Beispiele von Anlagen und Einrichtungen moderner nordamerikanischer Universitäten (Ansichten und Pläne).

4. Kunstaltertümer des XV. bis XIX. Jahrhunderts aus Universitätsbesitz (profanes und kirchliches Universitätsgerät, Zepter, Amtsketten, Kleinodien, Depositionsgeräte, Siegel, Denkmünzen, Stempel, miniierte [mit Miniaturmalerei versehene] Matrikelbücher, wertvolle alte Einbände; auch Gobelins, Gemälde, Miniaturen, Skulpturen in zweckentsprechender Auswahl; Abbildungen von älteren Denk- und Grabmälern von Universitätslehrern).

5. Die Entwicklung der Universitätstrachten und des Studentenlebens bis zur Mitte des 19. Jahrhunderts (Abbildungen, Stammbücher, Darstellungen von Fechtböden, Kneipen, Karzern usw.).

6. Erinnerungen an Goethes Aufenthalt in Leipzig. Damit im Zusammenhang:

7. Ausstellung von zumeist unveröffentlichten Handzeichnungen Goethes, seiner Lehrer und künstlerischen Mitarbeiter.

Die Ausstellung findet statt vom 15. Juli bis 15. August 1909 [...]

Stadtarchiv Leipzig: Kapitel 4, Nr. 9, Beiheft 1, Bl. 69

497 Eugen Urban: Rektor und Senat der Universität Leipzig im Jahr der fünfhundertsten Wiederkehr ihrer Gründung. Öl auf Leinwand. 1909

Plan zur Schaffung einer Reichsbibliothek. 30. Dezember 1909
[...] Es ist mir [dem 1. Vorsteher des Börsenvereins der Deutschen Buchhändler] erst jetzt möglich gewesen, die Gedanken über die Schaffung einer Reichsbibliothek in Leipzig, die ich im Frühjahr d. J. die Ehre hatte, Ihnen [dem Oberbürgermeister] zu entwickeln, im einzelnen weiter auszuarbeiten und zu Papier zu bringen.

Ich gestatte mir, Ihnen nun die beiliegende Ausarbeitung ganz ergebenst zu überreichen, mit der Bitte, sie freundlichst prüfen und sie hierbei aus den schon früher dargelegten Gründen als streng vertrauliche Mitteilung behandeln, d. h. nur denjenigen Persönlichkeiten davon Kenntnis geben zu wollen, die für die nächsten Schritte bei der Durchführung des Gedankens notwendig sind, falls die-

498 Haupttreppenhaus der Universitätsbibliothek in der Beethovenstraße. Historisches Foto. Nach 1909

ser auch bei näherer Prüfung Ihre Zustimmung und Unterstützung findet. Wenn das, wie ich hoffe, der Fall ist, so würde ich dankbar sein, wenn Sie mir gelegentlich eine Unterredung gewähren könnten [...]

Stadtarchiv Leipzig: Kapitel 1, Nr. 82, Bd. 1, Bl. 1

Aus der Satzung für die Deutsche Bücherei. 1912

§ 1. Gründung
Der Börsenverein der Deutschen Buchhändler zu Leipzig errichtet in Leipzig ein Archiv des deutschen Schrifttums und des deutschen Buchhandels, eine öffentliche unentgeltliche, an Ort und Stelle zur Benutzung freistehende Bibliothek unter dem Namen ›Deutsche Bücherei‹.

§ 2. Zweck
Die Deutsche Bücherei hat den Zweck, die gesamte vom 1. Januar 1913 an erscheinende deutsche und fremdsprachige Literatur des Inlands und die deutsche Literatur des Auslands zu sammeln, aufzubewahren, zur Verfügung zu halten und nach wissenschaftlichen Grundsätzen zu verzeichnen.

Werke, die bereits vor 1913 zu erscheinen begonnen haben, sollen nach Möglichkeit durch die früher erschienenen Teile ergänzt werden. Ferner können alle anderen zur gewerbsmäßigen oder nicht gewerbsmäßigen Verbreitung bestimmten Vervielfältigungen von Schriften in deutscher Sprache und bildliche Darstellungen mit oder ohne Schrift gesammelt werden.

Ausgeschlossen sind Musikalien und täglich erscheinende periodische Druckschriften.

§ 3. Gründungsmittel
Die Königlich-Sächsische Staatsregierung errichtet auf dem von der Stadtgemeinde Leipzig zur Verfügung gestellten Bauplatz die notwendigen Bibliotheks- und Verwaltungsbaulichkeiten nebst der vollständigen Bibliothekseinrichtung, und sie sorgt für die im Laufe der Jahre notwendig werdenden Erweiterungsbauten.

Das Grundstück, die Bibliotheks- und Verwaltungsgebäude mit der Bibliothekseinrichtung gehen kosten- und lastenfrei in das Eigentum des Börsenvereins über und bilden mit den Sammlungen einen unveräußerlichen, jeder grundbuchlichen Belastung entzogenen und nur für die Zwecke der Deutschen Bücherei zu verwendenden Besitz des Börsenvereins.

§ 4. Betriebsmittel
Die Mittel zur Unterhaltung, Verwaltung und zum Ausbau der Sammlungen der Deutschen Bücherei und ihrer Gebäude bestehen

1. aus den Beiträgen der Königlich-Sächsischen Staatsregierung und der Stadtgemeinde Leipzig,
2. aus etwaigen Beiträgen an Geld und Sammlungsgegenständen vom Deutschen Reich und von anderen Staaten, Gemeinden, sonstigen Körperschaften und Privatpersonen,
3. aus gesammelten Fonds und Stiftungen und deren Erträgnissen.

[...]

Stadtarchiv Leipzig: Kapitel 33, Nr. 38, Bd. 1, Bl. 223

499 Deutsche Bücherei. Gegründet 1912

500 Bettensaal im Krankenhaus St. Georg. Historisches Foto. 1913

501 Operationssaal im Krankenhaus St. Georg. Historisches Foto. 1913

Wertvolle Handzeichnungen. 1913
[...] Bei der Einordnung älterer Bestände unsrer Stadtbibliothek ist mir [dem Direktor] schon vor längerer Zeit ein Schatz unter die Hand gekommen, dessen Bedeutung ich sofort erkannte, dessen ganzen Umfang ich aber erst in langen und mühevollen bibliothekarischen und archivalischen Nachforschungen feststellen konnte. Es handelt sich um eine große Sammlung von mehr als zweitausend Handzeichnungen römischer oder in Rom lebender Künstler der Barockzeit. Der Rat zu Leipzig hat sie Anfang des 18. Jahrhunderts [...] für die Stadtbibliothek angekauft [...] Es war eine große und langwierige Arbeit, diese Sammlung in ihrem ganzen Umfang wieder zu vereinigen, denn diese Bände standen und lagen an den verschiedensten Stellen in unsern Handschriftenschränken, im Archivschrank der Bibliothek und in den Büchergestellen [...]

Stadtarchiv Leipzig: Kapitel 33, Nr. 1, Bd. 12, Bl. 20f.

Über die Einrichtung des Krankenhauses St. Georg. 8. Juni 1913
In den neuen Krankenhäusern in Eutritzsch sind bis jetzt bereits gegen 350 Kranke untergebracht worden. Belegt hat man die Krankenhäuser 2 und 4 sowie das Lungenkrankenhaus 1. Im Operationsgebäude sind auch schon verschiedene Operationen vorgenommen worden. Die Wohnungen für die Beamten wurden vollständig bezogen. Das Badehaus dürfte im Laufe der nächsten Tage betriebsfertig sein. Mit der Ausschmükkung der Gartenanlagen ist man gegenwärtig noch emsig beschäftigt. An mehreren Stellen der Gesamtanlage sind wahrhaft idyllische Ruheplätze für die Kranken geschaffen worden oder noch im Entstehen. Nebenbei bilden diese Ruheplätze mit ihren Blumen, Ziersträuchern, Brunnen usw. auch eine angenehme landschaftliche Abwechslung innerhalb des Gebäudekomplexes. Es ist hier und auch sonst, in den Häusern selbst, alles aufs Friedvoll-Freudige gestimmt.

In den noch nicht bezogenen Häusern sind die Handwerker an der Innenausstellung beschäftigt, damit auch diese Räume im Bedarfsfall ihrer Bestimmung übergeben werden können. Hinter den Handwerkern ziehen da und dort die Ärzte schon in fertige Räume ein. Das Beobachtungshaus für Seuchenkranke und das Pathologische Institut gehen ihrer Vollendung entgegen. Der Pferdeomnibus, der gegenwärtig die Personenbeförderung zwischen dem Markt in Eutritzsch und dem Krankenhaus St. Georg vornimmt, soll in den nächsten Tagen durch ein Automobil ersetzt werden. Der Wirtschaftseingang und die Wirtschaftsstraße sind, wie ja schon der Name besagt, nur für die Anfuhr von Kohlen und für die in der Wasch- und Kochküche usw. vorhandenen Bedürfnisse vorgesehen. Am Torwärterhaus ist gleichzeitig eine Waage angebracht, über welche die Geschirre zum Zweck des Wiegens fahren können.

Leipziger Neueste Nachrichten. 8. Juni 1913

Musiker-Klage an den Rat der Stadt. Oktober 1913 [...] Wir [die Mitglieder des städtischen Orchesters] haben nun 1½ Jahre lang getreu unserem Beschluß allen Anordnungen der Intendanz uns gefügt [...] Überblikken wir nun aber die Folgen unserer erwiesenen Bereitwilligkeit, uns in allem zur Verfügung zu stellen, so müssen wir vorerst eine bedeutende Dienstvermehrung feststellen, die, sollte der bestehende Opernspielplan auch während der Gewandhaussaison zur festen Norm werden, für uns direkt zur Gefahr werden kann. Leipzig ist bisher auf sein Orchester stolz gewesen und hat es gern gelegentlich großer Kongresse den Fremden vorgeführt, und das

Orchester hat den Ruf Leipzigs als Musikstadt stets gerechtfertigt, wenn wir aber weiterhin so abgearbeitet werden, können wir für unsere fernere künstlerische Qualität keine Garantie mehr bieten, das verbietet einfach schon die rein körperliche Anstrengung, die unser Beruf mit sich bringt.

Aber das ist noch nicht unsere schlimmste Erfahrung, das entschieden Unwürdigste für uns ist das Verlangen, im Operettentheater spielen zu müssen. Wir können wohl sagen, daß wir uns dieser Tätigkeit direkt schämen müssen. Die räumlichen Verhältnisse sind derart unwürdig, daß ein Orchester, das auf seinen künstlerischen Ruf hält, ja denselben sich mit wahrer Eifersucht zu erhalten strebt, dort nicht arbeiten kann. Die Sitzweise des Orchesters, die Akustik und anderes verhindern eine tonschöne Ausführung. Ein Orchester, das heute im Gewandhaus oder Opernhaus in hochkünstlerischer Weise wirkt und morgen dazu verdammt ist, in solchen Verhältnissen Dienst direkt niederer Art zu tun, wäre seiner selbst nicht würdig, wollte es sich zu solcher Arbeit herabwürdigen lassen. Wir sind es unserer Ehre schuldig zu erklären, daß wir diesen Dienst ferner nicht ausführen werden.

Ähnlich verhält es sich mit dem Alten Theater, doch sei es immerhin, daß wir hier Verwendung finden, wenn das zu spielende Werk einen intimen Rahmen erfordert. Doch sind wir auch hier zu Aufführungen zu halben Preisen oder volkstümlichen Zwecken verwendet worden. Auch hier sind schreckliche äußere Verhältnisse. Kein Aufenthaltsraum, kein Garderobeschrank, wo wir etwas verschließen könnten. Wir fühlen uns auch hier nicht wohl, wir fühlen uns nicht als Musiker, sondern als Musikanten. Instrumente, die unser Eigentum sind, müssen wir hin- und hertransportieren lassen, wer weiß, wie diffizil diese sind, wird unsere Klage, daß dieselben leiden und entwertet werden, voll verstehen. Auch hier müssen wir dringend um Reformen bitten. Der Extrakt unserer ganzen Erfahrungen ist der, daß wir abwärts, nicht aufwärts gehen [...]

Stadtarchiv Leipzig: Kapitel 32, Nr. 24, Bd. 1, S. 89f.

502 Perspektivischer Plan des Krankenhauses St. Georg in Eutritzsch. Kolorierte Lithographie. 1911

503 Richtfest am Völkerschlachtdenkmal. Historisches Foto. 1912

Hurrapatriotischer Rummel zur Einweihung des Völkerschlachtdenkmals. 18. Oktober 1913 Unstreitig versteht die Bourgeoisie, Feste zu arrangieren und in ihrer Art zu feiern. Will sie solch eine byzantinische und hurrapatriotische Festivität wie heute abhalten, dann stehen ihr nicht nur reiche Mittel der Steuerzahler zur Verfügung, sondern auch die zahlungsfähige Geschäftswelt, die schon aus rein geschäftlichen Gründen und dann auch aus der in Deutschland immer üppiger ins Kraut schießenden Prahl- und Renommiersucht heraus sich glänzende Dekorationen leistet, wie man seit gestern in Leipzig beobachten kann. Sehen und – vor allen Dingen bei solchen Anlässen gesehen und schließlich auch genannt zu werden, ist für diese Kreise schmeichelhaft und meistens auch lohnend. Die Leipziger Bourgeoisie hat sich diesmal ziemlich angestrengt, nachdem die Stadt mit einem Betrag von etwa 200000 M[ar]k das üble Beispiel gegeben hat.

Und an den Menschenmassen fehlt es bei derartigen Schauspielen natürlich nicht. Leipzig allein kann schon ein paar kriegsstarke Armeekorps Gaffer stellen, wie aber erst, wenn in überfüllten Eisenbahnzügen stündlich noch wahre Massen aus der Provinz dazukommen. Seit gestern nachmittag war hier ein Eisenbahnverkehr zu bewältigen, der außerordentlich genannt werden darf.

Was Wunder, wenn heute schon in den frühen Morgenstunden auf den Straßen ein Mordstrubel einsetzte, der sich etwa um die 9. Stunde vor dem Hauptbahnhof, auf der Goethestraße, dem Augustusplatz usw. zu einem tollen Gedränge verdichtete. Droschken und Autos jagen hin und her, mit Studenten in Wichs als Passagieren oder Offizieren in Paradeuniform. Dazwischen gewöhnliche Zivilisten im Zylinder und Bratenrock, bearbeitete Metallstückchen auf der deutschen Männerbrust. Die

Menge schiebt und drängt weiter; Scherzworte werden gewechselt, aber auch solche, die nicht in Knigges ›Umgang mit Menschen‹ zu lesen sind. Speziell das schwächere und manchmal auch schönere Geschlecht kommt aus der Neugierde und aus der Empörung nicht heraus. Da saust eine Kutsche mit galonierten [tressenbesetzten] Lakaien. - Ah! Inzwischen drängeln einige Hintermänner oder auch Frauen. Der neueste Modehut und die Frisur geraten in Unordnung, und da werden ›Weiber zu Hyänen‹. ›Unverschämtheit!‹ zischt Frau spedierende Sekretär. ›Quatsch nich, Karline!‹ antwortete der Innungsmeister aus dem Merseburger Bezirk. Die jungen Dämchen im Alter zwischen der Konfirmationszeit und der tausendsten Woche quietschen im Gedränge; Gymnasiasten und handlungsbeflissene Gigerl [Modegecken] nehmen die günstige Gelegenheit wahr, sich ein bißchen anzuschmiegen und dabei sich sündigen Gedanken hinzugeben.

Stämmige Gutsbesitzer trampeln ihrer Umgebung auf den Hühneraugen herum und geraten deshalb in lebhafte Disputation, da und dort stecken Langfinger schnell ihre flinken Händchen in die Taschen anderer Leute. Kanzleiräte und Polizeiregistratoren nebst allen andern Exemplaren der Bureaukratie stelzen vereint mit ehemaligen Offizieren steif und ledern durch die Menge [...]

Da – tut, tut! Ah! Wehende Federbüsche auf einem Auto. ›Hurra!‹ schreit ein Provinziale. Die Umgebung bricht in Hohnlachen aus. ›Es ist ja keener drin!‹ ruft ein stumpfnäsiger Backfisch. Aber jetzt! ›Hoch, hoch!‹ – ›Wer es es denn gewäsen?‹ – ›Wees ich ooch nich‹, antwortet ein biederer Handwerksmeister. Auf einmal hebt ein ohrenbetäubendes Gebrüll an. ›Hurra! Hoch!‹ – ›Das war Sie unser Geenig!‹ schreit eine dicke Bürgersfrau. ›Nein, wie gesund er aussieht!‹ Ein neues Schreien und Hochrufen setzt ein. In einem Auto sitzt ein uniformierter Knabe. ›Ä Prinz, ä Prinz!‹ Aber welcher? ›Nein, wie süß!‹ – ›Er sieht gerade aus wie unser Fritz. Nich wahr, Vater?‹ – ›Aber gewiß doch‹, brummt das Familienoberhaupt.

Inzwischen wird der Platz vor dem Hauptbahnhof ›gesäubert‹, wie der militärische Ausdruck dafür lautet. Es muß anerkannt werden, daß die Schutzleute sich sehr höflich benahmen und dadurch weit schneller ihre Aufgabe erfüllen konnten. Das Militär ging schon forscher ins Zeug. Die Infanteristen pflanzten auf, stemmten sich dann, Mann an Mann stehend, mit dem Rücken gegen die Massen und erprobten die Kraft ihrer jungen Knochen, dabei angespornt von diensteifrigen Leutnants. Die Ehrenkompanie marschierte mit klingendem Spiel auf [...]

Plötzlich geraten alle Hofschranzen in Bewegung; Offiziere eilen hin und her, in der Menge beginnt ein Teil, hurra zu rufen: S[eine] M[ajestät] ist auf dem Vorplatz erschienen, steigt in die offene Kutsche ein, und in scharfem Trab fährt er davon. Ulanen voraus, Ulanen hinterher. Gevatter Schulze, Müller und Schmidt sind etwas begeistert. Hurra! Hurra! Hurra!

Leipziger Volkszeitung. 18. Oktober 1913. 2. Beilage

504 Einweihung des Völkerschlachtdenkmals durch den deutschen Kaiser Wilhelm II. (vorn links) und den sächsischen König Friedrich August III. (vorn rechts). Historisches Foto. 1913

505 Kaiserzelt zur Einweihung des Völkerschlachtdenkmals. Historisches Foto. 1913

506 Luftschiff ›Graf Zeppelin‹ über der Peterskirche auf dem Schletterplatz. Historisches Foto. 1913

507 Fernsprechamt. Historisches Foto. 1907

Plan der Internationalen Ausstellung für Buchgewerbe und Graphik. Frühjahr 1914 Der schon vor 25 Jahren erwogene Gedanke, in Leipzig eine Internationale buchgewerbliche Ausstellung zu veranstalten, ist in den letzten fünf Jahren mehrfach im Deutschen Buchgewerbeverein vorgebracht worden [...] Der Gedanke, eine Internationale Ausstellung für Buchgewerbe in Leipzig zu veranstalten, liegt also schon ziemlich weit zurück, es ist daher recht erfreulich, daß er nunmehr verwirklicht werden wird. Den direkten Anlaß dazu gab das im Jahre 1914 stattfindende 150jährige Jubiläum der Kgl. [Königlichen] Akademie für graphische Künste und Buchgewerbe in Leipzig [...]

Die Ausstellung bezweckt einen friedlichen Wettbewerb aller Kulturvölker in der graphischen Kunst und Industrie, sie soll das buchgewerbliche Schaffen in seinem tiefergehenden Einfluß auf die allgemeine Volksbildung und in seinem Zusammenhang mit allen Zweigen der Kultur zeigen und beweisen, welch hervorragenden Rang graphische Kunst und Industrie im Leben der Nationen einnehmen.

Der vorläufige Ausstellungsplan weist folgende sechzehn Gruppen auf:
Gruppe 1:
Freie Graphik
Gruppe 2:
Angewandte Graphik
Gruppe 3:
Buchgewerblicher Unterricht
Gruppe 4:
Papiererzeugung
Gruppe 5:
Papierverarbeitung und Schreibwesen
Gruppe 6:
Farbenerzeugung
Gruppe 7:
Photographie
Gruppe 8:
Reproduktionstechnik
Gruppe 9:
Schriftschneiderei, Schriftgießerei und verwandte Gewerbe, Stereotypie, Galvanoplastik
Gruppe 10:
Druckverfahren
Gruppe 11:
Buchbinderei
Gruppe 12:
Verlags-, Sortiments- und Kommissionsbuchhandel
Gruppe 13:
Zeitungs- und Nachrichtenwesen, Bekanntmachungs- und Werbemittel
Gruppe 14:
Bibliothekswesen, Bibliographie, Bibliophilie und Sammelwesen
Gruppe 15:
Maschinen, Apparate, Materialien und Gerätschaften für die gesamte Druckindustrie
Gruppe 16:
Schutz- und Wohlfahrtseinrichtungen.

Diese Gruppen sind wiederum in etwa 63 Klassen gegliedert worden. Jede Gruppe soll durch eine geschichtliche und eine technisch-belehrende Abteilung eingeleitet werden [...] Werkstätten in Betrieb, Modelle und Demonstrationsapparate sowie kinematographische Vorführungen sollen das Interesse der Fachleute sowie des großen Publikums im gleichen Maße erwecken, wie denn überhaupt die ganze Ausstellung nicht als eine tote Anhäufung von Gegenständen, sondern als ein lebendiger Organismus gedacht ist.

Stadtarchiv Leipzig: Kapitel 75 A, Nr. 74, Bd. 1, Bl. 75, 126

Über die Erhaltung eines wertvollen Deckengemäldes. 8. Juni 1914
[...] In den Rahmen des Denkmalschutzes fällt die Rettung und Wiederanbringung einer wertvollen gemalten und stuckierten Decke, die bereits 1912 beim Abbruch des nach der Grimmaischen Straße gelegenen Vordergebäudes von Auerbachs Hof in einem saalartigen Raum des ersten Obergeschosses unter einer Verschalung des 19. Jahrhunderts gefunden wurde [...] Herr Kommerzienrat Mädler ließ sich bestimmen, den dem Anfang des 18. Jahrhunderts entstammenden Plafond abnehmen

und in einem passenden Raum des Neubaus wieder anbringen zu lassen. Das Unternehmen wurde mit großem Geldaufwand durchgeführt. Im vergangenen Winter wurde der gerettete Plafond in dem Hauptladen [heute Fotohaus] des nach dem Neumarkt belegenen Vordergebäudes der Mädlerpassage angebracht. Das stellenweise zerstörte Gemälde (Apollo auf seinem Sonnenwagen, von den Musen gefolgt) wurde von Kunstmaler Winter angemessen restauriert [...]

Stadtarchiv Leipzig: Kapitel 35, Nr. 813, Bl. 46

Schriftstellerinnen-Resolution. 30. Juni 1914 Der I. Kongreß Deutscher Schriftstellerinnen in Leipzig 1914 ist überzeugt davon, daß dramatische Begabung nicht dem männlichen Geschlecht vorbehalten ist, sondern auch bei dem weiblichen vorhanden sein kann. Er ist weiter der Ansicht, daß diese dramatische Frauenbegabung Neuartiges und Wertvolles schafft und dadurch die Bühnenliteratur zu bereichern und zu vertiefen geeignet ist. Der Kongreß gibt der Hoffnung Ausdruck, daß es [...] gelingen werde, die noch bestehenden Vorurteile zu zerstreuen, und daß die Einsichtigen unter den Machthabern des Theaters und der Presse sich bei Beurteilung der von Frauen verfaßten Stücke mehr und mehr einer schönen Gerechtigkeit befleißigen werden.

Stadtarchiv Leipzig: Kapitel 35, Nr. 1129, Bl. 13

Puppentheater. 10. Juli 1914
[...] Der Herr Vorsitzende erinnert daran, daß der Schulausschuß das Puppentheater des Herrn Polizeiarztes Dr. Kollmann bisher verschiedentlich unterstützt habe, da es eine gemeinnützige Unternehmung im Kampf gegen Schund und Schmutz in der Literatur und insbesondere gegen die für Kinder schädlichen Aufführungen der Kinematographentheater darstelle. Die endgültige Unterbringung des Theaters habe Schwierigkeiten bereitet und dieses jetzt endlich eine bleibende Stelle in der Baracke gefunden, die der Verein für Familien- und Volkserziehung auf dem ihm überlassenen Grundstück Querstraße 20 errichtet habe [...]

Stadtarchiv Leipzig: Schulamt, Kapitel I, Nr. 246, Bl. 8

508 Internationale Ausstellung für Buchgewerbe und Graphik (Bugra) auf dem Gelände der späteren Technischen Messe. Historisches Foto. 1914

Aufführungsverbot. 23. September 1914 Auszug. Sitzung der Kriegsdeputation am 23. September 1914.

10. Herr Polizeidirektor Dr. Wagler teilt mit, daß die Intendanz in der nächsten Zeit die ›Jungfrau von Orleans‹ aufzuführen beabsichtige und daß er in der jetzigen Zeit wegen der in diesem Stück vorkommenden Verherrlichung Frankreichs Bedenken trage, das Stück jetzt aufzuführen. Die Deputation stimmt dem in der Mehrheit zu und beschließt, die Intendanz zu veranlassen, ein anderes Stück zur Aufführung zu wählen [...]

Stadtarchiv Leipzig: Kapitel 34, Nr. 85

Lebensmittelteuerung. 20. Oktober 1915 [...] Die ungeheuerliche Preissteigerung läßt sich ja ohne weiteres feststellen an unseren fortgesetzt erscheinenden amtlichen Berichten der Stadt Leipzig. Ich [der Stadtrat Lüttich] habe mir heute noch das wenig angenehme Vergnügen gemacht, einen Vergleich anzustellen über die Preise der wesentlichsten Lebensmittel der Stadt Leipzig, die im Durchschnitt im Vorjahr zu zahlen gewesen sind und die im Oktober dieses Jahres zu bezahlen sind, und da stellt sich, um nur einiges herauszugreifen, folgendes heraus:

Rindfleisch ist gegen das Vorjahr im Preis um 54 Prozent gestiegen, Kalbfleisch um 46 Prozent, Schweinefleisch um 133 Prozent, Schöpsenfleisch [Hammelfleisch] um 64 Prozent, Blut- und Leberwurst um 182 Prozent und Schweinefett um 165 Prozent [...]

Wir finden dasselbe Bild, wenn wir nach dem Fleisch die Fische betrachten. Schellfisch ist gegen das Vorjahr um 27 Prozent gestiegen, Kabeljau um 52 Prozent, Bücklinge um 93 Prozent, Heringe um 85 Prozent [...]

Es ist nach unserer amtlichen Preisstatistik Wirsingkohl gegen das Vorjahr um 17 Prozent im Preis gestiegen, Rotkohl um 66 Prozent, Weißkohl um 33 Prozent, Möhren um 44 Prozent, Zwiebeln um 47 Prozent und Sauerkraut um 44 Prozent [...]

Wie steht es denn mit der Butter? Da werden Preise verlangt, die es den minderbemittelten oder armen Familien unmöglich machen, Butter zu kaufen. Der Genuß von Butter muß in weiten Schichten unserer Bevölkerung direkt eingestellt werden. Tafelbutter ist um 97 Prozent im Preis gestiegen, Landbutter um 63 Prozent. Margarine ist heute wesentlich teurer, als gute Butter vor dem Krieg kostete. Margarine ist allein um 135 Prozent im Preis höhergestellt als im Vorjahr. Landeier sind um 100 Prozent und Käse ist um 58 Prozent im Preis gestiegen [...]

Verhandlungen der Stadtverordneten zu Leipzig im Jahre 1915. o. O., o. J. S. 397

Schlußsteinlegung am Hauptbahnhof. 4. Dezember 1915 Heute mittag 1/2 1 Uhr wurde in der östlichen sächs[ischen] Eingangshalle des Hauptbahnhofs Leipzig in feierlicher Weihe der Schlußstein zum Empfangsgebäude und damit zugleich für die gesamten neuerschaffenen, im Jahre 1902 begonnenen Leipziger Bahnhofsbauten gelegt [...]

Am 24. September und 1. Oktober 1912 nahm die neue Bahnhofsanlage, deren Bau nunmehr in den dritten und letzten Abschnitt eingetreten war, den Verkehr weiterer Linien nach Bitterfeld–Berlin und Zerbst–Magdeburg, gleichzeitig auch den Schnell- und Eilzugverkehr von Leipzig nach Hof auf. Wiederum schlossen zwei alte Bahnhöfe, der Magdeburger und der Berliner, ihre Tore. Der Bayrische Bahnhof mußte sich fortan nur mit dem Personenzugverkehr der Hofer Richtung begnügen [...] Am 1. Mai des laufenden Jahres [1915] vollzog sich die Einführung des Eilenburger Fernverkehrs, in den Mo-

509 Leipziger Hauptbahnhof im Bau. Historisches Foto. 1913

510 Teilstück-Einweihung des Hauptbahnhofs. Historisches Foto. 1912

naten August und September die Überleitung des Verkehrs der Linien Leipzig–Geithain–Chemnitz [heute Karl-Marx-Stadt] sowie der beiden Dresdner Richtungen auf die dafür bestimmten Neuanlagen, und nachdem auch der Hofer Verkehr in seine richtigen Bahnen gelenkt worden war, sah der 1. Oktober den neugeschaffenen Hauptpersonenbahnhof in betrieblicher Hinsicht in endgültiger Weise vollendet.

Leipziger Tageblatt. 4. Dezember 1915

Einführung der mitteleuropäischen Sommerzeit. 27. April 1916

[…] Wir geben allen städtischen Abteilungen hiermit von dieser Bundesratsbekanntmachung mit dem Eröffnen Kenntnis,

a. daß die neue Zeitbestimmung vom 30. April abends 11 Uhr ab bis zum 30. September dieses Jahres für alle städtischen Verwaltungsabteilungen und städtischen Betriebe Geltung hat und demgemäß sich Beginn und Ende der Dienst- und Arbeitszeit nach der neuen Zeitberechnung richtet,

b. daß das Hochbauamt rechtzeitig alle städtischen Uhren mit der neuen gesetzlichen Zeit in Übereinstimmung bringen wird […]

Stadtarchiv Leipzig: Kapitel 1, Nr. 42, Bd. 1, Bl. 26

Nr. 173 Donnerstag, 30. Juli 1914 21. Jahrgang.

Leipziger Volkszeitung

Organ für die Interessen des gesamten werktätigen Volkes.

Abonnementspreis im Monat einschließlich Bringerlohn 80 Pfg., bei Selbstabholung 70 Pfg.; mit der illustrierten Wochenbeilage Neue Welt einschließlich Bringerlohn 90 Pfg., bei Selbstabholung 80 Pfg. — Durch die Post bezogen vierteljährlich 2.40 Mk., für 1 Monat 80 Pfg. (Bestellgeld vierteljährlich 42 Pfg., monatlich 14 Pfg.).

Redaktion: **Leipzig, Tauchaer Straße 19/21.** Telegramm-Adresse: Volkszeitung Leipzig. Fernsprecher: 13698.

Inserate kosten die 7gespaltene Petitzeile oder deren Raum 25 Pfg., bei Platzvorschrift 30 Pfg. Schwieriger Satz nach höherem Tarif. — Der Preis für das Beilegen von Prospekten ist bei der Gesamtauflage 4.— Mk. jedes Tausend, bei Teilauflage 5.— Mk. — Schluß der Annahme von Inseraten für die fällige Nummer früh 9 Uhr.

Erscheint täglich nachmittags mit Ausnahme der Sonn- und Feiertage. — **Verlag** in **Leipzig**, Tauchaer Straße 19/21, Fernsprecher: **4596** ● Inseraten-Abteilung Fernsprecher: **2721.**

Der Protest der Massen!

Die Leipziger Kundgebung gegen Krieg und Kriegshetzer!

Nun haben die Massen, nun hat das **wirkliche Volk** gesprochen! Nun hat es vielzehntausendstimmig gerufen:

Nieder der Krieg! Hoch der Friede!

Wie Spuk verschwanden vor dem Aufgebot der proletarischen Massen, vor den Bataillonen der Arbeiter, die dünnen Hunderte — wenn es ausnahmsweise hoch kam, Tausende — der grünen „nationalen" Kriegsschreier. Drei Tage haben sie die Straße gehabt, drei Tage haben sie „Volk" gespielt. Nun ist es aus — nun ist das wahre Volk selber gekommen, nun hat es seine Massen aufgeboten und in die Wagschale geworfen, daß die nationalen Herrchen hochauf in die Luft geschnellt sind. Nun haben auch die blödesten Augen gesehen, wo das Volk steht, wie das Volk denkt, nun ist der Schwindel des Kriegsrummels, den die Raufstudenten, die nationalistischen Handlungsgehilfen und ähnliche Gesellen aufgepufft hatten, in sich zusammengefallen, in seiner ganzen Hohlheit und Nichtigkeit enthüllt.

Die Massen haben gesprochen, die Massen sind marschiert, die Massen haben in den Straßen der Stadt die Kampflieder der Arbeiterklasse gesungen, die Massen haben demonstriert. Wuchtig, daß die Scheiben der Fenster klirrten, sind ihre Lieder, sind ihre Rufe ertönt: **Hoch der Friede! Hoch die internationale Verbrüderung der Völker! Nieder der Krieg!** Und schwarz drängten sich die Massen — ein endloser Zug, ein geschlossener Kreis von Menschenleibern, der keine Lücke aufwies, bewegte sich um das Viertel zwischen Rathaus, Neumarkt, Reichsstraße, Brühl, Goethestraße, Augustusplatz, Roßplatz, Königsplatz. Eine Kette, in der kein Glied fehlte, in der jedes Glied von einem, von demselben Willen beseelt war.

Es war eine Demonstration von einer Wucht, von einem Ernst und einer Größe, vor der jeder Versuch der verkleinernden Lüge ersticken muß. Wer angesichts der gewaltigen Scharen, vor denen die Schätzung versagt, noch leugnen will, daß die Mehrheit, die große überwiegende Mehrheit der Leipziger Bevölkerung gegen den Krieg ist, daß sie leidenschaftlich den Frieden fordert, der wird nichts anderes erzielen, als sich lächerlich zu machen.

Die bürgerliche Presse scheut freilich diese Lächerlichkeit nicht. Das Leipziger Tageblatt wagt, von einem Zug zu sprechen, in dem sich mehrere tausend Personen bewegten. Dabei muß die nüchternste Schätzung mindestens 50 000 Demonstranten annehmen. Dasselbe Blatt scheut sich auch nicht, zu behaupten, nachdem sich die sozialdemokratischen Massen zerstreut hätten, seien „Studenten in großer Anzahl" auf dem Platze erschienen und hätten eine „eindrucksvolle Gegenkundgebung" veranstaltet. Diese eindrucksvolle Gegenkundgebung besteht nur in der tropisch entwickelten Phantasie des Berichterstatters. Dies mitleiderregende Häuflein Kriegsschreier, das sich da zusammenfand, zählte hoch gerechnet, vielleicht 60 Mann! Eine bodenlose Lächerlichkeit, diese „Gegendemonstration" in einem Atem mit der Riesenkundgebung der Arbeiterschaft zu nennen!

Es war eine Kundgebung festen Willens und fester Disziplin. Wenn der Rat wirklich eine Beunruhigung der Einwohnerschaft durch eine Versammlung auf dem Meßplatz befürchtet haben sollte, so wird ihm die gestrige Kundgebung gezeigt haben, wie unberechtigt solche Sorge war. Die stramme Ordnung, die die Masse hielt, dieses prächtige Stück Selbstregierung, das sie übte, sind ein glänzender Beweis dafür, daß Demonstrationen der Arbeiterschaft ernste politische Willensakte, aber keine wüsten Ausschreitungen sind. Die Polizei ließ die Kundgebung vernünftigerweise ungestört, und die Folge war, daß musterhafte Ordnung herrschte. Die Polizeibeamten, an die der Zug vorüberkam, verhielten sich vollkommen passiv — in größerer Zahl, zu einer starken Kette von 50 Mann geschlossen, sahen wir sie nur vor der Kreishauptmannschaft vereinigt — eine, nebenbei bemerkt, sehr überflüssige Vorsichtsmaßregel. Wenn etwa die Kriegsschreier Lust gehabt haben sollten, die Kundgebung zu stören, so ist ihnen angesichts der überwältigenden Massen die Lust dazu wohlweislich schleunigst vergangen. Ganz vereinzelte, besonders hitzköpfig veranlagte „Nationale", die die Demonstranten mit herausfordernden Redensarten aufzureizen suchten, wurden von unsern Genossen je nachdem kühl oder auch mitleidig-spöttisch abgetan. Demonstrierende Sozialdemokraten sind kein „nationaler" Mob, der über Andersdenkende, die sich nicht an seinem Radau beteiligen, in Ueberzahl herfällt, um ihn die „patriotische" Begeisterung einzubläuen.

Den Eindruck unserer Riesenkundgebung wird niemand verwischen. Wenn unsere Herrschenden noch lernen können, so werden sie aus diesem Aufgebot der Massen lernen. Deutlich, donnernd hat es ihnen gezeigt, daß die Hoffnung, der Kriegstaumel werde die Massen erfassen, eitel ist, sich nie erfüllen wird. Der Mittwochabend hat es mit eherner Schrift in die Tafeln gegraben, daß die Leipziger Arbeiterschaft, wie das Proletariat Deutschlands überhaupt, gefeit ist gegen den Kriegsrausch, gefeit ist gegen den „nationalen" Rummel! Hier beißen die Kriegshetzer auf Granit!

Daß diese Tatsache aller Welt, daß sie namentlich den Herrschenden eindrucksvoll, unverwischbar vor Augen geführt wurde, das ist der Ertrag der gewaltigen Kundgebung. Und den kann uns niemand streitig machen — und wenn am heutigen Abend die „Nationalen" versuchen werden, durch Zusammentrommeln alles dessen, was sie zur Verfügung haben, eine Gegendemonstration zu Stande zu bringen — sie wollen die Militärvereine nicht nur der Stadt, sondern auch des Landbezirks auf die Beine bringen, dazu Studentenkorporationen, „nationale" Handlungsgehilfen- und Aucharbeitervereinchen — so werden die Arbeiter Leipzigs sie ruhig und mitleidig lächelnd unter sich lassen in ihrer Unbedeutendheit. Wieviel Tausende sie günstigenfalls auch aufbringen mögen, sie werden doch nur erreichen, daß man deutlich erkennen kann, welch eine hoffnungslose Minderheit sie sind gegen das Proletariat, das den Krieg verabscheut. Sie werden nur unterstreichen die unverrückbare Tatsache, daß die gewaltige Mehrheit der Bevölkerung Leipzigs, daß die Massen ihre Stimme erhoben haben zu dem Donnerruf:

Nieder der Krieg! Hoch der Friede!

511 Antikriegskundgebung in Leipzig. 1914

512 Hof in der Katharinenstraße 19. Kohlezeichnung von Peter Jacob. Um 1900

Bruno Apitz über Leipziger Hungerunruhen. 1916 Fünfzig Gramm Butter waren aufgerufen worden. Um fünf Uhr, in tiefer Nachtschwärze des Wintermorgens, sammelten sich bereits die Frauen vor dem Buttergeschäft.

Trostlos die dunkle Straße, trostlos der Butterladen mit noch heruntergelassenen Jalousien. Die augenlosen Gaslaternen standen tot und steif. Der Wind fauchte die bissige, mit Schneekristallen durchsiebte Morgenkälte in die dürftige Kleidung, daß die Frauen in sich zusammenkrochen. Sie traten den knirschenden Schnee mit eisigstarren Füßen, die in Schuhen aus Papierstoff und dicken Holzsohlen steckten, und schoben die klammen Hände in die Ärmel der Jacken und Mäntel, Kopf und Ohren in Tücher gewickelt.

So stand der stumme Hungerwurm Stunde um Stunde frierend und in sich verkrümmt, bis endlich, endlich die Jalousien hochgezogen werden würden.

Mal näher, mal ferner klappte eine Haustür; Arbeiter tappten durch den knirschenden Schnee zur Frühschicht. Wenn die Schritte vom Nachtdunkel geschluckt worden waren, dann versank die Straße wieder in den bleiernen Erschöpfungsschlaf im dritten Winter des Krieges.

Der Wurm wurde immer länger und wand sich an den Häuserwänden entlang. Er würde ebenso tot sein wie die Straße, wenn nicht das Knirschen im Schnee und ein Gemurmel zu hören gewesen wären. Die Zeit schlich …

Langsam erwachte die Straße.

Ein Schutzmann kam. An seiner grauen Bartbürste hing Hauchreif. Gemächlich schritt er die Reihe entlang […]

Der Morgen ging in das fahle Grau der Winterdämmerung über. Sie löste den Wurm in Einzelheiten auf. Zwischen den Frauen hoben sich Kinder ab, einige Männer standen ebenfalls in der langen Reihe.

Die Gespräche wurden lauter, die Starre des Wartens wurde zu bewegter Ungeduld.

›Der muß doch seinen Laden bald aufmachen.‹

›Wie lange sollen wir noch warten?‹

›Klopfen Sie mal an die Tür.‹

Zwei Frauen lärmten mit den Fäusten gegen die Jalousie. ›Aufmachen, aufmachen!‹

Die Ungeduld pflanzte sich von vorn nach hinten fort. Der Wurm wurde lebendig, und der Schutzmann mahnte: ›Halten Sie Ordnung, es wird gleich aufgemacht.‹

Es wurde jedoch nicht ›gleich aufgemacht‹. Nach einer weiteren halben Stunde kam der Ladenbesitzer aus dem Haus und heftete an die Tür ein Schild: ›Heute keine Butter‹.

Ein Schrei sprang auf, vervielfachte sich, verhundertfachte sich, und der Wurm ballte sich vor dem Laden zu einem quirlenden Knäuel zusammen.

Geschrei und Geschrill!

Der Ladenbesitzer konnte sich noch rechtzeitig ins Haus retten. Inmitten des Knäuels der Schutzmann, der die wütend gewordenen Frauen abzudrängen versuchte.

Fäuste trommelten gegen die Jalousien. ›Aufmachen, aufmachen!‹

Immer mehr Leute kamen hinzu.

Die eben noch stille Straße rebellierte.

Der Schutzmann wickelte sich aus dem Knäuel heraus. Seine Trillerpfeife überschrillte den wüsten Lärm.

Auf einmal – keiner hätte sagen können, wie – wurden die Jalousien hochgerissen.

Glas splitterte.

Die Ladentür zerbarst im Schloß.

Quietschend, schiebend, schreiend wälzte sich die Menge in den Laden […]

Schon war ein Überfallwagen da. Er wurde mit tosender Empörung empfangen. Die Schutzleute sprangen vom Wagen, und die Menschen auf der Straße stoben auseinander.

Die Schutzleute drangen in den Laden ein. Schutzleute und Frauen auf engem Raum. Die Knüppel sausten durch die Luft. Das Geschrei wurde zu Schmerzgebrüll, zu Wutgebrüll. Durch die Uniformen gereizt, wehrten sich die Frauen gegen den Zugriff der Schutzleute. Mit ihren Markttaschen schlugen sie auf diese ein. Wahllos griffen die Schutzleute zu. Aber die Frauen entrissen die Verhafteten immer wieder deren Händen. Wer aus dem Gewimmel flüchten konnte, flüchtete. Dennoch gelang es den Schutzleuten, eine Anzahl von Frauen auf den Überfallwagen zu schaffen [...]

Im Hof des Polizeipräsidiums wurden die Verhafteten ausgeladen. Aufruhr und Landfriedensbruch hieß nach dem Gesetz, was die Frauen angestellt haben sollten.

›Ich habe zwei Kinder zu Hause. Sie können mich doch nicht einsperren.‹

›Ich muß zur Arbeit.‹

›Uns sperrt ihr ein, und den Butterschieber laßt ihr laufen. Ist das Gerechtigkeit?‹

Kein Protest half den Frauen, sie wurden in eine Sammelzelle gesteckt.

Eine Frau nach der anderen wurde herausgeholt. Draußen nahm man ihre Personalien auf, es mußte alles abgegeben werden: Mäntel, Jacken, Kopfbedekkungen, Markttaschen, Schlüssel, Geld und alles übrige, was die Frauen bei sich trugen. So ausgeplündert, kam eine Frau nach der anderen empört in die Zelle zurück.

›Was die mit uns machen! – Wir sind doch keine Verbrecher!‹

Bruno Apitz: Der Regenbogen. Halle 1976. S. 281ff.

513 Reichsgericht (im Vordergrund der noch nicht verschüttete Pleißenarm). Historisches Foto. Um 1920

514 Protestversammlung auf dem alten Messplatz (heute Wilhelm-Leuschner-Platz) gegen die Lebensmittelteuerung. Historisches Foto von Karl Pinkau. 1911

Einsparung von Lederschuhen.
9. Juli 1918 Die Reichsstelle für Schuhversorgung in Berlin hat mit Rücksicht auf die große Lederknappheit gebeten, auf die Notwendigkeit einer Einschränkung in der Benutzung von Lederschuhwerk hinzuwirken und besonders die Kinder anzuhalten, mit Lederschuhwerk recht sparsam umzugehen. Die Kinder könnten ohne Gefahr für ihre Gesundheit barfuß gehen oder wenigstens Sandalen oder Schuhe mit Holzsohlen tragen. Obwohl anzunehmen ist, daß das Möglichste in dieser Hinsicht bereits geschieht, ersuchen wir die Herren Rektoren und Direktoren dennoch, auf die Lehrerschaft im Sinne vorstehender Anweisung einwirken zu wollen.

Stadtarchiv Leipzig: Schulamt, Kapitel I, Nr. 235, Bl. 152

Aus Erinnerungsberichten von Teilnehmern der Novemberrevolution.
8./9. November 1918
[Otto Kopsch:] Ich war im November des Jahres 1918 auf Urlaub in Leipzig und hatte ihn schon drei Tage überschritten. Da entschloß ich mich, am 8.11. wieder zu meinem Truppenteil zurückzufahren. Ich nahm Abschied von meiner Familie und begab mich gegen 7.30 Uhr zum Hauptbahnhof. Dort traf ich schon etliche hundert Soldaten an, die denselben Urlauberzug an die Westfront benutzen wollten. Ich hörte unter den Kameraden ein Geflüster von Unzufriedenheit und Unlust, an die Front zu fahren. Wir wurden uns zunächst einig, unsere Abfahrt zu verzögern. Als die Abfahrtszeit bereits überschritten war, wurden wir aufgefordert einzusteigen.

Durch den Aufstand der Kieler Matrosen angeregt, weigerten wir uns, das heißt ich und noch einige Soldaten, dem Befehl zu gehorchen [...] Mit noch drei oder vier Kameraden an der Spitze passierten wir ungehindert die Sperre, gingen an dem Zug entlang, und unter der Losung ›Der Krieg ist aus, wir marschieren nach dem Volkshaus‹ schloß sich der überwiegende Teil der Kameraden an. Wir marschierten über den Markt durch die Petersstraße, wo wir von einer unbekannten Person eine rote Fahne bekamen, nach dem Volkshaus in der heutigen Karl-Liebknecht-Straße. Das Volkshaus hißte die rote Fahne. Dort wurde ein Soldatenrat gewählt, und anschließend zogen wir diszipliniert nach der ›Goldenen Krone‹ in Connewitz, um uns durch die dort stationierten Soldaten zu verstärken und mit Waffen und Munition zu versehen. Anschließend ging es wieder zurück nach dem Inneren der Stadt. Unterwegs forderten wir vorbeigehende Soldaten auf, sich unserem Zug anzuschließen.

Wir marschierten nach dem Polizeipräsidium in der Wächterstraße. Unter dem Druck der Massen wurde unserer Forderung Gehör geschenkt und verwirklicht, daß auf dem Präsidium und in den Wachen die Offiziere und Mannschaften Achselstücke, Kokarden und Waffen abzulegen hätten.

[Albin Dornheim:] Dieser [...] Zug marschierte nach dem Generalkommando. Die kommandierenden Generale hatten schon kapituliert. Die in den drei Kasernen stationierten Soldaten schlossen sich, veranlaßt durch das entschlossene Auftreten bewußter Kameraden, ohne Widerstand der Bewegung an

515 Massenkundgebung auf dem Augustusplatz. Historisches Foto. 1918

und hatten mittlerweile auch schon Soldatenräte gebildet, die dem Generalkommando folgende Bedingungen stellten:

1. Völlige Übergabe der Kommandantur und der militärischen Gewalt an den Arbeiter- und Soldatenrat.

2. Völlige Übergabe sämtlicher militärischer Depots, enthaltend Lebensmittel, Munition und militärisches Material.

3. Unterwerfung der Offiziere unter die Befehlsgewalt des Soldatenrates.

Mit dem letzten Punkt erklärte man sich anfangs nicht einverstanden, mußte jedoch aber unter dem Druck der Massen am 9. November dem zustimmen.

In den späten Abendstunden des 8. November herrschte in der Stadt ein reges Leben. Überall, wo Offiziere angetroffen wurden, entwaffnete man sie. Flugblätter wurden verteilt, die zum Generalstreik am 9. 11. aufriefen. Vom Generalstreik wurden ausgeschlossen die Betriebe der Lebensmittelversorgung, Gas-, Wasser- und Elektrizitätswerke sowie Straßenbahnen. Für abends 21 Uhr hatte der Arbeiter- und Soldatenrat zu einer Versammlung in der Personenhalle des Hauptbahnhofs alle Soldaten aufgerufen. Alle Urlauber, die ab Nachmittag auf dem Hauptbahnhof eintrafen, wurden angehalten und ihnen geraten, von einer Weiterfahrt abzusehen. Davon machten viele Soldaten Gebrauch.

Als die Arbeiter in den Betrieben erfuhren, daß revolutionäre Soldaten in der Stadt die Revolution ausgelöst hatten, legten sie spontan die Arbeit nieder und begaben sich zum Teil in die Stadt.

Parteiveteranen berichten von der Novemberrevolution 1918. o.O. o.J. [Leipzig 1958]. S. 9ff.

Nr. 261 Freitag, 8. November 1918. 25. Jahrgang

Leipziger Volkszeitung

Organ für die Interessen des gesamten werktätigen Volkes.

Abonnementspreis im Monat einschließlich Bringerlohn 1.50 Mk., bei Selbstabholung 1.40 Mk. — Durch die Post bezogen vierteljährlich 4.50 Mk., für 1 Monat 1.50 Mk. (Bestellgeld vierteljährlich 42 Pfg., monatlich 14 Pfg.). — Feldpost unter Kreuzband monatlich 1.50 Mk. Postscheckkonto Nr. 53 477. Postscheckkonto Nr. 53 477.

Redaktion: Leipzig, Tauchaer Straße 19/21. Telegramm-Adresse: Volkszeitung Leipzig. Fernsprecher: 13693.

Inserate kosten die 7gespaltene Petitzeile oder deren Raum 35 Pfg., bei Platzvorschrift 40 Pfg. Schwieriger Satz nach höherm Tarif. — Der Preis für das Beilegen von Prospekten ist bei der Gesamtauflage 4.— Mk. jedes Tausend, bei Teilauflage 5.— Mk. — Schluß der Annahme von Inseraten für die fällige Nummer früh 9 Uhr. — Postscheckkonto Nr. 53 477.

Erscheint täglich nachmittags mit Ausnahme der Sonn- und Feiertage. — Verlag in Leipzig, Tauchaer Straße 19/21, Fernsprecher: 4596 ● Inseraten-Abteilung Fernsprecher: 2721.

Die rote Fahne in Leipzig.

Etwa 500 Soldaten zogen heute mittag mit der roten Fahne nach dem Volkshaus, wo sie die rote Fahne aufzogen.

[illegible]

Ausrufung der Republik Bayern!

München, 8. November. (W. T. B.)

Im Anschluß an die gestrige Massenversammlung auf der Theresienwiese kam es in München zu ernsten Unruhen, die im Verlaufe zur Ausrufung der Republik Bayern führten.

In der Nacht zum heutigen Tage bildete sich ein Rat der Arbeiter, Soldaten und Bauern, zu dessen Vorsitzenden Kurt Eisner ernannt wurde. Dieser Rat erließ an die Bevölkerung Münchens folgenden Aufruf:

„Das furchtbare Schicksal, das über das deutsche Volk hereingebrochen ist, hat zu einer elementaren Bewegung der Münchner Arbeiter und Soldaten geführt. Ein provisorischer Arbeiter-, Soldaten- und Bauernrat hat sich in der Nacht zum 8. November im Landtage konstituiert.

Bayern ist fortan ein freier Staat.

Eine Volksregierung, die von dem Vertrauen der Massen getragen wird, soll unverzüglich eingesetzt werden.

Eine konstituierende Nationalversammlung, zu der alle mündigen Männer und Frauen das Wahlrecht haben, wird so schnell wie möglich einberufen werden.

Eine neue Zeit hebt an!

Bayern wird Deutschland für den Völkerbund rüsten.

Die demokratische und sozialistische Republik Bayern hat die moralische Kraft, für Deutschland den Frieden zu erwirken, der es vor dem Schlimmsten bewahrt. Die jetzige Umwälzung war notwendig, um im letzten Augenblick durch das Selbstbestimmungsrecht des Volkes die Entwicklung der Zustände ohne all zu schwere Erschütterungen zu erledigen, bevor die feindlichen Heere die Grenzen überfluten oder nach dem Waffenstillstand die demobilisierten deutschen Truppen das Chaos herbeiführen. Der Arbeiter-, Soldaten- und Bauernrat wird strengste Ordnung sichern. Ausschreitungen werden rücksichtslos unterdrückt. Die Sicherheit der Person und des Eigentums wird verbürgt. Die Soldaten in den Kasernen werden durch Soldatenräte sich selbst regieren und die Disziplin aufrechterhalten. Offiziere, die sich den Anforderungen der veränderten Zeit nicht widersetzen, sollen unangetastet ihren Dienst versehen. Wir rechnen auf die schaffende Mithilfe der gesamten Bevölkerung. Jeder [illegible] neuen Freiheit ist willkommen. Alle Beamten bleiben in ihren Stellungen. Grundlegende soziale und politische Reformen werden unverzüglich ins Werk gesetzt. Die Bauern verbürgen sich für die Versorgung der Städte mit Lebensmitteln. Der alte Gegensatz zwischen Land und Stadt wird verschwinden. Der Austausch der Lebensmittel wird rationell organisiert werden.

Arbeiter und Bürger Münchens! Vertraut dem Großen und Gewaltigen, das in diesen schicksalsschweren Tagen sich vorbereitet! Helft alle mit, daß sich die unvermeidliche Umwandlung [illegible] und friedlich vollzieht. In dieser Zeit des sinnlosen [illegible] verabscheuen wir alles Blutvergießen. Jedes Menschenleben soll heilig sein. Bewahrt die Ruhe und wirkt mit an dem Aufbau der neuen Welt. Der Bruderkrieg der Sozialisten ist für Bayern beendet. Auf der revolutionären Grundlage, die jetzt gegeben ist, werden die Arbeitermassen zur Einheit zurückgeführt.

Es lebe die bayrische Republik! Es lebe der Friede! Es lebe die schaffende Arbeit aller Werktätigen!

München, Landtag, in der Nacht zum 8. November 1918.

Der Rat der Arbeiter, Soldaten und Bauern.
Der Erste Vorsitzende: Kurt Eisner.

*

München, 8. November. Der Rat der Arbeiter, Soldaten und Bauern erließ ferner folgende Bekanntmachung:

Zur Aufrechterhaltung der Ordnung und Sicherheit arbeitet von heute an das gesamte Polizei- und Sicherheitspersonal im Auftrage und unter Kontrolle des Arbeiter- und Soldatenrats. Den Anordnungen dieser Organe ist unbedingt Folge zu leisten.

*

München, 8. November. Erklärung des Münchner Polizeipräsidenten:

Ich verpflichte mich, bei der Ausübung des Sicherheitsdienstes den Anordnungen des Arbeiter- und Soldatenrats München Folge zu leisten. Sofern ich dieser Verpflichtung nicht nachkommen kann, muß ich mir das Recht des Rücktritts vorbehalten.

München, 8. November 1918, morgens 1 Uhr.
Königlicher Polizeipräsident.
gez.: v. Beckh.

Sozialistische Republik Deutschland.

Auf Kiel folgte Hamburg, auf Hamburg folgte Bremen, auf Bremen folgte Lübeck, folgte Brunsbüttel, Schwerin, Hannover, Rostock, Oldenburg und jetzt Bayern. Ueberall weht die rote Flagge, das Zeichen des siegreichen Proletariats. Deutschland wird zum Volksstaat, Deutschland wird zur sozialistischen Republik!

Fünf Sekunden vor zwölf merkt die Regierung, merkt das privilegierte Bürgertum, daß es sich nicht mehr um kleine Unruhen handelt, sondern daß es jetzt ums Ganze geht. [illegible] noch schnell alles bewilligen, [illegible] Jahrzehnten ergebnislos gefordert [illegible]. Die freiesten Wahlrechte von der Welt sollen kommen, in Preußen will man sogar den Frauen das Wahlrecht geben, es regnet von Versprechungen von [illegible] man dem allem glauben wollte [illegible] Paradies auf Erden.

Aber die Arbeiterschaft gl[illegible] Versprechungen. Wer solange belogen und betrogen [illegible] ist, der läßt sich von schönen Reden nicht mehr einfangen. Jetzt ist überhaupt keine Zeit zum Reden mehr: jetzt wird gehandelt, jetzt wird schnell und vollständig gehandelt!

Fünf Sekunden vor zwölf merken auch die Regierungssozialisten, wie der Wind geht; schleunigst hängen sie ihre Segel nach der andern Seite und versuchen ihr Schifflein in die neue Fahrt zu bringen. Am Donnerstag hat der Parteivorstand der Regierungssozialisten sich mit der Lage befaßt und die Herren Ebert und Scheidemann beauftragt, dem Reichskanzler folgendes zu erklären:

Die Sozialdemokratische Partei fordert, daß

1. die Versammlungsverbote aufgehoben werden,
2. Polizei und Militär zu äußerster Zurückhaltung angehalten werden;
3. daß die preußische Regierung sofort im Sinne der Reichstagsmehrheit umgestaltet wird;
4. daß der sozialdemokratische Einfluß in der Reichsleitung verstärkt wird;
5. daß die Abdankung des Kaisers und der Thronverzicht des Kronprinzen bis morgen mittag bewirkt werden.

Wird diese Aufforderung nicht erfüllt, so tritt die Sozialdemokratie aus der Regierung aus. Gleichzeitig ergeht eine neue Mahnung an die Arbeiter zur Besonnenheit. Weitere Nachrichten sollen bis morgen nachmittag abgewartet werden.

Zur Erläuterung dieser Forderungen sei bemerkt, daß das Oberkommando in den Marken in der rigorosesten Weise in das Verfügungsrecht der Zivilbehörden eingreift. Die innere Stadt ist mit einem Doppelkordon von Soldaten umgeben, die Schutzmannschaft reitet bis an die Zähne bewaffnet in den Straßen umher, Maschinengewehre sind aufgestellt, Handgranaten liegen zum Gebrauch bereit. Versammlungen der Unabhängigen Sozialdemokraten, die zu Donnerstag einberufen waren, wurden verboten und als sie trotzdem tagten, durch Massenaufgebote von Schutzleuten auseinandergejagt.

Es sind also nicht grundsätzliche Forderungen, die jetzt von den Regierungssozialisten aufgestellt werden, sondern ihr Ultimatum enthält wiederum nur Halbheiten, die letzten Konsequenzen aus der Lage wollen sie noch immer nicht ziehen. Nicht die sozialistische Republik fordern sie, sondern nur die Abdankung Wilhelms; nicht die sofortige Aufhebung des Belagerungszustandes, sondern nur die Zurücknahme von Versammlungsverboten; nicht die Bildung einer Volksregierung, sondern nur die Vermehrung der Zahl der regierungssozialistischen Exzellenzen.

Aber es hat den Anschein, als ob die andern Teilhaber der Regierung diese Forderungen entweder nicht erfüllen wollen oder daß sie gar nicht in der Lage sind, sie zu erfüllen. Das Versammlungsverbot wurde nicht aufgehoben, Maschinengewehre und Handgranaten bleiben in Bereitschaft, Wilhelm hält fester als je an seiner Krone fest. Budapester Blätter berichten jetzt über die Abdankungsfrage das Folgende:

Danach hat der Minister des Innern, Dr. Drews, dem Kaiser über die Scheidemannschen Forderungen nach Abdankung des Kaisers Bericht erstattet. Bei seiner Rückkehr aus dem [illegible]

Der Beginn in Leipzig.

Im Volkshause versammelten sich heute mittag gegen 1 Uhr mehrere hundert Soldaten. Kaum hatte sich die Nachricht davon in der Stadt verbreitet, als sich immer größere Massen von Soldaten dieser Kundgebung anschlossen. Genosse Lipinski hielt auf Wunsch der Soldaten eine Ansprache, in der er über die Vorgänge in den Küstenstädten und in Bayern berichtete.

In den Straßen werden die Offiziere von den Soldaten angehalten und zur Abgabe ihrer Waffen gezwungen. Die Straßenbahnwagen werden von den Soldaten besonders durchsucht. Die mitfahrenden Soldaten steigen ab und schließen sich der Bewegung an.

Nach Beendigung der Versammlung zog das Militär nach der Kaserne, um das übrige Militär zum Anschluß aufzufordern. Ein Teil ging nach dem Generalkommando.

Militärische Konterrevolution.

Plan eines Staatsstreichs von oben.

Die militärischen Machthaber in Berlin mißbrauchen ihre Macht, die sie bis jetzt noch besitzen, indem sie Berlin vollkommen von der Außenwelt abschließen.

Der telephonische und telegraphische Verkehr mit Berlin ist durch die Militärgewalt aufgehoben. Der Eisenbahnverkehr ist unterbrochen. Die Züge aus dem Süden verkehren nur bis Luckenwalde.

Gegen diesen Mißbrauch werden sehr ernste Maßregeln getroffen werden müssen.

Die diktatorischen Gelüste der militärischen Machthaber in Berlin gehen noch weiter. Der Oberkommandierende in den Marken hat einen Garnisonbefehl erlassen, in dem er erklärt,

daß er sich mit seiner ganzen militärischen Macht vor die jetzige Regierung stellen und sie mit Waffengewalt schützen werde;

daß er im Falle der Bildung einer neuen Regierung die Mitglieder dieser Regierung sofort verhaften lassen werde.

Die Militärdiktatur soll die Regierung des Bürgertums gegen die Revolution schützen. Damit ist die Regierung charakterisiert.

Fort mit der konterrevolutionären Regierung!

Flucht eines Hohenzollern.

Prinz Heinrich auf der Flucht nach Dänemark.

Aus Kiel erfährt das Hamburger Fremdenblatt, daß sich Prinz Heinrich mit der Prinzessin Heinrich und dem Prinzen Waldemar gestern in einem Kraftwagen in der Richtung nach Norden aus Kiel entfernt hat. Bei der Hochbrücke über den Kaiser-Wilhelm-Kanal hatte das Auto einen Zusammenstoß mit Matrosen. Es kam zu einer bisher noch nicht recht aufgeklärten Schießerei, wobei ein Matrose getötet wurde. Es gelang dem Prinzen, im Auto zu entkommen.

Konstituierung eines Arbeiterrats in Braunschweig.

In Braunschweig hat die Aktion mit Bildung eines Arbeiterrats begonnen. Nähere Nachrichten fehlen zur Stunde noch.

516 Novemberrevolution in Leipzig. 1918

Quellenverzeichnis

(Die Titel werden analog zu den Quellenangaben im Text in teilweise verkürzter Form und dudengemäßer Schreibweise aufgeführt, während sie die nachfolgende Auswahlbibliographie in der Originalfassung nennt. Das Quellenmaterial aus dem Stadtarchiv Leipzig wird zwecks praktikablerer Nutzung des Verzeichnisses unter thematischen Stichwörtern mit beigefügter Jahreszahl eingereiht, wobei jedes Dokument trotz zum Teil verschiedenartiger Zuordnungsmöglichkeit nur einmal erscheint; die angegebene Seitenzahl verweist zugleich auf die dort genannte Signatur der Quelle.)

Akten und Briefe zur Kirchenpolitik Herzog Georgs von Sachsen. 1. Bd. Leipzig 1905
Annales Pegaviensis (Monumenta Germaniae Historica, Scriptores). Hannover 1859
Anschütz, Heinrich: Erinnerungen aus dessen Leben und Wirken. Nach eigenhändigen Aufzeichnungen und mündlichen Mitteilungen. Wien 1866
Apitz, Bruno: Der Regenbogen. Halle 1976
Arndt, Ernst Moritz: Ein Wort über die Feier der Leipziger Schlacht. Frankfurt am Main 1814
Aus den Tagebüchern von Heinrich Brockhaus. 1. Teil. Leipzig 1884. 4. Teil. Leipzig 1887
Ausführliche Reformations-Historie der Stadt und Universität Leipzig. Leipzig 1739

Bebel, August: Aus meinem Leben. Berlin 1978
Briefe von Dunkelmännern (Epistolae obscurorum virorum). Gera 1885

Carpzow, Benedikt: Practica nova Imperialis Saxonica rerum criminalium. Pars I. Wittenberg 1635

Deutsches Museum. Zeitschrift für Literatur, Kunst und öffentliches Leben. Jg. 1861

Eger, Susanna: Leipziger Kochbuch. Leipzig 1745
Europa. Chronik der gebildeten Welt. Jg. 1836

Fontane, Theodor: Sämtliche Werke. Bd. XV. München 1967
Freytag, Gustav: Erinnerungen aus meinem Leben. Leipzig 1899

Goethe, Johann Wolfgang: Werke. IV. Abt. 3. Bd. Weimar 1888. 6. Bd. Weimar 1890. 27. Bd. Weimar 1889
Die Grenzboten. Jg. 1866
Gretschel, Carl Christian Carus: Leipzig und seine Umgebungen. Leipzig 1836
Grillparzer, Franz: Reisetagebücher. Berlin 1971
Gutzkow, Karl: Rückblicke auf mein Leben. Berlin 1875

Hase, Karl: Ideale und Irrtümer. Jugenderinnerungen. Leipzig 1872
Heydenreich, Tobias: Leipzigische Chronik. Leipzig 1635
E. T. A. Hoffmann im persönlichen und brieflichen Verkehr. Sein Briefwechsel und die Erinnerungen seiner Bekannten. 2. Bd. 1. H. Berlin 1912
Hofmann, Carl Gottlob: Ausführliche Reformations-Historie der Stadt und Universität Leipzig. Leipzig 1739
Hußell, Ludwig: Leipzig während der Schreckenstage der Schlacht im Monat Oktober 1813 als Beitrag zur Chronik dieser Stadt. Leipzig 1813

Jean Pauls sämtliche Werke. 3. Abt. 1. Bd. Berlin 1956
Journal für Fabrik, Manufaktur und Handlung. Leipzig 1793

Karamsin, Nikolai Michailowitsch: Briefe eines russischen Reisenden. Berlin 1977
Der Korrespondent. Wochenschrift für Deutschlands Buchdrucker und Schriftgießer. Jg. 1865
(Krögen, Karl Heinrich:) Freie Bemerkungen über Berlin, Leipzig, Prag. o. O. 1785
Küas, Herbert: Das alte Leipzig in archäologischer Sicht. Berlin 1976
Ein kurzweilig Lesen von Till Eulenspiegel, geboren aus dem Land zu Brunswick. Wie er sein Leben vollbracht hat. XCVI seiner Geschichten. Straßburg 1515

Leipzig in acht Jahrhunderten. Leipzig 1965
Leipzig und seine Universität im 18. Jahrhundert. Aufzeichnungen des Leipziger Studenten Johann Heinrich Jugler aus dem Jahre 1779. Leipzig 1909
Leipziger Arbeiter-Zeitung. Jg. 1848
Leipziger Neueste Nachrichten. Jg. 1913
Leipziger Tageblatt. Jg. 1837, 1838, 1846, 1866, 1870, 1884, 1892, 1904, 1908, 1915
Leipziger Volkszeitung. Jg. 1913
Leipziger Zeitung. Jg. 1806, 1813, 1842, 1848, 1849, 1866, 1870, 1871

Der Leuchtturm. Monatsschrift zur Unterhaltung und Belehrung für das deutsche Volk. Jg. 1847
List, Friedrich: Über ein sächsisches Eisenbahn-System als Grundlage eines allgemeinen deutschen Eisenbahn-Systems und insbesondere über die Anlegung einer Eisenbahn von Leipzig nach Dresden. Leipzig 1833

Mangner, Conrad Ferdinand Eduard: Geschichte der Leipziger Winkelschulen. Leipzig 1906
Maurer, August: Leipzig im Taumel. Nach Originalbriefen eines reisenden Edelmanns. Leipzig 1799
Meißner, Alfred: Geschichte meines Lebens. I. Bd. Wien u. Teschen 1885
Mendelssohn Bartholdy, Felix: Briefe aus den Jahren 1833 bis 1847. Leipzig 1864
Müller, Ernst: Leipziger Neubürgerliste 1471–1501. Dresden 1969. Leipziger Neubürgerliste 1502–1556. Leipzig 1981/82

Parteiveteranen berichten von der Novemberrevolution 1918. o. O. o. J.
Pecht, Friedrich: Aus meiner Zeit. Lebenserinnerungen. Bd. 1. München 1894
Pertz, Georg Heinrich: Das Leben des Ministers Freiherrn vom Stein. Bd. 3. Berlin 1851
Picanders ernst-scherzhafte und satirische Gedichte. 4. und letzter Teil. Leipzig 1737
Prasch, Detlev: Vertraute Briefe über den politischen und moralischen Zustand von Leipzig. London 1787

Quellen zur Geschichte Leipzigs. Bd. 1. Leipzig 1889. Bd. 2. Leipzig 1895

Reuter, Christian: Werke in einem Band. Berlin und Weimar 1965
Riesbeck, Johann Kaspar: Briefe eines reisenden Franzosen über Deutschland. Berlin 1976

Sächsisches Kuriositätenkabinett auf das Jahr 1736. Dresden 1737
Schiller, Friedrich: Briefe in zwei Bänden. 1. Bd. Berlin und Weimar 1968
Schneider, Zacharias: Chronicon Lipsiense. Leipzig 1655
Schriftsteller und Buchhändler vor hundert Jahren. Carl August Böttiger und Georg Joachim Göschen im Briefwechsel. Leipzig 1911
Schulz, Johann Gottlob: Beschreibung der Stadt Leipzig, Leipzig 1784
Schumanns Briefe in Auswahl. Stuttgart 1906
Sperontes (eigtl. Johann Sigismund Scholze): Singende Muse an der Pleiße. Leipzig 1736

Stadtarchiv Leipzig
Arbeiterbewegung
1861 – S. 364, 365
1865 – S. 371
1868 – S. 376
1881 – S. 388
1890 – S. 400, 401

Bildende Kunst
1814 – S. 281
1841 – S. 336
1851 – S. 355
1853 – S. 356, 357
1858 – S. 358
1861 – S. 358, 359
1894 – S. 402, 403
1908 – S. 412
1913 – S. 416
1914 – S. 420, 421

Ehe und Familie
1668 – S. 138
1694 – S. 150, 151
1720 – S. 179
1752 – S. 208
1765 – S. 224
1785 – S. 246

Geselliges Leben
1482 – S. 75
1615 – S. 124, 125
1710 – S. 170
1716 – S. 177
1717 – S. 178
1738 – S. 194
1739 – S. 194
1747 – S. 205
1748 – S. 205
1754 – S. 208
1765 – S. 224
1775 – S. 234, 235
1776 – S. 235
1787 – S. 252, 253
1814 – S. 281
1823 – S. 293
1831 – S. 312, 313
1883 – S. 390

Gesundheitswesen
1536 – S. 96
1581 – S. 114
1590 – S. 119
1616 – S. 125
1749 – S. 206
1750 – S. 206, 207
1757 – S. 210
1826 – S. 296

Handel
1484 – S. 76, 77
1512 – S. 80
1518 – S. 86, 87
1680 – S. 140, 141
1729 – S. 187

Stolle, Ferdinand: Das neue Leipzig nebst einer Kreuzturminspiration über Dresden. Leipzig 1834

Tausend Jahre deutscher Vergangenheit in Quellen heimatlicher Geschichte insbesondere Leipzigs und des Leipziger Kreises. Bd. 1/2. Leipzig 1911
Thomasius, Christian: Allerhand bisher publizierte kleine teutsche Schriften. Halle 1707

Urkundenbuch der Stadt Leipzig. 1. Bd. Leipzig 1868. 2. Bd. Leipzig 1870
Urkundenbuch der Universität Leipzig von 1409 bis 1555. Leipzig 1879

Verhandlungen der Stadtverordneten zu Leipzig im Jahre 1915. o. O. o. J.
Die vernünftigen Tadlerinnen. I. Jg. Halle 1725
Vogel, Johann Jacob: Leipzigisches Geschichtsbuch oder Annales. Leipzig 1714
Vogel: Zur festlichen Feier des fünfzigjährigen Jubiläums der ersten Bürgerschule in Leipzig am zweiten Januar 1854. Leipzig 1853

Wagner, Richard: Mein Leben. 1. Bd. Leipzig 1958
Weimarisches Jahrbuch für deutsche Sprache, Literatur und Kunst. Bd. 3. Hannover 1855
Weinschenk, Ferdinand Wilhelm: Chronik von Wachau. Leipzig o. J.

Zöllner, Georg: Die Zunftverfassung in Leipzig bis zum Jahre 1600. Halle 1915

Auswahlbibliographie

[Achthundert] 800 Jahre Leipziger Messe. Festschrift des Leipziger Messeamtes. Leipzig 1965
Adam, Klaus, u. a.: Von der Pferdebahn zum Gelenkzug. Betriebsgeschichte des VEB(K) Verkehrsbetriebe der Stadt Leipzig (LVB). Leipzig 1966
Albrecht, Karl: Die Leipziger Mundart. Grammatik und Wörterbuch der Leipziger Volkssprache. Leipzig 1881. Unveränderter Nachdruck. Leipzig 1965
Alma mater Lipsiensis. Geschichte der Karl-Marx-Universität Leipzig. Herausgegeben von Lothar Rathmann. Leipzig 1984
Altmann, Ursula: Die Leistungen der Drucker mit Namen Brandis im Rahmen der Buchgeschichte des 15. Jahrhunderts. 2 Bände (Dissertation). Berlin 1974
Arndt, Helmut, u. a.: Leipzig in acht Jahrhunderten. Leipzig 1965

Backhaus, Ferdinand: Die Sagen der Stadt Leipzig. Nach geschichtlichen Überlieferungen. Leipzig 1844
Bedeutende Gelehrte in Leipzig. Zur 800-Jahr-Feier der Stadt Leipzig herausgegeben von Max Steinmetz und Gerhard Harig. 2 Bände. Leipzig 1965
Bennemann, Paul: Geschichtliche Wanderungen durch die Reichsmessestadt Leipzig. Ein Führer zu ihren Kulturdenkmälern. Leipzig 1940
Berühmte Leipziger Studenten. Herausgegeben von Hans Piazza u. a. Leipzig, Jena, Berlin 1984
Beyer, Peter: Leipzig und die Anfänge des deutschen Eisenbahnbaues. Weimar 1978
Bibliographie zur Geschichte der Stadt Leipzig. Herausgegeben von der Sächsischen Akademie der Wissenschaften mit Unterstützung des Stadtarchivs Leipzig. 2 Hauptbände mit Registerband und 4 Sonderbände. Leipzig und Weimar 1957–1975
Blümner, Heinrich: Geschichte des Theaters in Leipzig. Von dessen ersten Spuren bis auf die neueste Zeit. Leipzig 1818. Unveränderter Nachdruck. Leipzig 1979
Böhm, Claudius, und Sven-W. Staps: Das Leipziger Stadt- und Gewandhausorchester. Dokumente einer 250jährigen Geschichte. Leipzig 1993
Bunke, Horst, und Gert Klitzke: Buchgestaltung in Leipzig seit der Jahrhundertwende. Leipzig 1978

Claus, Helmut: Untersuchungen zur Geschichte des Leipziger Buchdrucks von Luthers Thesenanschlag bis zur Einführung der Reformation im Herzogtum Sachsen (Dissertation). Berlin 1973
Czok, Karl: Das alte Leipzig. Leipzig 1978

Dehio, Georg: Handbuch der deutschen Kunstdenkmäler. Die Bezirke Dresden, Karl-Marx-Stadt, Leipzig. Berlin 1965
Denkmale in Sachsen. Ihre Erhaltung und Pflege in den Bezirken Dresden, Karl-Marx-Stadt, Leipzig und Cottbus. Weimar 1981
Deutsche Bücherei 1912–1962. Festschrift zum 50jährigen Bestehen der deutschen Nationalbibliothek. Redaktion: Helmut Rötzsch u. a. Leipzig 1962

[Einhundertfünfzig] 150 Jahre Museum der bildenden Künste. 150 Jahre Sammeln zeitgenössischer Kunst. Katalog. Leipzig 1987

Felix, Werner: Johann Sebastian Bach. Leipzig 1984
Fellmann, Walter: Leipziger Pitaval. Berlin 1982
Fischer, Gerhard: Aus zwei Jahrhunderten Leipziger Handelsgeschichte. 1470–1650. Leipzig 1929. Unveränderter Nachdruck. Leipzig 1978
Forberger, Rudolf: Die Manufaktur in Sachsen vom Ende des 16. bis zum Anfang des 19. Jahrhunderts. Leipzig 1958
[Fünfhundert] 500 Jahre Buchstadt Leipzig. Von den Anfängen des Buchdrucks in Leipzig bis zum Buchschaffen der Gegenwart. Herausgegeben von Karl Czok u. a. Leipzig 1981
[Fünfundsiebzig] 75 Jahre Deutsche Zentralbücherei für Blinde in Leipzig. 1894–1969. Leipzig 1969
[Fünfundsiebzig] 75 Jahre Leipziger Männerchor. 1891–1966. Leipzig 1966
[Fünfzig] 50 Jahre Asso in Leipzig. Ausstellung im Museum der bildenden Künste. Leipzig 1979
Funke, Fritz: 50 Jahre Internationale Buchkunstausstellungen in Leipzig. Leipzig 1976

»... die ganze Welt im kleinen ...«. Kunst und Kunstgeschichte in Leipzig. Herausgegeben von Ernst Ullmann. Leipzig 1989

Die Gewandhauskonzerte zu Leipzig 1781–1981. Herausgegeben von Johannes Forner. Leipzig 1981
Geyser, Gottlieb Wilhelm: Geschichte der Malerei in Leipzig von frühester Zeit bis zu dem Jahre 1813. Leipzig 1858
Gleisberg, Dieter: Kunstschätze aus Sachsen. Meisterwerke aus Leipziger Museen vom Mittelalter bis zur Gegenwart. Karlsruhe 1991
Gleisberg, Dieter: Merkur & die Musen. Schätze der Weltkultur aus Leipzig. Wien 1989
Greiner-Mai, Herbert, u. a.: Tourist-Führer Literatur. Dichter, Stätten, Episoden. Berlin und Leipzig 1985
Gretschel, Carl Christian Carus: Leipzig und seine Umgebungen. Leipzig 1836. Unveränderter Nachdruck. Leipzig 1980
Gretzschel, Matthias, und Hartmut Mai: Kirchen in Leipzig. Schriften des Leipziger Geschichtsvereins, Neue Folge. Bd. 2. Beucha 1993
Grzesiak, Angela: Das Grassimuseum zu Leipzig. Seine Mithilfe bei der Produktgestaltung des 20. Jahrhunderts (Dissertation). Halle 1982

Handbuch der historischen Stätten Deutschlands. Band 8 Sachsen. Herausgegeben von Walter Schlesinger. Stuttgart 1965. Unveränderter Neudruck 1990
Hanke, Wolfgang: Die Thomaner. Berlin 1979
Hasse, Ernst: Geschichte der Leipziger Messen. Leipzig 1885. Unveränderter Nachdruck. Leipzig 1963
Heiland, Julius: Leipzig als Großstadt. Leipzig 1921
Hempel, Gunter: Von der Leipziger Ratsmusik zum Stadt- und Gewandhausorchester. Die Entwicklung des Leipziger Orchesterwesens in der ersten Hälfte des 19. Jahrhunderts (Dissertation). Leipzig 1961
Hempel, Irene und Gunter: Musikstadt Leipzig. Leipzig 1979
Hendrick, Willy: Geschichte der sächsischen Kunstakademien Dresden und Leipzig und ihre Unterrichtspraxis. 1764–1815 (Dissertation). Leipzig 1958
Hennenberg, Fritz: Das Leipziger Gewandhausorchester. Leipzig 1980
Heydenreich, Tobias: Leipzigische Cronicke und zum Theil historische Beschreibung der [...] Stadt Leipzig [...] biss auf das Jahr 1635. Leipzig 1635
Historischer Führer. Stätten und Denkmale der Geschichte in den Bezirken Leipzig, Karl-Marx-Stadt. Herausgegeben von Lutz Heydick u. a. Leipzig, Jena, Berlin 1981
Hochschule für Musik, gegründet als Conservatorium der Musik. Herausgegeben von Martin Wehnert u. a. Leipzig 1968
Hocquél, Wolfgang: Die Architektur der Leipziger Messe. Berlin 1994
Hocquél, Wolfgang: Leipzig. Baumeister und Bauten. Von der Romanik bis zur Gegenwart. Berlin und Leipzig 1990
Hohlfeld, Johannes: Hundert Jahre Verein der Buchhändler zu Leipzig. Leipzig 1933

Internationale Buchkunst-Ausstellung Leipzig 1989. Katalog. Herausgegeben von Hans Baier und Werner Köhler. Berlin 1989

Jahn, Johannes: Museum der bildenden Künste Leipzig. Leipzig 1961
Jahrbuch zur Geschichte der Stadt Leipzig. Herausgegeben vom Museum für Geschichte der Stadt Leipzig in Zusammenarbeit mit der Sektion Geschichte der Karl-Marx-Universität Leipzig und dem Stadtarchiv Leipzig. 6 Bände. Leipzig 1975–1980
Jericke, Alfred: ... es ist ein klein Paris. Die Wirkung der Stadt Leipzig auf Persönlichkeit und Werk Goethes. Weimar 1965
Judaica lipsiensia. Zur Geschichte der Juden in Leipzig. Herausgegeben von der Ephraim-Carlebach-Stiftung. Redaktion: Manfred Unger. Leipzig 1994
Juden in Leipzig. Eine Dokumentation. Bearbeitung: Manfred Unger und Hubert Lang. Leipzig 1988

Kaemmel, Otto: Geschichte des Leipziger Schulwesens vom Anfang des 13. bis gegen Mitte des 19. Jahrhunderts (1214–1846). Leipzig 1909
Karl-Marx-Universität Leipzig. 1409–1959. Beiträge zur Universitätsgeschichte. 2 Bände. Leipzig 1959
Kneschke, Emil: Zur Geschichte des Theaters und der Musik in Leipzig. Leipzig 1864
Kroker, Ernst: Handelsgeschichte der Stadt Leipzig. Die Entwicklung des Leipziger Handels und der Leipziger Messen von der Gründung der Stadt bis auf die Gegenwart. Leipzig 1925
Kroker, Ernst: Schaustellungen auf den Leipziger Messen im 16., 17. und 18. Jahrhundert. In: Mitteilungen der Deutschen Gesellschaft zur Erforschung vaterländischer Sprache [...] in Leipzig. 8, Heft 3. Leipzig 1890
Küas, Herbert: Das alte Leipzig in archäologischer Sicht. Berlin 1976
Kuhn, H.: Leipzigs Bauwesen in der Zeit von Dauthe bis zu Geutebrück. 1770–1828 (Dissertation). Dresden 1923
Kunstschätze der Karl-Marx-Universität Leipzig. Herausgegeben von Ernst Ullmann. Leipzig 1981
Kurzwelly, Albrecht: Das Bildnis in Leipzig vom Ende des 17. Jahrhunderts bis zur Biedermeierzeit. Leipzig 1912

Lange, Bernd-Lutz: Liederliches Leipzig. Ein kleiner Stadtrundgang mit Liedern und Gedichten. 2 Bände. Leipzig 1986
Langer, Paul: Chronik der Leipziger Singakademie. Leipzig 1902
Leipzig (Kunstgeschichtliche Städtebücher). Herausgegeben von Wolfgang Hocquél. Leipzig 1983
Leipzig als ein Pleißathen. Eine geistesgeschichtliche Ortsbestimmung. Herausgegeben von Axel Frey und Bernd Weinkauf. Leipzig 1995
Leipzig. Aus Vergangenheit und Gegenwart. Beiträge zur Stadtgeschichte. Herausgegeben vom Museum für Geschichte der Stadt Leipzig in Zusammenarbeit mit der Sektion Geschichte der Karl-Marx-Universität Leipzig und dem Stadtarchiv Leipzig. 7 Bände. Leipzig 1981–1990
Leipzig. Geschichte der Stadt in Wort und Bild. Herausgegeben von einem Autorenkollektiv unter Leitung von Karl Czok und Horst Thieme. Berlin 1978
Leipziger Bautradition. Herausgegeben von Heinz Füßler. Leipzig 1955
Leipziger Blätter. Herausgegeben vom Rat des Bezirkes Leipzig, seit 1991 von der Kulturstiftung Leipzig. Leipzig 1982 ff.
Das Leipziger Eidbuch von 1590. Herausgegeben und bearbeitet von Horst Thieme unter Mitarbeit von Sigrid Gerlach. Leipzig 1986
Leipziger Kalender. Illustriertes Jahrbuch und Chronik. 1.–12. Jahrgang. Leipzig 1904–1914, 1925
Leipziger Universitätsbauten. Die Neubauten der Karl-Marx-Universität seit 1945 und die Geschichte der Universitätsgebäude. Herausgegeben von Heinz Füßler. Leipzig 1961
Der Leipziger Universitätschor. Beiträge zur Universitätsmusik der Stadt Leipzig 1600–1976. Redaktion: Max Pommer. Leipzig 1976
Leipzigs Wirken am Buch. Herausgegeben vom Präsidium der Internationalen Buchkunstausstellung in Verbindung mit der graphischen Industrie Leipzigs. Leipzig 1927
Lexikon Städte und Wappen der DDR. Herausgegeben von Heinz Göschel. Leipzig 1984
Lippold, Monika, u. a.: Empor zum Licht. Aus Geschichte und Gegenwart des Chorgesangs Werktätiger in Leipzig. Herausgegeben vom Rat der Stadt Leipzig, Abteilung Kultur. Leipzig 1988
List, Friedrich: Über ein sächsisches Eisenbahn-System als Grundlage eines allgemeinen deutschen Eisenbahn-Systems und insbesondere über die Anlegung einer Eisenbahn von Leipzig nach Dresden. Leipzig 1833
Loh, Gerhard: Geschichte der Universitätsbibliothek Leipzig von 1543 bis 1832. Ein Abriß. Zentralblatt für Bibliothekswesen: Beiheft 96. Leipzig 1987
Lülfling, Hans: Leipziger Frühdrukker. Leipzig 1959

Mangner, Conrad Ferdinand Eduard: Geschichte der Leipziger Winkelschulen. Leipzig 1906
Mein Leipzig lob ich mir. Zeitgenössische Berichte von der Völkerschlacht bis zur Reichsgründung. Herausgegeben von Rolf Weber. Berlin 1983
Metscher, Klaus, und Walter Fellmann: Lipsia und Merkur. Leipzig und seine Messen. Leipzig 1990
Moschke, Gerd: Die sozial- und gesundheitspolitische Aktivität der Leipziger Kolonne des Arbeiter-Samariter-Bundes von 1904–1933 und ihr Kampf als Sanitätseinheit gegen die Folgen der imperialistischen Ausbeutung und Unterdrückung (Dissertation). Leipzig 1975
Müller, Ernst: Die Häusernamen von Alt-Leipzig vom 15.–20. Jahrhundert mit Quellenbelegen und geschichtlichen Erläuterungen. Leipzig 1931
Müller, Ernst: Die Leipziger Messeprivilegien. Ein historischer Überblick über Leipzigs Messeurkunden. Leipzig 1964
Müller, Ernst: Leipziger Neubürgerliste. (1471–1501). Dresden 1969. (1502–1556), 2 Hefte. Leipzig 1981/82
Das Musikleben Leipzigs in Vergangenheit und Gegenwart. Leipzig 1978

Neues Leipzigisches Geschicht-Buch. Herausgegeben vom Museum für Geschichte der Stadt Leipzig und der Karl-Marx-Universität Leipzig. Leipzig 1990
Neumann, Werner: Bilddokumente

zur Lebensgeschichte Johann Sebastian Bachs. Leipzig 1979
[Neunzig] 90 Jahre Leipziger Zoo. 1878–1968. Ausblick und Rückblick. Leipzig 1968

Petzold, Karl Günther: Die Geschichte des Leipziger Apothekenwesens von seinen Anfängen bis zur Mitte des 18. Jahrhunderts. Ein kritischer Beitrag zur Pharmaziegeschichte im Spiegel der Stadt- und Universitätsgeschichte (Dissertation). Greifswald 1972
Petzoldt, Richard: Der Leipziger Thomanerchor. Leipzig 1962
Pevsner, Nikolaus: Leipziger Barock. Die Baukunst der Barockzeit in Leipzig. Dresden 1928
Piltz, Georg: Kunstführer durch die DDR. Leipzig, Jena, Berlin 1982
Pleßke, Hans Martin: Das Leipziger Musikverlagswesen und seine Beziehungen zu einigen namhaften Komponisten. Ein Beitrag zur Geschichte des Musikalienhandels im 19. und zu Beginn des 20. Jahrhunderts (Dissertation). Leipzig 1974
Pretzsch, Willi: Das Rundfunk-Sinfonie-Orchester Leipzig. Eine chronologische Betrachtung zum 40jährigen Bestehen des Orchesters. Leipzig 1964

Quellen zur Geschichte Leipzigs. Veröffentlichungen aus dem Archiv und der Bibliothek der Stadt Leipzig. Herausgegeben von Gustav Wustmann. 2 Bände. Leipzig 1889, 1895

Rachel, Walter: Verwaltungsorganisation und Ämterwesen der Stadt Leipzig bis 1627. Leipzig 1902
Ramshorn, Carl: Leipzig und seine Umgebungen. Braunschweig 1841. Reprint Leipzig 1988.
Reuter, Fritz: Die Geschichte der deutschen Oper in Leipzig am Ende des 17. und am Anfang des 18. Jahrhunderts (Dissertation). o. O. 1922
Riedel, Hildegard: Die faschistische Kultur- und Wissenschaftspolitik in ihren Auswirkungen auf das Buch- und Bibliothekswesen – speziell die Deutsche Nationalbibliographie (Dissertation). Leipzig 1969
Rötzsch, Helmut: Der Börsenverein der Deutschen Buchhändler zu Leipzig und die Deutsche Bücherei. Ein Beitrag zur Geschichte der deutschen Nationalbibliothek. Leipzig 1962
Rudloff-Hille, Gertrud: Das Theater auf der Ranstädter Bastei Leipzig 1766. Geschichte des ersten Leipziger Theaterbaus. Leipzig 1969

Sächsische Bibliographie. Berichtsjahr 1961ff. Herausgegeben von der Sächsischen Landesbibliothek. Dresden 1962ff.
Schäfer, Hans-Joachim: Zur sozialistischen Arbeiterbildung in Leipzig. Leipzig 1961
Schicksale deutscher Baudenkmale im zweiten Weltkrieg. Eine Dokumentation der Schäden und Totalverluste auf dem Gebiet der Deutschen Demokratischen Republik. Band 2. Bezirke Halle, Leipzig, Dresden, Karl-Marx-Stadt, Erfurt, Gera, Suhl. Herausgegeben und redaktionell bearbeitet von Götz Eckardt. Berlin 1980
Schneider, Zacharias: Chronicon Lipsiense. Das ist: Gemeine Beschreibung der [...] Gewerb- und Handels-Stadt Leipzig. Leipzig 1655
Schröder, Gustav: Frühes Leipziger Arbeitertheater. Friedrich Bosse. Berlin 1972
Schulze, Friedrich: Alt-Leipzig. Ein Führer zu den baugeschichtlichen Resten der Stadt. Leipzig 1927. Reprint 1990
Schulze, Friedrich: Aus Leipzigs Kulturgeschichte. Leipzig 1956
Schulze, Friedrich: Die Entstehung des Leipziger Kunstvereins. Leipzig 1923
Schulze, Friedrich: Hundert Jahre Leipziger Stadttheater. Leipzig 1917
Schulze, Friedrich: Zur Leipziger Kunstgeschichte. Die frühesten nachweisbaren Meister der Leipziger Malerinnung. In: Schriften des Vereins für die Geschichte Leipzigs. 16. Leipzig 1933
Schulze, Günter: Entwicklung der Industrie Leipzigs von 1800–1945. Halle 1958
Sechzig Jahre Leipziger Volkszeitung. 1894–1954. Leipzig 1954
Seit 1907 Leipziger Kleinmesse vor dem Frankfurter Tor nebst einer Vorgeschichte. Herausgegeben von der Kulturdirektion Leipzig. Leipzig 1982
[Siebenhundertfünfzig] 750 Jahre St. Thomas zu Leipzig. Herausgegeben von Herbert Stiehl. Berlin 1962
Skoda, Rudolf: Neues Gewandhaus Leipzig. Baugeschichte und Gegenwart eines Konzertgebäudes. Berlin 1985
Sperontes (eigtl. Johann Sigismund Scholze): Singende Muse an der Pleiße. Leipzig 1736. Unveränderter Nachdruck. Leipzig 1905
St. Thomas zu Leipzig. Schule und Chor. Herausgegeben von Bernhard Knick. Wiesbaden 1963
Stübel, Bruno: Urkundenbuch der Universität Leipzig von 1409 bis 1555. Leipzig 1879

Tage nach der Völkerschlacht. Aufzeichnungen der Stadtschreiber. 19. Oktober 1813 bis 7. Februar 1814. Herausgegeben vom Stadtarchiv Leipzig. Bearbeitet von einem Kollektiv unter Leitung von Beate Berger. Leipzig, Jena, Berlin 1988
Tausend Jahre deutscher Vergangenheit in Quellen heimatlicher Geschichte, insbesondere Leipzigs und des Leipziger Kreises. Herausgegeben von Karl Beier und Alfred Dobritzsch. 2 Bände. Leipzig 1911
Technische Denkmale in der Deutschen Demokratischen Republik. Herausgegeben von Otfried Wagenbreth und Eberhard Wächtler. Leipzig 1983
Topfstedt, Thomas, und Pit Lehmann (Hrsg.): Der Leipziger Augustusplatz. Funktionen und Gestaltwandel eines Großstadtplatzes. Leipzig 1994
Traditionen Leipziger Buchkunst. Poeschel + Tiemann + Steiner-Prag + Wiemeler + Wolter. Herausgegeben und eingeleitet von Albert Kapr. Leipzig 1989

Unbehaun, Lutz: Hieronymus Lotter. Kurfürstlich-Sächsischer Baumeister und Bürgermeister zu Leipzig. Leipzig 1989
Urkundenbuch der Stadt Leipzig. Herausgegeben von Karl Freiherr von Posern-Klett (Band 3 von Joseph Förstemann). 3 Bände. Leipzig 1868–1894

Vogel, Johann Jacob: Leipzigisches Geschichts-Buch oder Annales. Das ist: Gründliche und ausführliche Beschreibung der [...] Handels-Stadt Leipzig. Leipzig 1714
Vogel, Julius: Das Städtische Museum zu Leipzig von seinen Anfängen bis zur Gegenwart. Leipzig 1892
Vogel, Julius: Max Klinger und seine Vaterstadt Leipzig. Ein Kapitel aus dem Kunstleben einer deutschen Stadt. Leipzig 1923
Volk, Waltraud: Leipzig. Historische Straßen und Plätze heute. Berlin 1980
Vom Leipziger Zoo. Aus der Entwicklung einer Volksbildungsstätte. Herausgegeben von Karl Max Schneider. Leipzig 1953
Vor Leipzig 1813. Die Völkerschlacht in Augenzeugenberichten. Herausgegeben von Karl-Heinz Börner. Berlin 1988
Walter, Hermann: Fotografien von Leipzig, 1862–1909. Herausgegeben von Rose-Marie Frenzel und Wolfgang G. Schröter. Leipzig 1988
Weinkauf, Bernd: Leipzigs langes Leben. Leipzig 1982
Weinkauf, Bernd, und Gerald Große: Gewandhaus zu Leipzig. Halle und Leipzig 1987.
Winkler, Gerhard: Max Klinger. Leipzig 1984
Winkler, Gerhard: Museum der bildenden Künste Leipzig. Leipzig 1981
Witkowski, Georg: Geschichte des literarischen Lebens in Leipzig. Leipzig 1909; Reprint 1994
Wustmann, Gustav: Aus Leipzigs Vergangenheit. Gesammelte Aufsätze. 3 Bände. Leipzig 1885–1909
Wustmann, Gustav: Beiträge zur Geschichte der Malerei in Leipzig vom 15. bis zum 17. Jahrhundert. Leipzig 1879
Wustmann, Gustav: Bilderbuch aus der Geschichte der Stadt Leipzig für Alt und Jung. Leipzig 1897; Reprint 1990
Wustmann, Gustav: Geschichte der Stadt Leipzig. Bilder und Studien. Band 1. Leipzig 1905
Wustmann, Gustav: Kleine Chronik von Leipzig. Ein Merkbüchlein zur Stadtgeschichte. Leipzig 1908
Wustmann, Gustav: Leipzig durch drei Jahrhunderte. Ein Atlas zur Geschichte des Leipziger Stadtbildes im 16., 17. und 18. Jahrhundert. Leipzig 1891
Wustmann, Rudolf, und Arnold Schering: Musikgeschichte Leipzigs. 3 Bände. Leipzig 1926–1941. Unveränderter Nachdruck. Leipzig 1974

Zimmermann, H. O.: Das Schulwesen der Stadt Leipzig. Leipzig 1872
Zinck, Paul: Leipzigs Sagen im Spiegel seiner Geschichte. Leipzig 1924. Reprint 1990
Zöllner, Georg: Die Zunftverfassung in Leipzig bis zum Jahre 1600. Halle 1915
Zumpe, Karl: Die Geschichte des Gewandhausorchesters und die Probleme bei der Entwicklung des Klangkörpers zu einem führenden sozialistischen Musikinstitut der DDR (Dissertation). Leipzig 1980
Zunftlieder für Buchdrucker, Buchbinder, Buchhändler und das ganze Buchgewerbe. Herausgegeben von der Kulturdirektion Leipzig. Leipzig 1981
Zweihundert Jahre Hochschule für Grafik und Buchkunst Leipzig. Gesamtgestaltung: Walter Schiller. Leipzig 1964

Bildanmerkungen

(Alle abgebildeten Exponate ohne anderweitige Standortbenennung stammen aus dem Fundus des Museums für Geschichte der Stadt Leipzig; die der Größenangabe vorangestellte Bezeichnung ›Blattformat‹ weist auf einen geringfügigen Wiedergabebeschnitt der Originalvorlage hin.)

1 Faustkeil, Klinge und zwei Schaber, hergestellt aus Feuersteingeröll in gezielter Abschlagtechnik mit spezieller Nachbearbeitung (Retuschierung). Die in Markkleeberg (bei Leipzig) schon seit 1895, insbesondere aber während der Rettungsgrabung 1967/79 geborgenen, nach vielen Tausenden zählenden Funde sind die nach Bilzingsleben (bei Oldisleben) ältesten in Mitteldeutschland. Im Besitz des Landesmuseums für Vorgeschichte Dresden. – Länge der Klinge (oben rechts): 11,2 cm.
2 Die beidseitig zu Ritzzeichnungen genutzte Tonschieferplatte in ihrem für die Altsteinzeit üblichen Über- und Nebeneinander von Bildern ist die älteste bekannte Kunstschöpfung in Sachsen. Dargestellt werden insgesamt drei Wildpferdköpfe mit übereinstimmend im Halsschlagaderbereich durch Waffen beigebrachten tödlichen (magischen) Verwundungen; zur Bildverdeutlichung könnten die Gravuren ursprünglich mit weißer oder farbiger Masse ausgefüllt gewesen sein. Gefunden in Groitzsch (bei Eilenburg). Im Besitz des Landesmuseums für Vorgeschichte Halle. – Format der Schieferplatte: 3,3 × 5,3 cm.
3 Gefunden 1922 im Leipziger Rosental. Im Besitz des Naturkundemuseums Leipzig. – Länge: 22 cm.
4 Venusstatuette mit der für die Jungsteinzeit typischen Betonung primärer Geschlechtsmerkmale als Zeichen des Fruchtbarkeitskults und der Mutterverehrung. Gefunden in Zauschwitz (bei Borna). Im Besitz des Landesmuseums für Vorgeschichte Dresden. – Höhe: 6,7 cm.
5 Skelettreste und Keramik der Baalberger Kultur. Die für die gesamte Jungsteinzeit bei der Bestattung typische Anwinklung der Beine war vermutlich Ausdruck der Vorstellung vom Tod als Schlaf. Gefunden 1956 in Zauschwitz (bei Borna). Im Besitz des Landesmuseums für Vorgeschichte Dresden, als Leihgabe überlassen dem Naturkundemuseum Leipzig. – Länge: 96 cm.
6 Der Salzmünder Kultur zugehörig. Gefunden 1950 in Zwenkau-Harth (bei Leipzig) in der Zentralbestattung eines mehrfach benutzten Hügelgrabs als Beigabe für einen älteren männlichen Toten, der auf einem Kieselstein-Scherbenpflaster beerdigt wurde. Im Besitz des Naturkundemuseums Leipzig. – Höhe: 18,7 cm.
7 Die ebenfalls zur Salzmünder Kultur zählende, kultischen Zwecken dienende Tontrommel wurde aus Scherben des vorgenannten Pflasters rekonstruiert. Im Besitz des Naturkundemuseums Leipzig. – Höhe: 22,6 cm.
8 Gefunden in Taucha-Sehlis (bei Leipzig). Im Besitz des Landesmuseums für Vorgeschichte Dresden. – Länge: 15,7 cm.
9 Älteste Tonware der bronzezeitlichen Lausitzer Kultur mit Buckeln in eingetieften Feldern. Gefunden in Göltzschen (bei Leipzig). Im Besitz des Landesmuseums für Vorgeschichte Dresden. – Höhe: 13,7 cm.
10 Gefunden 1941 in Rötha-Geschwitz (bei Borna). Im Besitz des Naturkundemuseums Leipzig. – Länge: 11,6 cm.
11 Gefunden 1911 in Leipzig-Dölitz. Im Besitz des Naturkundemuseums Leipzig. – Länge: 6,9 cm.
12 Mit Steinchen gefüllte Rassel (ergänzt). Gefunden im vergangenen Jahrhundert in Leipzig-Connewitz. Im Besitz des Naturkundemuseums Leipzig. – Höhe: 7,6 cm.
13 Gefunden im vergangenen Jahrhundert in Leipzig-Connewitz. Im Besitz des Naturkundemuseums Leipzig. – Höhe: 15,5 cm.
14 Profilierte latènezeitliche Gewandspange vom Duxer Typ mit Sicherheitsnadel-Verschluß. Gefunden in Cröbern (bei Leipzig). Im Besitz des Landesmuseums für Vorgeschichte Dresden. – Länge: 6 cm.
15 Mit Menschendarstellung und Torques-Halsring. Gefunden in Leipzig-Connewitz. Im Besitz des Landesmuseums für Vorgeschichte Dresden. – Länge: 7,9 cm.
16 Aus der römischen Kaiserzeit stammender Knopfsporn mit verbreiterter Bügelmitte und angenietetem konischen Stachel. Gefunden in Zauschwitz (bei Borna). Im Besitz des Landesmuseums für Vorgeschichte Dresden. – Höhe: 8,6 cm.
17 Armring aus Silber mit kolbenförmig verdickten Enden; Anhänger aus Silber mit vergoldeter Schauseite; Pinzette aus Bronze; S-förmige Fibel mit Tierkopfenden, Bronzekern mit vergoldeter Silberblechauflage, Zellen mit Amaldin und Glasfluß gefüllt; gewulsteter Ring aus Bronze; Ohranhänger mit Schmucksteineinlage. Bis auf die jüngere Fibel (Anfang 7. Jahrhundert), die in Wiedemar (bei Delitzsch) gefunden wurde, stammen die anderen völkerwanderungszeitlichen Schmuckgegenstände (um 500) aus Körpergräbern des in Elstertrebnitz (bei Borna) freigelegten Reihengräberfriedhofs. Im Besitz des Landesmuseums für Vorgeschichte Dresden. – Länge der Pinzette: 5,7 cm.
18 Germanische Arbeit mit halbrunder, kreisverzierter Griffplatte. Gefunden in Zauschwitz (bei Borna). Im Besitz des Landesmuseums für Vorgeschichte Dresden. – Länge: 15 cm.
19 Slawische Tonwaren. Gefunden auf dem Leipziger Matthäikirchhof. – Höhe des Topfes: 24 cm.
20 Der Griffel, eine slawische Arbeit, wurde zum Schreiben auf Wachstafeln (siehe Abbildung 80) benutzt. Gefunden in der Leipziger Innenstadt. – Länge: 7,4 cm.
21 Der achtzinkige slawische Knochenkamm diente wahrscheinlich zum Auseinanderhalten der Kettfäden beim Weben von Bändern. Gefunden auf dem Leipziger Matthäikirchhof. – Länge: 14,7 cm.
22 Griff mit Kerbschnittmuster; Beschlag in Tierkopfform für Lederscheidenspitze (vermutlich Importstück aus Gebieten nordöstlich der Elbe). Slawische Arbeiten. Gefunden 1962/63 in der Leipziger Thomaskirche. – Länge des Messergriffs: 6 cm.
A bis **D** (Karten). Die Fundkarten im Maßstab 1:100 000 enthalten alle 1983 zu diesem Zweck karteimäßig erfaßten Fundpunkte im gewählten Ausschnitt, der im wesentlichen dem Stadtplan von Leipzig entspricht; Grundlage ist eine Kartei- und Meßtischblattaufnahme nach Ortsakten des Landesmuseums für Vorgeschichte Dresden und nach Angaben in der einschlägigen Literatur. Auf den Karten fallen neben den natürlichen Lagebeziehungen der Siedlungsnachweise zu den Gewässern auch Fundplatzkonzentrationen auf. Sie decken sich oft mit Forschungsräumen von Sammlern und Bodendenkmalpflegern. Die Konzentrationen sind also einerseits Abbild siedlungsgünstiger Verhältnisse, andererseits auch Ergebnis der Arbeit aufmerksamer Heimatforscher. Entsprechend sind fundplatzarme oder -leere Bereiche nicht unbedingt mit siedlungsungünstigen Bedingungen gleichzusetzen. Diese Interpretation ist im Leipziger Land wahrscheinlich nur für die schlecht entwässerten lehmigen Grundmoränenflächen, besonders östlich der Stadt, zutreffend. Aus bebauten Territorien sind, trotz offensichtlich siedlungsgünstiger Verhältnisse, oft nur wenige Fundplätze bekannt. Dies ist vermutlich darauf zurückzuführen, daß hier in Zeiträumen gebaut wurde, in denen es noch keine oder nur eine sehr unentwickelte archäologische Forschung gab. In diesen Regionen ist also eine unbekannte Zahl unerkannt zerstörter oder überbauter und deshalb nicht mehr zugänglicher Fundplätze zu vermuten. Besonders deutlich wird die forschungsgeschichtlich und baubedingte Fundplatzverteilung beim Vergleich zwischen dem fundplatzarmen Gelände der mittelalterlichen Vorstädte Leipzigs und den Fundplätzen, die im Gebiet der jüngeren Vorstädte und späteren Stadtteile in der Ausbauzeit des ausgehenden 19. und beginnenden 20. Jahrhunderts bekannt wurden – in jener Zeit also, in der sich die archäologische Forschung entwickelte.
23 Eintrag über den Tod von Bischof Eid am 20. Dezember 1015 ›in urbe Libzi‹ (in der Burg Leipzig). Im Besitz des Staatsarchivs Dresden.
24 Die schematische Kartenskizze ist genordet. Einzelerläuterungen: 1 – die Elster; teilte sich bei Leipzig in mehrere Arme, wendet sich nordwestlich der Stadt in großem Bogen der Saale zu. 2 – die Pleiße; mündete etwa am späteren Westplatz in die Elster. 3 – die Parthe; floß, von Osten kommend, in die Elster-Pleißen-Aue. 9 – sandhaltige Senke, ausgespült durch die sich hinter dem Hochuferrand stauende Parthe; in diesem Bereich immer wieder Morast- und Seenbildung. 11 – alte West-Ost-Straße (Via Regia). 12 – alte Nord-Süd-Straße. 13 – erster Schnittpunkt der Nord-Süd- und der West-Ost-Straße (erster Markt). 14 – Abzweigung einer Straße nach der Lausitz (über Meißen). 15 – Abzweigung einer Straße nach Mittelsachsen (Borna). 21 – deutsche Hauptburg. 22 – Freihöfe der Burgoffiziere. 23 – Suburbium der Hauptburg. 24 – Nebenburg an der nördlichen Ausfallstraße (›Alte Burg‹). 25 – Nebenburg an der Straße nach Wurzen. 26 – Nebenburg an der Straße nach Grimma. 27 – Nebenburg an der südlichen Ausfallstraße. 28 – Vicus (Siedlung) und Kirche St. Petri. 29 – vermuteter königlicher Wirt-

schaftshof. 33 – verlegtes Flußbett der Parthe. 35 – Mühle am neuen Parthenlauf, zu Nebenburg 24 gehörig (?). 36 – künstlich angelegter Pleißenmühlgraben; verbindet Pleiße und Parthe. 37 – erste Burgmühle an 36 (Barfüßermühle). 38 – Naundörfchen. 39 – Jakobskirche der iroschottischen Mission mit Jakobsparochie. 40 – Siedlung nördlich der Via Regia, später zum Teil Mühlgrabensiedlung. 44 – neuer (zweiter) Marktplatz, noch heute Stadtzentrum. 47 – neue Nord-Süd-Straße als Umgehungsstraße des erweiterten Siedlungskerns (Teil der Via Imperii). 48 – Torschutz der neuen Parthenbrücke bei 47. 49 – bäuerliche Siedlung, das spätere Pfaffendorf. 51 – Vorgängerin der Thomaskirche (gebaut Mitte des 12. Jahrhunderts); Pfarrkirche mit Friedhof (vor der Stiftsgründung). 52 – Neustadt östlich der Reichsstraße mit Stadtkirche St. Nikolai nebst Friedhof (viertes Viertel des 12. Jahrhunderts); Nikolaistraße als neue Kaufmannsstraße. 53 – Markt der Neustadt (Neumarkt) als dritter Markt der Stadt. 54 – wiederbenutzter Teil des alten Parthenbetts als Zufluß für 55. 55 – der durch 54 gespeiste, nach Norden fließende Gerberkanal, mündet in die bereits früher verlegte Parthe. 56 – neue Gerbereien, zugeordnet zu 55. 57 – neue Gerbereien auf der Westseite der Gerberstraße, zugeordnet zu 59. 58 – Teil der Reichsstraße, in diesem Abschnitt noch heute Gerberstraße genannt. 59 – Gerberkanal für 57, abgeleitet aus 33. Punktierte Linie: vermutbare Schutzumwallung des frühen Siedlungskerns (erste Hälfte des 12. Jahrhunderts); verband die Nebenburgen des einstigen Burgwards. Aus: Herbert Küas, Das alte Leipzig in archäologischer Sicht, Berlin 1976, S. 261.

25 Dieses nur reichlich postkartengroße, beidseitig beschriebene Pergament – zugleich die Geburtsurkunde der Leipziger Messe – gilt als eine der ältesten bürgerlich-feudalen Rechtsfixierungen in Deutschland. Bei dem undatierten Dokument, dessen Inhalt zeitlich durch den Regierungsantritt des Markgrafen Otto von Meißen (1156) und den Tod des als Zeugen benannten Bischofs Johannes von Merseburg (1170) begrenzt wird, handelt es sich um eine nachträgliche, vermutlich im Zusammenhang mit dem Leipziger Bürgeraufstand von 1216 erfolgte Aufzeichnung früherer Zusicherungen des Landesherrn. Das auf dem Kopf stehende Siegel Ottos von Meißen zeigt einen gepanzerten Reiter mit Wappenschild, Lanze und Kriegsfahne auf schreitendem Streitroß. Im Besitz des Stadtarchivs Leipzig. – Format: 15,7 × 10,5 cm.

26 In heutiger Gestalt als Prototyp der obersächsischen Hallenkirche und erstes gotisches Bauwerk Leipzigs 1482/96 unter Leitung von Claus Roder errichtet. Zeichnung mit Blickrichtung von Osten. Im Besitz des Instituts für Denkmalpflege, Arbeitsstelle Dresden.

27 Triumphbogen und Chorwand aus Sandsteinquadern und Ziegelmauerwerk mit Weihedatum des Jahres 1218.

28 Im Wachsausschmelzverfahren gegossen; Leuchterfuß graviert und ausgeschnitten, mit abstrakter Darstellung geflügelter Drachen im Blättergerank. Gefunden 1963 in der Thomaskirche. Im Besitz der Thomaskirche. – Höhe (mit Dorn): 23 cm.

29 Der Morunger war der erste der nachweisbaren mittelalterlichen Poeten in Leipzig. Er verbrachte als ›miles emeritus‹ (ausgedienter Ritter) des Markgrafen Dietrich IV. von Meißen seine letzten Lebensjahre im 1212 gegründeten Augustiner-Chorherrenstift St. Thomas (Thomaskloster), dem er seine vom Markgrafen verliehene Ehrenrente überschreiben ließ. 1222 verstorben, wurde er von den Augustinern im Kreuzgang ihrer Kirche beigesetzt; an der Gartenmauer rechts vom Haupteingang der Thomaskirche erinnert eine Inschrift an ihn. Die nach einem Züricher Ratsherrn benannte, nach ihrem Aufbewahrungsort auch als ›Große Heidelberger Liederhandschrift‹ bezeichnete Sammlung ist die größte bebilderte Auswahl mittelhochdeutscher Minnelyrik; sie enthält Lieder von 140 meist süddeutschen, auf 138 Miniaturen dargestellten Dichtern. Im Besitz der Universitätsbibliothek Heidelberg. Die Aufnahme entstand nach der Faksimile-Ausgabe des Insel-Verlags Anton Kippenberg, Leipzig 1925/27, Bl. 76 r., Tafel XXXI. – Seitenformat: 35,5 × 25,0 cm.

30 Die als romanische Pfeilerbasilika entstandene größte Kirche Leipzigs vereinigt durch zahlreiche Um- und Ausbauten zugleich die Stile der Gotik, der Renaissance, des Barocks und des Klassizismus. Im 1555 unter Leitung von Hieronymus Lotter errichteten Mittelturm befand sich in 70 Meter Höhe mit dem bis 1936 genutzten Glöcknerquartier die höchstgelegene Wohnung der Stadt, von der aus der Türmer bis 1916 vor Feuer und anderen Gefahren warnte. Seit 1986 schmückt den Hauptturm wieder eine mit Zeitdokumenten gefüllte vergoldete Kugel von 1,20 Meter Durchmesser.

31 Vereinigt Formen des Palmetten-Ringband- und des Rankenkapitells. Gefunden 1968 in der Nikolaikirche. Im Besitz der Nikolaikirche. Foto des beschädigten Kapitells durch Retusche ergänzt.

32 Eiche; Beschlag mit pflanzlicher Ornamentik (unter anderem Lebensbaum) und Figurendarstellung fragmentarisch erhalten. – Höhe: 212 cm.

33 Kalkstein. – Höhe: 64 cm.

34 Mit Bischofsbild und gegossener Inschrift: SIT TEMPESTATUM PER ME GENUS OMNE FUGATUM (Aller Art Unwetter sollen durch mich vertrieben werden). Als kulturhistorisch besonders wertvolles Stück wurde diese ursprünglich mittlere Glocke des alten, unbrauchbar gewordenen Theklaer Geläuts nicht eingeschmolzen, sondern von der Stadt Leipzig 1908 zum Metallpreis erworben und im Museum aufgestellt. – Höhe: 125 cm.

35 Gefunden 1941 bei Espenhain (bei Borna). – Länge: 65 cm.

36 Aus einem Stück geschmiedet. Gefunden in Leipzig, Große Fleischergasse. – Länge: 30,5 cm.

37 Verziert mit sechs durch Perlbögen verbundene Pylonen, die im Wechsel das kirchliche Zeichen einer dreischiffigen Basilika sowie Burgzinnen tragen und damit geistliche und weltliche Macht symbolisieren, als oberer Abschluß zwei Gurtwülste mit Weintraubenranke und Fries hängender Dreiecke; möglicherweise diente der glockenförmige Becher adligen Stiftern zu religiösen Zwecken. Gefunden 1912 in Leipzig, Große Fleischergasse. – Höhe: 9 cm.

38 Dieser regionale Pfennig gilt als ältester Nachweis einer Leipziger Münzstätte. Die einseitige Hohlprägung zeigt den behelmten Markgrafen Otto von Meißen mit Fahne und geschultertem Schwert; Umschrift: MARCHIO OTTO DE LIPI (Markgraf Otto von Leipzig). Im Besitz der Staatlichen Kunstsammlungen Dresden, Münzkabinett. – Durchmesser: 41 mm.

39 Das gravierte, geflügelte Halbfiguren zeigende Gefäß diente möglicherweise als Taufschüssel. Gefunden im Leipziger Brühl. – Randdurchmesser: 23,5 cm.

40 Der Markgraf, 1307 während der Christmesse in der Thomaskirche niedergestochen und drei Tage danach seinen Verletzungen erlegen, wurde in der Paulinerkirche vor dem Altar im Hohen Chor beigesetzt. Die nicht vollplastisch gearbeitete, auf der Rückseite ausgehöhlte überlebensgroße Statue – als Tumbafigur einst auf der Grabstätte liegend – zeigt ihn in der Ritterkleidung des 13. Jahrhunderts, auf dem Schild den thüringischen Löwen und die drei Balken des Meißner Wappens. Im Besitz der Universität Leipzig, Kunstsammlung. – Höhe: 211,5 cm.

41 Die Grabung 1950/56 hatte die Feststellung von Überresten der deutschen Burg aus dem 10. Jahrhundert sowie des im 13. Jahrhundert im ehemaligen Burgbereich erbauten Franziskanerklosters samt seiner Kirche zum Ziel; das Foto zeigt eingetiefte Suchgräben mit Blick auf das Fundament der südlichen Kirchenmauer im unteren nördlichen Burgwall.

42 Der aus dem 12./13. Jahrhundert stammende Topf barg eine Scherbe aus dem 10./11. sowie Münzen aus dem 14. Jahrhundert. – Höhe: 12 cm.

43 Dieses älteste Buch der Leipziger Gerichtsbarkeit besteht aus 29 Pergamentblättern in rotem Pergamentumschlag. Da es nur 169 Fälle von Diebstahl, Körperverletzung und anderen kriminellen Delikten verzeichnet, die zudem noch sehr unregelmäßig auf die einzelnen Jahre verteilt sind, ist anzunehmen, daß solche Eintragungen auch in anderen Stadtbüchern vorgenommen wurden. Dennoch gilt das Leipziger Urfehdenbuch neben dem Freiberger Verzählbuch, das in einem wesentlich kürzeren Zeitraum weit über 1000 Fälle enthält, als das bedeutendste seiner Art in Sachsen. Bl. 3. Im Besitz des Stadtarchivs Leipzig. – Format: 25,5 × 15,0 cm.

44 Das gekoppelte Kleeblattbogenfenster mit gedrehter Mittelsäule – eines der wenigen romanischen Bauelemente, die in Leipzig erhalten blieben – stammt vermutlich vom ersten mittelalterlichen Rathausbau und wurde bei Restaurierungsarbeiten 1906/09 wiederentdeckt.

45 Das Siegelbild zeigt in symbolischer Form ein befestigtes Gemeinwesen mit Stadtmauern und -tor, Wehr- und Kirchtürmen; Umschrift: SIGILLUM BURGENSIUM DE LIPZK (Siegel der Bürger von Leipzig). Befindlich an einer am 23. April ausgestellten Pergamenturkunde, mit der der Rat der Stadt dem Nonnenkloster den Bau einer Mühle und die Anlegung eines Mühlgrabens gestattete. Im Besitz des Stadt-

archivs Leipzig. – Durchmesser: 7,7 cm.
46 Erstes Siegel mit dem steigenden Löwen als Wappentier; Umschrift: SIGILLUM BURGENSIUM DE LIPZK (Siegel der Bürger von Leipzig). Befindlich an einer Pergamenturkunde, mit der die Brüder Tammo und Friedrich von Oelzschau dem Johanniskloster für die Unterbringung ihres Bruders Albert im Konvent der Aussätzigen (Johannishospital) eine Wiese bei Oetzsch übereigneten. Im Besitz des Stadtarchivs Leipzig. Aus: Urkundenbuch der Stadt Leipzig, 1. Bd., Leipzig 1868, Taf. 1. – Durchmesser des Originals: 8 cm.
47 Das aus dem Umkreis der Prager Werkstatt Peter Parlers stammende Bildwerk, an dem Reste originaler mittelalterlicher Bemalung freigelegt werden konnten, wurde vermutlich 1409 von den Universitätsgründern aus Prag nach Leipzig mitgebracht und hatte hier jahrhundertelang seinen Platz in der alten Universitätsbibliothek im ehemaligen Dominikanerkloster. Im Besitz der Universität Leipzig, Kunstsammlung. - Höhe: 127,5 cm.
48 Die aus 165 Pergamentblättern bestehende Handschrift illustriert mit 11 großen Miniaturen christliche Grundanschauungen. Bl. 40 r. Im Besitz der Universität Leipzig, Universitätsbibliothek. - Blattformat: 35,5 × 26,0 cm.
49 Der von Eike von Repgow durch die Zusammenfassung geltenden Gewohnheitsrechts geschaffene ›Spiegel der Sachsen‹ – vor 1220 zunächst in Latein geschrieben und nachfolgend ins Mittelniederdeutsche übertragen – war das einflußreichste Rechtsbuch des Mittelalters und zugleich das erste deutschsprachige Prosawerk überhaupt; teilweise bis in die Neuzeit gültig, fand es Verbreitung auch in Polen, Holland, Böhmen und Ungarn. Die abgebildete Leipziger Fassung in der Schreiberhandschrift von Simon Falke wurde bearbeitet vom Juristen Dietrich von Bocksdorf, der den späteren ›Thüringer Hof‹ erbauen ließ und 1466 als Bischof von Naumburg starb. Bl. 1 und Initial ›V‹ von Bl. 238. – Seitenformat: 40 × 25 cm.
50 Gefunden in Lützschena. – Länge der größeren Sichel: 50,5 cm.
51 Mit Gips ergänzt. Gefunden in der Leipziger Innenstadt. – Höhe: 24 cm.
52 Die aus einem einzigen Baumstamm herausgearbeitete Truhe diente der Aufbewahrung von Kirchenschätzen und geistlichen Gewändern. – Breite: 200 cm.
53 Dargestellt sind der heilige Norbert mit einer Teufelsgestalt zu seinen Füßen und ein sitzender Bischof. – Höhe: 48 und 51 cm.
54 Im Besitz der Universität Leipzig, Kunstsammlung. - Höhe: 42 cm.
55 Das Pilgerzeichen des Wallfahrtsortes Vierzehnheiligen bei Jena, dessen Kirche 1464 geweiht wurde, zeigt Maria mit dem Christuskind sowie 14 Heilige, unter der Inschrift ›XIIII Nothelfer by jhene‹ die wettinischen Wappen mit dem Rautenkranz und dem Meißner Löwen; als Flachrelief durchbrochen gegossen, mit runden Ösen zum Aufnähen oder -nageln. Gefunden 1951 in Leipzig, Ranstädter Steinweg (heute Friedrich-Ludwig-Jahn-Allee). – Höhe: 9,4 cm.
56 Der nach seiner Inschrift ›Thebal Gut Gutani‹ benannte Fingerreif diente möglicherweise als Abschwörungsring. Gefunden bei Eythra (bei Leipzig). - Durchmesser: 2,2 cm.
57 Tafelgemälde aus der Nikolaikirche, Epitaph vermutlich für Johannes Schipnitz, Rektor der Universität Leipzig. – Format (mit Rahmen): 140 × 114 cm.
58 Tauschierarbeit mit einseitigem Löwenzahnmuster. – Länge der Klinge: 11,9 cm.
59 Datierungshinweis durch die böhmische Kappe. Gefunden in Leipzig, Ranstädter Steinweg (heute Friedrich-Ludwig-Jahn-Allee). – Höhe (ohne Holzsockel): 9,5 cm.
60 Beidseitig geprägtes Münzsiegel; Vorderseite: sitzender Kaiser mit Reichsinsignien, Rückseite: Habsburger Doppeladler. Befindlich an einer vom deutschen Kaiser Friedrich III. am 7. August ausgestellten Pergamenturkunde. Im Besitz des Stadtarchivs Leipzig. – Durchmesser: 13 cm.
61 Ausgestellt von Kurfürst Friedrich II. von Sachsen am 1. November. Im Besitz des Stadtarchivs Leipzig. – Format: 31,5 × 48,4 cm.
62 Blaugraue Ware. Gefunden nach 1900 im Leipziger Johannishospital. – Höhe: 7,6 cm.
63 Ergänzt; mit gestempeltem Dekor. Gefunden 1951 in Leipzig, Ranstädter Steinweg (heute Friedrich-Ludwig-Jahn-Allee). – Höhe: 7,8 cm.
64 Blaugraue Ware. – Höhe: 17,2 cm.
65 Gefunden auf dem Leipziger Markt. – Länge: 27,4 cm.
66 Gefunden in Leipzig, Petersstraße. – Höhe: 38 cm.
67 Auf dem mit Gips stark ergänzten Becher sind als für diese Zeit seltenes Dekor dünne Rüssel- oder Schlangenfäden aufgesetzt. Gefunden 1951 in Leipzig, Ranstädter Steinweg (heute Friedrich-Ludwig-Jahn-Allee). – Höhe: 13,9 cm.
68 Gefunden in Leipzig. – Höhe des größten Glases: 6 cm.
69 Schulterbreite: 55 cm.
70 Aus Ungarn stammend. Gefunden in Leipzig, Gerberstraße. – Länge: 31,8 cm.
71 Ältestes in Leipzig erhaltenes steinernes Grabdenkmal, mit fast vollplastischer Figur des auf einem Löwen stehenden, 1451 während eines Messebesuchs verstorbenen kurfürstlichen Offiziers, realistisch dargestellt mit Ritterrüstung und Waffen, Helmzier und Wappen; von ihm ging die Sage, er habe mit dem Teufel im Bunde gestanden und sei im Schlaf von einem Löwen aus dem Heiligen Land nach Leipzig getragen worden, um seine dortige Braut vor nebenbuhlerischer Nachstellung zu retten. – Höhe der Ritterfigur: 166 cm.
72 Format: 46 × 30 cm.
73 Instrumente dieser Art, zu denen auch der Kurbeltrepan zählt, in den die unterschiedlich großen Schädelbohrer eingespannt wurden, fanden noch im 17. Jahrhundert Verwendung. Im Besitz der Universität Leipzig, Karl-Sudhoff-Institut, Medizinhistorische Sammlung (Schenkung des Wiener Medizinhistorikers Robert von Töply aus dem Jahre 1906). – Höhe des Tripliods: 17,5 cm.
74 Im Besitz des Stadtarchivs Leipzig. – Format: 21,1 × 15,5 cm.
75 Bestätigung der Beilegung von Fehden um eine Landesteilung. Im Besitz des Stadtarchivs Leipzig. – Format: 50,5 × 79,5 cm.
76 Die Figur, in deren Brust einst Schwerter steckten, war möglicherweise Teil einer Kreuzigungsgruppe. – Höhe: 168 cm.
77 Befindlich an einer am 7. Juni ausgestellten Pergamenturkunde, mit der der Rat der Stadt Bestimmungen über die Verwaltung des von Hans Stöckart gestifteten und von anderen vermehrten willigen Almosens für Hausarme festlegte. Im Besitz des Stadtarchivs Leipzig. – Durchmesser: 8,5 cm.
78 Dargestellt auf der 1477 von Theoderich Reinhard gegossenen und noch heute im Turm der Thomaskirche hängenden Glocke sind der ungläubige Thomas, die Kreuzigung Christi und Maria Magdalena. Abguß im Besitz der Universität Leipzig, Kunstsammlung. - Höhe der Christusfigur am Kreuz: 71 cm.
79 Das am 28. September rechtzeitig zur Herbstmesse erschienene Buch war die in lateinischer Sprache als Glosse zur Apokalypse angelegte prophetische Schrift des italienischen Dominikaners Johannes Annius aus Viterbo ›De futuris Christianorum triumphis in Saracenos‹ (Die künftigen Siege der Christen über die Türken und Sarazenen). Sein Drucker – Marcus Brandis aus Delitzsch – hatte ab 1474 an der Universität Leipzig studiert und zwei Jahre später den Grad eines Baccalaureus erworben. Die erste Druckpresse der Stadt stellte er vermutlich schon Ende 1480 auf und fertigte bis 1487 über 60 Druckwerke. – Seitenformat: 17,0 × 12,5 cm.
80 Die eingetiefte Innenseite der Holztafel wurde mit einer dünnen Schicht Wachs ausgefüllt und dieses mit einem Griffel (siehe Abbildung 20) beschrieben; mit dem verbreiterten Kopf des Stiftes konnte das Wachs geglättet, damit die Schrift gelöscht und so die Tafel immer wieder verwendet werden. Im Besitz des Stadtarchivs Leipzig. – Format (mit Rahmen): 31,6 × 17,7 cm.
81 Dieser im ersten Viertel des 16. Jahrhunderts in großer Stückzahl geprägte sächsische Guldengroschen zeigt auf der Vorderseite den Kurfürsten Friedrich III., auf der Rückseite die Herzöge Johann und Georg, nach deren aufgeschlagenen Mützen der Volksmund die Münze benannte. – Durchmesser: 4 cm.
82 Ursprünglich an der Grabenfront des 1830 abgebrochenen Dormitoriums (Schlafsaal) des Paulinerklosters. – Plattenformat: 49 × 35 cm.
83 Geriefelte Nürnberger Arbeit; schwere Plattenrüstung mit Maskenhelm und geschlossenem Visier. – Höhe: 180 cm.
84 Mit Wappenschildern von Meißen, Rochlitz, Leipzig, Geithain, Crimmitschau, Grimma (doppelt), Freiberg, Borna und Leisnig; die Kette – eine sächsische Arbeit – wurde bei öffentlichen Umzügen nach Schützenfesten vom Sieger getragen. Im Besitz des Museums des Kunsthandwerks Leipzig. – Höhe: 33,7 cm.
85 Das aus der 1518/25 errichteten Stadtkirche St. Laurentius stammende Meßgewand zeigt auf einem Untergrund mit Granatapfelmuster den gekreuzigten Christus, Maria und Johannes, Petrus, Paulus, Bartholomäus, Matthäus und Judas Thaddäus sowie ein Wappenschild mit Hausmarke und Tuchschere. – Höhe: 123 cm.
86 Mit heiligem Nikolaus, Wappen und Initial ›A‹; Rektorat von Nikolaus

Apel von Königshofen im Sommersemester. Im Besitz der Universität Leipzig, Archiv. – Format: 28,8 × 21,0 cm.
87 Höhe: 165 cm.
88 Stark ergänzt. Auf die Urheberschaft des genannten Töpfers weist eine Rechnung von 1518 hin; der Ofen wurde wahrscheinlich beim Rathausneubau 1556 abgerissen. Gefunden in Leipzig, Ranstädter Steinweg (heute Friedrich-Ludwig-Jahn-Allee). – Format des Wappenteils: 12,0 × 12,5 cm.
89 Grünglasierte Ware. – Höhe: 19,5 cm.
90 Gefunden in Leipzig, Reichsstraße. – Höhe der Pilgerflasche: 11,3 cm.
91 Das Paulinerkloster wurde 1229 gegründet; der Universitätskomplex brannte beim Bombenangriff am 4. Dezember 1943 aus und wurde mit der unversehrt gebliebenen Paulinerkirche (Neubau ab 1485) 1968 abgerissen. Im Besitz der Universität Leipzig, Kunstsammlung. – Format: 42,7 × 54,5 cm.
92 Als Zeichen für Amt und Rechtsgewalt des Rektors zu den Insignien der Universität zählend (außer dem Zepterpaar gehörten dazu: der Rektormantel, die Matrikeln, die Siegel sowie die Statuten und Privilegien der Universität, die Schlüssel zum Sitzungszimmer des Senats und zum Karzer); die Knäufe, deren Blattwerk um 1600 entstand, tragen gravierte Wappen und Schilde mit Reparaturmarken von 1773 und 1820, die achteckigen Schäfte sind mit Schriftbändern umwunden. Im Besitz der Universität Leipzig, Kunstsammlung. – Länge jedes Zepters: 110 cm.
93 Mit ›Musenbrunnen‹ und Initial ›A‹. Im Besitz der Universität Leipzig, Archiv. – Format: 27,8 × 19,5 cm.
94 Das wahrscheinlich ursprünglich als Basis einer Fenstersäule des Fregehauses in der Katharinenstraße 11 dienende Postament zeigt links den Papst mit Tiara (dreireifige Krone), rechts vermutlich den deutschen Kaiser Karl V. – vielleicht auch Herzog Georg von Sachsen –, unten möglicherweise Martin Luther. – Höhe: 71 cm.
95 Der um 1465 in Pirna geborene spätere Kommissar des Erzbischofs Albrecht von Mainz studierte ab 1482 an der Universität Leipzig und gehörte bis zu seinem Tode dem Paulinerkloster an; seine Ablaßpredigten veranlaßten Luthers Thesen vom 31. Oktober 1517. Links oben das Bildnis von Papst Leo X., der 1514 den Ablaßhandel erneuerte, um damit vor allem den Bau der Peterskirche zu Rom zu finanzieren. – Format: 19,0 × 15,5 cm.
96 Frau von Wiedebach geb. Alnbeck, zuvor in erster Ehe mit dem Leipziger Ratsherrn Jakob Blasbalg verheiratet, hinterließ bei ihrem Tode am 21. Januar 1526 ein Vermögen von weit über 30000 Gulden, von dem sie zahlreiche gemeinnützige Stiftungen aussetzte; 1895 wurde in Connewitz eine Straße nach ihr benannt. Im Besitz des Museums der bildenden Künste Leipzig. – Formate: 39,5 × 30,0 und 39,8 × 30,0 cm.
97 Den Mittelteil des Pfeifenbechers – eine schwedische Arbeit – ziert ein vergoldetes Gerank, in dem die wilde Rose als Wappenblume Luthers mit verwendet wurde; eine Inschrift im Deckel, den eine Landsknechtfigur bekrönt, belegt die Schenkung, eine zweite im Fuß des Pokals, daß ihn Kurfürst Joachim II. von Brandenburg sechs Tage vor seinem Tode als Gast von Paul Luther, dem Sohn des Reformators, am 28. Dezember 1570 leerte. 1613 verkaufte der Luther-Enkel und Zeitzer Domherr Johann Ernst Luther den Becher für 77 Gulden an den Rat der Stadt Leipzig, der ihn seinem Ratsschatz einverleibte. – Höhe (mit Deckel): 44,6 cm.
98 Die Predigt fand am 29. Juni wegen des großen Andrangs nicht in der Schloßkapelle, sondern in der auch für die Disputation genutzten sogenannten Hofstube – dem Saal – der Pleißenburg (an der Stelle des heutigen Neuen Rathauses) statt; von der Eile des Drucks in der Leipziger Offizin Wolfgang Stöckels zeugt die verworrene Holzschnitt-Umschrift auf dem Titelblatt. Insgesamt weilte Luther zwischen 1512, als er sich als damaliger Wittenberger Augustinermönch die ihm vom Landesherrn bewilligten 50 Gulden Promotionskosten abholte, und 1545, als er die Paulinerkirche weihte, nachweisbar siebenmal in Leipzig. Sein bedeutendster Besuch war der im Juni/Juli 1519, als er und Karlstadt mit dem Papisten Johann Eck disputierten (Gedenktafel am Neuen Rathaus); das Streitgespräch bestätigte den Bruch des Reformators mit der römisch-katholischen Kirche, der die meisten Einwohner noch treu anhingen: ›Die Leipziger haben uns weder gegrüßt und ersucht, sondern uns als ihre größten Feinde gehalten [...] Alle, die uns Gutes gönnten, besuchten uns heimlich.‹ Pfingsten 1539 hielt Luther aus Anlaß der Einführung der Reformation in Leipzig die Festpredigt in der Thomaskirche (Gedenktafel). Gewohnt hat er mehrfach in Auerbachs Hof (heute Mädlerpassage), bei Melchior Lotter, dem damals bekanntesten Buchdrucker der Stadt, der 1522 als erster seine Übersetzung des Neuen Testaments herausbrachte und in der Hainstraße 16/18 eine Herberge mit Weinausschank betrieb (Gedenktafel), sowie bei dem ihm befreundeten Philologen Joachim Camerarius (siehe Abbildung 112) im damaligen Beginenhaus in der Universitätsstraße 97, in dem 1550 auch seine Witwe Katharina von Bora Aufnahme fand. – Format: 17 × 12 cm.
99 Der Ring besteht aus einem schmalen Innenreif mit der Inschrift ›Catharina v Boren D Marting Lutherg‹ und einem fest mit ihm verbundenen äußeren Schmuckring mit Stein, figürlicher Darstellung der Kreuzigung Christi und eingraviertem Hochzeitsdatum (13. Juni 1525). Vermutlich wurde nur der Innenreif von Katharina getragen und der Schmuckring später angefertigt. Durch Schenkung von Johanne Christiane Devrient, der Tochter des Leipziger Ratsherrn Christian Heinrich Loth, in kommunalen Besitz gelangt; außer dem echten Ring befinden sich im Museum für Geschichte der Stadt noch drei Kopien, die mit zahlreichen weiteren, stark vom Original abweichenden Nachbildungen 1817 aus Anlaß des 300. Jahrestages des Lutherschen Thesenanschlags von einem geschäftstüchtigen Goldschmied in Ronneburg gefertigt wurden. – Durchmesser: 2,5 cm.
100 Kachelofen richtete seine Druckerei 1485 ein, Landsberg 1487, Lotter 1495 und Thanner 1498; im 15. Jahrhundert erschienen in Leipziger Offizinen insgesamt etwa 1500 Druckwerke, im 16. Jahrhundert waren es bereits mindestens 6400 Titel.
101 Im Besitz des Museums der bildenden Künste Leipzig. – Format: 63 × 43 cm.
102 Eine von zwei auf Holz gemalten Darstellungen in ›Auerbachs Keller‹, der einzigen Lokalität, die Goethe später in seinem ›Faust‹ konkret widerspiegelte und dabei mit den ironisierenden Worten ›Mein Leipzig lob ich mir! Es ist ein klein Paris und bildet seine Leute‹ (Vers 2171/72) der Stadt ein unvergängliches literarisches Denkmal setzte; das andere Gemälde zeigt Faust im Kreise von Studenten und Magistern, zechend bei Tafelmusik mit Zink, Fiedel, Gambe, Clavichord und Knickhalslaute, dazu die Inschrift in lateinischer Sprache (Übersetzung): ›Lebe, trinke, schwärme, aber denke dabei an diesen Faust hier und an seine Strafe. Sie kam mit langsamem Schritt, aber sie war schrecklich. 1525.‹ – Format der Umzeichnung: 15,2 × 26,2 cm.
103 Der wegen Verbreitung des genannten antifeudalen Werkes vom Hofgericht Herzog Georgs von Sachsen in Dresden zum Tode verurteilte Nürnberger ›Buchführer‹ (reisender Buchhändler) wurde am 20. Mai auf dem Leipziger Markt enthauptet. Die Exekutionsstätte befand sich an der Stelle des heute durch Kleinpflastermosaik markierten Stadtwappens; auch ein an der marktseitigen Brüstung des Untergrundmessehauses angebrachtes Bronzerelief (von Frank Ruddigkeit, 1980) und eine Keramiksäule am Sachsenplatz (von Herbert Viecenz, 1972) erinnern an dieses Ereignis. Im Besitz des Stadtarchivs Leipzig.
104 Müntzer hatte 1506 in Leipzig studiert. Gedruckt von Michael Blum, der – obwohl schon 1525 wegen der Herstellung reformatorischer Werke vorübergehend in Haft genommen – 1527 die antifeudale Schrift ›Von der neuen Wandlung eines christlichen Lebens‹ (siehe dazu Abbildung 103) herausbrachte und deswegen bis 1529 die Stadt verlassen mußte. Im Besitz der Universität Leipzig, Universitätsbibliothek. – Format: 18,5 × 14,0 cm.
105 Der aus Auerbach (Oberpfalz) stammende spätere Mediziner kam 1497 nach Leipzig, wurde als erst 26jähriger zum 198. Rektor der Universität berufen, war Leibarzt des Erzbischofs Albrecht von Mainz und des Herzogs Georg von Sachsen, Anhänger Luthers und Freund Ulrich von Huttens, Autor unter anderem von in deutscher Sprache verfaßten Verhaltensregeln im Falle der Pest; 1519 heiratete er die Tochter des Ratsherrn Hans Hummelshain, erbte dessen Häuser in der Grimmaischen Gasse und ließ auf diesen Grundstücken 1530/38 Auerbachs Hof (heute Mädlerpassage) errichten. Der Kupferstich entstand möglicherweise unter Verwendung einer Vorlage aus dem 16. Jahrhundert. – Format: 16,0 × 10,5 cm.
106 Aus Mitteldeutschland stammend. Im Besitz des Museums des Kunsthandwerks Leipzig. – Höhe: 116 cm.
107 Auf die Datierung des Kannenkörpers weist ein unter dem Boden angebrachtes emailliertes Stadtwap-

pen von 1540 hin, auf die Entstehung von Deckel, Henkel und Engelsfigur – eine Stiftung der Leipziger Bürger Paul Tanner und Daniel Leicher – das auf dem Deckel befindliche emaillierte Stadtwappen von 1587. Im Besitz der Thomaskirche. – Höhe: 35,8 cm.

108 Das Schulgebäude wurde 1511/12 am Nikolaikirchhof errichtet, 1597 in heutiger Gestalt umgebaut, 1730 nochmals erweitert, bis 1872 als erste Leipziger Stadtschule genutzt. – Format: 8,5 × 12,0 cm.

109 Der 1493 in Wasserburg (Oberbayern) geborene und 1573 in Leipzig verstorbene Theologe war Pfarrer an der Nikolaikirche und ab 1544 auch Professor an der Universität. – Format: 37,0 × 25,5 cm.

110 Die ersten Leipziger Weichbildzeichen – bereits im Stadtbrief (siehe Abbildung 25) erwähnt – waren vier große hölzerne Kreuze, die an den sich hier schneidenden alten Handelsstraßen in allen vier Himmelsrichtungen standen. 1536 wurden zur Markierung des erweiterten kommunalen Hoheitsgebiets vier Steinsäulen errichtet, von denen nur die in Connewitz überdauerte; sie trägt eine restaurierte Sandsteintafel mit Jahreszahl und Andreaskreuz auf der einen, Kruzifix, Totenkopf und Stadtwappen auf der anderen Seite. In größerer Zahl erhalten blieben dagegen die sogenannten Malsteine, kleinere Grenzzeichen, die seit Beginn des 16. Jahrhunderts zwischen die vier Hauptmarkierungen gesetzt wurden und heute noch vor allem im Unterholz der Auewälder im Süden und Westen Leipzigs aufzuspüren sind. – Höhe: etwa 5 m.

111 Auf dem Sockel eine Ansicht von Leipzig. Aus dem Burgkeller, der schon 1419 gegründeten ältesten städtischen Schankstätte (im Erdgeschoß des heutigen Messehauses Handelshof), stammend. – Höhe: 64 cm.

112 Der Humanist und Philologe wurde 1500 in Bamberg geboren, kam 1541 nach Leipzig und sorgte hier gemeinsam mit Caspar Borner für eine von Kurfürst Moritz unterstützte grundlegende Neuordnung des Universitätsbetriebes; bis zu seinem Tode 1574 verfaßte er zahlreiche philologische und historische Abhandlungen, gab Werke griechischer und römischer Schriftsteller heraus und schrieb eine Biographie seines Freundes Philipp Melanchthon. Im Besitz der Universität Leipzig, Kunstsammlung. – Format: 60,6 × 50,0 cm.

113 Der Monogrammist J. K. (Jobst Kammerer) war Goldschmied in Halle und Spezialist für solche Porträtplatten, die zumeist Verwendung auf den Deckeln kostbarer Bibeldrucke fanden, beispielsweise den sogenannten Kurfürstenbibeln des Wittenberger Druckers Hans Lufft, der rund 50 Ausgaben der Gesamtbibel Luthers fertigte. Im Besitz der Universität Leipzig, Kunstsammlung. – Format: 17,7 × 14,0 cm.

114 Ansicht von der Süd- und Westseite; im Vordergrund eine brennende Windmühle im Bereich des heutigen Bayrischen Platzes. Gedruckt in der Leipziger Offizin von Valentin Bapst. – Format: 47 × 111 cm.

115 Im Besitz des Museums des Kunsthandwerks Leipzig. – Gesamtformat: 40 × 284 cm.

116 Aus: Jost Amman, Frauentrachtenbuch, Frankfurt am Main 1586 bzw. Hans Weigel, Trachtenbuch, Nürnberg 1577. Im Besitz der Universität Leipzig, Universitätsbibliothek. – Blattformate: 20,0 × 14,5 cm; 31,2 × 19,9 cm; 20,0 × 14,5 cm.

117 Im Besitz des Museums der bildenden Künste Leipzig. – Formate: 56,0 × 40,3 und 56,3 × 40,2 cm.

118 Teller und Becher aus einem Jagdservice der Herzöge von Altenburg. Im Besitz des Museums des Kunsthandwerks Leipzig. – Höhe des Bechers: 14 cm.

119 Format: 64 × 84 cm.

120 Die Spielkarten sind aufgeklebt und gerahmt. – Gesamtformat: 65 × 80 cm.

121 Von dem genannten Leipziger Meister oder aus einer Nürnberger Werkstatt stammend. Im Besitz der Universität Leipzig, Musikinstrumenten-Museum. – Breite: 99,3 cm.

122 Höhe: 114 cm.

123 Leipziger Arbeit. Im Besitz des Museums des Kunsthandwerks Leipzig. – Format: 222 × 230 cm.

124 Bei jedem der damals jährlichen Ratswechsel fand in der Ratsstube des Alten Rathauses ein feierliches Zeremoniell statt, bei dem die neuen ›sitzenden‹ (amtierenden) Ratsherren niederknieten und mit der Hand auf der Bibel ihren Amtseid ablegten; da diese Vereidigung paarweise erfolgte, wurde 1605 im Auftrag des Rates von den beiden genannten Leipziger Goldschmieden ein zweiter silberner Eidbibeleinband geschaffen, der heute im Museum für Geschichte der Stadt aufbewahrt wird. Im Besitz des Museums des Kunsthandwerks Leipzig. – Format: 39,0 × 25,5 cm.

125 Das im Auftrag des Ratsherrn Georg Rothe wahrscheinlich von Paul Wiedemann – der sowohl am Bau der Alten Waage (1555) als auch des Alten Rathauses (1556/57) mitgewirkt hatte – errichtete Gebäude an der Ecke Universitätsstraße war das neben dem Rathausbau bedeutendste Renaissancehaus der Stadt; seinen Namen erhielt es 1612 durch vier dort logierende, an der Leipziger Universität studierende altenburgische Prinzen. Beim Bombenangriff am 4. Dezember 1943 zerstört, konnten nur noch Bruchstücke der beiden zweigeschossigen Dreiviertelerker geborgen werden, die zunächst in der Moritzbastei eingelagert wurden. Nach diesen Überresten und historischen Fotos schuf der Dresdner Bildhauer Christian Hempel mit Unterstützung durch die Denkmalpflege Leipzig aus Rochlitzer Porphyrtuff eine vollständige Erkerkopie, die sich seit 1985 am Gebäude Grimmaische Straße 17 befindet. Die Bronzeglocke aus dem 1648 in Universitätsbesitz gelangten Haus (gegossen am 11. Mai 1659 von Georg Schesler in Leipzig als Geschenk des damaligen Rektors an die Alma mater aus Anlaß des 250. Jahrestages ihrer Gründung) hängt seit 1982 im Treppenpfeiler des Innenhofs der Universität und läutet alljährlich am 2. Dezember, dem Geburtstag der Hochschule. Die vermutlich um 1570 im westlichen Erkerzimmer des Hauptgeschosses eingebaute Kassettendecke wurde 1930 in die Universitätsbibliothek umgesetzt. – Format: 56,0 × 32,5 cm.

126 Simshöhe: 230 cm.

127 Die ›Goldene Schlange‹, errichtet für den Leipziger Faktor der berühmten Augsburger Kaufmanns- und Bankiersfamilie Welser, war bis zu dem vom Handelsherrn Gottfried Barthel veranlaßten barocken Umbau 1748/50 das älteste Renaissancegebäude der Stadt und stellt heute den einzigen erhaltenen Handelshof aus der Zeit der Warenmesse dar; der prächtige, noch deutliche Einflüsse der Gotik zeigende zweigeschossige Renaissance-Erker – auf der Konsole das namensgebende Wahrzeichen des Hauses, im oberen Brüstungsfeld ein aufgeschlagenes Buch mit dem lateinischen Chroniktext des Erbauungsjahres – wurde 1871/72 von der Fassadenfront an seinen heutigen Platz im Durchgangshof umgesetzt. – Format: 33 × 20 cm.

128 Der um 1497/98 in Nürnberg geborene und 1580 in Geyer (Erzgebirge) gestorbene Baumeister erwarb 1533 das Leipziger Bürgerrecht und wurde 1549 in den Rat gewählt; regierender Bürgermeister war er 1555/56, 1558, 1561, 1564, 1567, 1570 und 1573 (die regelmäßigen Drei-Jahre-Abstände ergaben sich aus der damaligen Gliederung des Rates in drei Abteilungen mit je einem Bürgermeister und 12 Ratsherren, die alljährlich einander im Amt ablösten; bis dahin einzige Ausnahme war der Amtsantritt Lotters, als er zwei Jahre hintereinander als Bürgermeister regierte und zudem noch den Bau des von ihm entworfenen Alten Rathauses [siehe Abbildung 137] leitete). – Format: 226 × 96 cm.

129 Dieses zu den zahlreichen Leipziger Schöpfungen des Renaissancebaumeisters zählende Gebäude diente ursprünglich dem Wiegen der die Stadt passierenden Waren und der entsprechenden Abgabenerhebung, bot zudem noch Platz für die Ratsweinschänke und die gesonderte Trinkstube der Ratsherren; 1661/1712 waren hier das Postamt und 1917/43 das Leipziger Messeamt untergebracht. Das am 4. Dezember 1943 zerstörte Haus wurde 1963/64 stilgerecht rekonstruiert und dabei die Giebelfront in alter Form – allerdings ohne den schon 1861 abgebrochenen Treppenturm – wiederhergestellt. – Format: 29 × 21 cm.

130 Der genannte Maler erwarb 1595 das Leipziger Bürgerrecht und starb 1603; die von ihm ausgemalte Orgel war ein Werk von Johann Lange von Canitz. Die heutige, 1988 modernisierte Ladegast-Sauer-Orgel der Nikolaikirche stammt aus den Jahren 1859/62 und ist mit 6314 Pfeifen – von Bleistiftgröße bis zu 12 Meter Höhe – eine der größten in der DDR. Im Besitz des Stadtarchivs Leipzig. – Format: 40 × 32 cm.

131 Aus der Nikolaikirche stammendes Epitaph für Anna Badehorn geb. Roth, Ehefrau des Leonhard Badehorn, der 1537 Rektor der Universität und 1562 Bürgermeister war. Im Besitz des Museums der bildenden Künste Leipzig. – Format: 163 × 124 cm.

132 Entgegen der bisherigen Annahme, der Wandteppich sei für den Leipziger Rat gearbeitet worden, weisen die Majuskeln unter dem Christusbild auf den Wahlspruch des sächsischen Kurfürsten Johann Friedrich ›Verbum dominum manet in aeternam‹ (Das Wort des Herrn währt in Ewigkeit) und damit auf ihn als Auftraggeber hin. Im Besitz des Museums des

Kunsthandwerks Leipzig. – Format: 139 × 437 cm.
133 Aus solchen Kannen wie dieser aus der Werkstatt des genannten Annaberger Gießers erhielt der Delinquent den letzten Trunk vor seiner Hinrichtung. – Höhe: 30 cm.
134 Der aus Berlin stammende Künstler wurde 1566 in Leipzig als Bürger und Goldschmiedemeister anerkannt, war 1582/84 Obermeister seiner Innung und starb 1627. – Format: 16,5 × 13,0 cm.
135 Peilicke wurde 1553 Ratsmitglied, 1556 Stadtrichter, 1570 Baumeister und 1577 Bürgermeister; er starb 1596. – Format: 20 × 12 cm.
136 Der aus Dresden stammende Künstler erwarb 1615 das Bürgerrecht der Stadt Leipzig. Erschienen im Leipziger Verlag von Henning Große. – Format: 56,0 × 96,5 cm.
137 Der sich gegen kalvinistische Bürger und Theologen richtende Aufstand endete mit der Exekution vier seiner Anführer. Die Abbildungen – zeitgenössischen Flugschriften entstammend – zeigen: Überführung verhafteter Kalvinisten in die Pleißenburg; Abnahme des angeblich kalvinistische Dokumente bergenden Turmknopfes der Nikolaikirche (älteste Darstellung der Kirche und des Nikolaikirchhofs); Erstürmung und Plünderung von Häusern der Kalvinisten (links die Rückfront des Alten Rathauses, rechts das 1572 errichtete Schuh- und Pelzhaus); durch Bürgeraufgebot und Söldner gesicherte Richtstätte mit den schon bereitgehaltenen Särgen (früheste Ansicht des Alten Rathauses, dessen Turm erst 1744 erhöht wurde). – Formate: 27,5 × 17,5 cm; 28,5 × 22,0 cm; 28,5 × 22,5 cm; 28,5 × 22,5 cm.
138 Vom Inhalt dieser in Leipzig entstandenen Arbeit sind unter anderem sichtbar: zwei Salznäpfe mit Perlmutterschalen, eine Perlmutterschale mit Silberrand, ein Flakon mit Perlmutterschalen und ein Kokosnußpokal; erworben für die Kunstkammer der sächsischen Kurfürsten. Im Besitz der Staatlichen Kunstsammlungen Dresden, Grünes Gewölbe. – Breite: 38,5 cm.
139 Der um 1560 geborene und 1634 gestorbene Goldschmied übersiedelte 1572 von Halle nach Leipzig und wurde hier 1589 Bürger und Meister. Im Besitz der Staatlichen Kunstsammlungen Dresden, Grünes Gewölbe. – Höhe: 18,9 cm.
140 Höhe: 10 cm.
141 Im Besitz der Universität Leipzig, Universitätsbibliothek. – Format: 19,5 × 15,5 cm.
142 Aus dem im Verlag von Henning Große erschienenen ›Neu Modelbuch‹ des genannten Leipziger Malers und Kupferstechers, das zahlreiche Vorlagen ›zu zierlichen Überschlägen, Haupt-, Schürz-, Schnupftüchern, Hauben, Handschuhen, Wehrengehängen, Kampfuttern [Kammfutteralen] und dergleichen‹ enthält (Neudruck 1892 im Verlag Ernst Wasmuth, Berlin). – Format: 9,6 × 17,2 cm.
143 Erschienen im Leipziger Verlag von Henning Große. – Format: 30 × 20 cm.
144 Deckelgriff in Gestalt eines Flügelweibchens; vorn im runden Feld die Darstellung des heiligen Abendmahls, darunterstehend ein Heiliger mit Bischofshut und -stab, einem Buch und darauf drei Äpfel, Umschrift: ›Sanctus Nicolaus‹. Im Besitz der Nikolaikirche. – Höhe: 35 cm.
145 Das von Engeln und weiblichen Halbfiguren getragene Gefäß zeigt auf der reich gravierten Wandung die vier Evangelisten und auf dem Deckel Darstellungen der Fußwaschung, des Abendmahls und der Ölungsszene. Leipziger Arbeit. Im Besitz der Thomaskirche. – Höhe: 12,3 cm.
146 Die 1582/85 auf dem heutigen Johannisplatz errichtete Begräbniskirche für den dahintergelegenen, schon 1278 erwähnten Johannisfriedhof, der im 16. Jahrhundert zum alleinig genutzten der Stadt wurde, brannte während des Bombenangriffs am 4. Dezember 1943 aus; das Kirchenschiff wurde 1956, der anfänglich restaurierte Turm 1963 abgetragen. Gerettet werden konnten unter anderem der Steinsarkophag mit den Gebeinen Johann Sebastian Bachs, der 1950 aus der Gruft der Johanniskirche in den Chor der Thomaskirche übergeführt wurde, und die reich verzierte, 1982 restaurierte Kanzel. – Höhe: 280 cm.
147 Im Besitz des Museums des Kunsthandwerks Leipzig. – Höhe: 39,5 cm.
148 Die Flugblattillustration zeigt die Belagerung durch kursächsische Truppen (10. November/3. Dezember). – Blattformat: 39,0 × 32,5 cm.
149 Die Darstellung des ›belägerten, aber gottlob nicht eroberten Leipzigs‹ ist Detail aus dem Schmuckblatt des Rektors der Universität im Wintersemester, Johann Zeidler. Im Besitz der Universität Leipzig, Archiv. – Format: 9,4 × 11,6 cm.
150 Auf der einer Flugschrift entstammenden Abbildung ist dargestellt, wie nach dem Sieg der schwedisch-sächsischen Truppen in der Schlacht bei Breitenfeld (17. September 1631) ein Teil des Heeres von Tilly nach Leipzig flüchtete; im Hintergrund die Stadtmauer zwischen Grimmaischem Tor und Schönefelder Bastei mit den dicht besetzten Fenstern der Universitätskollegien, vorne am Tisch Tilly, dahinter der siegreiche schwedische König Gustav II. Adolf und der ihm verbündete sächsische Kurfürst Johann Georg I. – Format: 24 × 32 cm.
151 Format: 28 × 17 cm.
152 Frentzel war Professor der Poesie; sein prächtig illuminiertes Stammbuch umfaßt den Zeitraum 1633/74. Eintragung von Johann Zaulich. Bl. 185. Im Besitz der Universität Leipzig, Universitätsbibliothek. – Format: 12,7 × 16,3 cm.
153 Format: 27 × 38 cm.
154 Der Elefant wurde auf der Neujahrsmesse 1650 vorgeführt. – Format: 29 × 21 cm.
155 Ritzsch, dessen Offizin 1638/78 bestand, hatte schon 1649 ein Zeitungsprivileg erhalten und im darauffolgenden Jahr die ›Leipziger Einkommende Ordinar- und Postzeitung‹ herausgegeben, die jedoch nicht täglich erschien. – Gesamtformat: 24,5 × 21,5 cm.
156 Format: 13,0 × 7,5 cm.
157 Bauzeichnung für das 1717/18 errichtete, 1868 abgebrochene Gebäude. Im Besitz des Stadtarchivs Leipzig. Format: 29,5 × 46,5 cm.
158 Bauzeichnung aus dem Skizzenbuch des genannten Leipziger Maurermeisters. – Format: 54,0 × 27,5 cm.
159 Die Zeitschrift – 1682/1707 von Otto Mencke, 1707/32 von seinem Sohn Johann Burkhard Mencke, ab 1732 von seinem Enkel Friedrich Otto Mencke herausgegeben – bestand ein volles Jahrhundert. Im Besitz der Universität Leipzig, Universitätsbibliothek. – Format: 21 × 16 cm.
160 Im Besitz der Universität Leipzig, Universitätsbibliothek, Münzsammlung. – Größter Durchmesser: 4,5 cm.
161 Format: 16,0 × 24,5 cm.
162 Im Besitz des Stadtarchivs Leipzig.
163 1700/01 als städtisches Zucht- und Waisenhaus errichtet. – Format: 11 × 7 cm.
164 Nicht erkennbar ist auf dieser Darstellung das bei der Renovierung des Rathauses 1672 angebrachte und bis heute erhaltene, unter dem Dachgesims das ganze Gebäude umlaufende Schriftband, das auf die Errichtung des Hauses innerhalb von nur neun Monaten hinweist und in ursprünglicher Fassung lautete: NACH CHRISTI UNSERS HERRN GEBURT IN MDLVI [1556] IAHRE BEY REGIERUNG DES DURCHLAUCHTIGSTEN UND HOCHGEBOHRNEN FÜRSTEN UND HERRN HERRN AUGUSTI HERZOGEN ZU SACHSEN DES HEIL: RÖM: REICHS ERTZMARSCHALLN UND CHURFÜRSTENS LANDGRAFENS IN THÜRINGEN MARGGRAFENS ZU MEISSEN UND BURGGRAFENS ZU MAGDEBURG IST IN DIESER STADT ZU BEFÖRDERUNG GEMEINES NÜTZEN DIESES HAUS IN MONATH MARTIO ZU BAUEN ANGEFANGEN UND DASSELBE IM ENDE DES NOV: VOLBRACHT DEM HERRN SEY ALLEIN DIE EHRE DENN WO DER HERR DIE STADT NICHT BAUET SO ARBEITEN UMSONST DIE DARAN BAUEN WO DER HERR DIE STADT NICHT BEWACHT SO WACHET DER WÄCHTER UMSONST DES HERRN NAHME SEY GEBENEDEYET EWIGLICH AMEN. BEY CHURF. IOH. GEORG II. HOCHLÖBL. REGIERUNG RENOV. MDCLXXII [1672]. Ursprünglich nur aufgemalt, wurden die Buchstaben erst 1906/09 während umfassender baulicher Erneuerungsarbeiten in vergoldetem Kupferblech ausgeführt und zugleich die hölzernen Ladenvorbauten rechts und links des Eingangs durch Kolonnaden aus Rochlitzer Porphyr ersetzt. – Format: 16 × 26 cm.
165 Illustration zum 1. Buch Mosis, 27. Kapitel; Rebekka steht am Tisch, Esau jagt. Bl. 160. Im Besitz der Universität Leipzig, Universitätsbibliothek. – Format: 12,6 × 16,5 cm.
166 Sogenanntes Willkomm, das von der Zunft bei festlichen Anlässen zum Umtrunk verwendet wurde. – Höhe: 66 cm.
167 Mit Stadtansicht (links die Pleißenburg, daneben die Thomaskirche, rechts die Nikolaikirche). – Format: 12 × 7 cm.
168 Außer dem römischen Gott des Handels wurden die Statuen des Apollo, der Venus und der Minerva an den vier Ecken der Balustrade aufgestellt. – Höhe: 205 cm.
169 Als erster Leipziger Barockbau mit noch deutlichen Einflüssen der Renaissance 1678/86 nach Plänen von Johann Georg Starcke durch Christian Richter erbaut, bei der Bombardierung am 4. Dezember 1943 ausgebrannt, 1956/62 nach alten Vorlagen mit historischer Fassade, aber vereinfachter, der heutigen Nutzung als Vortrags- und Konzertsaal entsprechender Innenaus-

stattung wiederaufgebaut. – Format: 16 × 26 cm.

170 Der spätere Rektor der Thomasschule und Ordinarius der Juristischen Fakultät wurde 1655 in Leipzig geboren und erwarb hier 1672 den Grad eines Magisters der Philosophie. Als Rechtslehrer an der orthodoxen Universität wagte er nicht nur, ab 1687 Vorlesungen in deutscher statt in lateinischer Sprache zu halten, sondern vertrat auch das natürliche Recht des Menschen gegen alle feudalistischen Privilegien und wandte sich zudem gegen Hexenaberglauben und Folter. Ab 1688 gab er die erste deutschsprachige wissenschaftliche (Rezensions-)Zeitschrift heraus (›Monatsgespräche‹) und leistete damit einen bedeutsamen Beitrag zur Anerkennung der deutschen Sprache und zur Verbreitung aufklärerischer Gedanken. Von der Orthodoxie als ›Rebell gegen alle Fürsten der Erde‹ angeklagt, mußte er 1690 die Stadt verlassen und ging nach Halle, wo er 1728 starb. Im Besitz der Universität Leipzig, Universitätsbibliothek. – Blattformat: 14,2 × 8,5 cm.

171 Älteste Darstellung von Connewitz. Die Leipziger Armbrustschützen veranstalteten bereits im 15. Jahrhundert alljährlich solche meist volksfestähnlichen Wettbewerbe, bei denen auf einen hölzernen Greif geschossen wurde; bei dem abgebildeten Schützenfest handelte es sich allerdings wohl mehr um ein ratsinternes Vergnügen. Im Besitz des Stadtarchivs Leipzig. – Format: 52,5 × 71,5 cm.

172 Die Akten der Leipziger Schützengesellschaft reichen bis in das Jahr 1443 zurück. – Länge: 60 cm.

173 Format: 13 × 19 cm.

174 Auf dem seit 1652 im Besitz von Thomas Breunigke befindlichen Grundstück ließ Johann Petzsch 1692 ein prächtiges Ballhaus mit großem Saal für damals beliebtes Ballspiel errichten (auf der Abbildung der Mittelbau mit Durchgang zum Neumarkt); im rechten Seitengebäude hatte neben anderen holländischen Ausstellern der Amsterdamer Kunsthändler Peter Schenk seinen Messestand mit Gemälden, Kupferstichen und weiteren Kunstgegenständen, hier gerade den üblichen Messebesuch des sächsischen Kurfürsten Friedrich August I. empfangend. 1728/31 erbaute auf diesem Gelände George Werner einen der drei Stadtpaläste des Handelsherrn, Bankiers und Gutsherrn Peter Hohmann (am 4. Dezember 1943 zerstört). Format: 21 × 25 cm.

175 Breite: 6 cm, Länge: 190 cm.

176 Seit Gründung der Leipziger Universität waren Magister und Studenten nach ihrer territorialen Herkunft in sogenannte Nationen eingeteilt, von denen die meißnische die Markgrafschaft, die sächsische Nordwestdeutschland und Skandinavien, die bayrische die süddeutschen und die polnische die ostdeutschen sowie slawischen Länder umfaßte; diese rechtlich-politischen Korporationen, die bis 1830 bestanden, hatten nicht nur Einfluß auf Berufungen, sondern auch auf die Wahl des Rektors und der Mitglieder des Konsiliums. Die Wappentafeln mit ihren symbolischen Darstellungen (Samson ringt mit dem Löwen; Springender Schimmel; Jakob ringt mit dem Engel; Madonna mit Kind) befanden sich ursprünglich in der ›Nationenstube‹ des Paulinums. Im Besitz der Universität Leipzig, Kunstsammlung. – Formate: je 107 × 86 cm.

177 Der nach dem Prinzip der Sanduhr funktionierende Zeitmesser (oben die Stundenanzeige, unten das Kalendarium – beide einstellbar) diente bei wissenschaftlichen Disputen der Begrenzung der Redezeit; als reicher bildnerischer Schmuck oben zwei Putten, Trompete und Zink blasend, neben der Stundenanzeige zwei Wilde Männer, neben der Sanduhr ein schlafender Putto als Allegorie der Vergänglichkeit, unten im Zentrum des Kalendariums ein aufgeklebter kolorierter Kupferstich mit Leipzig-Ansicht. Im Besitz der Universität Leipzig, Kunstsammlung. – Höhe: 74,5 cm.

178 Format: 18 × 11 cm.

179 Im Besitz der Universität Leipzig, Kunstsammlung. – Länge der Breitaxt mit Jahreszahl: 77 cm.

180 Durchmesser der Uhr mit Frauenbildnis: 6,1 cm.

181 Der Namensgeber war Advokat in Leipzig und stiftete 1697 den Becher – dessen seitliche Elfenbeingriffe verlorengingen – der Fraternität (Bruderschaft) der Notarien und Literaten. – Höhe: 29 cm.

182 Im Auftrag des Kauf- und Ratsherrn Caspar Bose als erster der an der Wende vom 17. zum 18. Jahrhundert vor den Toren Leipzigs entstandenen großräumigen Barockgärten vom braunschweigischen Architekten Leonhard Christoph Sturm um 1693 angelegt, erstreckte sich der nach französischem Vorbild gestaltete Repräsentationsgarten zwischen der heutigen Ringbebauung und dem Johannistal. Der Schöpfer der Vorlage für den abgebildeten Kupferstich, Peine, war selbst Gärtner. – Format: 33 × 62 cm.

183 Dem ungewöhnlichen Naturschauspiel des etwa 5000 Blüten zeigenden Gewächses wurde sogar eine silbergeprägte Medaille gewidmet. – Blattformat: 32 × 21 cm.

184 Umschrift auf dem Medaillenrand: LEIPZIG STECKT LATERNEN AN, DASS MANN NETTE SEHEN KANN. – Durchmesser: 3,5 cm.

185 Die Laternen mit Öllämpchen waren auf in die Straße gerammten Eichenpfählen oder an Häusern befestigten eisernen Auslegern angebracht. – Format: 14,0 × 8,5 cm.

186 Die genauen Zeiten für das tägliche Anzünden und Auslöschen der Laternen wurden für ein ganzes Jahr im voraus festgelegt. Im Besitz des Stadtarchivs Leipzig.

187 Aus Anlaß der Einführung des neuen Beförderungsmittels wurde sogar eine Medaille aus vergoldetem Silber geprägt. – Format: 14 × 9 cm.

188 Ursprünglich im Besitz des Bürgermeisters Christian Lorenz von Adlershelm, ließ der Handelsherr und Manufakturbesitzer Georg Heinrich Bose (Bruder von Caspar Bose, dem Begründer des Großbosischen Gartens – siehe Abbildung 182) die Anlage entlang eines Teils der heutigen Käthe-Kollwitz-Straße beträchtlich erweitern; im Hintergrund (Bildmitte) die Thomaskirche. Format: 17 × 27 cm.

189 Der 1671 in Leipzig geborene Franz Conrad Romanus, als Günstling und auf Weisung des sächsischen Kurfürsten Friedrich August I. 1701 gegen den Willen des Rates zum Bürgermeister bestimmt, ließ sich 1701/04 nach Plänen von Johann Gregor Fuchs das schönste barocke Bürgerhaus der Stadt errichten, das noch heute – 1967/69 umfassend restauriert – seinen Namen trägt; der abgebildete, unmittelbar nach Bauvollendung entstandene Kupferstich zeigt noch nicht die nachträglich in der Nische unter dem Eckerker aufgestellte Hermes-Figur, die vermutlich von Balthasar Permoser geschaffen wurde. Dem Bauherrn, der sich mit dem palaisartigen Gebäude finanziell übernommen und zum Ausgleich in die Stadtkasse gegriffen hatte, sollte das prächtige Domizil kein Glück bringen, wurde er doch hier schon bald nach seinem Einzug 1705 verhaftet und bis zu seinem Tode 1746 auf der Festung Königstein gefangengehalten. – Blattformat: 22 × 26 cm.

190 Das Vorhaben blieb unausgeführt. Im Besitz des Stadtarchivs Leipzig. – Blattformat: 108 × 93 cm.

191 Das im Kern auf den Anfang des 16. Jahrhunderts zurückgehende Gebäude, das im Erdgeschoß des Vorderhauses die einzige erhaltene Kreuzgewölbehalle der Renaissance in Leipzig birgt, wurde 1706/07 nach Plänen von Johann Gregor Fuchs im Barockstil umgebaut und in dieser äußeren Gestalt während einer 1986 abgeschlossenen umfassenden Rekonstruktion wiederhergestellt; im Besitz der Kaufmanns- und Bankiersfamilie Frege befand es sich 1782/1945.

192 Auf der letzten Ansicht ein sogenanntes Weichbildzeichen von 1536, wie es sich in Connewitz bis heute erhalten hat (siehe Abbildung 110). – Blattformate: 24,2 × 18,2 cm; 24,0 × 18,1 cm; 24,2 × 18,1 cm; 24,1 × 18,2 cm.

193 Der Komponist wirkte 1703/04 als Organist und Leiter des von ihm begründeten Collegium musicum in Leipzig. Im Besitz der Universität Leipzig, Universitätsbibliothek. – Format: 34,5 × 21,0 cm.

194 Die schon 1239 gegründete, mehrfach umgebaute und nach der Reformation zeitweise als Lagerhaus genutzte Kirche brannte beim Bombenangriff am 4. Dezember 1943 mit ihrer barocken Ausstattung aus und wurde als Ruine später abgetragen. – Format: 13,5 × 14,0 cm.

195 In Meißen gefertigt. Im Besitz der Staatlichen Kunstsammlungen Dresden, Porzellansammlung. – Höhe des Kännchens: 15,4 cm.

196 Höhe: 22 cm.

197 Der Schöpfer dieses sich durch außerordentliche Detailtreue auszeichnenden sogenannten Schreiberschen Stichs war damals Mathematikstudent und begründete später den bekannten Leipziger Landkartenverlag, der unter der Bezeichnung ›Schreibers Erben‹ bis ins 19. Jahrhundert fortbestand. – Format: 35,5 × 48,0 cm.

198 Das Zeughaus bildete den 1498 fertiggestellten zweiten Flügel des Gewandhausneubaus; im ersten Stock befand sich seit 1681 die ursprünglich im Alten Rathaus untergebrachte Stadt- oder Ratsbibliothek, die 1711 der allgemeinen Benutzung geöffnet wurde. – Format: 15,5 × 25,0 cm.

199 Der Schrank, der der Aufbewahrung einer aus 309 zum Teil antiken Steinen bestehenden Sammlung dient, birgt in seinem Innern 20 lackierte Holzplatten mit kleinen Mulden für die Aufnahme der Gemmen, den Platten zugehörig jeweils Papptafeln mit den Siegelabdrücken

der Steine. Im Besitz des Museums des Kunsthandwerks Leipzig. – Höhe: 34 cm.
200 Format: 13,5 × 8,5 cm.
201 Format: 6,8 × 12,0 cm.
202 Die Traditionen der Thomaner reichen bis in das Jahr 1212 zurück; seit Einführung der Reformation 1539 ist der Chor dem Rat der Stadt unterstellt. Im Besitz des Stadtarchivs Leipzig. – Format: 6,2 × 8,0 cm.
203 Die Thomasschule wurde 1902 abgebrochen und nachfolgend durch das Gebäude der heutigen Superintendentur ersetzt. Auf dem abgebildeten Stich sind an der Langseite der Kirche die später wieder beseitigten Kapellen zu erkennen, die sich wohlhabende Leipziger Familien Ende 17./Anfang 18. Jahrhundert errichten ließen; auf dem Platz davor ein 1722 erbauter steinerner Springbrunnen, in seiner Mitte ›ein aufgericht sitzendes Löwenbild, so mit der linken Pfote E. E. Hochweisen Rats Wappen, mit der rechten aber auf dem Kopf eine Muschel hält, aus deren Mitten das Wasser in acht Strahlen in die Höhe springet und mit zerstreuten Tropfen wieder in die Muschel und hieraus ferner durch verschiedene Rinnlein in den Brunnen fällt‹; rechts vom ›Wasserkasten‹ (Brunnen) eine der offenen, auf schmalen Holzstegen zu überschreitenden Abwasserrinnen (sogenannte Abzuchten), die erst mit der schrittweisen Kanalisierung Leipzigs aus dem Stadtbild verschwanden. – Seitenformat: 18,0 × 14,5 cm.
204 Die Fischerstechen, bei denen die Kontrahenten in einem außer ihnen mit einem Ruderknecht besetzten Boot versuchen mußten, den Gegner mit einer Lanze ins Wasser zu stoßen, fanden damals meist auf jenem Teil der Pleiße statt, der den fächerförmig zu beiden Seiten der heutigen Kolonnadenstraße angelegten Apelschen Garten durchquerte. – Format: 18,5 × 30,0 cm.
205 Format: 38 × 32 cm.
206 Das schon um 1500 errichtete Gebäude ist das älteste Kaffeehaus der Stadt, das sein Wahrzeichen – das Portalrelief mit einem lebensgroßen, unter einem Kaffeebaum ruhenden Türken, der einem Putto eine Schale des belebenden Tranks reicht – während des barocken Umbaus zur heutigen Gestalt erhielt; die Sandsteinplastik wurde wahrscheinlich durch einen 1723 in Apels Garten erstmals blühenden ›Coffee-Baum‹ angeregt, ihr unbekannter Schöpfer ist vermutlich im Umkreis des Caspar Friedrich Löbelt zu suchen. Das 1967/68 umfassend restaurierte Haus hatte in seiner langen Geschichte zahlreiche bedeutende Persönlichkeiten zu Gast.
207 Die bereits 1287 erwähnte, nach dem bis 1543 benachbarten Nonnenkloster benannte Pleißenmühle befand sich an der heutigen Einmündung der Karl-Tauchnitz-Straße in den Martin-Luther-Ring; als kleinste der Leipziger Mühlen besaß sie vier Mahlgänge, eine Öl- sowie eine Tabaksmühle und wurde 1890 abgebrochen. – Format: 18 × 30 cm.
208 Die Schwarze und Rote Wasserkunst, die die noch bis Ende des 18. Jahrhunderts hölzerne ›Röhrenfahrt‹ (Leitungsnetz) mit einem Gemisch aus Brunnen- und Pleißenwasser speisten, befanden sich rechts und links der Nonnenmühle (siehe Abbildung 207). – Format: 82 × 44 cm.
209 Das Schwert, wie alle Richtwaffen ohne Spitze, war seit 1721 Erbstück der Scharfrichterfamilie Gebhardt; die letzte öffentliche Hinrichtung fand 1824 auf dem Marktplatz statt. – Länge: 100 cm.
210 An der Spitze die Stadtsoldaten, gefolgt vom Obervogt und den Ausreitern des Rates, dann ein langer Zug bewaffneter Ratsbeamter (Lampenmänner, Kohlenmesser, Marktkehrer, Bierschröter und andere), darinnen die Choräle singenden Alumnen der Thomasschule sowie der von Geistlichen geleitete Delinquent, anschließend Kutschen mit den Beamten des Stadtgerichts und am Ende die berittenen Ratsförster; den Abschluß dieser streng reglementierten Zeremonie bildete ein Schmaus im Alten Rathaus. – Blattformat: 19,8 × 35,4 cm.
211 Der 1719 in Leipzig verhaftete Müllerbursche Johann David Wagner, genannt ›Mause-David‹, wurde nach zweijähriger Haft und Untersuchung 1721 auf dem Rabenstein (heute Rabensteinplatz) enthauptet und aufs Rad geflochten; die Abbildungen des Titelkupfers der im Jahr darauf erschienenen, immerhin 204 Druckseiten umfassenden ›Relation‹ über sein Leben und seine Übeltaten zeigen ihn im Gefängnis im Grimmaischen Tor, beim Transport zum Verhör und zur Folter im Alten Rathaus und schließlich in der dortigen Armesünderstube in Erwartung seiner Hinrichtung. – Seitenformat: 18,5 × 15,0 cm.
212 Das Bild gilt als einzige authentische Darstellung des von 1723 bis zu seinem Tode 1750 in Leipzig wirkenden Komponisten. – Format: 80 × 64 cm.
213 Format: 13,5 × 14,0 cm.
214 Das 1709 vom Gold- und Silberwarenfabrikanten Georg Heinrich Bose erworbene Gebäude, das den in enger Nachbarschaft wohnenden und wirkenden Thomaskantor häufig zu Gast sah, wurde 1983/85 rekonstruiert; heute Sitz des Bach-Archivs Leipzig/Bach-Museums mit Bibliothek und Konzertsaal, im Hinterhaus das Kabarett ›Leipziger Pfeffermühle‹. Gesamtformat: 48 × 72 cm.
215 Die Gottschedin unterstützte mit Übersetzungen und eigenen Lustspielen ihren Mann bei seinen Theaterreformplänen; sie starb 1762 in Leipzig. Im Besitz der Universität Leipzig, Kunstsammlung. - Format: 80 × 64 cm.
216 Die sogenannte Muhmenpromenade, 1702/03 auf der Außenseite des Stadtgrabens angelegt, war der beliebteste Spazierweg ›vor dem Tor‹ und wurde nicht zuletzt genutzt, um die jeweils neueste Mode zur Schau zu tragen; 1748/49 erfolgte die Verlängerung der Allee bis zum Peterstor. Links im Bild die Thomaskirche. – Format: 21 × 39 cm.
217 Der bedeutendste Schriftsteller und maßgebliche Literaturkritiker der deutschen Aufklärung vor Lessing war seit 1724 in Leipzig ansässig und wirkte hier nachfolgend als außerordentlicher Professor für Poesie und Beredsamkeit sowie als Professor für Logik und Metaphysik, in den Jahren 1738/39, 1740/41, 1742/43, 1748/49 und 1756/57 auch als Rektor der Universität; eine aus 64 Bänden bestehende Briefsammlung des 1766 in Leipzig Verstorbenen wird in der Universitätsbibliothek aufbewahrt. Im Besitz der Universität Leipzig, Kunstsammlung. - Format: 82,5 × 69,0 cm.
218 Durchmesser: 26 cm.
219 Solche vierseitigen Exekutionszettel, die das jeweilige Verbrechen schilderten und mit einem Bußlied schlossen, wurden vor allem in der ersten Hälfte des 18. Jahrhunderts an die Schaulustigen der öffentlichen Hinrichtungen verkauft. – Format: 21,5 × 17,0 cm.
220 Format: 15,5 × 25,0 cm.
221 Format: 23 × 40 cm.
222 Das auf Veranlassung des Handelsherrn und Manufakturbesitzers Andreas Dietrich Apel 1705/06 durch Johann Gregor Fuchs im Barockstil umgebaute Gebäude beherbergte zahlreiche berühmte Gäste des Rates der Stadt, so den russischen Zaren Peter I. (1698), die polnischen Könige und sächsischen Kurfürsten, den preußischen König Friedrich II. (der hier 1760 mit dem Leipziger Professor Christian Fürchtegott Gellert ein seinerzeit vielbeachtetes Gespräch über die deutsche Literatur führte) und den sächsischen König Friedrich August I. (der in diesem Haus am 19. Oktober 1813 mit dem französischen Kaiser Napoleon I. zusammentraf); am 15. Oktober 1820 starb hier während eines Leipzig-Besuchs der österreichische Feldmarschall Fürst Karl Philipp zu Schwarzenberg, der in der Völkerschlacht als Oberbefehlshaber die Armeen der Verbündeten (Österreich, Preußen, Rußland) geführt hatte. – Format: 13,5 × 14,0 cm.
223 In Altenburg gefertigte Gebrauchskeramik. – Höhe: 35 cm.
224 Durchmesser: 26 cm.
225 Mit Stadtwappen und den Symbolen von Wissenschaft und Handel. – Format: 22 × 31 cm.
227 Sperontes war das Pseudonym von Johann Sigismund Scholze, der in Leipzig Jura studierte, nachfolgend hier mehr mühselig als erfolgreich wirkte und 1750 – 45jährig – starb; einzig seine 1736 erstmals erschienene, mehrere Nachauflagen und Fortsetzungen erlebende Liedersammlung erfreute sich allgemeiner Beliebtheit, entsprach sie doch mit ihren meist aus dem Französischen übernommenen Melodien im Stil gängiger Hausmusik und Scholzes leicht frivolen Texten genau dem damaligen Zeitgeschmack. – Format: 18 × 23 cm.
228 Bei dem Zeitmesser muß das Zifferblatt in die Richtung der Äquatorebene gebracht werden (deshalb auch Äquatorialsonnenuhr); auf der Rückseite sind Städtenamen mit Polhöhen (geographische Breiten) eingetragen. – Durchmesser: 6,5 cm.
229 Auf den erhabenen Sternbildern – von außen als barocke Wappensymbole dargestellt – sind die Himmelskörper als kleine Löcher eingestanzt; der Blick durch größere Öffnungen in das Innere vermittelt den Eindruck des je nach Standort veränderlichen Sternenhimmels. Der Verfertiger war Professor der Mathematik in Jena. – Höhe: 68 cm.
230 Format: 30,0 × 35,4 cm.
231 Seitenformat: 17,0 × 12,5 cm.
232 Die Innenansicht präsentiert nur einen Teil der kostbaren Privatsammlung, die sich in der Reichsstraße befand; die Wände, selbst die Türen sind dicht mit Bildern behängt, während die Schränke Gemmen und Mineralien enthalten und die an der linken Fensterfront aufge-

stellten obeliskenförmigen Vitrinen seltene Meeresgewächse zeigen. – Format: 31 × 40 cm.
233 Als Auerbachs Hof 1912/14 dem Neubau des Messehauses Mädlerpassage weichen mußte, wurde der in einem saalartigen Raum des ersten Obergeschosses unter einer Verschalung des 19. Jahrhunderts entdeckte barocke Plafond in das heutige Fotohaus am Neumarkt umgesetzt.
234 Im Besitz des Stadtarchivs Leipzig. – Format: 9,0 × 6,5 cm.
235 Die Neuberin, ›Mutter der deutschen Schauspielkunst‹, trat mit ihrer Truppe der ›Privilegierten Dresdner Hofkomödianten‹ zwischen 1727 und 1749 während 33 Messen in Leipzig auf, so auf dem Naschmarkt, auf den Böden über den Fleischbänken (Reichsstraße 3/5) und im Großen Blumberg (heute ›Café am Brühl‹, wo ein Wandbild von Edgar Steffen dem Wirken der Künstlerin gewidmet ist); ferner erinnern Gedenktafeln am ›Café am Brühl‹ (Richard-Wagner-Platz 1) und im Foyer des Schauspielhauses (Bosestraße 1) an die verdienstvolle Frau, die viel für die Realisierung der Theaterreformpläne Gottscheds tat. Im Besitz der Neuberin-Gedenkstätte Reichenbach. – Format der Kupferstichvorlage: 7,8 × 6,3 cm.
236 Im Besitz des Stadtarchivs Leipzig. – Seitenformat: 34 × 21 cm.
237 Lessing kam 1746 zum Theologiestudium nach Leipzig, wechselte jedoch bald zur Medizin über und beschäftigte sich vorwiegend mit Philosophie und Philologie. Hier veröffentlichte er erste literarische Versuche und nahm Verbindung zur Schauspieltruppe der Neuberin auf, die 1748 sein Lustspiel ›Der junge Gelehrte‹ in Zothens Hof (Nikolaistraße 24) aufführte. Noch im selben Jahr mußte der Dichter aus der Stadt fliehen, weil er Bürgschaften, die er für die aufgelöste Schauspieltruppe übernommen hatte, nicht zahlen konnte. – Im Besitz der Universität Leipzig, Kunstsammlung. – Format: 57 × 47 cm.
238 Die Gasse entstand 1543, als nach Aufhebung des Thomasklosters dessen Vorwerk, das wegen dort betriebener Schweinezucht häufig zu Klagen der Anwohner geführt hatte, abgerissen wurde und der Rat an seiner Stelle zehn Bürgerhäuser errichten ließ, die 1545 verkauft wurden. – Blattformat: 19 × 29 cm.
239 Format: 50 × 55 cm.
240 Höhe des kleinsten Gefäßes: 5 cm, Länge des größten Förmchens: 12 cm.
241 Seitenformat: 18 × 11 cm.
242 Die mittelalterliche, 1507 neuerbaute Peterskirche wurde 1886 abgebrochen, an ihrer Stelle die heutige Geschäftsstelle der Landeszentralbank in der Peters-/Ecke Schillerstraße errichtet und zuvor (1882/85) die gleichnamige Parochialkirche auf dem Schletterplatz vollendet. Das Peterstor als südliche Pforte Leipzigs entstand 1722/23 anstelle eines weitaus bescheideneren Vorgängerbaus am Ausgang der Petersstraße nach einem Entwurf von Matthäus Daniel Pöppelmann; zum vermeintlichen Verkehrshindernis geworden, erfolgte 1860 der Abbruch dieses prächtigen barocken Prunkportals und zugleich letzten Leipziger Stadttors, zu dessen reichem plastischen Schmuck die sächsischen Kurschwerter und der polnische Adler als Insignien landesherrlicher Macht zählten. – Format: 13,5 × 14 cm.
243 Die Restauration, an deren Stelle unter gleicher Bezeichnung eine Gaststätte in der Dufourstraße 36 bis heute überdauert hat, erhielt ihren Namen von dem 1593 während des Kalvinistenaufstands abgebrannten Vorwerk vor dem Peterstor. Die doppelseitige Illustration aus dem Buch ›Angenehmer Zeitvertreib des großen und mannigfaltigen Vergnügens auf dem weltbekannten Lustsaal des sogenannten Brandvorwerks‹, das auf immerhin 154 Druckseiten einen der Hauptvergnügungsorte der Leipziger schildert, zeigt den Garten, eine Außenansicht und verschiedene Innenräume, in denen man sich bei Bier und Tabakrauch, Musik und Kartenlegen, Dame- und Kartenspiel ergötzte; hier wurden auch die beiden damaligen Hauptfeste gefeiert: der Martinsschmaus oder die ›Martinsgans‹ und der Fastnachtsschmaus oder die ›Fastnachtswurst‹. – Format: 16 × 18 cm.
244 Das Instrument zum Fassen des kindlichen Kopfes stellt durch die Fensterung der beiden Löffel und ihre Verbindung mit einem stiftartigen Schloß bereits ein verbessertes Modell vorheriger Ausführungen dar. Im Besitz der Universität Leipzig, Karl-Sudhoff-Institut, Medizinhistorische Sammlung. – Länge: 43 cm.
245 Höhe: 39 cm.
246 Blattformat: 17 × 27 cm.
247 Leipziger Arbeit. Im Besitz der Universität Leipzig, Musikinstrumenten-Museum. – Länge: 124,5 cm.
248 Im Besitz des Stadtarchivs Leipzig. – Format: 6 × 9 cm.
249 Format: 40 × 45 cm.
250 Der 1723 in Prohlis bei Dresden geborene und 1788 in Leubnitz bei Dresden gestorbene Laienwissenschaftler entdeckte unter anderem in der Nacht vom 25. zum 26. Dezember 1758 den Halleyschen Kometen und bestätigte damit die Vorausberechnungen des namengebenden englischen Astronomen. Palitzsch, der korrespondierendes Mitglied der Akademien in London und Petersburg war, installierte auch die erste Blitzschutzanlage Sachsens auf dem Dresdner Schloßturm. Aus Anlaß des 200. Todestages des ›Bauernprofessors‹ wurde 1988 im heutigen Neubaugebiet Dresden-Prohlis, seinem Geburtsort, ein Denkmal für ihn enthüllt. – Format: 140 × 121 cm.
251 Das vermutlich nach Plänen von Friedrich Seltendorff in der Menckestraße 23 als Landsitz des Kauf- und Ratsherrn Johann Caspar Richter erbaute, im Festsaal das Deckengemälde ›Lebensweg der Psyche‹ von Adam Friedrich Oeser bewahrende Rokokogebäude dient heute als Veranstaltungsstätte für Konzerte und sonstige kulturelle Darbietungen.
252 Höhe: 22 cm.
253 Format: 20,0 × 24,5 cm.
254 Blattformat: 11 × 19 cm.
255 Gesamtformat: 38,0 × 50,5 cm.
256 Format: 18 × 31 cm.
257 Format: 45,5 × 51,0 cm.
258 Format: 45 × 53 cm.
259 Höhe: 60 cm.
260 Die in Neuwied gefertigte, mit einem zusätzlichen Schlagwerk versehene Uhr wurde 1797 vom Rat der Stadt erworben; die Bekrönung ging verloren. – Höhe: 221 cm.
261 Aus der königlich-preußischen Gleiwitzer Eisenhütte stammend. Im Besitz der Universität Leipzig, Kunstsammlung. – Höhe: 26,7 cm.
262 Höhe (ohne Glassturz): 26 cm.
263 Blattformat: 41 × 47 cm.
264 Goethe weilte 1765/68 zum Jurastudium in Leipzig. Zugleich hörte er Vorlesungen bei Gellert und Gottsched, lernte zeichnen bei Adam Friedrich Oeser und Johann Michael Stock, besuchte das Theater und genoß das Studentenleben. Seine ersten Liebesgedichte (›Annette‹) waren Käthchen Schönkopf gewidmet, deren Vater im Brühl 19 einen Mittagstisch für Studenten unterhielt. Während seines Aufenthalts in der Stadt schrieb der junge Dichter neben weiteren Versen das Schäferspiel ›Die Laune des Verliebten‹; auch das satirische Züge tragende Lustspiel ›Die Mitschuldigen‹ mit seiner Kritik am Spießbürgertum wurde hier entworfen. Später hat Goethe von Weimar aus Leipzig noch mehrfach besucht. Das Gemälde ist die Zweitfassung des beim Bombardement am 4. Dezember 1943 verbrannten Originals. In Wiesbadener Privatbesitz. – Format: 42 × 37 cm.
265 Das 1695/97 errichtete, 1701 umgebaute Barockhaus, in dessen Hofgebäude Goethe seine Studentenwohnung hatte, wurde am 4. Dezember 1943 zerbombt; es befand sich am Neumarkt 3 gegenüber dem heutigen Zentral-Messepalast. – Blattformat: 17,5 × 20,0 cm.
266 Gellert studierte Theologie in Leipzig und wirkte hier ab 1744 als Privatdozent, ab 1751 als Professor an der Universität, wo seine Vorlesungen über Poesie, Beredsamkeit und Moral ein heute nur schwer vorstellbares Echo fanden. Dies und sein literarisches Werk machten ihn, den ›herzlich liebzuhaben‹ auch der junge Goethe nicht umhinkonnte, zur massenwirksamsten Persönlichkeit der deutschen Aufklärung vor Lessing. Vielbetrauert starb Gellert 1769 und wurde in der Johanniskirche beigesetzt; bei deren Bombardierung 1943 blieb sein Sarkophag unbeschädigt und befindet sich heute auf dem Südfriedhof. Die Wachsbossierung wurde vermutlich nach einer gemalten Vorlage gefertigt (ähnliche Wachse dieses Motivs und Typs sind unter anderem in Berlin, Braunschweig, London und München vorhanden). – Höhe: 9 cm.
267 Weiße studierte 1745/50 Philosophie und Theologie in Leipzig, kehrte 1761 hierher zurück und lebte, von Beruf Steuereinnehmer, als vielseitig wirksame Persönlichkeit der deutschen Aufklärung bis zu seinem Tode 1804 auf seinem Gut Stötteritz; sein Grab befindet sich auf dem Johannisfriedhof. Seine volkstümlichen Singspiele – darunter als erstes deutsches das von Johann Adam Hiller vertonte Stück ›Der Teufel ist los‹ (1765) – beherrschten nicht nur die Leipziger Bühne, sondern trugen entscheidend zur Brechung der Vorherrschaft der italienischen (Barock-) Oper auf deutschen Theatern bei. Mit seiner pädagogischen Zeitschrift ›Der Kinderfreund‹ (siehe Abbildung 278) und schlichten ›Kleinen Liedern für Kinder‹ (1766/67, zwei Bände) steht er am Anfang der deutschen Kinderliteratur. Im Besitz der Universität Leipzig, Kunstsammlung.

268 Die ›Neuen Lieder‹ waren Goethes erste Buchveröffentlichung und wurden verlegt von Johann Gottlob Immanuel Breitkopf (siehe Abbildung 314), dem Gründer des ersten deutschen Musikverlages, dessen kompositorisch begabter Sohn die Vertonung übernahm. – Seitenformat: 21,5 × 25,5 cm.
269 Das Theater, errichtet nach Plänen von Georg Rudolph Fäsch, wurde 1766 eröffnet. – Blattformat: 10,0 × 15,5 cm.
270 Das Eröffnungsstück stammte von Johann Elias Schlegel (1743); der Hinweis im letzten Absatz des Zettels erinnert an die damals noch allgemein übliche ›barbarische Gewohnheit‹ (Lessing) der Zuschauer, während der Zwischenakte die Bühne zu betreten und mit den Schauspielern zu debattieren. – Format: 37,5 × 21,5 cm.
271 Der Vorhang, den auch Goethe in ›Dichtung und Wahrheit‹ beschrieb und der bis zum Theaterumbau 1816/17 in Gebrauch war, zeigte einen Vorhof zum Tempel der Wahrheit mit dort an den Statuen des Sophokles und Aristophanes versammelten Dichtern wie Aischylos, Euripides und Seneca (links) sowie Menandros, Plautus und Terentius (rechts). ›Durch die freie Mitte sah man das Portal des fernstehenden Tempels, und ein Mann in leichter Jacke ging zwischen beiden obgedachten Gruppen, ohne sich um sie zu bekümmern, hindurch, gerade auf den Tempel los; man sah ihn daher im Rücken, er war nicht besonders ausgezeichnet. Dieser nun sollte Shakespearn bedeuten, der ohne Vorgänger und Nachfolger, ohne sich um die Muster zu bekümmern, auf seine eigne Hand der Unsterblichkeit entgegengeht.‹ (Goethe) – Format: 62 × 79 cm.
272 Durchmesser des Halseisens: 11,5 cm.
273 Die Moritzbastei (ursprünglich Peters- oder Henkersbastei) wurde 1551/53 unter Leitung von Hieronymus Lotter und Hinzuziehung von 1200 frondienstverpflichteten Bauern der Umgebung als eine der vier Bastionen des Mauerrings um Leipzig errichtet; ab 1974 erfolgte der Ausbau zu einem Studenten-Kellerklub. – Format: 14,5 × 20,5 cm.
274 Blattformat: 35,5 × 54,0 cm.
275 Blattformat: 22 × 18 cm.
276 Die im Louis-Seize-Stil gestaltete Einrichtung des Zimmers erfolgte im Auftrag der Familie Dufour-Pallard durch die Rostische Kunsthandlung Leipzig, wurde später als Schenkung des Sammlers Hans Demiani dem Grassimuseum übereignet und bei dessen Teilzerstörung während des Bombardements am 4. Dezember 1943 vernichtet. Im Besitz des Museums des Kunsthandwerks Leipzig.
277 Im Besitz des Museums des Kunsthandwerks Leipzig. Höhe: 213 cm.
278 Das Wochenblatt erschien 1775/82. – Seitenformat: 16,5 × 10,5 cm.
279 Mit Delfter Dekor, aus der 1717 gegründeten Erfurter Fayencemanufaktur stammend; dreifüßiger Henkeltopf, Schüssel, Teller, Deckeldose, Koppchen und Untertasse. Im Besitz der Sammlung Heiner Vogel, Mölkau. – Höhe des Henkeltopfes: 4 cm.
280 Der Körper der Barockpuppe wurde teilergänzt. – Höhe: 55 cm.
281 Im Besitz der Universität Leipzig, Universitätsbibliothek. – Format: 11,6 × 16,2 cm.
282 Format: 8,5 × 16,0 cm.
283 Blattformat: 12 × 7 cm.
284 Die kleine Landkarte – in etwas anderer Form auch als Kupferstich erschienen (und verboten) – gab als Studentenulk frivol-freche Hinweise auf Vergnügungsstätten der näheren Umgebung. – Format: 11 × 18 cm.
285 Format: 42 × 67 cm.
286 Format: 51 × 77 cm.
287 Blattformat: 45 × 74 cm.
288 Im Besitz der Universität Leipzig, Universitätsbibliothek, Münzsammlung. – Durchmesser: 4,9 cm.
289 Diese Lindenallee (siehe Abbildung 216) war der älteste und noch immer beliebteste Teil der inzwischen um die Stadt geführten Promenade. – Blattformat: 27 × 36 cm.
290 Dresdner Arbeit, als Ornamentmotive Weinlaub und Trauben sowie Kornähren. Im Besitz der Nikolaikirche. – Höhe der Kanne: 40,3 cm.
291 Im Besitz der Nikolaikirche. – Höhe (ohne Dorn): 95 cm.
292 Die Umgestaltung erfolgte nach Plänen und unter Leitung von Johann Friedrich Carl Dauthe.
293 Im Besitz der Universität Leipzig, Universitätsbibliothek (Neudrucke nach den Originalplatten im Museum für Geschichte der Stadt Leipzig). – Formate: 4,3 × 4,7 und 4,6 × 4,6 cm.
294 Der Garten war vor allem durch den Kuchenbäcker Samuel Händel, den Goethe in einer parodistischen Ode besang, zu einem der damals beliebtesten Ausflugsziele geworden. – Blattformat: 11,8 × 17,9 cm.
295 Format: 28 × 23 cm.
296 Das Romanushaus (siehe Abbildung 189) gelangte 1770 in den Besitz des Weinhändlers Georg Wilhelm Richter; die als Kaffeewirtschaft eingerichteten Räume befanden sich in der zweiten Etage. Das Blatt trägt auf der Rückseite in alter Handschrift folgenden Vermerk: ›Links der mit dem Weinglas Richter selbst. Der mit dem Hut daneben Bretzner, der Lustspieldichter. Der Kleine mit der langen Pfeife D. Salomon Burgheim, wie er sich nannte, erster allhier promovierter Arzt jüdischer Nation. Der beim Hund hieß Schmacke. Noch ist ein alter Grieche Salzellarius drauf.‹ – Blattformat: 24,5 × 26,5 cm.
297 Erst 1841 als einstiger Wohnsitz des Dichters durch den von Robert Blum gegründeten Leipziger Schillerverein wiederentdeckt und vor dem drohenden Abriß bewahrt; heute literarische Gedenkstätte und zugleich Sachzeuge für die nordwestsächsische Bauernhausarchitektur und die Lebensweise der Landbevölkerung um 1700.
298 Pariser Arbeit mit Darstellung eines antikisierenden Frauenbildnisses vor einer Parklandschaft. Im Besitz des Museums des Kunsthandwerks Leipzig. – Durchmesser: 3,6 cm.
299 Im Besitz des Museums der bildenden Künste Leipzig. – Format: 233,0 × 142,5 cm.
300 Höhe: 26 cm.
301 Die Wincklersche Kunstsammlung umfaßte nach einem 1768 erschienenen, mit Vignetten von Adam Friedrich Oeser versehenen Katalog 628 Gemälde, deren Zahl nachfolgend auf annähernd 1000 erhöht worden sein soll; hinzu kamen noch eine auf etwa 80000 Blatt geschätzte Kupferstichsammlung sowie Handzeichnungen und Gemmen. – Format: 60 × 86 cm.
302 Der 1731 geborene Handelsherr betrieb in der Katharinenstraße 22 ein Spezerei- und Wechselgeschäft; dort befand sich auch die bedeutendste private Kunstsammlung Leipzigs, die er – ererbt von seinem Vater – noch wesentlich vermehrte und 1768 nach dem Wahlspruch ›Sibi, arti, amicis‹ (Für sich, für die Kunst und für seine Freunde) der Öffentlichkeit zugänglich machte. Im Besitz der Burg Gnandstein. – Format: 95 × 84 cm.
303 Reich – 1717 in Laubach (Hessen) geboren – war ab 1746 Geschäftsführer der schon seit 1680 bestehenden Weidmannschen Buchhandlung und trug durch sein vielseitiges Wirken wesentlich dazu bei, daß die Leipziger Buchmesse über die Frankfurter triumphierte; von seinen Zeitgenossen ›Fürst des deutschen Buchhandels‹ genannt, gab er ab 1760 den 1594 erstmals erschienenen Leipziger Buchhändler-Messkatalog heraus und gründete 1765 die erste deutsche Buchhändlergesellschaft. Auch als Kunstsammler war er bekannt und ließ viele seiner Freunde und Zeitgenossen von Anton Graff und Johann Heinrich Tischbein d. Ä. für seine private Porträtsammlung malen, die 1809 dank einer Schenkung seiner Witwe (er starb 1787 in Leipzig) in Universitätsbesitz gelangte. Im Besitz der Universität Leipzig, Kunstsammlung. – Format: 62,5 × 50,0 cm.
304 Der Mitbegründer des deutschen Singspiels wiederbelebte 1763 das durch den Siebenjährigen Krieg unterbrochene Große Konzert, aus dem sich 1781 die Gewandhauskonzerte entwickelten, deren erster Dirigent er war; 1766/70 gab er mit den ›Wöchentlichen Nachrichten, die Musik betreffend‹ die erste deutsche Musikzeitschrift heraus, eröffnete 1771 eine Singschule, die unter anderen von Corona Schröter besucht wurde, war 1789/1801 Thomaskantor und starb 1804 in Leipzig. Im Besitz der Universität Leipzig, Kunstsammlung. – Format: 63,0 × 51,5 cm.
305 Format: 17 × 11 cm.
306 In dem berühmten, 1780/81 von Johann Friedrich Carl Dauthe geschaffenen Saal fanden bis 1884 die Gewandhauskonzerte statt, ehe 1895 trotz heftigen Protests vieler Musikfreunde der Abriß zugunsten des Neubaus des ›Städtischen Kaufhauses‹ erfolgte; an der Stirnseite die programmatischen Worte RES SEVERA EST VERUM GAUDIUM (Wahres Vergnügen ist eine ernste Sache). – Breite: 88 cm.
307 In Gera gefertigt. Im Besitz des Museums des Kunsthandwerks Leipzig. – Höhe: 11,8 cm.
308 Länge: 92 cm.
309 In Gera gefertigt. Über der Ansicht umlaufendes Alphabet, Gegenseite mit Silhouette eines jüngeren Mannes in goldgerändertem Medaillon, darüber Weinreben und Trauben sowie Bacchus, auf einem Faß reitend, und Band mit Inschrift ›Vivat Johann Treiber‹; der Genannte war ein Leipziger Gastwirt, der Pokal wahrscheinlich ein Geschenk von Freunden. Das Porzellangefäß als Kopie eines gläsernen Trinkgeschirrs ist ein Unikum. Im Besitz des Museums des Kunsthandwerks Leipzig. – Höhe: 19,7 cm.

310 Format: 17,0 × 18,5 cm.
311 Blattformate: 16 × 10 cm; 14,0 × 11,5 cm; 12 × 10 cm; 15,5 × 10,0 cm.
312 Format: 32 × 48 cm.
313 Format: 39 × 61 cm.
314 Der 1719 in Leipzig geborene und 1794 dort verstorbene Breitkopf übernahm nach Buchdruckerlehre und Universitätsstudium 1745 die väterliche Druckerei und trat 1762 auch in den 1723 gegründeten Verlag ein; durch die Erfindung des Notentypendrucks (1754) wurde er bahnbrechend und sein Unternehmen auch durch viele weitere Aktivitäten zum musikverlegerischen Zentrum Europas. – Format: 10,0 × 8,5 cm.
315 Die Schrift stellte den Entwurf für ein umfassendes Werk vor. Im Besitz der Universität Leipzig, Universitätsbibliothek. – Format: 24,5 × 20,5 cm.
316 Format: 30 × 35 cm.
317 Das Hotel befand sich an der Stelle des heutigen Karstadt-Warenhauses. – Format: 19,5 × 24,0 cm.
318 Höhe (ohne Henkel): 38 cm.
319 Die Uraufführung fand am 11. September 1801 statt; zur Vorstellung am 17. September war der Dichter selbst anwesend und wurde – wie sich sein Sohn Karl erinnerte – begeistert gefeiert: ›Es ist mir unvergeßlich, welchen Eindruck es auf mich Knaben machte, als ich an der Hand des Vaters aus dem Schauspielhaus trat, wo eine große Menge mit Fackeln meinen Vater erwartete und ihm Lebehoch darbrachte; ich verkroch mich unter den Rock des Vaters aus lauter Angst.‹ – Blattformate: 38,5 × 21,0 cm.
320 Mozart gab 1789 ein Konzert im Gewandhaus. – Blattformate: je 14 × 9 cm.
321 Blattformat: 43 × 35 cm.
322 Blattformate: 28,5 × 24,5 und 28,0 × 23,5 cm.
323 Die städtische Schule und spätere Frauenberufsschule in der Schillerstraße 9 entstand als einer der schönsten klassizistischen Bauten Leipzigs unter Verwendung von Fundamenten der Moritzbastei, wobei der östliche Flügel und Mittelbau 1796/1803 nach Plänen von Johann Friedrich Carl Dauthe, der westliche Flügel 1825/34 nach einem Entwurf von August Wilhelm Kanne errichtet wurden; bei der Bombardierung am 4. Dezember 1943 ausgebrannt, wurde die Ruine später abgetragen. – Blattformat: 16,5 × 18,5 cm.
324 Das auf den Holzverschlag am ersten Podest der Wendeltreppe – 52 Stufen über der Straße – gemalte Bild erinnert daran, daß die Kirche 1813/14 als Lazarett für bis zu 1500 Verwundete der Völkerschlacht diente. – Höhe: 223 cm.
326 Das von Johann Friedrich Carl Dauthe entworfene Spektakel begrüßte den Monarchen, als dieser am 25. September 1808 gegen Abend in Leipzig ankam, um schon am nächsten Morgen zum Erfurter Fürstenkongreß weiterzureisen. – Blattformat: 21,5 × 27,0 cm.
327 Körner hatte in Leipzig Philosophie, Geschichte und Naturwissenschaften studiert, war aber der Universität verwiesen worden, nachdem er sich als Wortführer bürgerlicher Kommilitonen, die mit adligen in Streit geraten waren, duelliert hatte. Auf dem damaligen ›Schneckenberg‹ (heute Standort des Opernhauses) schrieb er am 24. April 1813 sein von Carl Maria von Weber vertontes Lied ›Lützows wilde Jagd‹. Am 17. Juni desselben Jahres als Adjutant Lützows bei Kitzen schwer verwundet, wurde er in Leipzig gesundgepflegt (Gedenktafel Huttenstraße 2). Das Bild entstand postum. – Gesamtformat: 108 × 80 cm.
328 Blattformat: 22 × 17 cm.
329 Gesamtformat: 60 × 87 cm.
330 Format: 46,0 × 58,5 cm.
331 Der bis heute auf einer Freifläche an der Einmündung der Gottsched- in die Elsterstraße erhalten gebliebene Gedenkstein für den am 19. Oktober 1813 in der Elster verwundet ertrunkenen, ursprünglich auf dem Johannisfriedhof beigesetzten und später in den Dom von Kraków übergeführten Befehlshaber des polnischen Kontingents der französischen Armee wurde 1813 oder 1814 auf Veranlassung des polnischen Divisionsgenerals Alexander Rosniecki am rechten Ufer des Elstermühlgrabens (inzwischen unterirdisch verlegt) nahe der Unglücksstelle errichtet; ein 1834 im Auftrag von Landsleuten in der Lessingstraße geschaffenes weiteres Denkmal in Gestalt eines Sarkophags fiel 1939 dem faschistischen Wüten zum Opfer. Im Besitz der Universität Leipzig, Universitätsbibliothek. – Format: 9,0 × 14,4 cm.
332 Das Grimmaische Tor wurde 1831 abgetragen, nachdem bereits in den zwanziger Jahren das Hallische und das Ranstädter Tor gefallen waren. In Dresden gefertigt. Im Besitz des Museums des Kunsthandwerks Leipzig. – Höhe: 10,5 cm.
333 Solche Instrumente dienten bis in die erste Hälfte des 19. Jahrhunderts hinein zur Suche und Entfernung von Blutergüssen und -gerinnseln durch Perforation des Schädels; das abgebildete Trepanationsbesteck könnte auch erst gegen Ende des genannten Jahrhunderts als Repräsentationsgeschenk hergestellt und somit nie zu chirurgischen Eingriffen benutzt worden sein. Im Besitz der Universität Leipzig, Karl-Sudhoff-Institut, Medizinhistorische Sammlung. – Breite des Holzkastens: 35 cm.
334 Format: 26,5 × 39,0 cm.
335 Die zweifache Datierung (17. und 29. Oktober) ergibt sich aus der Differenz zwischen dem erst 1918 in Rußland abgeschafften Julianischen und dem schon seit 1583 im katholischen, seit 1700 auch im protestantischen Deutschland gültigen Gregorianischen Kalender. – Format: 22,0 × 37,5 cm.
336 Der aus Tirol stammende Prendel hatte nach der Völkerschlacht mit kurzer Unterbrechung bis November 1815 die Obergewalt über Leipzig und nutzte diese zur allgemeinen Normalisierung des kommunalen Lebens; seine Verdienste fanden 1988 aus Anlaß des 175. Jahrestages der Völkerschlacht ihre Würdigung durch eine am Haus Markt 10 angebrachte Gedenktafel, die daran erinnert, daß hier (im Vorgängerbau, damals Nr. 175 der seit 1793 durchgehend numerierten Grundstücke) der Stadtkommandant 1813/14 amtierte. – Blattformat: 17,0 × 10,5 cm.
337 Die Entwürfe von Genelli (›Triumphbogen für die vereinigten Mächte zum Denkmal wiederhergestellter Freiheit in Europa‹). Im Besitz der Universität Leipzig, Kunstsammlung. – Formate: 40,8 × 57,8 (Blattformat) und 39,5 × 59,0 cm bzw. 19 × 21 cm.
338 Aus dem gemeinsamen Fundus der Thomas- und der Nikolaikirche stammend. Im Besitz der Universität Leipzig, Musikinstrumenten-Museum. – Länge der Tenor-Baß-Posaune (links): 118 cm.
339 Im der Besitz der Universität Leipzig, Musikinstrumenten-Museum. – Länge der von Matthäus Hirschstein, Leipzig, um 1750 gefertigten Oboe d'amore (rechts): 61 cm.
340 Das Modell zeigt die Stadt und die Vororte kurz nach der Völkerschlacht von 1813 im Flächenmaßstab 1:380 und im Gebäudemaßstab 1:200; es entstand in siebenjähriger Arbeit unter Leitung des genannten Leipziger Tapezierers mit Unterstützung durch Michael Metz und Carl Geißler und wird wegen seiner großen Exaktheit heute auch von Architekten für die originalgetreue Rekonstruktion historischer Gebäude genutzt. – Fläche: 25 m².
341 Durchmesser: 39 cm.
342 Das Augusteum entstand 1831/36 anstelle des Paulinums (siehe Abbildung 91) nach Entwürfen von Albert Geutebrück unter Zugrundelegung von Fassadenplänen Karl Friedrich Schinkels; bei der Bombardierung am 4. Dezember 1943 ausgebrannt und später abgetragen. – Höhe: 7,5 cm.
343 Der Umbau des Alten Theaters erfolgte nach Plänen von Johann Jakob Friedrich Weinbrenner; bei der Bombardierung am 4. Dezember 1943 ausgebrannt und später abgetragen. – Blattformat: 9,5 × 14,0 cm.
344 Format: 17 × 23 cm.
345 Die Umgestaltung der Festungswerke, die sich im Siebenjährigen Krieg als völlig nutzlos erwiesen hatten, erfolgte im letzten Viertel des 18. Jahrhunderts auf Veranlassung des tatkräftig wie vielseitig für das Wohl der Stadt wirkenden Bürgermeisters Carl Wilhelm Müller nach Plänen von Johann Friedrich Carl Dauthe. – Blattformat: 20 × 30 cm.
346 Bei dem historisierenden und damit dem Zeitgeschmack entsprechenden Bauwerk handelte es sich um eine Stein-Imitation aus mit Sand und Farbe kaschiertem Holz. – Blattformat: 44,0 × 55,5 cm.
347 Blattformat: 16,5 × 21,5 cm.
348 Die Fahne aus grüner und weißer Seide mit Stickerei in Silber und Gold war Dank für die der Kommunalgarde geleistete Unterstützung bei der Niederschlagung der Volksunruhen vom September 1830; im Medaillon das Bildnis des damaligen Rektors der Universität, Wilhelm Traugott Krug. – Blattformat: 45,0 × 34,5 cm.
349 Die Rolle zeigt insgesamt 339 Figuren des am 31. Oktober veranstalteten Festzuges. – Höhe: 13,5 cm.
350 Blattformat: 14,0 × 11,5 cm.
351 Der 1581/82 von Gregor Richter gefertigte, vollständig vergoldete Wasserspender wurde 1827 abgebrochen; ein Brunnen gleicher Gestalt (1589) hat sich auf dem Neumarkt in Oschatz bis heute erhalten. Im Vordergrund links eine sogenannte Schleife, mit der jahrhundertelang Waren innerhalb der Stadt transportiert wurden. – Blattformat: 45 × 74 cm.
352 Die 1817 von Georg Clymer in Philadelphia erfundene Columbia-Presse wurde als Nummer 38 in Braunschweig gefertigt und mit bizarren, teils vergoldeten Verzierun-

gen versehen; das Ausgleichsgewicht (oben) ist als Greif (Symbol der Buchdrucker) gestaltet. – Höhe: 240 cm.
353 Blattformat: 28 × 23 cm.
354 Der Virtuose wurde 1829 bei einem Auftritt in Leipzig frenetisch gefeiert. Im Besitz der Staatlichen Kunstsammlungen Dresden, Gemäldegalerie Neue Meister. – Gesamtformat: 24,0 × 18,5 cm.
355 Format: 41 × 31 cm.
356 Format: 47 × 36 cm.
357 Blattformat: 28,5 × 53,0 cm.
358 Blattformat: 29 × 57 cm.
359 Blattformat: 31 × 27 cm.
360 Format: 28,0 × 19,5 cm.
361 Blattformat: 25,5 × 35,5 cm.
362 Blattformat: 43 × 57 cm.
363 1834/36 nach Plänen von Albert Geutebrück errichtet, bei der Bombardierung am 4. Dezember 1943 ausgebrannt und später abgetragen. – Format: 12,5 × 16,0 cm.
364 Im Besitz der Deutschen Bücherei Leipzig, Deutsches Buch- und Schriftmuseum. – Format: 8,6 × 10,9 cm.
365 Für dieses hier als Nationalfest begangene Jubiläum komponierte der damals in Leipzig lebende Albert Lortzing seine Oper ›Hans Sachs‹. – Blattformat: 42 × 53 cm.
366 Im Besitz der Universität Leipzig, Musikinstrumenten-Museum. – Breite: 169 cm.
367 Der Komponist, der in Leipzig zunächst Jura, dann Musik studiert hatte, gründete hier 1834 die ›Neue Zeitschrift für Musik‹ und erteilte 1843/44 Kompositionsunterricht am Konservatorium; 1833/44 hatten er und sein Freundeskreis – die ›Davidsbündler‹ – ihren Stammtisch im ›Kaffeebaum‹. Auf der Rückseite des gerahmten Bildes Notenautograph (Beginn der 1. Sinfonie), datiert Leipzig, Oktober 1842. Im Besitz der Universität Leipzig, Universitätsbibliothek. – Blattformat: 25,8 × 19,0 cm.
368 1819 in Leipzig als Tochter des Klavierlehrers Friedrich Wieck geboren und seit 1840 Ehefrau von Robert Schumann, wurde die Dargestellte auf ausgedehnten Konzertreisen zu einer der berühmtesten Pianistinnen ihrer Zeit. – Blattformat: 23 × 19 cm.
369 Blattformat: 28,5 × 24,0 cm.
370 Blattformat: 45 × 35 cm.
371 Blattformat: 46 × 35 cm.
372 Mit Federzeichnung ›Das Erwachen‹ des wegen Mitwirkung als Sekundant bei einem Duell zu sechs Wochen Karzer und einer Zusatzstrafe von acht Tagen verurteilten Jurastudenten F. Omylski. Im Besitz der Universität Leipzig, Archiv. – Seitenformat: 41,5 × 26,4 cm.
373 Blattformat: 13 × 23 cm.
374 Der Komponist wirkte von 1835 bis zu seinem Tode 1847 (Gedenktafel am Sterbehaus Goldschmidtstraße 12) in Leipzig. – Höhe: 43 cm.
376 Im Besitz des Staatsarchivs Dresden. – Format: 56,5 × 46,5 cm.
377 1833/35 von Ernst Rietschel nach einem Entwurf von Karl Friedrich Schinkel geschaffen, beim 1895/97 nach Plänen von Arwed Rossbach erfolgten Umbau des Augusteums durch einen von Karyatiden flankierten dreiteiligen Mitteleingang ersetzt und 1981 im Durchgang zwischen Seminargebäude und Hörsaaltrakt wieder in das Universitätsensemble eingegliedert. Im Besitz der Universität Leipzig, Kunstsammlung. – Negativformat: 44,5 × 32,5 cm.
378 Ansicht des alten, mit dem Augusteum 1831/36 nach Entwürfen von Albert Geutebrück erbauten Festsaals vor der 1895/97 im Stil der Neorenaissance erfolgten Umgestaltung; links die von Immanuel August Hermann Knaur stammenden Büsten Johann Wolfgang Goethes und Gottfried Wilhelm Leibniz' sowie das Kriegerdenkmal von 1871, vorn die Sitzfigur des sächsischen Königs Friedrich August I., flankiert von zwei Statuen der ›Regententugenden‹ Ernst Rietschels, der auch die Reliefs schuf.
379 Gesamtformat: 14 × 23 cm.
380 Im Besitz des Museums der bildenden Künste Leipzig. – Format: 55 × 68 cm.
381 Format: 40 × 13 cm.
382 Das 1770/71 im Auftrag des Bankiers und Ratsherrn Eberhard Heinrich Löhr nach Plänen von Johann Friedrich Carl Dauthe errichtete Stadtpalais wurde 1889 zum ›Hotel Fürstenhof‹ umgebaut. – Gesamtformat: 25 × 33 cm.
383 Gesamtformat: 25 × 32 cm.
386 Blattformat: 7,6 × 13,2 cm.
387 Gesamtformat: 16 × 23 cm.
388 Blattformat: 30 × 40 cm.
389 Der Zeichner war Orchestermitglied. – Format: 23 × 38 cm.
390 Das 1843 eingeweihte Konservatorium befand sich im Gewand- und Zeughauskomplex, der dem 1893/1901 errichteten Neubau des ›Städtischen Kaufhauses‹ weichen mußte. – Blattformat: 16 × 18 cm.
391 Das 1728/31 nach Plänen von George Werner errichtete Wohn- und Geschäftshaus wurde 1943 zerbombt. Im Besitz der Staatlichen Museen zu Berlin, Kupferstichkabinett und Sammlung der Handzeichnungen – Format: 21 × 13 cm.
392 Blattformat: 21,0 × 36,5 cm.
393 Ansicht vom Stadtinnern aus. – Format: 45 × 33 cm.
394 Im Besitz des Museums der bildenden Künste Leipzig. – Format: 134,0 × 105,5 cm.
395 Das 1835 an der Ecke Grimmaische Straße eröffnete Kaffeehaus – im Auftrag des Schokoladen- und Kakaofabrikanten Wilhelm Felsche an der Stelle des 1831 abgebrochenen städtischen Schuldturms möglicherweise nach Plänen von Albert Geutebrück errichtet – galt als einer der beliebtesten gesellschaftlichen Treffpunkte Leipzigs; 1914 im nationalistischen Taumel des ersten Weltkriegs offiziell in ›Café Felsche‹ umbenannt, fiel es am 4. Dezember 1943 dem Bombenhagel des zweiten Weltkriegs zum Opfer. – Blattformat: 8,0 × 11,5 cm.
396 Der 1815 in Lengenfeld (Vogtland) geborene Konstantin von Tischendorf war ab 1845 Theologieprofessor in Leipzig, wo er 1874 auch starb; er entdeckte den Codex Sinaiticus, eine frühe griechische Bibelhandschrift. Im Besitz der Universität Leipzig, Kunstsammlung. – Formate: 21,8 × 18,0 und 17,5 × 14,8 cm.
397 Höhe: 59 cm.
398 Das 1843 von Felix Mendelssohn Bartholdy initiierte Denkmal wurde von Eduard Julius Friedrich Bendemann, Julius Hübner und Immanuel August Hermann Knaur geschaffen. – Blattformat: 29 × 15 cm.
399 Formate: 14,7 × 21,0 cm; 7,6 × 11,5 cm; 11,3 × 16,5 cm.
400 Der Schriftsteller, der die Nikolaischule in Leipzig besucht hatte, lebte nach der Rückkehr von seiner zweiten großen Abenteuerreise nach Amerika zwischen 1852 und 1860 in Plagwitz. – Format: 9,0 × 6,7 cm.
401 Höhe der Flasche: 34 cm.
402 In dem schon 1640 errichteten Gebäude wurde das ursprünglich aus Goslar gelieferte obergärige Bier (das seinen Namen vom dortigen Flüßchen Gose hatte, mit dessen Wasser es gebraut wurde) seit 1738 ausgeschenkt; Ende des 19. Jahrhunderts existierten in Leipzig bereits 21 derartige Spezialwirtschaften. 1966 stellte dann die letzte Brauerei die Produktion des süffigen ›Nationalgetränks‹ ein, doch wurde zwei Jahrzehnte später die alte Tradition in Gestalt einer neuen Gosenschenke in der Menckestraße 5 wiederbelebt – an gleicher Stelle übrigens, an der 1898 eine solche Restauration mit dem beziehungsreichen und deshalb auch übernommenen Namen ›Ohne Bedenken‹ eröffnet worden war.
403 Das armselige Wohngebäude – von der zeitgenössischen Karikatur als ›Denkmal der Baukunst in Leipzig‹ verspottet – hatte seinen Namen von der geringen Höhe, die es einem Erwachsenen ermöglichte, die Arme auf die Dachschindeln zu legen. – Blattformat: 15,0 × 21,5 cm.
404 Das ursprünglich aus drei zusammengefaßten Einzelhäusern bestehende Gebäude, das beim Neubau nach der Brandzerstörung eine einheitliche Straßenfassade erhielt, wurde 1828/1917 als Hotel genutzt und dient heute als Büro- und Geschäftshaus. – Blattformat: 26,0 × 36,5 cm.
405 Format: 18 × 27 cm.
406 Format: 32,5 × 22,0 cm.
407 Blattformat: 28 × 40 cm.
408 Der führende Vertreter der kleinbürgerlich-demokratischen Opposition in Sachsen war seit 1832 Theatersekretär in Leipzig und gründete 1847 die Volksbuchhandlung. – Gesamtformat: 33,0 × 26,5 cm.
409 Seitenformat: 17,5 × 11,0 cm.
410 Format: 17 × 14 cm.
411 Blattformat: 17,5 × 23,5 cm.
412 In dem Schreiben verbittet sich der Komponist die Aufführung seiner Werke in Leipzig. – Format: 21,5 × 17,0 cm.
413 Der spätere Komponist wurde 1813 als neuntes Kind eines Polizeischreibers im (1886 abgerissenen) Haus ›Zum roten und weißen Löwen‹ im Brühl (Gedenktafel am Horten-Warenhaus) geboren. 1827 kehrte er von Dresden in seine Geburtsstadt zurück und besuchte 1828/30 die Nikolai-, 1830/31 die Thomasschule. 1831 schrieb er sich als ›studiosus musicae‹ in die Universitätsmatrikel ein; in Leipzig entstanden auch die ersten Kompositionen Wagners, der die Stadt 1833 verließ. Das abgebildete Porträt wurde unter Verwendung eines 1871 in München angefertigten Fotos geschaffen. Im Besitz des Museums der bildenden Künste Leipzig. – Gesamtformat: 116,0 × 82,5 cm.
414 Das Wochenblatt, das 1881 eine Auflage von rund 400000 Exemplaren erreichte, bestimmte den literarischen Geschmack breiter Schichten des deutschen Kleinbürgertums und wurde, anfangs liberal eingestellt und um bedeutende Mitarbeiter bemüht, gegen Ende des Jahrhunderts mehr und mehr zur Kitschpostille. Im Besitz der Universität Leipzig,

Universitätsbibliothek. – Format: 26,8 × 19,5 cm.
415 Das Muster legte das Mindestmaß der erlaubten Verkaufsgröße fest. – Länge des Fisches: 17 cm.
416 Höhe: 20 cm.
417 Format: 13,0 × 17,5 cm.
418 Das Gebäude (an der Stelle des heutigen Gewandhausneubaus) entstand 1856/58 nach Plänen von Ludwig Lange aus Stiftungsmitteln von Adolf Heinrich Schletter, wurde vom Volksmund wegen der gedrungenen Gestalt ›Kaffeemühle‹ genannt und 1883/86 durch zwei Seitenflügel erweitert; beim Bombenangriff am 4. Dezember 1943 ausgebrannt, Ruine 1963 beseitigt. – Format: 16,0 × 23,5 cm.
419 Im Besitz des Museums der bildenden Künste Leipzig. – Gesamtformat: 198 × 132 cm.
420 Der Literat kam 1848 nach Leipzig, wo er mit Julian Schmidt die Wochenschrift ›Die Grenzboten‹ als maßgebliches Organ des nationalliberalen, den Kompromiß mit dem Feudalregime befürwortenden Bürgertums herausgab. Bis 1870 wohnte er in der Goldschmidtstraße 16; hier und in Gotha-Siebleben – dort verbrachte er ab 1851 meist den Sommer – entstand die Mehrzahl seiner damals hochgeschätzten Werke, die bis weit in das 20. Jahrhundert hinein großen Einfluß auf das deutsche Bürgertum ausübten. – Blattformat: 29 × 22 cm.
421 Aus Anlaß des Jubiläums erhielt die Schillerstraße ihren Namen und wurde die nach dem Dichter benannte Linde im Schillerhain an der Platnerstraße gepflanzt. – Blattformat: 25 × 35 cm.
422 Höhe der Kaffeekanne: 24,5 cm.
423 Nürnberger Arbeit; Schraubflasche, Terrine, Kaffeekanne, Wurstsiedekessel und Schale. Im Besitz der Sammlung Heiner Vogel, Mölkau. – Höhe der Schraubflasche: 5,5 cm.
424 Seit 1911 für Ausstellungszwecke des Stadtgeschichtlichen Museums, heute auch als Konzertsaal und Stätte sonstiger kultureller Veranstaltungen genutzt. – Gesamtformat: 45 × 73 cm.
425 Das ursprüngliche Dorf – 1855 lediglich 36 Gebäude mit 387 Einwohnern zählend – verzeichnete bei seiner Eingemeindung 1891 eine mit der stürmischen Industrialisierung explosionsartig auf mehr als 13000 gewachsene Bevölkerunszahl. In Privatbesitz. – Format: 24,0 × 33,2 cm.
426 Ursprünglich Arbeits- und Sitzungsraum des Rates, seit 1911 Ausstellungsteil des Stadtgeschichtlichen Museums. – Gesamtformat: 48 × 73 cm.
427 Im Besitz des Stadtarchivs Leipzig.
428 Die in Roßlau mit der Fabrikationsnummer 238 gefertigte, etwa drei Tonnen schwere Maschine mit Schiebersteuerung wurde 1868 in Kleinwölkau bei Leipzig aufgestellt und war bis 1962 (!) in Betrieb; im Zuge der Industrialisierung wuchs die Zahl der in der Stadt und im Landkreis betriebenen Dampfmaschinen im Zeitraum 1847/86 von 18 auf 521. – Höhe: 350 cm.
429 Blattformat: 35 × 50 cm.
430 Daniel Gottlieb Moritz Schreber wurde 1808 in Leipzig geboren, besuchte hier die Thomasschule und die Universität, ließ sich 1836 als praktischer Arzt nieder und leitete von 1844 bis zu seinem Tode 1861 das Orthopädische Institut. Seine Anregung, als Ausgleich für Großstadtwachstum und Industrialisierung Kinderspielplätze im Grünen anzulegen, wurde von dem Pädagogen Ernst Innocenz Hauschild verwirklicht, zu dessen Reformwerk auch die Einführung des Schulturnens für Mädchen (1855) und die Schaffung der ersten Leipziger Schulturnhalle zählten. 1865 wurde der erste Schreberplatz an der Aachener Straße (als Kleingartenanlage bis heute fortbestehend) eröffnet, 1874 der abgebildete Spielplatz nahe der Pferderennbahn eingeweiht. Andere deutsche Großstädte folgten dem Leipziger Beispiel, doch verbanden sich mit dem Namen des Anregers bald ausschließlich private Laubenkolonien, wie sie ursprünglich nur als Umrahmung der eigentlichen Kinderspielzentren beabsichtigt waren. – Blattformat: 19,5 × 28,5 cm.
431 Gesamtformat: 31,5 × 48,5 cm.
432 Der Parteiführer betrieb 1864/76 eine Drechslerwerkstatt im Hofgebäude der Petersstraße 32/34 (heute Messehaus ›Drei Könige‹). – Länge: 12,5 cm.
433 Die etwa 75 Meter lange Passage wurde 1873 auf dem Eckgrundstück Petersstraße/Thomasgäßchen nach Plänen von Otto Jummel für den Seiden- und Modewarenhändler Wilhelm Gustav Steckner erbaut; das Wohn- und Geschäftshaus fiel der Bombardierung am 4. Dezember 1943 zum Opfer.
434 Die Alte Waage bereits ohne den 1861 abgebrochenen Treppenturm.
435 Format: 11 × 16 cm.
436 Im Besitz des Stadtarchivs Leipzig.
437 Format: 5 × 9 cm.
438 Das 1854/55 nach Plänen von Otto Simonson im neoromanischen Stil errichtete Gebäude wurde in der ›Kristallnacht‹ (9./10. November 1938) zerstört; am ehemaligen Standort erinnert ein Gedenkstein an die faschistischen Greuel, denen während der Nazidiktatur insgesamt rund 14000 jüdische Bürger der Stadt zum Opfer fielen. – Formate: 7,3 × 12,6 und 16,9 × 10,6 cm.
439 Format: 42 × 48 cm.
440 Der spätere marxistische Historiker, Literaturwissenschaftler und Publizist studierte hier 1866/70 Philosophie, Philologie und Geschichte; 1902/07 war er Chefredakteur der ›Leipziger Volkszeitung‹.
441 Im Besitz der Universität Leipzig, Kunstsammlung. – Format: 71 × 99 cm.
442 Blattformat: 15 × 13 cm.
443 Länge: 38 cm.
445 Länge der Hosen: 44 cm.
446 Im Besitz des Militärhistorischen Museums Dresden.
447 Im Besitz des Militärhistorischen Museums Dresden. – Länge der Grundplatte: 24 cm.
448 Format: 25 × 22 cm.
449 Der Führer der deutschen Sozialdemokratie wohnte von 1860 bis zu seiner 1881 auf der Grundlage des Sozialistengesetzes erfolgten Ausweisung in Leipzig.
450 Der Mitbegründer der deutschen Sozialdemokratie kam 1865 nach Leipzig und wohnte mit seiner Familie von 1867 bis zur Ausweisung 1881 in der Braustraße 15; dort, wo 1871 mit dem Sohn Karl der spätere Mitbegründer der KPD geboren wurde, befindet sich seit 1953 die Karl-Liebknecht-Gedenkstätte.
451 Rechts im Bild (sitzend) August Bebel und der Redakteur des ›Volksstaates‹ Adolf Hepner, davor (stehend) Wilhelm Liebknecht. – Format: 23 × 35 cm.
452 Die ersten Linien des neuen Nahverkehrsmittels wurden 1872 in Betrieb genommen.
453 Die ›Elektrische‹ verkehrte ab 1896.
455 Der Autobusverkehr begann 1913.
456 Insgesamt wurden 164 Sozialdemokraten aus Leipzig ausgewiesen.
457 Mit der Losung ›Proletarier aller Länder, vereinigt euch!‹ aus dem ›Manifest der Kommunistischen Partei‹. – Höhe (mit Deckel): 38 cm.
458 Marx, der 1843 schon einmal in Leipzig gewesen war, wohnte mit seiner Tochter Eleanor anläßlich eines Besuchs bei seinem Freund Wilhelm Liebknecht in dem genannten Hotel am Bayrischen Bahnhof. Im Besitz des Stadtarchivs Leipzig.
459 Gesamtformat: 27,2 × 40,5 cm.
460 Der Zoologische Garten wurde 1878 eröffnet; bereits 1880 kamen die ersten beiden der seither hier geborenen rund 2500 Löwenkinder zur Welt und begründeten den Ruhm des Leipziger Zoos als international größte Zuchteinrichtung dieser Art, die Jungtiere sogar nach Afrika (!) exportierte. – Format: 19 × 13 cm.
461 Format: 16,5 × 24,0 cm.
463 Das Gebäude wurde 1864/67 nach einem Entwurf von Carl Ferdinand Langhans errichtet, bot in Parkett und vier Rängen einschließlich 300 Stehplätzen insgesamt 2000 Zuschauern Platz und konzentrierte das fortbestehende Alte Theater vor allem auf das Schauspiel; bei der Bombardierung am 4. Dezember 1943 ausgebrannt, Ruine später abgetragen. – Format: 16 × 24 cm.
464 Der Musiker war von 1895 bis zu seinem Tode 1922 Dirigent des berühmten Klangkörpers, außerdem 1902/07 Studiendirektor des Konservatoriums und 1904/05 Operndirektor des Leipziger Stadttheaters. Im Besitz der Robert-Sterl-Gedenkstätte Wehlen. – Format: 28,7 × 22,2 cm.
465 Die holzgetäfelten Säle (der abgebildete Konzertsaal mit rund 1500, der Kammermusiksaal mit 700 Plätzen) waren den Maßverhältnissen des berühmten Saals im Alten Gewandhaus nachgestaltet und besaßen eine hervorragende Akustik.
466 Länge des Pfeifenkopfes: 4 cm.
471 Blattformat: 19,5 × 28,0 cm.
472 Die überdachte Tribüne der 1867 eingeweihten, 1906 grundlegend umgebauten Galopprennbahn verfügt über mehr als 1000 Sitzplätze. – Blattformat: 14 × 20 cm.
473 Gehäuse mit floraler Jugendstil-Ornamentik. – Höhe: 28 cm.
474 Blattformat: 27,0 × 37,5 cm.
475 Den 1. Mai feierten die Leipziger Arbeiter erstmals 1890. – Format: 13,0 × 8,5 cm.
476 Die Vorsitzende des Vereins, Louise Otto-Peters, war die bedeutendste deutsche bürgerliche Frauenrechtlerin; sie wirkte u. a. ab 1855 als Chefredakteurin der von ihr begründeten Frauenzeitschrift ›Neue Bahnen‹, von 1865 bis zu ihrem Tode 1895 gemeinsam mit Auguste Schmidt als Vorsitzende des ›Allgemeinen Deutschen Frauenvereins‹ und verfaßte als Schriftstellerin über 20 mehrbändige Romane mit zumeist sozialer Thematik sowie zahlreiche Novellen und kulturgeschichtliche Erzählungen, auch Opernlibretti. An sie erinnern in Leipzig ihr

Grab auf dem Johannisfriedhof, eine Gedenktafel an ihrem Sterbehaus in der Kreuzstraße 29 und ein Denkmal im Rosental.

477 Die bedeutende Sozialdemokratin und spätere Mitbegründerin der KPD war vor 1913 leitende Mitarbeiterin der ›Leipziger Volkszeitung‹.

478 Die Mitstreiterin von Rosa Luxemburg und Karl Liebknecht erhielt hier ihre pädagogische Ausbildung und arbeitete (insbesondere 1917/18) an der ›Leipziger Volkszeitung‹ mit.

479 Die nach Plänen und unter Leitung des Lindenauer Landschaftsgärtners Otto Mossdorf auf einer Fläche von fast 225000 Quadratmetern gestaltete Anlage mit Gesellschaftshaus (rechts im Bild) und 2000 Besucher fassender Halle im Konzertpark wurde 1899 als ›vornehmste Erholungsstätte Leipzigs‹ eröffnet; das Gesellschafts- sowie das Palmenhaus mit seiner tropischen Pracht fielen 1938/39 zugunsten eines für die geplante Gutenberg-Ausstellung 1940 monströs projektierten, aber dann nicht ausgeführten Stadthallenbaus der Spitzhacke zum Opfer.

480 Das Bauwerk wurde 1898/1901 nach Plänen von Arwed Rossbach auf dem Areal des Ostflügels der ehemaligen Pleißenburg errichtet. – Format: 19 × 14 cm.

481 Die Gestaltung der Parkanlage in Vorbereitung der repräsentativen Schau erfolgte ab 1895 nach Entwürfen von Otto Mossdorf; die Ausstellung – die Abbildung zeigt das Gelände mit Blick von der Haupthalle – war für die Dauer eines halben Jahres geöffnet.

482 Das zwischen verlängerter Brüder- sowie Markthallenstraße und Roßplatz gelegene, eine Fläche von fast 9000 Quadratmetern überdachende Gebäude wurde 1889/91 nach Entwürfen von Hugo Licht erbaut; im Zweiten Weltkrieg zerstört.

483 Der in Leipzig 1861 geborene und 1932 verstorbene ambulante Händler und Ausrufer erfreute sich als stadtbekanntes Original schon zu Lebzeiten eines geradezu legendären Rufs und war mit seinem ›gepflegten Sächsisch‹ stets vielbelagerter und -belachter Mittelpunkt auf Messen und Märkten. Im Besitz der Sammlung Oskar Seifert, Leipzig.

484 1893/1901 nach Plänen von Hugo Licht errichtet; in einer Nische über der Toreinfahrt an der Universitätsstraße die überlebensgroße, von Carl Seffner geschaffene Bronzestatue Kaiser Maximilians I., dessen Messeprivileg-Verleihung an Leipzig (1497) sich während der Bauzeit zum 400. Mal jährte.

485 1898/1900 nach Plänen von Emil Hagberg errichtet, bei der Bombardierung am 4. Dezember 1943 ausgebrannt und später abgetragen.

486 Der mit Wandgemälden (den Sieg Baldurs über die Mächte der Finsternis darstellend) geschmückte Festsaal zeigte an der Stirnseite das Denkmal des Erfinders des Buchdrucks mit beweglichen Lettern zwischen den Büsten Alois Senefelders (Begründer der Lithographie) und Friedrich Koenigs (Konstrukteur der ersten Schnellpresse), geschaffen von Carl Seffner; bei der Zerstörung des Gebäudes am 4. Dezember 1943 ausgebrannt.

487 Der Druck der am 24. Dezember 1900 erschienenen achtseitigen Nr. 1 der ersten gesamtrussischen, illegalen marxistischen Kampfzeitung erfolgte mit von dem Setzer Josef Blumenfeld beschafften kyrillischen Lettern in der kleinen Offizin des Sozialdemokraten Hermann Rauh. – Gesamtformat: 44,5 × 30,0 cm.

488 Der 1740/44 nach Plänen von Friedrich Seltendorff errichtete Bibliotheksflügel am Gewandgäßchen brannte bei der Bombardierung am 4. Dezember 1943 aus; das schmiedeeiserne Saalgitter befindet sich heute im Museum des Kunsthandwerks Leipzig.

489 1886/88 nach Entwürfen von Heinrich Kayser und Karl von Großheim entstanden, am 4. Dezember 1943 beim Bombenangriff ausgebrannt und später abgetragen. – Format: 8 × 14 cm.

490 Das Gebäude wurde 1884/86 nach Plänen von Hans Enger und Karl Weichardt im Palaststil der italienischen Hochrenaissance errichtet; am 4. Dezember 1943 ausgebrannt, Ruine 1948 beseitigt.

491 1899/1905 nach Entwürfen und unter Leitung von Hugo Licht als unregelmäßiges Fünfeck um den auf 115 Meter Höhe aufgestockten Turmstumpf der ehemaligen Pleißenburg erbaut, schwere Kriegsschäden 1945/49 beseitigt; heute Sitz der Stadtverwaltung Leipzig.

493 Die vom Geheimen Kommerzienrat Gustav Philipp gestiftete Kette symbolisiert eine schützende Stadtmauer. – Durchmesser: 30 cm.

494 Die von Gustave Flauberts Novelle ›Herodias‹ angeregte Skulptur entstand aus pentelischem, hymettischem, carrarischem, afrikanischem, belgischem und Pyrenäen-Marmor. Im Besitz des Museums der bildenden Künste Leipzig. – Höhe (mit Sockel): 104 cm.

495 Der Künstler wurde 1857 in Leipzig geboren und starb 1920 in Großjena bei Naumburg. Im Besitz des Museums der bildenden Künste Leipzig.

496 Das mehr als sechs Meter hohe und über 20 Meter breite Gemälde fiel mit dem Augusteum der Bombardierung am 4. Dezember 1943 zum Opfer. Die Aufnahme entstand nach einer Reproduktion. Im Besitz der Universität Leipzig, Kunstsammlung.

497 Dargestellt sind (von links nach rechts) die Professoren Dr. med. Rudolf Boehm, Dr. theol. Ludwig Ihmels, Dr. jur. Karl Binding (mit Rektorkette von 1855 in originaler Gestalt, also ohne Ergänzungen von 1909, und Gründungsbulle des Papstes von 1409), Dr. jur. Adolf Wach und Dr. phil. Gerhard Seeliger. Im Besitz der Universität Leipzig, Kunstsammlung. – Format: 200 × 300 cm.

498 Der 1887/91 nach Plänen von Arwed Rossbach im Stil der Neorenaissance errichtete monumentale Bau erlitt am 6. April 1945 schwere Schäden; dabei wurde auch das Haupttreppenhaus mit den aus dem 1904 abgebrochenen ›Römischen Haus‹ in Leipzig stammenden, von Friedrich Preller d. J. geschaffenen Fresken zur ›Odyssee‹ zerstört. Im Besitz der Universität Leipzig, Kunstsammlung.

499 Der 1914/16 nach Plänen von Oskar Pusch mit 120 Meter langer, konkav geschwungener Hauptfassade errichtete, seither mehrfach erweiterte und mit einer automatischen Büchertransportanlage versehene Gebäudekomplex beherbergt die seit dem 1. Januar 1913 erschienene gesamte Literatur des In- und das deutschsprachige Schrifttum des Auslands; mit über siebeneinhalb Millionen Medieneinheiten, darunter eine einzigartige Sammlung der Exilliteratur 1933/45, zählt die Deutsche Bücherei zu den bedeutendsten Bibliotheken der Welt. Seit Oktober 1990 bildet die Deutsche Bücherei zusammen mit Bibliotheken in Frankfurt am Main und in Berlin Die Deutsche Bibliothek als Gesamtarchiv und Nationalbibliographisches Informationszentrum, sie widmet sich in diesem Verbund speziell den Aufgaben der Bucherhaltung. Als Abteilung der Deutschen Bücherei gehört auch das 1884 gegründete Buch- und Schriftmuseum, das traditionsreichste seiner Art in Deutschland, zu dieser Bundesinstitution.

502 Das heutige Städtische Klinikum wurde 1913 eröffnet. – Format: 20,0 × × 28,5 cm.

503 Das monströse, 91 Meter hohe Bauwerk mit einem geschätzten Gesamtgewicht von 300000 Tonnen entstand 1898/1913 nach Entwürfen von Bruno Schmitz und Clemens Thieme und wurde am 18. Oktober 1913 aus Anlaß der Hundertjahrfeier der Völkerschlacht eingeweiht; gegenüber dem Eingang zum Denkmal ist seit 1963 in einem Ausstellungspavillon die ständige Exposition ›Geschichte der Völkerschlacht 1813‹ zu besichtigen, die unter anderem ein 25 Quadratmeter großes Diorama des damaligen welthistorischen Entscheidungskampfes bietet.

508 Die repräsentative Schau begründete trotz ihrer jähen Unterbrechung durch den Beginn des ersten Weltkriegs eine bis heute fortdauernde, in Gestalt der Internationalen Buchkunst-Ausstellung (iba) sowie der Exposition ›Schönste Bücher aus aller Welt‹ weiterentwickelte Leipziger Tradition; das Foto wurde vom Luftschiff ›Sachsen‹ aus aufgenommen und zeigt im Hintergrund (Mitte) den bis heute erhaltenen Kuppelbau der jetzigen Halle 16 der Technischen Messe.

509 Das Bauwerk mit seinem 298 Meter langen Empfangsgebäude wurde 1907/15 nach Plänen von William Lossow und Max Hans Kühne als größter Kopf- und Personenbahnhof Europas errichtet; bis 1934 blieb die Verwaltung in einen die westliche Hälfte (Bahnsteige 1/13) umfassenden preußischen Teil und einen die östliche Hälfte (Bahnsteige 14/26) der sächsischen Verantwortung unterstellten Bereich getrennt, woraus sich der noch heute sichtbare Dualismus (je zwei Eingangshallen, Freitreppen, Wartesäle, Seitenausgänge unten und oben) erklärt. Mit einer überdachten Fläche von rund 80000 Quadratmetern ist der Leipziger Hauptbahnhof noch heute der größe Kopfbahnhof des Kontinents und wird nur vom New-Yorker Zentralbahnhof übertroffen.

512 Format: 50 × 37 cm.

513 Das 1888/95 nach Entwürfen von Ludwig Hoffmann und Peter Dybwad geschaffene Gebäude, in dem 1933 der Reichstagsbrandprozeß stattfand, ist heute Museum der bildenden Künste Leipzig.

Zeittafel

Die ersten Spuren menschlichen Lebens im Leipziger Raum datieren rund eine viertel Million Jahre zurück. Während der nachfolgenden zunehmenden Besiedlung wurden zahlreiche Stämme ansässig, die seit dem 7. Jahrhundert v. u. Z. als germanisch zu bezeichnen sind. In das von ihnen im Sog der Völkerwanderung weitgehend geräumte Gebiet rückten im 7./8. Jahrhundert u. Z. westslawische (sorbische) Bauern vor, die an der Parthe eine Zwillingsniederlassung gründeten, welche zur Keimzelle der späteren Stadt Leipzig wurde.

um 800 Die sorbische Siedlung erhält den Namen ›Lipzi‹ (Ort bei den Linden).

10. Jh. Unterwerfung der slawischen Bauern im Zuge der deutschen Ostexpansion.

1015 Erste Erwähnung der deutschen Burg Libzi; allmähliche Herausbildung einer Handwerker- und Kaufmannssiedlung.

1017 Nennung einer zum Burgwardbezirk gehörenden Kirche.

1021 Kaiser Heinrich II. verschenkt den Ort Leipzig mit allen Besitzungen an das Stift Merseburg.

um 1100 Erfurter Schottenmönche gründen am späteren Ranstädter Steinweg die Jakobsparochie.

zwischen 1156 und 1170 Leipzig erhält Stadtrecht; der ›Stadtbrief‹ bestimmt die Weichbildgrenzen, beurkundet das Marktrecht und legt die Rechte und Pflichten der Bürger fest.

1182 Das Stadtwappen, das aus dem Meißner und dem Landsberger Wappen hervorgegangen ist, zeigt einen schwarzen Löwen und zwei blaue Pfähle in einem goldenen Feld.

1190 Markgraf Albrecht von Meißen bestätigt die beiden der Stadt verliehenen Jahrmärkte, den Oster- und den Michaelismarkt.

1210 August: Die Lehnshoheit des Bischofs von Merseburg über Leipzig wird bekräftigt.

1212 20. März: Kaiser Otto IV. genehmigt die Stiftung des Thomasklosters.

1212/22 Bau der Thomaskirche als Stiftskirche der Augustiner-Chorherren.

1213 Gründung des Georgenhospitals in der Nähe der ›Alten Burg‹.

1215/16 Der Leipziger Bürgeraufstand endet mit einer Niederlage und der nachfolgenden Errichtung von drei landesherrlichen Zwingburgen (am Grimmaischen Tor, in der Nähe des Ranstädter Tors und an der Stelle der späteren Pleißenburg).

1218 Erste urkundliche Erwähnung von Kaufleuten.

1222 Heinrich von Morungen verstirbt im Thomaskloster.

1224 Zerstörung der Zwingburg am Grimmaischen Tor.

1229 Gründung des Dominikaner-(Pauliner-)Klosters auf dem Gelände zwischen dem heutigen Augustusplatz, der Grimmaischen und der Universitätsstraße.

1230 Das Georgen-Nonnenkloster zwischen der Peters- und der Thomaskirche, etwa am Eingang zur heutigen Karl-Tauchnitz-Straße, wird erstmals erwähnt.

1253 Nachweis des Franziskaner-(Barfüßer-)Klosters auf dem späteren Matthäikirchhof.

1254 Die vermutlich schon 1213 eingerichtete Thomasschule wird urkundlich genannt.

1263 30. Januar: Aufhebung der landesherrlichen Gerichtsbarkeit über die Stadt.

1268 1. März: Bestätigung des Oster- und des Michaelismarktes in einem Schutzbrief für die zur Messe reisenden Kaufleute.

1270 In Leipzig besteht ein Ratskollegium von 12 Ratsmännern, das unter dem markgräflichen Schultheiß tagt.

1273 Die Stadt erhält das Münzrecht.

1278 Erste Erwähnung des Johannishospitals für Leprakranke vor dem Grimmaischen Tor.

1288 Als erste Handwerker werden die Bäcker und die Tuchmacher (Wollweber) urkundlich nachgewiesen.

1301 15. Februar: Nennung einer Badestube des Thomasklosters. Der 1292 ersterwähnte Bürgermeister handelt gemeinsam mit dem Ratskollegium zum ersten Mal ohne den markgräflichen Schultheiß in Rechtsangelegenheiten der Stadtgemeinde.

1318 Das Rosental wird erstmals genannt.

1341 6. November: Die Tuchmacher erwerben ein eigenes Haus am Markt, das älteste ›Gewandhaus‹.

1349 In Leipzig besteht eine Kramerinnung.

1352 25. Februar: Markgraf Friedrich bestätigt die schon vorhandene Innung der Gerber und Schuster.

nach 1361 Verordnung gegen die heimlichen Verlobungen.

1367 6. Mai: Der Rat der Stadt kauft die Burgaue.

zwischen 1382 und 1401 Ältester überlieferter Ratsherreneid.

1394 30. Juli: Einweihung der Rathauskapelle.

1395 11. März: Papst Bonifazius IX. gestattet die Errichtung einer neuen Schule; die Nikolaischule wird jedoch erst 1511 erbaut und 1512 eröffnet.

um 1400 Nach der Ratsverfassung wechseln sich drei Ratskollegien in der Führung der Geschäfte ab; in der Stadt gibt es drei Bürgermeister und 36 Ratsmänner, von denen jeweils ein Bürgermeister und 12 Ratsherren für ein Jahr amtieren.

1409 2. Dezember: Gründung der Leipziger Universität. Die älteste Leipziger Apotheke, die Löwenapotheke, wird vermutlich im Zusammenhang mit der Universitätsgründung eingerichtet.

1410 Erste (theologische) Promotion an der Universität.

1415 1. Mai: Einrichtung der Medizinischen Fakultät.

1419 Gründung des Burgkellers, der ältesten städtischen Schankstätte; er hat bis 1839 das Privileg, eingeführtes Bier auszuschenken.

1420 Feuersbrunst vernichtet über 400 Häuser.

1423 24. Juni: Die Stadt kauft von Kurfürst Friedrich I. von Sachsen die gesamte Gerichtsbarkeit; Bildung des Stadtgerichtes.

1430 Januar: Die Hussiten stehen vor Leipzig.

1431 Erste medizinische Promotion an der Universität.

1432 13. November: Das seit 1304 in Leipzig nachweisbare Schöffenkollegium wird neben seiner Tätigkeit im Gericht für Rechtsbelehrungen zuständig; der Schöffenstuhl erteilt anstelle der Magdeburger Schöffen nun die Gutachten für alle Gerichte, Behörden und Personen des wettinischen Territorialstaates.

1439 Bau eines neuen Georgenhospitals vor dem Ranstädter Tor.

1443 Gründung der Schützenbrüderschaft, der ältesten Leipziger Gesellschaft.

zwischen 1444 und 1446 Älteste städtische Feuer- und Straßenordnung.

um 1450 Kirchliche Fastnachts- und Osterspiele werden erstmals genannt.

1452 Oktober/November: Der italienische Franziskanermönch und Bußprediger Johannes von Capestrano weilt als päpstlicher Legat in Leipzig; er verbietet alle Karten-, Würfel- und Brettspiele.
20. Dezember: Die Anfertigung von Schnabelschuhen und der Zunfttanz der Bäcker werden untersagt.
Guß der großen Glocke der Nikolaikirche.

1454 Älteste Polizeiordnung der Stadt.

1455 Bau des ›Thüringer Hofes‹.

1458 1. November: Kurfürst Friedrich II. verleiht der Stadt zu den bisherigen zwei Märkten noch den Neujahrsmarkt.

1460 9. Februar: Der Rat erläßt eine Mühlenordnung.

1463 30. März: Vorschriften über die Kleidung der Huren.
Errichtung des ›Willigen Almosens‹, aus dem später das Lazarett und das Jakobshospital hervorgehen.

1465 13. März: Der Rat stellt acht Nachtwächter ein.

1466 Das Harnischbuch nennt 29 Zünfte; ihre Zahl wächst bis 1545 auf 34.

1469 17. Juni: Das Bürgerrecht wird von der Seßhaftigkeit in der Stadt abhängig gemacht.
7. August: Kaiserliche Bestätigung des Neujahrsmarktes.

1471 Leipzig hat etwa 6000 Einwohner.

1474 Der Johannisfriedhof wird angelegt.

1479 10. Juli: Erstmals werden drei Stadtpfeifer eingestellt.

1481 Der Wanderdrucker Marcus Brandis gibt das erste Buch heraus, das Leipzig als Druckort nennt.

vor 1482 Nikolaus Eisenberg wirkt als ältester namentlich bekannter Künstler in der Stadt.

1482 Fertigstellung des Gewandhausneubaus am Neumarkt.

1482/96 Neubau der Thomaskirche.

1484 17. März: Einverleibung der Jakobsparochie in die Stadt.
17. August: Vereinbarung zwischen dem Rat der Stadt und dem Thomaskloster, daß wegen der Pestgefahr die Toten aus der Vorstadt und den Dörfern nicht mehr auf dem Thomaskirchhof, sondern nur noch auf dem Johannisfriedhof vor dem Grimmaischen Tor beerdigt werden.

1485 8. November: Leipzig kommt durch die Teilung Sachsens zum albertinischen Herzogtum.
Konrad (Kunz) Kachelofen errichtet die erste ständige Buchdruckerei in der Stadt.
Mit dem Neubau der Paulinerkirche wird begonnen.

1488 Gründung des Hofgerichts in Leipzig.

1489 Anschaffung der ersten Orgel für die Thomaskirche.

1492 Fremde Buchhändler besuchen erstmals die Messe.

1494/1504 Neubau der Barfüßerkirche.

1497 20. Juli: Erstes kaiserliches Privileg über alle drei Messen wird durch Maximilian I. erteilt.

1498 Juli: Früheste Erwähnung eines Schützenfestes mit Büchsen und Armbrüsten und einer Lotterie (Glückstöpfe).
Erste Wasserleitung (von Stötteritz nach Leipzig).

1500 Fertigstellung der Wasserkunst an der Nonnenmühle.

1501 13. Januar: Herzog Georg von Sachsen gestattet dem Rat die Jagd in den städtischen Wäldern.

1502 31. Dezember: Ein päpstlicher Gesandter kommt mit Ablaßbriefen nach Leipzig.

ab 1503 Die Humanisten Hermann von dem Busche, Johannes Rhagius und andere lehren an der Universität; Hermann von dem Busche verfaßt ein Lobgedicht ›Lipsica‹.

1506 1. Januar: Der Dominikanermönch Johann Tetzel predigt zum ersten Mal den Ablaß in Leipzig.
Thomas Müntzer studiert an der Universität.

1507 23. Juni: Kaiser Maximilian I. bestätigt das Privileg von 1497 und verleiht der Stadt das Stapelrecht innerhalb von 15 Meilen (etwa 112 Kilometern); in der Urkunde wird erstmals der Begriff ›Messe‹ verwendet.
Beginn des Neubaus der Peterskirche.

1511 Melchior Lotter führt die Antiqua im Buchdruck ein.

1512 Einweihung der Nikolaischule.

1513 Öffentliche Aufführung eines Mysterienspiels auf dem Marktplatz.

1513/25 Umbau der Nikolaikirche.

1517 Luthers Thesen werden in Leipzig gedruckt.

1518 Neue Waageordnung.

1519 27. Juni/15. Juli: Leipziger Disputation zwischen Johann Eck, Andreas Karlstadt und Martin Luther im herzoglichen Schloß Pleißenburg.
11. August: Der Ablaßprediger Johannes Tetzel stirbt an der Pest.

um 1520 Leipziger Kaufleute sind in Antwerpen und niederländische in Leipzig nachweisbar.

1522 Der erste reformierte Prediger wirkt in der Stadt.

1523 Die ›Goldene Schlange‹ wird im Auftrag des Leipziger Faktors der Welser im Renaissancestil erbaut; 1748/50 entsteht hier Barthels Hof.

1523/29 Bau eines Kornhauses neben der Peterskirche.

nach 1523 Der Zeichner Georg Lemberger arbeitet als Buchillustrator in Leipzig.

1524 Februar: Die Bauern in den Besitzungen des Thomasklosters verweigern die Frondienste und Abgaben.
2. April: 105 Leipziger Bürger fordern die Anstellung eines reformierten Predigers; Herzog Georg lehnt am 12. April das Gesuch ab.

1525 Mai: Die kleinbürgerlich-plebejische Opposition tritt gegen die Truppen Herzog Georgs, die sich zum Zug gegen das Bauernheer von Thomas Müntzer formieren, auf dem Marktplatz auf; die Aktionen werden im Keim erstickt, die Aufständischen verhaftet.
11. Juni: Herzog Georg kehrt nach der Schlacht von Frankenhausen nach Leipzig zurück.
23. Juni: Der Führer der kleinbürgerlich-plebejischen Opposition, der Ringschmied Michel Rumpfer, wird auf dem Markt öffentlich hingerichtet.
Michael Blum wird wegen eines Lutherdrucks gefangengesetzt.
Der ›Schwarzkünstler‹ Dr. Johann Faust reitet angeblich auf einem Faß aus ›Auerbachs Keller‹.

1527 20. Mai: Hinrichtung des Nürnberger Buchhändlers Hans Hergot auf dem Markt wegen der Verbreitung einer antifeudalen Flugschrift.

1529 Neue Ratsordnung.

1530/38 Der Medizinprofessor Dr. Heinrich Stromer von Auerbach läßt den dreigeschossigen Bau von Auerbachs Hof im Renaissancestil errichten.

1532/33 Verfolgung und Ausweisung der lutherisch gesinnten Einwohner der Stadt.

1536 13. Januar: Der Johannisfriedhof wird zur einzigen Begräbnisstätte der Stadt bestimmt.

1538 18. März: Der Rat der Stadt kauft das Georgenhospital.

1539 25. Mai: Einführung der Reformation; Luther predigt in der Thomaskirche.
Wiederaufnahme der ausgewiesenen Protestanten.
Reformation der Schulen (Thomasschule, Nikolaischule, neueingerichtete Mädchenschulen).

1541 Niklaus Wolrabe druckt eine Lutherbibel.

1542 Gründung des Botanischen Gartens der Universität als einer der ersten in Deutschland.

1543 1. Mai: Der Rat der Stadt übernimmt das Patronat über die Kirchen und Schulen.
6. August: Die Stadt erwirbt das Barfüßerkloster, das Thomaskloster und das Georgen-Nonnenkloster.

1544 22. April: Herzog Moritz schenkt der Universität das Paulinerkloster.
Gründung der Universitätsbibliothek aus Klosterbeständen.

1545 Luther weiht die Paulinerkirche als protestantisches Gotteshaus.

1546 31. Dezember: Errichtung eines Galgens auf dem Markt zur Aufrechterhaltung von Ruhe und Ordnung während des Schmalkaldischen Krieges.

1547 8./27. Januar: Belagerung der Stadt durch den sächsischen Kurfürsten Johann Friedrich; die Pleißenburg wird zerstört.
Das älteste Bild der Stadt ist die ›Wahrhaftige Abkonterfeiung‹ der Belagerung.

1548 Bau der Rosentalbrücke vor dem Ranstädter Tor.

1549 Errichtung der Rannischen Bastei im Zuge der Erneuerung der Befestigungsanlagen.

1549/64 Neubau der Pleißenburg.

1551/53 Errichtung der Peters- oder Henkersbastei, der späteren Moritzbastei.

1553 Die Thomasschule erhält ein neues Gebäude.

1555 Neubau der Waage am Markt; außer der Ratswaage befindet sich in dem Haus auch die Trinkstube der Ratsherren.

1556 Februar/November: Nach Plänen und unter Leitung des Bau- und Bürgermeisters Hieronymus Lotter wird das Renaissance-Rathaus am Markt errichtet, dessen Innenausbau 1557 erfolgt; im Zusammenhang mit dem Rathausneubau entsteht der Naschmarkt.

1558 10. September: Aufhängung der Rats- oder Bürgerglocke auf dem Rathausturm.
Das vornehmste Leipziger Renaissance-Bürgerhaus, das Fürstenhaus, wird in der Grimmaischen/Ecke Universitätsstraße erbaut.

1559 Der Rat verbietet das Anbringen von Überhängen an den Häusern.

1564 Der Rathausturm erhält einen Balkon, auf welchem sich die Ratsherren bei festlichen Anlässen den Bürgern zeigen.

1566 Einrichtung des Lazaretts am Rosental.

1567 13. Januar: Öffentliche Verbrennung des die Justiz angreifenden Buches ›Die Nachtigall‹ auf dem Marktplatz.

1568 Neubau für die Nikolaischule.

1570 12. September: Seiltänzer auf dem Markt.

1572 Der Burgkeller am Naschmarkt und das Schuh- und Pelzhaus werden erbaut.

seit 1573 Feste Handelsbeziehungen zwischen Moskau und Leipzig.

1574 Aufhebung des städtischen und Errichtung des kurfürstlichen Schöffenstuhls in Leipzig.

1577 April: Grundsteinlegung für das Grimmaische Tor und den Schuldturm.

1578 Der Leipziger Kaufmann Heinrich Cramer von Claußbruch errichtet auf seinem Rittergut in Meuselwitz eine Tuchmanufaktur.

1579 6. Juli: In der am 27. März eingerichteten Holzflöße auf der Pleiße wird erstmals Holz verkauft.
Ordnung für die Bettler, Aussätzigen und Schüler.

1581/82 Bau des Goldenen Brunnens auf dem Markt.

1585 Juli: Englische Komödianten treten erstmals auf dem Markt auf.

1588 August: Errichtung der Hohen oder Gohliser steinernen Brücke vor dem Rannischen Tor.
September: Bau eines Schießhauses vor dem Peterstor.
Einführung des Verwebens von Edelmetallfäden in Seide in einem Leipziger Manufakturbetrieb.

1590 Wegen Wassermangels und Versiegens der Flüsse werden zwei Windmühlen gebaut.

1592 6. Oktober: Verbot der kalvinistischen Bücher in der Stadt.

1593 Mai: Straßenaufstand gegen die Kalvinisten.

1594 September: Herausgabe des ersten Leipziger Buchhändler-Messkatalogs.

1598 2. März: Die Schuhknechte führen einen Schwerttanz auf.

1599 Renovierung des Rathauses; der eiserne Gang, auf dem künftig die Stadtpfeifer täglich blasen, wird angebracht und der Turm mit einem neuen Uhrwerk versehen.

1600 1. Oktober: Persische Gesandte halten sich auf ihrer Reise nach Prag für einige Tage in Leipzig auf.

1606 25. September: Aufführung einer Komödie im Rathaus.

1608 Einrichtung eines Postamtes in der Waage; Veröffentlichung der neuen Botenordnung des Rates der Stadt.
Das Dach des Rathausturms wird grün gefärbt.

1611 30. Januar: Neue Schulordnung der Nikolaischule.

1615 6. Februar: Das Vermummen während der Fastnacht wird verboten.

1616 Erste Fußbotenpost zwischen Leipzig und Frankfurt am Main.

1619 Bau einer steinernen Brücke vor dem Grimmaischen Tor.

1623 29. Oktober: Anfang des Schülergesangs in der Johanniskirche.

1624 8. März: Die Fraternität der Notarien und Literaten zu Leipzig wird gestiftet.
September: Errichtung eines Ballhauses.

1625 4. März: Kurfürstliches Privileg über die Abhaltung von zwei Viehmärkten.
30. Dezember: Wallenstein erteilt einen Schutzbrief für die Neujahrsmesse 1626.

1627/88 Landesherrliche Kommission zur Finanzkontrolle; sie überwacht die städtischen Einnahmen und Ausgaben, nachdem Leipzig infolge der Lähmung von Wirtschaft und Handel die Zahlungsunfähigkeit der Stadt erklärt hatte.

1628 19. März: Erstmals wird eine landesherrliche Fleischsteuer erhoben.

1631 10. Februar/2. April: Fürstentag in Leipzig wegen des Restitutionsedikts.
September: Belagerung der Stadt durch Tilly; Übergabe der Stadt und der Pleißenburg.

1632 Oktober: Besetzung Leipzigs durch Truppen Wallensteins.

7. November: Der kaiserliche General Pappenheim stirbt in der Pleißenburg an den am Vortag in der Schlacht bei Lützen erlittenen Verletzungen.

1633 August: Leipzig wird erneut durch Wallensteins Truppen belagert und besetzt.

1634 März: Revidierte Schulordnung der Thomasschule.

1637 Von den etwa 20000 Einwohnern sterben annähernd 4000 an der Pest.

1639 24. Februar: Der Burgkeller schenkt zum ersten Mal ›Breihahn‹, ein Weißbier, aus; ab 1643 wird es auch in der Stadt selbst gebraut.
Große Hungersnot; es mangelt an Brot, Fleisch, Salz und anderen Lebensmitteln.

1642 1. Januar/5. Juli: In Leipzig sterben 227 Kinder an Pocken und Masern.
25. September: Der Rat der Stadt verbietet den Kramern und den Wein- und Branntweinschenken den sonntäglichen Verkauf.

1642/50 Schwedische Besetzung.

1644 4./5. Februar: Zerstörung des Johannisfriedhofs durch die Besatzungstruppen.
Juni: Der schwedische Stadtkommandant läßt die schönsten und fruchtbarsten Bäume in den Gärten am Barfüßer- und am Ranstädter Tor roden.

1646 1. Juli: Gottfried Wilhelm Leibniz wird in Leipzig geboren.

1648 26. Oktober: Die Nachricht über den Frieden zu Osnabrück wird unter Trompetenschall ausgerufen.

1649 Der Buchdrucker und -händler Timotheus Ritzsch erhält ein Zeitungsprivileg; er gibt 1650 die ›Leipziger Einkommende Ordinar- und Postzeitung‹ und ab 1660 als welterste Tageszeitung der Neuzeit die ›Neueinlaufende Nachricht von Kriegs- und Welthändeln‹, die Vorgängerin der ›Leipziger Zeitung‹, heraus.

1650 Januar: Während der Neujahrsmesse wird erstmals ein Elefant vorgeführt.
Juli: Abzug der schwedischen Truppen aus der Stadt und der Pleißenburg.

1654 Letzte ›Säckung‹ in Leipzig; eine Kindesmörderin wird am Lindenauer Steg (heute Angerbrücke) durch Ertränken hingerichtet.

1655 1. Januar: Christian Thomasius wird in Leipzig geboren.

1663 September: Die Stadt kauft das Rosental.

1667 Bau des Zuchthauses vor dem Grimmaischen Tor.

1670 12. September: Erste Bücherauktion in Leipzig.

1672 Das Rathaus erhält bei der vollständigen Restaurierung seine Umschrift.

1674 Gründung der ersten sächsischen Seidenmanufaktur in Leipzig.

1676 Die zur Ostermesse ihre Heilkünste anbietenden Ärzte dürfen keine ›Pickelheringe‹ oder Hanswurste für sich werben lassen.

1677 16. April: Begründung der Stadtbibliothek aus dem Nachlaß des Advokaten am Oberhofgericht, Ulrich Groß.

1678/87 Bau der Börse auf dem Naschmarkt.

1680 Neubau eines Lazaretts.
Erweiterung des Johannisfriedhofs.

1681 Die Schindeldächer werden wegen der Feuergefahr abgerissen und durch Ziegel ersetzt.
Renovierung des Rathaussaals und der Bilder im Rathaus.
Einrichtung der Stadt- oder Ratsbibliothek im Zeughaus auf dem Neumarkt.

1682/1782 In Leipzig erscheint die von Otto Mencke begründete ›Acta eruditorum‹, die erste deutsche Gelehrtenzeitschrift.

1683 11. Januar: Erste Sitzung des neugegründeten Handelsgerichts.
Juni: Der Börse werden Statuen und Vasen aufgesetzt.

1684 Die öffentlichen Kirchgänge bei Hochzeiten werden eingestellt.

1685 Januar/Februar: Erste Mobilienauktion.

1687 24. Oktober: Christian Thomasius kündigt an der Universität Vorlesungen in deutscher Sprache an; die erste hält er am 10. November.

1688 Christian Reuter wird Student in Leipzig, wegen seiner Lustspiele, in denen er die kleinbürgerliche Zimmerwirtin zur Zielscheibe des Spottes macht, aber der Universität verwiesen.

1688/89 Christian Thomasius gibt eine deutschsprachige Zeitschrift, die gesellschaftskritischen ›Monatsgespräche‹, heraus.

1690 April: Der Rat der Stadt schafft neue Schlangenfeuerspritzen an und erläßt eine Spritzenordnung.

1692 Oktober: Einrichtung einer Eilpost nach Schneeberg; weitere Eilpostverbindungen folgen in den nächsten Jahren.

1693 8. Mai: Eröffnung des neuerbauten Ballhauses in der Petersstraße.
8. Mai: Einweihung des Opernhauses im Brühl, der nach Hamburg zweitältesten deutschen Musikbühne; sie besteht bis 1720.

1695 7. Oktober: Eichene Postsäulen vor dem Grimmaischen Tor geben die Entfernung nach Wurzen, Oschatz, Meißen und Dresden in Reisestunden an.

1696 Bau des Handelshauses ›Zur großen Feuerkugel‹ im Neumarkt.
Französische Reformierte (Hugenotten) lassen sich in Leipzig nieder.

1697 3. Juli: Der neuerbaute Steinweg vor dem Peterstor ist fertiggestellt.
Juli: Erste Lotterie oder Armenverlosung.
Als eine frühe Sprach- und Literaturvereinigung wird die Görlitzsche, seit 1717 Deutschübende und seit 1727 Deutsche Gesellschaft in Leipzig gegründet.

1698 30. Mai: Ankunft des russischen Zaren Peter I.

1699 22. Juni: Aufstand der Schuhknechte.

1700 18. Februar: Einführung des gregorianischen Kalenders; der nächste Kalendertag ist damit der 1. März 1700.
13. August: Die 1689 im Großbosischen Garten gepflanzte amerikanische Aloe blüht zum ersten Mal.
10. November: Landesherrliches Mandat legt fest, daß junge Brautpaare vor der Eheschließung Bäume in der Stadt setzen sollen.

1700/01 Bau des Georgenhauses im Brühl als städtisches Zucht- und Waisenhaus.

1700/47 Anlegen von unterirdischen Abwasserschleusen, beginnend in der Thomasgasse.

1701 24. Dezember: Einführung der Straßenbeleuchtung; für die Unterhaltung der 700 Öllaternen werden 18 Laternenwärter beschäftigt.
Erster Leipziger Adreßkalender.

1701/04 Bau des Romanushauses Katharinenstraße/Ecke Brühl.

1702/03 Zwischen Thomas- und Barfüßerpförtchen entsteht die erste Lindenallee um die Stadt.

1703 29. September: Erste Sänften in Leipzig.
Gründung des Collegium musicum durch Georg Philipp Telemann.
1704 7. Januar: Der Rat der Stadt verbietet den jüdischen Gottesdienst während der Messen.
Dezember: Errichtung eines Almosenamtes.
Eröffnung des Anatomischen Instituts der Universität.
1704/56 Die bedeutendste historisch-politische Zeitschrift Deutschlands, die ›Europäische Fama, welche den gegenwärtigen Zustand der europäischen Höfe aufdeckt‹, wird in Leipzig herausgegeben.
1705 September: Privileg für die viertälteste Leipziger Apotheke, die Adler-Apotheke in der Hainstraße.
1706 Zur Ostermesse wird ein Nilpferd gezeigt.
1706/07 Schwedische Besetzung während des Nordischen Krieges.
Bau des Apelschen oder Königshauses am Markt.
1707 Im Rosental werden Alleen angelegt.
1710 Erstmals Böttger-Porzellan auf der Ostermesse.
Gründung eines Lehrstuhls für Chemie an der Universität.
1711 4. August: Eröffnung der Ratsbibliothek für die allgemeine Benutzung.
11. November: Die Thomasschüler (Thomaner) singen zum Martinsfest erstmals in den Straßen deutschsprachige Lieder.
1712 Aufsichtsordnung für die ›Winkelschulen‹.
Auf der Grundlage erster genauer Vermessungen entsteht ein Stadtatlas.
1713 Bau einer holländischen Windmühle bei Schönefeld.
1714 12. Mai: Ein kurfürstliches Privileg über das Fischerstechen begründet eine alljährliche Volksbelustigung.
1715 Das ›Kompendiöse Gelehrten-Lexikon‹ erscheint in Leipzig.
1717 Errichtung des Reithauses am Rannischen Tor.
1718 Umgestaltung des ›Kaffeebaums‹ zu einem Kaffeehaus; sein Wahrzeichen – das Portalrelief mit einem Türken, der eine Schale Kaffee reicht – wird vermutlich um 1723 angebracht.
1719 7. Mai: Verbot des Tragens von Schlafmützen auf der Straße.
Bernhard Christoph Breitkopf kauft eine Schriftgießerei und Buchdruckerei und gründet 1723 einen Verlag; aus ihm geht 1795 der Verlag Breitkopf & Härtel hervor.
1722/23 Bau des Peterstors.
1723 5. Mai: Verpflichtung von Johann Sebastian Bach als Thomaskantor; er bleibt bis zu seinem Tode am 28. Juli 1750.
1724 Gründung des Vereins zur Erforschung vaterländischer Altertümer in Leipzig.
1727 Die Schauspieltruppe der Friederike Caroline Neuber gastiert zum ersten Mal während der Ostermesse in der Stadt.
Herausgabe der ›Grundregeln der Deutschen Gesellschaft in Leipzig‹; die Deutsche Gesellschaft wird 1827 mit dem Verein zur Erforschung vaterländischer Altertümer zusammengeschlossen.
1730 Gottscheds ›Versuch einer kritischen Dichtkunst vor die Deutschen‹ erscheint; der Professor für Dichtkunst und Präsident der Deutschen Gesellschaft in Leipzig gibt 1732/44 die erste deutsche Literaturzeitschrift ›Beiträge zur kritischen Historie der deutschen Sprache, Poesie und Beredsamkeit‹ heraus.
1732 Der Neubau der Thomasschule ist fertiggestellt.
1732/50 Veröffentlichung des ›Großen vollständigen Universal-Lexikons aller Wissenschaften und Künste‹, mit 64 Bänden eine der umfangreichsten Enzyklopädien ihrer Zeit, durch den Leipziger Verleger Johann Heinrich Zedler.
1736 ›Sperontes Singende Muse an der Pleiße‹, ein weitverbreitetes Hausgesangbuch, erscheint.
1737 Friederike Caroline Neuber verbannt den Hanswurst von ihrer Theaterbühne.
1739 Februar: Renovierung des Goldenen Brunnens auf dem Markt und des Bettelbrunnens vor dem Grimmaischen Tor.
Gründung eines Handelshauses durch den Leipziger Kaufmann Christian Gottlob Frege.
1740 Mit dem Bau der Stadtbibliothek im Gewandhaus wird begonnen; der neue Saal wird 1755 bezogen.
1743 11. März: Eröffnung des Großen Konzerts; es wird im September 1744 in den Gasthof ›Zu den drei Schwanen‹ im Brühl verlegt.
1745 November/Dezember: Preußische Truppen besetzen Leipzig im Zweiten Schlesischen Krieg.
1746 Lessing und Klopstock werden an der Universität immatrikuliert.
1746/48 Christian Fürchtegott Gellert veröffentlicht seine ›Fabeln und Erzählungen‹; 1751 wird er Professor für Poesie.
1747 Während der Ostermesse wird vor dem Peterstor erstmals ein Nashorn gezeigt.
1748/50 Bau von Barthels Hof.
1749 Februar: Die große Allee vor dem Peterstor ist fertiggestellt.
6. Oktober: Erste Aufführungen im neuen Komödienhaus in der Nikolaistraße.
9. Oktober: Auftritt der Neuberschen Theatertruppe in einem Theatersaal auf dem Großen Blumberg (am Standort des heutigen ›Café am Brühl‹).
Erster maßstabgerechter Stadtplan von Leipzig.
um 1750 Johann Friedrich Christ lehrt an der Universität erstmals in Deutschland Kunstarchäologie.
1754 5. Mai: Eröffnung des Opernhauses im Reitstall.
21. Mai: Erste Ziehung der Stadtlotterie.
Einführung beweglicher Typen statt des Kupferstichs im Notendruck beim Musikverlag Breitkopf.
1755/56 Errichtung des Gohliser Schlößchens als Sommersitz des Ratsherrn und Kaufmanns Johann Caspar Richter; die künstlerische Ausgestaltung stammt von Adam Friedrich Oeser.
1756/63 Mehrfache Besetzung Leipzigs durch preußische Truppen während des Siebenjährigen Krieges.
1763 Johann Adam Hiller übernimmt die Leitung des Großen Konzerts; er gehört zu den bedeutendsten Meistern des deutschen Singspiels.
Ersterwähnung einer ›Sozietät von Gelehrten, schönen Geistern, Künstlern und Kunstförderern‹.
Der Leipziger Professor Karl Ferdinand Hommel veröffentlicht die erste bürgerliche Programmschrift ›Zur Reform des deutschen Strafrechts‹.
1764 Eröffnung eines Intelligenzcomptoirs; bis 1848 erscheint das Leipziger Intelligenz-Blatt.
Beschluß der norddeutschen Buchhändler, nicht mehr die Frankfurter, sondern nur noch die Leipziger Messe zu beschicken; 1765 wird hier eine Buchhandelsgesellschaft, die Vorläuferin des Börsenvereins, gegründet.
Die Stadt erhält eine ›Zeichnungs-, Malerei- und Architek-

turakademie‹ mit Sitz im Westflügel der Pleißenburg; ihr erster Direktor ist Adam Friedrich Oeser.

1765 2. Oktober: Eröffnung des Neuen Collegium musicum, des Universitätskonzerts.

1765/68 Johann Wolfgang Goethe studiert in Leipzig.

1766 10. Oktober: Eröffnung des Theaters auf der Rannischen Bastei, des späteren Alten Theaters, mit dem Trauerspiel ›Hermann‹ von Johann Elias Schlegel; hier werden auch die von Hiller komponierten Singspiele aufgeführt.

1770 7. Mai: Letzte kaiserliche Bestätigung des Stapelrechts der Leipziger Messen.
Als erste Buchveröffentlichung Goethes erscheinen bei Breitkopf die ›Neuen Lieder‹.
Mit der Niederreißung der Basteien und der Ausfüllung der Stadtgräben wird begonnen; nach der Schleifung der alten Befestigungsanlagen entsteht ab 1785 der Promenadenring; die englischen Parkanlagen mit dem Schwanenteich am ›Schneckenberg‹ (heute Standort des Opernhauses) werden noch 1785 vollendet.

1775 Verbot von Goethes ›Die Leiden des jungen Werthers‹ auf Veranlassung der Theologischen Fakultät.

1777 1. April: Uraufführung des Schauspiels ›Sturm und Drang‹ von Friedrich Maximilian Klinger in Leipzig.

1778 14. April: Samuel Heinicke gründet das erste deutsche Taubstummeninstitut.

1779 14. April: Verbot des Fahrens, Reitens und Lärmens im Rosental.

1780 Errichtung eines russischen Konsulats.

1781 25. November: Eröffnung der Gewandhauskonzerte im neuen Konzertsaal durch Hiller.

1784 Georg Joachim Göschen eröffnet eine Buchhandlung.

1785 April/September: Schiller in Leipzig; er wohnt zunächst im Gasthof ›Zum Engel‹ in der Petersstraße und ab 7. Mai in Gohlis.
6. Juli: Verfügung des Rates der Stadt gegen den aufkommenden ›Polterabend‹.

1785/97 Umbau des Innern der Nikolaikirche im klassizistischen Stil durch Baudirektor Johann Friedrich Carl Dauthe; von Oeser stammen zahlreiche Gemälde.

1787 Errichtung einer Sternwarte auf dem Turm der Pleißenburg.
Letztes Vogelschießen.
Ordnung der Tanzgesellschaft im Alten Gewandhaus.

1789 12. Mai: Wolfgang Amadeus Mozart gibt ein Konzert im Gewandhaussaal.

1790 April: Unruhen unter Leipziger Handwerksgesellen im Ergebnis der Französischen Revolution von 1789; weitere Arbeitsniederlegungen finden 1792, 1793 und 1796 statt.

1792 16. April: Einweihung der Ratsfreischule als erste öffentliche Volksschule.

1794 Die Sternwarte auf dem Turm der Pleißenburg wird von der Universität übernommen.

1796 4. April: Der Rat der Stadt kauft das Schauspielhaus auf der Rannischen Bastei.

1796/1804 Bau der ersten Bürgerschule auf der Moritzbastei.

1798 3. Oktober: Die ›Allgemeine Musikalische Zeitung‹ wird im Verlag Breitkopf & Härtel herausgegeben; sie erscheint bis 1848.

1800 1. Dezember: Gründung des ›Bureau de Musique‹; aus ihm geht der Musikverlag C. F. Peters hervor.

1801 1. Januar: Erstes Erscheinen der ›Zeitung für die elegante Welt‹.
11. September: Uraufführung der ›Jungfrau von Orleans‹ von Schiller im Alten Theater auf der Rannischen Bastei.

1802 16. Februar: Die Leipziger Singakademie wird ins Leben gerufen.

1803 9. Februar: Errichtung einer Armenanstalt.

1806 18. Oktober: Einzug der napoleonischen Truppen.
21. November: Verhängung der Kontinentalsperre und Beschlagnahme der englischen Waren in der Messestadt.
11. Dezember: Sachsen tritt dem Rheinbund bei und wird Königreich.

1807 1. Juli: Herausgabe der ersten Nummer des ›Leipziger Tageblatts‹.
Gründung des Musikverlages Friedrich Hofmeister.

1808 25. Oktober: Der Buchhändler Friedrich Arnold Brockhaus erwirbt auf der Leipziger Messe die Rechte für das später nach ihm benannte Konversationslexikon.

1811 21. Februar: Gründung des Verlages B. G. Teubner.
Einführung der Sonnabendmotette in der Thomaskirche.

1812/21 Der Begründer der Homöopathie, Samuel Hahnemann, praktiziert als Arzt in Leipzig.

1813 März: Die Stadt ist Hauptquartier der Großen Armee Napoleons.
31. März: Die ›Leipziger Zeitung‹ annonciert russische Bücher und Bilder.
April: Erste Kosaken werden von der Bevölkerung begrüßt.
24. April: Theodor Körner schreibt auf dem ›Schneckenberg‹ sein Lied ›Lützows wilde Jagd‹.
22. Mai: Richard Wagner wird im Brühl geboren.
16./18. Oktober: Völkerschlacht bei Leipzig.
19. Oktober: Die verbündeten Truppen erstürmen die Stadt und treiben Napoleon zur Flucht; auf dem Marktplatz findet eine Siegesfeier statt.
E. T. A. Hoffmann als Kapellmeister in Leipzig.

1813/14 Der russische Stadtkommandant, Obrist Victor Anton Franz von Prendel, setzt sich für die Normalisierung des öffentlichen Lebens ein.

1814 Ernst Moritz Arndt schlägt die Errichtung eines Nationaldenkmals auf dem Gelände der Völkerschlacht vor.
Gründung eines Vereins zur Feier des 19. Oktobers.

1815 Leipzig wird durch die Teilung Sachsens auf dem Wiener Kongreß zu einer Stadt an der sächsischen Landesgrenze.

1817 26. August: Das im klassizistischen Stil umgebaute und erweiterte Alte Theater auf der Rannischen Bastei wird wiedereröffnet; in diesem Stadttheater werden Schauspiele, Singspiele und bis 1867 auch Opern aufgeführt.
Der 1805 in Altenburg gegründete Verlag F. A. Brockhaus übersiedelt nach Leipzig.

1819 13. September: Clara Wieck wird am Neumarkt geboren; sie heiratet am 12. September 1840 den Komponisten Robert Schumann.

1820 Errichtung der ›Heilanstalt für arme Augenkranke‹.

1822 4. Juli: Gründung des Universitätschores ›Paulus‹ durch Hermann Langer, den Begründer der Musikwissenschaft in Leipzig.
18. September: Gründungsversammlung der Gesellschaft deutscher Naturforscher und Ärzte in Leipzig.

1824 27. August: Letzte öffentliche Hinrichtung auf dem Marktplatz; Georg Büchner hat das Ereignis in seinem Drama

›Woyzeck‹ und Alban Berg in einer gleichnamigen Oper verarbeitet.
30. August: Aufhebung des mittelalterlichen Torgroschens.
Bildung des Musikvereins ›Euterpe‹.
1825 30. April: Gründung des Börsenvereins der Deutschen Buchhändler zu Leipzig.
1826 20. Februar: Eröffnung einer Sparkasse und eines Leihhauses.
Aufstellung der ersten Schnellpresse in der Buchdruckerei Brockhaus gegen den Widerstand der Gesellen.
1828 29. März: Uraufführung der Oper ›Vampyr‹ von Heinrich Marschner.
1. Oktober: Anton Philipp Reclam gründet in Leipzig eine Verlagsbuchhandlung.
8. November: Bildung des ›Vereins der hiesigen Kunstfreunde‹, später ›Sonnabend-Gesellschaft‹, dann ›Leipziger Verein der Kunstfreunde‹.
1829 28. August: Leipziger Erstaufführung von Goethes ›Faust I‹.
Einrichtung des Orthopädischen Instituts der Universität.
1830 September: Revolutionäre Unruhen in der Stadt.
Eröffnung der Pfaffendorfer Kammgarnspinnerei (als Leipziger Kammgarnspinnerei ab 1836 die erste Aktiengesellschaft der Stadt); im Gründungsjahr wird hier die erste in Leipzig aufgestellte Dampfmaschine mit einer Leistung von acht Pferdestärken in Betrieb genommen.
Umgestaltung der Universitätsverfassung; Abschaffung der Nationalitäteneinteilung und Bildung eines Senats.
1831 29. August: Erste Ziehung der Sächsischen Landeslotterie.
7. Oktober: Einführung einer neuen Städteordnung und Wahl der ersten Stadtverordnetenversammlung in Leipzig.
Gründung einer Handelslehranstalt durch die Kramerinnung.
Bildung eines Hilfsvereins zur Unterstützung polnischer Flüchtlinge.
1831/36 Errichtung des Universitätshauptgebäudes, des Augusteums, unter Leitung von Stadtbaudirektor Albert Geutebrück.
1833 10. Januar: Aufführung der Sinfonie C-Dur, der einzigen Richard Wagners, im Alten Gewandhaus.
Gründung des Zöllnerschen Laiengesangvereins.
Heinrich Laube übernimmt die Herausgabe der ›Zeitung für die elegante Welt‹.
Albert Lortzing zieht nach Leipzig, ist 1833/44 als Schauspieler und Sänger und 1844/45 und 1848/49 als Kapellmeister tätig; hier entstehen seine Opern ›Die beiden Schützen‹, ›Zar und Zimmermann‹, ›Der Waffenschmied‹, ›Der Wildschütz‹ und ›Undine‹.
1834 1. Januar: Der Beitritt Sachsens zum Deutschen Zollverein wirkt sich fördernd auf die Leipziger Messe aus.
3. April: Erstes Erscheinen der von Robert Schumann gegründeten ›Neuen Zeitschrift für Musik‹; sie wird von ihm bis 1844 geleitet.
5. Mai: Eröffnung der Realschule, ab 1884 Realgymnasium.
22. Mai: Gründung der ersten Kinderbewahranstalt durch die ›Vertraute Gesellschaft‹.
20. August: Einweihung des Schützenhauses.
Der Verein Leipziger Buchhändler gibt das ›Börsenblatt für den Deutschen Buchhandel‹ heraus, das 1835 durch den Börsenverein der Deutschen Buchhändler zu Leipzig übernommen und weitergeführt wird.
Die Verlagsbuchhandlung von Otto Wigand übersiedelt nach Leipzig.
1835 3. Oktober: Eröffnung des Café Français.
1835/47 Felix Mendelssohn Bartholdy wirkt als Gewandhauskapellmeister.
1836 26. April: Die Buchhändlerbörse erhält ein neues Gebäude in der Ritterstraße.
1836/39 Bau der Leipzig-Dresdner Eisenbahn; die Teilstrecke bis Althen wird am 24. April 1837 eröffnet, die ganze Strecke am 7. April 1839 übergeben.
1837 1. Februar: Christian Bernhard Tauchnitz gründet eine Verlagsbuchhandlung; ab 1. September 1841 beginnt die Tauchnitz-Edition.
Juli: Gründung der Leipziger Bank.
1. Oktober: Im Verlag von F. A. Brockhaus erscheint erstmals die ›Leipziger Allgemeine Zeitung‹, ab 1. April 1843 ›Deutsche Allgemeine Zeitung‹.
9. November: Erste Generalversammlung der Aktiengesellschaft ›Leipziger Kunstverein‹.
22. Dezember: Uraufführung von Lortzings Oper ›Zar und Zimmermann‹ in Leipzig.
1837/41 Bau des Gaswerkes vor dem Gerbertor.
1838 4. September: Einführung der Gaslaternen.
15. Oktober: Übergabe des Postgebäudes am Augustusplatz.
Gründung der Baugewerkschule.
1839 18. November: Zusammenschluß des ›Leipziger Kunstvereins‹ mit dem ›Leipziger Verein der Kunstfreunde‹ zum ›Leipziger Kunstverein AG‹.
1840 24./26. Juni: Gutenberg-Feier auf dem Markt aus Anlaß des 400. Jahrestages der Erfindung des Buchdrucks mit beweglichen Lettern.
18. August: Eröffnung der Eisenbahnverbindung von Leipzig nach Halle.
9. November: Erste öffentliche Schillerfeier in der Stadt.
Der Theatersekretär Robert Blum gründet den Schillerverein zu Leipzig.
1841 31. März: Uraufführung der 1. Sinfonie von Robert Schumann im Gewandhaus.
Zur Ostermesse wird durch Felix Mendelssohn Bartholdy in der Thomaskirche die Matthäus-Passion wiederaufgeführt; sie erklingt zum ersten Mal nach Bachs Tod wieder in Leipzig.
1841/42 Theodor Fontane arbeitet als Gehilfe in der Adler-Apotheke.
1842 Juni: Aufstellung des Gellert-Denkmals auf dem ›Schneckenberg‹.
19. September: Eröffnung der Eisenbahnstrecke nach Altenburg.
Einweihung der ersten Leipziger Schwimmanstalt an der Elster (Schreberbad).
Uraufführung der Oper ›Der Wildschütz‹ von Albert Lortzing.
Bildung eines Literatenvereins.
Gründung der Maschinenbauanstalt und Eisengießerei Harkort.
1843 2. April: Einweihung des Konservatoriums.
23. April: Enthüllung des von Felix Mendelssohn Bartholdy initiierten alten Bach-Denkmals an der Thomasschule.
25. Mai: Karl Marx verhandelt in Leipzig mit dem Buchhändler Otto Wigand wegen des Druckes der ›Deutsch-Französischen Jahrbücher‹.
30. Dezember: Der ›Sommernachtstraum‹ von William Shakespeare wird erstmals mit der Musik Felix Mendelssohn Bartholdys aufgeführt.

Der Verleger und Buchhändler Johann Jakob Weber gründet die ›Leipziger Illustrierte Zeitung‹.
Verbot des bei Reclam gedruckten gesellschaftskritischen Blattes ›Leipziger Lokomotive‹.

1845 12. August: Während des Aufenthaltes des sächsischen Kronprinzen wird eine Demonstration für Glaubens- und Meinungsfreiheit durch das Militär blutig niedergeschlagen.
Gründung eines Redeübungsvereins durch das liberale Bürgertum.

1846 1. Juli: Gründung der Sächsischen Akademie der Wissenschaften zu Leipzig anläßlich des 200. Geburtstages von Leibniz.
30. September: Eröffnung des Neuen Johannisfriedhofs.
3. Oktober: Einrichtung der Röderschen Notenstecherei.

1848 18. März: Erste öffentliche Arbeiterversammlung im ›Odeon‹ begrüßt die Ergebnisse der bürgerlich-demokratischen Revolution.
25. März: Robert Blum wird als ›Bevollmächtigter der Arbeiter des gesamten deutschen Vaterlandes‹ in das Frankfurter Vorparlament gewählt.
28. März: Blum und seine Anhänger rufen zur Gründung eines Deutschen Vaterlandsvereins auf.
6. April: Bildung des Deutschen Vereins durch die Liberalen.
Mitte April: Emil Ottokar Weller gibt die Zeitschrift ›Der Volksfreund‹ heraus; in ihr erscheinen die ›Forderungen der Kommunistischen Partei in Deutschland‹.
1. Mai/22. Juli: Die ›Leipziger Arbeiter-Zeitung‹ erscheint als das Organ des neugegründeten Leipziger Arbeitervereins.
7. Mai: Blum wird als Leipziger Abgeordneter in die Frankfurter Nationalversammlung gewählt.
17./18. Juni: Die erste Generalversammlung der sächsischen Arbeitervereine beschließt in Leipzig die Gründung eines Landesverbandes der Arbeitervereine Sachsens.
10. November: Gründung der Städtischen Kunstsammlung durch die Übergabe der Kunstwerke des ›Leipziger Kunstvereins‹ an den Rat der Stadt und Unterbringung in Räumen der Städtischen Bürgerschule in der heutigen Schillerstraße.
13. November: Trauerfeier in der Thomaskirche für den am 9. November 1848 von der Konterrevolution in Wien ermordeten Demokraten Robert Blum.

1849 April: Louise Otto-Peters gibt in Leipzig die erste ›Deutsche Frauenzeitung‹ heraus, die im Dezember 1850 verboten wird.
3./4. Mai: Leipziger Freiwillige unterstützen den Dresdner Aufstand.
6./7. Mai: Arbeiter und Handwerksgesellen errichten in Leipzig Barrikaden, um den Volksaufstand zu unterstützen; die Kommunalgarde schlägt die Aktionen nieder.

1850 4. Juli: Verbot aller Arbeitervereine.
27. September: Enthüllung des Albrecht-Thaer-Denkmals von Ernst Rietschel.
Gründung der Bachgesellschaft auf Initiative von Moritz Hauptmann und Robert Schumann.
Sächsische Industrieausstellung in der neuen Zentralhalle.

1851 10. August: Errichtung des Samuel-Hahnemann-Denkmals in den Promenadenanlagen.
Eröffnung der Eisenbahnverbindung zwischen Leipzig und Nürnberg.
Beteiligung Leipziger Betriebe an der in London stattfindenden ersten Weltausstellung.

1852 Prozeß gegen Karl Gangloff und weitere Mitglieder des Bundes der Kommunisten in Leipzig.
Die Universität erhält den ersten Lehrstuhl für Augenheilkunde in Deutschland.

1853 Leipziger Erstaufführung von Wagners ›Tannhäuser‹.
Gründung der Deutschen Buchhändler-Lehranstalt.
Erste Herausgabe der Familienzeitschrift ›Die Gartenlaube‹ durch Ernst Keil; sie entwickelt sich zu dem verbreitetsten Organ sentimentaler Trivialliteratur und erreicht als Wochenblatt 1881 eine Auflage von rund 400000 Exemplaren.
Gründung der Pianofortefabrik Blüthner.

1854 17. Mai: Schaffung des Riedelvereins, eines Laienchors zur Pflege alter Kirchenmusik; er tritt 1872 unter der Leitung von Richard Wagner bei der Grundsteinlegung des Bayreuther Festspielhauses auf.

1855 10. September: Einweihung der Gemeindesynagoge in der Gottschedstraße/Ecke Zentralstraße.
Franz Grillparzer und Friedrich Hebbel werden Ehrenmitglieder des Leipziger Schillervereins.
Gründung der Maschinenbaufabrik Karl Krause; sie ist auf polygraphische Maschinen spezialisiert.
Einführung des Schulturnens für Mädchen.

1856 22. März: Eröffnung der Eisenbahnverbindung nach Korbetha.
Aufhebung der städtischen Gerichtsbarkeit; die Befugnisse gehen an die staatlichen Gerichte über.
Einrichtung der ›Allgemeinen Deutschen Kredit-Anstalt‹ als führendes Leipziger Bankinstitut.

1856/58 Bau des Städtischen Kunstmuseums am Augustusplatz.

1857 18. Februar: Der Maler und Bildhauer Max Klinger wird in der Petersstraße geboren.

1858 10. November: Bildung eines Leipziger Künstlervereins.
Einrichtung des Kaufmännischen Vereins.

1859 1. Februar: Eröffnung der Eisenbahnverbindung von Leipzig nach Bitterfeld.
9./11. November: Schillerfeier aus Anlaß seines 100. Geburtstages; Namensgebung der Schillerstraße.

1860 Erste Pferdeomnibusse in Leipzig.

1861 19. Februar: Der Gewerbliche Bildungsverein entsteht als zweite Abteilung der Polytechnischen Gesellschaft; am 6. März wird seine Gesangsabteilung gegründet.
1. September: Die ›Leipziger Nachrichten‹ erscheinen zum ersten Mal.
Der 1858 von Ernst Arthur Seemann in Essen gegründete Buch- und Kunstverlag wird nach Leipzig verlegt.

1861/64 Errichtung der Apelschen Gedenksteine auf dem Gelände der Völkerschlacht.

1862 18. April: Der Arbeiterverein ›Vorwärts‹ entsteht.
Aufhebung des Zunftsystems und Einführung der Gewerbefreiheit; Errichtung der Handels- und Gewerbekammer.
Gründung des Fortbildungsvereins für Buchdrucker.

1863 9. April: Einweihung der ersten Bezirksschule.
23. Mai: Der Allgemeine Deutsche Arbeiterverein wird von Ferdinand Lassalle im ›Pantheon‹ in der Dresdner Straße gegründet.
2./5. August: Drittes Allgemeines Deutsches Turnfest in Leipzig.
Erste Steindruckschnellpresse bei Röder.
Gründung des Fortbildungsvereins der Zigarrenarbeiter, ab

1865 Allgemeiner Deutscher Zigarrenarbeiter-Verein, Sitz Leipzig.

1864 10. Mai: Der erste Schreberverein zur Schaffung von Kinderspielplätzen konstituiert sich und errichtet an der Aachener Straße eine im darauffolgenden Jahr eingeweihte Spielwiese, um die ab 1868 Kleingärten entstehen; 1901 wird ein Schreber-Hauschild-Denkmal aufgestellt.
23./24. Oktober: Vereinstag des Verbandes Deutscher Arbeitervereine in Leipzig; August Bebel wird Mitglied des Ständigen Ausschusses.

1864/67 Bau des Neuen Theaters am Augustusplatz nach Plänen von Carl Ferdinand Langhans.

1865 Februar: Der Gewerbliche Bildungsverein und der Verein ›Vorwärts‹ vereinigen sich zum Leipziger Arbeiterbildungsverein.
27. März/6. Juni: Über 500 Leipziger Buchdrucker streiken für höhere Löhne und Verkürzung der Arbeitszeit.
18. April: Eröffnung des neuen Waisenhauses.
16. Oktober: Louise Otto-Peters und Auguste Schmidt gründen den Allgemeinen Deutschen Frauenverein.
25./26. Dezember: Auf dem Leipziger Kongreß der Zigarrenarbeiter wird als erste zentrale deutsche Gewerkschaft der Allgemeine Deutsche Zigarrenarbeiterverband gebildet.
30. Dezember: Beginn der Druckwasserversorgung.
Erste Berufsfeuerwehr in der Stadt.

1866 20./22. Mai: Erster Deutscher Buchdruckertag in Leipzig; Gründung des Deutschen Buchdruckerverbandes.
Juni: Leipzig wird während des Preußisch-Österreichischen Krieges von preußischen Truppen besetzt; das Waisenhaus dient als Lazarett.
28. Oktober: Übergabe der Eisenbahnverbindung zwischen Leipzig und Grimma.
Der Georg Thieme Verlag entsteht.
Gründung der Firma Dr. Willmar Schwabe, der ersten homöopathischen Fabrik in Deutschland; ihr sind eine Apotheke und ein Verlag angeschlossen.
Bau eines chemischen Laboratoriums der Universität in der Liebigstraße.

1867 1. Oktober: Das Statistische Amt der Stadt nimmt seine Tätigkeit auf.
November: Als erste Hefte von ›Reclams Universal-Bibliothek‹ erscheinen beide Teile von Goethes ›Faust‹.
17. Dezember: Gründung des Vereins für Geschichte Leipzigs.
Druck der deutschen Erstausgabe von Karl Marx' ›Das Kapital‹ in der Buchdruckerei von Hugo Wigand am Roßplatz.
Einrichtung des Pathologisch-Anatomischen Instituts der Universität.
Einweihung der Pferderennbahn am Scheibenholz.

1868 4. Januar: Die erste Nummer des von Wilhelm Liebknecht redigierten ›Demokratischen Wochenblattes‹ erscheint in Leipzig.
28. Januar: Das Neue Theater am Augustusplatz wird mit einer Festaufführung von Goethes ›Iphigenie‹ eröffnet.
18. Oktober: Einweihung des neuen Schützenhauses.
Übergabe des Chemischen Instituts der Universität in der Liebigstraße.
Wilhelm Drugulin errichtet eine Druckerei.

1869 Mai: Gründung der ›Internationalen Gewerksgenossenschaft der Manufaktur-, Fabrik- und Handarbeiter beiderlei Geschlechts‹ auf einem Kongreß in Leipzig.
1. Oktober: Die erste Nummer vom ›Volksstaat‹, dem Zentralorgan der im selben Jahr von August Bebel und Wilhelm Liebknecht in Eisenach gegründeten Sozialdemokratischen Arbeiterpartei (ab 1890 SPD), erscheint in der Stadt.
Oktober: Eröffnung einer Herberge für weibliche Dienstboten durch den Leipziger Frauenverein.
24. November: Gründung des Museums für Völkerkunde; den Grundstock bildet die Sammlung Gustav Klemm.
Entstehung des Landwirtschaftlichen und des Physiologischen Instituts der Universität.

1869/70 Heinrich Laube leitet das Stadttheater.

um 1870 Die Einwohnerzahl überschreitet die 100 000; damit rückt Leipzig als achte Stadt Deutschlands zur Großstadt auf.

1870 3. März: Auflösung der Kommunalgarde.
5. August: Eröffnung des Reichsoberhandelsgerichts.
Während des Deutsch-Französischen Krieges ist die 3. Bürgerschule als Lazarett eingerichtet; in der Pleißenburg werden 500 gefangene Franzosen untergebracht.

1871 16. Oktober: Einrichtung einer Höheren Mädchenschule.
In Leipzig erscheint die ›Sammlung sozialdemokratischer Lieder‹, das erste Liederbuch der Sozialdemokratischen Arbeiterpartei.
Der Leipziger Lehrerverein gründet die Pädagogische Zentralbibliothek (Comenius-Bibliothek).
Das Waisenhaus St. Jakob wird städtisches Krankenhaus; erstmals in Europa entsteht ein Krankenhaus nach dem Barackensystem.

1872 11./27. März: Hochverratsprozeß gegen August Bebel, Wilhelm Liebknecht und Adolf Hepner vor dem Leipziger Schwurgericht.
18. Mai: Eröffnung der Pferdeeisenbahn; die vier Linien führen vom Stadtzentrum nach Connewitz, Gohlis, Plagwitz und Reudnitz.
6. Juli: Einweihung des neuen Johannishospitals.
Einrichtung der sozialdemokratischen Genossenschaftsdruckerei.
Die Verlagsbuchhandlung Karl Baedeker und die 1835 gegründete Geographische Anstalt verlegen ihren Sitz nach Leipzig.

1873 19. Oktober: Die letzte Postkutsche fährt von Leipzig nach Pegau.
Bau der ersten Leipziger Ladenstraße, der Stecknerpassage, an der Ecke Petersstraße/Thomasgäßchen.

1874 23./25. September: Karl Marx wohnt mit seiner Tochter Eleanor im Hotel Hochstein.
11. Oktober: Eröffnung des Carl-Theaters, später Carola-Theater, dann Leipziger Schauspielhaus.
25. Oktober: Auf Initiative des Kunstgewerbevereins entsteht das Kunstgewerbemuseum.
1. November: Eröffnung der Eisenbahnstrecke von Leipzig nach Eilenburg.
Herrmann Julius Meyer verlegt das 1826 in Gotha gegründete Bibliographische Institut von Hildburghausen nach Leipzig.

1875 Gründung einer Schule für Frauenberufe.
Eröffnung der städtischen Gewerbeschule mit kunstgewerblichen Fachabteilungen und der Maschinenbauschule.
Erste Berufsschule für Knaben.

Das Anatomische Institut der Universität bezieht sein neues Gebäude in der Liebigstraße.

1876 18. Januar: Gründung des Leipziger Lehrergesangvereins.
Die Orthopädische Universitätsklinik geht aus dem 1829 ins Leben gerufenen und lange Zeit von Daniel Gottlieb Moritz Schreber geleiteten Orthopädischen Institut hervor.
Der Botanische Garten der Universität wird in die Linnéstraße verlegt.

1877 5. November: Einweihung der neuen Thomasschule.
Die 1766 von Johann Christian Dieterich in Göttingen gegründete Dieterich'sche Verlagsbuchhandlung wird nach Leipzig verkauft.
Die Spamersche Druckerei entsteht.

1878 9. Juni: Gründung des Zoologischen Gartens durch Ernst Pinkert.
Erstaufführung des ›Rings des Nibelungen‹ von Richard Wagner im Neuen Theater; es ist die erste Aufführung außerhalb von Bayreuth.
Die Leipziger Universität errichtet den ersten Lehrstuhl für ostasiatische Sprachen in Deutschland.

1878/90 Verfolgung der Leipziger Arbeiterbewegung während der Zeit des Sozialistengesetzes; es werden 164 Personen ausgewiesen, mehr als 193 Jahre Freiheitsstrafen verhängt sowie 20 periodische und 62 nichtperiodische Druckschriften verboten.

1879 1. Januar: Das Konzert für Violine und Orchester D-Dur von Johannes Brahms wird in Leipzig erstaufgeführt.
20. Februar: Gründung des Fortschrittvereins für Arbeiter, der größten sozialdemokratischen Tarnorganisation in Leipzig; sie tritt bis Oktober 1890 an die Stelle des verbotenen Arbeitervereins.
15. Mai/15. Oktober: Kunstgewerbeausstellung in einer neuen Halle auf dem Königsplatz (heute Wilhelm-Leuschner-Platz).
1. Oktober: Eröffnung des Reichsgerichts.
Illegaler Druck von Bebels ›Die Frau und der Sozialismus‹ in Leipzig.
Gründung der Drahtheftmaschinenfabrik Brehmer in Plagwitz.
Wilhelm Wundt richtet an der Universität das erste experimental-psychologische Laboratorium der Welt ein.
Die erste Fernsprecheinrichtung der Stadt wird in Betrieb genommen.

1880 15. Oktober: Im Zoologischen Garten wird der erste Leipziger Löwe geboren.
Konrad Duden gibt sein ›Orthographisches Wörterbuch der deutschen Sprache‹ in Leipzig heraus.

1881 24. Mai: Übergabe des Nordfriedhofs.
Juli: Der Johannapark geht in städtisches Eigentum über.
1. Oktober: Gründung des Stadtarchivs.
Entstehung des Radfahrervereins ›Bicycle-Klub‹.

1881/90 Die Zahl der sozialdemokratischen Wählerstimmen in der Stadt wächst trotz der Ausnahmegesetzgebung von 6 482 auf 12 921.

1882 30. Oktober: Einweihung des neuen Collegium juridicum.
Zusammen mit der Universitätsnervenklinik entsteht ein Hirnforschungsinstitut; unter Paul Flechsig entwickelt es sich zu einer international bekannten Forschungsstätte.

1883 25. Oktober: Auf dem Thomaskirchhof wird das von Ernst Julius Hähnel entworfene Leibniz-Denkmal aufgestellt; 1907 erfolgt die Versetzung in den Hof des Paulinums.
10. November: Einweihung des Reformations-Denkmals (Luther und Melanchthon) am Johannisplatz.
Eröffnung des Krystallpalasts in der Wintergartenstraße.
Umbau des Hauptpostamtes.
Fertigstellung des Gebäudes der Universitätsaugenklinik in der Liebigstraße.
Der erste Konsumverein entsteht in Plagwitz; er zählt um die Jahrhundertwende bereits 25 000 Mitglieder.

1883/86 Erweiterungsbau des Städtischen Kunstmuseums.

1884 11. Dezember: Eröffnung des Neuen Gewandhauses.
30. Dezember: Anton Bruckners Sinfonie Nr. 7 E-Dur wird in Leipzig erstaufgeführt.
Gründung des Deutschen Buchgewerbevereins und des Deutschen Buch- und Schriftmuseums.
Eröffnung eines zahnärztlichen Instituts.

1885/87 Neubau des Konservatoriums in der Grassistraße.

1886 1. Juni: Übergabe des Südfriedhofs; das Krematorium entsteht 1910.
1. September: Inbetriebsetzung des Mendebrunnens auf dem Augustusplatz.
29. September: Eröffnung der Neuen Börse am Tröndlinring.
Auflösung der Kramerinnung.
Gründung der Buchdruckerlehranstalt.

1887 10. April: Eröffnung der ›Alberthalle‹ des Krystallpalasts.
30. April: Inbetriebnahme der Eisenbahnstrecke von Leipzig nach Lausigk.
24. Oktober: Eröffnung des Reichsbankgebäudes in der Schillerstraße.
›Der Landtagswähler‹, das Presseorgan der Leipziger Arbeiter, erscheint als Vorläufer der ›Leipziger Volkszeitung‹.
Gründung einer Anstalt zur Bildung von Lehrern des Arbeitsunterrichts durch den Deutschen Verein für Knabenhandwerk in Leipzig.

1887/91 Neubau der Universitätsbibliothek in der Beethovenstraße nach Plänen von Arwed Rossbach.

1888 29. April: Das neue Buchhändlerhaus in der Hospitalstraße (heute Gutenbergplatz) wird seiner Bestimmung übergeben.
11. Juli: Eröffnung des neuen Vieh- und Schlachthofes in der Altenburger Straße.
›Der Sozialdemokrat‹ wird in Leipzig gedruckt.

1889 1. Januar: Mit der Eingemeindung von Reudnitz und Anger-Crottendorf beginnt die Eingliederung zahlreicher Vororte und umliegender Gemeinden in die Stadt.

1889/91 Bau des Kinderkrankenhauses, aus dem die Universitätskinderklinik hervorgeht; die Mittel werden durch Sammlung auf Initiative des Armenarztes Otto Heubner aufgebracht.

1890 Die Leipziger Arbeiter feiern zum ersten Mal den 1. Mai.
Gründung der Schriftgießerei Schelter & Giesecke.

1891 26. Mai: Einweihung der Markthalle nahe dem Roßplatz; Abschaffung der Wochenmärkte auf dem Marktplatz.
Gründung des Sozialdemokratischen Vereins.
Bildung des Leipziger Männerchores.

1892 26. Mai: Einweihung des Mendelssohn-Denkmals vor dem Neuen Gewandhaus.
Handelskammer und Rat der Stadt rufen gemeinsam den Messeausschuß ins Leben.

1892/96 Bau des Grassimuseums am Königsplatz (heute Wilhelm-Leuschner-Platz, Sitz der Stadtbibliothek).

1893/
1901 Bau des ›Städtischen Kaufhauses‹, des ersten Mustermessehauses der Welt.

1894 1. Januar: Gründung der Musikbibliothek Peters.
3. Februar: Eröffnung der Konsumgenossenschaft Leipzig.
29. September: Gründung der ›Leipziger Volkszeitung‹; der erste Chefredakteur ist Bruno Schönlank, 1902/07 leitet Franz Mehring die Zeitung.
Erste sozialdemokratische Abgeordnete in der Stadtverordnetenversammlung.
Die Deutsche Zentralbücherei für Blinde in Leipzig entsteht als die erste deutsche Blindenbibliothek.

1895 März: Die Leipziger Frühjahrsmesse wird als erste Mustermesse der Welt durchgeführt.
24. August: Erstmals werden Straßen und Plätze elektrisch beleuchtet.
26. Oktober: Einweihung des neuerbauten Reichsgerichtsgebäudes.
Verlegung des Paul-List-Verlages von Berlin nach Leipzig.
Errichtung des Paläontologischen Instituts der Universität in der Talstraße.

1895/
1922 Artur Nikisch wirkt als Gewandhauskapellmeister.

1896 20. Mai: Die ersten elektrischen Straßenbahnen verkehren vom Stadtinnern nach Gohlis.
22. Juni: Einweihung des Aussichtsturms auf dem Scherbelberg im Rosental.
Gründung der Hals-, Nasen- und Ohrenklinik der Universität.

1897 2. Februar: Übergabe des neuen Konzertsaals im ›Städtischen Kaufhaus‹.

1897 19. April: Aufstellung des Fechner-Denkmals im Rosental.
20. April: Einweihung des Karl-Heine-Denkmals.
21. April: Beginn des Abbruchs der Pleißenburg für den Bau des Neuen Rathauses.
24. April: Eröffnung der Sächsisch-Thüringischen Industrie- und Gewerbeausstellung auf dem Gelände des König-Albert-Parks (heute Teil des Clara-Zetkin-Parks).
In der Hinrichs'schen Verlagsbuchhandlung erscheint das erste offizielle Messeadreßbuch.

1898 Gründung der Handelshochschule.

1899 29. April: Eröffnung des Palmengartens.

1899/
1905 Bau des Neuen Rathauses nach Entwürfen und unter Leitung von Stadtbaudirektor Hugo Licht.

1900 27. Januar: Gründung der Neuen Bachgesellschaft.
1. Mai: Einweihung des Buchgewerbehauses.
27. September: Übergabe des ›Gesellschaftshauses am Zoo‹ mit der Kongreßhalle.
18. Oktober: Grundsteinlegung zum Völkerschlachtdenkmal.
Dezember: Druck der ersten Nummer der russischen Zeitschrift ›Iskra‹ in der Druckerei von Hermann Rauh in Probstheida.
Gründung der Leipziger Außenbahn-Aktiengesellschaft; am 21. Dezember 1900 verkehrt die erste Straßenbahn zwischen Wahren und Schkeuditz, am 16. Mai 1902 zwischen Connewitz und Gautzsch und am 17. Mai 1907 zwischen Leutzsch und Gundorf.

1901 1. Oktober: Eröffnung der Heilanstalt in Dösen.
Der 1899 von Otto Julius Bierbaum, Alfred Walter Heymel und Rudolf Alexander Schröder in München gegründete Insel-Verlag wird nach Leipzig verlegt; 1906 übernimmt Anton Kippenberg die Leitung.
Die Hochschule des Buchgewerbes wird in eine Akademie für Buchgewerbe und graphische Künste umgewandelt.

1902 30. August: Das Zentraltheater, später Operettentheater, wird seiner Bestimmung übergeben.
Gründung des Musikinstrumenten-Museums.
Max Klingers Plastik ›Beethoven‹ wird im Städtischen Kunstmuseum aufgestellt.

1903 28. Juni: Das Goethe-Denkmal von Carl Seffner wird auf dem Naschmarkt enthüllt.
15. August: Mit dem Buddhistischen Missionsverein für Deutschland (Sitz Leipzig) entsteht die erste buddhistische Gemeinde Europas.

1904 1. Januar: Das Museum für Völkerkunde geht in städtische Verwaltung über.
1. Oktober: Einweihung des Ratskellers im Neuen Rathaus.
Die Spamersche Druckerei führt als erste in Deutschland die Monotype-Setz- und Gießmaschinenanlage ein.

1905 1. September: Das Elektrizitätswerk wird städtisches Eigentum.
7. Oktober: Einweihung des Neuen Rathauses.
Schaffung des ersten deutschen Lehrstuhls für Geschichte der Medizin an der Leipziger Universität.

1905/06 Bau des Volkshauses in der Zeitzer Straße (heute Karl-Liebknecht-Straße) als Versammlungslokal der Leipziger Arbeiterschaft.

1906 1. Januar: Mit dem Arbeiterjugend-Bildungsverein Plagwitz-Lindenau-Schleußig entsteht die erste lokale Arbeiterjugendorganisation in Leipzig.
20. März: Aufnahme des Taxiverkehrs durch den Leipziger Kraftfuhrwerksverein.
25. April: An der Medizinischen Fakultät der Universität wird erstmals eine Frau immatrikuliert.
September: Letzte Kleinmesse im Stadtinnern.
Inbetriebsetzung des Mägdebrunnens am Roßplatz.
Einrichtung der ersten Mütterberatungsstelle zur Bekämpfung von Kinderkrankheiten.
Gründung des Seminars für Landesgeschichte und Siedlungskunde an der Universität.

1906/09 Vollständige Restaurierung des Alten Rathauses.

1907 1. April: Gründung des Arbeiterbildungsinstituts.
7. April: Erste Kleinmesse auf dem neuen Messplatz vor dem Frankfurter Tor.
Juni: Gründung des Museums für Länderkunde mit den Beständen des 1891 eingerichteten Geographischen Museums.
9./12. Oktober: Hochverratsprozeß gegen Karl Liebknecht vor dem Reichsgericht in Leipzig wegen seiner Broschüre ›Militarismus und Antimilitarismus‹.
Die erste Offsetpresse wird bei Röder aufgestellt.
In der Stadt bestehen 55 Arbeiterbibliotheken.
Als erstes Kino Leipzigs wird die ›Weiße Wand‹ mit über 300 Plätzen in der Wintergartenstraße eröffnet.

1908 17. Mai: Das neue Bach-Denkmal von Carl Seffner wird an der Südseite der Thomaskirche enthüllt.
Veröffentlichung des ersten Messeplakats nach einem Entwurf von Walther Illner.

1909 500-Jahr-Feier der Universität Leipzig.

1910 30. Juli: Ernst Rowohlt gründet in Leipzig einen Verlag (ab 15. Februar 1913 Kurt Wolff Verlag).

In der Stadt wird die erste deutsche Zweifarben- und Doppeloffsetmaschine in Betrieb genommen.

1911 12. März: Eröffnung des zweitältesten deutschen Flugplatzes in Lindenthal bei Leipzig.
Das Stadtgeschichtliche Museum zieht in das Alte Rathaus.
Gründung der ersten Frauenhochschule Deutschlands durch Henriette Goldschmidt.

1912 3. Oktober: Gründung der Deutschen Bücherei.
Fertigstellung des Stadthauses am Burgplatz.
Gründung des Naturkundlichen Heimatmuseums durch die Leipziger Lehrerschaft.
Im Insel-Verlag erscheint als Nummer 1 der Insel-Bücherei Rainer Maria Rilkes ›Die Weise von Liebe und Tod des Cornets Christoph Rilke‹.

1913 8. Februar: Inbetriebnahme von fünf Linien mit Doppelstock-Autobussen durch die Leipziger Allgemeine Kraftomnibus AG.
26. Mai: Eröffnung des Krankenhauses St. Georg.
22. Juni: Inbetriebnahme der Luftschiffhalle und des Flugplatzes Mockau.
17. Oktober: Weihe der Russischen St.-Alexi-Gedächtniskirche.
18. Oktober: Einweihung des Völkerschlachtdenkmals.
Internationale Baufachausstellung in Leipzig.
Gründung des ersten deutschen Instituts für Zeitungskunde an der Universität.

1914 1. April: Die 1. Städtische Bücherhalle wird eröffnet.
28./30. Juni: 1. Kongreß Deutscher Schriftstellerinnen in Leipzig.
29. Juli: Antikriegskundgebung Leipziger Arbeiter.
August: Der Ausbruch des Ersten Weltkriegs setzt der Internationalen Ausstellung für Buchgewerbe und Graphik ein jähes Ende.
23. September: Die Leipziger Kriegsdeputation verbietet die Aufführung von Schillers ›Jungfrau von Orleans‹.
Einweihung der Mädlerpassage mit den Figurengruppen von Matthieu Molitor.
In Leipzig wird die erste deutsche Bibliothekarschule eröffnet.

1914/16 Errichtung des Gebäudes der Deutschen Bücherei.

1915 4. Dezember: Übergabe des Leipziger Hauptbahnhofs als größter Kopfbahnhof Europas.
Schaffung einer Zentralstelle für die Interessenten der Leipziger Mustermesse.
Gründung der ersten Berufsschule für Mädchen.

1916 27. April: Einführung der mitteleuropäischen Sommerzeit.
13. Mai: Ausbruch von ›Hungerkrawallen‹; 124 an den Unruhen Beteiligte werden gerichtlich verurteilt.

1917 8. Februar: Gründung des Leipziger Messeamtes durch die Handelskammer, den Rat der Stadt und die Zentralstelle für die Interessenten der Leipziger Mustermesse.

1918 7./8. November: Übergreifen der Novemberrevolution auf die Stadt; in Sachsen wird der König abgesetzt.
31. Dezember: Erstes Silvesterkonzert des Leipziger Arbeiterbildungsvereins; Gewandhauskapellmeister Bruno Walter dirigiert Beethovens 9. Sinfonie.

Register

Die Register verzeichnen Namen und Begriffe aus dem Gesamttext, wobei lediglich die Quellenangaben, das Quellenverzeichnis und die Auswahlbibliographie sowie der Fotonachweis ausgeklammert wurden.

Das Personenregister enthält sämtliche namentlich erwähnten historischen Einzelpersonen ausschließlich der nach ihnen benannten Einrichtungen, Örtlichkeiten und Denkmäler; diese vermerkt das Ortsregister, das unter Zugrundelegung der heutigen Stadtgrenze alle vorkommenden Leipziger Lokalisierungen nennt.

Die Zahlen geben die Seiten, die kursiv gedruckten Ziffern die Abbildungsnummern an.

Personenregister

𝔊

𝔥

𝔍

𝔍

𝔎

L

M

N

O

P

Q

R

S

T

Ortsregister

S

T

U

V

W

Y

Z

Fotonachweis:

Armeemuseum der DDR (heute Militärhistorisches Museum), Dresden: 446, 447 (Thiede)
Volker Bartholdt, Wiederitzsch b. Leipzig: 30, 144, 159, 190, 214, 247, 251, 265, 290–292, 311, 324, 325, 338, 339, 366, 408, 411, 428, 465, 512
Rainer Behrends, Leipzig: 114, 464
Fritz Ebner, Darmstadt: 264
Peter Friedrich, Leipzig: 81, 82, 86, 91, 110, 176, 179, 233, 254, 378, 425
Henschelverlag, Berlin: 438
Volkmar Herre, Leipzig: 121, 317
Institut für Denkmalpflege, Dresden (Riedel): 26
Universität Leipzig, Medizinhistorische Sammlung am Karl-Sudhoff-Institut (Engel): 73, 244, 333
Herbert Küas, Leipzig: 31
Jürgen Kunstmann, Leipzig: 191
Landesmuseum für Vorgeschichte, Dresden: 1
Landesmuseum für Vorgeschichte, Halle (Saale): 2
Kirsten Mann, Dresden: 302
Museum der bildenden Künste zu Leipzig: 96, 117, 394, 419, 494, 495
Neuberin-Gedenkstätte, Reichenbach (Vogtl.): 235
Joachim Petri, Leipzig-Mölkau: Schutzumschlag, Frontispiz, 3–22, 24, 27–29, 32–37, 39, 41–46, 49–53, 55–60, 62–72, 75–80, 83–85, 87–90, 92–95, 97–100, 102–109, 111–113, 115, 116, 118–120, 122–130, 132–137, 140–143, 145–158, 160–175, 177, 178, 180–189, 192–194, 196–211, 213, 216–232, 234, 236, 238–246, 248–250, 252, 253, 255–260, 262, 263, 266, 268–289, 293–296, 298, 300, 301, 305–310, 312–316, 318–323, 326–336, 337c, 340–353, 355–365, 367–377, 379, 381–390, 392, 393, 395, 397–407, 409, 410, 412, 414–418, 420–424, 426, 427, 429–432, 434–437, 439–445, 448–463, 466–482, 484–493, 496–504, 506–511, 513–516
Reinhold, Leipzig-Mölkau: 40, 47, 48, 54, 212, 215, 237, 261, 267, 303, 304, 337a/b, 396
Renate Rössing, Leipzig: 297
Sächsische Landesbibliothek, Abt. Deutsche Fotothek, Dresden: 138, 139 (Heckmann), 195 (Reinecke), 354 (Richter)
Christoph Sandig, Leipzig: 101, 131, 299, 380, 413
Oskar Seifert, Leipzig: 483
Staatliche Kunstsammlungen Dresden, Münzkabinett: 38
Staatliche Museen zu Berlin, Kupferstichkabinett und Sammlung der Handzeichnungen: 391
Staatsarchiv Dresden: 23
Stadtarchiv Leipzig (Agst): 25, 61, 74, 433, 505